Der
Reise Know-How Verlag Peter Rump GmbH
ist Mitglied der
Verlagsgruppe

REISE KNOW-HOW

Linda O'Bryan
Hans Zaglitsch

Panama-Handbuch

"In Panama", sagte er, "ist alles viel schöner, weißt du. Denn Panama riecht von oben bis unten nach Bananen. Panama ist das Land unserer Träume, Tiger. Wir müssen sofort morgen nach Panama ..."

Janosch

Linda O'Bryan
Hans Zaglitsch

Panama-Handbuch

Impressum

Linda O'Bryan
Hans Zaglitsch
Panama-Handbuch
erschienen im

Reise Know-How Verlag Peter Rump GmbH
Hauptstr. 198
33647 Bielefeld/Brackwede

1. Auflage 1995

Gestaltung:
Umschlag: M. Schömann, P. Rump
Inhalt: Kordula Röckenhaus
Karten, Stadtpläne: Catherine Raisin, Iain Macneish
Umschlagkarten: Bernhard Spachmüller
Fotos: Von den Autoren, wenn nicht anders angegeben

Lithographie und Druck: Fuldaer Verlagsanstalt GmbH, Fulda

ISBN: 3-89416-225-2

PRINTED IN GERMANY

Dieses Buch ist erhältlich in jeder Buchhandlung der BRD, Österreichs, der Niederlande und der Schweiz. Bitte informieren Sie Ihren Buchhändler über folgende Bezugsadressen:

BRD: Prolit GmbH, Postfach 9, 35461 Fernwald (Annerod)
Schweiz: AVA-buch 2000, Postfach, CH-3910 Affoltern
Österreich: Mohr Morawa Buchvertriebs GmbH,
Sulzengasse 2, A-1060 Wien
Niederlande: Nilsson & Lamm BV, NL-1380 AD Weesp

Wer im Laden trotzdem kein Glück hat, bekommt unsere Bücher gegen Voreinsendung des Kaufpreises plus 4,50 DM für Porto (Scheck im Brief) direkt bei:
Rump-Direktversand
Heidekampstr. 18, 49809 Lingen (Ems)

- Alle Angaben leider ohne Gewähr.
- Wir freuen uns über Kritik, Kommentare und Verbesserungsvorschläge.
- Der Verlag sucht ***Autoren*** für qualitativ gleichartige Reiseführer.

Inhalt

Vor der Reise

Praktische Reisetips

Land und Natur

Staat und Gesellschaft

Die Menschen

Der Osten

Anhang

Exkurse

Vorwort

Es gibt heutzutage nur noch wenige reizvolle Länder, die nicht von Urlaubern überschwemmt sind, keine touristisch maßgeschneiderten, künstlichen Welten haben und nicht vom Tourismuskommerz und -konsum geprägt werden. Panama ist eines davon. Diese Tatsachen und die Schönheiten Panamas machen es zu einem der letzten Paradiese der Erde, zu einem jungfräulichen Land in jeder Hinsicht.

Aber was ist schon über dieses kleine Land im Südosten Zentralamerikas bekannt, das meistens in einem Atemzug mit dem Panamakanal erwähnt oder mit *General Noriega* verbunden wird, der durch seine Diktatur und seine Drogengeschäfte das internationale Ansehen des Landes in einem schlechten Licht erscheinen ließ. Bis zu seinem Sturz im Dezember 1989 tauchte Panama in der internationalen Presse praktisch nur als Finanzzentrum und als "Waschanlage" für Schwarzgelder auf. Doch seit der Verhaftung des Diktators durch die USA blüht das Land langsam wieder auf, ein Land, das mehr zu bieten hat, als die Technik des Panamakanals. Der Bau ist zwar eine gigantische Leistung der Ingenieursarbeit und eines der teuersten Einzelunternehmen überhaupt, doch sollten auf keinen Fall die anderen Sehenswürdigkeiten in den Schatten gestellt werden. Und deshalb möchten wir Ihnen mit diesem Reisehandbuch das kleine zentralamerikanische Land näherbringen.

Um es gleich vorwegzunehmen: Die panamaische Tourismusbranche steckt derzeit noch in den Kinderschuhen, und die Reisenden,die nach Panama kommen, konzentrieren sich weitgehend auf die Landeshauptstadt Ciudad de Panamá mit ihren vielen Einkaufsmöglichkeiten und auf den Panamakanal. Gerade deswegen werden Sie unterwegs kaum Touristen begegnen und ein Land vorfinden, das ungeahnte Schönheiten zu bieten hat: viele palmengesäumte, menschenleere Strände, mehr Inseln, als das Jahr Tage zählt, ehrwürdige historische Stätten und Natur in Hülle und Fülle. Rund 30 Naturschutzgebiete erstrecken sich zwischen den mystisch erscheinenden Nebelwäldern der Bergregion im Westen und dem nahezu unberührten Regenwald im Osten, dem größten zusammenhängenden Urwald in Zentralamerika, dessen Durchquerung zu den letzten Abenteuern der Welt zählt.

Die gastfreundlichen, warmherzigen Menschen, die mit Stolz ihr kulturelles Erbe hegen und temperamentvolle Feste mit Salsa, Ragga und Kongos feiern, sind erstaunt, wenn europäische Touristen ihr Dorf besuchen, Kirchen und sonstige Sehenswürdigkeiten bestaunen oder einfach nach einem gemütlichen Plätzchen suchen. Und sie sind überaus hilfsbereit, ohne dabei auch nur einen Gedanken an ihren Vorteil zu verschwenden.

Panama ist ein sicheres Reiseland und hat ein für lateinamerikanische Verhältnisse hervorragendes Bussystem. Mit etwas Zeit im Reisegepäck und ohne die Erwartung, überall perfektionierten Tourismus vorzufinden, werden Sie dieses faszinierende Land entdecken können.

Gute Reise - *hasta luego en Panamá*

Linda O´Bryan
Hans Zaglitsch

Danke!

An dieser Stelle möchten wir herzlichen Dank sagen an alle Personen, die uns vor, während und nach unserer Reise bei der Erstellung des Reiseführers mit Rat und Tat zur Seite standen. Unser besonderer Dank gilt aber unseren panamaischen Freunden *Ivy Vergara Correa* in Guararé und *Dr. Maleny Rivera Soriano* in Sabana Grande, mit denen wir sehr viel Zeit verbrachten und die unsere Aufenthalte zu unvergeßbaren Erlebnissen machten - sowohl tagsüber wie auch in mancher (anstrengenden) Nacht.

Verzeichnis der Abkürzungen

AC	*Aircondition* (Klimaanlage
Apdo., Aptdo	*Apartado Postal* (Postfach)
Ave., Av.	*Avenida* (große Straße)
B/.	*Balboa* (Landeswährung)
Cd.	*Ciudad* (Stadt)
Cl.	*Calle* (kleine Straße)
COTEL	Post
Ct.	*Centesimo* (Münze)
DBZ	Dreibettzimmer
DZ	Doppelzimmer
Edif.	*Edificio* (Gebäude)
Esq.	*Esquina* (Ecke)
EZ	Einzelzimmer
INRENARE	Staatliche Naturschutzbehörde
INTEL	Telefongesellschaft
Loc.	*Local* (Geschäft)
No., N.	*Numero de la casa* (Hausnummer)
Nvo.	*Nuevo* (neuer Stadtteil)
Ofic., Ofc.	*Oficina* (Büro)
Pma.	Panamá (wird nur für Panama-Stadt verwendet)
Pto.	*Puerto* (Hafen)
Sta.	*Heilige*
Sto.	*Santo* (Heiliger)
Urb.	*Urbanisacion* (Neubausiedlung)

Hinweise zur Benutzung

Einen kurzen Überblick mit praktischen Informationen für die Vorbereitung und für die Reise vor Ort erhalten Sie in den Abschnitten ***"Vor der Reise"*** und ***"Was Sie unbedingt wissen sollten"***, ausführlichere Informationen im Kapitel ***"Praktische Reisetips von A bis Z"***. Der ***landeskundliche Teil*** soll für die Einstimmung zu Hause und unterwegs sorgen und besteht aus den Kapiteln "Land und Natur", "Staat und Gesellschaft" und "Die Menschen".

Im Anschluß an die Landeskunde folgt ein umfangreicher ***Reiseteil***, der nach den geographisch- bzw. verkehrsbedingten Gegebenheiten unterteilt wurde. Zahlreiche Landkarten, Stadtpläne und Detailpläne werden ihre Reise unterstüzen.

Der Reiseteil beginnt mit der Beschreibung der Hauptstadt, die Drehscheibe im nationalen und internationalen Bus- und Flugnetz. Anschließend folgt die Umgebung der Hauptstadt und der Panamakanal, alles ab Panama-Stadt leicht an einem Tag erreichbar. Danach reihen sich Zentrale Karibikküste und die Zentrale Pazifikküste, die Halbinsel Azuero und der Westen. Zum Schluß wird der Osten des Landes beschrieben.

Die ***Ortsbeschreibung*** sind so auf gebaut, daß sie zunächst einen Eindruck des Ortes erhalten, in historisch wichtigen Orten zusätzlich einen Einblick in die Geschichte. Wenn ein Ort mehrere Sehenswürdigkeiten anzubieten hat, sind diese unter "Sehenswertes" beschrieben, bei Panama-Stadt unter anderem mit einem Rundgang durch die Altstadt. Die touristisch wichtigen Informationen, wie An- und Weiterreise mit dem Bus, Unterkunft, Essen und Trinken, Geldwechseln, Telefonieren oder Wäscheservice sind bei jedem größeren Ort übersichtlich im Abschnitt "Praktische Informationen" geordnet.

Sie werden im Buch auf zahlreiche ***Querverweise*** stoßen, die zum jeweiligen Thema auf ergänzende Informationen hinweisen.

Die sorgfältig recherchierten Informationen dieses Reisehandbuches sind nolens volens dem Wandel unterworfen. Obwohl wir ständig versuchen, das Reisehandbuch zu aktualisieren, sind wir auch auf Ihre Mithilfe angewiesen. Darum schreiben Sie uns bitte, was sich geändert hat, damit das Buch immer aktuell und zuverlässig bleibt. Aber auch Vorschläge nehmen wir gerne entgegen. Die besten und hilfreichsten Zuschriften werden vom Verlag mit einem Freiexpemplar der nächsten Auflage belohnt. Schreiben Sie bitte direkt an:

REISE KNOW-HOW Verlag
Peter Rump GmbH
Hauptstraße 198
D-33647 Bielefeld

Danke!

Vor der Reise

Alles auf einen Blick

An- und Weiterreise

Der ***internationale Flughafen*** des Landes liegt circa 28 km östlich von Panama-Stadt (internationaler Code: PTY). ***Direktverbindungen*** bestehen nur selten und sind ziemlich teuer. Die preisgünstigsten ***Verbindungen ab Europa*** bieten die US-amerikanischen Linien *United Airlines (UA)* und *Continental Airlines (CO),* die spanische *Iberia (IB),* die kolumbianische *Avianca (AV)* und die niederländische *KLM*, allerdings mit Umsteigen und/oder mindestens einem Zwischenstop. Von Panama gibt es Flugverbindungen in viele Städte des ***amerikanischen Kontinents***, einschließlich der Karibikinseln.

Mit dem ***Bus*** ist Panama nur ab Costa Rica erreichbar. Zwischen Kolumbien und Panama besteht keine Überlandverbindung.

Einreisebestimmungen

Für die Einreise nach Panama und einen Aufenthalt bis zu 30 Tagen genügt ein ***gültiger Reisepaß*** für die Staatsbürger Deutschlands, Österreichs und der Schweiz. Der Aufenthalt kann vor Ort auf maximal 60 Tage verlängert werden. Niederländische Staatsbürger benötigen ein ***Visum***, das kostenlos bei den panamaischen Vertretungsbehörden erhältlich ist. An den Grenzkontrollstellen, vor allem am internationalen Flughafen, herrschen flexible ***Zollkontrollen***. Etwas genauer und bürokratischer ist dagegen die ***Paßkontrolle***, wobei man bereits im Flugzeug bzw. bei der Überlandeinreise im Bus ein Einreiseformular ausfüllen muß.

Essen und Trinken

Als Gourmet-Paradies kann Panama nicht eingestuft werden. Die gängigsten und ***typischen Gerichte*** setzen sich aus Reis, Bohnen, gebackenen Bananen und einem Stück Fleisch oder Fisch zusammen. Als ***Durstlöscher*** werden am häufigsten frische Fruchsäfte, Limonaden und Bier angeboten. Nachgespült wird mit einem inländischen Rum *(ron)* oder mit *seco*, einem wodkaähnlichen Getränk. In vielen ***Restaurants*** ist Rauchen unerwünscht, vereinzelt auch verboten. Normalerweise ist in den Restaurantpreisen kein Trinkgeld enthalten. Für die Bedienung sind als Richtlinie etwa 10 % vom Rechnungsbetrag üblich.

Geld

Die ***offizielle Landeswährung***, der ***Balboa*** (B/.), ist nur als Münzgeld im Umlauf, Banknoten gibt es nur in US-Dollar ($). Beim Einwechseln spielt das keine Rolle, beide stehen im Verhältnis 1:1. Die Mitnahme von ***Reiseschecks*** in US-Dollar ist ratsam. ***Kreditkarten*** werden in den größeren Hotels, Restaurants und Geschäften akzeptiert. Der US-Dollar entspricht gegenwärtig (???) 1,67 DM.

Gesundheit

Laut WHO, der Weltgesundheitsorganisation, besteht zur Einreise nach Panama keine Impfverpflichtung. Bei einer Tour in den Osten des Landes (Darién) sollte eine Gelbfieberimpfung und ein Schutz gegen Malaria nicht fehlen.

Informationen

In Europa ist derzeit kein panamaisches Touristenbüro etabliert. Die notwendigen Informationen erhalten Sie bei den Diplomatischen Vertretungen von Panama.

Kleidung

Leichte, atmungsaktive Sommerkleidung ist anzuraten. Bei einem Aufenthalt in der westlichen Bergregion ist ein Pullover und/oder Jacke vonnöten. Gutes Schuhwerk und Regenschutz sollte keinesfalls fehlen.

Klima

Die ***Temperaturen*** schwanken lediglich zwischen Tag und Nacht, sind aber das ganze Jahr über verhältnismäßig gleich. Sie bewegen sich zwischen 25 und 30 Grad in den Tieflagen, zwischen 15 und 20 Grad in der Bergregion um 1000 m. Die ***Luftfeuchtigkeit*** schwankt regional und ist im September und Oktober am höchsten.

Mietwagen

Generell benötigen Sie kein Mietfahrzeug, die öffentlichen Verkehrsverbindungen sind gut ausgebaut, so daß Sie (bis auf wenige Ausnahmen) auf das Auto verzichten können. Bei den Orten, Nationalparks, Sehenswürdigkeiten etc. wird immer die Verbindung mit öffentlichen Transportmitteln angegeben, was Ihnen nicht nur Geld sparen, sondern auch bei der optimalen Urlaubsplanung zu Hause helfen wird. Ein Jeep sollte rechtzeitig reserviert werden, da sie häufig ausgebucht sind.

Pauschal oder individuell?

Organisierte Reisen werden derzeit nur von wenigen europäischen Veranstaltern und meistens nur in Kombination mit anderen zentral- und südamerikanischen Ländern angeboten. Vor Ort können Sie bei verschiedenen Reiseveranstaltern Touren in das ganze Land buchen. Aber auch auf eigene Faust ist Panama leicht zu bereisen.

Reisedauer

Trotz der geringen Größe Panamas sollten Sie für die Reise mindestens drei Wochen rechnen, schon allein wegen der langen Anreisezeit und der Klimaveränderung.

Reisekosten

Panama ist, gemessen an europäischen Reisezielen, ein preiswertes Land und liegt im Preisvergleich mit anderen zentralamerikanischen Ländern hinter Belize und Costa Rica an dritter Stelle.

Reisezeit

Generell ist Panama ganzjährig zu bereisen, doch eine Reise kreuz und quer durch das Land läßt sich am besten und angenehmsten zwischen Ende Dezember und Ende Februar gestalten.

Routenplanung

Die Drehscheibe bei den öffentlichen Verkehrsmitteln ist Panama-Stadt, und da von hier jeweils nur eine Straße nach Norden, Osten und Westen wegführt, lassen sich am besten folgende Touren kombinieren:

- ***Nach Norden***: Panamakanal (Gatún-Schleusen) und die Zentrale Karibikküste (Isla Grande)
- ***Nach Osten***: nur die Provinz Darién (Nationalpark Darién). Die San-Blas-Inseln sind nur auf dem Luftweg erreichbar, mit Ausnahme des Naturschutzgebietes Nusagandí.
- ***Nach Westen***: die Zentrale Pazifikküste (Strände, El Valle), die Halbinsel Azuero (Kultur pur) und die Provinzen Chiriquí (Bergregion, Vulkan Barú) und Bocas del Toro (Mariner Nationalpark).
- Von der Hauptstadt aus lassen sich ***an einem Tag*** leicht ereichen: der Panamakanal (Miraflores-Schleusen), Isla Taboga und die Nationalparks am Ostufer des Kanals.

Sicherheit

Die Hauptursache für die Kriminalität liegt in den großen Gegensätzen zwischen der sozial schwachen und der gehobenen Schicht, vorwiegend in Panama-Stadt und Colón. Für übertriebene Ängstlichkeit besteht allerdings keine Veranlassung. Unterwegs sind Vorsicht und Verständnis immer noch der beste Schutz.

Panama im Überblick

●***Offizieller Name:*** República de Panamá

●***Internationales Autokennzeichen:*** PA

●***Fläche:*** 77.082 km²

●***Lage:*** im Südosten Zentralamerikas

●***Klima:*** feuchtheißes Tropenklima in den Tieflagen, kühleres, frühlingshaftes Klima in der westlichen Bergregion

●***Höchster Berg:*** Vulkan Barú 3475 m

●***Größte Insel:*** Isla de Coiba 493 km²

●***Längster Fluß:*** Río Chucunaque 231 km

●***Größter See:*** Lago Gatún 424 km²

●***Hauptstadt:*** Ciudad de Panamá (Panama-Stadt)

●***Staats- und Regierungsform:*** präsidiale Republik

●***Unabhängigkeit:*** seit November 1903

●***Präsident der Republik:*** *Peréz Balladares* (seit Sept. 1994)

●***Regierungschef:*** *Peréz Balladares* (seit Sept. 1994)

●***Einwohnerzahl:*** 2,481 Mio.

●***Sprachen:*** Spanisch (Amtssprache), Englisch und verschiedene Indianersprachen

●***Religion:*** Katholizismus und Protestantismus

●***Währung:*** Die offizielle Währung heißt Balboa (B/.), der amerikanische Dollar ($) wird aber als Zahlungsmittel verwendet.

●***Wirtschaft:*** Den größten Teil zum Bruttoinlandsprodukt (BIP) trägt der Dienstleistungssektor (75,5 %) bei, gefolgt von der Industrie (14 %) und der Landwirtschaft (11 %).

●***Arbeitslosenrate:*** circa 30 % (1992)

●***Bruttosozialprodukt:*** 2108 $ pro Einwohner (1992)

●***Hauptexportgüter:*** Bananen und Rohzucker

●***Hauptimportgüter:*** Maschinen, Erdöl und Chemieprodukte

Sport

Neben den hotelgebundenen Sportarten, wie beispielsweise Tennis oder Golf, bietet Panama Möglichkeiten zum Wandern, Tauchen und Schnorcheln.

Unterkunft

Die ***Zimmerqualität*** in den Hotels ist landesweit betrachtet eher als gering einzustufen, die ***Hotelkapazität*** ist sehr beschränkt, mit Ausnahme von Panama-Stadt, wo Unterkünfte für jeden Geschmack und Geldbeutel zu finden sind. Campingplätze oder Jugendherbergen sind nicht vorhanden.

Versorgung

Selbstversorger werden in Panama auf keine Probleme stoßen, die Supermärkte sind voll mit (Import-) Waren aus allen Bereichen.

Was Sie unbedingt wissen sollten

Damit unterwegs keine Mißverständnisse, Überraschungen oder Enttäuschungen auftreten werden, sollten Sie folgendes wissen:

- Die ***Landeshauptstadt*** Ciudad de Panamá wird immer mit *Panamá* (abgekürzt: *pma.*) bezeichnet, das ***Landesinnere*** mit *Interior*.
- Viele ***Hotels*** sind am Wochenende, an Fest- und Feiertagen oft um 50 %, manchmal sogar um 100 % teurer als an Wochentagen. Zudem kann es zwischen November und März wegen zahlreicher Fest- und Feiertage zu ausgebuchten Hotels kommen.
- Viele ***Naturschutzgebiete*** verfügen kaum über eine Infrastruktur. Der Besuch ist oft nur mit Parkaufsehern und mit einer Genehmigung möglich, die Sie im Hauptbüro der staatlichen Naturschutzbehörde *INRENARE* in Paraíso erhalten.
- Die ***Bürokratie*** nimmt in Panama oft sehr viel Zeit und Geduld in Anspruch.
- In einem ***Museum*** zu ***fotografieren*** oder zu filmen ist nur mit einer Genehmigung des Kulturministeriums in Panamá-Stadt möglich.
- Beim ***Fotografieren von Menschen*** sollten Sie vorher um Erlaubnis fragen.
- Die ***Comarca de San Blas*** (San-Blas-Inseln) ist nur mit kleinen Flugzeugen erreichbar.
- Es gibt zahlreiche, fast menschenleere ***Strände***.
- Die ***Provinz Darién*** ist mit dem Bus nur in der Trockenzeit (Dezember bis März) erreichbar. Für die Reise in die Provinz Darién bzw. in den Nationalpark Darién und für den Darién-Trek nach Kolumbien werden Lebensmittel benötigt. Wenn mehrere Tage geplant sind, sollten Sie eventuell hygienisch verpackte, haltbare und leicht zuzubereitende Trekking-Nahrung aus Europa mitbringen. Das Trinkwasser im Darién muß entweder abgekocht oder mit Micropur und/oder mit einer Filterpumpe (erhältlich in Globetrotterläden) gereinigt werden.
- Auf eine ***Frage*** wird fast nie mit "Ich weiß es nicht" geantwortet und eher eine falsche als gar keine Antwort gegeben.
- Sie werden immer und überall zunächst als *Gringo* eingestuft, wie die Nordamerikaner bezeichnet werden. Mit ***europäischen Touristen*** wird ja kaum gerechnet. Wurde das einmal abgeklärt, zeigen sich die Menschen sehr neugierig.

Praktische Reisetips von A bis Z

An- und Weiterreise

Luftweg

Panama-Stadt ist von Europa aus mit einem ***Linienflug*** mehrmals wöchentlich erreichbar, ***Charterflüge*** existieren noch nicht. Das soll aber nicht heißen, daß der Ticketpreis dementsprechend hoch sein muß. Auch nach Panama gibt es ***Billigflugtickets***. Sie sind in der Regel nichts anderes als stark preisreduzierte Linienflugtickets, die wegen der großen Konkurrenz im Weltflugverkehr entstanden sind. Allerdings muß hinzugefügt werden, daß der Ticketpreis von der Gültigkeitsdauer und der Reisesaison abhängig ist. Die Tickets sind nicht direkt bei den Fluggesellschaften, sondern nur in sogenannten Billigflugbüros erhältlich. Da es unter den Billigflugbüros auch Preisschwankungen bei den Tickets gibt, ist eine rechtzeitige Information lohnenswert.

Im Anhang finden Sie eine vom Münchner Billigflug-Spezialisten *Travel Overland* zusammengestellte Liste über Billigangebote.

Rück- bzw. Weiterreise

Für die Einreise wird von der panamaischen Behörde offiziell ein gültiges ***Retour- oder Weiterreiseticket*** verlangt. Wer seinen Hin- und Rückflug bzw. Weiterflug fest gebucht hat, wird keine Probleme zu erwarten haben. Soll die Weiterreise auf dem Landweg erfolgen, hat sich ein Weiterreiseticket der panamaischen Fluglinie *Copa* als praktisch erwiesen. Bei Nichtbenutzung des Tickets wird der vollständige Preis (abzüglich 15 $ Verwaltungskosten) rückerstattet. Das Ticket ist auch auf eine andere Fluggesellschaft umbuchbar. In Europa können Copa-Tickets über die amerikanische Fluggesellschaft *Northwest Airlines* gebucht werden.

●***Flughafengebühr***: Bei der Ausreise aus Panama muß pro Person eine *Airport Tax* von 20 $ bezahlt werden.

●Achtung! Das Rückflugticket (auch das Weiterreiseticket) muß bis 72 Stunden vor der Abflugszeit bei der Fluggesellschaft bestätigt werden, ansonsten kann die Fluggesellschaft Ihren Sitzplatz an Stand-by-Passagiere weitergeben.

Internationale Flugverbindungen

●Von Panama-Stadt aus bestehen ***täglich Flüge*** unter anderem nach: Belize (1x), Bogotá (3x), Caracas (2x), San Salvador (5x), Tegucigalpa (6x), Managua (4x), Mexico City (2x), Miami (7x) und San José (6x).

●***Wöchentlich*** gibt es Flüge unter anderem nach: Baranquilla (5x), Cali (6x), Cartagena (3x), Aruba und Curaçao (2x), Guayaquil (6x), La Paz (3x), Lima (5x), Medellín (6x), Quito (4x) und Santiago de Chile (4x).

●Die Adressen der internationalen ***Fluglinien*** finden Sie in Panama-Stadt (siehe "Adressen von A bis Z").

Landweg

Für den Grenzübertritt auf dem Landweg benötigt man außer einer Ein- bzw. Ausreisekarte, die bei der Busgesellschaft oder am Grenzkontrollposten erhältlich ist, auch ein ***Weiterreiseticket.*** Es genügt bereits ein Busticket, das allerdings bei Nichtbenutzung vom Busunternehmen nicht zurückerstattet wird.

Von/nach Costa Rica

Die panamaisch-costaricanische Grenze überquert man am einfachsten am ***Grenzübergang in Paso Canoa,*** das direkt an der *Carretera Interamericana* liegt. Der Kontrollposten ist täglich von 8 Uhr (in Costa Rica von 9 Uhr) bis Mitternacht geöffnet. Die Busfahrten zwischen Panama und Costa Rica sind auf diese Zeiten abgestimmt.

Schwieriger dagegen gestaltet sich der ***Grenzübertritt*** an der karibischen Seite

bei Guabito (Panama) und Sixaola (Costa Rica). Das bezieht sich vor allem auf die An- bzw. Weiterreisemöglichkeit auf costaricanischer Seite. Dort fahren die Busse nur nach Bedarf bis Sixaola. Auf jeden Fall sollte ein ganzer Tag eingeplant werden, um die Grenze bzw. einen größeren Ort auf costaricanischer Seite zu erreichen. Der Grenzposten in Sixaola ist von Mo bis Fr von 9 bis 18 Uhr, in Guabito von Mo bis Fr von 8 bis 17 Uhr geöffnet. Auf panamaischer Seite gestaltet sich die An- bzw. Weiterreise wesentlich leichter: Ab Guabito gibt es während der Grenzöffnungszeiten alle 5 Minuten einen Bus von/nach Changuinola. Von hier bestehen regelmäßige Flugverbindungen nach Panama-Stadt und David sowie halbstündliche Busverbindungen nach Almirante, von wo aus die Weiterreise mit einem Boot nach Bocas del Toro und Chiriquí Grande erfolgen kann.

Von/nach Kolumbien

Zwischen Panama und Kolumbien existiert ***keine Straßenverbindung,*** lediglich ein Weg, der als ***Darién-Trek,*** aber auch als Drogenschmuggelroute berühmt-berüchtigt ist. Die gesamte Route nimmt mehrere Tage in Anspruch und kann ohne lokale Führer und Bootsfahrer nicht erfolgen. Für diese "Dienstleistungen" sollte mit hohen Kosten gerechnet werden. Für die Ausreise nach Kolumbien erhalten Sie die Ein- bzw. Ausreisekarte in Yaviza oder El Real (siehe dort).

Internationale Busverbindungen

Ab Panama-Stadt und ab David (siehe dort) bestehen Busverbindungen in die ***costaricanische*** Hauptstadt San José und nach ***Nicaragua, El Salvador, Honduras*** und ***Guatemala,*** allerdings mit Umsteigen in San José. Genaue Informationen erhalten Sie bei Panama-Stadt und David.

Seeweg

Obwohl im Atlantikhafen Colóns nahezu täglich ein ***Containerschiff*** aus Europa vor Anker geht bzw. auf die Kanaldurchfahrt wartet, zählt eine Überfahrt von Europa aus - im Zeitalter des Düsenjets und der Billigflugtarife - zur teuren und zeitraubenden Anreisemöglichkeit. Die Überfahrt dauert etwa 3 Wochen und kostet für die einfache Fahrt samt Vollpension in der Einzelkabine ab 2300 DM, in der Doppelkabine ab 2000 DM pro Person.

●Nähere ***Auskünfte*** erhalten Sie bei den in Hamburg angesiedelten Unternehmen *MARGIS,* Tel.: (040) 8512597, und *Hamburg Süd,* Tel.: (040) 3705591.

●Für die ***Einreise*** auf dem Seeweg gelten die gleichen Bestimmungen wie auf dem Luft- bzw. Landweg.

Von/nach Kolumbien

Zwischen der kleinen kolumbianischen Ortschaft Turbo (zu erreichen mit dem Bus ab Cartagena) und dem panamaischen Puerto Obaldía verkehren häufig ***Frachtschiffe.*** Einen genauen Fahrplan gibt es nicht, und die Preise müssen vor Ort ausgehandelt werden. Von Puerto Obaldía nach Colón und retour fährt dreimal pro Woche ein ***Personenschiff,*** das unter der Leitung der Kuna steht. Das Schiff geht (je nach Bedarf) an verschiedenen San-Blas-Inseln kurzfristig vor Anker, was die Fahrzeit unter ungünstigen Umständen bis auf drei Tage ausdehnen kann. Es werden auch Touristen mitgenommen, allerdings muß dazu erwähnt werden, daß der Verbleib auf einer Insel nur mit der Genehmigung eines Häuptlings möglich ist.

Von der Anreise mit dem Schiff aus Kolumbien raten wir ab, da die Boote auch als Drogentransporter benutzt werden.

Von/nach Costa Rica

Im Augenblick besteht keine offizielle Personen- oder Frachtschiffahrt zwischen Panama und Costa Rica.

Ausrüstung

Für die Panamareise ist eine spezielle Ausrüstung nicht vonnöten, egal ob Sie nun mit dem Mietwagen, mit öffentlichen Verkehrsmitteln oder zu Fuß unterwegs sind. Auf Grund der Reiseart und des Zielgebietes sollten Sie jedoch einige Faktoren berücksichtigen: Beschränkt sich die Reise vorwiegend auf ***Panama-Stadt*** (als Ausgangspunkt) und auf Tagesausflüge in die nähere Umgebung, wie etwa zum Panamakanal, zur Isla Taboga oder zum Naturschutzgebiet Isla Barro Colorado, reichen ein stabiler Koffer als Gepäckstück und ein Tagesrucksack völlig aus.

Für eine Tour mit ***öffentlichen Verkehrsmitteln*** kreuz und quer durch Panama hat sich eine strapazierfähige Reisetasche mit breitem Riemen oder ein Rucksack als praktisch erwiesen.

Sind ***Trekkingtouren*** geplant, so ist ein Rucksack mit gutem Tragesystem unerläßlich. Zum Verschließen der Reisetasche oder des Rucksackes kann ein Vorhängeschloß dienen.

Das Gepäckstück wird in den meisten Fällen auf dem ***Busdach*** transportiert. Es wird dabei immer mit einer Plane abgedeckt, trotzdem kann ein wasserdichter Überzug vor Nässe und Verschmutzung zusätzlich schützen. Bei ***Bootsfahrten,*** vor allem in den Provinzen Bocas del Toro und Darién und der Comarca de San Blas, sollte ein Überzug nicht fehlen.

Checkliste

Die folgende Checkliste soll Ihnen als Orientierungs- bzw. Entscheidungshilfe dienen. Außerdem ersparen mitgebrachte Dinge die zeitraubende Suche vor Ort.

●***Schlafsack:*** Aus hygienischen Gründen kann ein leichter Schlafsack und/oder ein Laken gute Dienste leisten. Die ***Isoliermatte*** kann zu Hause bleiben, wenn nicht im Zelt oder im Freien übernachtet wird. Für eine Übernachtung unter den Sternen ist auch eine ***Hängematte*** geeignet.

●***Moskitonetz:*** Unbedingt anzuraten für die Provinzen Bocas del Toro, Darién und Colón sowie für die Comarca de San Blas, vor allem aber bei Dschungeltouren. Etwas zum Befestigen nicht vergessen!

●***Regenschutz:*** Ein Regenschirm oder eine Regenjacke (vielleicht ein Regenponcho, der auch den Rucksack schützt) sollte ständig dabeisein.

●***Sonnenschutz:*** Sonnenbrille, Kopfbedeckung, Sonnencreme (zu Beginn mit hohem Lichtschutzfaktor) und Lippenschutz.

●***Insektenschutz:*** Wegen der ständigen Anwesenheit blutrünstiger Moskitos ist ein Repellent für ganz Panama unerläßlich.

●***Reiseapotheke:*** siehe Beiheft

●***Fernglas:*** Empfehlenswert zur Beobachtung der Tierwelt (vor allem der Vögel).

●***Landkarten:*** Topographische Karten sind in Panama-Stadt im *Instituto Nacional Geográfico Tommy Guardia* erhältlich. Die Karten stammen größtenteils aus den 60er Jahren, werden aber langsam überarbeitet.

●***Kleidung und Schuhe:*** siehe "Bekleidung"

●***Badeanzug/Badehose/Bikini:*** "Oben ohne" und FKK ist unüblich. Außerdem sollten die Badesachen eine "entsprechende" Größe aufweisen.

●***Hand-/Badetücher:*** In fast allen Unterkünften werden Hand- und Badetücher zur Verfügung gestellt. Aus hygienischen Gründen (vor allem in Billighotels) sollten die eigenen vorgezogen werden.

●***Fotoausrüstung:*** siehe "Film und Foto"
●***Hygieneartikel:*** Dusch-/Badeschuhe (sollten eventuell auch zum Baden im Meer geeignet sein), Seife, Shampoo, Kamm oder Haarbürste, Zahnbürste und -pasta, Rasierklingen und -schaum, Papiertaschentücher, Hautcreme, Nagelschere, Handspiegel und Tampons (auch alles vor Ort erhältlich).
●***Dokumente und Geld:*** Bargeld (kleine US-Dollarnoten), Reiseschecks (ebenfalls in US-Dollar), Kreditkarten, Impfausweis, Reisepaß, Personalausweis (bei Verlust des Reisepasses hilfreich), nationaler Führerschein, Blutgruppenausweis, Flugtickets, sonstige Reiseunterlagen wie etwa Hotel- oder Mietwagen-Voucher, Reiseversicherung (Notfallausweis), Kopien sämtlicher Dokumente und Unterlagen sowie zwei Paßfotos (wer vor Ort den Aufenthalt verlängern möchte).
●***Praktische Kleinigkeiten:*** Bauch- und/oder Beingurt, wasserdichtes Etui für Dokumente und Geld, Vorhängeschloß (zur Sicherung des Rucksackes), Klebeband (zum Flicken von Löchern im Moskitonetz), Trinkflasche, Wasserdesinfektionsmittel, Notizblock, Tagebuch, Adreßbuch, Kugelschreiber oder Bleistift, Visitenkarten, Wörterbuch oder Sprachführer, Reiselektüre, Spiele im Taschenformat, Gastgeschenke (persönliche Fotos und Bildmaterial aus Ihrem Land), Reisewecker, Ersatzbrille bzw. -kontaktlinsen, Taschenmesser, Taschenlampe und Kerzen (bei Stromausfall), Nähzeug, Radio (Weltempfänger) und Reisestecker-Set. Waschpulver, Wäscheleine und -klammern sind nicht vonnöten. Jede Wäscherei verkauft für wenig Geld Waschpulver und verfügt über einen Trockner.

Rund ums Autofahren

Straßen- und Verkehrssituation

Panama hat für lateinamerikanische Verhältnisse ein gutes Straßennetz, jedoch erschweren die geographischen Bedingungen die Erschließung des gesamten Landes. Die Haupt- sowie die meisten Nebenstraßen haben eine Asphalt- oder Betondecke. Probleme gibt es lediglich an der gesamten Karibischen Küste und im Osten des Landes. In diesen Regionen sind nur vereinzelt Straßen vorhanden, die größtenteils unasphaltiert und mit großen Rissen und Löchern übersät sind. An der Verbesserung des Straßennetzes wird gearbeitet, was allerdings noch einige Zeit in Anspruch nehmen wird. Genaue Informationen über den Straßenzustand erhalten Sie im Reiseteil.

Die ***Hauptverkehrsachsen*** des Landes sind die *Carretera Interamericana,* auch als *Panamericana* bezeichnet (Paso Canoa - Panama-Stadt - Chepo - Yaviza), die *Carretera Transístmica* (Panama-Stadt.-Colón) und die *Carretera Nacional No. 2* auf der Halbinsel Azuero (Divisa - Chitré - Pedasí). Die Tatsache, daß die *Interamericana* und *Transístmica* die einzigen Straßenverbindungen zwischen der Hauptstadt und den anderen Landesteilen sind, führt auf diesen Straßen zu einer starken Verkehrsbelastung, vor allem durch die Lastkraftwagen. Hinzu kommt noch, daß die Panamaer kaum einen Schritt ohne ihr geliebtes Vehikel machen, was vor allem an Wochenenden und Feiertagen regelmäßige Staus zur Folge hat.

In der Hauptstadt sieht die Verkehrssituation außer am Sonntagvormittag ziemlich schlecht aus: Täglich zwischen 8 und 10 Uhr und zwischen 16 und 18 Uhr kommt es zum ***Verkehrschaos,*** wovon die Vía España am meisten betroffen ist. Zwar bemühen sich Polizisten mit hektischen Handzeichen und mit ihren Trillerpfeifen, etwas Ordnung ins Chaos zu bringen, doch allem Anschein nach vergeblich. Oft kommt der Verkehrsfluß für Minuten völlig zum Erliegen, wobei das nachfolgende Hupkonzert auch nicht viel ändern kann.

Wenn Sie beabsichtigen, ein Auto zu mieten, werden Sie als ausländischer Autofahrer einige Zeit benötigen, um sich an den ***Fahrstil*** der Panamaer zu gewöhnen. Im allgemeinen wird kein allzu agressiver Fahrstil bevorzugt. Die Busfahrer in Panama-Stadt sind dabei die Ausnahme. Ihnen gegenüber sollte immer Vorsicht angebracht sein, da sie sich von der Haltestelle ohne Rücksicht in den Fließverkehr wieder einordnen. Die Polizei steht dem Problem in Anbetracht der Verkehrssituation und der zahlreichen Busse machtlos gegenüber. Touristen gegenüber sind die Verkehrspolizisten eher verständnisvoll. Bei einer kleinen Verkehrsübertretung drücken sie hin und wieder ein Auge zu.

Verkehrsregeln und -zeichen

In Panama besteht Rechtsverkehr, die Verkehrsregeln sind an das internationale System angepaßt und unterscheiden sich deshalb kaum von den unseren. Zu beachten ist unbedingt die ***Gurtanlegepflicht*** und die Einhaltung der ***Höchstgeschwindigkeit*** *(velocidad maximo)* von 100 km/h auf der Autobahn, 80 km/h auf der Landstraße und 40 km/h im Ortsgebiet. Die Geschwindigkeitsbegrenzung wird in Stundenkilometer (Kph), in der ehemaligen Kanalzone zusätzlich in Meilen pro Stunde (Mph) angegeben.

Die meisten ***Verkehrsschilder*** (gelber Untergrund mit schwarzer Aufschrift) sind auch ohne Spanischkenntnisse deutlich erkennbar. Damit es trotzdem zu keinen Mißverständnissen kommt im "Schilderwald" Panamas, haben wir die wichtigsten Verkehrstafeln übersetzt:

alto - Stop
altura (anchura) maxima - maximale Höhe (Breite)
caseta de peaje - Mautstelle
ceda el paso - Vorrang geben
cruze de ganado - Viehwechsel
curva peligrosa - gefährliche Kurve
despacio - langsam fahren
desvío - Umleitung
flujo rapido (lento) - Fahrstreifen für schnellere (langsamere) Fahrzeuge
no adelantar - Überholen verboten
no estacionar - Parken verboten
lento niños - Achtung Kinder!
peatones - Fußgänger!
salida (entrada) de camiones - Lkw-Aus(Ein-)fahrt
un solo carril - nur einspurig befahrbar
una vía - Einbahnstraße

Hektik in der Großstadt

Parken

Vielerorts, vor allem in und um die Einkaufszentren der Städte, bestehen ***Kurzparkzonen.*** Sie sind aber durch Bodenmarkierungen nicht erkennbar, sondern nur durch die beim Parkplatz aufgestellten Automaten. Achten Sie darauf, daß der Automat auch tatsächlich funktioniert. Für etwa 10 ct. können Sie circa 15 Minuten parken.

Öffentliche Parkhäuser oder ***bewachte Parkplätze*** sind kaum vorhanden, doch haben viele Hotels Garagen oder bewachte Parkflächen. In den Seitenstraßen der Großstädte jobben sozial schwächere Personen tagsüber als Autowächter, wofür in der Regel mindestens 50 ct. verlangt werden.

Führerschein und Geldbuße

Zum Lenken eines Fahrzeuges benötigen Sie Ihren nationalen Führerschein und Reisepaß. Bei der Verhängung einer Geldstrafe wegen einer Verkehrsübertretung wird Ihr Führerschein vom Polizisten vorläufig einbehalten. Nach circa 14 Tagen (auch wenn die Bezahlung der Strafe früher erfolgte) erhalten Sie Ihren Führerschein in Panama-Stadt zurück.

Benzin

Normalerweise gibt es keine Probleme bei der Versorgung mit Treibstoff. Viele Erdölmultis haben in Panama Tankstellen errichtet, die oft 24 Stunden geöffnet sind. Im Reiseteil wird speziell auf Tankstellen bzw. auf die letzte Tankmöglichkeit hingewiesen.

Der Treibstoff *(gasolina)* wird als Super- *(super)* und Normalbenzin *(regular)* sowie Diesel *(diesel)* pro Gallone (3,78 Liter) abgegeben. Zudem gibt es Sorten besserer Qualität, die als *premium* oder *optima* bezeichnet werden. Die Preise liegen für Superbenzin bei 1,67 $ pro Gallone, für Normalbezin bei 1,62 $ und für Diesel bei 1,28 $.

Verhalten bei Pannen und Unfällen

Die meisten Fahrzeuglenker führen ***kein Pannendreieck*** mit sich. Achten Sie deshalb unterwegs auf die Besonderheit, daß Äste, Zweige, alte Ölkanister und dergleichen oft das Pannendreieck ersetzen. Während der Dunkelheit ist diese Form der Absicherung sehr gefährlich. Im Notfall kann auch eine Taschenlampe als Absicherung dienen.

Nach jedem ***Unfall*** (auch wenn er noch so klein ist!) sollte sofort der Autovermieter verständigt werden, der bei einem größeren Schaden die nötigen Schritte einleiten wird, wie etwa die Verständigung eines Abschleppdienstes oder die Beschaffung eines Ersatzautos. Bei einem Unfall mit Blechschaden muß laut Mietvertrag die Polizei verständigt werden, damit es im Nachhinein kein "böses Erwachen" gibt, wenn um die Schuldfrage und Schadenssumme gestritten wird. Im Falle eines Unfalles mit Personenschaden sind dem Gesetz nach alle Beteiligten verpflichtet, die Polizei zu verständigen. In diesem Fall sollten Sie in Ihrem Interesse versuchen, sofort mit der Botschaft oder dem Konsulat Kontakt aufzunehmen.

Der "Kennzeichenbaum" - Oh Wunder der Natur

Bekleidung

Das Erscheinungsbild gilt in Panama als persönliche Visitenkarte, und ohne Ausnahme wird auf ein ***gepflegtes Äußeres*** viel Wert gelegt. Ob lange Hose, Rock, Kleid, moderne Bermudahose, Hemd oder T-Shirt spielt dabei keine Rolle. Der sogenannte "Tramper-Look", Shorts, Mini-Röcke (die mehr zeigen als verhüllen) oder zerrissene Kleidung sind im Alltag nicht gerne gesehen und bei einem Behördenbesuch absolut tabu.

Im allgemeinen hat sich legere, ***strapazierfähige Kleidung*** aus Baumwolle oder Leinen am besten bewährt, um dem ständig feuchtheißen Klima zu trotzen. Nehmen Sie daher leichte, lockere Kleidung aus Naturfasern mit, lange und kurze Hosen, kurzärmelige T-Shirts oder Polo-Shirts sowie einen warmen Pullover und/oder eine Jacke für höherliegende Regionen, wie Boquete, Cerro Punta oder El Valle.

Für ***Trekkingtouren*** in Dschungel- und Mangrovengebieten empfiehlt sich zum Schutz gegen die blutrünstigen Moskitos körperbedeckende, atmungsaktive Kleidung. Als Schuhwerk geeignet sind wasserabweisende, halbhohe Wanderschuhe und/oder leicht trocknende Sandalen (für eine Flußdurchquerung). Für den Stadtaufenthalt sollten leichte Sommerschuhe eingepackt werden. Turnschuhe aller bekannten Marken gibt es in der Hauptstadt zu sehr günstigen Preisen.

Diplomatische Vertretungen von Panama

In Deutschland

●***Botschaft von Panama*** (mit Konsularabteilung), Bad Godesberg, Lützowstraße 1, 53173 Bonn, Tel.: (0228) 361036 oder 361037, Fax: (0228) 363558, Sprechzeit: Mo-Fr 9-16 Uhr.
●***Generalkonsulat von Panama,*** Gänsemarkt 44, Stiege 5, 20354 Hamburg, Tel.: (040) 340218 oder 343616, Fax: (040) 353771, Sprechzeit: Mo-Fr 9-13 Uhr.
●***Honorar-Generalkonsulat von Panama,*** Viermorgenweg 4, 55124 Mainz, Tel.: (06131) 476872 oder 473174, Fax: (06131) 477580, Sprechzeit: Mo, Di, Do und Fr 9-13 Uhr.
●***Honorar-Generalkonsulat von Panama,*** Kennedy-Allee 99, 60596 Frankfurt am Main, Tel.: (069) 636663, Fax: (06181) 81086, Sprechzeit: Mo-Fr 10-12 Uhr.
●***Honorarkonsulat von Panama,*** Leonrodstraße 14a, 80634 München, Tel.: (089) 161615, Fax: (089) 1688887, Sprechzeit: Do und Fr 9-12 Uhr sowie nach telefonischer Vereinbarung.

In Österreich

●***Botschaft von Panama,*** Elisabethstraße 4, 1010 Wien, Tel.: (01) 5872347, Fax: (01) 5863080, Sprechzeit: Mo-Fr 9-13 Uhr.

In der Schweiz

●***Generalkonsulat von Panama,*** 72, rue de Lausanne, 1202 Genf, Tel.: (022) 7380318, Fax: (022) 7380363, Sprechzeit: Mo-Fr 9.30-12 Uhr und 14.30-17 Uhr.
●***Honorarkonsulat von Panama,*** Via degli Amadio 1, 6900 Lugano, Tel.: (091) 233837, Fax: (091) 235358, Sprechzeit: Mo-Fr 8.30-12 Uhr und 14-17.30 Uhr.
●***Generalkonsulat von Panama,*** Hottingerstraße 17, 8032 Zürich, Tel.: (01) 2520313, Fax: (01) 2520426, Sprechzeit: nach telefonischer Vereinbarung.
●Die zuständige ***panamaische Botschaft*** befindet sich in Frankreich, 145 Avenue de Suffren, 75015 Paris, Tel.: (01) 47832332, Fax: (01) 45679943.

In Holland

●***Honorarkonsulat,*** Herman Gorterstraat 14, 1077 WG Amsterdam, Tel.: (020) 6736199, Fax: (020) 6735397, Sprechzeit: nach telefonischer Vereinbarung.
●Die zuständige ***panamaische Botschaft*** befindet sich in Belgien, 8 Boulevard Brand Whitlock (Lier Stage), 1150 Brüssel, Tel.: (02) 7360500, Fax: (02) 7337779.

In Kolumbien

●***Embajada de la República de Panamá,*** Calle 92, No. 7-70, Apartado 90094, Santa Fé de Bogotá, Tel.: (01) 2575067, Fax: (01) 2570068.

In Costa Rica

- ***Embajada de la República de Panamá,*** Urbanización San Pedro, Apartado 94-1000, San José, Tel.: 2250667, Fax: 2539241.

Diplomatische Vertretungen in Panama-Stadt

- **Deutsche Botschaft** *(Embajada de Alemania),* Ave. 4 Sur/Calle 53 Este, Edificio Bancomer, Piso 6, Tel.: 637733, Fax: 236664, geöffnet: Mo-Fr 9-12 Uhr.
- **Österreichisches Generalkonsulat** *(Consulado General de Austria),* Vía Simón Bolívar, Urbanización Pueblo Nuevo, Tel.: 292700, Fax: 292925, geöffnet: Mo-Fr 9-12 und 15-16 Uhr. Terminvereinbarung erforderlich!
- **Schweizer Botschaft** *(Embajada de Suiza),* Calle Samuel Lewis/Calle Gerardo Ortega, Edificio Banco Central, Piso 4, Tel.: 649731 oder 647115, Fax: 638083, geöffnet: Mo-Fr 9-12 Uhr.
- **Niederländisches Generalkonsulat** *(Consulado General de Los Países Bajos)* Calle Manuel María Icaza, Edificio ABN-AMRO-Bank, Piso 1, Tel.: 647257 (im Notfall Tel.: 691298), geöffnet: Mo-Fr 9-13 Uhr.
- **Botschaft von Kolumbien** *(Embajada de Colombia),* Calle Manuel María Icaza, Edificio Grobmann (Avianca-Büro), Piso 3, Tel.: 649266 oder 649644, Fax: 231134, geöffnet: Mo-Fr 8.30-12.30 Uhr. Konsulat: Piso 1, Tel.: 233535 oder 232811, geöffnet: Mo-Fr 8-13 Uhr.
- **Botschaft von Costa Rica** *(Embajada de Costa Rica),* Calle Gerardo Ortega, El Cangrejo, Tel.: 642980 (Botschaft), 642937 (Konsulat), geöffnet: Mo-Fr 8.30-16 Uhr.

Ein- und Ausreisebestimmungen

Einreise

Für die Einreise nach Panama benötigen Staatsangehörige aus Deutschland, Österreich und der Schweiz einen gültigen Reisepaß, der ab der Einreise mindestens noch 6 Monate gültig ist. Niederländische Staatsangehörige benötigen zusätzlich ein Visum, das vom panamaischen Konsulat innerhalb von 2 bis 3 Tagen kostenlos ausgestellt wird. Die Aufenthaltsdauer (auch mit Visum) ist auf maximal 30 Tage begrenzt und kann vor Ort um weitere 60 Tage verlängert werden. Der Nachweis eines ***Rück- bzw. Weiterreisetickets*** sowie ausreichender ***Geldmittel*** für die Dauer des Aufenthaltes wird offiziell verlangt, jedoch nur fallweise kontrolliert.

Einreisekarte

Im Transportmittel oder direkt an der Grenze erhalten Sie kostenlos eine Einreisekarte *(Tarjeta de Embarque).* Sie ist in spanischer und englischer Sprache abgefaßt und sollte in einer dieser Sprachen und in Blockbuchstaben ausgefüllt werden. Zur Erleichterung beim Ausfüllen der Einreisekarte folgt die Übersetzung:

- *sexo:* Geschlecht
- *nombre completo:* vollständiger Name *(apellidos/*Familiennamen, *nombres/*Vornamen)
- *país de nacimiento:* Geburtsland
- *edad:* Alter
- *nacionalidad:* Nationalität
- *ocupacion:* derzeit ausgeübter Beruf
- *domicilio permanente:* permanenter Wohnsitz *(Ciudad/*Stadt, *estado/*Bundesland, *país/*Land)
- *direccion postal:* Hauptanschrift (Straße und Hausnummer oder Postfachadresse)
- *pasaporte no.:* Reisepaßnummer
- *lugar de expedicion:* Ausstellungsort des Reisepasses

●*motivo de viaje:* Grund der Reise *(recreo/* Vergnügen bzw. Tourist, *negocio/* Geschäftsreise, *convencion/*Konferenz, *otros/* andere Gründe mit Angabe)
●*tiempo de estadia en Panamá:* Aufenthaltsdauer in Tagen *(dias)*
●*puerto de embarque:* Einreiseort
●*domicilio en Panamá:* Adresse in Panama (es genügt eine Hoteladresse in Panama-Stadt)

Devisen und Zoll

Touristen dürfen zollfrei einführen:
●In- und ausländische ***Devisen*** in Form von Bargeld und/oder Reiseschecks, die für den Aufenthalt benötigt werden.
●***Geschenke*** bis zu einem Gesamtwert von 50 $.
●Gegenstände, die für den ***persönlichen Bedarf*** während der Reise bestimmt sind, wie Kleidung, Toilettenartikel, Schuhe, Sportgeräte etc.
●drei Flaschen ***alkoholischer Getränke*** und 500 ***Zigaretten*** oder 500 g Tabak.
●Für die ***Mitnahme eines Tieres*** wird ein tierärztliches Zeugnis benötigt, das von einer Diplomatischen Vertretung Panamas beglaubigt wurde, und eine Genehmigung vom *Ministerio de Agricultura, Comercio y Industrias, Departemento de Sanidad Animal.* Für Hunde und Katzen wird zusätzlich ein internationales Tollwutimpfzeugnis verlangt, aus dem deutlich hervorgeht, daß die letzte Impfung mindestens 30 Tage und höchstens 16 Monate zurückliegt. Nach der Ankunft in Panama kommt das Haustier für 40 Tage in Quarantäne. Die Kosten müssen vom Besitzer getragen werden (circa 20 $ pro Tag).
●***Einfuhrverbot*** besteht für Waffen, Munition, Vögel, Frischfleisch, tierische Erzeugnisse, frische Blumen, Früchte und Lebensmittel. Fertiggerichte, wie etwa abgepackte Trekkingnahrung, sind davon nicht betroffen.

Aufenthaltsverlängerung

Die Aufenthaltsverlängerung *(prorroga de turista)* obliegt der *Dirección Nacional de Migración,* einer Abteilung des *Ministerio de Gobierno y Justicia* (siehe "Panama-Stadt").

Um vor Ort den Aufenthalt verlängern zu können, benötigen Sie neben einer Portion Geduld und mindestens zwei Urlaubstagen folgendes: zwei Paßfotos jüngeren Datums, eine Kopie des Reisepasses (Daten der Person und des Reisepasses sowie Einreisestempel), eine Kopie des Ausreisetickets, 11 $ Bargeld (1 $ für die Administration, 10 $ für die panamaische Legitimation), ein Antragsformular *(solicitud de prorroga de turista),* erhältlich am Schalter der Einreisebehörde, und einen Brief in Spanisch. Der Brief muß an den *Director de Migración* gerichtet sein mit dem Betreff: *solicitado prorroga.* Außerdem muß er die persönlichen Daten, Reisepaßnummer, Nationalität und den Verlängerungsgrund enthalten.

Mit den Unterlagen gehen Sie zur ***Einreisebehörde,*** wo Sie nach dem Haupteingang rechts im kleinen Schalterraum einen Einlaufstempel auf das Antragsformular erhalten. Danach beginnt im Hauptschalterraum (nach dem Haupteingang links, am Ende des Ganges) der bürokratische Weg mit der Durchsicht der Unterlagen, Registrierung der Person, Entnahme eines Fingerabdruckes und der Bezahlung der Verwaltungsgebühr. Für diesen Ablauf benötigen Sie im günstigen Fall etwa 3 Stunden. Am nächsten Tag wird im "staatlichen" Fotostudio (trotz der beiden abgegebenen Paßfotos) ein Foto gemacht, das Ihre Identifikationskarte (mit Aufenthaltsdauer) zieren wird.

Wer die ***Bürokratie umgehen*** will, reist am besten für drei Tage nach Costa Rica aus. Bei erneuter Einreise erhalten Sie wiederum die Erlaubnis für 30 Tage Aufenthalt.

Ausreise

Wer nicht vor Ort den Aufenthalt verlängert hat, benötigt für die Ausreise lediglich eine ***Ausreisekarte*** *(Tarjeta de Desembarque)*, die beim Transportunternehmen oder an der Grenzkontrolle erhältlich ist. In den meisten Fällen wird Ihnen eine Ein-/Ausreisekarte ausgehändigt, wobei der untere Teil für die Ausreise bestimmt ist. Zur Erleichterung beim Ausfüllen der Ausreisekarte folgt die Übersetzung:

- *país y ciudad de destino:* Ausreiseland und -stadt
- *tiempo de estadia en este lugar:* Aufenthaltsdauer (nur für Panamaer)
- *compañia:* Name der Transportgesellschaft
- *vuelo no.:* Flugnummer
- *paz y salvo no.:* Nummer der Ausreisegenehmigung (nur wer den Aufenthalt vor Ort verlängert hat).

Ausreisegenehmigung

Die Ausreisegenehmigung *(paz y salvo)*, die nur benötigt wird, wenn Sie den Aufenthalt verlängert haben, erhalten Sie im *Ministerio de Hacienda y Tesoro* (siehe "Panama-Stadt"). Sie sollte maximal sieben, mindestens aber zwei Tage vor der Ausreise beantragt werden. Als Tourist müssen Sie nur den Punkt 2 des Formulares ausfüllen. Damit gehen Sie zum für Touristen vorgesehenen Schalter (nach dem Haupteingang links). Nach Erledigung der Verwaltungsangelegenheiten erhalten Sie an der Kasse gegen eine Gebühr von 25 ct. das Ausreiseformular (blaues A-5-Blatt). Damit gehen Sie zur *Dirección Nacional de Migración*, wo Sie einen Ausreisestempel erhalten und im Register ausgetragen werden. Dabei wird die Legitimations-Karte einbehalten. Das Ausreiseformular bleibt in Ihrem Besitz und muß bei der Ausreise dem Grenzbeamten vorgelegt werden.

Einkaufen

Der Panamakanal macht das Land zum ***Einkaufsparadies*** schlechthin. Das trifft aber nur auf Panama-Stadt, David und auf die Freihandelszone der Hafenstadt Colón zu. Das Straßenbild in diesen Städten erweckt den Eindruck, als sei der Tag einzig und allein dem Einkaufsbummel vorbehalten. Gefragt sind dabei vorwiegend billige Kleidungsstücke, Sportschuhe und elektronische Geräte. Dementsprechend groß ist auch die Palette des Angebots, das von der Billigware bis hin zum Luxusartikel reicht. Die große Auswahl bietet hohe Qualität zu sehr günstigen Preisen, was auch die Bürger der Nachbarstaaten Costa Rica und Kolumbien anlockt.

Vor den Geschäften stehen die Verkäufer und versuchen mit stimmgewaltigem Einsatz die Waren unter die Leute zu bringen, verständlich, wenn man bedenkt, daß sie zusätzlich zum niedrigen Monatslohn eine Verkaufsprovision kassieren.

Wie fast überall sonst auf der Welt fehlen in den Schaukästen der exklusiven Geschäfte die Preisschilder, die anderswo immer vorzufinden sind. Grundsätzlich aber wird über den ***Preis*** nicht gehandelt, es sei denn, Sie kaufen mehrere Souvenirs in einem Geschäft, auf kleineren Märkten, in der Freihandelszone von Colón en gros-oder Foto- oder Elektrogeräte. Vor allem in der Fotobranche wird mit Richtpreisen hantiert, die sich unter dem Einfluß der Konkurrenz als sehr flexibel er-

Typischer Kleinmarkt

weisen. Es lohnt deshalb, sich in verschiedenen Geschäften "gut" nach dem Preis zu erkundigen.

Im Angebot der großen ***Supermärkte*** ist beinahe alles zu finden, was das Herz begehrt (und der Magen verträgt): vom geschmacklosen, plastikverpackten Käse aus den USA über spanischen Sherry, japanischen Thunfisch in Dosen bis hin zu teuren Importartikeln wie Schweizer Schokolade oder Käse "Made in Holland". Aber nicht nur das Angebot hält einen Vergleich mit dem in Europa stand: Beim Einkaufen läßt sich rasch feststellen, daß die Preise für Lebensmittel sich nur gering von den unseren unterscheiden. Ladenschlußzeiten fehlen bei den Supermärkten, die in der Regel zwischen 9 und 19 Uhr geöffnet haben. In Panama-Stadt haben einige sogar 24 Stunden geöffnet. Taschen müssen aus Angst vor Ladendiebstählen in Supermärkten und in größeren Kaufhäusern immer am Eingang abgegeben werden.

Billige und zweifelsohne frische Produkte finden Sie auf zentralen ***Märkten*** oder ***Straßenständen,*** wo Kleinbauern aus der Umgebung ihre Ware anbieten. Für exotische Früchte wie etwa Papayas, Mangos oder Ananas, aber auch für Gemüse und Kräuter sind Sie hier an der richtigen Adresse. In das bunte Marktleben mischt sich auch die indianische Bevölkerung, die schönes Kunsthandwerk zum Kauf anbietet (siehe "Souvenirs" und "Kunsthandwerk").

Während Sie bei der ***Bezahlung*** in großen Kaufhäusern, Supermärkten, Bekleidungs- und Schmuckgeschäften häufig die Auswahl haben zwischen der Kreditkarte oder Bargeld, wird auf den Märkten und in kleinen Geschäften nur gegen bare Münze, sprich *dólares,* verkauft. Achtung! 50er- und 100er-Dollarnoten werden nahezu in jedem Geschäft aus Furcht vor Falschgeld abgewiesen.

Elektrizität

Die ***Netzspannung*** beträgt landesweit 110 Volt Wechselstrom (60 Hertz), weshalb Sie einen Spannungswandler (falls das Gerät nicht umschaltbar ist) und zur Benutzung der Flachsteckdosen bzw. -stecker einen Adapter benötigen.

Das *Instituto de Recursos Hidráulicos y Electrificación (IRHE)* hat im ganzen Land ein gutes Stromnetz aufgebaut. Als Quellen dienen ausschließlich Wasserkraftwerke. Zu ***Stromsperren*** kommt es von Fall zu Fall in der Provinz Bocas del Toro, ständig in der Provinz Darién zwischen zwei und sechs Uhr früh.

Essen und Trinken

Die panamaische Gastronomie läßt sich als Mischung aus unterschiedlichen Speisen umschreiben, deren Wurzeln in indianischen, spanischen, italienischen, karibischen und chinesischen Rezepten zu finden sind. Im Alltag heißt das *comida tipica,* eine deftige Kost, in der so ziemlich alles steckt, was der Mensch zum Leben braucht.

Frühstück

Die Magennerven werden am Morgen zum erstenmal strapaziert: Als Frühstück *(desyauno)* bevorzugt man *hígado* (gebackene Leber mit angebratenen Zwiebeln), *bistec* (Rindfleisch), *salchichas* (Würstchen in einer Tomaten-Zwiebel-Sauce) oder *huevos* (Eier). Als Beilage gibt es *patacones* (fritierte und gesalzene Scheiben unreifer Mehlbananen), *yuca* (fritierte Kassave-Stücke) oder *tortillas.* Diese typisch zentralamerikanischen Maismehlbrötchen sind durch den Erfolg der mexikanischen Küche in Europa längst keine Unbekannten mehr. Panama, auf der Schwelle zwischen Süd- und Zentralamerika, hat seine eigene Variante entwickelt: Die panamaische *tortilla* ist eine kleine, etwa 1 cm dicke Scheibe, geschmacklich aber unverkennbar aus Maismehl hergestellt. Eine verwandte Art sind die knackigen *carimañolas:* fingerlange Röllchen aus pürierter Kassave und Hackfleisch.

Wer den Tag allerdings leichter beginnen möchte, sollte *empenadas* (mit Käse oder Fleisch gefüllte Maismehltaschen) oder *hogaldres* (fritierte Frühstücksbrötchen aus Weizenmehl ohne Füllung) vorziehen. Die *hogaldres* werden, Ihrem Wunsch entsprechend, mit sehr jungem, weißem panamaischem Käse serviert oder mit gelben Importkäsescheiben überbacken.

Mittagessen

Zur Mittagszeit wird "richtig" der Magen vollgeschlagen: Fleisch, Innereien, Geflügel, Fisch oder Meeresfrüchte bilden traditionell die Hauptbestandteile des Mittagessens *(almuerzo),* die wichtigste Mahlzeit im Tagesablauf der Panamaer. Die Gerichte werden begleitet von *arroz* (Reis), *pure de papas* (Kartoffelpürée), *macarrón* (Spaghetti) und der bekanntesten Beilage Lateinamerikas, den *frijoles* (Bohnen). Für zusätzliche Kohlenhydrate sorgen süße *maduros* oder *tajadas* (gebackene Streifen reifer Mehlbananen).

Zubereitungsarten

Die Variation der Gerichte liegt in der Zubereitung: *à la criolla* (in einer Tomaten-Zwiebel-Sauce), *à la plancha* (gegrillt), *apanado* (paniert), *frito* (fritiert) oder *guisado* (gedünstet). Salz, Pfeffer und frischer Koriander bilden die Grundpfeiler, um den Geschmack zu verfeinern. Liebhaberinnen des scharfen Essens finden auf jedem Tisch eine Flasche *salsa picante,* die man vorsichtshalber testen sollte, bevor man sie über das Essen gibt. Als "Geschmacksverbesserung" gibt es zusätzlich das Tomaten-Ketchup. Es verrät den Einfluß des "American Way of Life", der in der panamaischen Gastronomie deutlich seine Spuren hinterlassen hat: Hamburger *(hamburgesa),* Hot Dogs *(perro caliente)* und Sandwiches für jeden Geschmack sind nicht zu übersehen. Und sie sind als kleine Mahlzeit zwischendurch oder am Abend sehr beliebt bei den Panamaern.

Spezialitäten

In einem Land, dessen Name sich mit "Fisch im Überfluß" übersetzen läßt, ist es nicht verwunderlich, daß ***Fisch und Meeresfrüchte*** ganz oben auf der Menükarte stehen. Große Popularität genießt der *Ceviche,* ein Cocktail aus rohem Meerrabe, mariniert in Limettensaft (kleine Zitronen), frischem Chillipfeffer und

Kulinarische Genüsse

Essen

Zwiebeln. Wegen der Choleragefahr sollten Sie aber auf diesen Imbiß verzichten. Bedenkenlos genießen können Sie *corvina al ajillo* (gebackener Meerrabe mit Knoblauch) oder *pargo frito* (fritierte Sackbrasse). Im ländlichen Gebiet kann zu günstigen Preisen eine frische Languste *(langosta)* verzehrt werden. Das zartrosa Fleisch wird in der Regel von der Schale befreit, bevor es serviert wird. Eine Spezialität auf der Península de Azuero sind die *longorones* (Bohrmuscheln), die meistens gekocht auf den Tisch gelangen. Mit einer Delikatesse kann auch die Provinz Bocas del Toro aufwarten: dem fufú, einer in Kokosmilch gekochten und geschmackvoll zubereiteten Fischart.

Aber es gibt auch ***andere Spezialitäten,*** die nicht aus Fisch oder Meeresfrüchten bestehen, wie zum Beispiel *Ropa Vieja* (wörtl.: Alte Kleidung), das aus zerpflücktem Rindfleisch, gemischt mit Zwiebeln, Knoblauch, Tomaten und grünem Pfeffer, besteht. Eine weitere Köstlichkeit ist das *tamal,* ein fantasievolles Gericht aus püriertem, gut gewürztem Mais, vermischt mit Oliven, Rosinen und Hühnerfleisch, das in ein Bananenblatt gewickelt serviert wird. Schmackhaft ist auch die *pastel de yuca,* das nach Aussehen und Geschmack der italienischen Lasagne sehr ähnlich ist.

Das ***Nationalgericht*** par excellence ist *Sancocho de Galina,* eine Hühnerfleischsuppe mit Gemüse, Knollen und frischem Koriander. Das Huhn *(pollo)* trifft man übrigens in vielen Varianten an, unter anderem als beliebtes Gericht *arroz con pollo* (gebackener Reis, gemischt mit zerpflücktem Hühnerfleisch und Gemüse).

Als Einstieg in die panamaische Küche können die *picados* empfohlen werden. Diese variationsreichen ***Appetithäppchen*** werden oft in Kneipen und Bars als Begleitung zu den Getränken angeboten, vergleichbar mit den *tapas* in Spanien.

Restaurants

Da eine sogenannte Betriebskantine in den großen Firmen kaum existiert, nutzt man zum Mittagessen das reichhaltige Angebot der Selbstbedienungsrestaurants, wo für etwa 2,50 $ verschiedene Gerichte in Buffettform angeboten werden. Für die Touristen bringt dies den Vorteil, daß bei der Auswahl von unbekannten Gerichten die Augen und die Nase entscheiden können. In den Restaurants der kleinen Orte beschränkt sich die Auswahl auf das sogenannte *comida criolla,* das aus dem lateinamerikanischen Standardtrio Reis, Bohnen und Fleisch oder Fisch zusammengestellt wird.

Die Bezeichnung "Restaurant" steht in abgelegenen Gebieten mehr oder weniger für einige Tische und Stühle in einem Privathaus, wo *la mamá* selbst den Kochlöffel schwingt. Auch die populären Essensstände *(fuente de soda),* die entlang der Landstraßen und bei Festveranstaltungen anzutreffen sind, werden meistens von Frauen geführt. Wegen des Gesundheitsrisikos sollte aber der Verstand über den Hunger siegen.

Als Alternative zu den Restaurants mit lokaler Küche finden Sie in Städten immer wieder chinesische und italienische Lokale. Über das größte Angebot an internationaler Küche verfügt selbstverständlich Panama-Stadt. Hier ist die Welt der Gastronomie zu finden. Das Angebot reicht vom argentinischen Steak über japanisches Sushi bis hin zum Schweizer Käsefondue. Und natürlich auch das geschmacklose Essen der renomierten Fast-Food-Ketten.

Getränke

In Panama ist es üblich, ein Glas ***Wasser*** zum Essen zu servieren. Dabei handelt es sich um normales, mit Chlor aufbereitetes Leitungswasser, das man, außer in abgelegenen Gebieten, bedenklos trinken kann.

Wer mehr Wert auf Geschmack legt, sollte zu den erfrischenden Fruchtsäften greifen. Die mit Wasser oder Milch zubereiteten ***Säfte*** *(chichas)* gibt es in jeder Geschmacksrichtung, wie etwa *tamarindo* (Tamarinde), *naranjillo* (Baumtomate) oder *guanábana* (Ochsenherzapfel). Sie sind hervorragende Durstlöscher, aber bei vielen Touristen eher unbekannt. Dagegen brauchen die *chichas* aus *mango, papaya* oder *piña* (Ananas) wohl keine nähere Erklärung. Fremdartig in der Runde der Durstlöscher ist die populäre *chicha arroz con piña,* ein süßes, milchähnliches Getränk aus Reis, Ananas, Zimt und Kornsaft *(cebada).*

Das ***Bier*** fehlt auch in Panama nicht. Das Sortiment weist neben den nationalen Biersorten *Atlas, Balboa* und *Panamá* auch das unter Lizenz gebraute *Löwenbräu* auf, das "Lowenbrau" ausgesprochen wird.

Bei Festen oder Gesellschaftsessen kommt manchmal auch eine Flasche ***Wein*** auf den Tisch. Wein ist in Panama nicht billig, da der Rebensaft nicht selbst produziert wird. Die Regale sind aber voll mit Weinen aus der ganzen Welt.

Um eine richtige panamaische Feier zu komplettieren, darf der lokal hergestellte ***Rum*** *(ron)* und *seco* (eine Art Wodka) nicht fehlen – na denn, *Salud!*

Feste und Feiertage

Zwischen Anfang November und Ostern befindet sich ein Großteil der Bevölkerung in ausgelassener Feststimmung. Die Wochen während dieser Zeit werden von nationalen und regionalen Feiertagen und von religiösen Festen *(fiestas patronales)* beherrscht. Das hat aber auch unangenehme Begleiterscheinungen: Während dieser Monate gerät der Arbeitsalltag aus den Fugen, kaum etwas läßt sich schnell organisieren, niemand ist erreichbar, und viele nehmen es mit der Arbeitsmoral am "Tag danach" nicht so genau oder sind durch das (be)-rauschende Fest sowieso nicht ansprechbar.

Unter dem Motto *viva* - was an sich bereits mehr Dynamik in sich birgt als nur "es lebe hoch" - wird mit Herz, Seele und natürlich mit viel Alkohol gefeiert. Die Hauptattraktion ist zweifelsohne der Karneval, wobei die schönsten und "heißesten" Paraden in Las Tablas, Penonomé und Portobelo stattfinden.

Der Feiertag beginnt meistens am ***Vormittag*** mit patriotischen Reden prominenter Politiker und Bürger sowie dem Hissen der Fahne, während die Nationalhymne abgespielt wird. Nach dem formellen Akt kommt allmählich Stimmung auf:

Typische Straßenparade

Die ersten Schulkapellen (eine Vielzahl wartet nervös in den Seitengassen) marschieren durch die saubergefegten, von Menschenmassen flankierten Straßen und zeigen dem Publikum ihr ganzes Können in Sachen Musik. Für die Mädchen und Knaben ist die Parade ein aufregender Augenblick, auf den sie ein ganzes Jahr warten und wofür sie natürlich fleißig üben mußten. Und weder die brütende Hitze noch ein plötzlich auftretender Regenschauer bringt den temperamentvollen Auftritt ins Schwanken. Zwischen den Kapellen marschieren reihenweise in nationale oder regionale Trachten gekleidete Mädchen, die sich mit eleganten, schwungvollen Bewegungen in Szene setzen, damit man sie in voller Pracht bewundern kann. "Sehen und gesehen werden", darum dreht sich alles am Vormittag - nicht nur für die in der Parade Mitmaschierenden, sondern auch für die Zuschauer am Straßenrand, die der Hitze mit Sonnenschirmen und Getränken aus der Kühlbox trotzen.

Während der ***Mittagszeit*** steht neben einem Essen der Verwandtenbesuch auf dem Programm, natürlich in schönster Kleidung. Doch die Straßen werden dadurch nicht leergefegt. Spontan tauchen Musikanten mit Trommeln, Geigen und Akkordeons auf, die mit ihren Rhythmen und Melodien viele zum Tanzen und Singen bewegen. Am späten Nachmittag folgt vielerorts ein Intermezzo in Form eines Rodeos, eines Wettkampfes mit dem

Fest- und Feiertagskalender

Dieser Fest- und Feiertagskalender gibt einen Überblick der schönsten und wichtigsten Feste im Land. Halten Sie aber unterwegs die Augen offen, da am Straßenrand auf lokale Veranstaltungen hingewiesen wird.

●***1. Januar*** - *Año Nuevo* (Neujahr), landesweit. Sehr populär ist das am Silvestertag gegen Mitternacht stattfindende, karnevalsähnliche Fest in Las Tablas.

●***6. Januar*** - *Día de Reyes* (Tag der Heiligen Drei Könige), landesweit mit Prozessionen und folkloristischen Festen. Interessant sind die Veranstaltungen in Chiriquí und auf der Halbinsel Azuero, vor allem in Macaracas.

●***11. Februar*** - *Fiestas de la Virgen de Lourdes* (Fest der Jungfrau von Lourdes), in den Provinzen Coclé und Los Santos.

●***21. Februar*** - *Aniversario de la Revolución Tule* (Jahrestag der Tule-Revolution), nur auf den San-Blas-Inseln.

●***19. März*** - *Fiestas Patronales de San José,* in den Provinzen Los Santos, Herrera, Veraguas und Coclé sowie in David.

●***1. Mai*** - *Día del Trabajo* (Tag der Arbeit), landesweit.

●***3. Mai*** - *Día de La Cruz* (Tag des Kreuzes), Wallfahrten in den Provinzen Coclé, Veraguas, Los Santos und Herrera.

●***5. Mai*** - *Conmemoración del Polvorín,* landesweite Fackelumzüge der Feuerwehren.

●***16. Juli*** - *Fiestas Patronales de la Virgen del Carmen* (Schutzpatronin der Fischer), auf der Isla Taboga, Isla Grande und in der Provinz Bocas del Toro.

●***19. Juli*** - *Fiestas Patronales de Santa Librada,* nur in Las Tablas.

●***24. September*** - *Fiestas de la Virgen de Las Mercedes,* Beginn des populären *Festival Nacional de La Mejorana* in Guararé.

●***5. Oktober*** - *Llegada de Cristóbal Colón* (Ankunft von Kolumbus), nur in Bocas del Toro.

●***12. Oktober*** - *Descubrimiento de América* (Feier zur Entdeckung Amerikas), vorwiegend an der Karibikküste.

●***21. Oktober*** - *Festividad del Milagroso Cristo Negro* (Fest des wundertätigen Cristo Negro), nur in Portobelo.

●***1. November*** - *Fundación de La Villa de Los Santos,* Feier zur Stadtgründung von Los Santos.

●***3. November*** - *Separación de Columbia* (Trennung von Kolumbien), landesweit.

●***4. November*** - *Día de la Bandera* (Tag der Nationalfahne), landesweit mit Paraden, vor allem durch Schulklassen.

●***5. November*** - *Grito de Independencia* (Unabhängigkeit von Kolumbien), landesweit.

●***27. November*** - *Festividad de la Medalla Milagrosa,* in der Provinz Veraguas.

●***27./28. November*** - *Desfile de Antorchas,* Fackelumzüge zu Ehren der Feuerwehrgründung in Panama-Stadt.

●***28. November*** - *Independencia de España* (Unabhängigkeit von Spanien), vorwiegend in der Provinz Panamá und in Boquete.

●***4. Dezember*** - *Fiestas Patronales de Santa Bárbara,* in Las Minas und Los Santos.

●***8. Dezember*** - *Día de La Madre* (Muttertag), landesweit.

●***24. Dezember*** - *Noche Buena* (Heiliger Abend), landesweit.

●***25. Dezember*** - *Navidad* (Weihnachten), landesweit.

●***31. Dezember*** - *Víspera de Año Nuevo* (Silvester), landesweit.

Mit Leib und Seele

Lasso, eines erbarmungslosen Hahnenkampfes oder einer panamaischen Variante des Stierkampfes: Kein für das Tier tödlich endender Kampf, wie es in Spanien üblich ist, sondern ein "Spiel des Panameño mit dem Stier", wie es die lokale Bevölkerung bezeichnet. Das "Spiel" aber dauert in der Regel nicht lange. Bereits nach wenigen Minuten verliert der ermüdete Stier das Interesse am flatternden Tuch, und er räumt unversehrt die Arena für den nächsten "Gegner".

Nach Einbruch der Dunkelheit sind die Paraden, Stierkämpfe oder Rodeos bereits vergessen, und jetzt wird richtig gefeiert mit allem, was dazugehört. Die Feier findet meistens in einem dafür bestimmten *jardín de cerveza* (auch für Frauen zugänglich) statt, mit *cantadores und cantadoras* (folkloristische Sänger und Sängerinnen), Tanzmusik und selbstverständlich Essen und Trinken. Und unter dem Motto "Je später der Abend, desto schöner die Gäste", kommt dann auch der Moment für die festlich gekleideten *señoritas.* Sie sind immer mit älterer weiblicher Begleitung (als Aufpasserin) unterwegs, denn schließlich könnte der "richtige" Mann gefunden werden - ein Heiratsmarkt à la Panamá.

Ebenfalls mit einer Tanzveranstaltung enden die zur Ehren der lokalen Schutzpatrone abgehaltenen ***fiestas populares***, die mit farbvollen Prozessionen begonnen wurden.

Einen besonderen Stellenwert unter den Veranstaltungen genießen

Die schönsten Feste mit wechselndem Datum

- ***Februar/März*** - Karneval. Sehr spektakulär ist der Karneval in Las Tablas und Penonomé sowie in der Provinz Colón.
- ***März*** - *Festival del Bunde y el Bullarengue* (traditionelle Nationaltänze), in La Palma.
- ***Juli*** - *Festival de la Pollera* (Fest der Nationaltracht), in Las Tablas mit der Wahl der schönsten Tracht.
- ***August*** - *Festival Anual de Los Congos,* Begegnung der verschiedenen Congo-Gruppen in der Provinz Colón.
- ***August*** - *Festival de la Cuadrilla* (afroantillianisches Fest), auf den Inseln der Provinz Bocas del Toro.
- ***Ende November*** - *Festival del Tambor Chiricano,* folkoristisches Fest in David.

die zahlreich stattfindenden ***ferias,*** die eine Mischung aus Jahrmarkt und Landwirtschaftsmesse im kleinen Rahmen sind. Die *ferias* werden regelmäßig veranstaltet, sind allerdings für die Touristen nur vereinzelt interessant, wie beispielsweise die Kaffee- und Orchideen-Messe in Boquete.

Film und Foto

Ausrüstung

Das ***feucht-heiße Klima*** Panamas wird hohe Anforderungen an Ihre Foto- bzw. Filmausrüstung stellen. Achten Sie deshalb unbedingt darauf, daß die Ausrüstung unterwegs möglichst trocken gehalten wird. Die Kapazität der handelsüblichen Päckchen mit Silica-Gel oder anderen Trocknungsmitteln dürfte allerdings schon nach kürzester Zeit erschöpft sein. Eine wasserdichte Tasche oder ein Sack (etwa ein Kanusack) schützt die Ausrüstung gegen überraschende Regenschauer und während einer Bootsfahrt. Ein ***Bleisack*** (für circa 20 DM im Fachhandel erhältlich) schützt die Filme vor zu stark eingestellten Röntgengeräten bei der Flughafenkontrolle. Außerdem sollte die Ausrüstung schlag- und stoßfest verpackt transportiert werden.

Als ***Filmmaterial*** empfiehlt sich die Mitnahme von 100-ASA-Filmen für Tageslichtaufnahmen und 400-ASA-Filmen für Aufnahmen in dunkler Umgebung, etwa im Regenwald. Um Hitzeschäden am belichteten Film zu vermeiden, sollte er so schnell wie möglich entwickelt werden. Das geschieht am besten in Panama-Stadt, da es im Landesinneren kaum ein geeignetes Fotogeschäft oder -labor gibt.

Bei der ***Versorgung*** mit speziellen Batterien, Film- und Fotomaterial gibt es kaum Probleme. Beinahe alle gängigen Marken sind in der Hauptstadt zu den üblichen Preisen erhältlich. Schwieriger dagegen wird es im Landesinneren, wo kaum Batterien und Filmaterial vorhanden sind. Ein ausreichender Vorrat sollte deshalb in Panama-Stadt eingekauft oder bereits von zu Hause mitgebracht werden. Batterien können übrigens vor Ort nicht umweltfreundlich entsorgt werden. Es ist nur ein kleiner Aufwand, diese wieder mit nach Hause zu nehmen.

Verhalten beim Fotografieren

Während einer Veranstaltung, außer bei Szenen, die das Leben der Indígenas betreffen, gibt es beim Fotografieren in der Regel keine Probleme. Auch was Kinder betrifft, werden sie keine Schwierigkeiten zu erwarten haben: Sie laufen häufig selbst vor die Kamera, um stolz zu posieren. Vorsichtiger dagegen sollte man beim Fotografieren von Alltagsszenen sein, vor allem wenn Menschen direkt betroffen werden. Ein gutes Teleobjektiv gewährt zwar die entsprechende Distanz, doch sollte man immer um ***Erlaubnis*** fragen, was vor allem die indianische

Bevölkerung betrifft. Für ein Foto der Bevölkerung auf den San-Blas-Inseln muß unbedingt um Erlaubnis gefragt und pro Foto 1 $ bezahlt werden.

In allen ***Museen*** des Landes besteht ein generelles Fotoverbot. Damit möchte das Kulturministerium verhindern, daß die wenigen historischen Gegenstände (die meisten wurden von den Amerikanern ohne Genehmigung in die Museen der USA gebracht) in einem anderen Land kopiert und dort ausgestellt werden. Genehmigung zum Fotografieren erteilt das Kulturministerium, wobei allerdings strenge Auflagen erteilt werden, unter anderem, daß die Fotos bzw. der Film vor der Abreise dem Ministerium vorgelegt werden müssen. Eine finanzielle Anerkennung wird ebenfalls erwartet.

Frauen allein unterwegs

Die Tatsache, daß alleinreisenden Frauen in vielen Reiseführern ein separates Kapitel gewidmet wird, spricht bereits Bände. Und immer noch sind spezifische Hintergrundinformationen für Touristinnen notwendig. Im Fall Lateinamerika heißt das: In welchem Maße sind die Machos wirkliche Machos?

Zur Beruhigung aller Frauen, die Panama bereisen möchten: Die ***Position der Frau in Panama*** weicht im allgemeinen nicht weit ab von der in Deutschland. So werden Bürgermeisterinnen, Ministerinnen oder Geschäftsführerinnen sehr häufig angetroffen und in der panamaischen Gesellschaft normal akzeptiert. Als Frau eine Karriereleiter hochzuklettern zählt sicher nicht zur Ausnahme. Das betrifft vor allem den städtischen Bereich. In ländlichen Gebieten dagegen gilt die Hauptaufgabe der Frau der Sorge um die Familie und den Haushalt.

In der Kommunikation mit dem männlichen Geschlecht ist nicht die Tatsache entscheidend, daß eine selbstbewußte Frau allein unterwegs ist, sondern vielmehr ihr ***Aussehen.*** Die Kleidung und Haare, das Make-Up und das Benehmen machen hier sehr viel aus: Wer im kurzen Rock, wenig verhüllenden T-Shirt oder ohne BH unterwegs ist, wird bei manchem Panameño die Machismo-Seite ansprechen. Wer auf Respekt und Distanz Wert legt, sollte deshalb auf das äußerliche Erscheinungsbild achten. Die Bequemlichkeit kommt trotzdem nicht zu kurz, denn Frauen in knielangen oder langen Hosen gehören zum täglichen Straßenbild. Am ruhigsten wird die Reise verlaufen, wenn Sie so wenig wie möglich Ihre Weiblichkeit betonen. Auch auf anzügliche Mimik, zweideutige Gesten oder mißverständliche Bemerkungen sollten Frauen besser verzichten.

Unbedingt beachten sollten Sie, daß für Frauen der Besuch in einer *cantina* (auch *bodega)* und eines *jardín de cerveza* als ***absolutes Tabu*** gilt. Die anrüchigen Kneipen sind ausschließlich der Männerwelt vorbehalten, und Frauen, die diese Kneipen betreten, werden ausnahmslos als Prostituierte eingestuft.

Aber mal ehrlich unter Frauen gesagt: Panama ist nicht vom Macho-Virus befallen wie viele andere lateinamerikanische Länder. In Ausnahmefällen, in denen Sie mit einem unangenehmen Annäherungsversuch konfrontiert werden, zeigen Sie am besten überhaupt keine Reaktion oder schütteln Sie ihren "Verehrer" mit *"no hablo Español"* ("Ich spreche kein Spanisch") ab. Wer die kleinen Hinweise beachten wird, kann als alleinreisende Frau einen streßfreien Urlaub in Panama genießen.

Rund ums Geld

Währung

Im täglichen Zahlungsverkehr dreht sich alles um den amerikanischen Dollar ($), der seit 1904 als gesetzlich anerkanntes Zahlungsmittel gilt und die "panamaische Währung" schlechthin ist. Aus Nationalstolz werden die Geldbeträge jedoch immer in der offiziellen Landeswährung angegeben, dem *Balboa* (1 B/. = 100 *centésimos).* Er spielt aber nur eine Nebenrolle, da es Banknoten nur in US-Dollars *(dólares)* gibt. In den 50er Jahren wurden zwar Balboa-Banknoten gedruckt, doch sie kamen nie in Umlauf.

Als ***Münzen*** (monedas) sind panamaische *centésimos* (ct.) und amerikanische *cents* (ct.) in folgender Größe im Umlauf:

1 ct. *(un centésimo de balboa)*
5 ct. *(cinco centésimos de balboa)*
10 ct. *(decimo de balboa)*
25 ct. *(cuarto de balboa)*
50 ct. *(medio de balboa)*
1 ct. *(one)*
5 ct. *(five)*
10 ct. *(one dime)*
25 ct. *(quarter Dollar)*
50 ct. *(half Dollar).*

Wechselkurs

Der Balboa ist dem US-Dollar im Verhältnis 1:1 angeglichen und voll konvertierbar. Für einen amerikanischen Dollar bezahlen Sie rund 1,56 DM (Stand: Ende1994).

Bargeld, Reisescheck und Kreditkarte

Die Mitnahme von ***europäischen Währungen*** und ***Euroschecks*** ist nicht ratsam. Diese können nur beschränkt in Panama-Stadt (siehe dort) eingetauscht werden.

Als Startbudget empfiehlt sich die Mitnahme eines kleinen ***Bargeldbetrages,*** der sich aus 1er-, 5er- und 10er-Dollarnoten zusammensetzt. Große Dollarnoten wie die 50er- und 100er-Banknoten sollte man immer ablehnen, da viele Geschäfte, Restaurants oder Kaufhäuser die Annahme dieser Banknoten verweigern. Das geschieht teilweise aus Geldmangel, teils aber auch aus Angst vor Falschgeld.

Aus Sicherheitsgründen sollten nur kleine Bargeldbeträge mitgenommen werden. Bargeld, das Ihnen abhanden gekommen ist oder gestohlen wurde, wird von keiner Versicherung ersetzt. ***Reiseschecks*** werden dagegen sehr rasch und immer in voller Höhe ersetzt. Die Neuausstellung kann übrigens beschleunigt werden: Dazu notieren Sie sich unmittelbar nach dem Kauf die Schecknummern, später die Einlösedaten. Bewahren Sie die Aufzeichnungen immer getrennt von den Schecks auf, um sie bei Verlust vorlegen zu können.

Reiseschecks werden von panamaischen Banken nur eingetauscht, wenn sie in US-Dollar ausgestellt sind. Schecks von *American Express* haben sich unterwegs am besten bewährt, teilweise auch Schecks von *Visa, Citicorp* und *Thomas Cook.* US-Dollar-Reiseschecks müssen übrigens von den Beherbergungsbetrieben als offizielles Zahlungsmittel akzeptiert werden, mit Ausnahme jener, die durch die Aufschrift *"no aceptan cheques"* deutlich darauf hinweisen. Ob nun mit oder ohne Aufschrift: In der Praxis nehmen die Billig- und Mittelklassehotels Reiseschecks nicht gerne als Bezahlung an, da sie beim Eintauschen Provision an die Bank zahlen müssen.

Nahezu alle großen Geschäfte, Supermärkte, Hotels, Restaurants und Tankstellen akzeptieren die ***Kreditkarte*** von *American Express, Visa* und *Mastercard,* fallweise auch die von *Diners Club.* Auf diese Zahlungsart sollten Sie sich aber nicht ganz verlassen. Bargeld mit der Visa- und der Mastercard-Kreditkarte erhalten Sie in den Filialen der *Banco Nacional de Panamá* (BNP), *Banco del Istmo* (BI) und in den Filialen der *Chase Manhatten Bank.* Mit der Amercian-Express-Karte erhalten Sie Bargeld nur in der *Banco del Istmo,* da die firmeneigene Bank vor der US-Invasion in 1989 die Geschäftsbeziehungen in Panama abgebrochen und bis heute nicht wieder aufgenommen hat. Ein American-Express-Büro ist aber noch vorhanden (siehe weiter unten).

Falls die ***Kreditkarte*** und/oder die ***Reiseschecks verloren oder gestohlen*** wurden, melden Sie den Verlust so rasch wie möglich bei den oben erwähnten Banken oder direkt bei:

- *Visa,* Ave. Samuel Lewis/Calle Santa Rita, Tel.: 234070 oder 234044.
- *American Express,* Ave. Balboa, Torre Banco Exterior, Piso 9, Tel.: 255858.
- *Mastercard, Chase Manhatten Bank,* Calle 47/Aquilino de la Guardia, Tel.: 635221.
- *Thomas Cook, Agencias Ciscombe,* Calle D, El Cangrejo, Tel.: 640111.
- *Diners Club,* Edifico Ultramar, Plaza Marbella, Tel.: 637922.

Wenn Sie an der oben angeführten Adresse niemand erreichen konnten oder wenn Sie außerhalb der Öffnungszeiten in Not geraten, dann können Sie sich auf Kosten der Kreditkartengesellschaft in die USA verbinden lassen:

- *Visa,* Tel.: (001) 4157547700.
- *Mastercard,* Tel.: (001) 3142756690.
- *American Express,* Tel.: (001) 8019646665.
- ***Euroschecks*** können rund um die Uhr in der Frankfurter Zentrale unter der Telefonnummer (0049-69) 740987 gesperrt werden.

Geld wechseln und überweisen

Beim Eintauschen eines ***Reiseschecks*** wird immer der Reisepaß benötigt. Die Filialen der *Banco Nacional de Panamá* tauschen jeden Reisescheck, der in US-Dollar ausgestellt ist, mit einer Provision von circa 1 % der Wechselsumme. Die Filialen der *Banco del Istmo* tauschen Reiseschecks von *American Express, Visa, Citicorp* und *Thomas Cook,* die *Chase-Manhatten-Bank* nur *Visa-Schecks,* wobei allerdings die Gebühr bei diesen Instituten bei circa 5 % liegt.

Wechselstuben sind nur in Panama-Stadt vorhanden, die beim Eintauschen eines Reiseschecks von *American Express* 2 %, von *Visa* und von *Thomas Cook* stolze 10 % Gebühr berechnen.

Deutsche Mark wechselt die *Banco Germánico de la América del Sud (Deutsch-Südamerikanische Bank AG),* ***Schweizer Franken*** die *Swiss Bank Corporation* und ***Niederländische Gulden*** die *Banco ABN AMRO.* ***Österreichische Schillinge*** werden nicht getauscht. ***Kolumbianische Pesos*** können in den *Bancos de Colombia* und *de Bogotá,* ***Costaricanische Colónes*** in der *Banco Internacional de Costa Rica (BICSA)* oder in David (siehe dort) eingetauscht werden.

Generell stellt eine ***Geldüberweisung*** nach Panama kein Problem dar. Im günstigen Fall dauert die Überweisung eine Woche. Der Postweg ist weniger interessant, da die Banken viel zuverlässiger und schneller arbeiten. Am besten lassen Sie sich das Geld nach Panama-Stadt überweisen, wo die *Dresdner Bank,* die *Schweizer Bank* und die niederländische *ABN-AMRO-Bank* eine Filiale haben. Der Betrag wird immer in US-Dollar ausbezahlt.

Spezielle Tips für ***Blitzüberweisungen*** sind im Notfall-Exkurs im Kapitel "Sicherheit" zu finden.

Reisekosten

Im Verhältnis zu anderen zentralamerikanischen Ländern liegt Panama bei den Reisekosten im oberen Spitzenfeld, was aber nicht heißen soll, daß eine Reise durch das Land für europäische Touristen kaum erschwinglich ist. Wie überall hängt es von individuellen Ansprüchen ab, wie groß die Urlaubskasse sein muß. Werden kaum hohe Ansprüche gestellt, kann von einem Tagessatz von 20 bis 25 $ pro Person ausgegangen werden.

Reisekosten in Panama

DZ, sehr einfaches Hotel	7-10 $
DZ, mittlere Klasse	20-30 $
DZ, Luxusklasse	ab 50 $
Essen	
Selbstbedienungsrestaurant	3 $
Gehobenes Restaurant	ab 6 $
Bier	1 $
Kaffee	30 ct.
Fruchtsaft	35 ct.
Erfrischungsgetränke	50 ct.
Überlandbus	
Panama - Colón	1,25 $
Panama - Chanhuinola	22 $
Flugticket	20-50 $
Fährticket	3-10 $
Bootsfahrten (Preis pro Boot)	
Yaviza - El Real	55 $
Yaviza - Boca de Cupe	60 $
El Real - La Palma	100 $

Gesundheit

Jede Reise in ein tropisches Land - und dazu gehört nun mal Panama - birgt immer ein gewisses ***Krankheitsrisiko***. Aber keine Angst! Panama hat im Vergleich zu anderen Tropenländern kein überhöhtes Risiko, und durch eine umfassende Beratung in den Impf- und Tropeninstituten (mindestens sechs Wochen vor der Abreise), durch vorbeugende Impfungen und durch richtiges Verhalten vor Ort kann das Risiko einer Erkrankung stark reduziert werden. Umfassende Hinweise und wichtige Informationen rund um das Thema Gesundheit und Vorsorge sind im Anhang zu finden, an dieser Stelle werden nur die wichtigsten Tropenkrankheiten und ihre Verbreitung in Panama aufgeführt.

Wird Ihre Urlaubsfreude durch eine ***leichte Erkrankung*** getrübt, finden Sie größtenteils mit den Medikamenten der Apotheken *(farmacias)* vor Ort Hilfe. Wenn es sich um eine ***schwerwiegende Erkrankung*** handelt, sollten Sie ein Privatkrankenhaus (siehe "Panama-Stadt") konsultieren, das zwar nicht billig ist, aber eine gute medizinische Betreuung gewährleisten wird. Versuchen sie, in jedem Fall die Botschaft zu kontaktieren. Sie verfügt häufig über Vertragsärzte, und das Botschaftspersonal kann darüber hinaus auch hilfreich dolmetschen.

Impfungen

Derzeit besteht für die Einreise nach Panama keine Impfpflicht, es sei denn, Sie reisen aus einem Epidemiegebiet ein. Wegen des vermehrten Auftreten von Cholera-Bakterien in süd- und zentralamerikanischen Ländern kann es unter Umständen vorkommen, daß bei der Einreise aus einem dieser Länder eine Cholera-Impfung verlangt wird. Über den aktuellen Stand informieren Sie die diplomatischen Vertretungen von Panama, die Impfzentren und die Tropeninstitute.

Um möglichst geschützt kreuz und quer durch Panama zu reisen, ist die Impfung gegen Typhus und Hepatitis A sinnvoll, gegen Gelbfieber nur dann, wenn Sie auch Darién besuchen möchten. Zudem sollten Sie sich vergewissern, daß Ihr Impfschutz für Kinderlähmung und

Wundstarrkrampf (Tetanus) noch immer vorhanden ist.

Krankheiten

Malaria

●Malariarisiko besteht ganzjährig um dem Gatún- und Bayano-See, in den Provinzen Darién und Bocas del Toro sowie am Kontinentalstreifen der Comarca de San Blas. Ausgeschlossen kann es aber in keinem Teil Panamas werden.

Gelbfieber

Gelbfiebererkrankungen treten in Panama nach wie vor auf, jedoch zählen große Epidemien, wie beispielsweise während des Kanalbaues, eher zur Seltenheit.

●Gefährdete Gebiete: nur die Provinz Darién.

Denguefieber

Nachdem im Herbst 1993 in Costa Rica die ersten Krankheitsfälle dieser dem Gelbfieber verwandten, doch weit weniger gefährlichen Erkrankung aufgetreten sind, wurde im ganzen Land mit Plakaten auf die Gefahr aufmerksam gemacht. Glücklicherweise blieb eine große Epidemie bis heute aus.

●Gefährdete Gebiete: ganz Panama.

Hepatitis A

●Gefährdete Gebiete: ganz Panama, vor allem aber dort, wo die hygienische Situation und die sanitären Bedingungen sehr zu wünschen übrig lassen.

Hepatitis B

●Gefährdet sind nur die Risikogruppen.

Cholera

Cholera war lange Zeit in Lateinamerika unbekannt, bis im November 1991 in Peru die ersten Fälle auftraten. Eine rasche Verbreitung auf die angrenzenden Länder war die Folge. Mittlerweile ist die Cholera auch bis nach Zentralamerika vorgedrungen und kann deshalb auch in Panama nicht mehr ausgeschlossen werden.

●Gefährdete Gebiete: ganz Panama, vor allem aber dort, wo die hygienischen Bedingungen sehr mangelhaft sind.

Typhus

Fälle dieser bakteriellen Erkrankung sind in den letzten Jahren in Panama nur sehr selten aufgetreten.

●Gefährdete Gebiete: ganz Panama, vor allem in Restaurants mit mangelnder Hygiene.

Aids

Über die zu Beginn der 80er Jahre aufgetretene Immunschwächekrankheit Aids bedarf es wegen der ständigen und weltweiten Aufklärung wohl keiner Worte mehr. Hinzugefügt sei, daß Panama mit über 500 offiziell registrierten Fällen in der Aids-Statistik Zentralamerikas an zweiter Stelle hinter Honduras liegt. Aids wird im spanischen *Sida* genannt.

Hygiene

Panama weist im allgemeinen einen deutlich niedrigeren Lebensstandard auf als die Länder Zentraleuropas. Das bedeutet, daß Sie ganz andere hygienische Bedingungen vorfinden werden als zu Hause. Hinzu kommt noch, daß die Hotels, Restaurants etc. im ländlichen Bereich kaum auf internationalen Tourismus eingestellt sind. Das zeigt sich deutlich im ***sanitären Bereich.*** Die Badezimmer und Toiletten entsprechen in vielen Fällen keinesfalls dem von zu Hause gewohnten hygienischen Standard. Öffentliche Toiletten sind kaum vorhanden.

Nahezu alle ***Billighotels*** werden in erster Linie stundenweise vermietet. Die Zimmerreinigung sowie die Bettlaken lassen häufig zu wünschen übrig. Im Reiseteil geben wir deshalb eine genaue Beschreibung des Hotels bzw. der Zimmer an, um Ihnen die Suche nach einer geeigneten Unterkunft zu erleichtern.

Leitungswasser, das beispielsweise in Restaurants regelmäßig vor dem Essen serviert wird, sollte man vor allem im ländlichen Bereich vorsichtshalber meiden (auch beim Zähneputzen!). Zwar wird das ***Wasser*** oft in einer einfachen Anlage gesäubert und chloriert, eine absolute Sauberkeit ist aber nicht garantiert.

Das Wasser in großen Glasbehältern, die häufig in öffentlichen Ämtern und Restaurants stehen, ist bedenkenlos trinkbar, ebenso abgekochtes Wasser aus dem Supermarkt und natürlich alle abgekochten Getränke wie Kaffee oder Tee. Für Trekking-Touren kann man auch spezielle Wasserfilter oder Entkeimungstabletten mitnehmen.

Informationsstellen

In Europa

- ***Informationskreis Panama,*** c/o *Häckel Reisen GmbH,* Nördliche Münchner Str. 31-33, 82031 Grünwald, Tel.: (089) 649-3205, Fax: (089) 649-2789. Soll ab dem Frühjahr 1995 die Vertretung des Offiziellen Panamaischen Fremdenverkehrsinstitutes erhalten.
- ***Informationsstelle Lateinamerika,*** Heerstraße 205, 53111 Bonn, Tel.: (0228) 658613.
- ***Österreichische Forschungsstiftung für Entwicklungshilfe*** (ÖSFE), Berggasse 7, 1090 Wien, Tel.: (0222) 340151.
- ***Lateinamerikanische Institute*** in Österreich:
  Schmerlingplatz 8, 1010 Wien,
  Tel.: (0222) 5233315.
  Heinrichstraße 18, 8010 Graz,
  Tel.: (0316) 32517.
  Schießstattstraße 7/14, 5020 Salzburg,
  Tel.: (0662) 390919.
  Bergiselweg 16a, 6020 Innsbruck,
  Tel.: (0512) 580324.
  Villacher Straße 1b, 9020 Klagenfurt,
  Tel.: (0463) 54989.
- ***Tropeninstitut,*** Abteilung Länderinformation, Mauritskade 63, 1092 AA Amsterdam, Tel.: (020) 5688711.

In Panama

- ***Instituto Panameño de Turismo*** (IPAT), Centro de Convenciones Atlapa, Vía Israel, Apartado 4421, Zona 5, Panama-Stadt, Tel.: 267000, Fax: 263483, geöffnet: Mo-Fr von 8 bis 16 Uhr.
- ***Instituto Panameño de Turismo,*** internationaler Flughafen, Tel.: 384356 oder 384102, geöffnet: täglich von 8 bis 24 Uhr.
- ***Deutsch-Panamaische Industrie- und Handelskammer,*** Vía España No. 140, Edificio Cecilia, Panama-Stadt, Tel.: 699366 oder 699358, Fax: 699359, geöffnet: Mo-Fr von 9 bis 12.30 Uhr.
- ***Smithonian Tropical Research Institution*** (STRI), Apartado 2072 Balboa, Edificio 362, Panama-Stadt, Tel.: 623038, Fax: 626084 (Biologisches Forschungsinstitut).
- ***Asociación Nacional para la Conservación de la Naturaleza*** (ANCON), Apartado 1387, Calle 50 Alberto Navarro, Edificio Ancón, Zona 1, Panama-Stadt, Tel.: 648100, Fax: 641836 (Naturschutzorganisation).

- ***Instituto de Recursos Naturales Renovables*** (INRENARE), Dirección Nacional de Areas Protegidas y Vida Silvestre, Apartado 1387, Paraíso, Tel.: 324325, Fax: 324083 (Nationalparkbehörde).
- ***Panamá Audubon Society,*** Calle 50, Edifico Universal, Apartado 2026, Balboa, Panama-Stadt, Tel.: 639446, Fax: 414057 (Ornithologische Gesellschaft).

Mit Kindern unterwegs

"Oh wie schön ist Panama", heißt das bekannte Kinderbuch des berühmten Autoren Janosch, das mit seinem Thema, der Begegnung mit fremden Menschen und Dingen unterwegs, den "Nagel auf den Kopf" trifft. Die Tourismusbranche Panamas ist allerdings nur in wenigen Orten auf internationale Touristen ausgerichtet, nicht zu sprechen von Touristen mit (Klein-) Kindern. Wir können deshalb eine Reise mit kleinen Kindern nach Panama nicht empfehlen.

Maße und Gewichte

In Panama finden neben dem metrischen System auch die ***Maß- und Gewichtseinheiten*** des englisch-amerikanischen Systems Verwendung:
1 *pulgada* (Zoll) = 2,54 cm
1 *pie* (Fuß) = 30,48 cm
1 *yarda* (Yard) = 91,44 cm
1 *milla* (Meile) = 1,609 km
1 *onza* (Unze) = 28,34 g
1 *libra* (Pfund) = 453,59 g
1 *galón* (Gallone) = 3,785 l
1 *tonelada larga (long ton)* = 1016,074 kg

Wird die ***Temperatur*** in Fahrenheit angegeben, dient eine Formel zur Umrechnung in Celsius: Man zieht von der Fahrenheit-Zahl 32 ab und teilt das Ergebnis durch 1,8.

Nachtleben

Die Möglichkeiten, wie und wo Sie den Abend verbringen können, werden in der jeweiligen Ortsbeschreibung im Reiseteil genauer erwähnt. Generell kann man sagen, daß das Nachtleben in Panama weder überraschend noch variationsreich ist. Das betrifft auch die lebhafte Metropole Panama-Stadt. In den Orten im ***Landesinneren*** spielt sich das Nachtleben in den *cantinas* und *jardíns de cervezas* ab. Frauen sollten diesen von der Männerwelt dominierten Kneipen fernbleiben, aber auch für männliche Touristen ist es besser, sie halten etwas Distanz zu diesen anrüchigen Kneipen, wo Trunkenbolde und Prostituierte das Stammpublikum bilden. Die einzige Ausnahme dabei bildet der *jardín de cerveza,* wenn er im Open-Air-Stil erbaut ist – damit man nichts vertuschen kann. In der von allen Seiten einsehbaren Freiluftkneipe mit einem zweckmäßigen Dach gibt es "Action" an bestimmten Fest- und Feiertagen (siehe "Fest- und Feiertage"), gelegentlich auch an Wochenenden. Dann treten lokale Musiker auf, die mit schwingenden Salsa- und Merengue-Liedern für gute Stimmung sorgen und die Anwesenden zum Tanzen anregen. Das Landleben steht ansonsten eher unter dem Motto: "Mit den Hühnern schlafen gehen und mit ihnen aufstehen".

Das Unterhaltungsangebot in ***Panama-Stadt*** ist im Vergleich zum Landesinneren weitaus größer, doch auch in der sonst so lebhaften Stadt können angenehme Kneipen, Straßencafés, Discotheken, Konzert- oder Theaterveranstaltungen an einer Hand abgezählt werden. Bei einem Besuch einer Disco wird auf gute Kleidung Wert gelegt: Turnschuhe und kurze Hosen sind unerwünscht. Das gleiche gilt auch für Konzert- und Theaterbesuche. Für den Besuch einer Disco muß in der Regel mit einem Eintritt von 10 $ pro Person gerechnet werden. Frauen haben häufig freien Eintritt.

Der größte Anteil im Unterhaltungssektor von Panama-Stadt kann den ***Kinos*** zugeschrieben werden. Sie zeigen die neuesten Filme aus Amerikas Traumfabrik Hollywood, meistens in Originalversion mit spanischen Untertiteln.

Eine gute und informative Unterhaltungsmöglichkeit bietet das Kino in der *Universidad de Panamá,* das neben Dokumentarfilmen auch sehr kritische Filme zu vielen panamaischen Alltagsthemen zeigt. Im Anschluß an die Filmvorführung wird des öfteren über den Filminhalt diskutiert. Die Diskussion setzt sehr gute Spanischkenntnisse voraus, eignet sich aber hervorragend, um Kontakte zu knüpfen.

Öffnungszeiten

Bei den Öffnungszeiten kommt es landesweit zu kleinen Differenzen. Eine genaue Angabe erfolgt im Reiseteil. Die folgenden Zeiten dienen nur als grobe Orientierung:

- ***Banken:*** Mo-Fr von 9 bis 13.30 Uhr, teilweise auch am Sa von 9 bis 12 Uhr.
- ***Behörden:*** Mo-Fr von 9 bis 15 Uhr, ohne Mittagspause.
- ***Geschäfte:*** Mo-Fr von 9 bis 19 Uhr, am Sa nur bis 18 Uhr.
- ***Museen:*** Di-So von 10 bis 17 Uhr, montags geschlossen.
- ***Postämter:*** Mo-Fr von 9 bis 17 Uhr, fallweise auch samstags geöffnet.

Orientierung

Panamas Orte sind in den meisten Fällen nach spanischem Vorbild angelegt, mit einem ***rechtwinkligen, schachbrettartigen Straßensystem,*** in dessen Mitte sich ein zentraler Platz *(Parque* oder *Plaza Central)* befindet. Die ***Straßen*** werden mit *Vía, Avenida* oder *Calle* bezeichnet und sind mit einer Nummer versehen. Zusätzlich findet man die Bezeichnung *Norte* (Norden), *Sur* (Süden), *Este* (Osten) und *Oeste* (Westen), die die Lage der Straße, von der *Plaza Central* aus gesehen, anzeigt. In Großstädten werden die Straßen auch noch mit einem Namen versehen (z.B. Avenida 4 Sur Nicanor de Obarrio), wirklich fest verankert sind die zusätzlichen Namen jedoch nicht.

In der Regel findet man sich im Straßensystem schnell zurecht, auch Touristen, die zum erstenmal panamaischen Boden betreten werden. Um die Orientierung, aber auch die Suche nach einer Adresse zu erleichtern, befinden sich in diesem Reiseführer viele detaillierte Stadt- und Umgebungspläne.

Adresse

Die undurchsichtige Vergabe von ***Hausnummern,*** vor allem ***in Panama-Stadt,*** macht die Suche nach einer Adresse gewöhnungsbedürftig. Da vielerorts das Nummernschild fehlt, ist man oft sogar auf die Hilfe eines Taxifahrers angewiesen. Bei der Angabe einer Adresse in Panama-Stadt wird deshalb weitgehend auf die Hausnummer verzichtet. Von den Bewohnern und Firmen werden generell der Straßen- und Gebäudename sowie der Name des Stadtteils zur Orientierung angegeben (z.B. Avenida 3 Simón Bolívar, Edificio Universal, Bella Vista). Die Bezeichnung ist auf den ersten Blick zwar eindeutig, doch die Suche nach der Adresse ist in Anbetracht der oft kilometerlangen Straßen ein sehr langwieriges Unternehmen. Darüber hinaus erhält man auf Visitenkarten bzw. findet man im Telefonbuch oft nur die Postfachadresse, wodurch ein Anruf unbedingt erforderlich ist. In kleinen Orten genügt bei der Adresse bereits der vollständige Name und die Ortschaft.

Wegen der unzulänglichen Adressenangabe vor Ort haben wir im Reiseführer die wichtigen Institutionen im Stadtplan eingezeichnet und/oder die Adresse so aufgebaut, daß Sie keine Schwierigkeiten bei der Suche haben werden. Die Angabe Avenida 1/Calle 3 und 4 bedeutet, daß sich die gesuchte Institution an der Avenida 1 zwischen den Straßen 3 und 4 befindet; Avenida 1/Calle 3 läßt erkennen, daß sich die gesuchte Institution an der Straßenecke befindet.

Abkürzungen bei Adressen und Städtenamen

Apdo. oder Aptdo. - *Apartado Postal* (Postfach)
Ave. oder Av. - *Avenida* (große Straße)
Cd. - *Ciudad* (Stadt)
Cl. - *Calle* (kleine Straße)
Edif. - *Edificio* (Gebäude)
Esq. - *Esquina* (Ecke)
Loc. - *Local* (Geschäft)
No., N. oder # - *Numero de la casa* (Hausnunmmer)
Nvo. - *Nuevo* (neuer Stadtteil, z.B. Nuevo Chorrillo)
Ofic. oder Ofc. - *Oficina* (Büro)
Pto. - *Puerto* (Hafen)
Pma. - *Panamá* (wird nur für Panama-Stadt verwendet)
Sta. - *Santa* (Heilige)
Sto. - *Santo* (Heiliger)
Urb. - *Urbanización* (Urbanisation, Siedlung)

Post

Die panamaische Post wird kurz als *COTEL (correos y telégrafos)* bezeichnet. Sie arbeitet im Vergleich zu anderen lateinamerikanischen Ländern schnell, aber nicht immer zuverlässig. Sehr wichtige Dokumente sollte man deshalb in die Hände eines Kurierdienstes legen (siehe weiter unten).

Briefe und Postkarten benötigen auf dem Luftweg *(correo aéreo)* nach Europa circa 7 bis 8 Tage. Dazu muß die Sendung allerdings in einer größeren Stadt abgegeben werden. In abgelegenen Gebieten wird die Post oft nur einmal pro Woche abgeholt, was unter Umständen die ***Postlaufzeit*** um weitere 10 bis 14 Tage verlängern kann. Da kaum ***Briefkästen*** vorhanden sind, gibt man die Sendung am besten direkt im Postamt *(estafeta)* ab, das durch ein gelb-blaues Schild mit der schwarzen Aufschrift *correos y telégrafos* erkennbar ist. ***Briefmarken*** *(estampillas)* erhalten Sie nur im Postamt. Ein 100 g schwerer Brief nach Europa kostet auf dem Luftweg 45 ct., eine Postkarte 35 ct.

Für ***Schnellsendungen*** (bis maximal 20 kg) arbeitet die panamaische Post mit dem bekannten EMS-System *(Express Mail Service).* Dadurch kann die Postlaufzeit nach Europa bis auf vier Tage verkürzt werden. Ein 500 g schwerer Brief kostet in diesem Fall stolze 20 $.

Kurierdienste, wie z.B. *DHL, World Courier, United Parcel Service* oder *Jetex,* arbeiten zwar nicht schneller als die Post, dafür aber zuverlässiger. Ein auf diesem Weg nach Europa gesendeter Brief (500 g) kostet zwischen 25 und 42 $.

Für weniger wichtige ***Pakete*** sollte man aus Kostengründen den Luft- oder Seeweg bevorzugen. Ein Paket kostet per Luftfracht circa 10 $/kg und benötigt nach Europa gleichlang wie der Brief. Auf dem Schiffsweg braucht die Sendung circa 4 bis 5 Wochen, sie kostet dafür aber nur 4 $ pro Kilogramm.

Postlagernde Briefe schicken Ihre Familienangehörigen, Freunde oder Bekannten am besten an die Botschaft oder an ein Hauptpostamt der Hauptstadt (siehe dort). Die Anschrift sollte den vollständigen Namen des Empfängers (keine Abkürzung!), den Vermerk *posta restamo* (postlagernd), das Hauptpostamt mit der Zone *(entrega general, zona ...),* Ciudad de Panamá (für die Hauptstadt) und República de Panamá aufweisen. Fehlt bei der Adresse die Zona, wird der Brief automatisch an das Hauptpostamt in der Altstadt weitergeleitet. Auf keinen Fall sollte der Absender fehlen, damit die Post den Brief bei Nichtabholung (Aufbewahrungsfrist circa 6 Wochen) wieder zurücksenden kann. Postlagernde Briefe können am Schalter *listo de correos* abgeholt werden, doch nur unter Vorlage des Reisepasses. Wer im Besitz einer *American-Express-Karte* ist, kann sich die Post an das Amexco-Büro in Panama-Stadt zusenden lassen.

Reiseveranstalter

In Panama

Das Geschäft mit organisierten Touren befindet sich derzeit in den Händen von wenigen Veranstaltern. Die größten und renommiertesten Anbieter, die Touren kreuz und quer durch Panama organisieren, haben ihr Büro in Panama-Stadt. Die folgende Auflistung zeigt diese Anbieter, sagt aber nichts über Qualität und Service des einzelnen Veranstalters aus.

- ***Centro de Aventuras,*** Calle 44, Edificio Hispania, Local C, Bella Vista, Tel.: 276476, Fax: 276477.
- ***Ecotours,*** Apartado Postal 465, Zona 9A, El Dorado, Einkaufszentrum Alhambra, Tel.: 363575 oder 363076, Fax: 363550.
- ***Jungle Adventure Tours,*** Apartado Postal 5425, Balboa, Ancón oder Calle Ricardo Arias No. 38 (Alitalia-Büro), Tel.: 692511 oder 692733, Fax: 691604.
- ***Nattur Panamá,*** Apartado Postal 5058 Balboa, Ancón oder Calle 42 y Avenida Mexico, Edificio Guadalupe, Local 1, Tel.: 257325, Fax: 257314.
- ***Pesantez Tours,*** Calle 51, Edificio Banco Bilbao, Bella Vista, Tel.: 637577, Fax: 637860.

In Europa

- ***Airtours International,*** Albertstraße 44-48, 60486 Frankfurt am Main.
- ***Adventure World,*** 84160 Frontenhausen.
- ***MATA GmbH,*** Bismarckstraße 14, 80803 München.
- ***Miller Reisen,*** Millerhof 1, 88281 Schlier.
- ***Nattour UmWeltReisen,*** Siegburger Straße 347, 51105 Köln.
- ***Saspo Touristik GmbH,*** Eisenbahnstraße 204, 63303 Dreieich.
- ***Trails – Natur- und Erlebnisreisen,*** Bahnhofstraße 47, 87435 Kempten.
- ***Wickinger Reisen GmbH,*** Kölner Straße 20, 58135 Hagen.

Reisezeit

Trockenzeit

Wer die Reise nach wettergünstigen Bedingungen plant und/oder dem europäischen Winter entfliehen möchte, ist zwischen Mitte Dezember und Mitte März in Panama am besten aufgehoben. Während dieser Monate herrscht die sogenannte Trockenzeit *(verano* = Sommer) vor, und die Reise wird sich angenehmer und flexibler gestalten lassen als in den restlichen Monaten des Jahres. Plötzlich auftretende Regengüsse *(aguazeros)* sind aber auch während der Trockenzeit keine Seltenheit. Die geringsten Regentage verzeichnen die ersten Wochen des Jahres. Im Januar zeigt der Himmel sich von seiner schönsten Seite, doch schafft die Sonne eine oft unerträgliche Hitze. Davon sind vorwiegend die tiefliegenden Gebiete betroffen, während man in den Bergen von Chiriquí das ganze Jahr hindurch frühlingshaftes Wetter vorfindet.

Bei der Reiseplanung sollte man neben dem Wetter aber auch die zahlreichen Feste beachten (siehe "Fest- und Feiertagskalender"), wovon die meisten in der Trockenperiode stattfinden.

Regenzeit

In den restlichen Monaten des Jahres, der sogenannten Regenzeit *(invierno* = Winter), gestaltet sich eine Reise kreuz und quer durch Panama etwas schwieriger, da Boots- oder Busverbindungen wegen Schlechtwetter ausfallen können bzw. die Regenfälle einige Straßen unpassierbar machen, wie etwa die Straße nach Darién. Laut Statistik werden circa zwei Drittel der Kalendertage als Regentage eingestuft, an denen die Regenfälle oft am späten Nachmittag losbrechen und bis zum Einbruch der Dunkelheit anhalten. Während dies im September und Oktober am häufigsten passiert, regnet es von November bis April meistens nur nachts. Von Mai bis August muß man tagsüber mit zwei Regenschauern rechnen. Viele Panamaer empfinden jedoch die oft nur kurz anhaltenden Regengüsse als eine erfrischende Abwechslung zu der tropischen Hitze.

Sicherheit

Während der Noriega-Diktatur, aber besonders während der Zeit nach der US-Invasion im Jahr 1989 hatte Panama unter den zentralamerikanischen Ländern den ***schlechtesten Ruf*** in puncto Sicherheit. Diese Aussage, der man unterwegs in Zentralamerika noch immer begegnen wird, betraf in erster Linie Panama-Stadt und Colón. Das Landesinnere war davon kaum betroffen. Und daran hat sich bis heute nichts geändert. Touristen haben im *Interior* keine außerordentlichen Vorsichtsmaßnahmen zu beachten. Wie überall auf der Welt kann es auch dort zum Gelegenheitsdiebstahl kommen. Vom Überfall ist aber nur sehr selten die Rede, schon gar nicht auf Touristen.

Im ***Brennpunkt der Kriminalität*** stehen nach wie vor Panama-Stadt und Colón, wo mittlerweile eine sogenannte Touristenpolizei geschaffen und speziell zum Schutz von touristischen Einrichtungen aller Art abgestellt wurde. Dadurch konnte die Sicherheit für die Besucher erheblich verbessert werden. Über die lokalen Fernsehsender flimmern täglich Berichte über diverse Verbrechen in diesen Städten, doch das sind wir mittlerweile auch von europäischen Großstädten gewöhnt. Sicher kann die Kriminalität nicht vom Tisch gewischt werden, doch sollte sie nicht dazu führen, Panama als Reiseziel deswegen den Rücken zu kehren. Mit den nötigen Vorsichtsmaßnahmen kann das Risiko eines Diebstahles oder Überfalles verringert werden, ganz kann es aber nirgends ausgeschlossen werden.

Diebstahl und Überfall

Wenn Sie das Opfer eines ***Diebstahls*** geworden sind, sollten Sie zunächst einmal Ruhe bewahren – das Geschehene kann sowieso nicht mehr rückgängig gemacht werden. Nachdem Sie eine komplette Liste mit den gestohlenen Sachen angelegt haben, wenden Sie sich an die nächste Polizeidienststelle. Vergessen Sie die Anzeigenbestätigung nicht, wenn möglich in mehrfacher Ausfertigung! Sie wird bei der Neuausstellung der Reisedokumente von der Botschaft, der Fluggesellschaft etc. und beim Schadensersatz von der Versicherung zu Hause verlangt.

Während der Diebstahl niemals eine direkte Bedrohung für die Betroffenen darstellen wird, ist bei einem ***Überfall*** die direkte Gefahr hautnah zu spüren. Denken Sie deshalb daran, daß Kriminelle, die mit Überfällen ihren Unterhalt finanzieren, nicht lange herumfackeln und von der Waffe Gebrauch machen. Lassen sie die Vernunft siegen, und spielen sie nicht den Helden. Nehmen Sie den Überfall stillschweigend hin, ansonsten riskieren sie am Ende noch ihr Leben – womöglich für eine "Handvoll" Dollars.

Drogen und Prostitution

Panamas östlicher Nachbar Kolumbien ist auf dem Gebiet des ***Drogenhandels*** und der Drogenproduktion kein unbeschriebenes Blatt. Die mächtigen kolumbianischen Kokainkartelle benutzen neben anderen lateinamerikanischen Ländern auch Panama als Transitland für den weltweiten Drogenhandel. Die kaum kontrollierbaren Küsten- und Dschungelgebiete, vor allem aber der weltumspannende Schiffsverkehr durch den Panamakanal bieten dafür die idealen Bedingungen. Durch den ständigen Transit bleiben auch Drogen im Land "hängen", die über Kleindealer im Straßenverkauf an die Endverbraucher gebracht werden. Vor allem in den sozial schwächeren Schichten Panamas ist in den letzten Jahren der Gebrauch von Drogen aller Art sprunghaft angestiegen. Die Regierung steht dem Drogenmißbrauch eher machtlos gegenüber, und eine Lösung ist wegen der großen Probleme im gesamten Sozialbereich kaum in Sicht.

Ebenfalls einen deutlichen Anstieg verzeichnet man bei der ***Prostitution,*** die einerseits zur Beschaffung der Geldmittel für den Drogenkonsum dient, andererseits aber durch die Schiffahrt seit eh und je in Panama vorhanden ist. Besondere Zentren der Prostitution sind die Hafenstädte, in erster Linie Colón und Panama-Stadt, wo die Dunkelziffer der Prostituierten bereits jede Vorstellungskraft übertrifft.

Notfall-Tips

Vorbeugemaßnahmen

- In Panama besteht kein ***Versicherungsschutz im Krankheitsfall.*** Deshalb ist es unbedingt ratsam, eine Auslands-Reise-Krankenversicherung abzuschließen. Bei erhöhtem Sicherheitsbedarf kann auch eine Reise-Notfall-Versicherung bzw. ein Schutzbrief nützlich sein.
- Ein ***Impfpaß*** und evt. ein ***Gesundheitspaß*** mit Blutgruppe, Allergien, benötigten Medikamenten u.ä. sollte mit auf die Reise genommen werden.
- Bei der Hausbank sollte man sich über die ***Korrespondenzbank im Reiseland*** und Möglichkeiten der ***Geldüberweisung*** informieren, außerdem sollte man sich über Notfallhilfen und Sperrmodalitäten des ***Kreditkarteninstituts*** kundig machen.
- Für Postempfang und Kontoverfügung sollten bei der Post bzw. Bank an vertrauenswürdige Personen ***Vollmachten*** ausgestellt werden. Gegebenenfalls sollte man seinem Rechtsanwalt eine Vertretungsvollmacht für Notfälle geben.
- ***Zu Hause*** ist zu klären, wer im Notfall telefonisch erreichbar ist. Dort sollten auch die eigene Bankverbindung und die Versicherungsadressen hinterlassen werden.
- Auf alle Fälle sollte man sich ***Kopien*** von Paß (incl. Visumseite), Flugticket, Kredit- und Scheckkarten, Reiseschecks und sonstigen Dokumenten anfertigen, sie wasserdicht verpacken und getrennt von den Originalen aufbewahren. Ein ausreichend hoher ***Sicherheitsgeldbetrag*** sollte getrennt von der Reisekasse aufbewahrt werden.
- Die ***Dokumente*** sollten wassergeschützt am Körper (Brustbeutel, Geldkatze u.ä.) aufbewahrt oder im Hotelsafe gegen ausführliche Quittung hinterlegt werden.
- Wertvoller ***Schmuck*** sollte am besten zu Hause bleiben.
- Tauschen Sie nur ***kleine Geldbeträge*** in der Bank und/oder bezahlen Sie soweit als möglich mit Reiseschecks und/oder Kreditkarte, dadurch führen Sie nie größere Bargeldbeträge mit sich. Wenn doch, dann an verschiedenen Stellen verwahren.
- An den ***Strand*** sollte nur das Allernötigste mitgenommen werden.
- Bei auffälliger Trageweise der ***Foto- bzw. Videoausrüstung*** wird den Dieben am deutlichsten Ihr "Reichtum" gezeigt. Die Ausrüstung sollte deshalb so unauffällig wie möglich transportiert und immer im Blick behalten werden. Außerdem so tragen, daß das Handgepäck nicht leicht entrissen werden kann. Ein guter ***Gepäckverschluß*** verhindert den raschen Zugriff eines Taschendiebes.
- Stellen Sie das ***Mietfahrzeug*** immer auf einem bewachten Parkplatz ab.
- Beachten Sie die ***Hinweise der lokalen Bevölkerung*** bezüglich der Meidung bestimmter Straßen, Gebiete, Bezirke etc. (und die im Reiseführer erwähnten Hinweise, vor allem bei Panama-Stadt und Colón).
- Sinnvoll ist es, sich einen ***persönlichen Notfall-Paß*** zu erstellen und ihn

Souvenirs

Die künstlerischen Ausdrucksformen der ursprünglichen Bevölkerung Panamas haben neben ihrer religiösen oder alltäglichen Funktion (siehe "Kunsthandwerk") mit dem Tourismus auch einen kommerziellen Stellenwert bekommen.

Mola

Die *mola* ist dabei das beste Beispiel. Dieses farbenprächtige Textilwasserdicht und sicher am Körper aufzubewahren. Eingetragen werden sollten: eigene persönliche Daten, die eigene Adresse und die von Kontaktperson zu Hause incl. Tel. und Fax, die eigene Bankverbindung, Notruf-Telefonnummern der Kranken- und/oder Reise-Notfall-Versicherung bzw. der Schutzbrieforganisation, Adresse und Telefonnummer der deutschen Vertretung im Reiseland (siehe im Buch oder Auswärtiges Amt, Tel. 0228/170), Nummern des Passes, des Flugtickets, der Reiseschecks, der Kreditkarten usw.

Im Krankheitsfall

●Im Krankheitsfall muß man die Kosten für eine Behandlung zunächst selber tragen. Um von der Reisekrankenversicherung die Kosten rückerstattet zu bekommen, muß man sich vom Arzt eine ***ausführliche Bescheinigung*** über Diagnose und Behandlungsmaßnahmen, einschließlich verordneter Medikamente, sowie eine ***Quittung*** über die bezahlte Behandlung ausstellen lassen. Auch von Apotheken sollte man sich Quittungen ausstellen lassen.

●Bei ***schweren Fällen*** sollte außer dem Notfallservice der Versicherung auch die Botschaft bzw. das Konsulat informiert werden.

Verlust von Dokumenten/Geld

●Von der ***Polizei*** sollte ein ausführliches Protokoll ausgestellt werden.

●Den betroffenen Stellen sollte der ***Verlust zügig gemeldet*** werden, möglichst zusammen mit Nummern bzw. Kopien der verlorenenen Dokumente (Paß: Botschaft bzw. Konsulat, Tickets: Fluggesellschaft, Schecks, Kreditkarten: Bank).

●Botschaften bzw. Konsulate stellen bei Paßverlust einen ***Ersatzpaß*** aus, nachdem die Identität geklärt ist. Beste Voraussetzung dafür ist eine Fotokopie des Originals. Sonst wird beim Einwohnermeldeamt der Heimatstadt angefragt, was natürlich Zeit kostet.

Beschaffung von Geld

●***Blitzüberweisung*** von der ***Hausbank.*** Dazu sollte man schon vor der Reise die jeweiligen Bedingungen, insbesondere die Korrespondenzbank im Reiseland, klären.

●***Blitzüberweisung*** durch einen ***Verwandten.*** Spezialisiert auf schnellste Verbindungen ist die *Deutsche Verkehrsbank.*

●Vertreter des ***Kreditkarteninstituts*** zahlen nach Klärung der Identität ein Notfallgeld. Auf eine rasche Ausstellung der Ersatzkarte sollte man nicht in jedem Fall vertrauen.

●***Reise-Notfall-Versicherungen*** zahlen je nach Vertragsklauseln bis zu 3000 DM Notfalldarlehen, direkt über Vertreter im Reiseland, falls vorhanden.

●Die ***Botschaften bzw. Konsulate*** leihen nur in absoluten Ausnahmefällen Geld, zumeist auch nur in Form von Rückflugticket oder Zugfahrkarte. Allerdings kann in Notfällen eine Information an Verwandte in Deutschland erfolgen, die das benötigte Geld auf ein Konto des Auswärtigen Amtes einzahlen müssen.

kunstwerk der Kuna-Frauen, das normalerweise ihre Blusen ziert, ist ein beliebtes Souvenir und Sammelobjekt. Das einzigartige, zu Beginn vielleicht etwas naiv erscheinende "Textilgemälde" fasziniert bei näherer Betrachtung durch versteckte Motive, Farbenspiel, Anwendung und Technik, nicht zuletzt aber auch durch die Individualität und Kreativität, die im Muster zum Ausdruck kommen. Der beste Ort, um *molas* zu kaufen, ist natürlich bei den Kunas selbst, entweder auf den San-

Blas-Inseln oder an einem Straßenstand in der Hauptstadt, wie etwa in Panamá Viejo oder im Stadtteil Balboa, nahe der Panamakanal-Kommission. Einer der besten und auf *molas* spezialisierten Souvenirläden befindet sich in Panama-Stadt nahe dem Hotel *El Panamá* (siehe dort).

Chachira

Eine andere landestypische Handarbeit, die ins Auge fällt, ist die *chachira,* eine breite Halskette, die zur Guaymí-Tradition gehört. Jede Kette besteht aus vielen kleinen Kunststoffperlen, die ein geometrisches, teilweise sehr farbenprächtiges Muster bilden.

Cháchara

Von den Guaymí stammt auch die *cháchara,* eine kleine Umhängetasche in natürlichen Farben. Die Grundtechnik der *cháchara* beruht auf Knüpfarbeit. Das künstlerische Handwerk wird vorwiegend in der Provinz Chiriquí an der *Carretera Interamericana* nahe dem Ort Tolé zum Kauf angeboten.

Holzskulpturen

Schwieriger erhältlich, aber sicher eine Suche wert sind die Tagua-Figuren aus der Elfenbeinnuß (Kern der Steinpalme) und die Skulpturen aus dem dunkelroten Hartholz der Cocobolo (Wollbaumsorte). Diese Arbeiten sind die stolzen Produkte der Chocó-Indígenas aus der Darién-Provinz. Edel und sehr beeindruckend wirken die Tier- und anthropomorphen Gestalten, einige dieser Kunstgegenstände erreichen sogar Museumsqualität. Die schönsten Exemplare erhalten Sie in den Dörfern im Darién oder im neueröffneten Markt bei Panamá Viejo.

Keramik

Keramikarbeiten, die oft mit präkolumbischen Symbolen dekoriert sind, gehören zur Spezialität der Bevölkerung der Península de Azuero. Im Ort La Arena, 3 km vor Chitré gelegen, preisen die Geschäfte entlang der Hauptstraße vor allem Vasen, Schalen, Kaffee- und Teetassen an. In der Keramikwerkstatt Chitrés kann man sich Keramikstücke nach seinen Wünschen anfertigen lassen.

Steinschnitzereien

Aus präkolumbischer Zeit datiert die Steinschnitzerei, wofür Speckstein

Keramikarbeit

Reine Naturprodukte

(Steatit) verwendet wird. Leider werden neben den traditionellen Gegenständen immer mehr kitschige Produkte für die Touristen angefertigt.

Panamahut

Aus der Reihe der praktischen Mitbringsel ist der typische Panamahut (siehe "Zentrale Pazifikküste") zu erwähnen, der seine Funktion als optimaler Sonnenschutz bereits während der Reise unter Beweis stellen wird. Der markante Strohhut mit seinem Muster gehört zum kolonialen Erbe und ist auf der Península de Azuero, in Penonomé und in Panama-Stadt erhältlich.

Hängematte

Die in ganz Lateinamerika beliebte Hängematte *(hamaca)* fehlt auch in Panama nicht. Die meisten Exemplare tragen jedoch den Vermerk *Made in Columbia.* Ihr Körper wird sich an dieser Tatsache aber weniger stören, wenn er entspannt auf der Hängematte zwischen zwei Palmen schaukelt. Eine große Auswahl an Hängematten offerieren die Geschäfte an der *Carretera Interamericana,* wenige Kilometer nach La Chorrera in Fahrrichtung Westen. Die Straßenstände in Panama-Stadt bieten zwar weniger Auswahl an, dafür aber Modelle von sehr guter und leichter Qualität. Preiswerte und für die Reise optimale Hängematten findet man in der Hauptstadt im Supermarkt *El Rey* an der Vía España.

Weitere Souvenirs

Generell betrachtet, besteht für jeden Geschmack und Geldbeutel eine große Auswahl landestypischer Mitbringsel: Von teuren Replikaten präkolumbischer ***Goldschmuckstücke,*** die in den Juwelierläden der Hauptstadt zu bewundern sind, über traditionelle ***Trachten*** und geflochtene ***Korbwaren*** bis hin zu farbenprächtigen ***Teufelsmasken*** aus Pappmaché. Und nicht zu vergessen, die vielen ***Kassetten und CD's*** mit *musica latina* oder *folklórica.* Egal welches Souvenir mit nach Hause gebracht wird, zu den schönsten Erinnerungen zählen zweifelsohne die Reiseerlebnisse, die von Ansichtskarten, Fotos, Dias oder einem Bildband nachhaltig bekräftigt werden. Sie können gleichzeitig aber auch der Familie, den Freunden und Bekannten zu Hause einen Eindruck vermitteln über die vielen "Gesichter" Panamas.

Sport und Erholung

Wandern und Trekking

Eine Wanderung durch den faszinierenden Tropenwald, der "grünen" Welt aus unbekannten Pflanzen und Geräuschen, zählt sicher zu den schönsten Reiseerlebnissen. Mit einem Waldspaziergang wie zu Hause ist eine solche Wanderung aber keineswegs vergleichbar.

Die Unterschiede beschränken sich nicht nur auf Tier- und Pflanzenwelt, sondern liegen auch in der ***Anreise.*** Sie ist in vielen Fällen eine mühsame und abenteuerliche Angelegenheit, und generell erreicht man die Naturschutzgebiete erst nach einem Fußmarsch, im günstigen Fall nach einer Jeep- oder Bootsfahrt.

Nur sehr selten geht es danach über ausgeschilderte Wanderwege weiter. Durch die abgelegenen Gebiete führen oft nur ***schmale Pfade,*** die von der lokalen Bevölkerung als "Straßen" zur nächsten Siedlung, zu ihren Anbau- und Jagdgebieten oder von den Parkaufsehern für einen Kontrollgang benutzt werden. Die Zugänglichkeit der Gebiete für die Wanderer wird durch diesen lokalen Verkehr stark bestimmt, denn nimmt die Benutzung der Pfade ab, wird der Weg in kurzer Zeit von der Natur zurückerobert. Und eine Pflege der Wege durch die Parkverwaltung liegt noch in ferner Zukunft.

Ohne ortskundige ***Führer*** wird das Gebiet für die Besucher dann zu einem Labyrinth. Welche Touren individuell gemacht werden können und für welche Touren ein Führer ratsam ist, finden Sie im Reiseteil bei der Beschreibung des jeweiligen Naturschutzgebietes.

Mehrtägige Trekkingtouren lassen sich kaum individuell durchführen. Für solche Touren ist eine gründliche Vorbereitung unbedingt notwendig. Die gesamte Verpflegung muß dabei mitgetragen werden, ein Zelt oder besser eine Hängematte, ein Moskitonetz, eine Regenplane als "Dach", eine umfassende Reiseapotheke, Insektenschutz, wasserfest verpackte Kleidung und Schuhe zum Wechseln dürfen nicht fehlen. Das wichtigste dabei, gute topografische Karten, existieren zwar, sie sind aber veraltet. Für die Orientierung, aber auch für den Kontakt zur lokalen, meist indianischen Bevölkerung, den man benötigt, um im Dorf zu übernachten, ein Boot zu organisieren oder um eine Trinkwasserstelle zu finden, sind Sie deswegen auf orts- und sachkundige Führer angewiesen. In Panama treffen regelmäßig moderne "Entdeckungsreisende" ein, um auf eigene Faust auf die Suche nach dem Abenteuer zu gehen. Sie unterschätzen häufig die praktischen Probleme und die Gesetze des Regenwaldes. Diese leichtsinnigen Unternehmen, vor allem im Darién-Dschungel, haben bereits dramatische Folgen gehabt.

Darf's ein Schritt schneller sein?

Reiseveranstalter vor Ort und in Europa, die organisierte Trekkingtouren anbieten, finden Sie unter "Reiseveranstalter", zusätzliche Informationen im Reiseteil.

Schnorcheln und Tauchen

Wer einmal einen Blick unter die Wasseroberfläche eines tropischen Sees oder Meeres geworfen hat, der scheint von der Schönheit und der Vielfältigkeit des Neptun-Reiches für immer verzaubert zu sein. Für Neulinge im Tauchsport aber ist das Angebot in Panama sehr beschränkt.

Tauchkurse mit international anerkanntem Zertifikat (PADI) bietet zur Zeit nur die Tauchschule im *Contadora Beach Resort* auf der Isla Contadora an. Die Situation wird sich aber in naher Zukunft sicher ändern, denn an der Karibikküste nahe Portobelo haben sich bereits drei ***Tauchzentren*** unmittelbar nebeneinander niedergelassen. Tauchkurse werden zwar noch nicht angeboten, doch wer den PADI-Ausweis mitführt, kann die komplette Ausrüstung anmieten.

Der ***Preis*** für die gesamte Tauchausrüstung beträgt 20 $ inklusive einer Preßluftflasche (Neufüllung zwischen 4 $ und 8 $). Die Tauchreviere befinden sich um das vorgelagerte Korallenriff zwischen Portobelo und der Isla Grande. Die Bootsfahrt zum Riff kostet zwischen 4 und 40 $. Der Preis ist von der Zahl der Tauchgänge und der Distanz zwischen Tauchrevier und Festland abhängig. Auch Schnorchler sind bei diesen Touren willkommen. Tauchbrille und Flossen sind in den Tauchzentren für je 3 $ zu mieten.

Da die Tauchzentren auch über einfache Mehrbettunterkünfte und ein kleines Restaurant verfügen, ist für die ***Übernachtung und Verpflegung*** ebenfalls gesorgt. An Wochentagen kann es unter Umständen vorkommen, daß die Tauchzentren an der Karibikküste wegen mangelnder Nachfrage geschlossen sind. Am Wochenende und an Feiertagen dagegen werden sie aber stark frequentiert. Eine Reservierung ist deshalb anzuraten, bevor Sie zur Karibikküste losfahren.

Ausführliche ***Informationen*** (oft auch in Englisch) erhalten Sie bei:

- ***Contadora Beach Resort,*** Tel.: 271133.
- ***Scuba Panamá,*** Tel.: 613841, Fax: 232027.
- ***Aquatic Park,*** Tel.: 637713.
- ***Nautilus Dive Club,*** Tel.: 482035 oder 609088.

Mehrtägige ***Tauchexkursionen*** entlang der Karibikküste werden durch verschiedene Reiseveranstalter in Panama-Stadt angeboten. Ein weiteres Tauchzentrum soll in der Provinz Bocas del Toro nahe dem Marinenationalpark Isla Bastimentos entstehen, doch zunächst gibt es noch keine genauen Pläne über dieses Vorhaben.

Kajak, Rafting und Surfen

Die Sportarten auf den Wellen des Meeres oder in den Stromschnellen der Flüsse stecken in Panama noch in der Entwicklung. Gerüchten nach möchte ein costaricanischer Spezialist auf dem Gebiet von ***Kajak- und Raftingtouren*** sein Revier auch nach Panama ausbreiten. Bis es aber soweit ist, müssen sich die Paddler mit anderen Aktivitäten zufriedengeben.

Das ***Windsurfen*** kann vor Ort mit dem Wellenreiten à la Hawaii nicht mithalten, denn es fehlen die Vermieter für die nötige Windsurfausrüstung.

Durch den Einfluß der Amerikaner entstand mehr der Hang zum ***Wellenreiten.*** Viele Panamaer der jüngeren Generation, aber auch in Panama lebende Amerikaner begeben sich am Wochenende in Richtung Strand, wobei das Kunststoffboard auf dem Autodach die Aktivität leicht erkennen läßt: Wellenreiten. Die Brandungswellen an beiden Küsten Panamas sind laut Kennern hervorragend. Als absolute Spitzenklasse gilt die Brandung an der Playa Venado im Süden der Halbinsel Azuero sowie jene an der abgelegenen Playa Catalina in der

Provinz Veraguas. Wer kein Surfboard mitführt, kann die Brandung aber nur schwer prüfen, da derzeit noch keine ***Vermieter*** etabliert sind. Der kleine "Verwandte" des Surfboards, das ***Bougy-Board,*** auf dem man nicht stehend, sondern liegend auf den Wellen reitet, kann in Panama-Stadt in den verschiedenen Sportgeschäften preisgünstig gekauft werden. Ansonsten bleibt nur das von den Kindern bevorzugte panamaische Board: ein einfaches Holzbrett - so wie in den Anfangsjahren dieser Sportart.

Hochseefischen

In den Werbeprospekten des panamaischen Touristenamtes werden immer einige farbvolle Seiten dem in Nordamerika populären Hochseefischen gewidmet: "Starke" Männer, die wie in *Hemingways* Buch *"Der alte Mann und das Meer"* mit angespannter Angelrute gegen einen Marlin ankämpfen und später stolz neben dem Fang für ein Foto posieren. Zum Glück für die Fische sind die Kosten dieser Freizeitbeschäftigung derart hoch, daß sie nur von wenigen ausgeübt werden kann. Ein Tag auf hoher See, selbstverständlich alles inklusive, kostet stolze 400 $.

Golf und Tennis

Die beiden Sportarten mit dem kleinen Ball können nur in Privatclubs, den sogenannten *Country Clubs* oder *Clubs Campestre,* ausgeübt werden. *Members only,* also nur Mitglieder, haben dabei Zutritt, doch wird für internationale Besucher hin und wieder eine Ausnahme gemacht. Die meisten Golf- und Tennisplätze befinden sich in der Nähe des Panamakanals, was nicht verwunderlich ist in Anbetracht der Tatsache, daß in der einstigen Kanalzone die meisten Amerikaner leben.

Weitere ***Informationen:***

- ***Club de Golf Ejecutivo,*** Tel.: 275858, Fax: 275857;
- ***Contadora Beach Resort,*** Tel.: 271133; dort auch Golf- und Tennisanlage.

Sprache

Aufgrund der kolonialen Vergangenheit läßt sich die ***offizielle Landessprache*** nicht schwer erraten: Spanisch. Doch wie im deutschsprachigen Raum die Bayern sich in der Aussprache, Wortwahl und Betonung von den Berlinern, die Österreicher von den Schweizern unterscheiden, sind auch im riesigen Lateinamerika große sprachliche Unterschiede zu beobachten. Überall dort, wo die Kolonisatoren ihre Sprache, das *Castellano,* hinterlassen haben, wurde es von den *Indígenas,* Weißen, afrikanischen Sklaven und deren Nachkommen abgeändert, "verfeinert" und zu einem ***landestypischen Dialekt*** gemacht. Die panamaische Variante fällt durch schnelles Sprechen auf. Dabei bleiben häufig Buchstaben sprichwörtlich "im Hals stecken", was zu Beginn für das Ohr etwas gewöhnungsbedürftig sein wird.

Die Panamaer passen ihr Tempo aber gerne an, wenn sie bemerken, daß Sie einige Brocken Spanisch im Gepäck mitgebracht haben. Allein die Tatsache, daß Sie versuchen werden, in der Landessprache zu kommunizieren, bringt Ihnen sehr viel Achtung ein, denn schließlich kommen immer wieder Touristen, die davon ausgehen, daß die Panamaer Englisch sprechen bzw. sich bemühen müssen, diese Sprache zu verstehen. Das ist aber ein gewaltiger Irrtum: Erstens sind sie schließlich Besucher, und zweitens "läuft" ohne Spanisch überhaupt nichts in Panama.

Eine Ausnahme, bedingt durch die jahrzehntelange Anwesenheit der Amerikaner, bildet die Hauptstadt, wo Besucher sich teilweise auch mit ***Englisch*** zurechtfinden können. An der Karibikküste, ausgenommen der Comarca de San Blas, wird neben dem Spanisch ebenfalls Englisch gesprochen. Dort haben sich zu Beginn dieses Jahrhunderts Arbeiter aus dem karibischen Raum niedergelassen, deren Nachkommen zweisprachig aufgewachsen sind. Das an der Karibikküste gesprochene Englisch un-

Typisch panamaische Ausdrücke

aracha	Kakerlake, Küchenschabe
biruli	eine Schilfart, die für Handarbeiten benützt wird
bonchao	vom englischen *bunch* (Menge)
botla	vom englischen *bottle* (Flasche)
buco	vom französischen *beaucoup* (viel)
buenas!	Kurzform für Guten Morgen (- Mittag, - Abend oder - Tag).
caimanear	betrügen oder erpressen
carro	vom englischen *car* (Auto)
cayuco	schmales Einbaumkanu oder -boot
chácara	kleine Tasche aus Pflanzenfasern
chanche	Teil eines Lotterieloses
chanchero	Losverkäufer
chingongo	Kaugummi
chitra	Sandflohart
guachimán	vom englischen *watchman* (Bewacher)
guachara, guacharaca	Musikinstrumente aus Kalebasse (Flaschenkürbis)
marketa	vom englischen *market* (Markt)
mi amor	geläufige, Anrede; wörtlich: "mein Schätzchen" oder "meine Geliebte"
mejorana	lautenähnliches Saiteninstrument
montuno	nationale Männertracht
nursa	vom englischen *nurse* (Krankenschwester)
paco	Polizist
panela	als Süßigkeit verkaufter Klumpen aus unraffiniertem Rohrzucker
paquetazo	Wahlbetrug
picaflor	"Don Juan" der Männerwelt
plata	Geld (wörtlich: Silber)
pollera	nationale Frauentracht
quincha	Mauer aus Schilf und Lehm
ringuiar	vom englischen *ring* (läuten, klingeln)
saloma	auffallender Falsett-Ton
tuna	karnevalsähnliche Straßenparade

terscheidet sich von der Standardsprache der Briten allerdings erheblich. Es überwiegt ein melodiöser Dialekt, dessen Wurzeln im ***Pidgin-Englisch*** der karibischen Inseln verankert sind. Der Wortschwall, der auf Sie niederbricht, läßt sich nur schwer entwirren. Bei der Kommunikation mit einem Touristen wird rasch auf ein deutlicheres Englisch, oder, wenn Sie es wünschen, auf die offizielle Landessprache gewechselt.

Generell möchten wir aber darauf hinweisen, daß ***Spanischkenntnisse*** eine Grundvoraussetzung sind, um Panama zu bereisen und um seine Bevölkerung kennenzulernen. Reisende, die kein oder nur teilweise Spanisch beherrschen, können in der ***Sprachschule*** in Panama-Stadt Spanischkurse belegen. Die Schule bietet unterschiedliche Kurse auf verschieden hohem Niveau.

- *Instituto Internacional S.A.,* Edificio Comosa, Apartado Postal 2169, Zona 9A, Panama-Stadt, Tel.: (00507) 647226, Fax: (00507) 693216.
- *Eurocentres,* Seestraße 247, 8083 Zürich, Tel.: (01) 4855040, Fax: (01) 4816124.
- *Eurozentrum,* Sedanstraße 31-33, 50668 Köln, Tel.: (0221) 720831, Fax: (0221) 720919.

Wer nur wenig Zeit zur Verfügung hat, um die Sprache zu erlernen, dem empfehlen wir, den handlichen Sprachführer *Spanisch für Lateinamerika* aus der Kauderwelsch-Reihe des *REISE KNOW-HOW Verlages Peter Rump* in Bielefeld einzupakken. Das Büchlein enthält eine vereinfachte Grundgrammatik sowie einen Grundwortschatz und verschiedene Redewendungen, die auf die Bedürfnisse unterwegs abgestimmt sind. Für die richtige Aussprache ist zum Buch eine Tonbandkassette erhältlich.

Der Gebrauch von ***Anglizismen*** beschränkt sich hauptsächlich auf Panama-Stadt und die Karibikküste, mit Ausnahme der San-Blas-Inseln. Eingeführt wurden sie von den Arbeiterfamilien, die von den Karibischen Inseln nach Panama kamen. ***Amerikanismen*** sind jüngeren Datums und haben sich vorwiegend im technischen Bereich durchgesetzt, wie zum Beispiel: *clotch* (clutch/ Kupplung) oder *suische* (switch/ Schalter). Neuerdings werden immer mehr englische Wörter ohne Abänderung benutzt, wie beispielsweise *slides* (Dias) oder *mall* (Einkaufszentrum); ein Phänomen, das auch im deutschsprachigen Raum nicht mehr fremd ist.

Viele Wörter, die man regelmäßig auf der Straße hört, sind übrigens nicht unbedingt als salonfähig zu betrachten. Eine ***saloppe Ausdrucksweise*** wird auch in Panama nicht in jedem Gesellschaftskreis geschätzt.

Telefonieren und Faxen

Panama verfügt über ein ausgezeichnetes ***Telefon- und Kommunikationsnetz,*** das seit 1973 durch das *Instituto Nacional de Telecomunicaciones* (*INTEL*) ständig erweitert und verbessert wird.

Telefonnummern

Ortsvorwahlen - wie in unseren Breiten üblich - sind nicht vorhanden. Die Telefonnummer setzt sich aus sieben Zahlen zusammen, wobei die beiden ersten Zahlen auf den Ort hinweisen (z.B.: Las Tablas 94, Chitré 96 oder Penonomé 97).

Es gibt nicht nur Würstelbuden

Alle Teilnehmernummern sind derzeit in einem einzigen ***Telefonbuch*** *(guia telefonica)* aufgelistet, das an öffentlichen Stellen nur im *INTEL*-Büro und im Postamt ausliegt.

Inlandsgespräche

Inlandsgespräche können aus einem öffentlichen ***Münzfernsprecher*** erfolgen, der im Stadtgebiet an großen Plätzen und Straßen, im ***INTEL-Büro*** und im Postamt vorhanden ist. Durch den großen Andrang bei den Apparaten sollte man jedoch mit einer längeren Wartezeit rechnen. Zum Telefonieren benötigen Sie Münzen von 5 ct., 10 ct. oder 25 ct. Die Gesprächskosten liegen je nach Distanz zwischen 10 und 60 ct. pro Minute.

Gespräche nach Europa

Gespräche nach Europa können derzeit nur über eine ***Vermittlung*** *(operadora)* erfolgen. Die Gesprächskosten liegen dabei im Hotel weitaus höher als im *INTEL*-Büro oder im Postamt. Am einfachsten telefonieren Sie nach Europa von einem *INTEL*-Büro aus. Hier muß das Gespräch auf einem kleinen Formular angemeldet und die Wahl der Verbindung *(persona a persona* oder *telefono a telefono)* angekreuzt werden. Preisunterschied gibt es dabei keinen, doch wird die Verbindung *telefono a telefono* (von Apparat zu Apparat) am häufigsten verwendet. Als Minimum werden immer 3 Minuten verrechnet, was nach Europa 16 $ kostet. Für jede weitere Minute werden 5 $ in Rechnung gestellt. Eine Ermäßigung bei den ***Telefonkosten*** gibt es momentan nur nach Holland, am Sonntag in der Zeit von 12 bis 24 Uhr. Sogenannte *collect calls,* also R-Gespräche, nach Europa (dabei übernimmt der Angerufene die Kosten) sind derzeit nicht möglich.

Fax

Wie beim Telefonieren verhält es sich auch beim Faxen: Am einfachsten und billigsten faxen Sie von einem *INTEL*-Büro aus. Eine A-4-Seite nach Europa kostet etwa 8 $. Der Inklusivpreis setzt sich aus 5 $ pro Minute für die Telefonkosten, 1 $ Steuer und 2 $ pro Seite zusammen.

Internationale Vorwahl

- Deutschland: 049
- Österreich: 043
- Schweiz: 041
- Holland: 031
- Panama: 0507

Wichtige Telefonnummern in Panama

- Polizei: 104
- Feuerwehr: 103
- Nationale Vermittlung: 101
- Internationale Vermittlung: 106
- Auskunft: 880

Uhrzeit

Panama liegt in der Zone der *Eastern Standard Time* des Weltzeitsystems. Der Zeitunterschied zur Mitteleuropäischen Zeit (MEZ) beträgt minus 6 Stunden, während der Sommerzeit minus 7 Stunden. Gegenüber Kolumbien gibt es keine Zeitdifferenz, gegenüber Costa Rica plus eine Stunde.

Unterkunft

Preise

Der Schlaf ist doch die köstlichste Erfindung, behauptete einst *Heinrich Heine,* vorausgesetzt, man findet einen komfortablen Platz dazu. Und daran scheitert es in Panama an einigen Orten. In Anbetracht der bisher nur langsam wachsenden Tourismusbranche erscheint die Tatsache aber nicht außergewöhnlich. So läßt sich beispielsweise zwischen der Zimmerqualität und dem -preis oft kein logischer Zusammenhang konstatieren. Ein anderes Phänomen taucht in den ***Strandhotels*** entlang der Zentralen Pazifikküste auf: Dort sind die Hotels fast ausschließlich auf Wochenendtouristen angewiesen, mit Ausnahme der Ferienzeit. Gäste, die an Wochentagen ein Zimmer mieten, erhalten oft bis zu 50% Ermäßigung, so bieten es jedenfalls die Hotelmanager an. Aus der Sicht des Kunden allerdings entspricht der um 50% ermäßigte Tarif der Zimmerqualität. Das bedeutet, daß am Wochenende das Zimmer zu stark überhöhtem Preis angeboten wird.

Diese panamaischen Besonderheiten treffen auf die mehr als 100 Hotels in ***Panama-Stadt*** nicht zu. In der Hauptstadt stimmt generell das Preis-Leistungs-Verhältnis. Die Hotels arbeiten mit festen Zimmerpreisen. Über einen Preisnachlaß kann bei einem Aufenthalt von ab einer Woche verhandelt werden.

Die ***Bezahlung*** des Zimmers erfolgt normalerweise im voraus. Reiseschecks in US-Dollar und die gängigen Kreditkarten werden als Zahlungsmittel nur in Hotels mit Zimmer ab circa 20 $ akzeptiert. Zum Zimmerpreis kommt die 10%ige Steuer oft noch hinzu. Die in diesem Reiseführer erwähnten Zimmerpreise (EZ = Einzelzimmer, DZ = Doppelzimmer, DBZ = Dreibettzimmer) werden inklusive dieser Steuer angegeben.

Kategorien

Die Unterkünfte in Panama werden entsprechend ihrer Ausstattung als *pensión* (auch *hospedaje* oder *residencial), cabaña, apartamento* oder als *hotel* bezeichnet.

Pension

Die einfachsten und billigsten Zimmer findet man in einer *pensión,* wo der Zimmerpreis je nach Ortslage zwischen 4 und 10 $ pro Nacht variiert. Ob man dafür auch eine ruhige Nacht erwarten kann, bleibt dahingestellt: Der Begriff *pensión* steht im ganzen Land als Synonym für das ***Stundenhotel,*** und die *pensión* wird in dieser Eigenschaft auch verwendet. Das Preis-Leistungs-Verhältnis in einer *pensión* ist ebenfalls kein Thema, denn mehr als ein Kreuzschmerzen verursachendes Bett, eine nicht hygienisch erscheinende (Gemeinschafts-) Dusche und ein Dach über dem Kopf sollte nicht erwartet werden.

Residencial

In eine ausstattungsmäßig bessere Kategorie kann die *residencial* eingeordnet werden. Die Zimmer verfügen neben einer einfachen Ausstattung in der Regel immer über Dusche und Fernsehen, werden aber in einigen Orten ebenfalls stundenweise vermietet. Die *residencial* ist mit Zimmerpreisen zwischen 9 und 15 $ die beste Option für Touristen, die auf den Geldbeutel achten.

Cabaña

Eine typische lateinamerikanische Unterkunft, die *cabaña,* wird meistens in Strandnähe angetroffen. Unter dem Begriff *cabaña* versteht man ein freistehendes Häuschen mit sauberer Ausstattung und mehreren Betten. Sie ist in erster Linie auf den Familienurlaub ausgerichtet. Die Preise liegen um 35 $ und werden immer pro *cabaña* gerechnet, ungeachtet dessen, wieviele Personen darin übernachten werden.

Apartemento

Auf *apartementos* (auch *aparthotels),* die über eine komplett ausgestattete Küche, ein oder zwei Schlafzimmer und eine Eß- und Sitzgelegenheit verfügen, trifft man nur in Panama-Stadt. In Anbetracht der Hotelpreise in der Stadt, der täglich anfallenden Kosten für Essen, Trinken etc. lohnt sich die Miete eines Appartements (ab 50 $ pro Tag inklusive Nebenkosten) für Touristen nicht. Wer längere Zeit in Panama bleiben und ein Appartement mieten will, sollte über den Tagesmietsatz unbedingt verhandeln.

Hotel

Der größte Anteil bei den Unterkünften liegt bei den Hotels, die in jeder Preislage und Ausstattungskategorie anzutreffen sind. Das betrifft vor allem Panama-Stadt, da im Landesinneren die Hotels dünn gesät sind. Für ein Hotelzimmer sollte man im Durchschnitt ab 20 $ pro Zimmer rechnen, ungeachtet ob Einzel- oder Doppelbenutzung. Dafür kann man mit einem Privatbadezimmer, einer Klimatisierung und/oder einem Ventilator und selbstverständlich mit einem Fernsehapparat rechnen, denn auf die täglichen Seifenopern möchten die Panameños und Panameñas nicht verzichten.

Jugendherberge und Camping

Jugendherbergen sind in Panama nicht vorhanden. Die Nachfrage ist zu gering, um damit auch kostendeckend arbeiten zu können. Auch offizielle Campingplätze werden Sie vergeblich suchen. Zwar gibt es Wildcampingplätze, die auf kein Verbot der Behörde stoßen, doch mit sanitären Anlagen dürfen Sie nicht rechnen.

Verkehrsmittel

Bus

Aufbau des Busnetzes

In Panama wurde ein gut funktionierendes Bussystem aufgebaut, in das beinahe jeder noch so kleine Ort eingebunden ist, mit verkehrstechnisch bedingter Ausnahme der Orte in der Comarca de San Blas (nur Flugzeug) und Darién (Boot oder Flugzeug). Alle wichtigen Überlandfahrten beginnen bzw. enden in ***Panama-Stadt,*** dem zentralen Verkehrsknotenpunkt. Von hier aus erreicht man mehrmals täglich die ***wichtigen Busknotenpunkte*** wie etwa Penonomé, Santiago und David entlang der *Carretera Interamericana,* Chitré, Los Santos und Las Tablas auf der Halbinsel Azuero sowie Colón und Changuinola an der Karibikküste. Während nach David, Colón und Changuinola nur große Überlandbusse mit circa 50 Sitzplätzen eingesetzt werden, verkehren zu den übrigen Knotenpunkten moderne Kleinbusse mit maximal 24 Sitzen. Von den Knotenpunkten aus bedienen Kleinbusse für maximal 8 Personen die abseits gelegenen ***Dörfer,*** aber auch die verstreut liegenden Farmen *(hatos).*

Das letzte Glied im System bildet das sogenannte *Pick Up,* ein zum Bus umgebauter Lastkraftwagen, der auf schwer befahrbaren, unasphaltierten Straßen zum Einsatz kommt, wodurch die Panamaer auch die ***kleinsten Siedlungen*** erreichen können.

Ausstattung der Busse

Viele Busunternehmen werden privat geführt. Die Kleinbusse sind komfortabel und modern, jedoch ohne Klimaanlage ausgestattet. Bei den großen Überlandbussen handelt es sich oft um die alten amerikanischen "Silberpfeile" (Greyhoundbusse), die etwas unbequemer sind, dafür aber über eine Klimaanlage verfügen. Bei Fahrten im klimatisierten Bus sollte übrigens ein Pullover immer griffbereit sein.

Typischer Stadtbus

Sitzplätze

Um einen Sitzplatz müssen Sie nicht bangen, da die Unternehmen wegen der gesetzlichen Bestimmung keine Stehplätze verkaufen dürfen. Wegen der strengen Polizeikontrollen wird das Gesetz strikt befolgt. Die Ausnahme sind die Stadtbusse von Panama-Stadt, bei denen die Polizei wegen des großen Andranges ein Auge zudrückt. Durch die Bestimmung kommt es zu keinen überfüllten Bussen (eine Seltenheit in Lateinamerika), allerdings hält ein Bus unterwegs nur an, wenn ein Sitzplatz frei ist. Sie sollten deshalb immer am Busbahnhof in den Bus einsteigen.

Fahrpreise und Fahrpläne

Bei den ***Fahrpreisen*** handelt es sich um feste Preise, die je nach Distanz variieren. So kostet zum Beispiel ein Ticket von Panama-Stadt nach Colón 1,25 $, nach David 11 $ und nach Changuinola 22 $. Touristen werden beim Fahrpreis nicht übers Ohr gehauen. In Kleinbussen wird immer beim Aussteigen bezahlt, außer bei Fahrten in die ehemalige Kanalzone. Hier wird der Fahrpreis bereits beim Einsteigen einkassiert.

Tickets im ***Vorverkauf*** gibt es nur für die Überlandbusse von Panama-Stadt nach David und nach Changuinola. Wegen der hohen ***Abfahrtsfrequenzen*** müssen Sie bei den anderen Bussen um keinen Platz bangen. Sie sollten aber circa 30 Minuten vor der Abfahrt am Busbahnhof sein, um einen guten Sitzplatz zu bekommen. Klappt es nicht, warten Sie höchstens 30 bis 45 Minuten bis zur Abfahrt des nächsten Busses. ***Fahrpläne*** sind auf großen Busbahnhöfen vorhanden. Die aktuellen Abfahrtszeiten werden auf einer schwarzen Tafel mit Kreide notiert.

Vorsicht! Auf den Busbahnhöfen geht es recht chaotisch zu, darum achten Sie stets auf Ihr Gepäck und vor allem auf Taschendiebe.

Fähre und Boot

Um das Verkehrsnetz fast lückenlos zu ergänzen, sind Fähren *(ferrys)* und Boote *(lanchas)* unentbehrlich. Regelmäßige Fähr- bzw. Bootsverbindungen bestehen ***täglich*** zwischen Panama-Stadt und Isla Taboga, Chiriquí Grande und Almirante sowie zwischen Almirante und Bocas del Toro. Zudem gibt es ***wöchentliche*** Bootsverbindungen zwischen Panama-Stadt und La Palma, El Porvenir und Puerto Obaldía sowie zwischen Chiriquí Grande und Bocas del Toro.

Wie bei den Bustickets gibt es auch bei den Fähr- und Boottickets ***Festpreise.*** So kostet beispielsweise die Fahrt von Bocas del Toro nach Almirante 3 $ pro Person, von Panama-Stadt zur Isla Taboga 2,50 $. Bei Bootsfahrten im ***Darién*** muß um den Preis gefeilscht werden. Als Einzelreisender hat man dabei die schlechtesten Karten, da zum Preis die Treibstoffkosten hinzugerechnet werden.

Flugzeug

Auf das Flugzeug kann nicht zur Gänze verzichtet werden. Die Anreise zu den San-Blas-Inseln oder während der Regenzeit nach Darién läßt kaum eine andere Möglichkeit zu. Daß man dafür aber tief in die Tasche greifen muß, ist keineswegs der Fall: Die ***Preise*** für ein einfaches Ticket variieren zwischen 10 und 50 $, Retourtickets kosten das Doppelte.

Es gibt verschiedene ***nationale Fluglinien,*** die in die abgelegensten Winkel Panamas fliegen. Die ***Flugzeuge*** sind teilweise sehr klein, oft nur einmotorig (nach San Blas) ausgestattet, und der Flug (vor allem durch die Wolken oder bei Schlechtwetter) strapaziert Magen und sonstige Nerven bis in den Grenzbereich.

Taxi

Auf die Benutzung des Taxis kann man weitgehend verzichten, abgesehen von Panama-Stadt, wo man bei der Suche nach einer Adresse oft auf einen Taxifahrer angewiesen ist, und von Colón, wo die Benutzung des Taxis aus Sicherheitsgründen empfehlenswert ist. Die übrigen aus touristischer Sicht interessanten Orte sind nicht allzu groß. Die Hotels, Sehenswürdigkeiten, Busbahnhöfe etc. liegen meistens in unmittelbarer Nähe des Zentrums und lassen sich zu Fuß leicht erreichen.

Die Taxifahrer verlangen festgesetzte ***Preise.*** Panama-Stadt ist in Tarifzonen unterteilt, so daß der Fahrpreis sich leicht errechnen läßt. Der Zonenplan liegt übrigens in jedem Taxi zur Einsicht aus. Als Richtlinie für eine Taxifahrt in der Hauptstadt kann man von etwa 3 $ ausgehen. Das entspricht der Fahrt vom Stadtteil Bella Vista zum Busbahnhof Interior nahe der Altstadt. Da die Taxifahrer bei Touristen versuchen werden, den Fahrpreis höher zu veranschlagen, sollte man sich vor dem Einsteigen immer nach dem Preis erkundigen. Taxameter sind zwar vorhanden, werden aber kaum verwendet.

Taxistandplätze befinden sich oft vor großen Hotels, ansonsten können sie über die Hotelrezeption oder direkt bei den verschiedenen Taxizentralen bestellt werden (siehe "Panama-Stadt"). Direkt an der Straße ist die Suche nach einem Taxi wohl weniger erfolgreich. Die Taxifahrer halten zwar an, doch für kurze Strecken erscheint ihnen das Geschäft zu wenig lukrativ.

Taxis können auch von mehreren Personen mit unterschiedlichen Fahrzielen geteilt werden, falls die Ziele an der Strecke liegen. Das geschieht vor allem am internationalen Flughafen. Während die Fahrt pro Taxi vom Flughafen in die Innenstadt 20 $ (Fixpreis) kostet, wird bei einem ***Sammeltaxi*** 8 $ pro Person berechnet. Die Taxis fahren erst los, wenn sie voll ausgelastet sind.

Neben den normalen Taxis gibt es auch noch sogenannte ***Touristentaxis,*** die im Gegensatz zu den normalen Taxis äußerlich nicht erkennbar sind. Die Fahrer, die häufig auch die Besitzer des Fahrzeuges sind, halten speziell in Hotels nach Kunden Ausschau. Touristentaxis können stundenweise oder für Ausflüge gemietet werden, wie etwa zu den Miraflores-Schleusen des Panamakanals, was circa 20 $ kostet, inklusive einer Wartezeit von einer Stunde.

Zug

Eisenbahnfans werden in Panama enttäuscht werden. Das circa 740 Schienenkilometer umfassende Eisenbahnnetz hat für den Personenverkehr sehr wenig Bedeutung. Die

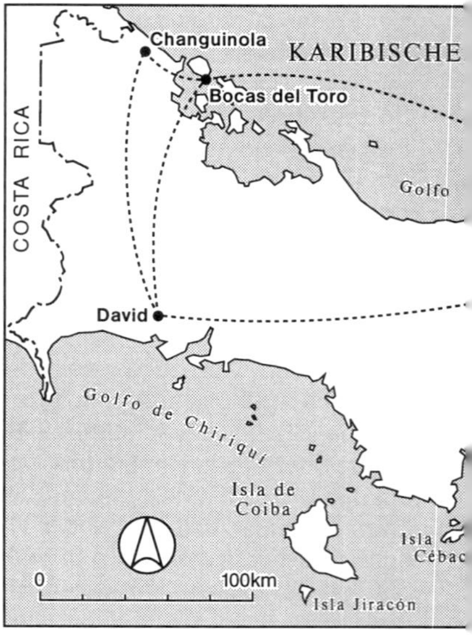

Züge werden ausschließlich zum Gütertransport verwendet, wie etwa die Verbindung von Guabito nach Changuinola. Die ehemaligen, für den Personenverkehr gebauten Verbindungen von Panama-Stadt nach Colón und von David nach Puerto Armuelles existieren nicht mehr. An der Wiederinbetriebnahme einer Teilstrecke Panama-Stadt - Colón wird zwar gearbeitet, doch allem Anschein nach wird das Vorhaben noch viel Zeit in Anspruch nehmen.

Mietauto

Sämtliche Autovermieter *(Alquiler de Automóviles)* haben ihre Büros in Panama-Stadt und/oder am nationalen sowie internationalen Flughafen. Ein Fahrzeug können Sie daher nur in der Hauptstadt (siehe dort) mieten. Die Ausnahme sind *Budget* und *Hertz*, die auch ein Büro in David haben.

Die Preise der jeweiligen Verleihfirmen variieren stark. Am preisgünstigsten sind *Budget rent a car*, *Nacional rent a car* und *Internacional rent a car.* Auf jeden Fall lohnt es sich, über die Preise zu handeln, vor allem wenn Sie das Auto länger mieten werden. Für einen normalen Pkw müssen Sie mit circa 43 $ pro Tag und mit 250 $ pro Woche, für einen Jeep mit etwa 85 $ pro Tag und 500 $ pro Woche rechnen. Im Preis sind die Versicherung und eine unbeschränkte Kilometerzahl enthalten.

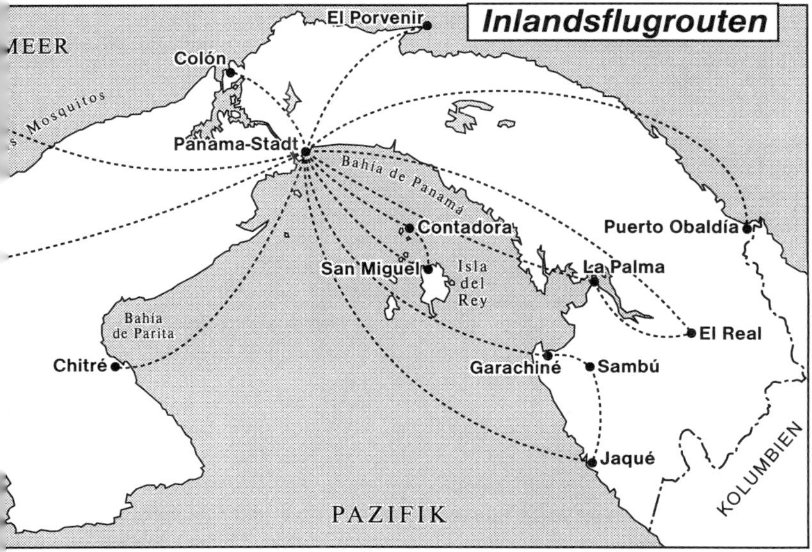

Entfernungen auf dem Landweg
(gerechnet ab Panama-Stadt)

Boquete	480 km
Capira	55 km
Cerro Punta	513 km
Chepo	58 km
Chitré	252 km
Colón	80 km
David	440 km
Divisa	215 km
El Valle	126 km
La Chorrera	30 km
Las Tablas	282 km
Paso Canoa	494 km
Pedasí	324 km
Penonomé	151 km
Portobelo	105 km
Puerto Armuelles	530 km
San Carlos	90 km
Santiago	250 km
Soná	296 km
Volcán	497 km
Yaviza	280 km

Trampen

Mit dieser Art des Reisens werden Sie in Panama kein Glück haben: Das Trampen ist hier unbekannt, beinahe jeder Panameño besitzt ein Fahrzeug, und die niedrigen Preise für öffentliche Verkehrsmittel bzw. das gutausgebaute Verkehrsnetz geben kaum Anlaß dazu, zu Trampen

Versicherung

Empfehlenswert ist eine ***Reisekranken-*** und eine ***Reiseunfallversicherung*** (inklusive Rückholkosten!), da zwischen Panama und den europäischen Ländern kein Versicherungsabkommen besteht. Das bedeutet, daß bei einer Erkrankung sämtliche Behandlungskosten von Ihnen getragen werden. Bei einem Arztbesuch fallen dabei die Kosten weniger ins Gewicht als bei einem Krankenhausaufenthalt, der etwa 100 $ pro Tag plus der medizinischen Betreuung kostet. Im Fall eines Krankenhausaufenthaltes muß übrigens eine Kaution von 2000 $ oder ein blanko unterzeichneter Voucher der Kreditkarte hinterlegt werden, egal, ob man Versicherungsschutz hat oder nicht.

Haben Sie während der Reise eine teure Foto- bzw. Filmausrüstung dabei, lohnt sich der Abschluß einer speziellen ***Fotoversicherung,*** die neben den Standardleistungen die Kosten auch bei Schäden durch Feuchtigkeit, Schmutz, Stöße etc. übernehmen wird.

Über "Für und Wider" einer ***Reiserücktritts-, Reisegepäcks-,*** und ***Reisehaftpflichtversicherung*** gibt es unterschiedliche Meinungen, weshalb der Abschluß einer dieser Versicherungen (meistens werden sie in einem sogenannten "Paket" angeboten) vom individuellen Sicherheitsbedürfnis abhängt.

Zeitungen

Informationen über lokale und internationale Zeitungen finden Sie im Kapitel "Staat und Gesellschaft" unter dem Thema "Massenmedien".

Land und Natur

Geographie

Geographie in Daten

Gesamtfläche: 77.082 km²
Nord-Süd-Ausdehnung: minimal 51 km, maximal 178 km
Ost-West-Ausdehnung: 770 km
Ebenen, Becken und Hügelländer: 70 %
Gebirge: 30 %

Landesgrenze mit
- Kolumbien: 263 km
- Costa Rica: 278 km

Küstenlänge
- Karibikküste: 1287 km
- Pazifikküste: 1700 km

Flüsse
- Río Chucunaque: 231 km
- Río Turia: 230 km
- Río Balsas: 152 km

Inseln
- Isla de Coiba: 493 km²
- Isla del Rey: 234 km²
- Isla Cébaco: 80 km²

Berge
- Vulkan Barú: 3475 m
- Cerro Fábrega: 3335 m
- Cerro Itamut: 3279 m

Seen
- Lago Gatún: 424 km²
- Lago Bayano: 186 km²
- Lago Alajuela (Madden-See): 57 km²

Lage, Größe und Grenzen

Panama bildet den südöstlichsten Zipfel der ***zentralamerikanischen Landbrücke,*** die auf panamaischem Territorium mit 51 km die schmalste Stelle Zentralamerikas zwischen dem Karibischen Meer und dem Pazifischen Ozean aufweist. Panamas ***geographische Lage*** im Gradnetz der Erde wird durch den 77. und 83. Grad westlicher Länge und den 7. und 9. Grad nördlicher Breite definiert.

Das Staatsgebiet hat die Form eines langezogenen, horizontal liegenden S. Mit einer ***Gesamtfläche*** von 77.082 km², einschließlich der ehemaligen Kanalzone, ist Panama um circa 10 % größer als der Freistaat Bayern. Stellt man einen Vergleich zu den anderen zentralamerikanischen Ländern an, liegt Panama im Mittelfeld, noch vor Costa Rica (51.100 km²), Belize (22.965 km²) und El Salvador (21.041 km²). Zum Staatsgebiet gehört auch ein über 300.000 km² großer maritimer Bereich, in dem rund 1000 kleine und größtenteils unbewohnte ***Inseln*** liegen.

Panamas natürliche ***Grenzen*** bilden im Norden das Karibische Meer und im Süden der Pazifische Ozean. Im Osten grenzt es an Kolumbien, im Westen an Costa Rica.

Die Landschaften Panamas

Rund 70 % der panamaischen Oberflächenstruktur werden von Tiefebenen, Becken und Hügelländern mit Höhen bis zu 700 m dominiert. Die verbleibenden 30 % werden von Mittel- und Hochgebirgen beherrscht. Diese grobe Betrachtung der Oberfläche ermöglicht eine Gliederung des Landes in folgende ***acht Großlandschaften:***

- die Landenge Zentralpanamas
- die Zentralkordillere
- die Nördliche Tiefebene
- die Südliche Tiefebene mit den Halbinseln Burica und Soná
- die Halbinsel Azuero
- der Nordöstliche Gebirgsbogen
- der Südöstliche Gebirgsbogen
- das Bayano- und Chucunaque-Becken.

Die Landenge Zentralpanamas

Keine andere Landschaft in Panama wurde so stark vom Menschen beeinflußt wie der *Istmo Central de Panamá.* Mit dem Bau des ***Panamakanals*** gab der Mensch der Landenge teilweise eine neue Oberflächengestalt. So wurde beispielsweise der parallel zur Pazifikküste verlaufende, knapp 200 m hohe Culebra-Rücken nahe dem Ort Gamboa im wahrsten Sinn des Wortes "durchschnitten". Um die Kanalschiffahrt aber erst zu ermöglichen, wurde mit Hilfe des Río Chagres jene Einsenkung geflutet, die heute größtenteils den Verlauf des Kanals bestimmt. Dabei wurden große Flächen des Hügellandes beiderseits der Einsenkung überschwemmt, wodurch der circa 424 km^2 große ***Gatún-See*** entstand, der größte See Panamas. Die ehemaligen Erhebungen des Hügellandes ragen heute als ***Inseln*** aus dem Wasser des Sees. Trotz der ökologischen Katastrophe, wie die Flutung von vielen Wissenschaftlern schlicht bezeichnet wurde, sind Teile des Isthmus in ihrer natürlichen Vielfalt erhalten geblieben. Diese Gebiete werden heute in Form von Nationalparks geschützt, als Ausgleich zum menschlichen Eingriff in die Natur.

Östlich des Kanals

Der *Isthmus* erstreckt sich von den Ausläufern der Zentralkordillere im Westen bis hin zu den Ausläufern des Nordöstlichen Gebirgsbogens im Osten und von der Karibikküste im Norden bis an die Pazifikküste im Süden. Östlich des Kanals breitet sich ein ca. 20 bis 25 km breites, vorwiegend mit tropischem, immergrünem Regenwald bedecktes ***Hügelland*** aus. Dort befinden sich die Nationalparks Soberanía und Camino de Cruzes und der im Zuge des Kanalbaus aufgestaute Lago de Alajuela (auch Madden-See), der die Wasserversorgung für den Kanal, vor allem während der Trockenzeit, gewährleistet.

Im Norden begrenzt das Hügelland die ***Colón-Tiefebene;*** ein Küstenstreifen, wo mit der über 100.000 Einwohner zählenden Stadt Colón das größte Ballungszentrum an der Karibikküste entstanden ist, das als das am zweitdichtesten besiedelte Gebiet Panamas gilt. Im Süden schiebt sich zwischen das Hügelland und die Pazifikküste eine ***Tiefebene,*** die als Llanura de Panamá, weiter östlich als Llanura de Pacora, bezeichnet wird. Während die Tiefebene um Pacora weitgehend als Agrarland genutzt wird, breitet sich parallel zur Küste auf der Llanura de Panamá das Häusermeer von Panama-Stadt aus. Sie erreicht mit den Vorstädten San Miguelito und Tocumen eine Ost-West-Ausdehnung von etwa 30 km. Knapp die Hälfte der Gesamtbevölkerung Panamas lebt in dieser Region.

Westlich des Kanals

Westlich des Kanals liegt ein circa 30 bis 35 km breiter, hügeliger Streifen, dessen Nordhälfte von einem mit tropischem Regenwald bedeckten ***Küstenstreifen*** und dem Gatún-See geprägt wird. Der küstennahe Primärwald wird - wie so vieles in der ehemaligen Kanalzone - von den Amerikanern zu militärischen Zwecken genützt. Sie errichteten dort ein sogenanntes "Dschungel-Trainings-Camp", wo die zukünftigen "Rambos" ihre Ausbildung erhalten.

Die pazifiknahe Hälfte des Streifens prägen der ***Culebra-Rücken*** und die südlich anschließende, fruchtbare ***Chorrera-Tiefebene,*** die allerdings nahe der Küste allmählich der Siedlungspolitik geopfert wird.

1	Laguna de Chiriquí
2	Llanura de Panamá
3	Llanura de Pacora
4	Istmo Central de Panamá
5	Colón-Tiefebene
6	Valle de Tonosí
7	Bahía Chame
8	Isla Cébaco
9	Isla Jicarón
10	Cerro Fábrega 3335 m
11	Cerro Itamut 3279 m
12	Cerro Echandi 3162 m
13	Vulkan Barú 3475 m
14	Cerro Gaital 1173 m
15	Cerro Tanela 1415 m
16	Cerro Tacarcuna 1875 m
17	Cerro Pirre 1200 m
18	Cerro Piña 1581 m
19	Cerro Pachito Parado 591 m
20	Cerro Hoya 1559 m
21	Cerro Canajagua 830 m
22	Cerro Santiago 2121 m
23	Cerro Flonera 1450 m
25	Cerro Cartí 748 m
26	Cerro Grande 800 m
27	Cerro Filo de La Cordillera 703 m
28	Cerro Alto de Las Huacas 515 m

Die Zentralkordillere

Von der costaricanischen Grenze im Westen bis zum Isthmus Zentral-

panamas im Osten erstreckt sich über eine Länge von circa 300 km die *Cordillera Central,* die zusammen mit dem Nordöstlichen Gebirgsbogen die ***Kontinentale Wasserscheide*** zwischen dem Atlantik und Pazifik bildet.

Der Westteil

Ihre höchsten Erhebungen liegen im zerklüfteten Westteil, der ***Serranía de Talamanca,*** die dort durch steile Hangneigungen über Terrassen zu den Küsten hin abfällt. In dieser unwegsamen und unbesiedelten Bergregion an der Grenze zu Costa Rica erheben sich die Berge Fábrega (3335 m), Itamut (3279 m) und Echandi (3162 m), die in ihrer Höhe nur vom weiter östlich liegenden Vulkan Barú (3475 m) überragt werden. In der Umgebung des seit langem erloschenen Vulkans liegen fruchtbare und klimatisch gemäßigte Täler und Hochebenen, die bereits vor unserer Zeitrechnung besiedelt waren, nicht zuletzt wegen ihrer Fruchtbarkeit, die heute speziell den Anbau von Zitrusfrüchten und von Kaffee begünstigt. Der Kaffee aus dieser Region findet übrigens als Exportgut auch den Weg nach Europa, jedoch unter dem Namen international bekannter Multi-Konzerne.

Der Ostteil

Je weiter die Cordillera Central nach Osten ragt, desto mehr verliert sie an Höhe. Im östlichen Teil, der ***Serranía de Tabasará,*** ragen die Gipfel nur noch selten über 1500 m hinaus, und nördlich der Stadt Penonomé fallen die Gipfel sogar un-

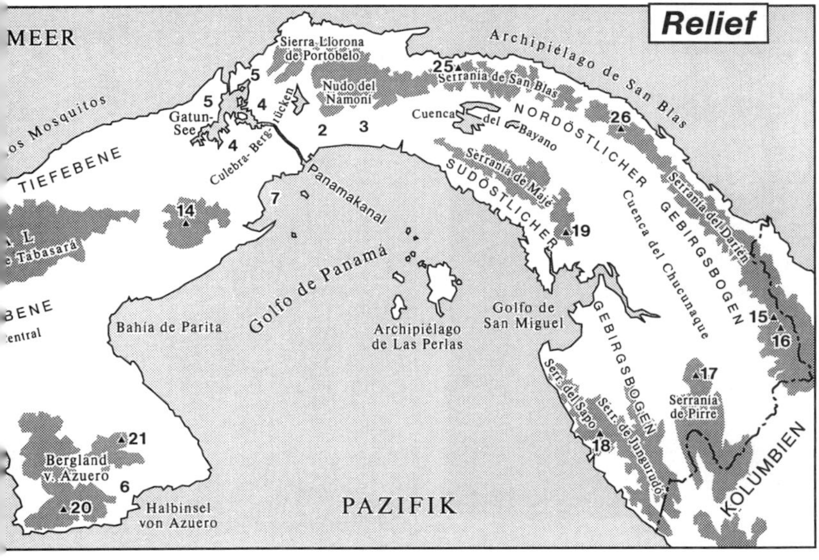

ter 1000 m ab. Die letzte markante Erhebung im Ostteil, der Cerro Gaital (1173 m), scheint ein letztes Aufbäumen der Zentralkordillere zu sein, bevor sie allmählich vom Isthmus von Panama verdrängt wird. Von touristischer Bedeutung in dieser Region ist der Nationalpark Altos de Campana nahe Capira und der am Fuße des Cerro Gaital liegende Ort El Valle. Seine klimatisch günstige Lage und waldreiche Umgebung machen das ruhige Dorf am Kraterboden eines erloschenen Vulkans zum beliebten Ausflugsziel.

Vegetation

Die Vegetationsdecke der Zentralkordillere weist wie keine andere Landschaft Panamas extreme Kontraste auf: Während die breiten, flach abfallenden Hänge an der Nordseite größtenteils noch mit tropischem Regenwald und entsprechend der Höhe mit Berg- oder Nebelwald bedeckt sind, die in den großen Nationalparks El Copé und La Amistad geschützt sind, zeigen die Hänge an der Südseite schonungslos die Folgen einer konsequenten Rodung auf: zusammenhängende Waldflächen sind nicht mehr vorhanden, lediglich vereinzelte Bauminseln unterbrechen die von Menschenhand geschaffene Savannenlandschaft. Die ursprünglichen Waldbestände mußten neuem Weideland oder neuen Anbaugebieten weichen. Der rigorose Kahlschlag wird deutlich sichtbar auf der Fahrt nach bzw. von Chiriquí Grande, das in der Nördlichen Tiefebene liegt. Dabei wird kurz nach dem Stausee Fortuna die Kontinentale Wasser-

Feuchtsavanne

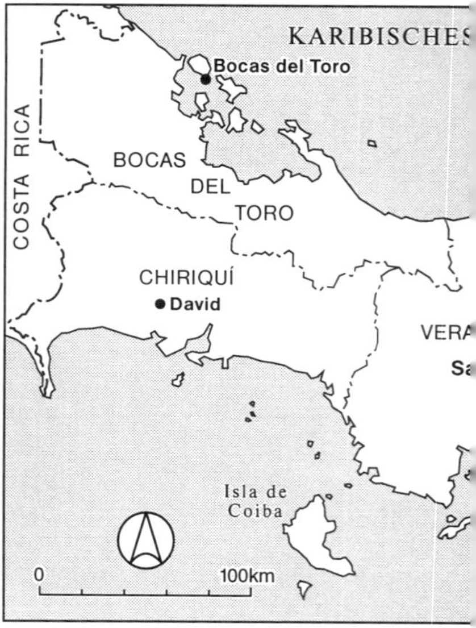

scheide überquert, die wie eine Grenze zwischen dem gerodeten Gebiet und der unberührten Region erscheint.

Die Nördliche Tiefebene

Jener Küstenstreifen, der sich zwischen die Nordhänge der Zentralkordillere und das Karibische Meer schiebt, bezeichnet man als *Llanura del Norte,* eine Tiefebene, die sich vom Zentralisthmus bis hin zur Grenze mit Costa Rica erstreckt.

Westlicher Teil

Der westliche Teil der Tiefebene um die Ballungszentren Changuinola und Almirante liegt eindeutig in den Händen des amerikanischen Bananen-Multis *United Fruit.* Riesengroße ***Bananenplantagen*** haben die ursprüngliche Vegetation bis an die Hänge der Zentralkordillere zurückgedrängt, und nur die küstennahen Gebiete blieben davon weitgehend verschont. Dort wird die wirtschaftliche Nutzung von kaum durchdringbaren ***Mangrovenwäldern*** verhindert.

Archipel von Bocas del Toro

Mit Mangroven sind größtenteils auch die vielen, teils dünn besiedelten ***Inseln*** des Archipiélago de Bocas del Toro überzogen, die sich unmittelbar vor der Küste ausbreiten. Im Gegensatz zum weniger attraktiven Festland gelten die Riffe und Inseln des Archipels, welche mit dem marinen Nationalpark Isla Bastimentos ihre Krönung erhielten, als Paradies für Taucher und Vogelliebhaber.

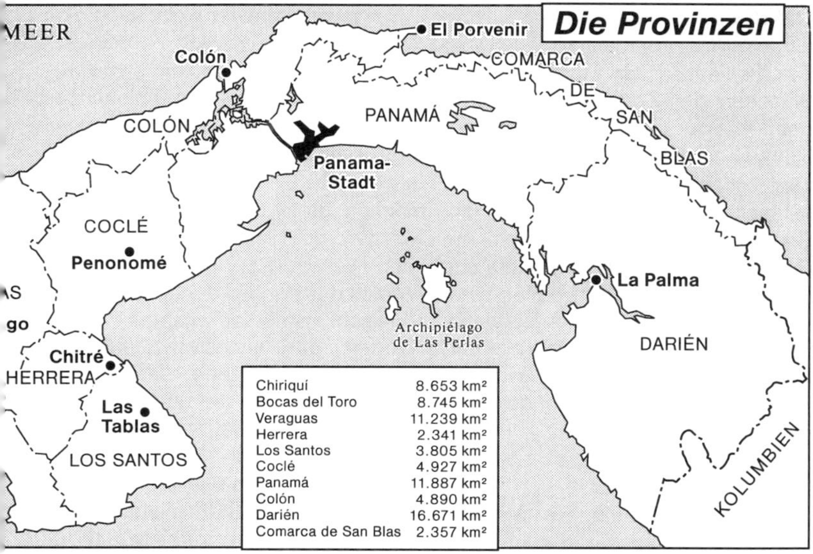

Chiriquí	8.653 km²
Bocas del Toro	8.745 km²
Veraguas	11.239 km²
Herrera	2.341 km²
Los Santos	3.805 km²
Coclé	4.927 km²
Panamá	11.887 km²
Colón	4.890 km²
Darién	16.671 km²
Comarca de San Blas	2.357 km²

Östlicher Teil

Östlich der Península de Valiente, wo mit zunehmendem Verlauf die Küstenlinie im Vergleich zum Westteil schwächer gebuchtet ist, liegt eine ***schwer zugängliche Region,*** die wegen der fehlenden Infrastruktur von der Zivilisation weitgehend noch unbeeinflußt geblieben ist. In dieser größtenteils mit tropischem Regenwald bedeckten Landschaft am ***Golfo de los Mosquitos*** leben an den vielen mit Mangroven überwucherten Flußmündungen kleine indianische Gemeinschaften, die der Natur ein Stück Land mühsam abgerungen haben, um ihre Pfahlbauten zu errichten und die wichtigsten Nahrungsmittel anzupflanzen.

Die Südliche Tiefebene

Die *Llanura del Sur,* wie das Gebiet zwischen der Zentralkordillere und dem Pazifik sowie dem Zentralen Isthmus und Costa Rica genannt wird, gliedert sich in zwei große Ebenen: Die Llanura Central um San Carlos und Penonomé im Osten und die Llanura Chiricana um David im Westen. Die Ebenen sind zwar räumlich durch das Bergland der Halbinsel Soná voneinander getrennt, bilden aber gemeinsam die landwirtschaftlich bedeutendste Region Panamas.

Die Llanura Central

Die Llanura Central, die sich von der Bahía de Chame bis zum Golfo de Montijo ausdehnt, weist größtenteils ***Savannencharakter*** auf. Dabei handelt es sich aber nicht um eine natürliche Graslandschaft, sondern vielmehr um eine vom Menschen geschaffene landwirtschaftliche Nutzfläche. In weiten Teilen der Ebene steht im Vordergrund der Agrarwirtschaft die Viehzucht und Milchproduktion sowie der Anbau von Zuckerrohr um die Stadt Aguadulce. Aber ganz ohne touristische Reize ist diese Region dennoch nicht: Die schwach gebuchtete Küste zwischen der Punta Chame und der Playa Farallón bietet herrliche, oft kilometerlange Sandstrände, an denen man ungestört die Sonne genießen kann.

Die Llanura Chiricana

Savannencharakter weist auch die flächenmäßig weitaus kleinere Llanura Chiricana auf, die sich zwischen der Serranía de Talamanca und dem Pazifik sowie zwischen den Halbinseln Burica und Soná ausbreitet. Die auf den Weideflächen grasenden ***Rinderherden*** werden größtenteils als Schlachtvieh verwendet, weshalb dieser Winkel des Landes auch das Etikett "Fleischkammer" Panamas trägt. Wegen der intensiven landwirtschaftlichen Nutzung der Ebene mußte auch hier die ursprüngliche Vegetation weichen. Nur an der stark gebuchteten Küste trifft man noch auf die ursprüngliche Vegetation: ein undurchdringliches Dikkicht von Mangrovenwäldern.

Halbinseln Burica und Soná

Im Westen reicht die Chiricana-Tiefebene bis zur ***Halbinsel Burica,*** die zur Hälfte zum Staatsgebiet Costa Ricas gehört. Die leicht hügelige Halbinsel ist mit Bananenplantagen überzogen und für Touristen deshalb weniger interessant. Im Osten stößt die Chiricana-Tiefebene an das grasüberzogene Bergland der ***Halbinsel Soná,*** die auch als Península de Las Palmas bezeichnet wird. Sie ragt zwischen dem Golfo de Montijo und dem Golfo de Chiriquí kaum weiter als 35 km in den Pazifischen Ozean hinein. Ihr Bergland, dessen Gipfel nie über 800 m reichen, zählt übrigens zu einer Gebirgskette, die parallel zur Cordillera Central verläuft, jedoch größtenteils unter dem Meeresspiegel des Pazifiks verborgen liegt. Auch die gebirgigen ***Inseln im Golfo de Chiriquí*** und Golfo de Montijo gehören dieser Kette an, wie beispielsweise die Islas Contreras, Jicarón und Cébaco sowie die unter Naturschutz stehende Isla de Coiba.

Die Halbinsel Azuero

Das S-förmige Staatsgebiet wird durch die Península de Azuero etwas aus der Bahn geworfen. Sie unterbricht deutlich den Küstenverlauf zwischen der Bahía de Parita und dem Golfo de Montijo, wo sie, leicht nach Südosten gewendet, bis circa 100 km in den Pazifischen Ozean hineinragt. Die fruchtbare Ebene im ***nordöstlichen Teil*** der

Stumme Zeugen vulkanischer Tätigkeit

Halbinsel, die vegetationsmäßig der Llanura Central angehört, wird von ausgedehnten Zuckerrohrplantagen dominiert. In dieser für Touristen weniger reizvollen Landschaft gibt es allerdings an der ***Südwestküste*** in der mit Mangroven überwucherten Bahía de Parita interessante Naturgebiete: den Nationalpark Sarigua und die Wildtierreservate Ciénega del Mangle und Isla Peñón de la Honda. Im Südwesten der Halbinsel wird die Landschaft dominiert vom ***Azuero-Bergland*** und vom ***Canajagua-Massiv,*** die - wie das Bergland von Soná - zu der unter dem pazifischen Meeresspiegel liegenden Gebirgskette zählen. An den überwiegend baumlosen, grasbewachsenen Hängen grasen vereinzelte Rinderherden, gelegentlich auch mal Schafe. Die Waldreservate Montuoso und La Tronosa sowie der Nationalpark Cerro Hoya sind die letzten zusammenhängenden Waldgebiete auf der Península de Azuero.

Der Nordöstliche Gebirgsbogen

Entlang der Karibikküste vom Zentralen Isthmus bis hin zur kolumbianischen Grenze erstreckt sich der *Arco Oriental del Norte.* Dieser Gebirgsbogen ist die Fortsetzung der Zentralkordillere und bildet mit ihr die Kontinentale Wasserscheide, doch reichen seine Gipfel kaum über 1000 m. Er setzt sich zusammen aus der Sierra Llorona de Portobelo, dem Nudo (Gebirgsknoten) del Mamoní und der Serranía de San Blas im Osten sowie der Serranía del Darién und der Serranía de Tacaruna im Westen. Hier wird mit dem Cerro Tanela (1415 m) und der höchsten Erhebung, dem Cerro Tacarcuna (1875 m), die 1000-m-Grenze überschritten. Die ***Vegetationsdecke*** des Gebirgsbogens weist ein ähnliches Bild auf wie die der Cordillera Central: Während die bis knapp an die Küste reichenden, steil abfallenden Nordhänge völlig mit Primärwald bedeckt sind, werden die flacher geneigten Südhänge durch den großen Landhunger der Bauern allmählich kahlgeschlagen. Im reichbewaldeten äußersten Westen des Gebirgsbogens liegen die Nationalparks Chagres und Portobelo, nördlich des Bayano-Sees in der Serranía de San Blas das reizvolle Privatreservat Nusagandi.

Der Landstrich zwischen der Kontinentalen Wasserscheide und der Karibikküste sowie die davor gelagerten Inseln gehören zum semiautonomen Gebiet des ***Kuna-Volkes,*** das auf den Inseln wohnt, während der schmale Küstenstreifen vollständig als Agrarfläche benutzt wird.

Der Südöstliche Gebirgsbogen

Der *Arco Oriental del Sur* weist im Vergleich zum nördlich liegenden Gebirgszug kein zusammenhängendes Gefüge auf. Der östliche Teil, die ***Serranía de Majé,*** ist deutlich durch die tief in das Land einschneidende Mündung des Río Turia vom Westteil getrennt, der aus den Serranías del Sapo, de Jungurudó und de Pirre gebildet wird. Zum unzusammenhängenden Gebirgsbogen zählt auch noch der ***Archipiélago de las Perlas,*** eine Inselgruppe im Golfo de Panamá, der mit der populären Isla Contadora über ein Bade- und Tauchparadies par excellence verfügt.

Darién-Dschungel

Von touristischem Großkaliber und das Paradies in Panama schlechthin ist der Darién-Dschungel, der sich entlang der Grenze zu Kolumbien ausbreitet. Das in Zentralamerika größte zusammenhängende Regenwaldgebiet reicht von Küste zu Küste und bedeckt dabei die Hänge der Serranías del Darién, de Tacaruna, del Sapo und de Pirre. Inmitten dieser nur mit dem Boot oder zu Fuß erreichbaren Dschungelregion wohnen verschiedene indianische Stämme in authentischer Lebensweise und Umgebung. Doch in naher Zukunft könnte die Region bedroht sein: Die Regierung plant, bis in das Jahr 2000 die Straße nach Kolumbien, die derzeit in Yaviza endet, weiterzubauen. Die Fertigstellung hätte ein unkontrollierbares Aufrücken der Zivilisation zufolge und würde eine Bedrohung für die Natur und die dort lebenden Menschen sein.

Bayano- und Chucunaque-Becken

Zwischen den beiden Gebirgsbögen im Osten liegen diese beiden, teilweise noch mit Primärwald bedeckten Beckenlandschaften, die gemeinsam vom Ort Chepo bis an die Grenze mit Kolumbien reichen. Dieser Teil Panamas weist wegen der fehlenden Infrastruktur noch relativ wenig Kulturland auf, doch ein Vormarsch der Bauern ist bereits sichtbar.

Bayano-Becken

In der östlichen Hälfte breitet sich das wesentlich kleinere Cuenca del Bayano aus. Es erhielt seinen Namen vom Río Bayano, der das Becken vom Nordosten nach Südwesten durchfließt und in die Bahía de Panama mündet. Nahe dem Ort Cañita wurde der Fluß zum zweitgrößten See Panamas, dem Lago Bayano, aufgestaut, der sowohl zur Stromerzeugung als auch als Wasserreservoir dient.

Chucunaque-Becken

Wie das Bayano-Becken erhielt auch das in der westlichen Hälfte liegende Cuenca del Chucunaque seinen Namen durch den Fluß, der es durchfließt. Der ***Río Chucunaque,*** der im Nordwesten der Serranía del Darién entspringt, ist mit 231 km der längste Fluß Panamas. Er entwässert mit seinen zahlreichen Nebenflüssen das gesamte westliche Gebiet und mündet bei El Real in den Río Turia, der in den weit in das Land reichende Golf de San Miguel mündet.

Klima

Panama liegt, sowohl geographisch als auch klimatisch gesehen, vollständig in den Tropen. Das bedeutet, daß größtenteils ***feucht-heißes Klima*** überwiegt, das den menschlichen Organismus am stärksten belastet, noch dazu wenn man aus dem kalten, europäischen Winter kommt. Zum Unterschied vom Klima in unseren Breiten zeichnet sich das tropische Klima durch zwei wesentliche Merkmale aus: das Fehlen thermischer Jahreszeiten und geringere Schwankungen im Temperaturverlauf eines Jahres als zwischen Tag und Nacht.

Die Jahresdurchschnittstemperatur liegt in der warmen Zone Panamas *(tierra caliente,* bis 700 m) zwischen 25 und 27 Grad, in der gemäßigten Zone *(tierra templada,* von 800 bis 1800 m) zwischen 16 und 22 Grad, in der kalten Zone *(tierra fría,* von 1800 bis 3000 m) bei 15 Grad und darunter und in der eisigen Zone *(tierra helada,* ab 3000 m) bei 10 Grad und darunter.

Wegen des Fehlens von thermischen Jahreszeiten spricht man in Panama von einer Trocken- (verano = Sommer) und einer Regenzeit (invierno = Winter). Die ***Trockenzeit*** dauert in der Regel von Mitte Dezember bis Mitte April und verzeichnet dabei circa 60 % Sonnentage mit rund 9 Stunden Sonne pro Tag. Die restlichen Monate werden von der ***Regenzeit*** geprägt, was allerdings nicht heißen soll, daß die Sonne während dieser Zeit sich im "Urlaub" befindet. Die höchsten ***Niederschlagsmengen*** werden im Oktober und im November gemessen. Ausschlaggebend für die Regenfälle sind unter anderem die Zentralkordillere und der Nordöstliche Gebirgsbogen, die zusammen die Kontinentale Wasserscheide bilden und das Land in eine immerfeuchte Karibikseite und eine wechselfeuchte Pazifikseite teilen. Die geringsten Niederschlagsmengen verzeichnet man an der Ostküste der Halbinsel Azuero und östlich der Halbinsel an der Zentralen Pazifikküste bis einschließlich der Hauptstadt mit 1300 bis 1500 mm pro Jahr. Die höchsten Mengen werden am Westflügel der Cordillera Central (3500-4500 mm) und an der Karibikküste (3500-5000 mm) gemessen, wobei dort die Spitzenwerte in kleinen Gebieten zwischen 6000 und 7000 mm pro Jahr liegen. Die ***durchschnittliche Luftfeuchtigkeit*** im Jahr beträgt circa 88 %.

Klimazonen

- ***Heißes, sehr feuchtes Klima:*** Im westlichen Teil der Karibikküste und im Umland von Portobelo.
- ***Heißes, feuchtes Klima:*** Auf der Halbinsel Burica, im westlichen und östlichen Teil der Chiricana-Tiefebene, auf der Halbinsel Soná, an der Südwestküste der Halbinsel Azuero, im östlichen Teil der Karibikküste, in der Landenge von Zentralpanama (außer der Hauptstadt) und in den Beckenlandschaften von Darién.

●***Heißes, trockenes Klima:*** In Panama-Stadt, im Umland von David, an der Nordostseite der Halbinsel Azuero und in den Ebenen um die Städte San Carlos und Santiago.

●***Gemäßigtes, trockenes Klima:*** An den niedrigliegenden Südhängen der Cordillera Central.

●***Gemäßigtes, sehr feuchtes Klima:*** Im Westflügel der Cordillera Central um Boquete, in der Gipfelregion der Serranías de San Blas, de Tacarcuna, del Sapo und de Pirre.

Pflanzenwelt

Im tropischen Klima Panamas blühen und gedeihen alle jene Pflanzen, die wir in Europa nur aus den Tropenhäusern der Botanischen Gärten oder aus Schaufenstern der Pflanzenläden kennen. In ihrem natürlichen Umfeld wachsen die Pflanzen darüber hinaus noch üppiger, größer, leuchtender und faszinierender. Von tropisch immergrünen Wäldern, die sich wie ein Teppich über die Nordhänge der Zentralkordillere und den Osten des Landes ausbreiten, bis hin zur Vegetation der *Sabanas* (Savannen) an der Pazifikküste entfaltet sich ein unübersehbarer Artenreichtum an Pflanzen: Mehr als 1000 Orchideenarten, etwa 150 Bromeliensorten, über 100 Farngattungen und eine Viehlzahl an Philodendron-, Heliconien- und Lilienarten wurden bis jetzt von den Forschern gefunden und registriert, ganz zu schweigen vom breiten Spektrum der über und über mit Blättern, Pilzen oder Farnen behangenen, riesenhaft erscheinenden Bäume. Über 300 Baumarten sind im kleinen Panama heimisch und stehen den im Vergleich bescheidenen 50 Baumsorten im großflächigen Mitteleuropa gegenüber. Die beeindruckenden Zahlen der Pflanzenarten vermitteln aber nur einen kleinen Einblick in die panamaische Pflanzenwelt, denn nach wie vor warten zahlreiche Arten auf ihre "Entdeckung" durch die Wissenschaft.

Tropischer Regenwald

Das Vegetationskleid wird grob betrachtet durch zwei Faktoren bestimmt: die Niederschlagsmenge und die Höhenstufe. Da die Atlantikseite und der Osten des Landes die größten Niederschlagsmengen verzeichnen, gedeiht in diesen Gebieten natürlicherweise der tropische Regenwald – eine Vegetationsform, die besonders die europäischen Besucher faszinieren wird, denn die "grüne Hölle" scheint in den westlichen Industrieländern zum Synonym für Abenteuer und Entdeckung geworden zu sein. Doch das Bild einer immergrünen, undurchdringbaren Pflanzenwelt betrifft Panama nur teilweise.

Die üppige Vegetation gedeiht hauptsächlich im ***Kronendach*** des Regenwaldes, wo die Sonnenstrahlen ihre Existenz sichern. Gleichzeitig entziehen die Baumwipfel dem

Unterwuchs sehr viel Licht, aber auch den nötigen Niederschlag. Unter den natürlichen Sonnen- und Regenschirmen, in einer vielgeschichteten, bis zu 60 Meter hohen dämmerigen Welt, wird ein ständiger Kampf ums Überleben geführt: Kletternd, würgend, schlingend oder windend arbeiten sich junge Pflanzen ihren Weg nach oben zum Sonnenschein - oft auf Kosten der festverankerten Pflanzen. Während die Lianen und Baumarten wie die Würgerfeige zu destruktiven Methoden greifen, versuchen andere Pflanzen, wie etwa die Epipyhten, ihre Existenz auf rücksichtsvollere Weise zu sichern: Als "Untermieter" quartieren sie sich auf anderen Pflanzen ein, ohne dabei ihren Wirt zu schädigen. Die Baumstämme, Äste und Zweige werden auf diese Weise von der Natur fantasievoll dekoriert, unter anderem von farbenprächtigen Orchideen, gekräuselten Farnen, hängenden Flechten oder Moosdecken.

Die Vegetation am oft morastigen ***Boden des Regenwaldes*** ist durch die geringe Licht- und Wassermenge auf Sparbetrieb eingestellt. Dort unten, in drückender Schwüle und unter diffusem Licht, warten manche winzigen Sträucher oder Stengelchen oft jahrelang auf ihre Chance, um nach oben zu gelangen. Wenn die Zeit gekommen ist, schießen sie unglaublich rasch und kerzengerade hoch, um einen besseren Platz in der lichthelleren Schicht des Regenwaldes einzunehmen.

Regenwald pur

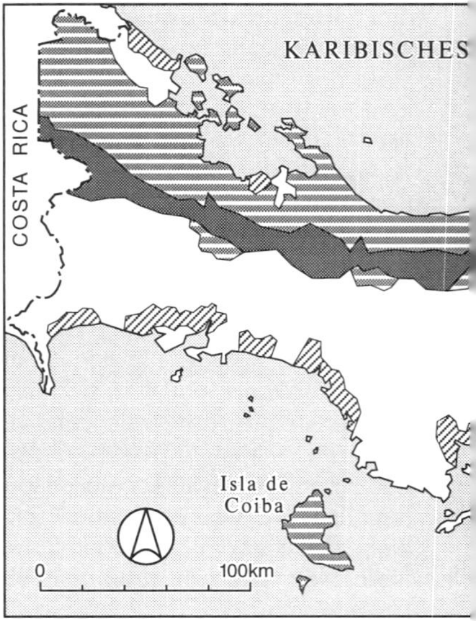

Der immergrüne tropische Regenwald konnte in Panama in nur mit mangelhafter Infrastruktur ausgestatteten Gebieten überleben. Das Eintauchen in den faszinierenden und einzigartigen Tropenwald gestaltet sich deswegen schwierig, ist aber nicht unmöglich.

Berg- und Nebelwald

Ab der 700-m-Grenze geht der immergrüne Regenwald bzw. vielerorts das die ursprüngliche Vegetation verdrängende Agrarland in den tropischen Berg- und Nebelwald über. Von Ferne bereits vermittelt die waldbedeckte Gebirgslandschaft ein märchenhaftes Bild, in dem weiße Wolkenmassen sich mit der saftiggrünen Vegetation vermischen. Durch die konstante Luftfeuchtigkeit weist der Berg- und Nebelwald einen ähnlichen Charakter auf wie der tropische Wald in den tiefliegenden Zonen. Die auffälligsten Unterschiede im Blickfeld des Wanderers sind der üppige Unterwuchs und die unglaubliche Menge an Epipyhten. Gattungen, wie etwa die Bromelien (Ananasgewächse) mit ihren markanten Blattrosetten, scheinen sich in der permanenten Feuchtigkeit sehr wohl zu fühlen. Die Bergregion um El Valle und um die Nationalparks Altos de Campana, Vulkan Barú und La Amistad sowie das privatgeführte Schutzgebiet Nusagandi bieten Möglichkeiten im Überfluß, um diese prächtige Welt selbst in Augenschein zu nehmen.

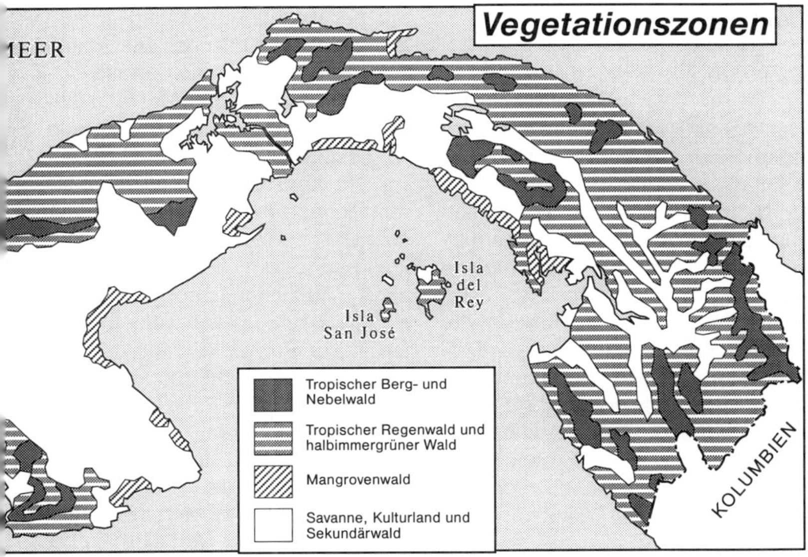

Die Gegend um El Valle und dem Vulkan Barú gilt übrigens als Fundgrube für tropische ***Orchideen.*** Aus der Reihe der Orchideen, der Königin unter den blühenden Pflanzen, stammt auch die ***Nationalblume Panamas:*** *la flor del Espíritu Santo* ("Die Blume des Heiligen Geistes"). In wissenschaftlichen Kreisen wird sie als *Peristeria elata* bezeichnet. Mit ihren fleischigen und schneeweißen Blütenblättern sowie der in der Mitte befindlichen pantoffelförmigen, weißen Lippe, umrahmt von rotvioletten Punkten, macht diese Orchidee ihrem Namen alle Ehre. Die Nationalblume ist nur im September blühend anzutreffen. Sie stellt als Erdbewohner der wechselfeuchten Zone einen Gegensatz zu den Epipyhten dar, die in ständig nassen Regionen auf den Bäumen gedeihen.

Savanne

Die panamaische Sabana täuscht durch ihren Namen: Es besteht hier nicht die ursprüngliche Graslandvegetation, die uns aus Naturdokumentationen vertraut ist, sondern eine vom Menschen geschaffene ***Kulturlandschaft.*** Der seit Jahrhunderten voranschreitende Rodungs- und Überweidungsprozeß hat enorme Teile der ursprünglichen Pflanzendecke an der Pazifikseite verdrängt. Die zwischen den Agrarflächen übriggebliebenen bzw. neugepflanzten laubabwerfenden und immergrünen Bäume sowie mannshohe Gräser und saisonal blühende Sträucher formen grüne Inseln in einer sonst von Kühen und Zuckerrohr beherrschten Landschaft. Die Bäume, die in dieser artenarmen Landschaft überlebt haben, verdanken ihre Existenz entweder ihrer Funktion als Schattenspender für Mensch und Tier, wie etwa der *corotu,* dessen Laubkrone sich nur wenige Meter über dem Boden ausbreitet, oder dem Glauben der lokalen Bevölkerung, die einige Baumriesen als Häuser der Götter respektieren.

Aufforstungen

Verschiedene Organisationen versuchen mittlerweile durch Neupflanzungen die Rodungsschäden im bescheidenen Umfang zu reparieren. Ein bemerkenswertes Phänomen tritt bei diesen Aufforstungsprojekten an die Oberfläche: Die lokale Bevölkerung und die verantwortlichen Institutionen ziehen landesuntypische Nadelbäume aus Nordamerika den heimischen Arten vor. Als Argument wird unter anderem angegeben, daß Nadelbäume schneller wachsen und zudem dekorativer seien. Dieses panamaische Aufforstungsprogramm hat sich bis heute nur auf kleinen Arealen in der Provinz Chiriquí und auf der Halbinsel Azuero durchgesetzt.

Mangrovenwälder

Im Tidenbereich der gesamten Küsten des Landes spielen diese Probleme keine Rolle. Dort sind die Le-

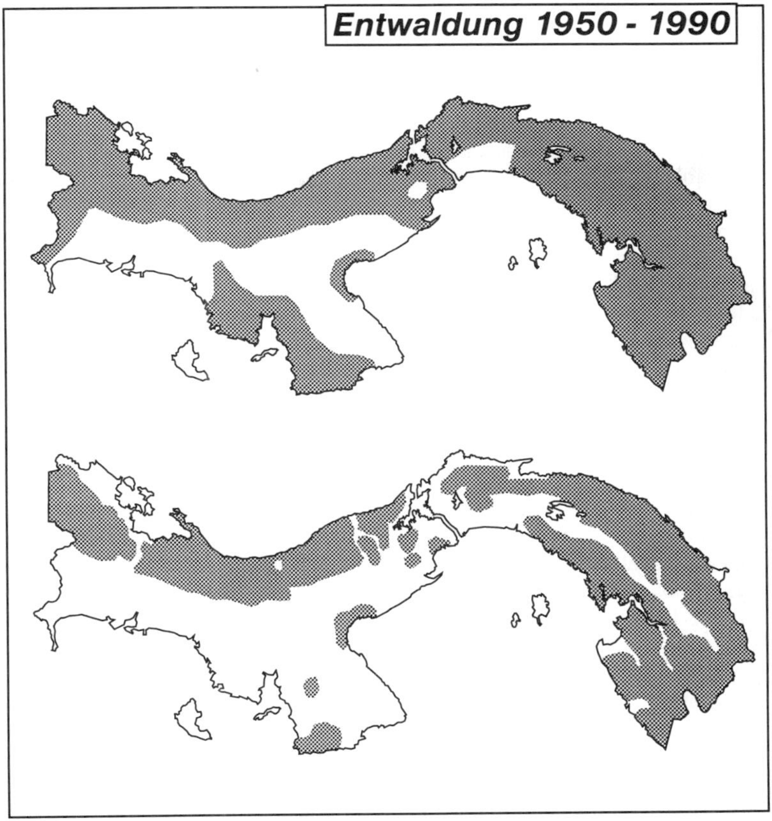

Entwaldung 1950 - 1990

bensbedingungen für die Pflanzen derart rauh, daß nur die Mangrove in dieser Umwelt gedeihen kann. Die unverwüstliche Tropenpflanze hat sich hervorragend an die Bodenverhältnisse adaptiert. Während des Hochwassers vermittelt der Mangrovenwald den Eindruck eines überfluteten Waldes, der im Salzwasser allmählich absterben müßte. Doch der Schein trügt: Die Tidenpflanze ist äußerst robust und scheidet überschüssiges Salz mit speziellen 'Salzdrüsen' aus. Die gute Anpassung läßt sich am deutlichsten während der Ebbe erkennen. Dann zeigen die Pflanzen ihr beeindruckendes und undurchdringliches Flechtwerk von Stelzwurzeln, die im Schlickboden fest verankert sind, und von Atemwurzeln, die wie Spargel aus der salzigen Masse hervortreten – allerdings schmeckt Spargel eindeutig besser.

Tierwelt

Säugetiere

Für Tierliebhaber eröffnet sich in Panama ein kleines Paradies, in dem sowohl Arten aus Südamerika wie auch aus Zentralamerika vorkommen. Die meisten der circa 225 Säugetierarten leben sehr zurückgezogen in der immergrünen Vegetation der Naturschutzgebiete, die selten von Menschen betreten wird. Durch die gute Anpassung an die Umgebung und die Scheu gegenüber den Menschen bleiben sie den Augen ungeübter Beobachter oft verborgen.

Affen

Eine Ausnahme bilden dabei die Affen *(monos),* die in Panama bzw. in ganz Lateinamerika zu den Neuwelt- oder Breitnasenaffen gezählt werden. Die perfekten Akrobaten kommen oft aus dem dichten Blätterwerk neugierig hervor, um die "Eindringlinge" aus sicherer Entfernung zu beobachten. Dabei versuchen das circa 20 cm große ***Panama-Perückenäffchen*** *(mono tití, yerré* oder *mono araña),* der bewegliche ***Geoffroy-Klammeraffe*** *(mono colorado)* und das tagaktive ***Totenkopfäffchen*** *(mono ardilla),* ihre Neugierde durch einen guten Aussichtspunkt in den Ästen zu befriedigen, was wiederum eine Beobachtung durch die Touristen ermöglicht. Kaum zu sehen, dafür aber zu hören ist der ***graubraune Nachtaffe*** *(mono nocturno* oder *jajuná),* der meistens während einer Vollmondnacht mit seinem Ruf Weibchen lockt, und der stimmgewaltige ***Mantelbrüllaffe*** *(mono negro* oder *mono alluador),* der mit seinem über einige Kilometer hörbaren Gebrüll die morgendliche Geräuschkulisse des Regenwaldes übertönt - und so manchen ahnungslosen Touristen aus dem Schlaf reißt.

Raubkatzen

Während die Affen den Menschen weniger zu fürchten haben - er zählt ja selbst zur Ordnung der Primaten - sieht es bei den Raubkatzen schon bedenklicher aus. Die schlimmste Bedrohung ist in erster Linie der Fellhandel. Obwohl weltweit sehr engagiert gegen den Handel gekämpft wird, besteht nach wie vor eine große Nachfrage nach Fellen, die so manche Katzenart an den Rand der Ausrottung gebracht hat. So ist es nicht verwunderlich, daß die Beobachtung einer freilebenden Raubkatze heutzutage zum reinen Glücksfall wird. Zu den in Panama lebenden und am stärksten bedrohten Kleinkatzen-Arten zählen unter anderem der ***Puma*** *(león americano),* die ***Wieselkatze*** *(tigrillo congo),* die ***Langschwanzkatze*** *(tigrillo* oder *maragay)* und der ***Ozelot*** *(manigordo),* der wegen seines ocker- bis orangegelben, schwarz gepunkteten Fells zum begehrtesten "Objekt" der Pelzindustrie wurde. Der Ozelot ist übrigens die meistgejagte Kleinkatze auf dem amerikanischen Kontinent. Ein ähnliches Schicksal erleidet auch der

Asiatische Buckelrinder - auch in Panama heimisch geworden

zu den Großkatzen zählende ***Panama-Jaguar*** *(tigre),* der nur noch selten die Regenwälder im Osten des Landes durchstreift.

Kleinere Raubtiere

Neben den graziös anmutenden Raubkatzen gibt es kleine, gefräßige Räuber, die auf der Suche nach Nahrung oft schwere Schäden in kultiviertem Gebiet verursachen. Sie entwickeln sich langsam zur Plage und wurden (und werden noch immer) schonungslos gejagt und dabei immer weiter in die geschützten Gebiete zurückgedrängt. Zu den Plagegeistern gehören der ***Mittelamerikanische Fischotter*** *(cutarra)* und der ***Südamerikanische Fischotter*** *(nutria* oder *gato de agua),* die das Problem für die Zuchtfischerei schlechthin sind, sowie die gefräßige ***Tayra*** *(gato negro),* die in Größe und Gestalt dem Marder ähnlich ist. Auf ihrer Suche nach Nahrung, zu der unter anderem auch Früchte gehören, dringt sie tief in die Bananenplantagen ein und verursacht dabei große Schäden. Ebenso eine Plage für den Menschen ist der zur Kleinbären-Familie zählende ***Nordamerikanische Waschbär*** und der ***Krabbenwaschbär*** *(gato manglatero),* die als Plünderer und Diebe durch das Land ziehen. Auf der ständigen Suche nach Nahrung machen sie auch vor Hühnereiern und Abfällen nicht halt.

Nasenbär

Eine besondere Gattung aus der Kleinbärenfamilie ist der ***Südamerikanische Nasenbär*** *(gato solo),* dessen leicht nach oben gebogene, rüsselähnliche Schnauze ein typisches Merkmal ist. Sein Lebensraum reicht von der Tiefebene über trockene Gebirgswälder bis hin zu Grassteppen. In erster Linie ernährt sich der Nasenbär von Insekten und Obst, gelegentlich auch von Fröschen, Eidechsen, Mäusen und jungen Schildkröten.

Ameisenbären

Weniger abwechslungsreich ist dagegen der Speiseplan des Ameisenbärs, der sich - wie der Name schon andeutet - vorwiegend von Ameisen und Termiten ernährt. Von der Familie der Ameisenbären gibt es weltweit insgesamt nur vier Arten, die alle in Panama heimisch sind, so der ***Große Ameisenbär*** *(oso caballo),* der ***Zwergameisenbär*** *(tapacara* oder *gato balsa)* der ***Nördliche*** und der ***Südliche Tamandua*** *(oso hormiguero).* Das typische Merkmal für diese Tiere ist ihre röhrenförmige Schnauze und die lange, schmale Zunge, die mit klebrigem Speichel bedeckt wird, um das Fangen von Ameisen und Termiten zu erleichtern.

Gürteltiere

Eine tödliche Gefahr für die Ameisen und Termiten bildet auch das nachtaktive ***Nacktschwanz-Gürteltier*** *(armadillo rabo puerco),* das ***Siebenbinden-*** und das ***Neunbinden-Gürteltier*** *(armadillo).* Sie verfügen wie die Ameisenbären über eine klebrige, allerdings breitere Zunge, mit der Ameisenhügel und Termitenbauten regelrecht geplündert und oft bis zu 40.000 Ameisen pro Mahlzeit vertilgt werden. Durch die große Anpassungsfähigkeit des

Tamandua

Gürteltier (Armadillo)

Gürteltieres an seine Umwelt wird die Population in den tropischen Wäldern Panamas auf über 50 Tiere pro Quadratkilometer geschätzt. Die Chance ist deshalb sehr hoch, dem exotischen Tier in freier Wildbahn zu begegnen.

Faultiere

Eine große Population wurde in Panama auch beim sprichwörtlich für seine Langsamkeit berühmten Faultier *(mono perezoso)* festgestellt. Neben den Feuchtwäldern im Darién und jenen entlang der Karibikküste gilt vor allem das Naturmonument Isla Barro Colorado als Heimat für das ***Zweifingerfaultier*** *(Unau)*, das ***Hoffmann-Zweifingerfaultier*** und das ***Dreifingerfaultier*** *(Aï)*. Faultiere leben ausschließlich auf Bäumen, wo sie in ihrer typischen Haltung - mit dem Rücken nach unten hängend - die meiste Zeit verbringen. Als Nahrung werden Blätter, Blüten und Früchte bevorzugt, aber alles in greifbarer Nähe, damit für die Nahrungssuche keine unnötige Energie verschwendet wird.

Jagdbeute: Hirscharten und Nagetiere

Große Populationen wie bei den Gürtel- oder Faultieren können primär nur bei solchen Arten entstehen, die nicht in panamaischen Kochtöpfen landen. Die Jagd nach dem begehrten Fleisch ist in verschiedenen Landesteilen noch immer der Fall, weshalb vor allem bei Nagetieren und Hirscharten, wie etwa ***Großmazama*** *(venado corzo)*, ***Graumazama*** *(venado corzo-chocolate)* oder ***Weißwedelhirsch*** *(venado cola blanco)*, bereits drastische Rückgänge verzeichnet werden. Vor allem in der Provinz Darién wird die abwechslungsarme Speisekarte mit vielen Nagetieren ergänzt, wie etwa dem zu den allesfressenden Nabelschweinen zählenden ***Weißbartpekari*** *(puerco de monte)*, auch als Bisamschwein bezeichnet, dem ***Halsbandpekari*** *(saíno)* und dem ***Wasserschwein*** *(capibara)*, das mit einer Länge von bis zu einem Meter und einem Gewicht von bis zu 50 Kilogramm das weltweit größte Nagetier ist und deshalb eine besonders "reiche" Beute darstellt. Ebenfalls auf der Menükarte steht der nachtaktive ***Goldhase*** *(conejo pintado)*, dessen zartes Fleisch besonders begehrt ist. Er zählt zur Familie der Agutis *(ñeque)*, war einst im ganzen Land verbreitet und lebt heute nur noch in wenigen bewaldeten, flußnahen Gebieten. Ein ähnliches Schicksal wie die Nagetiere erleidet auch der in tropischen Bergwäldern beheimatete ***Mittelamerikanische Tapir*** *(macho de* *monte),* der wegen seines schmackhaften Fleisches, vor allem aber wegen seiner Haut, die sich zu hochwertigem Leder verarbeiten läßt, bereits aus kommerziellen Gründen gejagt wird, was ihn schließlich auf die Liste der bedrohten Arten brachte.

Beuteltiere

Zu den ständigen Bewohnern des Landes gehört auch die tagaktive **Wollbeutelratte** *(zorra roja)* und das weniger menschenscheue **Nordopossum** (zorra), das seine Jungen mit Vorliebe auf dem Rükken transportiert. Dabei wird der Schwanz auf dem Rücken gebogen und dient so den Jungtieren als "Haltestange".

Insekten und andere Wirbellose

Während einer Wanderung durch ein Naturschutzgebiet sollte man nicht nur den optisch großen Tieren die Aufmerksamkeit schenken. Auch die Insekten und wirbellosen Tiere haben Beachtung verdient, denn schließlich sind sie am artenreichsten vertreten, unter anderem mit Bienen, Wespen, Heuschrekken, Käfern, Spinnen und mit den Libellen, die in Panama den lustigen Namen *caballitos del diabolo* ("Teufelspferdchen") erhalten haben. Besonders farbenprächtig sind die Schmetterlinge, von denen es rund 1500 Arten gibt. Die schillerndsten Erscheinungen sind zweifelsohne die blauschillernden Morpho-Falter *(azul real),* von denen einige Arten eine Flügelspannweite von bis zu 15 cm erreichen - ein herrlicher Kontrast zum dichten Grün des Regenwaldes.

Amphibien

Bei einem Blick auf den Boden des Regenwaldes eröffnet sich eine faszinierende Welt, deren Bewohner oft nur wenige Zentimeter groß sind, wie etwa die **Kröten** *(sapos)* und **Frösche** *(ranas),* die mit vielen Arten aus der Familie der Südfrösche, Laubfrösche, Glasfrösche und Engmaulfrösche vertreten sind. Einige Arten heben sich hervor, teils durch ihre Färbung, wie etwa der goldfarbene, mit schwarzen Punkten übersäte Stummelfußfrosch *rana dorada* (lateinisch *Atelopus zeteki),* teils durch ihre überdimensionale Größe gegenüber ihren Artgenossen, wie etwa die **Aga-Kröte,** die mit einer Größe von bis zu 23 cm kaum zu übersehen ist.

Baumsteigerfrösche

Eine besondere Erwähnung verdienen die Baumsteigerfrösche, die sehr giftige biologische Substanzen in ihren Hautdrüsen erzeugen. Durch ihre grell leuchtenden Hautfarben (hellrot, rosa, blau, grün, gold und violett, oft mit dunklen Zeichnungen) werden ihre Freßfeinde, aber auch der Mensch vor ihrer Giftigkeit gewarnt. Neben dem **Zwerg-Panamabaumsteiger** ist auch der **Zweifarb-Blattsteigerfrosch** heimisch, der über das wirksamste aller Gifte verfügt: Bereits

Kaiman

0,00001 g seines Hautdrüsensekrets reichen völlig aus, um eine erwachsene Person ins Jenseits zu befördern. Das wirksame Gift wird übrigens von einzelnen Indianerstämmen als Pfeilgift für die Jagd verwendet.

Ein "Spezialist" auf dem Gebiet der Froschjagd ist die auf der Isla Barra Colorado heimische ***Fransenlippen-Fledermaus.*** Bei Untersuchungen wurde festgestellt, daß diese Fledermaus *(murcielago)* fähig ist, die Lockrufe der Frösche zu unterscheiden und dadurch giftige Arten zu meiden.

Reptilien

Nicht minder gefährlich als die Baumsteigerfrösche sind die Schlangen, wobei der Biß nicht immer tödlich verlaufen muß. Schlangen sind in der Regel scheue Tiere, die beim Anblick eines Menschen rasch im Unterholz verschwinden werden. Bei einer Wanderung im Regenwald sollten Sie trotzdem ab und zu nach unten blicken und nicht bedenkenlos Ihren Fuß vor den anderen setzen, da unter anderem die giftige ***Schweinsnasen-Lanzenotter*** *(nariz de puerco),* die ***Mittelamerikanische Lanzenotter*** *(terciopelo)* und die sehr giftige ***Echte Korallenschlange*** *(coral venenosa)* Ihre Wege kreuzen können. Keine Giftzähne besitzen die ***Falsche Korallenschlange*** *(falsa coral)* und die Königsschlange *(boa),* die allgemein als ***Boa Constrictor*** besser bekannt ist.

Auch viele Reptilien sind so gefährdet, daß sie teilweise streng geschützt werden. Dazu gehört auch der zu den Alligatoren zählende ***Kaiman*** *(babilla)* und der ***Grüne Leguan*** *(iguana verde)*, dessen Aussehen an eine Miniaturausgabe eines Sauriers erinnert. Der Grüne Leguan zählte jahrelang im Land bzw. in ganz Zentralamerika wegen seines weißen, zarten Fleisches zu den besonderen "Leckerbissen". Trotz der ehemals großen Population des Leguans erreichte er durch die Jagd rasch die Schwelle der Ausrottung. Seine durch Menschenhand verursachte Vernichtung konnte allerdings durch die deutsche Forscherin *Dagmar Werner* in Panama einigermaßen gestoppt werden. Ihr gelang es, den Grünen Leguan in Gefangenschaft zu züchten, womit ein entscheidender Schritt gegen das Aussterben dieser Tierart gemacht wurde.

Zur speziellen "Delikatesse" zählen auch die Eier der ***Bastardschildkröte*** *(tortuga mulato)* und der ***Echten Karettschildkröte*** *(tortuga carey)*, die jährlich zwischen August und November Tausende Eier in die Sandstrände der Pazifikküste ablegen. Als besonderer Brutplatz gilt der Südstrand der Isla Cañas, wo die Eier vor dem kommerziell bedingten Zugriff des Menschen durch besondere Bestimmungen entsprechend geschützt werden. Am Strand der Isla Cañas bzw. an den Stränden entlang der Pazifikküste trifft man auch auf die Unechte ***Karettschildkröte*** *(tortuga cahuama)*, die ***Suppenschildkröte*** *(tortuga verde* oder *tortuga blanca)* und die ***Lederschildkröte*** *(tortuga canal)*, die mit einer Länge von bis zu 185 cm und einem Gewicht von bis zu 700 kg die größte auf der Welt lebende Schildkröte ist. Die erwähnten Schildkröten-Arten leben vorwiegend in warmen Meeren und treten in Panama nur periodisch auf, wogegen einige Arten aus der großen Familie der Landschildkröten *(tortuga terrestre)* permanent im Land heimisch sind.

Boa Constrictor

Fische

So unterschiedlich die Fauna sich an Land präsentiert, so variationsreich ist sie auch unter Wasser. In den ***Flüssen und Seen*** Panamas wurden mehr als 200 Arten gezählt, die aber größtenteils den Augen verborgen bleiben werden – falls der Fisch nicht gedünstet, gebacken oder gegrillt auf Ihrem Teller landen wird, wie etwa die bekannte Regenbogenforelle *(trucha)*. Besser, aber nicht ohne technische Hilfsmittel zu beobachten ist die Fauna im ***Meer,*** die über eine große Artenvielfalt verfügt. Auch bei uns verbreitete Arten wie Herings-, Lachs- oder Karpfenfische stehen mit ihrem Aussehen allerdings im Schatten der exotischen, teils prächtig gefärbten Fische, die in allen Formen vorkommen - mal kugelrund, mal gertenschlank. Die weitgehend intakten Korallenriffe der beiden Meere bieten ideale Lebensbedingungen für die exotischen Fische und natürlich auch die besten Voraussetzungen für die Taucher, die Fische hautnah zu erleben.

Vögel

Unter Vogelkennern und -liebhabern gilt Panama als besonders lohnenswertes Ziel: Gegenwärtig sind circa 900 heimische Vogelarten und rund 130 Zugvogelarten bekannt, die in bestimmten Gebieten hervorragend zu beobachten sind.

Papageien

Aus Panamas Artenvielfalt exotischer Vögel zählen die Papageien *(guacamaya)* wahrscheinlich zu der weltweit bekanntesten Gattung. Wegen ihrer Popularität als Käfig- oder Ziervogel sowohl in Europa als auch in den Herkunftsländern entstand ein großer illegaler Handel, der dazu geführt hat, daß viele Papageien-Arten bereits als bedroht oder stark gefährdet eingestuft werden. Auch die Papageien in Panama blieben von den illegalen Geschäften nicht verschont, weshalb sie in freier Wildbahn eher selten zu sehen sind.

Papageien gehören zur großen Ordnung der Psittaciformes. Sie haben in der Regel ein prächtig gefärbtes Federkleid, wobei in vielen Fällen eine Grünfärbung überwiegt. Zu den farbenprächtigsten, in Panama heimischen Arten gehört unter anderem der ***Hellrote Ara*** oder ***Arakanga*** *(guacamaya bandera)* und der ***Grünflügelara*** *(guacamaya roja),* die beide ein regenbogenfarbenes Federkleid haben. Weniger bunt, aber nicht minder schön ist der rot-grüne ***Rotbugara*** *(guacamaya guaquito),* der grün-blaue ***Bechsteinara*** *(guacamaya verde),* der gelb-blaue ***Gelbbrustara*** oder ***Ararauna*** *(guacamaya azul)* und die grüne ***Gelbscheitelamazone*** *(loro moña amarilla),* die eine auffallende Gelbfärbung des Kopfes hat.

Tukane

Die Tukanfamilie *(tucánes)* ist mit 6 Arten in Panama vertreten. Am häufigsten kann der ***Fischertukan*** beobachtet werden, der mit einer Länge zwischen 46 und 56 cm zur größten Art neben dem Riesentukan zählt. Im vorwiegend dunklen Federkleid des Fischertukan ist die orange oder gelb gefärbte Brust sowie die türkisblaue Stelle rings um das Auge besonders auffällig. Charakteristisch für ihn ist zudem der grüne, leicht nach unten gebogene Schnabel, dessen Spitze rot oder rotbräunlich gefärbt ist. Ein dem Fischertukan ähnlich gefärbtes Federkleid besitzt der selten vorkommende ***Swainsontukan.*** Er ist im Vergleich zu seinem Verwandten etwas kleiner und an seinem braungelben Schnabel leicht erkennbar. Ebenfalls zu den seltenen Arten zählt der ***Halsbandarassari*** (dunkles Federkleid, helle Brust mit schwarzem Querstreifen), der ***Feuerschnabelarassari*** (dunkle Federn, orangegelbe Brust mit rotem Querstreifen, rötlichbraun-schwarzer Schnabel) und der ***Gelbohrarassari*** (dunkelgrünes Federkleid, schwarz-gelber Schnabel, gelber Fleck hinter dem Auge).

Ordnung Trogons

Aus der Ordnung Trogons wurden in Panama 11 Arten gezählt, unter anderem der ***Goldkopftrogon,*** der ***Schwarzschwanztrogon*** und der ***Sperberschwanztrogon.*** Der Trogon ist ein mittelgroßer, scheuer Feuchtwaldbewohner mit einer Durchschnittsgröße von etwa 25 cm, einem leicht nach unten gebogenen Schnabel und einem breiten, horizontal abgeschnittenen Schwanz. Bei der Farbenpracht des Gefieders wird in der Regel das Weibchen vom Männchen übertroffen, dessen Federn eine bunte Farbmischung aus grün, braun, orange, gelb, rosa oder rot aufweisen.

Eine besondere Schönheit aus der Ordnung Trogons ist der grünrot gefärbte männliche ***Quetzal*** (lateinisch *Pharomachrus mocino),* der wegen seiner bis zu einem Meter langen Schwanzfedern (Körperlänge bis zu 38 cm) in der Vergangenheit erbarmungslos gejagt und dadurch stark dezimiert wurde; vor allem von der ursprünglichen Bevölkerung, die seine Schwanzfedern gerne als Kopfschmuck verwendete. Der heute stark bedrohte Quetzal kann nur in ungestörten Nebelwäldern überleben, wo er vorwiegend in Baumhöhlen nistet. Doch durch die fortschreitende Waldrodung wird sein Lebensraum systematisch eingeengt und seine Population zunehmend geringer. Der Quetzal wurde in Panama ausschließlich in der westlichen Bergregion um Boquete und Cerro Punta bis in eine Höhe von etwa 2500 m beobachtet.

Kolibris

Von Meereshöhe bis in eine Höhe, wo noch nektarproduzierende Pflanzen wachsen, leben die kleinsten Vögel der Welt: die Kolibris, bei denen der dünne, leicht gebogene Schnabel, das metallisch glänzende Gefieder und der insektenähnliche Schwirrflug die charakteristischen Merkmale sind. In Panama wurden von den weltweit 335 bekannten Kolibriarten gegenwärtig 55 verschiedene gezählt, die in allen Regionen beheimatet sind.

Sperlingsvögel

Auf der Landenge am stärksten vertreten sind die Sperlingsvögel, was in keiner Weise als Überraschung gilt, denn sie bilden die artenreichste und größte Vogelgruppe der "Neuen Welt". Dazu zählen unter anderem auch die in unseren Breiten bekannten ***Finken, Meisen, Schwalben*** und ***Drosseln.*** Sie stehen allerdings oft mit ihrer Farbenpracht im Schatten ihrer exotischen Verwandten, wie die gelb-, braun- und/oder grüngefiederten ***Tyrannen,*** die eine eigene große Familie innerhalb der Ordnung Sperlingsvögel bilden oder die bunten, kontrastreichen ***Tangaren, Schmuck-*** und ***Schnurvögel.*** Zu den Sperlingsvögeln zählen auch die ***Stärlinge,*** die bevorzugt in Lichtungen, am Waldrand, in weniger baumreichen Niederungen und in Plantagen leben. Ihr schwarzes oder braunes Federkleid wird oft mit gelben, roten oder orangefarbenen Punkten oder Flecken verschönert.

Stärlinge sind in Panama mit einer besonderen Art vertreten: die ***Stirnvögel,*** die vor Ort als oropendulas bezeichnet werden. Neben dem bis zu 48 cm großen, braunen ***Krähenstirnvogel*** (lateinisch *Psarocolius decumanus melanterus),* der nur in Panama und Nordkolumbien vorkommt, fällt vor allem der kleinere ***Montezumastirnvogel*** *(ordopendula montezuma)* und der ***Rotkopfstirnvogel*** auf, durch ihre an Zweigen hängenden, langen Beutelnester, aber vor allem durch ihren besonderen Ruf, der sich anhört als trifft ein Tropfen auf die Wasseroberfläche.

Wasservögel

Bei einem Blick auf die Wasservögel, im speziellen auf die Ordnung der Ruderfüsser, heben sich besonders der ***Braune Pelikan, Tölpel, Kormoran, Schlangenhalsvogel*** und der ***Fregattvogel*** hervor, die in großen Kolonien auf den menschenleeren Inseln und Inselchen Panamas leben, während an den Binnenlandseen Stelzvögel wie der ***Reiher, Ibis, Storch*** oder der ***Löffler*** beheimatet sind.

Hühnervögel

Aus der artenreichen Ordnung der Hühnervögel sollte der bis zu einem Meter große ***Tuberkelhokko*** *(pavón* oder *pava rubia)* nicht unerwähnt bleiben, der vorwiegend in feuchten bis wechselfeuchten Hochwäldern lebt. Zu seinen auffälligsten Merkmalen im schwarzen Gefieder zählt die gelbe Zeichnung am Schnabelansatz, worauf eine ebenfalls gelbgefärbte kleine Hornkugel sitzt, und seine gekrausten Kopffedern, die er vor allem während der Balz als "Verschönerung" aufrichtet.

Greifvögel

Die letzte erwähnenswerte Ordnung in der panamaischen Vogelwelt sind die Greifvögel, von denen einige häufig, andere wiederum kaum zu sehen sind, wie beispielweise der weißköpfige ***Fischbussard,*** der ***Prachtadler,*** dessen aufgestellte Kopffedern auffällig sind, oder der zu den Falken zählende ***Schopfkarakara,*** der eine dunkle

"Kappe" zum restlichen, hellgefärbten Kopf trägt. Am häufigsten trifft man unterwegs auf den bis zu 40 cm großen ***Gelbkopfkarakara,*** und den fast doppelt so großen ***Truthahngeier,*** der zu den Neuweltgeiern zählt und als Aasfresser und Restevertilger die "Gesundheitspolizei" der Tierwelt verkörpert.

Aus der Greifvogelwelt Panamas ist letzendlich die zu den Bussardartigen zählende eindrucksvolle ***Harpyie*** (lateinisch *H. harpyia)* besonders hervorzuheben. Sie gehört mit einer Körpergröße zwischen 90 und 110 cm und ihren mächtigen Krallen zu den kräftigsten Raubvögeln der Welt. Zu ihren Beutetieren zählen unter anderem Affen, Faultiere und sogar ausgewachsene Stachelschweine. Die Harpyie kann heute ausschließlich im Darién-Regenwald, dort aber nur noch selten beobachtet werden. Durch die großflächige Abholzung des Regenwaldes in allen zentralamerikanischen Ländern wurden ihre Bestände drastisch dezimiert, weshalb sie auf der langen Liste der stark bedrohten Tiere einen vorderen Platz einnimmt. Im Botanischen Garten Summit werden Zuchtversuche unternommen, die bis heute erfolglos blieben.

Der Greifvogel erhielt übrigens seinen Namen von einem Fabelwesen der griechischen Mythologie, in den mit Harpien ursprünglich Sturmdämonen, später häßliche Riesenvögel mit Frauenköpfen bezeichnet wurden.

Truthahngeier

Natur- und Umweltschutz

Die Natur- und Umweltschutzpolitik der panamaischen Regierung ist bei weitem noch nicht so fortgeschritten, wie es auf den ersten Blick erscheint. Auch die bisher geschaffenen Naturschutzgebiete können darüber nicht hinwegtäuschen. Die staatliche Institution *INRENARE (Instituto de Recursos Naturales Renovables)* und die privatgeführten Vereine *ANCON (Asociación Nacional para la Conservación de la Naturaleza)* und *PA.NA.MA. (Fundación de Parques Nacionales y Medio Ambiente)* sind zwar ständig bemüht, die Natur- und Umweltschutzentwicklung voranzubringen, doch entscheidende Schritte werden von vielen Faktoren gehemmt.

Problem Brandrodung

Eines der größten Probleme bildet dabei die Agrarwirtschaft, die traditionell auf der Brandrodung basiert.

Bei dieser uralten und in den Tropen weit verbreiteten Methode wird zunächst das unberührte Land mit der Machete (Buschmesser) von Sträuchern, später mit der Axt von Bäumen gesäubert. Die geschlagenen Bäume und Sträucher werden in der Trockensaison vollständig verbrannt, wobei auch ein beträchtlicher Teil der fruchtbaren Oberfläche vernichtet wird. Nach etwa zwei Jahren ist der durch diese Methode entstandene Ackerboden bereits ausgemergelt. Der Bauer wird daher gezwungen, neues Land zu suchen, womit die ganze Prozedur von vorne beginnt. Wegen der kurzfristigen Nutzbarkeit des Agrarbodens entstand logischerweise ein enormer Landhunger bei den panamaischen Bauern und die allmähliche ***Entwaldung*** großer Landstriche. In Panama besteht außerdem das ungeschriebene Gesetz, daß jene Person auf das Land Besitzansprüche stellen kann, die es der Natur abgerungen hat, und so sind mittlerweile riesengroße Agrarflächen, vor allem in der Provinz Chiriquí und auf der Halbinsel Azuero, im Besitz von nur wenigen Bauern. Der größere Rest an Kleinbauern muß nach wie vor in abgelegene Gebiete vordringen, um den Kampf zwischen Mensch und Natur erneut aufzunehmen, wobei letztendlich die Natur auf der Strecke bleiben wird.

Probleme für den Umweltschutz

Die unübersehbare Entwaldung und die ständig wachsende Erosion haben bereits enorme Ausmaße angenommen. Den Kleinbauern kann dabei kein Vorwurf gemacht werden, denn schließlich kämpfen sie um ihre Existenz. Vielmehr ist es die ***Aufgabe der Regierung,*** zukunftsorientiert zu denken und Alternativen für die regionale Bevölkerung anzubieten, aber auch umweltschützende Maßnahmen zu treffen und diese auch mit der nötigen

Kraft durchzusetzen. Pläne sind dazu vorhanden, doch zwischen dem Beamtenleben in der modernen Hauptstadt und dem praktischen Alltag des Interior klafft noch immer eine zu große Lücke, um einen entscheidenden Durchbruch zu erreichen. Die sachkundige Aufklärung der Bevölkerung, die Begleitung von Aufforstungprojekten sowie die Stimulierung für eine andere Urbarmachung und Nutzung der Fläche bleiben oft im bürokratischen Apparat hängen. Es sind momentan die privatgeführten Vereine, die mit direktem Kontakt zur ländlichen Bevölkerung kleine Erfolge verbuchen konnten.

Große Probleme der Natur- und Umweltschutzpolitik sind der Geldmangel, die richtige Verteilung des verfügbaren Budgets und die Organisation, wie etwa bei der ***Müllbeseitigung,*** die in ärmeren Gebieten des Interior und den Elendsvierteln von Panama-Stadt, im besonderen aber in der Umgebung von Colón nicht oder nur schlecht funktioniert. Und wo die staatliche Organisation weitgehend fehlt, greift die unaufge-

	Parque Nacional
1	La Amistad
2	Volcán Barú
3	Marino Isla Bastimentos
4	El Copé
5	Cerro Hoya
6	Sarigua
7	Altos de Campana
8	Soberanía
9	Camino de Cruces
10	Interoceánico
11	Chagres
12	Portobelo
13	Darién
14	Isla de Coiba
	Refugio de Vida Silvestre
15	Isla Iguana
16	Islas Tagoba und Urabá
17	Peñón de la Honda
18	Ciénega del Mangle
19	Isla Cañas
	Andere Naturschutzgebiete
20	Monumento Natural Isla Barro Colorado
21	Parque Natural Metropolitano
22	Parque Municipal y Jardín Botánico Summit
23	Privatreservat Nusagandí
	Reserva Forestal
24	La Yeguada
25	Montuoso
26	La Tronosa
27	Canglón
28	Chepigang
29	Palo Seco
30	Fortuna

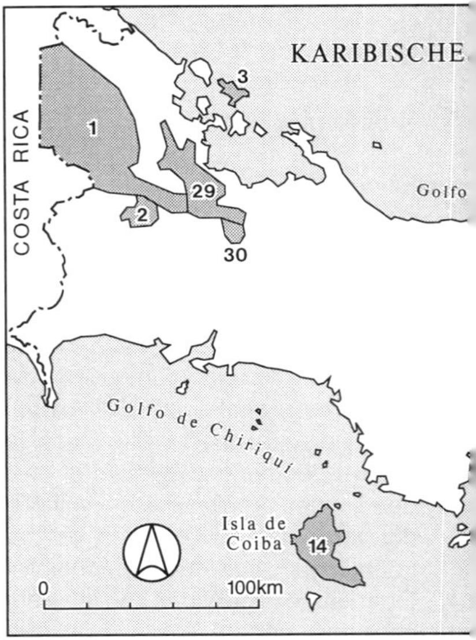

klärte Bevölkerung zur Selbsthilfe und kippt den Müll in die Natur – vom Plastiksäckchen bis zum Autoreifen.

Am stärksten wirkt sich der Geldmangel und die richtige Budgetverteilung im Bereich der ***Naturschutzgebiete*** aus. Für die Einhaltung der gesetzlichen Bestimmungen wird deutlich mehr Wachpersonal für die geschützten Gebiete und eine bessere Ausrüstung benötigt, als derzeit zur Verfügung steht. Durch diesen Mangel können die oft unsichtbaren Grenzen der Naturschutzgebiete nur beschränkt gegen die landhungrigen Bauern geschützt oder der illegalen Jagd im Schutzgbiet ein Riegel vorgeschoben werden. Zudem arbeiten die oft fach- und ortskundigen Parkwächter unter schlechten Bedingungen und gegen geringe Entlohnung. Diese Tatsachen führen bereits vielerorts zu Resignation und Frustration der Parkaufseher. Mit einem neuen Verteilerschlüssel für das verfügbare Budget zu Gunsten der Parkaufsicht, anstatt das Geld in den Rachen der großen und oft unnötigen Administration des Umweltministeriums zu schütten, könnte der Natur sicher mehr geholfen werden. Doch bis heute wurde daran nichts geändert, was sicher am wenig motivierten Beamtenapparat, vor allem aber an der Unfähigkeit und der Kurzsichtigkeit vieler verantwortlicher Personen liegt.

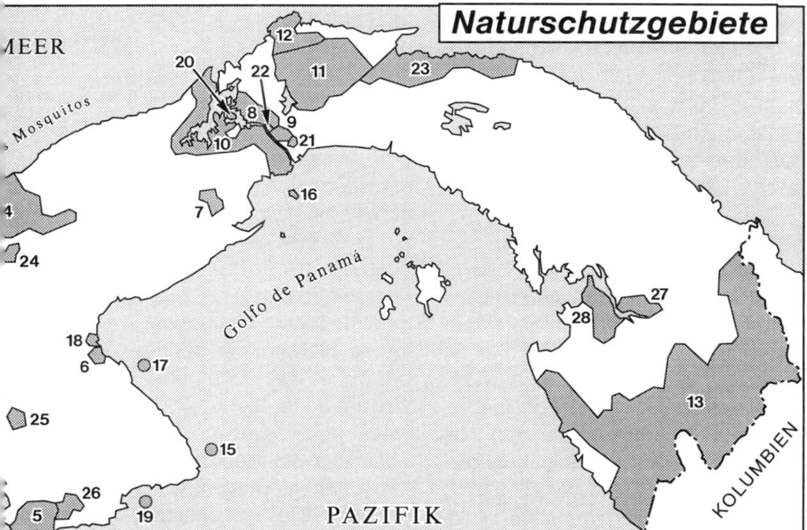

Ökotourismus

Eine entscheidende Wende in vielen Bereichen bringt vielleicht der sogenannte *Ecoturismo* (Ökotourismus), der seit kurzem von Costa Rica nach Panama hinübergeweht ist. Die ersten panamaischen Delegationen sind wegen dieses Tourismustrends nach Belize, Costa Rica und auf die Galapagos-Inseln gereist, wo sie über praktischen und theoretischen Naturschutz mit allen positiven und negativen Folgen beraten wurden. Da vor allem das klassische Ökotourismusland Costa Rica in Nordamerika und Europa einen unvorhersehbaren Touristenboom ausgelöst hat und dadurch vor neue Probleme beim Naturschutz gestellt wurde, versucht Panama aus den positiven und negativen Erfahrungen seines Nachbarn zu lernen. Und mit konsequentem Ökotourismus, der die Natur mehr schützt als ausnützt, wird in Panama ein neuer Weg eingeschlagen, der hoffentlich auch das gesteckte Ziel erreicht.

Naturschutzgebiete

Circa 24 % des Staatsterritoriums stehen gegenwärtig unter Naturschutz, das entspricht einer Fläche von rund 18.500 km^2. Circa 17,2% der Staatsfläche sind Nationalparks, etwa 0,4 % Wildtierreservate, Naturmonumente und Erholungsgebiete, und rund 6,4 % verteilen sich auf unterschiedlich genutzte Waldreservate, die aber für die Öffentlichkeit unzugänglich bleiben.

Von den insgesamt 32 Naturschutzgebieten sind rund 20 für touristische Zwecke gedacht, doch einige Gebiete stehen am Beginn der touristischen Entwicklung. Generell fehlen Öffnungszeiten, Eintrittspreise, Parkwächter und markierte Wanderwege. Laut Auskunft der Angestellten im INRENARE-Hauptbüro wird sich dies mit dem Ökotourismus aber in naher Zukunft ändern. Für den ***Besuch eines Naturschutzgebietes*** benötigt man generell eine Genehmigung, die auch für mehrere Gebiete und Personen ausgestellt wird. Die Ausstellung der Genehmigung erfolgt nur im INRENARE-Hauptbüro in Paraiso und dauert in der Regel drei bis vier Tage. Weitere Informationen erhalten Sie bei den jeweiligen Naturschutzgebieten im Kapitel "Ortsbeschreibung".

Kategorien

●***Parque Nacional*** (P.N.): Der Begriff "Nationalpark" unterliegt verschiedenen strengen Kriterien. Generell muß das zum Nationalpark erklärte Gebiet eine Fläche von mindestens 1000 ha aufweisen und über ein intaktes Ökosystem verfügen, das vom Menschen in keiner Weise bzw. nur in geringer Weise berührt wurde, oder über ein herausragendes Merkmal der Region (wie etwa Gesteinsformationen), oder über ein Merkmal von nationalem oder internationalem Interesse verfügen. Der Nationalpark soll neben seiner Schutzfunktion auch schulischen und wissenschaftlichen Zwecken, zur Erholung und in gewissem Maß auch dem Tourismus dienen. Zur Zeit gibt es 13 Nationalparks, in naher Zukunft soll mit dem Parque Nacional Interoceánico Las Américas die Liste vergrößert werden.

●***Refugio de Vida Silvestre*** (R.V.S.): Das sogenannte "Wildtierreservat" soll - wie der Name schon verrät - in erster Linie den Fortbestand bedrohter Tiere sichern und ihren natürlichen Lebensraum schützen, sowohl der dort ständig beheimateten Spezies oder Gemeinschaften wie auch jener, die sich hier nur kurzfristig aufhalten, wie zum Beispiel die Zugvögel. Bis heute wurden 6 Wildtierreservate kreiert, vor allem zum Schutz der Wasservögel. Zwei weitere sollen in naher Zukunft auf der Halbinsel Azuero entstehen.

●***Monumento Natural*** (M.N.): Das Naturmonument ist in seinem Charakter ein bedeutungsvolles und wissenschaftlich interessantes Naturgebiet. Im Augenblick wird nur die Isla Barra Colorado als Naturmonument bezeichnet, die vollständig der Leitung des amerikanischen *Smithonian Tropical Research Institute* unterliegt.

●***Area Nacional de Recreo*** (A.N.R.): Der Begriff "Erholungsgebiet" bedarf wohl keiner genauen Erklärung. In Panama wurden die momentan vorhandenen Gebiete (Parque Metropolitano, Area Recreativa Lago Gatún und Parque Municipal y Jardín Botánico Summit) immer in der Nähe von Ballungszentren (in diesem Fall in der Nähe von Panama-Stadt und von Colón) errichtet, um der Bevölkerung eine Möglichkeit zur Erholung in nächster Nähe zu schaffen.

●***Reserva Forestal*** (R.F.): An dieses Gebiet mit seiner Funktion als Waldreserve werden zwei Maßstäbe angelegt: einerseits wird es angemessen genutzt (daß heißt auch Einschlag), andererseits wird aber auch bei der Entwicklung des Waldes und der Wiederaufforstung geholfen.

●***Bosque Protectore*** (B.P.): Der "Schutzwald" soll die (derzeit sehr rasche) Ausdehnung der Kulturfläche verhindern, weshalb bei diesem Gebiet auch bereits gerodete Flächen miteinbezogen wurden, auf denen Wiederaufforstung (allerdings sehr langsam) betrieben wird. Zudem fungiert das Gebiet als Unterrichtsprojekt, vor allem im richtigen Umgang mit natürlichem Lebensraum.

●***Reserva Hidrológica:*** Diese Gebiete dienen ausschließlich dem Zweck der Wasserspeicherung, weshalb sie sich rund um Stauseen befinden.

Staat und Gesellschaft

Staatssymbole

Panamas Unabhängigkeit ging so rasch über die Bühne, daß erst kurz vor der offiziellen Ausrufung der Souveränität am 3. November 1903, das Fehlen der Staatssymbole registriert wurde. In den letzten Tagen und Stunden arbeitete man ohne Unterbrechung, um zunächst das wichtigste Symbol, die Fahne, bei der Ausrufung präsentieren zu können. Zur Erinnerung an diesen feierlichen Moment wird seit 1955 jährlich am 1. November der *Dia de la Bandera* (Tag der Fahne) abgehalten.

Die ***Nationalfahne*** *(bandera nacional)* wird aus vier gleichgroßen Rechtecken gebildet. In der oberen Fahnenhälfte befindet sich rechts ein rotes Rechteck, das Sinnbild der konservativen Kräfte des Landes, links ein weißes Rechteck mit einem blauen Stern in der Mitte, der die Reinheit und die Rechtschaffenheit symbolisiert. In der unteren Hälfte zeigt die Komposition an der linken Seite ein blaues Rechteck, das Sinnbild der liberalen Kräfte des Landes, an der rechten Seite ein weißes Rechteck mit einem roten Stern in der Mitte, der die Autorität und das Gesetz darstellt.

Der Entwurf eines ***Nationalwappens*** *(escudo nacional)* zählte zu den ersten Aufträgen der jungen panamaischen Regierung, wobei die Wahl auf eine Kreation von *Nicanor Villalaz* fiel. Nach einigen Abänderungen durch seinen Bruder Sebastián erhielt es 1904 seine definitive Gestalt. Das Wappenschild zeigt in der Mitte ein breites, horizontal liegendes Band, worauf die Landenge (Symbol des

Geschichte

Frühgeschichtliche Spuren

Bereits lange vor der Ankunft der Spanier haben die ursprünglichen Bewohner Lateinamerikas die geographischen Vorteile Panamas erkannt und sie für kulturelle und kommerzielle Beziehungen zwischen der verschiedenen Völkern Zentral- und Südamerikas benutzt. Der Tauschhandel erstreckte sich damals vom heutigen Mexiko über Panama bis nach Peru, was mit dem Fund eines panamaischen Goldobjektes in einem Maya-Tempel in Chichén Itzá auf der mexikanischen Halbinsel Yucatán bewiesen ist. Die Übereinstimmungen zwischen den archäologischen Funden von Monagrillo auf der panamaischen Halbinsel Azuero und den Keramikgegenständen der sehr alten Valdivia-Kultur an der ecuadorianischen Küste belegen die Kontakte nach Südamerika, die außerdem auch mit auffallenden Parallelen gegenüber dem präkolumbischen Goldschmuck aus Panama, Kolumbien und Peru untermauert werden. Außer diesen Hinweisen auf die Existenz eines weitreichenden Tauschhandels ist über die Menschen und ihre Lebensgewohnheiten auf panamaischen Territorium vor der Ankunft der Spanier sehr wenig bekannt, aber auch noch wenig erforscht. Viele Zeugnisse aus der Vergangenheit liegen noch in der panamaischen Erde verborgen.

Paläoindianische Periode (bis 8000 v.u.Z.)

Mit Hilfe der bis heute in Panama gefundenen Gegenstände, die sich panamaischen Territoriums), das Wasser (Sinnbild der beiden Weltmeere) und der strahlendblaue Himmel mit dem untergehenden Mond und der aufgehenden Sonne (Symbol der Unabhängigkeit) abgebildet sind. Unterhalb des Bandes liegt ein Füllhorn (Zeichen des Reichtums) im blauen Wappenfeld und ein goldenes Rad mit Flügel (Zeichen des Fortschritts) im weißen Feld. Der obere Schildteil besteht aus einem weißen Feld mit gekreuzten Waffen (Sinnbild des Streites und dessen Ende) und einem roten Feld mit gekreuzten Werkzeugen (Symbol der Arbeit). Hinter dem Wappenschild, das von Nationalfahnen flankiert wird, tritt nach oben hin der Adler als Repräsentant der Souveränität hervor. Mit seinem Schnabel hält er eine weiße Schleife fest, auf der die Worte *Pro Mundi Beneficio* (Für eine humanitäre Welt) geschrieben sind. Oberhalb des Adlers prangen, bogenförmig angeordnet, neun goldene Sterne, welche die heutigen Provinzen des Landes darstellen.

Die ***Nationalhymne*** *(himno nacional)* entstand drei Jahre nach der Ausrufung der Unabhängigkeit. Die Musik entstammt einem 1897 von *Santos Jorge* komponiertem Schullied, dessen ursprünglicher Wortlaut durch einen passenderen Text des panamaischen Dichters *Jerónimo Ossa* ersetzt wurde.

Um die Auflistung der Nationalsymbole zu vervollständigen, darf die ***Nationalblume,*** die schneeweiße Orchidee *Flor de la Espítritu Santo,* und der ***Nationalvogel,*** der seltene Raubvogel Harpyie, nicht fehlen.

in Art und Alter unterscheiden, konnte ein kleiner Zipfel des Zeitschleiers gelüftet werden. Die älteste nachzuweisende Kultur Panamas, die ***Cultura de Macapale*** (auch ***Cultura Madden,*** benannt nach Ausgrabungen im Jahr 1959 nahe dem Madden-See am Ufer des Río Charges) datiert um das Jahr 9000 v.u.Z. Sie fällt in die paläoindianische Periode (vom Auftreten der ersten Menschen bis etwa 8000 v.u.Z.), in der nomadische Jägervölker am amerikanischen Kontinent leben.

Die vom nordamerikanischen Archäologen *Dam Sanders* am Ufer des Río Charges gefundenen Steinwerkzeuge mit scharfen Kanten aus kristallinem Quarz belegen die Existenz von ***Jägervölkern*** in Zentralpanama. Bei diesen Funden wurden verblüffende Ähnlichkeiten mit den Steinwerkzeugen der wahrscheinlich ältesten Kultur Nordamerikas, der sogenannten Großwildjäger-Kultur, festgestellt. Dadurch, und durch die ebenfalls in Panama zum Vorschein gebrachten, riesigen Mammutknochen und -zähne wird die allgemein akzeptierte Theorie bestätigt, nach der die ursprüngliche Bevölkerung Amerikas über eine inzwischen versunkene Landbrücke im nördlichen Teil des Pazifiks (Beringmeer) auf der Jagd nach potentieller Beute von Asien nach Alaska kam, immer weiter nach Süden wanderte und den amerikanischen Kontinent und somit auch Panama besiedelte.

Spuren von nomadischen Jägervölkern wurden auch in anderen Teilen Panamas gefunden, unter anderem in einer Höhle auf der Halbinsel Azuero. Bei den Spuren deutet alles

Rätselhaft: Petroglyphen

daraufhin, daß die Höhle den Großwildjägern als Aufenthaltsraum diente – eine Art prähistorische Herberge.

Mesoindianische Periode (8000-2000 v.u.Z.)

In der an die paläoindianische Periode anschließende mesoindianische Zeit (etwa 8000 bis 2000 v.u.Z.), verliert die Großwildjagd immer mehr an Bedeutung gegenüber dem Fischfang und der Sammelwirtschaft, womit die Jägernomaden die ersten ***Ansätze zur Seßhaftigkeit*** zeigen.

Typische ***Spuren*** aus diesem Zeitraum sind die aus organischem Material, wie etwa Tierknochen und Muschelschalen, hergestellten Waffen und Werkzeuge. Ein besonderes Zeugnis der mesoindianischen Periode sind die *concheros* (Muschelhaufen), die als natürliche Müllhaufen hinterlassen wurden und unter anderem im Nationalpark Sarigua auf der Halbinsel Azuero bis heute erhalten geblieben sind. Die ältesten in Panama gefundenen typischen Spuren aus der mesoindianischen Periode datieren um 5000 v.u.Z. Sie wurden am Cerro Mangote in der Provinz Coclé entdeckt, wobei auch die erste Grabstätte zum Vorschein kam.

Während diese Funde von Wissenschaftlern leicht zu interpretieren waren, blieben die unter anderem in der Gegend um El Valle und in den Bergen Chiriquís entdeckten ***Petroglyphen*** (Steininschriften) bis heute rätselhaft.

Präklassische Periode (2000 v.u.Z.-500 n.u.Z.) und neoindianische (klassische) Periode (500-1500 n.u.Z.)

Der Zeitraum zwischen circa 2000 v.u.Z. bis etwa 500 n.u.Z. wird als präklassische Periode bezeichnet. Es handelt sich hier um eine ***Übergangsphase*** von der mesoindianischen zur neoindianischen Zeit, auch klassische Periode bezeichnet, die circa 500 n.u.Z. beginnt und mit der Siedlungspolitik der Spanier am Beginn des 16. Jahrhunderts endet. Obwohl das erste Jahrtausend dieser Phase allgemein als Präkeramikum bezeichnet wird, findet man bei Ausgrabungen nahe Monagrillo auf der Halbinsel Azuero bereits einfache Gebrauchsgegenstände aus Ton, die um 2100 v.u.Z. angefertigt wurden und damit zu den ältesten Keramikarbeiten des Kontinents zählen.

Durch die schlicht geformten Gegenstände erkennt man bei der mesoindianischen Zivilisation bereits eine ***Seßhaftigkeit,*** die in der präklassischen Periode ihre typischen Merkmale entwickelt, wie etwa kleine Siedlungen, welche die gesamte klassische Periode kennzeichnen werden. In Panama entstehen zwischen 1000 v.u.Z. bis 500 n.u.Z. die ersten Zeremonienstätten und kleinen Siedlungen *(aledas* oder *cacicazgos)* mit einer Sozialstruktur, in der die höchste Autorität vom Kazike (auch *cacique* = Häuptling) verkörpert wird. Im Alltagsleben der Dorfgemeinschaften entwickeln sich dauerhafte Gegenstände, die Entwicklungsfortschritte deutlich erkennen lassen: von schmucklosen Gebrauchsgegenständen zu immer feiner verarbeiteten und variationsreicheren Kunstobjekten.

Wichtige Aufschlüsse über diese Zeit kamen von den ***Grabstätten,*** die vielerorts freigelegt wurden. Man unterscheidet dabei zwischen primärer und sekundärer Bestattungsmethode. Die sekundäre Art, bei welcher der Leichnam getrocknet, danach in Tücher gewickelt und in einer Urne beigesetzt wurde, steht auf einer niedrigeren Stufe als die primäre Bestattungsmethode, die auch *guaco* (Grabbeigabe, aus der Quechua-Sprache) bezeichnet wird. Bei der primären Art wurde der Körper in gebückter oder ausgestreckter Haltung und, regionalbedingt, in Rücken-, Bauch- oder Seitenlage bestattet. Rund um den Toten legte man verschiedene Alltagsgegenstände und Opfergaben. Von den Wissenschaftlern werden die Grabbeigaben als Glaubenshinweis auf ein Leben nach dem Tod gewertet. In diese Theorie paßt auch die Mitbestattung der Frau und/oder der Sklaven eines hochrangigen Mannes. Aus der Haltung der gefundenen Skelette läßt sich schließen, daß die "Mitreisenden" oft lebend begraben wurden. Den sozialen Status und das Ansehen des Toten kann man neben den Mitbestatteten, auch an der Qualität und Quantität der Grabbeigaben ablesen.

Eine andere Katgeorie aufschlußreicher Funde aus der neoindianischen Periode bilden die 1949 im Valle del Cerro Punta in der Bergregion Chiriquís entdeckten *monolitos* (Monolithen): die fast körpergroßen, einzigartigen ***Statuen*** wurden aus einem einzigen Felsbrocken angefertigt. Die detaillierte und lebendige Formgebung der Kultfiguren deutet bereits auf eine hohe Kulturstufe hin, die nach dem Fundort des Zeremonialzentrums dieser Zivilsation als ***Cultura de Barriles*** bezeichnet wird. Durch einen Ausbruch des Vulkans Barú circa 600 n.u.Z. wird das Tal bei Cerro Punta unter einem dicken Lavateppich begraben, der die Barriles-Kultur zum Aussterben bringt. Ihr beeindruckendes Erbe von kunstvollen Steinfiguren und Keramiken kann im Museum *Reina Torres de Araúz* in Panama-Stadt bewundert werden.

Eine monumentale Kultanlage jüngeren Datums, einer der bedeutendsten Funde in Panama, wurde in den 30er Jahren durch eine Gruppe von Wissenschaftlern unter der Leitung des bekannten nordamerikanischen Archäologen *Samuel Lothrop* auf dem Privatgebiet der wohlhabenden Familie *Conte* in der Provinz Coclé freigelegt: Über hundert kunstvoll dekorierte Keramikgegenstände, feinster Schmuck aus Gold und organischem Material sowie stilisierte Steinfiguren kamen dabei zum Vorschein. Sie bilden das imponierende Erbe einer Zivilisation, die nach dem Fundort als ***Sitio Conte*** benannt wird. Viele dieser Kostbarkeiten wurden durch die Archäologen in verschiedene Museen der USA gebracht, wie etwa in das *Museum of the American Indian* in New York. Im Falle Sitio Contes besonders traurig, da diese Kultur als Repräsentant für jene Kulturstufe gilt, die während der Ankunft der Spanier in Panama bestand. Zur Aufklärung und zum Bewußtsein der eigenen Indentität, wären die Reichtümer in Panama besser aufgehoben.

Trotz der meist illegal ausgeführten Kulturgüter ist in den Museen *del Penonomé* und *Reina Torres de Araúz* in Panama-Stadt sowie im *Parque Archeológico El Caño* eine kleine, aber ehrwürdige Kollektion zu bewundern. El Caño hat übrigens als einzige Ruinenstätte Panamas einen besonderen Stellenwert im Land, trotz ihrer weniger spekatuklären Ausstattung im Vergleich zu anderen meso- und südamerikanischen Zeremonienzentren. Vielleicht auch deswegen, weil die kreisförmig aufgestellten Basaltsäulen die Vergangenheit besser dokumentieren können als die leblosen Gegenstände in den Museumsvitrinen - oder sind es vielleicht die alten Geister, die über dem Zeremonienplatz schweben?

Kulturgebiete

Obwohl das kulturelle Erbe Panamas eine bestimmte Schlußfolgerung über die Aktivitäten frühgeschichtlicher Kulturen zuläßt, kann damit die Frage, welche Völker nun auf der Landbrücke zwischen Nord- und Südamerika lebten, bis heute nicht eindeutig geklärt werden. Nach den Fundorten, den schriftlichen Berichten der Spanier und den heute von indianischen Stämmen besiedelten Gebieten lassen sich drei große Kulturgebiete nachweisen: Die heutigen Provinzen Chiriquí und Bocas del Toro im Westen, die Zentralprovinz sowie die Provinz Darién und die Comarca de San Blas im Osten des Landes. Es bleibt aber weitgehend die Frage offen, ob die heute auf panamaischem Territorium lebenden Indígenas die Nachkommen der frühgeschichtlichen Völker Panamas sind, oder ob sie durch Immigration die Landenge erreicht haben. Für die letzte Theorie sprechen die ethnische Gemeinsamkeiten der panamaischen Ureinwohner mit südamerikanischen Völkern, aber auch die Flüchtlingsströme und die Zwangsumsiedlung während der kolonialen Epoche. Der genaue Nachweis der Wurzeln der panamaischen Bevölkerung bleibt nach wie vor sehr lückenhaft.

Der historische Wendepunkt

"1501, ***Rodrigo Galván de Bastidas*** entdeckt Panamá", dröhnt es wie ein einziger Schrei aus den Kehlen der Schulkinder, auf die Frage des Lehrers hin, wann die Periode von *"El Panamá Hispano"* denn begonnen habe. Der Tatsache, daß der aus Sevilla stammende Kaufmann *Bastidas,* der *Kolumbus* auf seiner zweiten Fahrt begleitet, einige Tauschgeschäfte im Norden Südamerikas macht und später entlang der Nordost-Küste Panamas bishin zu den San-Blas-Inseln segelt, ist diesem Ereignis allerdings nicht gewidmet.

Cristóbal Colón, die spanische Bezeichnung für ***Christoph Kolumbus,*** ist nach *Bastidas* der zweite Name in der chronologischen Reihe von Fakten und Zahlen über die Entdeckung Panamas. Der weltweit als Entdecker der "Neuen Welt" gefeierte Kolumbus hat zwar nicht als erster Mensch die Landenge ins Visier genommen, doch wird ihm die Ehre zugeschrieben, im Jahre 1503 die erste europäische Siedlung auf dem Festland gegründet zu haben: Santa María de Belén an der Karibikküste Panamas.

Kolumbus tritt seine vierte und letzte Reise über den westlichen Seeweg nach "Asien" im Mai 1502 an, auf der Suche nach einer Meeresdurchfahrt, die laut *Paolo Toscanellis* (falschberechneter) Weltkarte von

Das Wappen des Kolumbus

1474 weiter südlich von "Indien" nahe des "Indonesischen Archipels" liegen mußte. Er segelt mit seiner Flotte entlang der von ihm während seiner ersten Reisen entdeckten *Insulis Indie* (womit die heutigen Großen Antillen gemeint sind) an die Ostküste "Asiens". In Wirklichkeit geht die Flotte an der Nordküste des heutigen Honduras vor Anker. Bei diesem kurzen Aufenthalt erfährt er von der Existenz eines sagenhaften Goldlandes im Süden des Kontinents (womit das Inka-Reich in Peru gemeint ist).

Kolumbus, der noch stets davon überzeugt ist, Asien entdeckt zu haben und sich dabei auf die Berichte *Marco Polos* aus dem 13. Jahrhundert und die Weltkarte *Toscanellis* stützt, setzt die Suche nach der Meeresdurchfahrt fort. Die Flotte segelt vorerst entlang der honduranischen Küste in Richtung Osten, später in Richtung Süden nach Costa Rica und Panama. Trotz einer hartnäckigen Suche kann Kolumbus die Meeresdurchfahrt nicht entdecken. Wenn er schon nicht mit konkreten Beweisen über die Durchfahrt nach Spanien zurückkehren wird, dann kann er dem spanischen Königspaar mindestens Informationen über ein sagenhaftes Goldland geben. Kolumbus ist durch den stets beibehaltenen Südkurs im Glauben, sich nahe des Goldlandes zu befinden, weshalb die Flotte an der Karibikküste Panamas vor Anker geht.

Da er einen Ausgangspunkt für geplante Expeditionen nach dem Goldland benötigt, gründet er nahe dem heutigen Puerto Obaldía die ***Siedlung Santa María de Belén.*** Doch die Gründung steht unter keinem guten Stern: die ständigen Angriffe der einheimischen Stämme, die nach wenigen Monaten vom schlechten Benehmen der europäischen Eindringlinge genug hatten, die großen Moskitoscharen, das feucht-heiße Klima, die dichte Tropenvegetation, das ungastliche Bergland und die mangelhafte Ernährung lassen rasch die Moral der Mannschaft sinken. Die ungünstigen Lebensbedingungen zwingen Kolumbus und seine Mannschaft, am 16. April 1503 unverrichteter Dinge nach Spanien zurückzukehren. Damit endet zwar die Rolle des großen Entdeckers in Panama, das sagenhafte Goldland lockt aber immer wieder habgierige Abenteurer auf die Landenge.

Vasco Núñez de Balboa

Acht Jahre nachdem Kolumbus und seine Mannschaft Panama verlassen hatten, betritt der Abenteurer *Vasco Núñez de Balboa* die Landenge. Sein Lebenslauf weist allerdings keine großen Taten auf, mit Ausnahme der Entdeckung des Pazifiks.

Balboa wird vermutlich um 1474/75 in einem kleinen Ort mit dem Namen Jerez de los Caballeros in der spanischen Hochebene, der Estremadura, geboren. Mit etwa 25 Jahren entschließt er sich, die weite Welt zu sehen und heuert auf dem Schiff von *Rodrigo Galván de Bastidas* an. Nach wenigen ruhmreichen Taten und Jahren taucht *Balboa* ***1510*** in Colonia de San Sebastián am Golfo de Urabá auf, einer kleinen Siedlung, die im äußersten Westen der 1508 gegründeten Provinz Nueva Andalucia (im heutigem Grenzgebiet Venzuela-Kolumbien) liegt.

Kurze Zeit nach der Ankuft von *Balboa*, zerstören einheimische Stämme San Sebastián. Auf Anraten *Balboas* errichtet man ***1511*** einen neuen Sützpunkt an der fruchtbaren und ausgedehnten Karibikküste Panamas auf dem Hohheitsgebiet der Provinz Castilla del Oro (Gold-Kastillien), das sich von Panama bis nach Honduras erstreckt. Man tauft die Siedlung auf den Namen Santa María La Antigua del Darién, nach der Schutzpatronin der spanischen Stadt Sevilla.

Vasco Núñez de Balboa

Etwa zur gleichen Zeit ist der vom spanischen *König Ferdinand* zum ersten Gouverneur von Castillo de Oro ernannte Kaufmann *Diego de Nicuesa* in diesem Gebiet unterwegs. Seine Reise steht aber unter keinem Glücksstern: Nach der Zerstörung der 1510 durch ihn gegründeten Siedlung Nombre de Dios kommt er mit nur 70 der ursprünglich aus 700 Mann bestehenden Mannschaft in Santa María an. Als *de Nicuesa* offiziell Anspruch auf den Ort erhebt, vertreiben die Ansässigen ihn samt seiner Mannschaft.

Trotz des Sieges ist der aus etwa 300 Habenichtsen, Kaufmännern und Glücksrittern bestehende Haufen in Santa María alles andere als "ein Herz und eine Seele". Um nicht an den Kontroversen innerhalb der eigenen Reihen zu scheitern, installieren sie eine Bürgerversammlung, wobei *Balboa* nach den damaligen Prinzipien die höchste Autorität erhält. Kurze Zeit später erkennt auch die spanische Krone *Balboas* Führungskraft an, und er bekommt zusätzlich die Titel Captián und Administrador de La Antigua verliehen. Mit den neuen Funktionen erreicht *Balboa*, daß die Existenz der Bewohner von Santa María durch die Versorgung von Santo Domingo aus gesichert wird.

Nun wenden sich die Bewohner dem eigentlichen Grund der Ortsgründung zu: der ***Suche nach Perlen, Gold und Edelsteinen.*** In einem Brief von *Balboa* aus dem Jahr 1513, der an den *König Ferdinand* gerichtet ist, entspricht das noch größtenteils unerforschte Hinterland eindeutig den Vorstellungen der Europäer: *"...in dieser Provinz wurden viele reiche Minen entdeckt, Gold gibt es in großer Menge und man ist auf circa 30 goldführende Flüsse gestoßen, die ihre Quelle in einem Gebirge haben, das etwa zwei leguas (ca. 11 km) vom Ort entfernt liegt ....". Balboa* erhält für die geplanten Expeditionen durch den dichten Dschungel kräftige Unterstützung des Kaziken *Careta,* der sich zu einer Allianz mit den Kolonisten entschlossen hatte. Der Pakt wird mit der losen Verbindung zwischen *Balboa* und *Caretas* Tochter *Anayansi* besiegelt.

Die Entdeckung des Pazifik

Während einer der vielen Expeditionen, die wegen der Habgier der Kolonisten besser als Raubzüge zu umschreiben sind, durchquert *Balboa* mit seinen Männern das Gebiet des Kaziken *Comagre.* Von ihm erfahren sie, daß jenseits des Gebirges ein Königreich liegt, wo es Gold in großem Überfluß gibt. Am ***1. September 1513*** bricht *Balboa* mit 200 Kolonisten auf, um die Landenge zu überqueren und das *Mar del Sur* (Südsee) zu finden. Unter ihnen befindet sich auch *Francisco Pizarro,* der später als Entdecker und brutaler Zerstörer des Inka-Reiches einen unrühmlichen Platz in der Geschichte erhält. *Careta* gibt *Balboa* zur Begleitung 800 Einheimische mit, ohne deren Überlebenserfahrung und Orientierung im grünen Labyrinth die Expedition für die Europäer bereits in den ersten Tagen gescheitert wäre. Aber auch mit der Erfahrung der Indígenas ist die Expedition auf dem sumpfigen Boden und durch den fast ständig dämmerigen Wald eine Tortur: zahlreiche Kolonisten sterben an Fieber, Durchfall oder Erschöpfung. Nach mehr als drei anstrengenden Wochen lacht *Balboa* endlich das Glück: er blickt zum erstenmal auf eine einsame Bucht und das Mar del Sur, dessen Wellen allmählich im weitentfernten Horizont untertauchen. Am ***29. September 1513,*** am Sankt-Michaels-Tag, küßt *Balboa* den Sandstrand und nimmt im Namen *König Ferdinands* den Pazifischen Ozean *(Grand Océano)* "in Besitz". Zu Ehren des Erzengels Michael benennt er die einsame Bucht Golfo de San Miguel. Bei weiteren Erkundungen entlang der Küste entdeckt die Expedition eine Inselgruppe mit reichen Perlenvorkommen, die heute als Archipiélago de las Perlas auf den Karten vermerkt ist. Am ***19. Januar 1514*** kehrt *Balboa* mit einer stark dezimierten Mannschaft nach Santa María La Antigua zurück, um seine Entdeckung bis nach Europa triumphierend zu verkünden.

Die Spanier kommen

In Europa hegt man immer mehr Zweifel an der Vorstellung von *Kolumbus,* Asien entdeckt zu haben. Nicht zuletzt durch den Brief *Balboas* an *König Ferdinand* im Jahre 1513, worin er schreibt, daß es sich bei dem Land um eine *Tierra Incógnita,* ein unbekanntes Gebiet handle, das neue Perspektiven biete. Die mittelalterliche Tradition der Kreuzzüge entflammt erneut, angetrieben von der Gier, die reiche Beute so rasch wie möglich nach Europa zu bringen und damit gleichzeitig Gott und seiner Majestät zu dienen.

Pedrarias Dávilla

Während *Balboa* mit seinen Männern unter extremen Bedingungen die Landenge überquert, trifft man in Sevilla schon die Vorbereitungen für die ***Eroberung und Kolonisation*** des unbekannten Landes. Für die Provinz Castillo del Oro erhält diese Aufgaben der damals bereits 70jährige Edelmann *Pedro Arias de Avilla,* besser bekannt als *Pedrarias Dávilla,* der sich seinen Ruhm im Kampf gegen die Mauren in Nordafrika und um die iberische Stadt Granada verdiente. Am 30. Juni 1514 erreicht *Pedrarias* mit seiner imposanten, aus 22 Schiffen bestehenden Armada und einer circa 2000 Mann starken Besatzung die Küste bei Santa María de La Antigua. Durch ihre Ankunft ändert sich die Situation im kleinen Ort schlagartig: die langen Erfahrungen im Zusammenleben mit den Einheimischen und die locker gehandhabten demokratischen Strukturen von *Balboa* und seinen Männern müssen der Arroganz und der Macht der alten, traditionsverbundenen Garde weichen. *Pedrarias* hätte sich am liebsten sofort seines Rivalen entledigt, aber *Balboa* genießt in seiner Position den Schutz *König Ferdinands,* der ihn aus Anerkennung für die Entdeckung des Pazifiks zum Gouverneur der neuen Provinz Tierra Nueva del Mar del Sur ernennt.

Entmachtung Balboas

Während *Balboas* Auftreten gegenüber der einheimischen Bevölkerung noch in einigen Bereichen mit Takt verbunden ist, kennzeichnen sich die von *Pedrarias* angeordneten Expeditionen ins Landesinnere mit brutale Gewalt und Raub. *Balboas* Kontakte zu den Einheimischen sind durch das Auftreten *Pedrarias* und seiner Männer bereits schwer belastet. Durch eine Scheinehe mit *Pedrarias* in Europa lebender Tochter versucht *Balboa,* den Frieden einigermaßen aufrecht zu erhalten, doch vergeblich: Der Machtkampf zwischen *Pedrarias* und *Balboa* erreicht seinen Höhepunkt, als *König Ferdinand* stirbt und sein Enkel *Karl V.* den Thron besteigt. Der neue Herrscher beschließt, *Pedrarias* durch *Lope de Sosa* zu ersetzen. Aber noch ist der politische Kampf nicht gewonnen. *Pedrarias* ordnet die Inhaftierung *Balboas* an, unter dem Vorwand, daß dieser an einem Mordkomplott gegen den ersten Gouverneur *Diego de Nicuesa* beteiligt gewesen sei. Der Entdecker der Südsee wird zum Tode verurteilt und am 12. Januar 1519 enthauptet. *Lope de Sosa* kommt nie nach Santa María, und *Pedrarias* wird 1525 im hohen Alter von 83 Jahren nach Nicragua versetzt.

Eroberung Panamas

Rund 25 Jahre nach *Bastidas* Ankunft in Panama ist die Eroberung des Landes beinahe abgeschlossen. Ein großer Teil dieser Aufgabe geht auf das Konto von *Gaspar de Espinosa,* der die Zentrale Pazifikküste Panamas erobert, nicht ohne oft langanhaltende ***Gegenwehr*** der indianischen Stämme. An die meisten Kaziken und ihrer Stämme erinnern heute nur noch geografische Namen wie Chepo, Natá, Penonomé oder París. Eine Ausnahme bildet dabei der Kazike *Urracá,* der mit seinem Volk den europäischen Eindringlingen neun Jahre lang erbitterten Widerstand leistet. Von einer geschützten Lage in der Zentralkordillere aus bekämpfen sie erfolgreich die Konquistadoren mit einer Guerillataktik, die die Spanier zur Aufgabe veranlaßt. Sie kehren wieder in ihr Gebiet an der Küste zurück, und überlassen Urracá und seinem Volk die Bergregion. Der erfolgreiche Kampf während der Kolonialisierung ist für große Teile der Bevölkerung das Symbol für Selbstbewußtsein und Unabhängigkeit.

Welche schiefliegende Weltanschauung in der damaligen Zeit auf der iberischen Halbinsel herrschte, wird sehr deutlich illustriert durch das von *Pedrarias* mitgebrachte ***Requerimiento*** (Mahnung); ein in Latein verfaßtes Dokument, worin nicht nur der katholische Glaube und der päpstliche Beschluß von 1494, der die Erde außerhalb Europas in einen portugiesischen und einen spanischen Teil gliedert, erwähnt wird, sondern auch die Aufforderung an die Indígenas, den katholischen Glauben anzunehmen und sich wie Untertanen des spanischen Königs zu benehmen - schließlich leben sie zu Unrecht auf "seinem" Land. Dieses Dokument soll den neuen "Untertanen" vor jedem Angriff der spanischen Soldaten von den Heerführern vorgelesen werden, damit sie sich freiwillig diesen Bestimmungen fügen können. Im Alltag sieht das so aus: Die Soldatenführer verzichten auf die leeren Phrasen, in der Überzeugung, daß das Recht sowieso auf der Seite der Kolonisten steht, und beginnen sofort mit dem Angriff.

Die brutal geführten Kämpfe und die viel bessere Bewaffnung der spanischen Soldaten verringern nach Schätzungen des Anthropologen *Darcy Ribeiro* in den ersten Jahrzehnten der Kolonisation die ursprüngliche Bevölkerung Mittel- und Südamerikas um mehr als die Hälfte. Auch die von Europa eingeschleppten Infektionskrankheiten, gegen die die Indígenas keine Widerstandskraft haben, dezimieren die ursprüngliche Bevölkerung: Bei der Ankunft der Spanier lebten zwischen 250.000 und 500.000 Menschen in Panama, heute stellen die indianischen Stämme nur noch 88.000 der rund 2,4 Mio. Einwohner.

Die Aufteilung der Beute – Landverteilung und Sklaverei

Die Sklavenarbeit, egal ob in der Mine, auf dem Land, im Transport oder im Haushalt, ist ein unentbehrlicher Faktor im wirtschaftlichen, sozialen und politischen Bereich. Menschliche Arbeitskraft ist der wikliche Reichtum der Neuen Welt. Die Kolonisten sind nicht in der Absicht nach Panama gekommen, sich ihre Hände mit Arbeit zu beschmutzen. Als Selbstverständlichkeit importieren die Spanier das seit dem Mittelalter in Europa vorherrschende System der Leibeigenschaft in die "Neue Welt".

Jede Person, die an der Eroberung teilnimmt bzw. in irgendeiner Form ihren Beitrag dazu leistet, wie etwa die Kaufmänner, die meistens die Expeditionen finanzieren, hat ein Recht auf ein Stück Land in der Kolonie und die darauflebenden Ureinwohner. Diese Form der Landverteilung heißt ***ecomienda,*** wobei die Position und das Ansehen der Person die Größe des Landes bestimmt.

Die Leibeigenen werden neben ihrer kostenlosen Arbeit auch zu Abgaben an den *ecomendero* (Landbesitzer) vepflichtet. Im Gegenzug für das kostenlose Land und die Arbeiter verpflichtet sich der Landbesitzer samt seiner Gefolgschaft zum Militärdienst. In einigen Fällen wird der Einsatz mit der Erweiterung des Grundbesitzes samt darauflebenden Indígenas belohnt. Die *ecomienda* bildet die Basis für die heutigen Latifundien: die Großgrundbesitze. Sie bilden heute eines der größten Probleme im gesamten lateinamerikanischem Raum. Wenn der miitärische Einsatz des *encomenderos* nicht mit entsprechendem Land abzugelten ist, dann fungieren Sklaven als "Bezahlung". Es versteht sich von selbst, daß die *encomienda* für die Kolonisten den besten Weg zum Reichtum bedeutet.

Die einzige Verantwortlichkeit des *encomendero* gegenüber seinen Leibeigenen beschränkt sich auf die Sorge für ausreichende Ernährung und "gute" Erziehung im christlichen Glauben. Daß auf dem Weg zum Reichtum die Nützlichkeit über der Menschlichkeit steht, bedarf wohl keiner weiteren Erläuterung, schließlich kommen die Kolonisten mit dem Traum, sich rasch zu bereichern und als vermögende Personen wieder zurückzukehren.

Viele Kolonisten müssen allerdings feststellen, daß sich das "Goldparadies" als ein rauhes, mit unbekannten Krankheiten drohendes Land entpuppt, in dem ein Haus eine einfache, aus Lehm und Stroh bestehende Hütte ist, im besseren Fall eine Bretterbude mit Palmblattdach. Manche erreichen statt der triumphalen Rückkehr nur eine mit harter Arbeit mögliche, schlichte Existenz, die sich vom Leben auf der iberischen Halbinsel nicht wesentlich unterscheidet. Man arbeitet entweder als Bauer, Fischer, Kaufmann, Spediteur, Wirt oder Handwerker. Die Hoffnung auf ein besseres Leben erwacht von neuem mit der Entdeckung von Peru. Viele Kolonisten kehren Panama den Rücken und machen sich auf den Weg in das neue gelobte Traumland.

Panama, das koloniale Transitzentrum

Suche nach einer Schiffsverbindung

Die Suche einer Westroute nach Asien verschwindet mit der Entdeckung des neuen Kontinents nicht ganz von der Bühne. Bevor *Pedrarias* 1525 nach Nicaragua versetzt wird, bekommt er von der spanischen Krone den Auftrag, eine Schiffsverbindung zwischen dem Atlantik und dem Pazifik zu suchen. 1519, kurz nach *Balboas* Hinrichtung, verlegt er den Stützpunkt von Santa María de La Antigua in die neue, an der Pazifikküste liegende Siedlung Nuestra Señora de la Asunción de Panamá. Aus dem damals noch unscheinbaren Ort, der an der Stelle einer Indianersiedlung errichtete wurde, entwickelt sich im Laufe der Geschichte die spätere Hauptstadt des Landes, Ciudad de Panamá (Panama-Stadt). Von der neuen Siedlung aus ordnet *Pedrarias* Expeditionen in alle Himmelsrichtungen an, um eine ***Verbindung zwischen den Weltmeeren*** zu finden. Da ein Erfolg sicher nicht in kurzer Zeit zu erwarten ist, entscheidet *Pedrarias*, das 1510 zerstörte Nombre de Dios neu aufzubauen.

Der Camino Real

Als das Vorhaben in die Tat umgesetzt ist, verbindet man Nombre de Dios an der Karibikküste mit der Siedlung Nuestra Señora de la Asunción de Panamá an der Pazifiküste mit einen ***Landweg,*** der den Namen *Camino Real* erhält - die köngliche Straße. Eine große Bezeichnung für einen kraftraubenden Mauleselpfad, der durch dichte tropische Vegetation über die Serranía de San Blas führt und für den man einer viertägigen Qual ausgesetzt ist. Während der Regenzeit ist die Alternative zum Mauleselpfad, der *Camino de Cruces.* Er führt teils über Land, teils über den Río Chagres und ist heute größtenteils in den Panamakanal eingebunden.

Als 1525 eine Expedition von *Pedrarias* etwa auf der Höhe des heutigen El Salvador einem aus Mexico gestarteten Entdeckungszug von *Hernán Cortés* begegnet, ist der Traum einer interozeanischen Schiffsverbindung vorläufig beendet, doch Panamas Rolle als Transitzentrum wegen der kürzesten interozeanischen Landverbindung auf der zentralamerikanischen Landbrücke gesichert.

Umschlagplatz für die Schätze der "Neuen Welt"

Mit der "Entdeckung" und Plünderung Perus durch die Spanier wachsen Nombre de Dios und Nuestra Señora de la Asunción de Panamá rasch zu den bedeutungsvollsten Umschlagplätzen auf dem amerikanischen Festland an. Als die ersten spanischen Schiffe mit Getreide, Waffen, Möbel, Stoffen, Glas, Öl, Papier und anderen, in den Kolonien dringend benötigten Produkten beladen Nombre de Dios erreichen, wartet bereits die reiche Beute der

Raubzüge in Peru: Gold, Silber, Perlen, Gewürze, Mais, Tabak und Kakao. Zum Bersten gefüllt beladen, treten die Schiffe die Rückreise an. Der Handel zwischen der iberischen Halbinsel und den Kolonien blüht. Ab Mitte des 16. Jahrhunderts sendet man jährlich zwei, später eine ***Handelsflotte*** nach Nombre de Dios, um die Schätze aus der "Neuen Welt" nach Spanien zu bringen. Im Vergleich mit heutigen Supertankern, die bis zu 500.000 BRT fassen, würden die damaligen Segelschiffe von 100 bis 300 BRT eher wie zu groß geratene Nußschalen wirken. Trotzdem muß es ein eindrucksvolles Schauspiel gewesen sein, wenn die durchschnittlich 63 Schiffe umfassende Handelsflotte vor der Küste vor Anker ging.

Piraten

Der Erfolg der Spanier läßt rasch Neid bei den anderen Seefahrtsmächten aufkommen. Besonders England, aber auch Frankreich und Holland beteiligen sich daran, Spanien einen Teil der kostbaren Schätze abzujagen. Jedes Jahr werden immer mehr Galeonen (Vieldeck-Segelkriegsschiffe) eingesetzt, um die Sicherheit der aus Schonern und Karavellen (mehrmastige Segelschiffe) bestehenden Handelsflotte auf der Rückfahrt nach Sevilla zu gewährleisten. Nicht nur wegen der Piraten, sondern auch durch Stürme erreichen viele Schiffe samt Besatzung nie wieder ihren Heimathafen.

Der Ruf von den bis an den Rand mit Gold und Edelsteinen gefüllten Lagerhallen in Nombre de Dios und Nuestra Señora de la Asunción de Panamá verbreitet sich rasch, und auch, daß die kostbaren Schätze sehr schlecht bewacht über einen schmalen Pfad von der Pazifik- an die Karibikküste transportiert werden. 1572 überfällt der legendäre Pirat ***Francis Drake*** die mit peruanischem Silber bepackte Mauleselkarawane auf dem Camino Real. Am Neujahrstag 1596 taucht der englische Seeräuber erneut auf, diesmal plündert er die Lagerhallen in Nombre de Dios.

Durch die Überfälle wachgerüttelt, verlegt man aus strategischen Gründen den Hafen von Nombre de Dios

Sir Francis Drake

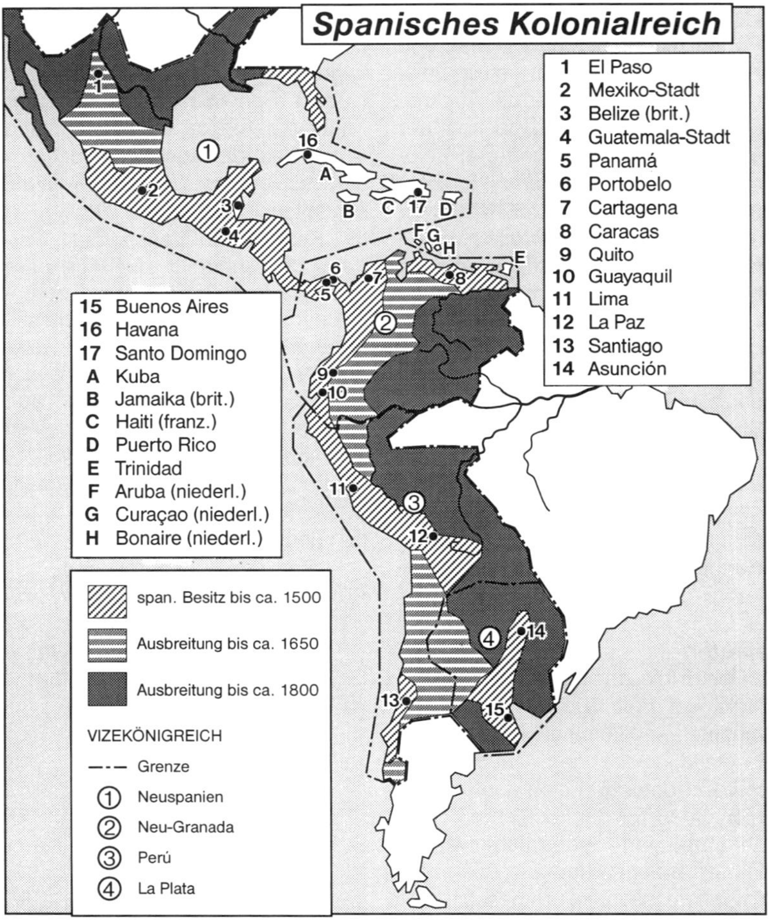

nach Portobelo. Am 28. Januar 1671 erleben die Spanier den ***größten Überfall*** in ihrer Kolonialzeit: der berüchtigte Seeräuber *Henry Morgan* überfällt Portobelo und zieht plünderd an die Pazifikküste, wo er die damals knapp 10.000 Einwohner zählenden Stadt Panamá nahezu zerstört. Panama-Stadt wird später einige Kilometer westwärts erneut aufgebaut, dort wo heute das Häusermeer der Metropole sich ausbreitet. Einige Ruinen der alten Stadt (Panamá Viejo) sind als stumme Zeugen einer bewegten Vergangenheit erhalten geblieben.

Der Menschenhandel

Indianische Sklaven

Panama ist aber mehr als nur der größte Warenumschlagplatz des neuen Kontinentes: Die schwindende Zahl an indianischen Sklaven in Panama, Peru und auf den Großen Antillen führt zu einem lebhaften Menschenhandel, der über die Landenge erfolgt. Als sogenannte "Menschendepots" fungieren Städte in Kolumbien, Venezuela und speziell in Nicaragua, wo das lukrative Unternehmen sich zum wichtigsten Geschäft entwickelt hat. Allein aus Nicaragua werden in den ersten 20 Jahren nach der "gelobten Entdeckung", zwischen 400.000 bis 600.000 Menschen ihrem Heimatboden entrissen, um die Nachfrage an Arbeitskräften in anderen spanischen Imperien zu befriedigen.

Afrikanische Sklaven

Der große Einsatz des Missionars und früheren Anwalts *Bartolomé de Las Casas* führt zur Durchsetzung eines Verbots, die Ureinwohner zu versklaven. Aber es sind eher wirtschaftliche als moralische Motive, die zu diesem Verbot führen. *Las Casas* schlägt den Kolonisten vor, die indianischen Sklaven durch afrikanische zu ersetzen, und sein Vorschlag kommt zu einer Zeit, als man die Nachfrage an Arbeitskräften immer schwieriger mit Indios abdecken kann. Anfangs kann der Handel mit afrikanischen Sklaven, seit dem 15. Jahrhundert eine begehrte Ware auf den internationalen Handelsmärkten, gegen die kostenlosen indianischen Sklaven nicht konkurrieren. Las Casas ist sich der Folgen seines Vorschlages völlig bewußt, denn mit dieser Idee sind die sozialen und kulturellen Strukturschäden für die ursprüngliche Bevölkerung nicht mehr zu beheben, und für die afrikanischen Völker fängt das Drama erst an.

Bereits in den ersten Jahren der Eroberung genehmigt die spanische Krone großzügig die ***Einfuhr von afrikanischen Sklaven*** – für persönliche Dienstleistungen natürlich, wie es immer wieder interpretiert wird. Jene Sklaven, die man als *negros ladinos* bezeichnet, kommen von der iberischen Halbinsel, wo sie bereits "zivilisiert" wurden und mittlerweile auch etwas Spanisch sprechen. Im Gegensatz zu den negros ladinos bezeichnet man die Sklaven, die direkt aus Afrika kommen, als *negros bozales,* die "Dummen".

Das erste Schiff mit afrikanischen Sklaven erreicht Panama bereits 1527, noch bevor der Vorschlag *Las Casas'* zur Sprache kommt. Der Handel, der die Unterschrift des Augsburger Handelsunternehmens der Welser trägt, ist aber nur als "kleiner Fisch" einzustufen in dem später bestens florierenden Geschäft, das die Holländer, Engländer und Franzosen dominieren. Spanien selbst ist wegen fehlender Kolonien in Afrika nicht als direkter Lieferant am Menschenhandel beteiligt, sondern betätigt sich nur als Zwischenhändler.

Die Wurzeln der heute in Panama lebenden schwarzen Bevölkerungsgruppe liegen in weit zerstreuten Gebieten wie etwa Senegal, Nigeria, Kongo, Angola, Moçambique oder Sudan.

Die Cimarrones

In historischen Dokumenten finden sich immer wieder Hinweise darauf, beispielsweise durch die Namen von ***rebellierenden Sklaven,*** wie *Antón Congo* oder *Luis de Moçambique.* Vor allem *Luis de Moçambique* zählt zu den respektierten und furchterregendsten Anführern der entflohenen Sklaven. In den Tropenwäldern Panamas, die für die Sklaven eine natürliche Festung bilden, errichten die Entflohenen *(cimarrones)* ihre eigenen Dörfer, die als *palenques* bezeichnet werden. Von ihnen aus starten die entflohenen Sklaven, häufig auch gemeinsam mit regionalen indianischen Stämmen, Überfälle auf Reisende, Handelskarawanen und auf Haciendas, um sich mit lebensnotwendigen Dingen und Waffen zu versorgen, aber auch, um versklavte Frauen zu befreien, damit ihr Fortbestehen gesichert ist. Vor allem die *cimarrones Felipillo* und *Bayano* haben mit gutorganisierten Überfällen und Attacken um die Mitte des 16. Jahrhunderts großen Erfolg, womit sie Angst und Schrekken unter der weißen Bevölkerung verbreiten. Die weiße Herrschaftsschicht wehrt sich mit drakonischen und barbarischen Strafen und versucht damit, die entflohenen, aber auch die arbeitenden Sklaven einzuschüchtern. Trotz der schrecklichen Foltermethoden lassen sich die Sklaven nicht in die Knie zwingen, und immer wieder gelingt es Sklaven, sich der Knechtung bis zum offiziellen Ende der Sklaverei im Jahre 1851 zu entziehen.

Umfang des Sklavenhandels

Wieviele afrikanische Sklaven nach Panama gebracht wurden, läßt sich heute nicht mehr eindeutig nachweisen, denn einerseits wurden mehr als die Hälfte der in Nombre de Dios, Portobelo und Panamá (Panamá-Stadt) angekommenen Sklaven sofort in andere Kolonien nach Südamerika gebracht. Andererseits wurden die Sklaven niemals registriert, da viele von ihnen wegen des spanischen Handelsmonopols durch illegalen Handel mit der holländischen und englischen Konkurrenz nach Panama gekommen sind. Nach Schätzungen stehen zu Beginn des 17. Jahrhunderts circa 14.000 Sklaven einer Minderheit von etwa 4.400 Weißen gegenüber. Im Verlauf der Geschichte bestimmen die aus den verschiedenen Rassen gewachsenen Gruppen von Mulatten, Mestizen und sonstigen *mezclas* (Mischungen) immer mehr das Bevölkerungsbild im Land.

Auf dem Weg zur Unabhängigkeit

Verfall der spanischen Kolonien

Das 17. und 18. Jahrhundert wird von ***Rivalitäten zwischen den eu-***

ropäischen Großmächten dominiert, worin die Überseegebiete wohl oder übel miteinbezogen sind. Der unaufhaltsame politische und ökonomische Niedergang sowie die bürokratische und zentralistisch orientierte Politik Spaniens führen zum langsamen Verfall der spanischen Kolonien.

Panamas Bevölkerung, vor allem aber die Kaufleute und Händler, sichern sich zunächst ihre Existenz mit gut florierenden, aber ***illegalen Tauschgeschäften*** mit den Holländern und Engländern, wobei die begehrten Kolonialwaren gegen Kleidung, Waffen oder Sklaven den Besitzer wechseln. Die illegalen Geschäfte finden meist an einsamen Buchten, aber auch ungeniert auf öffentlichen Plätzen der Hafenstädte statt, wobei, gegen entsprechende Bezahlung, die örtlichen Behörden ein Auge zudrücken.

Das Ende des Transitverkehrs

Durch die Tauschgeschäfte ist zwar die ***Rezession*** einige Zeit abgewendet, doch aufgeschoben ist nicht aufgehoben: ***Mitte des 18. Jahrhunderts*** stürzt Panama in eine tiefe Wirtschaftskrise, die mit der Zerstörung Portobelos in einem der zahlreichen Kriege zwischen Spanien und England beginnt. Im Wiederaufbau der karibischen Hafenstadt sieht die spanische Krone keine Perspektive mehr, weshalb sie auch die jährlich stattfindenden Großmarktveranstaltungen einstellt.

Mit dieser Entscheidung, die faktisch einem ***Handelsverbot*** gleichkommt, setzt die spanische Krone einen vorläufigen Schlußstrich unter Panamas Position im Tranistverkehr. Ab diesem Zeitpunkt transportiert man die kostbaren Schätze aus Peru auf dem direkten Weg um das Kap Horn auf die iberische Halbinsel. Diese Tatsache ist auch ein ausreichender Grund für die anderen Seefahrermächte, sich von Panama abzuwenden.

Da die wirtschaftliche Zukunft Panamas dadurch sehr unsicher ist, setzt sich ein großer Teil der reichen Handels- und Kaufmannsschicht in Richtung Peru in Bewegung. In Panama bleibt die große Masse der armen Bevölkerungsschicht, die Großgrundbesitzer und die Beamten zurück, deren Zukunftsperspektiven eher düster aussehen. Ihre wirtschaftliche und politische Bewegungsfreiheit erhält zudem durch die spanische Krone auch noch Zügel angelegt.

Unzufriedenheit unter den Criollos

Die Landenge, die seit 1535 als Real Audiencia Panamá (königlicher Gerichtsbezirk mit judikativer, politischer und administrativer Verantwortlichkeit) dem Vizekönigreich Peru, ab ***1718*** dem Vizekönigreich Nueva Granada untergeordnet ist, wird von der spanischen Krone zur Commandancia General de Tierra Firma degradiert. Ein großer Name für die ***Randprovinz,*** die außer einigen militärischen Verfügungsrechten jetzt von der Verwaltung in Santa Fé de Botogá total abhängig ist.

Die Unfähigkeit der Regierung in Bogotá, der Rezession in Panama entgegenzuwirken, schafft vor allem unter den im Land geborenen Weißen, den *criollos*, die Basis für das ***Streben nach einem eigenen Kurs.*** Die *criollos* sind in der Regel als Kaufleute, Händler und Großgrundbesitzer tätig, weshalb die mit dem Handelsverbot ausgelöste Rezession ihre Existenz am meisten gefährdet. Im Streben nach einem neuen Kurs bekommen die *criollos* sehr wenig Unterstützung von den *peninsulares,* wie man die weiße Bevölkerungsgruppe bezeichnet, die sich ihrer Geburt in Spanien rühmt und in festen und gutbezahlten Beamtenpositionen sitzt.

Auch die Regierung in Bogotá und die spanische Krone haben kein offenes Ohr für das Bitten und Betteln der *criollos*, das Handelsverbot aufzuheben. Ihre Aufmerksamkeit richtet sich auf die fortschreitenden Revolutionen in anderen Teilen des Kontinents.

Unabhängigkeit von Spanien

Als Marschall *Murgeón* mit seinen Truppen im Oktober 1821 Panama verläßt, um die spanische Streitmacht im Vizekönigreich Peru zu verstärken, ergreifen die *criollos* ihre Chance. Am ***10. November 1821*** ertönt der erste Ruf nach Freiheit *(el grito)* im kleinen Ort La Villa de Los Santos auf der Halbinsel Azuero. Ohne großen Widerstand und ohne Blutvergießen entfernen die *criollos* den Stadtrat aus seinem Amt. Die Nachricht über das Ereignis verbreitet sich wie ein Lauffeuer von Ort zu Ort, und als die Meldung am 28. November Panama-Stadt erreicht, muß sich auch die dort etablierte Regierung dem neuen Geist fügen.

Doch der richtige Führer mit einer politischen Vision fehlt dem kleinen, dünnbesiedelten Land, dessen Bevölkerung zu Beginn des Jahres 1821 von der ersten nationalen Zeitung von den Ideen erfährt, die die anderen südamerikanischen Staaten bereits aus Europa übernommen haben: "Freiheit, Gleichheit und Brüderlichkeit".

Anschluß an die Großkolumbianische Republik

Die von kurzer Dauer geprägte panamaische Revolution basiert nicht wie in den meisten südamerikanischen Ländern auf dieser Parole, sondern sie strebt in erster Linie nach absoluter ***Handelsfreiheit.*** Das erklärt, warum Panama sich mit großen Handelspartnern zusammenschließt, was gleichzeitig auch einen Schutz gegen mögliche Angriffe von Spanien sichert. Aus historischer und wirtschaftlicher Perspektive liegt ein ***Bündnis*** mit dem alten Handelspartner Lima auf der Hand. Aber das Vizekönigreich Peru ist die letzte spanische Hochburg auf dem südamerikanischen Kontinent. Panama bleibt deshalb nur die Option, sich der Großkolumbianischen Republik anzuschließen, die sich aus Venezuela, Kolumbien und Ecuador (das alte Vizekönig-

Unabhängigkeitserklärung 1821

greich Nueva Granada) zusammensetzt. Unter der präsidialen Führung des mittlerweile zur starken Persönlichkeit in Südamerika herangewachsenen Venezolaners *Simón Bolívar*, in Lateinamerika auch bekannt als *El Libertador* (Der Befreier), tritt Panama in ein neues Zeitalter.

Unvollendete Revolutionen

Der Traum Simón Bolívars

Nachdem die Spanier beinahe zur Gänze vom amerikanischen Kontinent vertrieben worden sind, versucht *Simón Bolívar*, ein ***lateinamerikanisches Staatenbündnis*** nach dem Vorbild der USA zu realisieren. Für ihn scheint Panama die besten geographischen Vorausetzungen zu bieten, um einen Kongreß über die Einheit und die gemeinsame Zukunft der ehemaligen spanischen Kolonien abzuhalten. *Bolívar* untermauert seine Wahl mit den (sinngemäß übersetzten) Worten: "Wenn die Welt eine einzige Hauptstadt wählen müßte, dann wäre der Isthmus von Panama der beste Platz..., ...im Zentrum der Welt, wo eine Hand nach Asien, die andere nach Amerika und Europa reichen würde...".

Der am ***22. Juni 1826*** in Panama-Stadt eröffnete ***Congreso Bolivariano*** steht aber vom Beginn an unter keinem guten Vorzeichen. *Bolívars* Traum von den Vereinigten Staaten Lateinamerikas scheitert bereits mit der Absage von Chile, Brasilien, Bolivien, Argentinien, Uruguay und Paraguay. In den südlichen Ländern Südamerikas beginnen die ersten Grenzkonflikte zu entflammen beginnen; zudem legt man bereits die Basis für die späteren diktakorischen Traditionen fest.

Bolivar

Die Haltung der USA

Die USA verhält sich im Gegensatz zu den absagenden Ländern etwas diplomatischer: sie entsendet zum Kongreß zwar einen Delegierten, doch bereits sein verspätetes Eintreffen in Panama-Stadt signalisiert die Mißachtung des geplanten Staatenbündnisses. Außerdem hat der US-Vertreter den anwesenden Delegierten und den europäischen Beobachtern eine deutliche Botschaft zu überbringen: "Amerika den Amerikanern", wobei allerdings eher gemeint ist, "Amerika den Nordamerikanern". Das zeigt sich im 19.

Jahrhundert am zunehmenden Expansionismus und im 20. Jahrhundert durch die aggressive Einmischungspolitik der USA in verschiedenen lateinamerikanischen Ländern, vor allem in Panama. In erster Linie betrifft diese deutliche Aussage des damaligen US-Präsidenten *James Monroe* aus dem Jahre 1823, die auch als ***Monroe-Doktrin*** oder *Manifest Destiny* bezeichnet wird, die europäischen Großmächte, besonders die Kolonialmächte Spanien und Großbritannien, denen man damit unmißverständlich klarmacht, sich nicht in die Angelegenheiten der jungen Länder Süd- und Mittelamerikas einzumischen. Aus diesem Grundprinzip heraus entwickeln sich die USA allmählich zum mächtigen Polizeiorgan des Kontinents, dessen Einsatz nur von eigenen Belangen, ökonomischen Interessen und einer stattlichen Dosis an Überlegenheitsgefühl bestimmt wird.

Fiasko für Bolívars Traum

Der Kongreß war ein Fiasko für *Bolívars* Traum, oder, wie er es selbst ausdrückte: "Mir erscheint es, als hätte ich jahrelang Wasser ins Meer geschüttet...". Als Konsequenz aus seinen Mißerfolg zieht er sich völlig aus der Politik zurück. Die Beobachtung des endgültigen Zerfalls seines Traumes, die Großkolumbianische Republik (in Lateinamerika auch als "Schoßkind *Bolívars"* bezeichnet), bleibt dem großen Freiheitskämpfer nicht erspart. *Bolívar*, der im Verlauf des Zusammenbruchs immer mehr verbittert, stirbt 1830 in Kolumbien. Erst nach seinem Tod wird er zum großen Mythos erhoben, der heute in allen lateinamerikanischen Staaten allgegenwärtig ist.

Schwieriger gemeinsamer Weg mit Kolumbien

Kolumbien und Panama gehen nach dem Kongreß einen gemeinsamen Weg als ***República de Nueva Granada.*** Doch mehr als ein Versuch, dadurch den Differenzen, die man in anderen Ländern antrifft, aus dem Weg zu gehen, scheint es nicht zu sein. Die historischen, traditionellen, geographischen und wirtschaftlichen Differenzen zwischen Panama und Kolumbien geben Anlaß genug zu verschiedenen Krisen, sowohl innerhalb des flächenmäßig weitaus größeren Kolumbiens, wie auch zwischen den beiden Ländern.

Diese Kontraste bilden den richtigen Nährboden für Panamas Liberalisten und Nationalisten, die gemeinsam nach ***Autonomie*** streben. Einen erfolgreichen Schritt in diese Richtung macht ***1840*** General *Tomás Herrera* (1804-1854), unter dessen Führung Panama sich von Kolumbien trennt. Die Geburt des ***Estados Libre del Istmo*** ist aber keine logische Folge politischer Zukunftsperspektiven, sondern ist mehr bestimmt durch die Befürchtung, in den kolumbianischen Bürgerkrieg verwickelt zu werden.

Nachdem sich allerdings das Gewitter des Bürgerkrieges in Kolumbien verzogen hat, gehen Panama und Kolumbien ein Jahr später wieder Hand in Hand einen ***gemeinsamen Weg.*** Panamas Haltung gegenüber Kolumbien kommt zwar nicht von ganzem Herzen, aber das Land ist wegen seiner Unfähigkeit für die eigene Sicherheit zu sorgen und dem Mangel an kompetenten Persönlichkeiten mit politischer Sicht, an seinen großen Nachbarstaat eng gefesselt.

Mitte des 19. Jahrhunderts erscheint mit *Justos Arosemena* (1817-1896) erstmals ein politisch ambitionierter Mann auf der panamaischen Bildfläche, der eine Änderung dieser Situation bringt. Durch seine Überredungskunst und nach langen diplomatischen Verhandlungen mit der Regierung in Kolumbien entwickelt sich Panama im Jahre 1855 zu einem ***föderativen und autonomen, aber nicht unabhängigen Staat.*** Die militärische Führung und die Kontrolle über den interozeanischen Transitverkehr bleiben nach wie vor in den Händen der Zentralregierung in Bogotá.

30 Jahre nach diesem gewaltigen Schritt Panamas in Richtung Unabhängigkeit ist vor allem der Mißerfolg des Föderalismus in Kolumbien schuld daran, daß man Panama in den Streit zwischen den Konservativen und Liberalen miteinbezieht. Der Streit erreicht seinen Höhepunkt im sogenannten ***1000-Tage-Krieg*** – *la Guerra de los Mil Días* (1899-1902). Nach zahlreichen

Unterzeichnung des Friedensvertrags der Wisconsin

Kämpfen und hohen Verlusten auf beiden Seiten folgt am ***21. November 1902*** an Bord des vor Panama-Stadt vor Anker liegenden US-Kriegsschiffes Wisconsin die Besiegelung des Friedens, der als ***la Paz de Wisconsin*** in die Geschichtsbücher eingeht.

Nur ein Jahr später wird sich Panama definitiv von Kolumbien abspalten, und am 3. November 1903 - 85 Jahre nach der Unabhängigkeit von Spanien - ist die ***República de Panamá*** eine vollendete Tatsache, wobei allerdings die USA tatkräftig mitgeholfen und dabei ihr "Netz" über Panama ausgelegt hat.

Das Netz aus Machenschaften

Außenpolitik der USA

Die außenpolitischen Schritte der USA im 19. Jahrhundert orientieren sich an dem *Manifest Destiny,* der "offenkundigen Bestimmung" (und ideologischen Rechtfertigung) der USA, lateinamerikanische Länder zu annektieren (wie es im Fall Mexikos war, das die Hälfte seines Territoriums 1848 an die USA verliert), ihre eigene Kultur zu verbreiten und für Wohlstand zu sorgen. Die ***imperialistische Vorstellung,*** in der die USA vom Nordpol bis zum Südpol reichen und dabei vom Atlantik und Pazifik begrenzt sein soll, trifft unter der US-Bevölkerung auf eindeutige Zustimmung. Und über Panama soll, aufgrund seiner geographisch günstigen Lage, das imperialistische Netz langsam ausgebreitet werden.

Der Bidlack-Mallarino-Treaty

Das Auslegen des Netzes beginnt ***1846*** mit dem Bidlack-Mallarino-Treaty, einem Vertrag, der vom US-Botschafter in Kolumbien *Benjamin Bidlack* und dem kolumbianischen Außenminister *Manuel Mallarino* ausgehandelt wird. Im Vertrag ist der ***unbeschränkte Transitverkehr*** am Isthmus von Panama für die USA und ihre Bürger, über jeden derzeit existierenden oder später konstruierten Weg, festgelegt. Im Gegenzug übernimmt die USA das Recht und die Pflicht, die Sicherheit des Transitverkehrs auf der Landenge zu gewährleisten, womit die USA zum erstenmal die offizielle ***Ermächtigung*** erhält, in Panama ***militärisch einzugreifen.*** Nach der Meinung der panamaischen Bevölkerung haben weder die US-Regierung noch die kolumbianischen Amtskollegen gefragt - Panama hat sillschweigend das Abkommen zu dulden. Vielerorts wäre in diesem Fall eine Revolution ausgebrochen, aber auf der Landenge ordnet man scheinbar die politischen Interessen den ökonomischen unter.

Lukrative Geschäfte

Nach dem Abschluß des Vertrages entwickeln sich auf der Landenge lukrative Geschäfte. Als im sogenannten "Wilden Westen" auch noch der Goldrausch ausbricht, beginnen die Geschäfte wie in der ***Hochkonjunktur*** der spanische Zeiten zu laufen. Denn die Verbindung von der nordamerikanischen Westküste zur Ostküste dauert mit dem Planwagen bis zu einem halben Jahr, der Weg mit einer Postfähre der *Pacific Mail Steamship Company* von den USA nach Panama, über den Mauleselpfad und den Río Chagres (Camino de Cruces) an die Küste und mit einer Postfähre wieder in die USA retour, dauert dagegen "nur" zwei Monate.

Als man ***1850*** auch noch mit dem Großprojekt der ersten ***interozeanischen Eisenbahnverbindung*** auf der Landenge beginnt, schwebt die Bevölkerung in den Wolken; vor allem die Kaufmannselite, die nach der Fertigstellung der Eisenbahn eine enorme Steigerung des Transitverkehrs und ihrer Geschäfte erwartet. Der Bauauftrag fällt auf die *Panama Railroad Company,* eine rasch gegründete Tochterfirma der *Pacific Mail Steamship Company,* die einen großen Teil der Fährverbindungen USA-Panama-USA kontrolliert.

Billige Arbeitskräfte, die für den Eisenbahnbau unbedingt benötigt werden, kommen vor allem von den Karibikinseln Jamaica, Martinique, Guadeloupe und Barbados. Sie verrichten unter ***erbärmlichen Bedingungen*** die härteste Arbeit inmitten des mit tödlichen Tropenkrankheiten verseuchten Regenwaldes. Bis zur Fertigstellung des letzten Streckenabschnitts im Jahre ***1855*** haben schätzungsweise mehr als 25.000 Menschen ihr Leben gelassen - und das für einen Schienenweg, der 14 Jahre später durch die Konkurrenz der transkontinentalen Eisenbahnverbindung in Nordamerika seine Bedeutung verliert.

Militärische Intervention der USA

Mit der Fertigstellung der Eisenbahn bleibt ein großes Heer an Arbeitslosen übrig, die in der Folgezeit einen Platz am Rande der Gesellschaft einnehmen. Ihrer wachsende Unzufriedenheit äußert sich bereits ein Jahr nach der Inbetriebnahme der Eisenbahnstrecke durch ***massive Unruhen,*** wobei mehrere US-Bürger ums Leben kommen. Als die Unruhestifter auch noch die Eisenbahnstrecke durch eine Besetzung lahmlegen, ist dies für die USA Grund, um ihre militärische Stärke in Panama zu demonstrieren, was mit dem Bidlack-Mallarino-Vertrag aus 1846 völlig legitim ist. Der kurze, aber durch kräftiges Waffenrasseln unterstützte Auftritt der US-Marine im Jahre ***1856*** ist nur der Beginn einer langen Reihe von militärischen Interventionen auf panamaischem Territorium, die noch folgen werden.

Das französische Kanalbauprojekt

Während die USA durch die Nachwehen des Bürgerkrieges im eigenem Land sich jetzt mehr um nationale Interessen kümmern muß, erscheint ***1876*** in Panama eine kleine französische Delegation unter der Führung des Ingenieurs *Ferdinand de Lesseps*. Sie sind auf der Suche nach einer geeigneten Stelle, um den alten Traum einer interozeanischen Wasserverbindung in die Tat umzusetzen. Nach gründlichen Untersuchungen wird durch die französische Kanalgesellschaft drei Jahre später das Startsignal zum Bau einer Wasserstraße gegeben (siehe "Der Panamakanal"). Wie beim Bau der interozeanischen Eisenbahn, fallen auch beim Kanalprojekt die vorwiegend aus Jamaica stammenden Arbeiter massenweise den tropischen Krankheiten zum Opfer.

Unruhen und erneute Intervention

Die sozialen Mißstände während des Projekts und der Sieg der Konservativen in Kolumbien sind die wesentlichen Faktoren, die im ***März 1885*** in Panama-Stadt zu Unruhen führen, woran sich die liberale Elite aus Kolumbien gemeinsam mit den Arbeitern und Arbeitslosen beteiligt. General *Rafael Aizpuru* tritt dabei als "starker Mann" hervor, der mit seinen Truppen die Stadt besetzt. Nach ihrer raschen Einnahme läßt sich der General zum Militär- und Regierungschef von Panama ausrufen. Währenddessen haben an der Karibikküste Panamas die kolumbianischen Liberalen unter der Führung von *Pedro Prestán* die Hafenstadt Colón besetzt, in der sich eine Plünderungs- und Zerstörungswelle unaufhaltsam durch die Stadt wälzt. Da die Unruhen immer größere Ausmaße annehmen, läuten in Nordamerika abermals die Alarmglocken. Die US-Marine erhält grünes Licht für eine rasche Intervention in Panama, um die "Interessen der USA zu wahren". Innerhalb von zwei Wochen ist der Konflikt eingedämmt, die militärische Intervention erfolgreich abgeschlossen und Panama wieder sicher unter kolumbianischer Führung.

Kanalbauinteresse der USA

In den Folgejahren wächst aus strategischen und ökonomischen Gründen das Interesse der USA an der "eigenen" interozeanischen Wasserverbindung in Zentralamerika. Zum Ärger der USA behindert aber Großbritannien mit seinem politischen Anspruch auf Nicaraguas Ostküste, die sogenannte Moskitoküste, die Option einer Verbindung über den Nicaragua-See und den Río San Juan, dem Grenzfluß zwischen Costa Rica und Nicaragua.

Und Panama ist bereits an die Franzosen gebunden. *De Lesseps* hat allerdings mit großen finanziellen und technischen Problemen beim Kanalbau zu kämpfen.

Als ***1898*** der Kampf gegen die Natur definitiv aufgegeben und der Bau ohne weitere Zukunftspläne eingestellt wird, sehen die USA endlich eine Chance. Doch muß die USA die Hürde des ***Clayton-Bulwer-Vertrages*** nehmen, der 1850 von den USA und Großbritannien unterzeichnet wurde, um das Kräfteverhältnis der beiden Nationen in Zentralamerika im Gleichgewicht halten zu können. Mit diesem Vertrag verzichten beide Nationen auf eine eigenständige Kontrolle über eine Kanalroute und über jedes Gebiet in Zentralamerika. Da Großbritannien seine imperialistischen Blicke weitgehend auf Südafrika richtet und dort an einen Krieg gefesselt ist, ignoriert die USA den Vertrag. Noch vor der Jahrhundertwende nimmt die US-Regierung mit der kolumbianischen Führung die ersten Verhandlungen über eine Kanalroute in Panama auf, die trotz zahlreicher Unterredungen zu keiner konkreten Lösung führen.

Im ***Januar 1903*** legt die US-Regierung ihr ***letztes Angebot*** auf den kolumbianischen Tisch: Ein Betrag von 10 Mio. US-Dollar ist sofort nach der Vertragsunterzeichnung fällig, und 250.000 US-Dollar sind ab dem 9. Jahr nach der Fertigstellung des Kanals jährlich zu bezahlen, als eine entsprechende Ablöse für die notwenigen Baugründe (später als Kanalzone bezeichnet) und die autonomen Rechte darüber. Im Zuge der Verhandlungen hat aber ein Machtwechsel in Bogotá stattgefunden, und die neue Regierung scheint einen Strich durch die amerikanische Rechnung zu machen.

Endgültige Trennung von Kolumbien

Während die Amerikaner ungeduldig auf die Reaktion der Kolumbianer warten, wenden sie sich zum erstenmal direkt an Panama. Hinter verschlossen Türen entwirft man das Konzept für eine endgültige Trennung Panamas von Kolumbien. Im Gegenzug erhält die USA vom unabhängigen Panama ***sämtliche Rechte für den Bau eines Kanals.*** Unter dem Druck der mit der Einstellung des Kanalbaus ausgelösten Wirtschaftkrise, und da auch Nicaragua ein Kandidat für die interozeanischen Verbindung ist, bleibt Panama nichts anderes übrig als in das Konzept der USA einzuwilligen und sich dadurch freiwillig in eine Marionettenrolle zu begeben. Als die kolumbianische Regierung am ***12. August 1903*** das Angebot der USA ablehnt, ist der weitere Ablauf bereits festgelegt. In kürzester Zeit und unter den Augen der US-Militärs löst sich Panama von Kolumbien, und erklärt am ***3. November 1903*** seine ***Unabhängigkeit.*** Der triumphale Ausruf des damaligen US-Präsidenten *Theodore "Teddy" Roosevelt "I took the canal"* hallt über den gesamten amerikanischen Kontinent.

Der Kanal-Vertrag

Bereits zwei Wochen später findet in Washington die Unterzeichnung des ***Hay-Bunau-Varilla-Vertrages*** statt, benannt nach dem US-Außenminister *John Hay* und dem Vertreter der französischen Kanalgesellschaft *Phillipe Bunau-Varilla.* Die Passagen in den Artikeln zwei und drei des Vertrages haben das größte politische Gewicht für Panamas Zukunft: *"Die Republik Panama gestattet den USA auf ewige Zeit die Benutzung, Eingemeindung und Kontrolle über eine je 5 Meilen (circa 8 km) breite Landzone beidseitig des noch zu konstruierenden Kanals, ...den Bau, Unterhalt, Betrieb und Schutz des Kanals. Die Republik Panama überträgt den USA alle Rechte, Befugnisse und Amtsgewalten innerhalb der im Artikel zwei erwähnten Landzone...".*

Als ***Abgeltung*** erhält Panama die im letzten Angebot an Kolumbien festgesetzten Beträge und die Kanalgesellschaft 40 Mio. US-Dollar für den Verkauf der Konzession. Kolumbien bekommt 1925 letztendlich für die Anerkennung von Panamas Souveränität 25 Mio. US-Dollar. Die amerikanische "Dollar-Diplomatie" hat zum gewünschten Resultat geführt.

In festen Händen der USA

Nach der offiziellen Unabhängigkeit Panamas führt die USA weiter die Regie auf der panamaischen Politbühne. Die Zusammensetzung der ersten panamaischen Regierung erhält die volle Zustimmung der USA, denn das Gesicht der Regierung bestimmt größtenteils die ***konservative Elite,*** die in der Vorbereitungsphase zur Unabhängigkeit bereits ihre Loyalität gegenüber den USA gezeigt hat. Zum Beispiel ist *José Arango* der Anwalt, *Manuel Amador* der Betriebsarzt der *Panama Railroad Company.* Es ist nicht verwunderlich, daß diese privilegierte Minderheit widerstandlos akzeptiert, daß die USA über ihre Schultern hinweg mitregieren.

Durch das "Mitspracherecht" der USA, erhält die panamaischen Verfassung einen Zusatzartikel, der es ermöglicht, daß das ***US-Militär*** in jedem Teil der jungen Republik sofort ***intervenieren*** kann, um die öffentliche Ruhe, Ordnung und Sicherheit wieder herzustellen. Ein Freibrief, den die USA in den folgenden Jahrzehnten regelmäßig ausnützen wird.

Als *Manuel Amador,* der erste Präsident Panamas, 1908 auf demokratischem Weg seinen Platz für den Nachfolger räumen muß, drückt die US-Regierung "ihren" Kandidaten nach oben, den konservativen *José de Obaldía.* 1912, 1918 und in den frühen 20er Jahren können die Liberalen zwar den populären *Belisario Porras* erfolgreich an die ***politische Front*** schieben, aber nicht ohne Konflikte und Kompromisse mit den USA, die deutlich auf der konservativen Seite steht.

Für die Bevölkerung ist das politische Tauziehen eine leere Phrase. Neue politische Töne erklingen seit der Souveränität kaum noch, dazu

Diese Karrikatur erschien in "Harpers Weekly" während der Debatten im Kongreß über die verschiedenen Kanalrouten.

kommt die große Weltwirtschaftskrise. 1925 und 1932 versucht die Bevölkerung, mit Hilfe von ***Arbeiterstreiks und Aufständen*** unfangreiche Sozialreformen zu erzwingen. Die panamaische Regierung unterstreicht ihre Unfähigkeit und Inkompetenz dadurch, daß sie das Problem durch die in der Kanalzone stationierten US-Soldaten "lösen" läßt. Immer wieder aufflammende Streiks und Unruhen reißen langsam das politische Ruder herum. Die panamaische Regierung, zum erstenmal auf einem leicht gegen die USA gerichteten Kurs, setzt 1936 eine ***Revision des Kanalvertrages*** durch. Dabei erhöht sich die jährliche Pachtgebühr auf 430.000 US-Dollar, und die USA verzichtet auf ihr Interventionsrecht außerhalb der Kanalzone. Die Hauptforderung, die Aufhebung des Sonderstatus der Kanalzone, lehnt die USA ab. Stattdessen erweitert sie während des Zweiten Weltkrieges ihre Ansprüche auf die Errichtung von militärischen Anlagen auf panamaischem Territorium, da der Krieg auch den Kanal bedrohen könnte.

Der weltweit beispiellose Sonderstatus der Kanalzone, die wie die nordamerikanische Insel mit eigenen Gesetzen, Briefmarken, Steuersystemen etc. inmitten Panamas liegt, ist es vor allem, der eine neue Gruppe in der politischen Landschaft erscheinen läßt. Sie ist ein Dorn im Auge der *Partido Panameñista Auténtico* (PPA), die unter der Führung von *Arnulfo Arias de la Madrid* steht. Unter seinem Slogan "Panama den Panameños", richtet sich die ***nationalistische PPA*** aber nicht nur gegen die ungeladenen Dauergäste in der Kanalzone, sondern auch gegen die schwarze und chinesische Bevölkerungsschicht. Die Parole findet prompt Gehör bei der Restbevölkerung, und *Arias* gewinnt die Präsidentenwahl 1940. Das Präsidentenamt ist allerdings ein sehr unsicherer Posten, der bis zum Beginn der Diktatur 1968 von nicht weniger als 16 verschiedenen Politikern eingenommen wird, wobei der immer populärer werdende *Arnulfo Arias* das Amt auch von 1949 bis 1952 und vom 1. Oktober bis zum 11. Oktober 1968 besetzt.

Eine weitere Gruppe gewinnt immer mehr an politischer Bedeutung: die ***Polizeieinheit.*** Zu Beginn der

50er Jahre kommt aus ihren Reihen Kolonel *José Remón* an die politische Front, der von 1952 bis 1955, mit einem kurzen Intermezzo, Präsident und Polizeichef in einer Person und damit der mächtigste Mann in Panama ist. *Remón* fügt, trotz einiger Proteste im Land und unter den Augen der USA, die Polizei und das Militär zur ***Nationalgarde*** *(Guardia Nacional)* zusammen. Damit schafft er ein politisches Werkzeug, das später vor allem von General *Omar Torrijos* und General *Manuel Antonio Noriega* mißbraucht wird.

Zum x-tenmal kommt es zu Verhandlungen für einen neuen Kanalvertrag. Die überarbeitete Version im Jahre ***1955,*** der ***Remón-Eisenhower-Vertrag,*** enthält aber keine fundamentalen Änderungen. Die Erhöhung der jährlichen Pachtgebühr auf 2 Millionen Dollar ist lediglich Augenwischerei, weil sie in keinem realen Verhältnis zum Gewinn der *Panama Canal Company* steht.

Die Studentenunruhen

Unter dem Leitspruch *"Schluß mit dem Sonderstatus - Souveränitätsbeginn Panamas in der Kanalzone!"* beginnt während der Feier zur Unabhängigkeit im ***November 1958*** der politische Kochtopf überzulaufen. Mit Spruchbändern und Nationalfahnen ausgerüstet, maschieren die Studenten demonstrativ in Richtung Kanalzone, um Panamas Anspruch durch das Hissen der Nationalfahne zu unterstreichen. Die regelmäßig durchgeführten Demonstrationen, die 1959 durch viele Arbeiterstreiks kräftige Unterstützung erhalten, enden stets in gewalttätigen Konfrontationen, sowohl mit panamaischen Polizeieinheiten als auch mit den in der Zone stationierten US-Soldaten. Und jede Konfrontation fordert zahlreiche Verletzte, vor allem auf der Studentenseite. Um die Stimmung einigermaßen einzudämmen, "genehmigt" die US-Regierung großzügig das Hissen der panamaischen Fahne an öffentlichen Gebäuden in der Kanalzone, als "Anerkennung der Souveränität Panamas in der Kanalzone". Doch viele US-Bürger ignorieren die neue Bestimmung. Die Provokationen erreichen am ***7. Januar 1964*** einen Höhepunkt, als in der Kanalzone nordamerikanische Studenten der Balboa-Universität ihren Schultag mit dem Hissen der amerikanischen Fahne beginnen, jedoch das panamaische Symbol unbeachtet liegen lassen. Als Anwort darauf protestieren die panamaischen Studenten lautstark in den Straßen von Panama-Stadt. Am Morgen des 9. Januars begeben sie sich in Richtung Balboa-Universität, um selbst für die Einhaltung der neuen Bestimmung zu sorgen - die panamische Nationalfahne, das Symbol für die Unabhängigkeit, soll neben den Stars and Stripes hochgezogen werden.

Was als harmlose Demonstration beginnt, endet in einem Alptraum für beide Seiten. Die Bevölkerung im ganzen Land erlebt live über das Fernsehen und Radio, wie US-Soldaten die Demonstration mit brutaler Gewalt niederschlagen. Der jahrelang von der panamaischen Bevölkerung unterdrückte Ärger bricht durch und richtet sich gegen alle US-Symbole, die man in rasender Wut und unter großem Beifall zerstört. Das Ende des blutigen ***"Fahnenstreits"*** am 12. Januar 1964 hinterläßt eine erschreckende Bilanz: 22 Tote und über 100 Verletzte.

Panama versucht, sein Recht auf internationaler Ebene zu erhalten und legt den Streitfall der OAS (Organisation Amerikanischer Staaten) und dem Interationalen Gerichtshof vor. Beide Institutionen verurteilen einstimmig die von der USA eingesetzte Gewalt als unverhältnismäßig, doch Konsequenzen sind damit für die USA nicht verbunden. Die OAS bringt beide Länder wieder an einen Verhandlungstisch und sucht die Lösung der Probleme in einem neuen Kanalvertrag. Zwischen 1964 und 1967 kommt es zum Entwurf des ***Robles-Johnson-Vertrages,*** benannt nach dem panamaischen Präsidenten *Marco Robles* und seinem nordamerikanischem Amtskollegen *Lyndon Johnson.* Der von der panamaischen Bevölkerung größtenteils abgelehnte Vertrag ist das Hauptthema in der Wahlkampagne für die ***Präsidentenwahl*** im ***Jahre 1968,*** bei der vor allem *Arnulfo Arias* mit seinem Nationalismus geschickt die richtige Marschroute anzeigt und damit auf großen Zuspruch in der Bevölkerung stößt. Aber kaum hat er das Präsidentenamt am 1. Oktober 1968 unter großem Beifall der Bevölkerung übernommen, zeigt sich *Arias* dazu bereit, den vorliegenden Kanalvertrag ohne Revision zu unterschreiben. Das Volk fühlt sich von *Arias* schamlos hintergangen. Nach lautstarken Protesten gegen *Arias* und den daraus erwachsenden Unruhen, dringen die Führungsoffiziere der Nationalgarde immer weiter an die politische Front vor.

La Dictadura con Cariño

Der Putsch

Die Führungsoffiziere der Nationalgarde stürzen in einer Blitzaktion am 11. Oktober 1968, nur 10 Tage nach seinem Wahlsieg, den Präsidenten *Arnulfo Arias* – "Im Namen des Volkes". Sie installieren eine ***provisorische Militärjunta,*** die unter der Führung der beteiligten Putschisten *José María Pinilla* und *Bolívar Urrita* steht. Der Putsch wird als *Revolucíon Diferente* ("Abweichende Revolution") ettikiert, später wird daraus die *Dictadura con Cariño* - die "zärtliche Diktatur". Damit beginnt eine Periode, in der die Militärs langsam die exekutive, die legislative und die judikative Staatsgewalt auf sich konzentrieren und dadurch die Kontrolle über die Gesellschaft festigen. Um entsprechend ihrer Aussage "Im Namen des Volkes" zu handeln, errichten sie 1969 eine *Junta Civil* (Bürgerregierung), mit *Demetrio Basilio "Jimmy" Lakas* (1969-1978) als Präsidenten an der Spitze.

Omar Torrijos

Im ständigen ***Macht- und Positionskampf innerhalb der Militärs*** am Ende der 60er, Anfang der 70er Jahre, konsolidiert sich die Macht zunehmend auf eine Person: den charismatischen *Omar Torrijos*, dessen größter Traum ein sozialistisches, aber nicht marxistisches und von der USA unabhängiges Mittelamerika ist. Mit Hilfe des im Sog *Torrijos'* mitschwimmenden *Manuel Antonio Noriega* und loyaler Truppen der Nationalgarde gelingt es *Torrijos*, die Herrschaft zu übernehmen.

Um seine Macht zu untermauern, setzt er 1972 eine ***neue Verfassung*** in Kraft, die unter anderem die Nationalgarde auf eine Machtstufe mit den drei anderen Staatsgewalten stellt, die ein zusätzliches Legislativorgan vorsieht und die *Torrijos* außergewöhnliche Machtkompetenz verleiht. Mit dem neuen Grundgesetz kreiert *Torrijos* eine zu seinen Gunsten ausfallende Zwei-Drittel-Stimmenmehrheit in der zivilmilitärischen Koalition. Zudem verbietet er das öffentliche Auftreten der oppositionellen Parteien und schränkt die Pressefreiheit ein.

Torrijos erweist sich aber im Verlauf seiner Diktatur als Mann mit zwei Gesichtern. Dabei überwiegt die sozialistische Seite, die mit ***Reformen*** im Bereich der Landwirtschaft, des Unterrichts, der Gesundheit und der Infrastruktur die Position der unteren und mittleren Bevölkerungsschicht enorm verbessert.

Die diktatorische Hälfte weist die typischen Schattenseiten lateinamerikanischer Machthaber auf: ***Skrupellosigkeit, zunehmende Menschenrechtsverletzungen und Korruption.*** Ein weiterer negativer Aspekt seiner Herrschaft ist der rasch anwachsende öffentliche Sektor. *Torrijos* vergrößert diesen Bereich nicht, um damit die Arbeit effizienter organisieren zu können, sondern vielmehr, um seinen Freunden und Verwandten einen Posten zu verschaffen. Das Pfründesystem hat in Panama bereits eine lange Tradition, denn mit jedem Machtwechsel streicht bzw. schreibt man fleißig Namen auf die ohnehin lange Liste der staatlichen Gehaltsempfänger.

Sowohl die Reformen wie die umfangreichen Personalkosten belasten den Staatshaushalt schwer. Die Lösung des ***wirtschaftlichen Problems*** sieht *Torrijos* in ausländischen Firmen, die er vor allem mit Steuererleichterungen in das Land lockt. Binnen kurzer Zeit schießen in Panama-Stadt die Banken wie Pilze aus dem Boden und in Colón öffnet die Freihandelszone seine Pforten.

Auf ***internationaler Ebene*** präsentiert sich *Torrijos* ebenfalls in wechselhafter Gestalt: Er unterhält eine sehr enge Beziehung zu den Sandinisten in Nicaragua, zu *Fidel Castro* und zur Führungsspitze in der ehemaligen DDR. Gleichzeitig bietet er dem *Schah von Persien* und seiner Gattin einen permanenten Wohnsitz in Panama an und verfügt über gute Kontakte nach Venezuela und in die USA. Trotz seiner Wechselhaftigkeit beherrscht *Torrijos'* Außenpolitik ein Thema, das für seine Vorgänger zum Trauma wurde: der Panamakanal. Während seine Vorgänger aber meistens am Gängelband der US-Regierung hingen, erweist sich *Torrijos* als ein Gegner mit "Haaren auf den Zähnen", wie es einige US-Politiker so nebenbei bemerken.

Moralischer Sieg über die USA

Im März 1973 tritt der Sicherheitsrat der Vereinten Nationen in Panama zusammen, wodurch die Studentenunruhen während der 60er Jahre ein Nachspiel erhalten. Die **USA** müssen anhören, wie eine Resolution vorgelegt wird, die sie ***wegen Verletzung der Rechte Panamas verurteilt.*** Nur durch die Benutzung des Vetorechts, bewältigt die USA dieses politische Spiel. Nach der verlorenen Abstimmungsrunde verlassen die nordamerikanischen Abgeordneten demonstrativ den Saal. Der Sieg, wenn auch nur moralischer Natur, geht voll *Torrijos'* auf Konto.

Der neue Kanalvertrag

Ein Jahr nach der Versammlung nehmen die USA und Panama die Verhandlungen über einen neuen Kanalvertrag auf, die schließlich zum ***Torrijos-Carter-Vertrag*** führen. Mit der Unterzeichnung durch General *Omar Torrijos* und US-Präsident *Jimmy Carter* am 7. September 1977 in Washington beginnt ein neues Kapitel in der panamaischen Geschichte. Und David hat Goliath besiegt: Der Vertrag enthält unter anderem, daß der Sonderstatus der Kanalzone mit sofortiger Wirkung aufgehoben wird, die Kanalverwaltung bis zur offiziellen Übergabe des Kanals an Panama am 31. Dezember 1999 unter die Verantwortlichkeit beider Länder fällt, und die Kanalzone und der Isthmus den Status der Neutralität erhalten. Ferner werden großzügige finanzielle Unterstützungen von seiten der USA bis zur offiziellen Übergabe des Kanals vereinbart. Aufgrund des Vertrages wird im 21. Jahrhundert die Souveränität und Verwaltung des Kanals voll und ganz in den Händen von Panama liegen. Nur 18 % der ehemaligen Kanalzone bleiben auch nach der Jahrtausendwende weiterhin als Militärgebiet in den Händen der USA. Dieser kleine Minuspunkt im Vertrag kann die Freudentänze in Panama nicht aufhalten, und verschafft *Omar Torrijos* starken Rückhalt in der Bevölkerung und eine Konsolidierung seiner Macht.

Demokratisierung

Mit der langsamen demokratischen Öffnung des Torrjios-Regimes kommt es 1978 zu einer ***Verfassungsreform,*** die aber keine grundlegenden Änderungen bringt. Ein Jahr später wird das ***Parteienverbot aufgehoben.*** Als "Vorsorge" wurde von *Torrijos* bereits 1978 die *Partido Revolucionario Demócratico (PRD)* gegründet, die sich aus den regierenden Militärs zusammensetzt und dadurch die Zwei-Drittel-Mehrheit in der zivil-militärischen Koalition hat. Da *Torrijos* überzeugt ist, mit der *PRD* auch ohne seine diktatorische Macht seine Stellung in der Politik halten zu können, kündigt er ***freie Wahlen*** an.

Doch er kommt nicht mehr in den Genuß eines eventuellen Wahlsieges: Am 31. Juli 1981 stirbt General *Omar Torrijos* bei einem ***Flugzeugabsturz*** in den Bergen nahe Coclésito. Kurz danach tauchen die ersten Sabotagegerüchte auf, doch handfeste Beweise dafür oder eventuelle Drahtzieher können nicht ausfindig gemacht werden. Sein Tod bleibt bis heute ein Rätsel, doch hinter vorgehaltener Hand wird gemunkelt, daß nur einer für diesen Anschlag in Frage kommen könne: der aufwärtsstrebende *Manuel Antonio Noriega*.

Panama unter Noriega

General Paredes

Nach *Torrijos* Tod entflammt ein ***Machtkampf*** unter den dienstältesten Offizieren der Nationalgarde, wobei *Noriega* bereits kräftig involviert ist. Da noch einige Barrieren vor ihm liegen, wartet er geduldig auf seine Chance und baut im Hintergrund langsam die letzten Stufen für seinen Weg an die Spitze auf.

Noriega muß zunächst *General Paredes* das Schlachtfeld überlassen, der als Sieger aus dem Kampf hervorgeht und der neue Machthaber in Panama wird. Damit der von *Torrijos* eingeschlagene demokratische Weg für die Bevölkerung erkennbar bleibt, kommt es ***1983*** unter *Paredes* zu einer Verfassungsreform. Die in einem Referendum gebilligte ***Änderung des Grundgesetzes*** eliminiert die 1972 verankerte Machtkompetenz der Nationalgarde und das zusätzliche Legislativorgan, und garantiert Panama eine parlamentarische Demokratie und der Bevölkerung wesentliche Grundrechte und verfassungsmäßige Freiheiten. Was auf den ersten Blick als entscheidender Schritt in Richtung Demokratie aussieht, erweist sich bei genauer Betrachtung als reine Fassade. Die politische Vormachtstellung der Nationalgarde bleibt weiterhin unangetastet und die ständigen Manipulationen demokratischer Institutionen vom immer mächtiger werdenden *Noriega* lassen den Demokratisierungsprozeß bereits im Keim ersticken.

Als die Bevölkerung das fadenscheinige Spiel langsam durchschaut, verspricht General *Paredes* ***freie Wahlen,*** die von der zivil-militärischen Regierung für Mai 1984 festgesetzt werden. Auf "Anraten" *Noriegas* zieht sich *Paredes* nach dem Wahlversprechen sofort zurück, um sich offiziell "einer politischen Karriere zu widmen", womit *Noriega* auch die letzte Hürde zur Spitze beseitigt hat.

Noriega, der Mann im Hintergrund

Am ***16. Dezember 1983,*** der zum "Tag der Loyalität" ausgerufen

El Comandante: Manuel Antonio Noriega

Im Juli 1992 wurde General *Noriega* von einem amerikanischen Gericht in Florida wegen Drogenhandels zu 40 Jahren Haft verurteilt. Damit setzte die US-Justiz einen Schlußstrich im Konflikt der USA mit dem Oberbefehlshaber der panamaischen Streitkräfte. Der ***Aufstieg*** des Jungen aus dem Armenviertel von Panama-Stadt, der vom unauffälligen Militärkadetten in Peru zum zwielichtigen Doppelagenten, geldgierigen Drogenhändler und korrupten Diktator avancierte, war beendet. Eine erschreckende Laufbahn, bei der die USA kräftig mitgeholfen hatte.

Manuel Antonio Noriega Moreno wird am 11. Februar ***1934*** im stark heruntergekommenen Stadtteil Santa Ana in Panama-Stadt als uneheliches Kind ***geboren.*** Da ihn sein Vater, ein Schürzenjäger und Alkoholiker, verleugnet, wächst "Tony", wie er während der ***Kindheit*** gerufen wird, bei seiner leiblichen Mutter auf, einer ehemaligen Hausangestellten der Familie *Noriega*. Tony verbringt seine Jugendzeit in der Nähe seines Geburtsortes, einer anrüchigen Gegend um die Calle 13, die *Sal si puedes* genannt wird, was übersetzt heißt: "Verschwinde, solange Du kannst". *Noriega* leidet stark unter Akne, die sein Gesicht pockennarbig erscheinen läßt und derentwegen er am Höhepunkt seiner Macht von seinen Feinden den (heimlichen) Beinamen *La Piña* ("Die Ananas") erhält. Als seine leibliche Mutter noch vor seinem ersten Schuljahr stirbt, kommt er als Pflegekind zu seiner Taufpatin, die sich in den Folgejahren liebevoll um ihn kümmern wird.

Nach erfolgreichem Abschluß der Primär- und Sekundärschule erhält *Noriega* ***1947*** einen ***Studienplatz am Instituto Nacional,*** wo er im Verlauf seiner Schulzeit mit der politischen Studentensszene in Kontakt kommt. Er lernt dabei seinen älteren Halbbruder *Luis Carlos Noriega* kennen, von dessen Existenz er zu diesem Zeitpunkt nichts wußte. *Luis Carlos,* der von der Familie *Noriega* wegen seiner homosexuellen Veranlagung verstoßen wurde, ist ***politisch sehr aktiv*** und lehrt seinen Halbbruder das ABC der Politik. *Tony Noriega* engagiert sich stark in der Szene, liest viele politische Bücher, unterstützt Demonstrationen, hält Reden, trifft einflußreiche Politiker und wird zweimal in den Nationalen Studentenkongreß gewählt. Während der Zeit am Instituto Nacional ist *Noriega* antimilitarisch eingestellt, und als Präsident *Remón* in den frühen 50er Jahren die Polizei und das Militär zur *Guardia Nacional* (Nationalgarde) vereinigt, steht *Noriega* an vorderster Front, um lautstark gegen die Vereinigung zu protestieren.

Nach seinen politisch "lehreichen" Jahren am Instituto Nacional und dem ***erfolgreichen Abschluß 1953,*** möchte er unbedingt Medizin studieren. Sein Ansuchen an der Universidad de Panamá wird aber abgelehnt, denn die beste Universität des Landes hat nur offene Türen

wird, übernimmt General *Noriega* den ***Oberbefehl der Nationalgarde,*** die er mit diversen uniformierten Einheiten zur *Fuerzas de Defensas* zusammenlegt und im Verlauf seiner Herrschaft durch loyale Spezialtruppen ausbauen wird (siehe "Polizei und Militär"). Damit schafft er sich ein politsches Werkzeug, um seine Macht in Panama zu verankern. Die politische Bühne betritt er nur selten. Er agiert weiterhin im Hintergrund, wo er das politische Ruder fest in seinen Händen hält.

Von seiner Machtübernahme bis zu seinem Sturz im Dezember 1989 sind alle ***Präsidenten*** von *Noriegas* Wohlwollen abhängig. Die sogefür die Kinder der reichsten und mächtigsten Familien Panamas. Auch bei anderen Versuchen stößt *Noriega* immer wieder auf massive Barrieren, die ihm wegen seiner finanziellen Lage, aber vor allem wegen seiner Herkunft aus der "armen" Schicht in den Weg gelegt werden; Barrieren, die er als Sohn aus der Oligarchie nie gehabt hätte.

Wegen der bitteren Erfahrungen und der geringen Chance auf einen Platz an der Universität, tendiert der einstige Antimilitarist immer mehr zum Militarismus. *Noriega* glaubt mit der "entsprechenden" Uniform, die zudem noch mit Macht verbunden ist, einen Ausgleich für seine Herkunft schaffen zu können. Mit Hilfe seines Halbruders *Luis Carlos,* der inzwischen in Peru in der diplomatischen Vertretung von Panama arbeitet, wird *Tony* ***1957 in einer Militärakademie in Peru*** aufgenommen, wo er bereits in seinem ersten Ausbildungsjahr indirekten ***Kontakt zum amerikanischen Geheimdienst CIA*** *(Central Intelligence Agency)* bekommt. Die CIA soll in Peru die zukünftigen Offiziere "im Auge" behalten, vor allem jene, die zur kommunistischen Szene neigen. Auf der Suche nach "geeigneten Mitarbeitern" fällt der junge Kadett *Manuel Antonio Noriega* besonders postiv auf, doch eine direkte Rekrutierung kommt für die CIA nicht in Frage. Durch seinen Halbbruder *Luis Carlos,* der bereits Kontakte zur CIA hat, kommt die Verbindung zustande, und ab diesem Zeitpunkt "horcht" *Noriega* seine Mitschüler aus und erhält dafür (ebenfalls über seinen Halbbruder) die ersten US-Dollars von der CIA.

Nach fünfjähriger Ausbildung wird *Noriega* als Leutnant ausgemustert. Er ***kehrt 1962 nach Panama zurück,*** doch zu dieser Zeit besteht kein Bedarf an Offizieren, weshalb er sich mit verschiedenen Jobs über Wasser hält. Durch Zufall lernt *Noriega* den späteren Diktator *Omar Torrijos* kennen, was ein entscheidender Wendepunkt in seinem Leben ist. *Torrijos,* der kurz davorsteht, als Garnisonskommandant die Nationalgarde in der Provinz Chiriquí zu übernehmen, findet an *Noriega* großes Gefallen. *Torrijos* holt ihn nach Chiriquí, wo *Noriega* ***1963*** als Leutnant die Polizei in David übernimmt, 1966 als Hauptmann die Garnison der ***Nationalgarde*** befehligt. Zu Beginn der 70er Jahre hilft *Noriega* seinem Förderer *Torrijos,* an die Macht zu kommen, und erhält wegen seiner Loyalität den Majors-Titel.

Mitte der 60er Jahre hilft die CIA, in Panama einen Geheimdienst aufzubauen, der den Namen G-2 erhält und der aus einer Gruppe der Nationalgardisten besteht. *Torrijos* wählt für die ***Top-Secret-Abteilung*** *Noriega* aus, um die anfangs spärliche Sammlung von Informationen zu überwachen. ***Mitte der 70er*** Jahre erhält *Noriega* den ***Chefposten des Geheimdienstes.*** Sein Amtskollege bei der CIA ist 1976 *George Bush*, der später den Befehl zur Invasion geben und damit *Noriega* stürzen wird.

nannten "Fingerpräsidenten" erscheinen ebenso rasch, wie sie wieder verschwinden: *Jorge Illueca* (1984), *Nicolás Ardito "Nicky" Barletta* (1984 -1985), *Eric Aturo Delvalle* (1985-1988), *Manuel Solís Palma* (1988-1989) und *Francisco Rodríguez* (1989), der das letzte Staatsoberhaupt unter *Noriega* sein wird.

Der Narco-Diktator

Doch *Noriegas* Macht und die Loyalität seiner Männer kostet Geld, ziemlich viel Geld, und er benützt jede Möglichkeit, um an "harte" Dollars zu kommen. Zu seiner scheinbar unversiegbaren Geldquelle gehören die schmutzigen ***Geschäfte mit Kolumbiens Dro-***

Manuel Antonio Noriega fühlt sich in der neuen Rolle als Leiter des Geheimdienstes sichtlich wohl. Niemand ist vor seiner Bespitzelung sicher, vor allem jene Personen, die ihm auf "dem Weg nach oben" eventuell Steine in den Weg werfen könnten. *Noriega* legt ein großes und penibel geführtes Archiv an, und mit Hilfe der oft peinlichen Informationen werden seine Konkurrenten im Machtkampf gnadenlos erpresst und langsam auf das Abstellgleis geschoben. Auch über die USA sammelt er Top-Secret-Informationen, die bei Bekanntgabe für die US-Regierung sehr blamable Folgen haben könnten. *Torrijos*, der ebenfalls von diesen Informationen "lebt", wird die Macht *Noriegas* allmählich unheimlich, er läßt ihn aber weiterhin die Geheimdienstarbeit verrichten.

Im Verlauf seiner G-2-Tätigkeit ***arbeitet*** *Noriega* immer enger ***mit der CIA zusammen,*** die ihn in den USA und Panama gewissenhaft ausbildet, unter anderem in psychologischer Kriegsführung. Die CIA, die in Panama über ein gutes Netz an Informanten, Zuträgern und zumeist als Diplomaten getarnten Agenten verfügt, ist von *Noriegas* Fähigkeiten begeistert, weshalb sie ihn als "Aktivposten" einstufen und großzügig bezahlen. Ohne Wissen der CIA steht *Noriega* aber auch im Dienst von anderen Geheimdiensten, wie etwa dem von Nicaragua, Kuba, Libyen und Israel. *Noriega* spielt geschickt auf allen Bühnen zugleich eine gute Rolle: Er kauft und verkauft Informationen, wobei er aus einem Minimum an Informationen ein Maximum für sich selbst bezieht.

Wegen seiner ***Drogenkontakte nach Kolumbien,*** wird er auch für die US-Drogenbekämpfungsbehörde DEA *(Drugs Enforcement Agency)* interessant. Und mit ihnen spielt *Noriega* das gleiche Spiel wie mit der CIA: Aus einem Minimum an Informationen, die hin und wieder zu einer Verhaftung eines großen Drogendealers führen, bezieht er ein Maximum für sich. Denn ohne Wissen der DEA sind die verhafteten Dealer meistens *Noriegas* größte Konkurrenten im Drogenhandel oder jene seiner Freunde des kolumbianischen Medellín-Kartells, dessen oberster Boß kein geringerer ist, als der im Dezember 1993 von der Polizei getötete *Pablo "Padre" Escobar.*

Mit den Drogengeschäften, wobei auch "Geldwäsche" in Panama betrieben wird, kommt *Noriega* zu ansehnlichem ***Reichtum,*** den er dazu benutzt, immer mehr loyale Personen um sich zu scharen und seine Macht auszubauen.

Während der 60er- und 70er Jahre manipuliert sich *Noriega* geschickt nach oben, ohne dem über ihm stehenden Machthaber auch nur das Gefühl zu geben, nicht an seiner Seite zu stehen. Als *Torrijos* am 31. Juli 1981 unter mysteriösen Umständen bei einem Flugzeugabsturz stirbt, ist für *Noriega* endgültig der "Weg nach oben" frei.

genkartell, was ihm einen in der Geschichte einmaligen Titel einbringt: Narco-Diktator. Nach und nach häufen sich die Anschuldigungen gegen ihn, beim weltweiten Drogenhandel seine Hände im Spiel zu haben, doch es fehlen die handfesten Beweise.

Einen Einblick in die undurchsichtigen Geschäfte *Noriegas* möchte ***Hugo Spadafora*** bringen. Er gilt als unerschrockene ***Noriega-Gegner,*** lebt aber die meiste Zeit im Ausland, als Widerstandskämpfer an verschiedenen Fronten. Als *Spadafora* öffentlich erklärt, daß er nach Panama zurrückkehren und Beweise gegen *Noriega* auf den Tisch legen wird, wartet man gespannt auf seine Enthüllungen, zu denen es aber nie kommen wird. Trotz guter Tarnung fällt *Spadafora* bei seiner Einreise von Costa Rica nach Panama der Nationalgarde in die Hände, die ihn unter einem Vorwand in Concepción nahe der costaricanischen Grenze sofort in Haft nimmt. Nach tagelangen Folterungen (wofür es Zeugen gibt!) findet man seinen enthaupteten Körper (der Kopf bleibt bis heute verschwunden) in einem US-Postsack auf costaricanischem Territorium. Trotz Zeugen bleibt der Mord bis heute unaufgeklärt. Und eine Verbindung zu *Noriega* ist ebenfalls nicht nachzuweisen, er hält sich zur Tatzeit (rein zufällig) in Paris auf.

Druck auf Noriega

Mit dem grauenhaften Mord an *Hugo Spadafora* zeigt das Noriega-Regime der panamaischen Bevölkerung erstmals sein wahres Gesicht. Als ihm Juni 1986 in Miami und Tampa die ersten ***Beweise*** gegen *Noriega* ***wegen Drogenhandels*** auftauchen und zudem ein Jahr später an die Öffentlichkeit durchsickert, daß *Noriega* aller Wahrscheinlichkeit nach ***1984 die Wahl manipuliert*** hat, beginnt sein Imperium langsam einzustürzen. Die US-Regierung, die über *Noriegas* "Fehltritte" der letzten Jahre wegen seiner verläßlichen Informationen für die CIA und DEA großzügig hinwegsah, distanziert sich von *Noriega*.

Auch der ***innenpolitische Druck*** auf *Noriega* wird immer größer. Die Bevölkerung organisiert ab 1987 regelmäßig Demonstrationen, die den Namen *Cruzadas Civilistas* (Bürgerkreuzzüge) erhalten. Sie eskalieren immer zu blutigen Konflikten zwischen den Demonstranten und noriegatreuen Soldaten.

Präsident *Eric Aturo Delvalle* versucht mit US-Unterstützung im Februar 1988, *Noriega* aus seinem Amt zu entfernen, doch die regimegetreue Mehrheitsfraktion des Parlaments läßt *Delvalle* ablösen und setzt an seine Stelle *Manuel Solís Palma*. *Delvalle* flüchtet in die USA, wo er sich bei der sonst nicht so zimperlich agierenden ***US-Regierung*** (wenn es um Panama geht) über die mangelhafte Hilfe beschwert. Die US-Regierung unter *Ronald Reagan* denkt nicht daran, beim Sturz mit dem Militär entscheidend mitzuwirken, denn im November 1988 stehen in den USA Präsidentenwahlen auf dem Kalender, und weder Vizepräsident *George Bush*, der die Wahl 1988 gewinnen wird, noch der amtierende US-Präsident *Ronald Reagan* lassen sich auf die waghalsige Trittbrettfahrt ein.

Ein ***Embargo gegen Panama*** scheint der US-Regierung, die einzige und zu diesem Zeitpunkt vernünftigste Lösung zu sein. Kurz nach dem Sturz *Delvalles* werden deshalb schwere Sanktionen verhängt, die Panama an den Rand des wirtschaftlichen und sozialen Abgrundes bringen und die für innenpolitische Unruhe sorgen. Der Druck auf den Diktator wächst zwar damit an, bringt ihn aber nicht zum fallen. *Noriega* versucht die innenpolitische Lage zu stabilisieren und wieder in den Griff zu bekommen, um damit auch die bevorstehenden Wahlen im Mai 1989, "nach seinem Geschmack" über die Bühne zu bringen. Die panamaische Bevölkerung ergreift bei den Wahlen die Chance, um mit ihren Stimmen die Unzufriedenheit auszudrücken.

Die Wahlen von 1989

Das Parteienverbot der 70er Jahre und der mühevolle Wiederaufbau während der 80er Jahre, haben keine wirkungsvollen Einzelparteien zum Vorschein gebracht. Zur Wahl im Mai 1989 treten deshalb nur zwei große Parteienbündnisse an: die regimetreue *Coalición de la Liberación Nacional* (COLINA) und die oppositionelle *Alianza Demócratica de Oposición Civilista* (ADOC) auf. Als Kandidaten für das Präsidentenamt stehen sich *Guillermo Endara Gallimany* von der ADOC und *Carlos Duque Caen* von der COLINA gegenüber. Doch beide Kandidaten bringen nicht die günstigsten Voraussetzungen mit: *Endara* kann nur als Notlösung für die Kandidatur betrachtet werden, da der ADOC-Top-Kandidat *Arnulfo Arias* wenige Monate vor der Wahl gestorben ist, und *Duque Caen* ist seit langer Zeit ein guter "Geschäftsfreund" *Noriegas*.

Während der Stimmenauszählung zeichnet sich bereits ein ***deutlicher Wahlsieg Endaras*** ab. Als *Noriega* erkennt, daß sein Geschäftsfreund keine Chance hat, die Wahl auf legale Weise zu gewinnen, läßt er von seinen loyalen Männern kurzerhand die Wahl manipulieren. Nach "amtlichen" Ergebnissen steht plötzlich *Duque* als Sieger fest. Die oppositionelle ADOC wirft General *Noriega* und der von ihm gestützten Regierung eindeutigen ***Wahlbetrug*** vor und ruft die Bevölkerung zu spontanen Demonstrationen auf. Endara und seine beiden Kanditaten für die Vizepräsidentenämter ziehen mit einer Menschenmasse in Panama-Stadt durch die Avenida Central in Richtung von *Noriegas* Hauptquartier, um für die Anerkennung des Wahlsieges zu demonstrieren. Noch bevor der Demonstrationszug das Hauptquartier erreicht, kommt es vor der Santa-Ana-Kirche zur Eskalation zwischen den Demonstranten und *Noriegas* "dunklen Schatten", die brutal zuschlagen und dabei *Endara,* der wenige Tage später ins Exil fliehen wird, und seine Kandidaten verletzen.

Um weiteren Eskalationen vorzubeugen, verkündet der von der Regierung kontrollierte Wahlausschuß drei Tage später die ***Annullierung der Wahl*** mit der Begründung, daß Wahlurnen und -Unterlagen verschwunden seien, und daß internationale Wahlbeobachter, unter anderem die Ex-US-Präsidenten *Jimmy Carter* und *Gerald Ford,* die Auszählung der Stimmen wesentlich erschwert hätten. Neuwahlen lehnt die Regierung strikt ab. Als Kompromiß wird angeboten, die Amtszeit des scheidenden Präsidenten *Solís Palma* solle bis 1991 verlängert werden. Die Opposition bleibt jedoch in jeder Hinsicht hart, lehnt auch eine Übergangsjunta ab und besteht auf den Wahlsieg *Endaras.* Auch internationale Vermittlungsversuche fruchten nicht, wodurch sich die Lage zwischen den USA und *Noriega* gefährlich zuspitzt. Um die Situation einigermaßen zu beruhigen, läßt *Noriega* den "Wahlsieger" *Duque* abtreten und durch seinen Freund *Francisco Rodríguez* ersetzen, der am ***1. Oktober 1989*** das Präsidentenamt übernimmt.

Fehlgeschlagener Putsch

Einen Tag nach *Rodríguez'* Amtsantritt versucht Major *Moisés Giroldi Vega,* der eigentlich zu den loyalsten Männern *Noriegas* zählt, die Unruhen auszunützen und das politische Steuer durch einen Putsch herumzureißen. Er kann dabei auf die Militärhilfe der USA rechnen. In einer waghalsigen Aktion dringt *Giroldi* in das Hauptquartier *Noriegas* ein. Doch die lückenhafte Deckung der USA (vor allem bei der Flughafensperre) ermöglicht es den Noriega loyalen, in Chiriquí stationierten *Machos del Monte,* mit dem Flugzeug in Panama-Stadt zu landen und ihrem Kommandanten zu Hilfe zu eilen. Der Putsch scheitert bereits im Ansatz und kostet Major *Giroldi* das Leben. Die Konsequenz daraus ist ein völlig durchgedrehter *Noriega,* der sich mit seinen loyalen Truppen ab jetzt für "unverwundbar" hält. Kurz nach dem Putschversuch erklärt sich *Noriega* zum *Maximo Lider* Panamas - sein letzter politischer Schritt.

Die US-Invasion

US-Präsident *George Bush* und sein Krisenstab arbeiten bereits fieberhaft an einer Lösung, die letztendlich nur eine ***militärische Intervention*** in Panama vorsieht, obwohl die Konsequenz daraus der Verlust von US-Militärbasen in Europa oder Asien sein könnte. Trotz des negativen Beigeschmacks entschließt sich die Regierung zur Aktion. Damit sie auch gerechtfertigt und durch den Kanalvertrag abgedeckt ist, gibt man als Gründe an, daß *Noriega "ein unkontrollierbares Risiko für den Panamakanal sei und er jederzeit die Transitverbindung durch Sabotage unterbrechen könnte".* Das würde aber heißen, daß die US-Soldaten nur den Kanal beschützen, jedoch *Noriega* nicht verhaften könnten. Die US-Regierung erwähnt deshalb im gleichen Atemzug die fertiggestellten Anklagen und ***Haftbefehle*** gegen *Noriega* ***wegen Drogenhandels.*** Das erklärt auch den Umstand, warum *Noriega* von DEA-Beamten und nicht von den US-Militärs verhaftet wird.

Unter dem Decknamen *Operation Just Cause* fallen die USA mit circa 200 Hubschraubern, 110 Flugzeugen und etwa 25.000 Soldaten am ***20. Dezember 1989*** in Panama ein. Noch bevor die Aktion beginnt, wird *Endara* in eine US-Basis in

Geschichte

Operation Just Cause

Panama-Stadt, Mittwoch, ***20. Dezember 1989:*** Der Tag ist erst wenige Minuten alt, als sich die ersten US-Soldaten mit Panzerfahrzeugen vom Norden her durch den Bezirk Ancón auf die Altstadt zubewegen. Ihr Ziel ist das Hauptquartier General *Noriegas*, die *Comandancia* an der Avenida A im ärmlichen Stadtteil El Chorrillo. Über der Stadt liegt in der nächlichen Schwüle eine unheimliche, bedrohende Spannung, die sich auf die panamaischen Soldaten überträgt. Sie patroullieren nervös und schwerbewaffnet, rund um die Comandancia und bemerken nicht, wie die Amerikaner sich langsam der Avenida A nähern. Die seit 15 Jahren größte Militäraktion der USA ist angelaufen - die Operation "Gerechte Sache".

Um 0.45 Uhr, 15 Minuten früher als geplant, kommt der Befehl zum ***Angriff.*** Die nächtliche Ruhe verwandelt sich in einen ohrenbetäubenden Sturm von Gewehrsalven, Explosionen und Leuchtraketen. Am künstlich erhellten Himmel tauchen die ersten Transportflugzeuge auf, die schwerbewaffnete US-Fallschirmspringer über dem gesamten Stadtgebiet absetzen. Gleichzeitig legen einige Kampfhubschrauber in kürzester Zeit die Comandancia in Schutt und Asche. Innerhalb von wenigen Minuten verwandelt sich El Chorrillo in ein Flammenmeer, das in den Holzbaracken einen guten Nährboden findet. Der Überraschungseffekt des explosiven Angriffes erstickt den Widerstand im Keim, und einige panamaische Soldaten kapitulieren sofort. Nach circa sechs Stunden intensivem Kampf sind die meisten panamaischen Soldaten zur Aufgabe bereit.

Obwohl hochtechnische Abhörgeräte und Waffen eingesetzt werden, gelingt es den US-Soldaten aber nicht, in der ersten Phase der Invasion das eigentliche Ziel - General *Noriega* - zu ergreifen. Er befindet sich zum Zeitpunkt des Angriffes auf die Comandacia in einem sicheren Versteck am Rande der Stadt. Gegen 3 Uhr meldet sich *Noriega* über einen versteckten Radiosender, und versichert dabei "bis zum Ende" zu kämpfen ...

Am ***Vormittag des 20. Dezember*** liegen über der Stadt dicke Rauch- und Staubwolken, in der die US-Hubschrauber wie Geier ihre Beute suchen. Vom Angriff am schwersten getroffen sind El Chorrillo, San Miguelito und Panama Viejo. Zerbombte, teils noch brennende Häuser, dutzende Autowracks, massenweise Plünderer, die durch die Avenida Central ziehen, fast bis an den Rand der Unkenntlichkeit getarnte "Rambos" und US-Panzerfahrzeuge beherrschen das Straßenbild.

Die US-Soldaten haben mittlerweile systematisch die Stadt infiltriert. Sie suchen fieberhaft nach *Noriega*, der geschickt mit einem unauffälligen Auto in Bewegung bleibt und dabei ständig sein Versteck wechselt. Mit jeder Stunde, die er in Freiheit verbringt, vergrößert sich die Angst

Panama gebracht und als Präsident vereidigt. Mit seiner offiziellen Zustimmung für die Invasion hat die "Rechtfertigung" für ein militärisches Eingreifen ein weiteres Standbein erhalten.

Für internationale Beobachter der US-Außenpoltik bleibt trotz allem die Intervention nicht zweifelsfrei, vor allem wenn man das Fazit der Aktion betrachtet: 23 US-Soldaten, 3 US-Zivilisten und circa 7000 (laut offizieller Stelle in Panama) panamaische Soldaten und Zivilisten wurden getötet; 324 US-Soldaten und circa 3000 panamaische Soldaten und Zivilisten wurden verwundet; etwa 25.000 wurden obdachder US-Regierung, *Noriega* nie verhaften zu können. Hinzu kommt noch die beängstigende Spekulation eines Guerilla-Krieges, der die USA sicher länger als geplant in Panama binden würde - von einem Scheitern der Aktion gar nicht zu sprechen.

In den folgenden Tagen geht das "Katz-und-Maus-Spiel" in Panama weiter. Wegen der ***erfolglosen Suche*** greift die US-Regierung zu anderen Mitteln: Sie setzt eine Belohnung in der Höhe von 1 Mio. US-Dollar aus für Informationen, die zur Verhaftung *Noriegas* führen. Innerhalb kürzester Zeit gehen zahlreiche Meldungen im Hauptquatier der Amerikaner ein, allerdings ist keine darunter, die zur Ergreifung *Noriegas* führt. Gleichzeitig versuchen die US-Militärs, die hohen panamaischen Offiziere zur Aufgabe zu überreden, was im Verlauf der nächsten Stunden auch gelingt.

Nahezu alle ***Soldaten kapitulieren,*** wodurch auch die Kaserne in Río Hato, die größte militärische Bastion in Panama, unter amerikanische Kontrolle fällt. Durch die Kapitulation verringert man für *Noriega* die Zufluchtsorte und vor allem die wichtige Unterstützung von seiten seiner loyalen Militärs. Der Kreis um *Noriega* wird drastisch kleiner, aber noch immer wissen die US-Soldaten nicht, wo er sich versteckt hält. Als man durch einen "heißen Tip" endlich das leere Versteck bei einem seiner Geschäftsfreunde entdeckt, wird die Schlinge allmählich zugezogen.

Noriega erkennt den Ernst seiner Lage und flüchtet am ***24. Dezember*** in die ***vatikanische Botschaft,*** den einzigen Zufluchtsort, den die US-Strategen übersehen hatten. Als der päpstliche Nuntius offiziell verkündet, daß *Noriega* sich in der Botschaft aufhält, verbreitet sich die Meldung wie ein Lauffeuer durch die Stadt. Innerhalb kürzester Zeit wird die Umgebung der Botschaft von Soldaten hermetisch abgeriegelt, ein Betreten des exterritorialen Gebietes ist aber nicht möglich. Zwischen die Soldaten mischen sich immer wieder panamaische Demonstranten, die den Kopf des Diktators fordern. Der belagerungsähnliche Zustand zermürbt *Noriega*, der sich seiner aussichtslosen Lage immer deutlicher bewußt wird, langsam.

Nach mühevollen Verhandlungen, wobei der Nuntius als Vermittler tätig ist, stellt sich *Noriega* am ***3. Januar 1990*** gegen 21 Uhr den Beamten der DEA. Vor der vatikanischen Botschaft wartet bereits ein Hubschrauber, der den Diktator zur US-Basis Fort Clayton bringt. Am nächsten Tag wird er nach Miami geflogen ***und wegen Drogenhandels unter Anklage gestellt.***

Über die US-Invasion wurde übrigens der Dokumentarfilm *The Panama Deception* gedreht, der 1992 als beste Dokumentation mit dem Oscar auszeichnet wurde.

los. Der entstandene Sachschaden betrugt circa 1,5 Milliarden US-Dollar. Ein sehr hoher Preis für Panamas Freiheit, die das Etikett *Made in USA* trägt - wie so vieles in Panama der letzten Jahrzehnte, vor allem General *Noriega*.

Das Chaos danach

Mit der Verhaftung *Noriegas* im Januar 1990 ist zugleich ein Aufatmen in der panamaischen Bevölkerung spürbar. In vielen Landesteilen bricht eine Welle von ***euphorischen Feiern*** los. Doch gleichzeitig kommt für die Bevölkerung auch die ernüchternde Konfrontation mit der Realität: Die Gerechtigkeit *Made in USA* hat zwar gesiegt, aber *Noriegas* Diktatur, die nach der Invasion aufgehobenen US-Sanktionen von 1988/89 und die militärische Intervention haben in Panama eine ***wirtschaftliche Katastrophe*** und ein ***politisches Chaos*** hinterlassen.

Koalitionsregierung unter Endara

Als sich der Staub der Invasion einigermaßen gelegt hat, kommen die Wahlzettel vom Mai 1989 - oder was davon noch übrig ist - unter dem Patronat der USA zur Neuauswertung. Auf der Basis dieser Stimmenauszählung entsteht unter dem bereits vereidigten Präsidenten und Regierungschef *Guillermo Endara* eine Koalitionsregierung, in der das Oppositionsbündnis ADOC mit der stimmenstärksten Partei, der *Partido Demócrato Cristiano* (PDC), zwei Drittel der Parlamentssitze erhält. Die Restsitze entfallen auf die regimetreue Vereinigung COLINA, in der die von *Torrijos* gegründete *Partido Revolucionario Democratíco* (PRD) das Sagen hat.

Wirtschaftliche Krise

Einer der ersten Programmpunkte nach dem sofortigen Amtsantritt der neuen Regierung ist die ***Bewältigung der hohen Auslandsverschuldung,*** die die Regierung zu drastischen Sparmaßnahmen im Staatshaushalt zwingt. Da die vor der Invasion versprochene Finanzhilfe der USA bis zum März 1990 noch immer nicht erfolgt ist, tritt *Endara* im gleichen Monat in einen befristeten Hungerstreik (der wegen der Fettleibigkeit des Präsidenten unter der Bevölkerung Anlaß zur Belustigung ist). Schließlich genehmigt die US-Regierung ein humanitäres Hilfsprogramm für Panama, an dem sich auch die Europäische Gemeinschaft und Japan beteiligen.

Erneute ***Sparmaßnahmen,*** Kündigungen im öffentlichen Sektor und großangelegte Streiks stürzen das Land allmählich in ein Chaos. Hinzu kommt noch, daß *Endara* und seine Leute wegen Drogengeldwäsche unter ***Korruptionsverdacht*** geraten. Bei dem Versuch der Regierung, *Noriegas* Geschäfte zu durchleuchten, hebt man das Bankgeheimnis in Panama auf. Doch die US-Drogenbekämpfungsbehörde DEA stellt fest, daß nach der Invasion die Drogengeldwäsche größere Dimensionen angenommen hat als zu *Noriegas* Zeiten.

Die kaum mehr kontrollierbare Kriminalität in den Großstädten stellt die Regierung vor zusätzliche Probleme. Auch die ehemaligen paramilitärischen Spezialeinheiten *Noriegas* terrorisieren die Einwohner der Hauptstadt mit einer Serie von Überfällen auf Banken, Luxusgeschäfte, gehobene Restaurants, Firmen und Privathäuser. Daraufhin löst man 1991 die von *Noriega* geschaffene *Fuerzas de Defensa de Panamá* (FDP) auf und kreiert daraus die *Fuerza Pública* (FP), eine Polizeieinheit mit militärischen Sonderaufgaben. Als weitere Maßnahme gegen die Gewalt verspricht die Regierung jeder Person 150 US-Dollar pro abgegebene Waffe.

Die durch den langsamen Zerfall des ADOC-Bündnisses zersplitterte und durch erneuten Verdacht der Geldwäsche gegen *Endara* diskreditierte Regierung beharrt weiterhin auf ihrem Sparkurs, der laut Statistik das Wirtschaftswachstum ***1992*** um circa 10 % ansteigen läßt und damit als Erfolg auf das Konto der Regierung verbucht wird. Doch die vom Bauboom und von Umsatzrekorden in der Freihandelszone Colón ausgelöste ***Konjunktur*** hat ihren Grund darin, daß in beiden Branchen noch immer Drogengelder "gewaschen" werden, weshalb vom Wachstum nur eine kleine Gruppe profitiert.

Vernünftige ***Sozialreformen scheitern*** nach wie vor an Geldmangel, was zu einem Anstieg der Arbeitslosigkeit auf über 30 % und zu Demonstrationen führt. Als kleinen Erfolg kann die Regierung die Bekämpfung der Kriminalität verbuchen, die man mit konsequenten Maßnahmen stark eindämmt.

Im ***November 1992*** wird eine ***Verfassungsreform*** von einer Zwei-Drittel-Mehrheit der Bevölkerung deutlich ***abgelehnt.*** Das "Nein" ist aber weniger als Überzeugung zu werten, sondern es entsteht vielmehr aus Protest gegen die Endara-Regierung. Die größten Gegner der Verfassungsreform kommen aus den Reihen der PRD, was auch verständlich ist, denn die Reform sah unter anderem die Abschaffung der im Polizeiapparat verankerten Streitkräfte vor.

Amnestiedebatte

Kaum ist der ***Jahreswechsel 1992/93*** vollzogen, bricht im Parlament ein hochexplosiver Streit aus: die Debatte um eine Amnestie für die rund 50 aus Zivilisten und Militärs bestehenden Noriega-Getreuen. Während *Noriega* im Juli 1992 in Florida bereits zu 40 Jahren Haft verurteilt wurde, sitzen seine Männer in Panama noch immer in Untersuchungshaft, größtenteils aufgrund von vage formulierten Anklageschriften, was übrigens von *Amnesty International* stark kritisiert wurde. Die PRD schlägt daher ein Gesetz vor, das die Einstellung der Verfahren und die Aussetzung möglicher Strafen gegen die Anhänger *Noriegas* vorsieht, wogegen es von seiten der Bevölkerung zu heftigen Protesten kommt.

Fortsetzung des Regierungskurses

Die prekäre Situation der zersplitterten Regierung und die opportunistische Haltung *Endaras* erhalten zusätzliches Gewicht durch die Tatsache, daß in den ersten Regierungsjahren nicht weniger als fünf erfolglose Versuche innerhalb der Koalition stattfinden, *Endara* auf das Abstellgleis zu schieben. Trotz allen politischen Intrigen, wirtschaftlichen Krisen und chaotischen Zuständen im Land setzt die Endara-Regierung ihren drastischen Sparkurs bis zu den Wahlen im Mai 1994 (siehe

"Aktuelle Politik") weiter fort. Doch in der ***politischen Bilanz der Endara-Regierung*** wiegen die negativen Aspekte, wie etwa der Niveauverlust im Gesundheits- und Unterrichtsbereich oder die hohe Arbeitslosenrate, viel mehr als die Erfolge, zu denen die ab 1993 wiederhergestellte öffentliche Ruhe, Ordnung und Sicherheit zählen. Menschenrechte und bürgerliche Freiheiten jedoch gedeihen besser als je zuvor in der Geschichte Panamas.

Staat und Politik

Staats- und Regierungsform

In der ***Verfassung*** *(Constitución)* vom 20. Mai 1983 wird Panama als ein demokratischer, unitarischer, republikanischer und repräsentativer Staat definiert, dessen ***offizieller Name*** *República de Panamá* lautet.

Exekutive

Der Präsident ist ***Staatsoberhaupt*** und Regierungschef zugleich. An seiner Seite stehen zwei ***Vizepräsidenten*** und die ***Minister,*** die vom Präsidenten berufen und entlassen werden. Sie bilden zusammen die exekutive Staatsgewalt, den ***Kabinettsrat*** *(Consejo de Gabinete),* in dessen kollektiver Verantwortung die Ausrufung des Notstandes und das zeitlich beschränkte Außerkraftsetzen von Verfassungsrechten liegt.

Der ***Präsident*** wird direkt vom Volk (allgemeines Wahlrecht für alle Bürger ab 18 Jahren) für eine Amtszeit von 5 Jahren gewählt, wobei die einfache Mehrheit genügt, um das Präsidentenamt zu erreichen. Eine Wiederwahl ist frühestens nach zwei Wahlperioden möglich.

Legislative

Die gesetzgebende Gewalt übt laut Verfassung das ***Einkammernparlament*** *(Asamblea Legislativa)* aus. Dieses setzt sich derzeit aus 71 Abgeordneten *(Legisladores)* zusammen, die gleichzeitig mit dem Präsidenten auf Wahlkreisebene für 5 Jahre gewählt werden. Zu ihren Rechten und Pflichten gehören unter anderem die Ratifizierung oder Ablehnung internationaler Verträge und Vereinbarungen, die Billigung oder Veränderung des Staatshaushaltsplanes oder die Gewährung politischer Amnestien.

Judikative

Die judikative Gewalt obliegt dem aus neun Richtern bestehenden ***Obersten Gerichtshof*** *(Corte de Suprema de Justicia),* Diese werden vom Präsidenten für 10 Jahre ernannt, müssen allerdings vom Parlament bestätigt werden. Im Zweijahresrhythmus werden je zwei Richter ausgetauscht, um die Zusammensetzung zu variieren. Der obersten Gerichtsbehörde folgen ***drei Justizregionen*** mit insgesamt 5 Distriktsgerichten mit je 10 Richtern, die alle vom Obersten Gerichtshof bestimmt werden.

Verwaltungsmäßige Aufteilung

Verwaltungsmäßig gliedert sich Panama in neun ***Provinzen*** *(provincias)* mit je einer Provinzhauptstadt und - für Lateinamerika beispielhaft - zwei ***semiautonome Territorien*** der Indígenas: Die Comarca de San Blas und die Comarca de Emberá. An der Spitze der Provinz steht ein vom Präsidenten ernannter Gouverneur *(Gobernador)* als Leiter des Provinzialrates *(Consejo Provincial).*

Die Provinzen sind in insgesamt 67 ***Distrikte*** *(districtos)* mit je einer Distrikthauptstadt *(cabecera)* gegliedert. Die Distriktregierung bezeichnet man als Munizipalrat *(Consejo Municipal),* dessen Leiter als Bürgermeister *(Alcalde).* Er wird (im Unterschied zum Gouverneur) direkt vom Volk für 5 Jahre gewählt.

An unterster Stelle der Verwaltung stehen 510 kleine ***Verwaltungsgebiete*** *(corregimientos),* die die Mosaiksteine für die Distrikte sind.

Militär und Polizei

Der Marsch des Militärs in die Politik

Während in der ersten Hälfte dieses Jahrhunderts die panamaischen Streitkräfte der unteren Sozialschicht zugeordnet wurden und eine eher unbedeutende Rolle in der Politik des Landes spielten, erhielt das Militär ab 1950/51 eine politische Rolle, die in den 70er Jahren von *Omar Torrijos* entscheidend vergrößert und in den 80er Jahren von *Manuel Antonio Noriega* ausgenutzt wurde. Der erste Schritt

des Militärs in Richtung Politik wurde vom Präsidenten *José Antonio Remón* gemacht. Er kreierte mit der Zusammenlegung der Polizeieinheiten und der Streitkräfte die damals rund 3000 Mann starke ***Nationalgarde*** *(Guardia Nacional),* ein willkürliches Instrument, mit dessen Hilfe 1968 der regierende Präsident *Arias* gestürzt wurde.

Der entscheidende Schritt zur ***politischen Vormachtstellung*** der *Guardia Nacional* wurde vom Diktator *Omar Torrijos* in den 70er Jahren gemacht. Er vergrößerte die Nationalgarde auf 5000 Mann (im weiteren Verlauf seiner Herrschaft auf 10.000 Mann) und stellte sie 1972 in einer neuen Verfassung auf die gleiche Machtstufe mit den drei an-

Politik

deren Staatsgewalten. Unter *Torrijos* wurden zudem die Löhne der Soldaten verbessert, vor allem jene der ranghöchsten Offiziere, die jetzt nicht mehr der unteren Sozialschicht angehörten, sondern langsam eine Elite mit besonderen Privilegien darstellten.

Unter Noriega

1983 wurde die Nationalgarde unter den Befehl *Noriegas* gestellt, der in einer umfassenden ***Reorganisation*** die berühmt-berüchtigte *Fuerzas de Defensa de Panamá* (FDP) geschaffen hat. Er vergrößerte sie bis zur US-Invasion 1989 auf 16.000 Mann, wovon zwei Drittel von Soldaten gebildet wurden, den Rest stellten diverse uniformierte Einheiten.

Der schlechte Ruf der *Fuerzas de Defensa* wurde aber nicht auf die gesamte Einheit bezogen, sondern nur auf die von *Noriega* geschaffenen ***Spezialtruppen.*** Neben der stärksten Pro-Noriega-Streitmacht, dem *Batallón 2000* und der 5. Schützenkompanie, die von den loyalsten Noriega-Männern geführt wurden, waren es vor allem kleine Spezialtruppen, die durch Terroranschläge Angst unter der Bevölkerung verbreiteten, wie die UESAT, die aus vielen Kleingruppen bestand, von Israel ausgebildet und für "besondere" Aufgaben (ohne Spuren zu hinterlassen) herangezogen wurde.

Einen besonders schlechten Ruf hatte die 7. Schützenkompanie, die als *Machos del Monte* (Die Machos aus den Bergen) allgemein bekannt und für ihre ***Brutalität*** berüchtigt war. Sie wurden von Kuba im Dschungelkampf ausgebildet und waren *Noriega* gegenüber völlig loyal. An Brutalität wurden die *Machos* nur noch vom *Batallón de Dignidad* ("Würde-Bataillon") übertroffen, dessen Männer auch als *Digbats* bekannt und gefürchtet waren. Diese irreguläre paramilitärische Truppe wurde 1988 von *Noriega* geschaffen und schlug im Mai 1989 bei der Demonstration für die Anerkennung des Wahlsieges wahllos und brutal auf die Demonstranten ein.

Zur Unterstützung seiner Diktatur in allen Bereichen wurde von *Noriega* der ***Strategische Militärrat*** (CEM) errichtet. Und schließlich darf *Noriegas* "Lieblingsinstitution" nicht vergessen werden, der panamaische ***Geheimdienst*** G-2.

Zwischen der Machtübernahme von *Torrijos* und der US-Invasion nahmen in Panama die ***Menschenrechtsverletzungen*** historische Ausmaße an, blieben allerdings zahlenmäßig weit unter jenen aus anderen lateinamerikanischen Ländern.

Nach der Invasion

1991 wurde die *Fuerzas de Defensa de Panamá* (FDP) um 3000 Mann verringert, die höheren Offiziere entlassen oder inhaftiert und als Polizeieinheit *Fuerza Pública* (FP) mit beschränkten militärischen Aufgaben neu organisiert. Die Spezialtruppen *Noriegas* wurden völlig aufgelöst.

"Während der Noriega-Zeit trauten

wir uns keinem Uniformierten direkt in die Augen sehen", wurde uns immer wieder von Bekannten in Panama erzählt. Glücklicherweise hat sich der Ruf der Polizei ins Positive gewendet. Zwar gibt es nach wie vor einige "Herrscher in Uniform", doch Ausnahmen bestätigen bekanntlich die Regel. Im großen und ganzen werden Sie als Tourist kaum Probleme mit der Polizei haben, es sei denn, sie geben ihr dazu den nötigen Anlaß.

Aktuelle Politik

Die Wählerstimmen in Panama hängen weniger von der demokratischen Ausrichtung einer Partei ab als vom wirtschaftlichen Erfolg, der sich allerdings erst am Ende einer Regierungsperiode zeigen wird. Und da *Endara* und seine zerbröckelte Koalitionsregierung während ihrer Periode keine großen wirtschaftlichen Erfolge verbuchen konnten, war ein Regierungswechsel bei den jüngsten Wahlen bereits vorprogrammiert.

Freie Wahlen 1994

Unter den Augen von rund 2500 Wahlbeobachtern, darunter auch der Ex-US-Präsident *Jimmy Carter*, finden am ***8. Mai 1994*** die ersten freien Wahlen in Panama seit rund 25 Jahren statt. Rund 1,5 Mio. Bürger sind zum Urnengang aufgerufen, und wie man später feststellte, gaben 78 % der Wahlberechtigten ihre Stimme ab. Während bei fast allen vorangegangenen Urnengängen in Panama sich die USA über einen "Wunschkandidaten" äußerte, beschränkt sich ihre Rolle bei diesen Wahlen einzig und allein auf den Beobachterstatus.

Die Wahlberechtigten haben als Alternative zur diskreditierten Endara-Regierung eine Auswahl unter 18 Parteien und 7 Kandidaten für das Präsidentenamt. Schon im Wahlkampf zeigt sich deutlich, daß viele Parteien und ihre Spitzenkandidaten keine Chance auf den Sieg haben werden. Zu den ***Verlierern*** gehört unter anderem das *Movimiento de Renovación Civilista* (MRC) unter *Tomás Herrera,* die PRD-Splitterpartei *Solidaridad* unter *Samuel Lewis Gallindo* und die christdemokratische *Allianz Cambio '94,* die mit dem ehemaligen Rechnungshofpräsidenten *Rubén Carlos* die Finanzoligarchie der Hauptstadt vertritt.

Rubén Blades

Über eine sehr gute Siegeschance verfügt der ehemalige Jurist und jetzige Hollywoodschauspieler, Salsa-Sänger und Liedermacher *Rubén Blades,* der die autoritäre politische Kultur des Landes revolutionieren möchte. Er kommt erst wenige Monate vor der Wahl nach Panama und sorgt mit seiner originellen Kampagne, die meistens aus Live-Konzerten besteht, und mit seiner ***basisdemokratisch orientierten Partei*** *Papa Egoró* (Mutter Erde) für neue politische Stimmung im Land. In seinem Programm befinden sich unter anderem die Verbesserung der Situation von Minderheiten und wichti-

Politik

ge ökologische Aufgaben. Am Ende bekommt *Rubén Blades* 17 % der Stimmen, womit er an dritter Stelle landet und in Zukunft ein Wort mitreden kann - allerdings aus Nordamerika, denn wenige Wochen nach den Wahlen kehrt er in die USA zurück. Der Parteivorsitz bleibt weiterhin bei *Blades,* der - wie er es selbst formuliert - mit seinen Ideen in Panama anwesend sein wird ...

Mireya Moscoso de Gruber

Mit 29 % der Stimmen an die zweite Stelle kommt die Witwe *Arnulfo Arias'*, *Mireya Moscoso de Gruber,* die als Spitzenkandidatin der ***Demokratischen Allianz*** die Elite der Kaffeebarone und Viehzüchter vertritt. Mangels eigener politischer Erfahrung wollte sie mit der Kandidatur einen ähnlichen Effekt erwirken wie die philippinische Ex-Präsidentin *Corazón Aquino,* vor allem aber in die Fußstapfen von *Isabel Perón* treten, die im zweiten Anlauf zur Präsidentin gewählt wurde. Ob das bei *Moscoso* auch der Fall sein wird, wird sich im Verlauf ihrer politischen Tätigkeit zeigen.

Ernesto Pérez Balladares

Zum neuen Präsident und Regierungschef wird mit einem Drittel der Stimmen *Ernesto Pérez Balladares* gewählt. Er kommt aus dem ***Lager der PRD,*** jener Partei, die der politische Arm der herrschenden Militärs war. Die 1978 von *Torrijos* gegründete Partei hat nun wieder - wenn auch nur beschränkt - das Sagen im Land und ist die einzige landesweit auf allen Ebenen organisierte Partei. Sie kann sich vorwiegend auf die Beamten, Staatsangestellten und Arbeitslosen stützen.

Balladares, der wegen seiner körperlichen Konstitution auch als *El Toro* ("Der Stier") bezeichnet wird, erklärt nach seinem Wahlsieg, daß er ***nicht zum Militarismus zurückkehren*** wird. Dabei unterstreicht er die einstige Verbindung zu *Torrijos* und dessen Sozialreformen, unter dessen Herrschaft er Finanz- und Wirtschaftsminister war. In erster Linie will *Balladares* mit dem Aufbau der Nation beginnen. Das bedeutet unter anderem die Schaffung neuer Arbeitsplätze, die Bekämpfung der Korruption und der Drogengeldwäsche, die Reformierung der paramilitärischen Einheiten innerhalb des Polizeiapparates und die Säuberung der wichtigsten Posten von den noch immer zahlreich vorhandenen Regimetreuen. Auf den ersten Blick scheint *Balladares'* politischer Kurs ein enormer Schritt aus der Wirtschaftskrise und in Richtung Demokratie. Obwohl er betont, daß er nicht zum Militarismus zurückkehren wird, herrscht bei seinen Gegnern die einstimmige Meinung, daß der einzelne "Stier" nicht gefährlich sei, jedoch die gesamte Herde ...

Massenmedien

Fernsehen und Rundfunk

Fernsehen zählt zur besonderen Leidenschaft in der panamaischen Gesellschaft. Das TV-Gerät wird bereits frühmorgens eingeschaltet und läuft ohne Unterbrechung durch bis zum Sendeschluß in den späten Abendstunden. Den größten Teil des Programmes beherrschen die Werbespots und die endlos erscheinenden Serien über Liebe, Haß und Intrigen à la Dallas.

Hauptsender

Nationale ***Nachrichten*** *(noticias)* gibt es jeweils zur Mittagszeit und zwischen 18 und 19.30 Uhr in den drei privat geführten Hauptsendern, *RPC Televisión* (Kanal 4), *Televisora Nacional,* TVN (Kanal 2) und *Telemetro* (Kanal 13). Die wichtigsten internationalen Nachrichten werden meistens im Telegrammstil innerhalb weniger Minuten gebracht. Dazwischen gibt es die bereits angesprochenen Fernsehserien *(novelas)* und die Werbespots, die sogar die Nachrichten unterbrechen. *RPC* und *TVN* beginnen bereits um 5 bzw. 6 Uhr mit einem sogenannten "Frühstücksfernsehen".

Weitere Sender

Neben dem erwähnten Hauptsendertrio gibt es noch das von der Regierung unterstützte *Television Educativa* (Kanal 11), wo unter anderem auch die *Deutsche Welle* (DW) ausgestrahlt wird, und das vom US-Militär betriebene *Southern Command Network, SCN* (Kanal 8), das sich speziell mit militärischen Angelegenheiten befaßt. Über Kabel oder Satellit kann darüber hinaus das religiöse Programm von *TV-Fe* (Kanal 5) und das von *Cable Onda 90* (Satellit) empfangen werden.

Gute Hotels, vor allem jene in Panama-Stadt, haben neben den panamaischen Programmen öfters auch ***Kabel- und Satellitenfernsehen,*** wodurch sie internationale Nachrichten von *Cable Network News (CNN)* und Hollywood-Filme im Programm von *HBO olé (Hollywood Broadcasting)* sehen können. Die angeführten Kanäle beziehen sich auf Panama-Stadt. In den Provinzen ändern sich die Kanäle.

Radio

Da nicht jeder panamaische Haushalt über einen Fernseher verfügt, aber ganz sicher im Besitz eines Radiogerätes ist, fällt den lokalen Radiosendern ein besonderer Stellenwert im Alltag zu. Ohne ihr weitverbreitetes Netz könnten kaum wichtige Informationen die abgelegensten Winkel des Landes erreichen. Die derzeit etwa ***100 Radiosender*** bringen mehrere Stunden täglich die neuesten Politik- und Sportnachrichten, religiöses Allerlei, Unterhaltungs- und Schulsendungen oder geben Tips über lokale Feste und Feiertagsveranstaltungen in der Provinz.

Presse

Zeitungen

Nach der Pressezensur zur Zeit des Militärregimes scheint die heutige Pressefreiheit mit besonders großem Elan genossen zu werden. Die Palette an ***Tageszeitungen*** ist breit und die Inhalte der Zeitungen sehr differenziert. Es ist deshalb nicht ungewöhnlich, daß die Menschen sich aus mehreren "Blättern" pro Tag informieren.

Eine respektierte Dame im panamaischen Tageszeitungswald ist die seit 1853 bestehende *La Estrella de Panamá.* Sie bildet zusammen mit *La Prensa* die beste Informationsquelle für nationale Nachrichten aus allen Sparten. *El Panamá-América* ist sich vorwiegend auf internationale Informationen ausgerichtet, wobei die Ereignisse auf dem amerikanischen Kontinent den Schwerpunkt bilden. Dieses Tageszeitungstrio versuchte auch während der Diktaturen, gegenüber den vorherrschenden Machthabern eine kritische Haltung vorzubringen, im Gegensatz zu den regierungstreuen Tageszeitungen *El Siglio* und *La Crítica Libre,* die aber erst nach der Invasion den Zusatz *"Libre"* erhielt. Beide Zeitungen kann man zur typischen Boulevard-Presse rechnen. Mit einer Tagesauflage von 30.000 Stück gehören sie wie das oben erwähnte Tageszeitungstrio zu den landesweit verbreiteten und meistgelesenen Tageszeitungen in Panama. Neben den fünf großen Zeitungen findet man in der Hauptstadt auch die regionale Tageszeitung *Hoy.*

An ***internationaler Presse*** findet man verschiedene kolumbianische

25c PANAMA JUEVES 11 DE NOVIEMBRE DE 1993 AÑO 12 Nº3544

La Prensa

1B "Guantes de Oro" serán en Bocas

1C Una epidemia que puedes parar

Comienza hoy reconstrucción del caso Gallego

Elio Rujano
De La Prensa
(Enviado Especial)

PENONOME -Hoy jueves comenzará la reconstrucción de los hechos y la inspección ocular en Santiago de Veraguas, en el proceso judicial que se les sigue a cuatro militares por el secuestro del sacerdote colombiano Héctor Gallego, hecho ocurrido hace 22 años.

La fase de la reconstrucción comenzará a las 10:30 a.m. en la Casa René, en Santiago, que fue en los años '70 el Hotel Magnolia, en donde un testigo asegura que el implicado Melbourne Walker se hospedó en los días que el padre desapareció.

Se espera que para el viernes la audiencia se traslade a Santa Fe y a El Carmen. En El Carmen testigos aseguran haber visto a Eugenio Maga-

cuando el Fiscal [Especial Carlos Augusto Herrera] pedía una prueba, las pedía al mediodía y a la una de la tarde tenía la respuesta", dijo el abogado.

Los testigos Juan Materno Vásquez y el médico Luis García Ruiz no comparecieron por motivos de trabajo, dijo Fonseca. Vásquez fue ministro de Gobierno y Justicia durante el período en que secuestraron a Gallego y se opuso a que detectives extranjeros hicieran la investigación.

Ruiz es actualmente médico forense en el Instituto de Medicina Legal. Fonseca declaró al Tribunal que desistía del testigo Alex González Franco.

Por otro lado, los testigos Ivis Alberto Cooper, Arístides Martínez e Ismael Urriola no comparecieron a la hora que se les había citado.

El pasado lunes no compareció el testigo de la Fiscalía Especial, Alexis Watson, quien fue

Celebran Grito de la Villa

und nordamerikanische Tageszeitungen, wie etwa *USA Today, International Herald Tribune* oder *Financial Times.* Die beste Wahl für internationale Nachrichten in englischer Sprache bieten die internationale Ausgabe von *The Miami Herald* sowie die Wochenmagazine *Newsweek* und *Times.*

Fachpublikationen

Für eine bestimmte Zielgruppe können Publikationen aus deren Fachbereich interessant sein. Die meisten richten sich an Geschäftsleute, wie das ***Wirtschaftsmagazin*** *Analisis* oder die Ausgabe für die Bankiers *Centro Financiero.* Beide Ausgaben erscheinen monatlich in spanischer Sprache.

El Boletín - The Bulletin ist, wie der Doppelname bereits verrät, eine bilinguale Wochenzeitung, die sich an das ***internationale Transportwesen*** richtet und genauestens über den Schiffahrtsverkehr von und nach Panama berichtet. Sie ist sowohl für den Geschäftsbereich wie auch für Abenteurer interessant, die den zeitraubenden Weg auf sich nehmen, mit dem Boot von Panama in alle Teile der Erde weiterzureisen - vor allem nach Südamerika.

Für ***Touristen*** gibt es die spanisch-englischsprachige Zeitung *The Visitor - El Visitante,* die in den Touristeninformationen erhältlich ist.

Verkaufsstellen

Die besten Verkaufsadressen internationaler Zeitschriften sind die Filialen der Warenhauskette *Gran-Morrison* und die Apothekenfilialen *Arrocha* in Panama-Stadt. Nationale und internationale Tageszeitungen sind im Straßenverkauf und im Minisupermarkt der Tankstellen erhältlich. Deutschsprachige Tages- oder Wochenzeitungen sind im Augenblick nicht vorhanden.

Wirtschaft

Panama nimmt in der langen Reihe der Entwicklungsländer sicher nicht einen der unteren Ränge ein, dafür ist das ***Bruttoinlandsprodukt*** (BIP) mit 2108 $ pro Kopf (1992) zu hoch. Im Vergleich: Das Bruttoinlandsprodukt der "Dritte-Welt-Länder" Nicaragua und Guatemala liegt um circa 60 % niedriger, das der sogenannten "Erste-Welt-Länder" wie beispielsweise Deutschland oder der USA liegt fast zehnmal höher als jenes von Panama.

Aber was sagen schon Durchschnittszahlen und Fakten über die Situation der Bevölkerung aus. Tatsache ist, daß fast 50 % der panamaischen Bevölkerung ***unterhalb der Armutsgrenze*** lebt und meistens in den Slums von Panama-Stadt und Colón, aber auch unter unmenschlichen Bedingungen über das ganze Land verstreut wohnt.

Der Agrarbereich

Die Interioraños, wie die Großstadtbewohner die ***ländliche Bevölkerung*** im allgemeinen bezeichnen, haben noch den geringen Vorteil, daß sie sich als Kleinbauern mit dem Anbau von Nahrungsmitteln über Wasser halten können. Sie spielen mit ihren Produkten nur eine marginale Rolle auf dem inländischen Agrarmarkt, der von geringem Umfang ist, da mittelständische Landwirtschaftsbetriebe dünn gesät sind und die großen Agrarbetriebe sich primär auf den Export richten.

Zu Panamas ***Hauptexportgütern*** zählen Bananen (27,8 %), Garnelen (13,7 %), Rohzucker (11 %) und Kaffee (5 %), die vorwiegend in den USA (47 %), der Europäischen Gemeinschaft (25 %) und in Lateinamerika (21 %) ihren Absatz finden.

Immerhin kann Panama sich mit ***Grundnahrungsmitteln*** größtenteils selbst versorgen, obwohl in diesem Bereich eine rückläufige Tendenz bemerkbar ist, zugunsten der steigenden Importlebensmittel.

Obwohl circa 25 % der arbeitenden Bevölkerung in der Agrarwirtschaft tätig sind, steuert dieser Sektor nur 11 % zum Bruttoinlandsprodukt bei. Die Ursache dafür liegt an den ***Niedrigpreisen*** der Agrarprodukte und dem außergewöhnlich großen Umfang des Dienstleistungssektors.

Der Dienstleistungsbereich

Weit über zwei Drittel der Erwerbstätigen haben ihren Arbeitsplatz im Dienstleistungsbereich, der, von der historischen Entwicklung der Landenge bedingt, einseitig auf die Gegend des Kanals ausgerichtet ist. Die größten Arbeitgeber im Dienstleistungsbereich sind der Staat selbst und die Kanalverwaltung.

Banken

An dritter Stelle kommen die internationalen Banken, die wegen der sehr liberalen Bankgesetze, wie etwa der fehlenden Kontrolle bei Transaktionen internationaler Geldinstitute oder dem verschärften Bankgeheimnis, in Panama-Stadt während der 70er Jahre wie Pilze aus dem Boden geschossen sind. Etwa 125 ausländische Geldinstitute haben derzeit eine Filiale in der Landeshauptstadt, die damit zu den

Finanzmetropole Panama-Stadt

großen ***internationalen Finanzzentren*** zählt. Zudem wird durch die Verwendung des US-Dollars, der seit dem Kanalbau als offizielles Zahlungsmittel anerkannt wird, die Geldtransaktion noch attraktiver und das Inflationsrisiko niedriger.

Eine negative Folge der liberalen Bankgesetze ist unter anderem die ***Drogengeldwäsche,*** die in Panama bereits große Ausmaße angenommen hat. 1985 wurde zwar von *Noriega* eine Bank wegen "Geldwäscherei" offiziell geschlossen, doch erfolgte die Schließung mehr aus eigenem Interesse als unter dem Druck der amerikanischen Drogenbekämpfungsbehörde DEA.

Der Kanal

Von den 75,5 %, die der Dienstleistungssektor zum Bruttoinlandsprodukt beiträgt, stammt der größte Teil aus dem Kanalbetrieb. Aber das Rückgrat der panamaischen Wirtschaft kämpft mit ***Alterserscheinungen,*** denn die fortschreitende Technologie im Schiffsbau hat Supertanker hervorgebracht, die wegen ihrer Abmessungen den Kanal nicht passieren können. Um den Anforderungen des modernen Schiffsverkehrs gerecht zu werden, benötigt der Kanal unbedingt eine breitere Fahrrinne und größere Schleusen. Verschiedene Pläne dazu liegen bereits vor, doch wurden bis heute noch keine finanzkräftigen Investoren gefunden.

Der Kanal hat, neben seiner Funktion als Drehscheibe für die Weltschiffahrt, auch wichtige Bedeutung für die staatliche ***Freihandelszone in Colón.*** Dort werden täglich große Warensendungen (hauptsächlich Endprodukte) aus dem europäischen, nordamerikanischen und vor allem aus dem asiatischen Raum angeliefert, umgepackt oder vorläufig zwischengelagert und in die Abnehmerländer weitertransportiert, wobei nur eine geringe Einkommensteuer anfällt und keine Zollgebühren für die Importe und Reexporte zu bezahlen sind (mit Ausnahme beim Verkauf nach Panama). Darüber hinaus ist der Handel - wie auch beim Bankgeschäft - noch weit attraktiver durch die Verwendung des US-Dollars. Durch das lukrative Geschäft wurde die Freihandelszone in Colón ein überdimensionales Warendepot mit Handelsagenturen von renomierten internationalen Firmen.

Billigflagge

Ein weiterer Wirtschaftszweig im freundlichen Steuerklima Panamas ist die sogenannte Billigflagge. Wer einen Blick auf die Liste der größten Handelsflotten der Welt wirft, wird das kleine Land derzeit an der 8. Stelle antreffen. Der Schein trügt aber, denn Panamas umfangreiche ***Handelsflotte*** existiert lediglich ***auf dem Papier*** und setzt sich mehr oder weniger aus internationalen Reedereien zusammen, die gegen eine geringe Registrationsgebühr das Recht erwerben, unter panamaischer Flagge zu fahren.

Das Angebot der Billigflaggenländer, zu denen neben Panama auch

Liberia, Honduras und Zypern zählen, benutzen in der Regel nur zweifelhafte Reedereien, die es mit dem Unterhalt des Schiffes nicht ganz genau nehmen. Auf diese Weise umgeht das Unternehmen nämlich seine Steuer- und Soziallast und die strengen Schiffsinspektionen im eigenen Land. Mit dem Einsatz von unqualifizierten Arbeitern und Kapitänen und mit der schlechten Wartung der Schiffe werden immer wieder gefährliche Situationen auf den Weltmeeren heraufbeschworen, die katastrophale Folgen haben können.

Exportdefizit

Panamas Wirtschaft ist traditionell gewachsen mit der Rolle der Landenge als Transitzentrum: vom Eselspfad zum Kanal und vom Kaufmann zum Bankier. Eine Rolle für die ***Industrie*** war darin nicht vorgesehen, dafür war auch der Binnenmarkt zu klein. Die Güter, die Panama damals benötigte, wurden einfach aus anderen spanischen Kolonien oder von der Iberischen Halbinsel geholt.

In manchen Aspekten hat sich die Lage auch heute nicht viel geändert: Der inländische Absatzmarkt ist durch die geringe Bevölkerungszahl und die niedrigen Einkommen der Menschen noch immer nicht interessant genug, um eine effiziente Industrie aufzubauen. Hinzu kommt noch, daß die internationale Konkurrenz es nicht leicht macht, einen Platz auf dem industriellen Weltmarkt zu ergattern. Also geht Panama den vertrauten Weg weiter und ***importiert*** unter anderem Getreide, Maschinen, Erdöl, chemische Produkte, Autos, Konserven und Toilettenartikel, vorwiegend von US-Unternehmen.

Seit Jahren aber übersteigen die Importausgaben die Exporteinnahmen, womit der ***Staatshaushalt*** millionenschwer belastet ist. Pläne zur Verringerung der enormen Auslandsverschuldung mit Steuererhöhungen und Senkung der Staatsausgaben haben unangenehme Konsequenzen, wie Kündigungen bei den Beamten oder sinkendes Lohn- und steigendes Preisniveau. Derzeit traut sich keine Regierung, derartige rigorose Maßnahmen durchzusetzen, aus Angst, sich dem Mißmut der Bevölkerung auszusetzen und vielleicht wieder die Militärs zu unterstützen.

Tourismus

Der Tourismus in Panama steckt noch in den Kinderschuhen, dafür spricht nicht nur die fehlende touristische Infrastruktur in weiten Teilen des Landes, sondern auch die Statistik, die 1993 310.000 ausländische Gäste ausweist, von denen wiederum 68 % als Geschäftsreisende und nur 16 % als "richtige" Touristen gelten. Daneben gibt es auch Einkaufspublikum aus den Nachbarländern, das in Panama-Stadt, David oder Colón allerlei Waren kauft.

Die Nordamerikaner stellen mit 16 % den größten Teil an Touristen. Entgegen den Erwartungen begegnet man im Land aber nur wenigen ***US-Touristen*** oder US-Bürgern, die in Panama permanent leben. Sie bleiben meistens zurückgezogen in den Militärbasen nahe dem Kanal; ein Lebensstil, der auch in Deutschland nicht ganz unbekannt war und ist. Im Unterschied zu anderen lateinamerikanischen Ländern steht die Bevölkerung den "Gringos" nicht generell negativ gegenüber. Trotz der jahrhundertelangen Einmischungspolitik hat das Land den USA vor allem in wirtschaftlicher Hinsicht einiges zu verdanken, und dessen ist man sich auch bewußt. Die Beziehung zu den Touristen ist kaum von Feindseligkeit oder Arroganz geprägt, eher von Gleichgültigkeit und leichtem Argwohn.

Die ***einheimischen Touristen*** beschränken sich mehr auf Tages- und Wochenendausflüge (meistens in ihre Wochenendhäuschen) an die Strände der Zentralen Pazifikküste, der autofreien Isla Taboga und der kleinen Isla Grande oder in die Berge nach El Valle, Boquete oder Bambito, um der Hitze zu entfliehen. Ein Wochenendtrip mit dem Flugzeug zur paradiesischen Pazifikinsel Contadora oder zu den San-Blas-Inseln bleibt der finanzkräftigen Bevölkerungsschicht vorbehalten. Die wunderschönen, ruhigen Naturschutzgebiete, von denen manche vor der Haustür von Panama-Stadt liegen, scheinen nur ausländische Forscher und Touristen anzuziehen, denn für die Bevölkerung ist es unbegreiflich, daß man die Freizeit in feucht-heißem Tropenwald mit lästigen Moskitos verbringen und daran auch noch Spaß haben kann.

Unter den Auslandszielen der panamaischen Bevölkerung steht Miami ganz hoch im Kurs. Die Destination par excellence für Menschen aus Lateinamerika zieht vorwiegend die finanzkräftige Schicht zum Einkaufsbummel an. Sehr begehrt ist auch das kleine Costa Rica, das in den letzten Jahren zahlreiche Touristen mit seinen Naturschönheiten angelockt hat.

Mit Erstaunen wird der ***Ökotourismus*** im Nachbarstaat beobachtet, der alle in Zentralamerika bekannten Dimensionen gesprengt hat. Ein Stück des gleichen Kuchens möchte sich auch Panama abschneiden, allerdings ein nicht allzu großes Stück. Die lokale Naturschutzbehörde INRENARE sucht nach einem System, um Panamas Naturgebiete für die Öffentlichkeit besser zugänglich zu machen, gleichzeitig aber der Gefahr von Überbelastung durch Touristenmassen vorzubeugen. Aber die Entwicklung verläuft auf dem normalen bürokratischen Weg. Das heißt, daß in naher Zukunft mit einem gutfunktionierenden System nicht gerechnet werden kann.

Die Impulse für eine bessere ***touristische Infrastruktur*** gehen derzeit nur von privater Seite aus, zum Beispiel von den lokalen Reisebürobesitzern, die als Pioniere Unterkünfte bauen und die mit Trekkingtouren, Bootsfahrten und/oder Pauschalarrangements auf die Wünsche ausländischer Touristen eingestellt sind.

Die panamaische Tourismusbehörde, das *Instituto Panameño de Turismo (IPAT),* sucht seit Jahren nach Möglichkeiten, um den internationalen Fremdenverkehr gezielt in das Land zu bringen. Große Pläne, Messestände an den internationalen Tourismusbörsen und farbenprächtige Broschüren sind zwar die ersten Ansätze, doch mehr als theoretische Entwicklung ist aus der bürokratischen Küche des Institutes nicht zum Vorschein gekommen.

Trotzdem bleibt Panama eines der reizvollsten Länder Zentralamerikas. Und störende Nebenwirkungen des Pauschaltourismus sind unbekannt, was sich in jeder Hinsicht positiv auf Ihren Aufenthalt in Panama auswirken wird.

So läßt sich das Leben genießen

Die Menschen

Die Bevölkerung in Zahlen

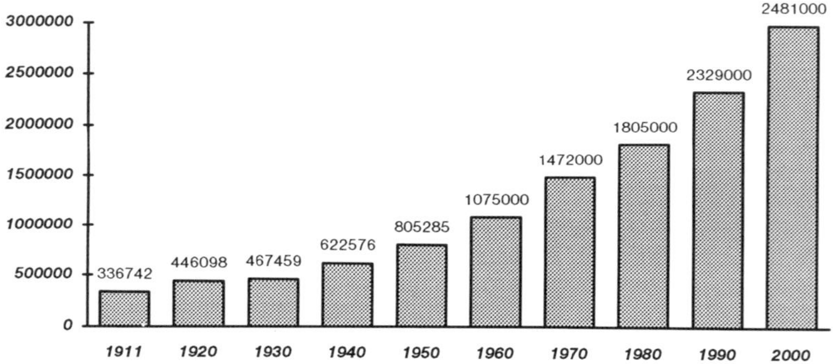

Einwohnerzahlen 1911-2000

●***Bevölkerung 1994:*** 2,481 Mio
●***Bevölkerungswachstum:*** circa 1,6 % pro Jahr (1990-2000)
●***Bevölkerungsdichte:*** 32,1 pro km^2 (1994); circa 38,6 pro km^2 im Jahr 2000.
●***Ethnische Gruppen:*** Mestizen und Mulatten 67 %, Schwarze 14 %, Weiße 12 %, Indianer 5 %, Asiaten 2 %.

●***Durchschnittsalter:*** 33 Jahre
●***Geburtenrate:*** 26 pro 1000
●***Sterberate:*** 5 pro 1000
●***Kindersterblichkeit:*** 23 pro 1000
●***Arbeitslosenrate:*** 30 %
●***Alphabetisierung:*** 88 %
●***Lebenserwartung:*** Frauen 75 Jahre, Männer 71 Jahre.

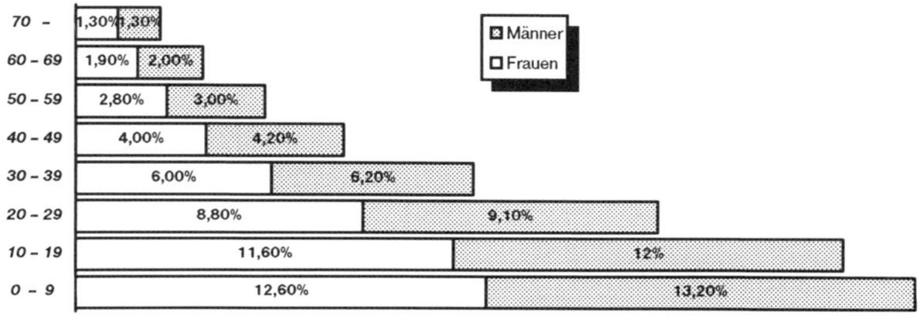

Altersaufbau der Bevölkerung

Die Regenbogengesellschaft

Im Bevölkerungsbild Panamas spiegeln sich deutlich die Geschichte und die geographischen Bedingungen des Landes: Der Darién vermittelt einen anderen Eindruck als die San-Blas-Inseln, die Halbinsel Azuero, die Provinz Chiriquí oder die Karibikküste - und alle ethnischen Gruppierungen scheinen sich in Panama-Stadt wie die Farben des Regenbogens in einer bunten Komposition zu vereinigen. Die Bevölkerungsgruppen leben nicht immer ganz reibungslos miteinander, doch vor allem in der jüngsten Generation scheint das gegenseitige Verständnis zu wachsen.

Die Mischlinge

Die Wurzeln der Regenbogengesellschaft gehen bis in das 16. Jahrhundert zurück, in jene Tage, als die Spanier ihren Eroberungsfeldzug begannen. Da es im Anfangsstadium der Kolonisation an weißen Frauen mangelte, waren intime Kontakte zwischen den Europäern und Ureinwohnern unausbleiblich. Diese häufig von seiten der Eroberer erzwungenen Beziehungen wurden aber keineswegs beendet, als im Verlauf der Kolonisation die ersten europäischen Frauen ihren Weg in die "Neue Welt" fanden. Die spanischen Männer wandten wegen der neuen Lebensumstände lediglich auf sich selbst die Prinzipien einer toleranten Ehe an. Männliche Eskapaden waren gang und gäbe und führten dazu, daß auch weiterhin Mischlingskinder (in Panama als *hispano-indígenas,* weniger als ***Mestizen*** bezeichnet), das Licht der Welt erblickten. Vor allem die *encomiendas,* jene Gebiete, die samt der darauf lebenden Bevölkerung unter den Eroberern aufgeteilt wurden, waren die Heimat vieler *hispano-indígenas* und später, allerdings in geringer Anzahl, die Heimat von ***Mulatten*** *(mulatos),* die die Nachkommen von Europäern und schwarzen Sklavinnen waren. Die beiden Rassenkombinationen bestimmen heute größtenteils das Gesicht der panamaischen Gesellschaft. In der Bevölkerungsstatistik wird der Anteil der Mischbevölkerung mit 67 % ausgewiesen. Die *hispano-indígenas* und *mulatos* leben in erster Linie in Panama-Stadt und entlang der Pazifikküste, einschließlich der Halbinsel Azuero - die Gebiete der frühen encomiendas.

Die weiße Bevölkerung

Die Wurzeln der weißen Bevölkerungsschicht, die sich selbst als Elite bezeichnet, liegen ebenfalls in diesen Regionen. Mit Stolz erzählten bis vor wenigen Jahren die Großeltern ihren Enkelkindern über die Familiengeschichte, allerdings wurde dabei die düstere Seite der kolonialen Vergangenheit immer verdeckt. Man war stolz auf den Familiennamen, der die Zugehörigkeit zur obersten Klasse angezeigt hat.

Obwohl die Zeiten sich verändert haben, gibt es noch immer alteingesessene Aristokratenfamilien, die großes politisches Prestige genießen, und auf der langen Liste der panamaischen Ex-Minister, Ex-Regierungsmitglieder und Ex-Präsidenten tauchen immer wieder die gleichen Familiennamen auf.

Ab der Mitte des vorigen Jahrhunderts erhielt die weiße Bevölkerungsschicht einen Zuwachs durch ***Immigranten aus Europa,*** die vorwiegend aus Frankreich, Griechenland, Italien, aber auch aus Schweden, Deutschland und der Schweiz nach Panama kamen, das in dieser Zeit mit der interozeanischen Eisenbahnverbindung, später mit dem Kanal einen wirtschaftlichen Aufschwung erlebte. Ihre Nachfahren tragen heute sicher den größten Teil zu den 12 % Weißen bei, die damit die drittgrößte Bevölkerungsgruppe bilden.

Die schwarze Bevölkerung

Die schwarze Bevölkerung

Um 2 % größer als die weiße Bevölkerungsschicht ist Panamas schwarze Bevölkerungsgruppe, die sich in *Afro-coloniales* und *Afro-antillianos* differenziert. Die Gruppierung der ***Afro-coloniales*** entstammt ***Sklaven,*** die während der Kolonialzeit als unfreiwillige Immigranten von der Westküste Afrikas auf die Landenge verschleppt wurden. In ihrem kulturellen Erbe treten die afrikanischen Wurzeln teilweise noch deutlich an die Oberfläche, zum Beispiel in der Musik und in den Tänzen. Die *Afro-coloniales* leben verstreut über das ganze Land mit Kerngebieten in der Provinz Colón und im Darién, wo die Sklaven während der Kolonialzeit vermehrt eingesetzt wurden, um in den Minen zu arbeiten. Der Darién, die abgelegene, riesengroße Region im Osten des Landes, bot aber gleichzeitig den entflohenen Sklaven einen sicheren Platz zum Überleben.

Die Herkunft der ***Afro-antillianos*** liegt - wie der Name bereits andeutet - auf den Antillen, jener karibischen Inselwelt, die sich im weiten Bogen von Kuba über Puerto Rico bis nach Trinidad erstreckt. Die Mitte des 19. Jahrhunderts von einer

Afro-colonial

Wirtschaftskrise geschüttelten ***Karibikinseln*** fungierten als Großmarkt, auf dem man tüchtige und ***billige Arbeitskräfte*** für die geplanten Projekte in Panama leicht gewinnen konnte. Sie wurden größtenteils als sogenannte Vertragsarbeiter beim Eisenbahnbau, später beim Kanalbau eingesetzt, oder für Arbeiten auf den unter nordamerikanischer Leitung stehenden Bananenplantagen im äußersten Westen der panamaischen Karibikküste angeworben.

Tausende Menschen verließen ihre karibische Heimatinsel in der Hoffnung, daß sie nach der Fertigstellung des Projekts mit viel Geld nach Hause zurückkehren würden. Aufgrund ihres zeitlich begrenzten Aufenthaltes in Panama neigten sie zunächst nicht dazu, sich in die bestehende Gesellschaft einzufügen oder sich ihr anzupassen. Hinzu kamen noch große kulturelle, soziale und sprachliche ***Barrieren,*** denn die meisten Arbeitskräfte stammten von den französisch geprägten Inseln Martinique und Guadeloupe und aus den englischen Kolonien Barbados, Jamaika und Trinidad, wo die Anglikanische Kirche und britische Sitten dem Alltagsleben ihren Stempel aufgedrückt hatten.

In den Folgejahren, als der Traum vom finanziellen Erfolg und von der Rückkehr bereits ausgeträumt war, verlief die gesellschaftliche Integration der karibischen Arbeiter mühsam und holprig. Ein großes Hindernis dabei bildeten lange Zeit die guten ***Arbeitsplätze*** in der Panamakanalzone. Von den US-Amerikanern wurden die *Afro-antillianos* wegen ihrer englischen Sprache den Panamaern vorgezogen, was ein Dorn im Auge der panamaischen Gesellschaft war.

Die Beziehung zwischen den Panamaern und den *Afro-antillianos* erreichte am Beginn der 40er Jahre des 20. Jahrhunderts einen Tiefpunkt, als mit der ***nationalistisch orientierten Politik*** des Präsidenten *Arnulfo Arias* den *Afro-antillianos* die panamaische Staatsbürgerschaft entzogen wurde. Erst mit der Verankerung der Staatsbürgerschaft im Grundgesetz im Jahr 1946 wurden sie vollständig rehabilitiert. Die Frustration und Bitterkeit unter der in Panama geborenen Generation der englischsprachigen schwarzen Bevölkerungsgruppe war groß. Sie fühlten sich heimatlos, die Bindung ihrer Eltern an die karibischen Inseln war ihnen fremd, und gleichzeitig wurden sie weder von der panamaischen Gesellschaft noch von der weißen Gemeinschaft in der Kanalzone als gleichwertig akzeptiert.

Im Alltag der Kanalzone äußerte sich die offenkundige ***Diskriminierung*** in den Farben Gold und Silber: Die mit einem goldfarbenen Etikett versehenen Arbeitsstellen, Kirchen, Schulen und sogar Toiletten waren nur den weißen Nordamerikanern vorbehalten. Alle minderwertigen Dinge wurden mit einem Silberstempel gekennzeichnet und blieben für die schwarzen Bewohner der Kanalzone "übrig".

Mit der Aufhebung des Sonderstatus der Kanalzone im Jahre 1979 ist heute der wirtschaftliche Konkurrenzkampf zwischen den Afro-antillianos und der panamaischen Bevölkerung verschwunden und die öffentliche ***Diskriminierung*** durch die weißen Nordamerikaner glücklicherweise ***aufgehoben.*** Mit guter Ausbildung können zwar kulturelle Barrieren durchbrochen werden, doch wer die bedauernswerte Situation in der vorwiegend von *Afro-antillianos* bewohnten Hafenstadt Colón, in den Slums von Panama-Stadt oder in Bocas del Toro in Augenschein nimmt, wird feststellen, daß eine wirklich gute soziale Position für die Mehrheit der schwarzen Bevölkerungsgruppe noch weit entfernt ist.

Die Asiaten

Eine unauffällige Minorität von 2 % der panamaischen Regenbogengesellschaft bildet die asiatische Bevölkerungsgruppe, deren Herkunft sowohl auf eine direkte Immigrationswelle als auch auf eine Zuwanderung über die karibischen Inseln zurückzuführen ist. Nach der Aufhebung der Sklaverei im karibischen Raum wurden auf dem asiatischen Kontinent, vor allem in Indien und China, ***Vertragsarbeiter*** angeworben, die die ehemaligen Sklaven ersetzen und ihre Arbeit in den Plantagen der Karibikinseln übernehmen sollten. Ähnlich wie die *Afro-antillianos* entflohen auch die asiatischen Arbeitskräfte den erbärmlichen Lebensumständen ihrer Heimat mit dem Traum, wohlhabend wieder zurückzukehren. Doch als billige Bauarbeiter beim interozeanischen Eisenbahn- und später beim Kanalprojekt konnten sie ihren Traum nicht verwirklichen.

Ihre Nachkommen sind heute über das ganze Land verstreut angesiedelt und leben fast ausschließlich vom Kleinhandel oder von der Gastronomie. Die Beziehung zwischen der asiatischen Minorität und der Restbevölkerung ist schwierig. Ein ***Integrationsprozeß*** wird einerseits wegen der traditionsgebundenen Haltung innerhalb der chinesischen, moslemischen und hindustanischen Kommunen behindert. Auf der anderen Seite steht die na-

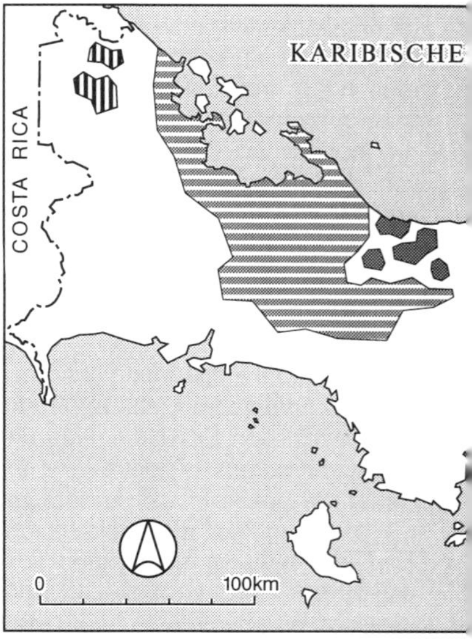

tionalistische Stimmung, die seit *Arnulfo Arias* noch immer latent in der panamaischen Gesellschaft vorhanden ist.

Die indianische Bevölkerung

Panamas Besucher werden überrascht und zugleich verführt von der einzigartigen Kultur der Ureinwohner des Landes, wobei der Begriff "Kultur" häufig mit Folklore verwechselt wird, sowohl von internationalen Touristen wie auch von den meisten Panamaern. Dabei stehen hinter den faszinierenden Trachten, liebevoll gefertigten Handarbeiten und heiteren Tänzen komplexe Kulturstrukturen, die unter den schwierigsten Umständen bis heute standgehalten haben und von Generation zu Generation weitergegeben werden.

Die Nachkommen der Ureinwohner sind sicherlich nicht vollständig integriert in die panamaische Gesellschaft, was von vielen Stämmen aus unterschiedlichen Gründen auch abgelehnt wird. Doch mit dem wachsenden Bewußtsein ihrer Identität verdienen und beanspruchen sie Gleichwertigkeit und Respekt für ihre kulturellen Traditionen, die sie trotz jahrhundertelanger Hürden bis heute erhalten konnten. Der Erfolgsweg der Kuna, eines der drei größten indiansichen Völker des Landes, ist ein Lichtpunkt am Ende des dunklen Tunnels für die anderen Völker Panamas: die Guaymí,

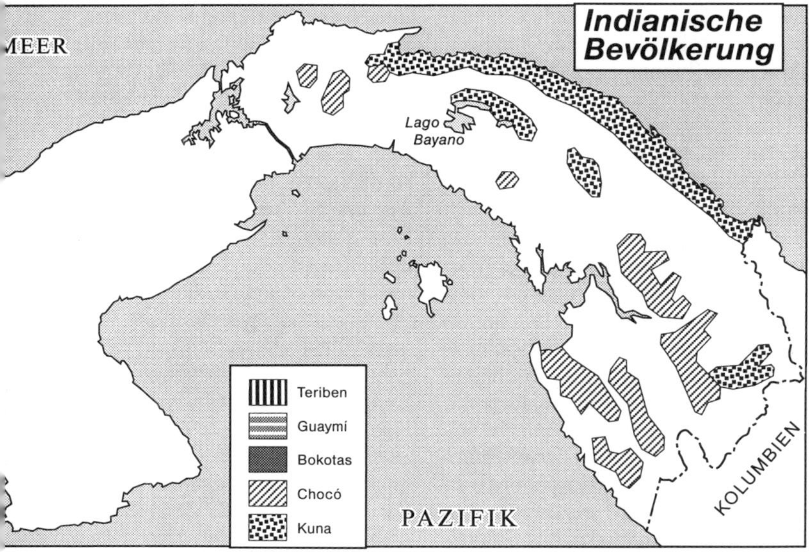

Chocó, Teribe und Bokota. Diese fünf sich stark voneinander unterscheidenden Stämme, jeder mit seinen eigenständigen Traditionen und seiner Sprache, formen gemeinsam die ursprüngliche panamaische Bevölkerungsgruppe, die mit knapp 5 % in der Bevölkerungsstatistik ausgewiesen wird.

Die Herkunft der Ureinwohner

Die ursprüngliche Bevölkerung Panamas zählt zu den ***Zirkum-Kariben;*** ein wissenschaftlicher Sammelbegriff, der für die sehr unterschiedlichen indianischen Inselvölker des karibischen Raumes und die Völker der Anrainerstaaten verwendet wird. Die Zirkum-Kariben sind in mehrere Sprachfamilien unterteilt, die sich wiederum in unterschiedliche Stammesgruppen verzweigen. Die Stämme auf panamaischem Territorium werden der Kariben- und Chibcha-Sprachfamilie zugeordnet.

Noch bevor die Spanier ihren Fuß in die "Neue Welt" setzten, galt das ***Chibcha-Volk*** als die mächtigste Hochkultur des kolumbianischen Andengebirges. Sie bildeten die kulturelle Brücke zwischen den weiter südlich lebenden Inkas und den Mayas und Azteken im nördlichen Zentralamerika. Wie alle hochentwickelten Kulturen des amerikanischen Kontinents wurden auch die Chibcha durch die Kolonisten ins Verderben gestoßen. Jene Stammesgruppen, die glücklicherweise überleben konnten, wurden aber in ihrer Entwicklung durch das Eingreifen der Kolonialmächte in die Gesellschafts- und Handelsstrukturen des Kontinents stark behindert. Wenn man die heutigen Kulturen mit denen der präkolumbischen Periode vergleicht, ist generell ein kultureller Rückgang sichtbar. Die panamaischen Stammesgruppen, die Ihnen unterwegs begegnen werden, sollten deswegen nicht als über Jahrhunderte unveränderte "primitive" Kulturen verstanden werden, sondern als dynamische und komplexe Gemeinschaften, die mühsam versuchen, einen Weg in der vorherrschenden Gesellschaft zu finden und dabei großen Belastungsproben ausgesetzt sind.

Die Kuna

Jene Gruppe, die die Kunst des Manövrierens in der panamaischen Gesellschaft am besten beherrscht, ist die Kuna-Gemeinschaft (auch Tulé), die sowohl in Panama als auch in Kolumbien angesiedelt ist. Da die Kuna allerdings der Regierung in Panama nach zähen Verhandlungen und Auseinandersetzungen ein ***semiautonomes Gebiet*** abringen konnten, leben von der insgesamt 30.000 Seelen zählenden Kuna-Gemeinschaft nur 20 % auf kolumbianischem Territorium. Die Restbevölkerung lebt auf panamaischem Staatsgebiet in der Comarca de San Blas, die in ihrer eigenen Sprache als *Kuna Yala* bezeichnet wird; ein schmaler und langgezogener Küstenstreifen an der Karibikküste mit circa 360 vorgelagerten Inseln und Inselchen.

Kuna-Frau

Kuna Yala ist fast nur auf dem Luft- oder dem Seeweg erreichbar. Die geographischen Barrieren schränken den Kontakt mit der restlichen Bevölkerung des Landes ein. Die eigene Sprache, Lebensweise und sozialen Strukturen konnten deswegen weitgehend geschützt werden. Dennoch haben die Kuna in verschiedenen Bereichen bewußt die Tür zur modernen, westlich orientierten panamaischen Gesellschaft geöffnet. Mit Hilfe der Regierung wurden auf einigen Inseln die medizinische Betreuung und die Stromversorgung sichergestellt und Primärschulen errichtet. Für komplexe medizinische Eingriffe und weiterführende Bildung sind die Kuna auf die Einrichtungen in Panama-Stadt angewiesen.

Um die Kosten dafür tragen zu können und ebenfalls die Wünsche der Kuna-Familien, die vom Kugelschreiber bis hin zum Werkzeug reichen, erfüllen zu können, wurde neben ihrem traditionellen Tauschhandel mit Agrarprodukten der ***modernen Marktwirtschaft*** ein Platz in ihrer Gesellschaft eingeräumt. Die Kuna-Frauen tragen dabei die Hauptlast. Sie erzeugen die *mola* (siehe "Kunsthandwerk"), das wichtigste "Exportprodukt" der Inseln, und sie bieten gleichzeitig die Ware in Panama-Stadt zum Kauf an. Die Kuna-Frauen, die an ihren farbenprächtigen Trachten erkennbar sind, obwohl die in der Hauptstadt lebende jüngere Generation sich mittlerweile dem westlichen Modetrend angepaßt hat und entsprechend gekleidet ist, bilden mittlerweile im täglichen Straßenbild der Hauptstadt keine Ausnahme mehr; genauso wie die Kuna-Männer, die die Kochlöffel in vielen Restaurants der Hauptstadt oder auf internationalen Schiffen schwingen, womit sie als "Gastarbeiter" zwischen zwei Welten pendeln.

Daß die völlig fremdartigen Welten fundamental getrennt bleiben, dafür sorgen bewußt die Kaziken (Häuptlinge), auch *caciques* oder *sáhilas,* die Verwaltungsspitze der Inseln. Auch in puncto Tourismus wird streng getrennt: Touristen als Einnahmequelle sind zwar immer willkommen, doch nur auf den dafür bestimmten Inseln, denn wer hat schon ständig Lust auf neugierige und dazu noch ahnungslose Topfgucker. Der ***selbstbewußte Weg,*** der von den Kuna eingeschlagen wurde, ohne dabei ihre Traditionen aus dem Auge zu verlieren, gilt in Lateinamerika als hervorragendes und für andere indianische Gruppen als beneidenswertes Vorbild. Dabei sollte aber nicht unerwähnt bleiben, daß auch die panamaische Regierung ihren Beitrag dazu geleistet hat.

Die Guaymí

Die Situation und die Zukunft der Guaymí (auch Ngöbe oder Movere), die mit 52.000 Menschen mehr als die Hälfte der gesamten indianischen Bevölkerung des Landes darstellen, sieht im Vergleich mit den Kuna weniger rosig aus.

Die Erklärung dafür liegt größtenteils in der frühen Kolonialepoche. Auf der ***Flucht vor dem spanischen Terror*** haben sich verschiedene Kleinstämme der Pazifikküste im äußersten Westen des Landes über die heutige Grenze mit Costa Rica hinaus zwischen der Cordillera Central und der Karibikküste zurückgezogen. Im Schutz dieser schwer zugänglichen Region vereinigten sie sich vermutlich zu einer großen Gruppe, die von der Wissenschaft als Fundament der heutigen Guaymí-Kultur betrachtet wird und die sich aus kulturell verwandten, aber dennoch sehr unterschiedlichen Stämmen zusammengesetzt hat.

Während der kolonialen Periode war die Gruppierung eine sehr ***lose Gesellschaftsform,*** die wegen der ständigen Angriffe der Spanier und des Vorrückens der bekehrenden Missionare immer mobil bleiben mußte. Soziale Strukturen mit einer politischen Dachorganisation konnten sich deshalb in ihrer notgedrungen halbnomadischen Existenz nie richtig herauskristallisieren. Die Guamyí hatten also nie genug Zeit und Ruhe bekommen, um eine stabile Einheit formen zu können.

Auch nicht nach der Kolonialzeit, denn mit dem großen Landhunger der Nachkommen der Kolonisten und mit der europäischen Immigrationswelle im 19. und 20. Jahrhundert schrumpfte das Terrain für die Guaymí zunehmend. Aufgrund dieser schlechten Ausgangslage rutschten sie immer tiefer in die Abhängigkeit von den Weißen und landeten schließlich auf der ***Schattenseite der*** heutigen panamaischen ***Gesellschaft.*** Im Gegensatz zu den Kunas, die sich zum Schutz ihres kulturellen Erbes gegenüber der "weißen" Gesellschaft bereits einen bestimmten Respekt erzwungen und gleichzeitig einen wirtschaftlich unabhängigen Weg zum Überleben gefunden haben, bleibt der zerbröckelten Guaymí-Gemeinschaft fast nur die Position der geringgeschätzten *campesinos* (Kleinbauern) oder *peones* (Knechte). Ein Blick in die Kaffeeplantagen Chiriquís, wo sie gegen geringe Bezahlung als Knechte arbeiten und unter unmenschlichen Bedingungen leben, sagt mehr als tausend Worte. Die Möglichkeit, ihrem Elend zu entfliehen, scheint entweder in einer vollständigen Gesellschaftsintegration zu liegen, was den Verlust ihrer Tra-

Guaymí

ditionen und ihrer Eigenständigkeit zur Folge hätte, oder - wie es häufig von den Guaymí-Männern praktiziert wird - sich im Alkoholrausch zu befinden, der ihre Not für kurze Zeit verdrängt.

Der kulturelle Faden wird hauptsächlich noch durch die Guaymí-Frauen gehalten, die oft an ihren langen, farbenprächtigen Kleidern mit geometrischen Mustern erkennbar sind. Aus ihren Reihen ist eine Initiative entstanden, um nach Kuna-Vorbild ein semiautonomes Gebiet in der Zentralkordillere zu bilden. Unter dem Druck der Viehzüchter von Chiriquí, die immer neue und größere Weidegebiete für ihre Herden benötigen, landete der anfangs hoffungsvolle Plan letztendlich in der Schublade eines Regierungstisches. Wenn die Regierung ihre Augen bewußt vor der miserablen Situation der Guaymí verschlossen hält, wird auch die Zukunft der Guaymí so düster wie ihre Gegenwart und Vergangenheit sein.

Die Bokota

In einer ähnlichen Situation wie die Guaymí befindet sich auch die kleine Gemeinschaft der Bokota (auch Buglé oder Buglere). Diese nur noch knapp 1500 Personen zählende Bevölkerungsgruppe hat sich im jahrhundertelangen Existenzkampf von der Pazifikküste an einen bis heute glücklicherweise kaum erschlossenen Landstreifen am Golfo de los Mosquitos ***zurückgezogen.*** Wie bereits andere Gruppen in der Vergangenheit es getan haben, scheinen auch sie wegen der engen Verbindung zu den Guaymí allmählich in deren Kultur integriert zu werden.

Die Teribe

Im westlichen Eck der Provinz Bocas del Toro nahe der Grenze mit Costa Rica leben die Teribe (auch Terraba, Tejibe, Kuekuexkue, Náso oder Norteños), ein Volk, das von einem aus dem Teribegeschlecht der Santana kommenden König noch heute zusammengehalten wird. Vom ***stolzen Agrarvolk*** mit über 10.000 Menschen, dem Kolumbus auf einer seiner Reisen entlang der westlichen Karibikküste Panamas einst begegnete, sind heute nur noch 2100 übrig geblieben. Sie nehmen eine marginale Position in der panamaischen Gesellschaft ein.

Die erschreckend geschrumpfte Bevölkerungszahl wird überwiegend der ***Zwangsumsiedlung*** durch die Franziskanermissionare zugeschrieben. Wegen des Glaubenseifers der Missionare wurde ein Großteil des Teribe-Volkes im 17. Jahrhundert in die Missionarssiedlung San Francisco de Terraba an die Pazifikküste Costa Ricas gebracht, wo die Teribe im Laufe der Geschichte langsam verschwanden. Seit den 80er Jahren unseres Jahrhunderts scheinen sich nun moderne Missionare auf die Teribe zu stürzen: Einige 7-Tage-Adventisten fühlen sich dazu berufen, das alte Bauernvolk nach westlichen Normen zu formen.

Ein starker Gegenfaktor dazu ist nach wie vor der von ihnen anerkannte und respektierte König, auch wenn er - wie es die Teribe selbst formulieren - "ein König ohne Land ist". Die ersten Schritte auf dem Weg zu einem ***semiautonomen Territorium*** um den Río Teribe wurden bereits unternommen. Aber die Mühlen der Bürokratie in Panama-Stadt mahlen äußerst langsam. Hinzu kommt noch, daß zwischen der modernen Hauptstadt und dem sozialschwachen Bocas del Toro riesige Distanzen liegen, die das Vorhaben der Teribe sicher nicht begünstigen werden.

Die Chocó

Im Osten des Landes ergibt sich aus indianischer Sicht eine andere Situation. Im flächenmäßig ausgedehnten Regenwald des Dariéns leben circa 2000 Kuna-Indianer außerhalb ihres semiautonomen Gebietes und rund 8000 Chocó. Obwohl man die Chocó als ein großes Volk betrachtet, müssen doch zwei Untergruppen unterschieden werden: die ***Emberá*** (auch Katio) und die ***Waunan*** (auch Noanamá), die beide - wie übrigens auch andere autochthone Gruppen im Land - zur Kariben-Sprachfamilie zählen, jedoch jeweils eigenständige Sprachen haben.

Die Wurzeln der Emberá liegen, soweit sich Geschichte in Lateinamerika zurückverfolgen läßt, am Golfo de Urabá, an der Karibikküste des heutigen Kolumbiens. Die

Waunan entwickelten sich ebenfalls in Kolumbien, jedoch an der Pazifikküste nahe den Golfos de Cupica und de Tibugá, wo noch immer der größte Teil des insgesamt 55.000 Menschen zählenden Waunan-Volkes in Großgemeinschaften angesiedelt ist. Die Chocó sind dagegen eher "Einzelgänger". Sie leben traditionell mit mehreren Familien in kleinen Dörfern ohne Verwaltungshierarchie zusammen. In der Isolation des Darién-Regenwaldes haben die Chocó lange Zeit relativ ungestört ihre selbstversorgende Agrarwirtschaft führen können.

Aber die fortschreitende Zivilisation und die Gegebenheiten der modernen Zeit verlangen auch von den Chocó eine ***Anpassung,*** und ein Großteil des Chocó-Volkes verlagerte bereits seine Dörfer an den Rand des Regenwaldes, wo den Chocó von der Regierung medizinische Versorgung und Primärschulen für ihre Sprößlinge zur Verfügung gestellt wurden. Jener Bevölkerungsteil, der noch im Einklang mit der Natur lebt, schrumpft allmählich auf wenige Kleingruppen zusammen.

Da der ***drohende Kulturverlust*** bereits erkannt wurde, haben die Chocó seit einigen Jahren ihre Sozialstrukturen geändert und, ähnlich wie die Kuna, die politische Verwaltung in die Hände der Kaziken gelegt, die die Interessen der Gemeinschaft nach außen hin vertreten. Einen großen Erfolg konnten sie vor kurzem mit der Errichtung eines semiautonomen Gebietes nahe der Pazifikküste verbuchen. Gemeinsam mit den Vertretern der anderen indianischen Gruppen des Landes versuchen sie, bei der panamaischen Regierung auf ein offenes Ohr für die Rechte und Probleme der Indianer zu stoßen.

Politische Vertretung der Indianer

Für die Koordination der Anliegen der indianischen Bevölkerung wurde die *Coordinadora Nacional de los Pueblos Indígenas de Panamá* (kurz *COONAPIP)* ins Leben gerufen. Um der panamaischen Regierung Paroli bieten zu können und als sozial und politisch gleichgestellte Partner auf gemeinsamer Ebene mit der Landesregierung verhandeln zu können, wurde 1976 der *Congreso Nacional Indígena* gegründet. Nach einem langen, mühsamen Weg scheint dem einmal jährlich zusammentretenden Kongreß im November 1993 endlich der Durchbruch gelungen zu sein. Erstmals wurden den *Indígenas* in Panama-Stadt Räumlichkeiten zur Verfügung gestellt, in denen ein dreitägiger Kongreß abgehalten wurde. Vielleicht wurde damit der ***Weg zur Anerkennung*** der *Indígenas* eingeschlagen, auf dem endlich ihre sozialen, kulturellen, politischen und wirtschaftlichen Belange zur Geltung kommen werden.

Die Karten für die ursprüngliche Bevölkerung sind jetzt nicht schlecht, denn Panama möchte sein gutes Image bei der Indígena-Politik behalten und sich gerne von anderen lateinamerikanischen Ländern unterscheiden, in denen die gegenwärtige Position der Indianer schlechter ist. Zu einer modernen Gesellschaft paßt auch eine auf die Interessen der ursprünglichen Bevölkerung gerichtete Politik, davon sind immer mehr Panamaer überzeugt. Und sehr langsam dringt zu ihrem Bewußtsein durch, daß die Wurzeln der Regenbogengesellschaft größtenteils in der indianischen Bevölkerung verankert liegen.

Doch ihr Image in der Öffentlichkeit muß sich noch weiter wandeln, damit die Panamaer endlich stolz auf ihr indianisches Erbe und die überlebenden indianischen Völker sein können. Die bestens organisierten, traditionsbewußten und wirtschaftlich relativ erfolgreichen Kuna kommen diesem Image immer näher. Sie sind auch Panamas Aushängeschild, weshalb sie von der neuen Entwicklung am meisten profitieren. Aber erst, wenn in den Schulbüchern die Geschichte der *Indígenas* und die der Kolonisten ehrlich beschrieben wird, ist eine der größten Hürden auf dem Weg zur Emanzipation genommen.

Die Frau in der Gesellschaft

Die Frau repariert, was der Mann ruiniert, lautet ein in Lateinamerika bekanntes Sprichwort. Damit wird der Finger auf eine gesellschaftliche Schwachstelle gelegt. Ein ansehnlicher Teil der panamaischen Frauen trägt notgedrungen alleine die ökonomische Verantwortung für sich und ihre Kinder. Sicher gibt es auch zahlreiche Familien, in denen die Eltern gemeinsam für den Unterhalt und die Kinder sorgen, aber sie bilden keinesfalls die Mehrheit in Panama.

Der frivole ***Lebensstil der Männer*** – und darum drehen sich größtenteils die Probleme – tritt in allen Schichten und Bevölkerungsgruppen hervor. Der panamaische Mann pflegt das Image des verführerischen Casanova voller Stolz in der Öffentlichkeit.

Ein Panameño ohne *querida* (Geliebte) ist wie ein Pfau ohne Federn – allerdings wird dieser Vergleich von der Männerseite gemacht. Für die Frau bedeutet die ***Geliebte*** an der Seite ihres Mannes kein "Schmuckstück", sondern einen Kampf auf Biegen und Brechen, dafür sprechen die hohen Scheidungsraten und inoffiziellen Trennungen. Nur eine kleine Gruppe von Frauen scheint von vornherein auf eine mühsame Beziehung zu verzichten, unter dem Motto: *"Besser alleine als an der Seite eines verantwortungslosen Herzenbrechers".* In der Gesellschaft findet diese Haltung aber wenig Verständnis, und das weitverbreitete Klischee *"Unsere Männer sind nun eben richtige Männer"* illustriert deutlich, wie die panamaische Frau sich der Lebensart ihres Mannes noch immer fügt.

Mit den amourösen Eskapaden der Männer wächst die Zahl der

außerehelichen Kinder enorm an. Glücklicherweise gibt es keine Konsequenz für das soziale Ansehen der Kinder, da sie eben keine Ausnahme in der Gesellschaft bilden. Nur innerhalb der höchsten Kreise, wo die Familienfinanzen und der Schutz des Familiennamens eine wichtige Rolle spielen, sind außereheliche Kinder vom sozialen Standpunkt aus nicht anerkannt.

Die ***Betreuung der Kinder*** liegt immer in den Händen der Frau, egal, ob es in höheren Kreisen das Kindermädchen ist oder ob die Mutter, Großmutter oder sonstige weibliche Verwandte die Erziehung der Sprößlinge übernehmen. Durch den Zuwandererstrom vom Landesinneren nach Panama-Stadt wird gerade dort das traditionelle Auffangnetz der Familie gestört. Die Betreuungsprobleme werden in der Hauptstadt zwar durch Kindergärten verringert, doch sie können in der unteren, finanzschwachen Klasse das Problem nicht lösen, so daß viele Kinder zwischen zwei Stühle geraten. Die *Dirección Nacional del Niño y la Familia* versucht, die Stellung der Kinder zu verbessern, wobei die Eltern mit Informationskampagnen auf ihre Verantwortung angesprochen werden sollen - ein langer und mühevoller Prozeß, der in den Anfängen steckt.

Der Blick in den ***Arbeitsalltag*** zeigt, daß die panamaische Frau darin eine aktive Rolle einnimmt und ihren "Mann" in jeder Situation steht: ob nun bei der Landarbeit, im administrativen Bereich, als Buslenkerin, Lehrerin, Kellnerin, Dienst- oder Zimmermädchen, aber auch als Ärztin, Anwältin, Börsenmaklerin oder Filialleiterin. Der Beitrag der Frau zur panamaischen Wirtschaft ist sehr hoch, obwohl diese Tatsache öffentlich nicht gerne anerkannt wird.

Panama erscheint den verschiedenen Frauenorganisationen als eine Männerhochburg, die sie jedoch aufzubrechen versuchen. Als Feminismus möchten die Panameñas ihr ***Emanzipationsstreben*** nicht bezeichnen, auf jeden Fall nicht im Sinne der westlichen Definition. Die sozialen und kulturellen Probleme der verschiedenen Frauen in Panama verlangen nach spezifischen Antworten und vor allem nach einer eigenständigen Richtung. Eine davon ist der *Feminismo Popular,* in dem das Streben nach Gleichheit und nach Entwicklung des Selbstbewußtseins Hand in Hand geht mit dem Streit um die Grundlagen der Lebensbedingungen. Dieser Alltagsfeminismus entwickelt sich vorwiegend in den Elendsvierteln und armen Regionen.

Die Vertreterinnen aus den unterschiedlichsten panamaischen ***Frauenorganisationen*** haben sich unter dem Dach des *Foro de Mujer y Desarollo* vereinigt. Dieses "Forum für die Frau und ihre Entwicklung" hat 1993 den ersten Plan auf nationaler Ebene präsentiert, der zur Verbesserung der Position der Frau in verschiedenen Bereichen beitragen soll. Ein wichtiger Punkt darin sieht die Gründung eines Frauenministeriums vor, das hoffentlich nicht an den Mühlen der Bürokratie scheitern wird. Wie es die Vorsitzende des Forums passend formulierte: *Wir möchten keinen Applaus oder Komplimente, sondern praktischen Erfolg sehen, dann erst wissen wir, daß wir definitiv den langen, mühsamen Weg zur Gleichberechtigung eingeschlagen haben.*

Religion

Vom historischen Blickwinkel aus betrachtet, ist es nicht verwunderlich, daß sich etwa 87 % der Panamaer zum ***katholischen Glauben*** bekennen. Er steht damit an erster Stelle vor dem ***Protestantismus,*** der circa 7 % der Gesamtbevölkerung für sich gewinnen konnte und der mit den englischsprachigen Eisenbahn- und Kanalarbeitern von den Karibikinseln nach Panama gebracht wurde.

Unter dieser offiziellen Decke verbergen sich jahrhundertalte Spuren von ***Naturglauben,*** die trotz erzwungener Anpassung an das Christentum erhalten geblieben sind. Sogar im offiziellen Glauben ist dafür ein bescheidener Platz eingeräumt. In Zeiten von Epidemien oder persönlichen Problemen wurde und wird auf jedes Mittel zurückgegriffen, um den Unfrieden der Götter und Geister zu besänftigen oder um böse Mächte und Kräfte – wie es die Katholische Kirche ausdrückt, den Teufel – zu vertreiben. Magie, Spiritismus und Schamanismus können dabei genauso behilflich sein wie das katholische Gebet, denn was das eine nicht hat, kann durch das andere ergänzt werden. In der Öffentlichkeit wird allerdings über den als *santería* bezeichneten Kult nicht gerne gesprochen.

Religiöse Anlässe werden landesweit mit folkloristischen Darstellungen kombiniert. Als Höhepunkt gilt dabei der Karneval. In bestimmten Regionen wird fast das ganze Jahr hindurch an der Karnevalsvorbereitung gearbeitet, und es sind gerade die Musikkapellen, die farbenprächtigen Kostüme, die geschmückten Wagen (teilweise auch Boote), die tanzende Menschenmasse und die gute Stimmung, die

Koloniales Gotteshaus in Panama-Stadt

den panamaischen Karneval zu einem der ausgelassensten Feste in Zentralamerika machen - aber ausgelassen wird in diesem kleinen Land fast alles gefeiert.

Blickfänge sind bei katholischen Feiern vielerorts die *diablicos* (maskierte Tänzer), die das "Gute" und "Böse" in ihren Tänzen verkörpern - ein deutliches Beispiel für den mit indianischen und afrikanischen Einflüssen gespickten Katholizismus. Diese sogenannte ***Volksreligiösität*** kommt auch in den katholischen Gotteshäusern vor, wo manche Heiligenbilder und Schutzpatrone deutliche indianische oder afrikanische Kennzeichen tragen. Eine prominente Rolle in dieser Reihe "adaptierter" nationaler Schutzpatrone wird durch den Cristo Negro (die schwarze Christusfigur) de Portobelo eingenommen. Alljährlich am 21. Oktober machen sich Tausende auf den Weg nach Portobelo an die Karibikküste, um an den Cristo-Negro-Prozessionen teilzunehmen.

Im ***Alltag*** tritt die Religion nicht deutlich nach außen, denn Kirche und Politik sind in Panama strikt voneinander getrennt. Die in der Verfassung verankerte Religionsfreiheit ist für die Besucher am deutlichsten sichtbar in Panama-Stadt, wo neben katholischen und protestantischen Kirchen auch Hindu-Tempel, moslemische Moscheen und griechisch-orthodoxe Kirchen stehen. Im ländlichen Bereich ist die Kirchenanzahl überraschend niedrig. Dies liegt vor allem an der geringen Zahl der vorhandenen Priester, wobei allerdings der Klerus sich kaum aus Einheimischen zusammensetzt, was wiederum ein Hinweis auf die gegenwärtige Stellung der Kirche in der Gesellschaft ist. In abgelegenen Gebieten werden die "offenen" Stellen in den letzten Jahren verstärkt mit neuen, ambitionierten Missionaren aus den USA besetzt, wie etwa den Sieben-Tage-Adventisten.

Im Gegensatz zu den mittelalterlichen Predigten von Hölle und Verdammnis, mit denen die gläubige Bevölkerung eingeschüchtert wurde, kümmert sich die Katholische Kirche in Panama jetzt verstärkt um praktische, soziale und medizinische Hilfe für die Menschen.

Architektur

Im Vergleich zur monumentalen Pracht und zum Prunk in anderen spanischen Ex-Kolonien stehen Panamas architektonische Denkmäler im Schatten. Seit den 70er Jahren wurden in Panama-Stadt zwar Anstrengungen unternommen, um diese Situation zu ändern, doch das Bauwesen stand und steht noch immer im Zeichen des ***Internationalen Stils.*** Die durch kerzengerade Bank-, Appartement- und Bürogebäude geprägte Silhouette von Panama-Stadt vermittelt die Impression einer modernen Großstadt, wie sie auch in Europa, Asien und Amerika anzutreffen ist.

Der Schutz gegen die Hitze und

Traditionelle Bauweise

die Nässe in Kombination mit dem vor Ort vorhandenen Baumaterial sind die Faktoren, welche die ***traditionellen Baustile*** bestimmen. Mit Gras oder mit Palmblättern bedeckte Dächer erfüllen fast seit Menschengedenken ihren Zweck und finden auch heute noch Anwendung beim Bau von Häusern in der Comarca de San Blas und den Provinzen Darién und Bocas del Toro. Das gleiche gilt auch für die luftdurchlässigen Wände aus Ästen, Schilfrohr oder Mangrovenwurzeln. Eine einfache, aber funktionierende Lösung gegen das Bodenwasser bildet die Pfahlbaukonstruktion, die im Darién noch genauso verbreitet ist wie im Küstenstreifen der Provinz Bocas del Toro. Die vorwiegend in der Zentralregion und im Westen des Landes angesiedelten spanischen Kolonisten übernahmen die Bautraditionen der Ureinwohner. Die Bauform blieb gleich, nur der Name wurde in *rancho* (Hütte) geändert.

Aufwendiger und prestigeträchtiger sind die ***Lehmbauten,*** die in Panama als *casas de quinchas* bekannt sind und die vor allem das architektonische Gesicht der Halbinsel Azuero prägen (siehe dort). Die Wände aus gestampftem Lehm erfüllen am besten die menschlichen Bedürfnisse im Tropenklima, die Hitze von den Innenräumen abzuhalten. Weitere charakteristische Merkmale des landestypischen Lehmhauses *(casa típica)* bilden die roten, moosüberwucherten Dachziegel und die überdachte Veranda, auf der man sich erholen, das

Straßenleben beobachten und eventuell Besucher empfangen kann.

In feuchteren Gebieten des Landes erweist sich gegenüber dem Lehm das ***Holz*** als robusteres Konstruktionsmaterial. Das soziale Ansehen der Erbauer spiegelte sich dabei in den Verzierungen der Bauten. Die verwendeten Baustile wurden von architektonischen Tendenzen aus Spanien, Frankreich, der Karibik und den USA beeinflußt. Im Kapitel "Ortsbeschreibung" wird beim jeweiligen Ort noch auf dieses Thema eingegangen.

Die Rolle der ***Veranda*** oder des Balkons im Alltagsleben bleibt unabhängig von der Bautradition gleich: Geschützt vor den prallen Sonnenstrahlen oder den heftigen Regenschauern und durchlüftet von einer angenehmen Brise, läßt sich das Tropenklima auf dem Balkon oder der Veranda leichter ertragen.

Sie sind auch die einzigen überlebenden traditionellen Elemente im ***Modernisierungsprozeß,*** wobei Lehm und Holz durch Baumaterialien wie Beton, Ziegelstein, Zink, Stahl, Glas oder Kunststoff ersetzt wurden. Der Anblick von verwitterten und von Termiten angenagten Holzhütten zeigt deutlich, weshalb meistens Ziegelsteine und Beton verwendet werden.

Die bescheidene Anzahl von ***Sakralbauten,*** die im Auftrag der spanischen Glaubensverkünder in Panama entstanden ist, wurde im ***Barockstil*** entworfen - genauer gesagt wurde versucht, die Gebäude dem barocken Baustil in Europa anzugleichen. Bei einem Vergleich mit den imposanten europäischen Barockkirchen erscheint die Ausstattung der panamaischen Gotteshäuser allerdings sehr bescheiden. Das liegt daran, daß Beispiele in der Region fehlten, an denen die Architekten hätten ihre Pläne entwickeln können, aber vor allem auch an der Tatsache, daß ausreichende Geldmittel, geeignetes Baumaterial und geschulte Künstler, die für eine prunkvolle Innenausstattung notwendig gewesen wären, nicht vorhanden waren. Die Bauherren mußten deshalb einen geeigneten Mittelweg finden, weshalb Barock- und Rokokostil in Panama ein eigenes Gesicht erhalten haben. Nach

"Kolonialstil"

Gutdünken wurde die Grundkonzeption des spanischen Barocks, der die dekorativen Elemente betont, angewendet. Bei der äußeren Gestaltung von Kirchen kommt das durch die Integration von Muschelschalen in der Einzel- oder Doppelturmfassade, wie sie beispielsweise an der Fassade der Kathedrale in Panama-Stadt (siehe "Altstadt") zu beobachten ist, zum Vorschein. Besonders bei daraufstrahlendem Sonnenlicht entfaltet ihr Perlmuttglanz seine Pracht. In der Kircheninnenausstattung blieben vom Wesenszug des Barocks nur Schnitzereien, Vergoldung und bunte Farben übrig.

Das schönste und beeindruckendste Beispiel der lokalen ***Holzschnitzkunst*** befindet sich in der Provinz Veraguas, im kleinen Ort San Francisco, der nördlich von Santiago liegt. In der äußerlich schlicht wirkenden Dorfkirche wurde durch die Bemalung und Vergoldung der Schnitzereien, die von der Kanzel bis zum Altar alle Gegenstände in der Kirche zieren, ein schmuckvoller theatralischer Effekt geschaffen, unter Einbeziehung heimischer Traditionen.

Das Dekorative ist auch ein Wesenszug des ***Art deco,*** jener Kunstrichtung, die im Europa der 20er Jahre unseres Jahrhunderts dem Jugendstil folgte. Im Zuge des mit dem Panamakanal anwachsenden internationalen Handels taucht diese Strömung auch in der Architektur von Panama-Stadt auf. Wer bei einem Bummel durch die Fußgängerzone der Avenida Central nicht nur einen Blick auf die Schaufenster richtet, wird überrascht sein von einigen künstlerisch geschmückten Fassaden mit Ornamenten, geometrischen Linien und farbenprächtigen Fliesen. Womit wir generell auch sagen möchten, daß die Besucher mit einem Auge für das Detail oft an unerwarteten Plätzen in Panama der ästhetischen und kreativen Seite historischer und moderner Baukunst begegnen werden.

Literatur

Der Beginn der panamaischen Literatur

Panama ist kein Land mit großem literarischem Vorleben. Während der langen kolonialen Epoche kamen keine literarischen Werke zum Vorschein. In der Mitte des 19. Jahrhunderts änderte sich die Situation langsam, dank der kosmopolitischen Stimmung, die nach der Eröffnung der transkontinentalen Eisenbahn auf dem Isthmus entstand. In den Kulturspalten der panamaischen Zeitungen ist das literarische Echo der europäischen Bewegung der ***Romantik*** herauszuhören. Aus dem Kreis der Schriftsteller und Dichter der ersten Stunde sind zu erwähnen *Gil Colunje, José María Alemán, Tomás Martín Feuillet* und *Amelia Denis de Icaza,* die einzige Frau in dieser Literaturszene. Ihre Werke weisen das mit Naturliebe verbundene Nationalbewußtsein auf, die Charakterzüge der Romantik. Dieses Bewußtsein ist eine Äußerung der Unzufriedenheit über die von Europa kopierten Strömungen, die unzureichend sind, um die lateinamerikanische Kultur zum Ausdruck zu bringen.

Der Modernismo

In den traditionellen lateinamerikanischen Kulturhochburgen Mexiko, Peru, Kuba und Argentinien entstanden damals die ersten Ansätze für eine ***eigenständige lateinamerikanische Literatur.*** Diese Literatur, die gegenwärtig mit Autoren wie *Isabel Allende, Pablo Neruda, Octavio Paz, Gabriel García Márquez, Jorge Luis Borges* oder *Eduardo Galleano* nahezu weltweit im Brennpunkt des Interesses steht, bekommt ein erstes Profil mit dem Modernismo. In dieser speziell lateinamerikanischen Strömung, die um die Jahrhundertwende aufblühte, wird nach mehr Freiheit, nach anderen Themen und vor allem nach anderen Ausdrucksformen gesucht: *"Kunst der Künste wegen, nicht um ihren Inhalt".* Der wohl wichtigste Vertreter dieser Strömung ist der Nicaraguaner *Rubén Darío* (1876-1916), der ein guter Freund des panamaischen Maestro dieses Genres *Darío Herrera* (1870-1941) ist. Die treibende Kraft in Panama war in erster Linie *Guillermo Andreve* (1879-1940), der die Literaturzeitschrift *El Cosmos* gründete, später *El Heraldo del Istmo.* Die Zeitschriften waren für die panamaischen *modernistas* ein wichtiges Kommunikationsmittel mit ihren Geistesverwandten auf dem Kontinent. Das Streben der *modernistas* nach geschliffener Kunst ist in der panamaischen Literatur am besten repräsentiert durch die Poesie *Ricardo Mirós* (1883-1940). Aufgrund seiner Bücher, wie beispielsweise *El Preludios* (1908) und *Caminos silenciosos* (1929) aus dem Postmodernismo, hat er einen vorderen Platz erhalten in der Prominentenreihe hispanoamerikanischer Dichter. Im eigenen Land würdigte man *Miró* als *El Poeta de Panamá* – "der Poet von Panama".

Der Nativismo

Während der Modernismo-Periode wächst eine Generation heran, die ab den 20er Jahren zum Nativismo tendiert. Eine kulturelle Bewegung auf dem amerikanischen Kontinent, die die ***Kultur und die Probleme der eigenen Bevölkerung*** in den Mittelpunkt stellt und die deswegen auch als *Indígenismo* bezeichnet wurde. In dieser Bewegung gibt es unterschiedliche Tendenzen, wie *Ruralismo, Regionalismo* und *Paisajismo.* Der wohl wichtigste Wesenszug des panamaischen Nativismo ist die Suche nach dem eigenen, panamaischen Lebensgefühl. Angesichts der nordamerikanischen Dominanz betrachtet man die Vertreter dieser Bewegung auch als literarische Gegner der Kanalzone. Anschauliche Beispiele sind in den Werken von *Demetrio Korsi* (1899-

1957) anzutreffen, der zu den bekanntesten Dichtern dieser Periode gehört.

Die Gegenwartsliteratur

Ein "heißes" Thema in der modernen Literatur ist die ***Beziehung zwischen Panama und den USA.*** Zu erwähnen wäre dabei die Trilogie aus der Feder *Candanedos: El Panteon de los Callejones, Goodbye USA* und *Los Luciérnagos de la Muerte,* das die US-Invasion im Jahre 1989 zum Inhalt hat. Das prekäre Thema der Invasion wird vor allem auch von der jüngsten Literaturgeneration behandelt, wie etwa im Buch *Cuando perecen a las ruinas* von *Rogelio Guerra Avila.* Eine besondere Erwähnung verdient auch die Literatur der afro-panamaischen Autoren *Rafael Pernets* und *Girardo Maloney* sowie die Bücher des Kuna-Indígena *Raúl Leis,* in denen die sozialen Mißstände der Minoritäten angeprangert werden. *Leis'* Buch, *Machí, un Cuna en la ciudad,* kann übrigens empfohlen werden.

In der panamaischen Literatur nimmt die Poesie eine herausragende Stellung ein. Viele Dichter Panamas beschäftigen sich mit dieser Literaturgattung. Dem Roman und der Novelle fehlt es an Tradition, weshalb beide sowohl qualitativ als auch quantitativ schlecht vertreten sind. Mit den jährlichen ***Literaturpreisen*** für die verschiedenen Kategorien wird seit den 50er Jahren mühsam versucht, der panamaischen Literatur neue Impulse zu geben. Autoren, die davon profitierten, waren *Rogelio Sinán* (Pseudonym von *Bernardo Alba Dominguez)* und *Cecar Candanedo* und auffallend viele Frauen, wie *Giovanna Benedetti, Beatriz Valdés, Bertalicia Peralta, Rosa María Britton* und *Moravia Ochoa.* Einige Werke von *Ochoa* und *Britton* haben durch Übersetzungen auch ihren Weg in das Ausland gefunden.

Bei einem Blick in die Regale der Buchhandlungen zeigt sich aber, daß die Literatur Panamas erst am Beginn eines langen Weges steht. Es fehlt an Verlagen, Lesern, Zuhörern und vor allem an Autoren, die sich vom Durchschnitt abheben – oder, wie es in der Literaturszene selbst formuliert wird: *Die Literatur Panamas steckt in einer tiefen Krise ..., aber vielleicht bringt die Jahrtausendwende, die gleichzeitig auch das Ende des bestehenden Kanalvertrages ist, neue Impulse und Perspektiven.* Sogar in der Literaturszene wird der Kanal zum Hoffnungsträger Panamas.

Kunsthandwerk

Wer von lateinamerikanischen Kunsthandwerken *(artesanías)* spricht, meint in erster Linie die bunte guatemaltekische Kleidung, die pastellfarbenen ecuadorianischen Teppiche oder die schön verzierten Keramikgegenstände in alter Maya-Tradition. Panamas Erbe alter Kulturen ist da eher unbekanntes Terrain. Doch die farbenprächtige traditionelle Kleidung der Kuna-

Nach alter Tradition

Frauen oder die Nationaltracht *pollera* gehören sicherlich zu den schönsten Trachten des Kontinents. Der südöstliche Zipfel der zentralamerikanischen Landbrücke überrascht mit einer Palette von unterschiedlichen *artesanías.*

Goldschmiedekunst

Ein Blick in den Sala del Oro des Museums *Reina Torres de Araúz* in Panama-Stadt bezeugt das fachmännische Können der präkolumbischen Meister der Goldschmiedekunst. Das von den Eroberern so begehrte Edelmetall Gold hatte bei der ursprünglichen Bevölkerung des Kontinents einen rein symbolischen Stellenwert. Goldschmuck betonte damals die sozial-religiöse Position des Trägers. Ökonomischen Wert hatte das gelbglänzende, leicht bearbeitbare Metall kaum.

Frühe Techniken

Dank der Kontakte mit südamerikanischen Völkern wurde die Tradition der Goldschmiedekunst bereits im 3. Jahrhundert unserer Zeitrechnung in Panama gefestigt. In der Anfangsphase wurde das erhitzte Edelmetall zu dünnen ***Folien*** geschlagen, danach modelliert und mit Meißel oder Stichel dekoriert. Die solchermaßen entstandenen, einfachen Goldamulette waren aber noch weit entfernt vom komplexen Goldschmuck der späteren Perioden.

Bei den Meisterwerken der Folgezeit wurden auf einem flachgeschlagenen Untergrund verschiedene filigran geformte Gegenstände durch ***Löten*** angebracht, eine Methode, die heute als *soldadura* bezeichnet wird.

Ein anderes Herstellungsverfahren war das ***Gießen des flüssigen Goldes*** in eine Matrize. Bei dieser Technik bediente man sich eines einmal verwendbaren Wachsmodells, das über einem Tonkern gefertigt und anschließend noch einmal mit einem Tonmantel bedeckt wurde. Durch Erhitzen floß das Wachs aus den vorher angebrachten Kanälen ab, wodurch ein Hohlraum entstand, der damit für den Goldguß fertig war. In Lateinamerika hat diese Technik den Namen *cera perdida* erhalten: "verlorenes Wachs". In der Endphase des Herstellungsprozesses wurde der Tonmantel zerschlagen - sicher immer wieder ein spannender Moment. Zum Schluß wurde meistens noch durch eine kleine Öffnung der Tonkern der Goldfigur entfernt. Wegen der einmaligen Verwendung der Matrize konnten nie zwei präzise Ebenbilder geschaffen werden, was diese Kunstwerke heute noch kostbarer werden läßt.

Goldschmiedekunst heute

Die Kuna-Frauen tragen noch heute Amulette in Form von handflächengroßen Ohrringen mit eingemeißelten Dekorationen und große Kolliers mit hauchdünnen, tierähnlichen Kettengliedern. Die Übereinstimmungen mit den schlichten präkolumbischen Goldkunstwerken, die heute in den Vitrinen der Museen glänzen, sind groß.

Direkt von einem Museumsstück abgeleitet ist die Abbildung eines Greifvogels, der heute als Erkennungssymbol des Fernsehsenders Telemetro vom Bildschirm flimmert. Für die präkolumbischen Völker galt vor allem der Adler als "Götterbote", der die Seelen der Toten in die Welt der Götter führte. In Panamas Mythologie wurde mit dieser Mission die ***Harpyie*** bedacht (siehe "Tierwelt"), die meistens in ihrer imponierenden Angriffshaltung dargestellt wird, mit weit ausgebreiteten Flügeln, gespreizten Krallen und mit ihren auffallenden "Federlocken" am Kopf.

In den Schaufenstern und Vitrinen der Juwelierläden sind das Harpyie-Motiv, aber auch andere präkolumbische Motive zwischen dem modern gestalteten Goldschmuck zu bewundern. Der letzte Schrei in Sachen Schmuck sind Ohrringe, Anhänger und Broschen in Orchideenform. Und die präkolumbische Matrizenmethode dient noch immer als Herstellungsvorbild - selbstverständlich mit moderner Technik, die die Massenwaren erschwinglich macht.

Keramik

Die in der Pazifikregion Panamas angesiedelte Töpferei kann auf eine lange Tradition zurückblicken. Sie basiert auf präkolumbischen Keramikstilen, die den Höhepunkt um das 7. Jh. u. Z. erreichten.

Der Höhepunkt fällt in eine Zeit, die als ***Klassische Periode*** (etwa zwischen dem 3. und 12. Jh.) bezeichnet wird. Die Bandbreite reicht von einfachen Gebrauchsgegenständen über Schalen und Vasen, die mit religiösen Symbolen und geometrischen Motiven verziert sind, bis hin zu Gefäßen und Skulpturen von tier- oder menschenähnlicher Gestalt, die sogenannte zoomorphe oder antropomorphe Figurkeramik.

Es ist beinahe unglaublich, wie es den präkolumbischen Töpfermeistern gelungen ist, nur durch Modellieren mit der Hand und mit einfachem Werkzeug ***einmalige Kreationen*** mit einem Überfluß an Einzelheiten hervorzuzaubern. Die Töpfer müssen Künstler ohnegleichen gewesen sein, die ihre Umwelt auf faszinierende Weise darstellten, wie beispielsweise beim sogenannten Tonosí-Stil (benannt nach dem Ort im Süden der Halbinsel Azuero). Dabei wurden die verschiedenen Tonvasen mit je einem Band dekoriert, auf dem menschliche Gestalten eine Last gemeinsam auf ihren Schultern tragen. Ob es sich beim Motiv um einen Ritualtanz oder eine Gemeinschaftsarbeit handelt, ist nicht geklärt.

Die Dekorationen und Formen der Tongegenstände variieren zwar regional, aber einheitlich tauchen immer wieder ***Tiermotive*** als mythologische Symbole auf. Aufgrund des in einigen Regionen gehäuften Auftretens bestimmter Tiermotive, vor allem von Schildkröten, Fröschen, Gürteltieren, Krokodilen, Schlangen, Affen und Vögeln, vermutet man, daß diesen Tieren eine wichtige Rolle in der Erlebnis- und Glaubenswelt der ursprünglichen Bevölkerung der Landenge zufiel.

Die ***Färbung*** der Keramikgegenstände in zwei oder mehreren Erdfarben war ein komplexer Arbeitsgang. Das Farbresultat wurde bestimmt von den natürlichen Farbstoffen, der Tonsorte und dem Brennvorgang, wie etwa durch Flächenabdeckung mit Harz, wodurch diese Teile dem oxidierenden Brand nicht ausgesetzt waren und damit Farbkontraste entstehen konnten.

Panamas präkolumbische Keramikarbeiten waren in der Zeit zwischen der Ankunft der Spanier und dem Bau des Panamakanals in Vergessenheit geraten. Dank der archäologischen Funde des 20. Jahrhunderts hat die Bevölkerung die ***alte Handarbeit wieder entdeckt.*** Mit modernen Hilfsmitteln werden die alten Motive und Formen neu zum Leben erweckt, und nicht zufällig in den Regionen der präkolumbischen Hochkultur, der Provinz Coclé und auf der Halbinsel Azuero.

Textilien

Die Mola

Ein Unikum im Textilhandwerk des amerikanischen Kontinents ist die farbenprächtige *mola,* die ursprünglich nur die Bluse der Kuna-Frau schmückte, mittlerweile aber viele

Anwendungsformen kennt. Die einmalige ***Herstellungstechnik*** der *mola* basiert auf sogenannten umgekehrten Applikationen. In mehreren kontrastreichen und überlagerten Baumwolltüchern werden mit Ausschneiden und Umsäumen schmale, dekorative Muster geschaffen. In diesem farbigen Linienspiel lassen sich am häufigsten Tiere aus der Umwelt der Kuna erkennen oder ein faszinierendes Labyrinth von geometrischen Mustern.

Trotz moderner Einflüsse, die sich mittlerweile in die Dekoration eingeschlichen haben, sind viele *molas* von ***hohem künstlerischem Wert.*** Die Anerkennung für dieses einmalige Kunsthandwerk drückt sich deutlich in der Zahl der *molas* aus, die ihren Weg in die Museen der USA gefunden haben oder die panamaischen Ämter und Häuser schmücken. Wie die *mola* entstanden ist und worauf Sie beim Kauf achten sollten, wird bei der Beschreibung der Comarca de San Blas erwähnt.

Klöppelspitzen

Ein anderes dekoratives, allerdings im Vergleich mit der *mola* sehr fein verarbeitetes Stück ist die Bordüre von handgearbeiteten Klöppelspitzen auf der *pollera,* der Nationaltracht der Frauen (siehe "Halbinsel Azuero"). Die eleganten, winzigen ***Ranken- und Blumenmotive*** entstehen durch rasches und geschicktes Kreuzen und Flechten von weißen und/oder bunten Fäden, die um Holzklöppel gewickelt sind. Immer weniger Frauen in Panama beherrschen allerdings diese zeitraubende Präzisionsarbeit. Fast ausschließlich auf der Halbinsel Azuero, der Wiege der spanisch-panamaischen Kultur, kann man eine ältere Generation finden, die die Fachkniffe noch bestens beherrscht. Diese Frauen zaubern die traditionellen Spitzen ohne Vorlage einfach aus dem Gedächtnis und mit schnellen Handbewegungen hervor und plaudern gemütlich nebenbei – das Erkennungszeichen für die Fachfrau.

Sonstige Kunsthandwerke

Die altamerikanische Steinbearbeitungskunst, die monumentale Monolithe (aus Stein gemeißelte Figuren) und dekorative Steintische *(metates)* hinterlassen hat, ist nahezu völlig verschwunden. Die heute praktizierte und von der Zentralpazifikküste stammende ***Seifensteinschnitzerei*** kann kaum als Spiegelung der präkolumbischen Bildhauerei bezeichnet werden. Sie übertrifft nur gelegentlich das Niveau des Souvenirkitsches.

Andere Werke dagegen haben künstlerischen Wert, sogar Museumsqualität, wie etwa die ***Plastiken aus*** dem roten ***Holz*** der Cocobolo (Wollbaumgewächs) und aus *tagua,* der Steinnuß der Elfenbeinpalme, die dem beigenfarbenem Zahnbein des Elefanten ähnelt. Diese natürlichen Materialien sind in Panama nur im Regenwald des Darién zu finden. In der geräuscherfüllten Dämmerwelt finden die Künstler des Chocó-Volkes, das die ältesten Bewohner des Gebietes stellt, ihre Inspirationen. Wann immer die Chocó-Männer Lust und Zeit haben, wird das Holzstück oder die Steinnuß aus der Tasche geholt und liebevoll durch Meißeln und Polieren bearbeitet. Die traditionellen mythologischen Figuren verlieren dabei immer mehr an Boden gegenüber den Alltagsmotiven. Die zur Folklore des Chocó-Volkes gehörenden und als solches auch erkennbaren Darstellungen werden von vielen Souvenirjägern leider oft als "primitive" Plastiken eingestuft.

Nützliche Handwerksarbeiten tauchen im Westen des Landes auf, wo die Guaymí handgeknüpfte ***Umhängetaschen*** *(cácharas)* aus gefärbten Pflanzenfasern herstellen. Aufgrund ihrer Handlichkeit gut praktisch verwendbar werden die Taschen auch von den *campesinos* und neuerdings von Touristen benutzt.

Bei den folkloristischen Festen an der Pazifikküste tauchen gelegentlich ***Gewänder aus Rindenbast*** auf, auf denen farbige Muster durch einen Stempeldruck aufgebracht wurden. Die etwas steif wirkenden Trachten wurden auch von südamerikanischen Völkern bei ihren religiösen Riten verwendet. Feste Accessoires dieser Trachten sind die einfachen aus dem gleichen Material hergestellten ***Tierkopfmasken.*** Spektakulärer dagegen sind die aus Pappmaché hergestellten, furchterregenden ***Teufelsmasken*** und grotesken Tierköpfe, die bei den *Danzas de Diablicos,* den Teufelstänzen, getragen werden. Die Tänze werden bei verschiedenen katholischen Festen und Prozessionen auf der Halbinsel Azuero aufgeführt.

Zu den landestypischen Handarbeiten gehören ebenfalls der bunte ***Glasperlenschmuck*** mit auffallenden geometrischen Motiven, der von den Chocó-Indígenas im Alltag, von den Guaymí-Indígenas nur bei Zeremonien getragen wird, und das ***Flechtwerk*** in der Provinz Darién, das für die Anfertigung von Alltagsutensilien verwendet wird.

Malerei

Roberto Lewis

Es dauerte sehr lange Zeit, bevor auf der Landenge eine eigenständige Bildende Kunst zur Entwicklung kam. Die erste Initiative dazu kam am Beginn des 20. Jahrhunderts von *Roberto Lewis.* Seine Porträts, allegorischen Deckengemälde und Wandbilder, die unter anderem die Räume des Teatro Nacional und die des Präsidentenpalastes in Panama-Stadt schmücken, gelten als die ersten panamaischen Werke von großer künstlerischer Bedeutung. Im Stil von *Lewis* dominiert der europäische Trend des ***Neubarocks,*** den er während seiner Studienzeit an der *Académie Nacionale des Beaux Artes* und am *Collége La Salle* in Paris kennenlernte. Mit der Dynamik,

Größe und Beweglichkeit des (Neu) Barocks bringt er die vaterländische Geschichte und das soziale und kulturelle Bewußtsein seiner Zeit zum Ausdruck.

Zwischen 1920 und 1950

Nach den ersten zwei von *Lewis* geprägten Jahrzehnten des 20. Jahrhunderts, scheint die panamaische Malerei wieder in einen Tiefschlaf zu versinken. Die wenigen Landschaftsbilder und Porträts, die zwischen 1920 und 1950 entstanden sind, bringen nur die ***Nachahmung europäischer Stile.***

Die fünfziger Jahre

Die Absage an die traditionelle Landschafts- und Porträtkunst erfolgt in Panama in den 50er Jahren fast auf explosive Weise. Das Signal für diese künstlerische Revolution wird von *Alfredo Sinclair* gegeben. Er kehrt von seinen lehrreichen Jahren an der Argentinischen Schule in Buenos Aires mit dem Drang nach ***Abstraktion und Expression*** im Gepäck nach Panama zurück. Mit Hilfe einer Kunstausstellung in Panama-Stadt im Jahre 1950 präsentiert *Sinclair* diese Ausdrucksformen dem Publikum. Seine Ölkompositionen basieren auf besonderer Farbgebung und rufen in der Öffentlichkeit sowohl Erschütterung wie auch Faszination hervor.

Eine Reihe junger Künstler drängt sehnsüchtig auf Erneuerung der Formen auf dem von *Sinclair* gebahnten Weg, um ihr spezifisches Lebensgefühl und ihre Gedanken zum Ausdruck bringen zu können. Die Künstler werden später unter dem Namen ***La Generacíon del '50*** einen Platz in der panamaischen Kunstgeschichte erhalten, obwohl die meisten dieser Künstler erst in den Folgejahrzehnten ihren persönlichen und ausgereiften Stil finden werden. Aus der 50er Generation sind besonders hervorzuheben: *Olga Sánchez, Adriano Herrebarría, Beatriz Briceño, Carlos Arboleda,* der Realist *Alberto Dutary* und *Guillermo Trujillo,* der zweifelsfrei der *maestro* der gegenwärtigen Kunst in Panama ist. Er kombiniert viele moderne Ausdrucksformen mit präkolumbischen Einflüssen - eine Kombination, mit der er seine Wiederbegegnung mit Hispano-Amerika dokumentiert - und schafft damit

einen imponierenden, von Qualität und Mystik gekennzeichneten typischen Stil. In seinen früh entstandenen Gemälden und späteren Acrylwerken wird eine magische, dynamische Welt sichtbar, worin der Mensch und die Natur im Mittelpunkt stehen.

Die sechziger Jahre

Seit den 60er Jahren versucht das von einer engagierten Künstlergruppe 1962 gegründete *Instituto Panameño de Arte (PANARTE),* die panamaische Kunst weiterzuentwickeln und gleichzeitig beim Publikum mehr Begeisterung und Verständnis zu erwecken. Zu diesem Zweck publiziert das *Instituto PANARTE* eine unregelmäßig erscheinende Zeitschrift. Die Publikation wurde 1993 aus verschiedenen Gründen vorübergehend eingestellt. Außerdem organisiert es Kunstausstellungen, in denen sich neue Talente der Öffentlichkeit präsentieren können. *Coqui Calderón, Manuel Chong Neto* und *Julio Zachrisson* sind einige der talentierten Künstler und Künstlerinnen, die in diesem stimulierenden Klima gefördert werden und die mit ihren ***figurativen und semi-figurativen Gemälden*** in den Vordergrund treten.

Calderóns Stil entwickelte sich von der Pop-Art, die die Künstlerin während ihres Studiums in New York kennengelernt hatte, zur semifigurativen Kunst, in der die sichtbare Realität neben der abstrakten Wirklichkeit wahrnehmbar ist. In ihren Öl- und Acrylfarbenwerken spielt sie mit Bewegungen und Formen, worin die Beobachter Landschaften und Menschen erkennen können. Kompositionen von menschlichen und tierischen Gestalten in Ölfarbe bilden die Visitenkarten von *Manuel Chong Neto,* während *Julio Zachrisson* mit graphischen Techniken arbeitet, um seine von ironischen und fantasievollen Vorstellungen geprägte Welt zum Ausdruck zu bringen.

Die siebziger und achtziger Jahre

Anfang der 70er Jahre entwickelt sich eine Reihe von Künstlern, die nach ***neuen Stilen und Themen*** suchen, teils in der figurativen Kunst, teils in der reinen Abstraktion, ganz im Stil des alten "Meisters" *Sinclair. Tabo Toral* ist einer dieser Künstler, der mit seiner von spannenden Linienspielen gekennzeichneten geometrischen Malerei der panamaischen Kunst eine neue Dimension verleiht. Aus dem Künstlerkreis der 70er Jahre ist neben *Tabo Toral* auch *Isabel De Obaldía* zu erwähnen, die in den späten 80er Jahren konkrete Materialien, wie beispielsweise Glas, in ihre Gemälde miteinbezieht.

Die Kunstförderung

Da von der panamaischen Regierung immer großes Desinteresse am Kunstbereich gezeigt wurde (und das wird sich auch mit der

1994 gewählten Balladares-Regierung nicht ändern) macht sich um die gegenwärtige Förderung der panamaischen Künste nur das *Instituto PANARTE* verdient, das von Banken und von multinationalen Konzernen finanzielle Unterstützung erhält. Das Sponsorgeld wird hauptsächlich für ***Kunstausstellungen*** verwendet, da ansonsten Bevölkerung oder Besucher mit Interesse für die moderne Kunst keine permanenten Ausstellungen in Panama finden werden. Für Kunstinteressierte gilt deshalb die Devise: "Augen und Ohren offenhalten" für die Ankündigungen von wechselnden Ausstellungen nationaler und internationaler Künstler (vor allem aus Lateinamerika) im privat geführten *Museum de Arte Contempráneo* und in den Galerien von Panama-Stadt (siehe dort).

Musik und Tanz

Die temperamentvollen lateinamerikanischen Tanzrhythmen wie Salsa, Rumba, Mambo und Merengue dringen vielerorts in Panama von den Kneipen auf die Straße. Dabei kann man kaum die Einflüsse indianischer, afrikanischer und europäischer Kulturen erkennen, die über Jahrhunderte ihr Musikgut in den panamaischen Liedern und Tänzen hinterließen.

Eine Überraschung in der Volksmusik Panamas ist die von den ***Kuna-Indígenas*** verwendete ***Panflöte*** *(zampoña),* die auf dem amerikanischen Kontinent eigentlich nur von den indianischen Kulturen der Andenländer, wie Peru, Ecuador oder Kolumbien, verwendet wird. Panflöten gibt es in verschiedenen Formen, Größen und Materialien. Die von den Kuna verwendete Art hat ein oder zwei Reihen zusammengebundener, unterschiedlich langer Einzelflöten aus Bambus. Sie wurde ursprünglich bei rituellen Festen benutzt, zusammen mit ***Rasseln,*** die auch als *maracas* bezeichnet werden (ausgehöhlte und mit Steinchen oder Samen gefüllte Kalebassen). Überraschend ist auch die Tatsache, daß die Panflöte nur von den Kuna-Frauen gespielt wird, was in der Musikwelt Lateinamerikas als Besonderheit gewertet wird. Die Kuna-Frauen begleiten ihre musikalische Darbietung meistens mit ***Reigentänzen.*** Besucher der San-Blas-Inseln, der Heimat der Kuna,

Selbstgemachte Panflöte

werden die Gelegenheit erhalten, deren Musik- und Tanzdarbietungen hautnah miterleben zu können.

Während die Panflöte nur in der Comarca de San Blas Verwendung findet, tauchen landesweit einfache, aber genial verarbeitete Blasinstrumente auf, wie die aus Holz, Bambus oder Schilf hergestellte ***Längs- und Querflöte*** *(flautas und pitos)* oder das ***Muschelhorn*** *(fututo).* Sie gehen eindeutig aus dem kulturellen Erbe der ursprünglichen Bevölkerung des Kontinents hervor.

Die dominierende Rolle in der Musikfolklore Panamas spielen zweifelsfrei die ***Trommeln*** *(tambores).* Ihre Herkunft läßt sich nicht exakt bestimmen, da sowohl die frühen amerikanischen Kulturen als auch die afrikanischen und europäischen Völker das Instrument zu ihrem Kulturgut zählen. Die afrikanischen Trommeln, die von Hand- bis Körpergröße und von zylinder- bis kegelförmig reichen, sind übrigens die variationsreichsten auf der Welt. In Panama werden die afrikanischen Trommeln fast immer als kleines Orchester verwendet, während man die Trommeln europäischer und indianischer Herkunft nur einzeln verwendet und sie häufig mit Rasseln oder Melodieinstrumenten begleitet.

Am deutlichsten treten die ***afrikanischen Einflüsse an der zentralen Karibikküste*** hervor, im landesweit bekannten Gebiet der Congos. Sie sind die Nachkommen afrikanischer Sklaven, deren musikalische und rituelle Darstellungen verblüffende Ähnlichkeiten mit den Traditionen anderer schwarzer Bevölkerungsgruppen in Lateinamerika zeigen. Im Alltagselend der Plantage haben sie sich an die Kulte und Religionen ihrer Vorfahren von der Westküste Afrikas geklammert. Die Trommeln mit ihren aufputschenden Rhythmen nehmen darin den wichtigsten Platz ein. Die Musik wird generell von einem wenig melodiösen Ruf- und Antwort-Gesang begleitet, wobei der Vorsänger eine oder mehrere Verszeilen singt und der Chor, die Musikanten und Tänzer mit der Wiederholung der Verse anworten.

Wo der Rhythmus so betont wird, dort muß selbstverständlich auch dem ***Tanz*** eine bedeutungsvolle Rolle zukommen. Wie in der Musik verweisen auch die Tänze der Afrohispañoles in Panama auf ihre afrikanischen Wurzeln, aber der Einfluß der iberischen Halbinsel ist ebenfalls unübersehbar. Die neuentstandenen Tänze charakterisieren sich durch afrikanische Beweglichkeit und spanische Koketterie. Faszinierende Beispiele bieten nicht nur die ***Congo-Tänze,*** sondern auch der ***Mai-Pole-Tanz*** in Bocas del Toro und der ***Bullarengue.*** Er ist der regionale Tanz im Darién und wird mit akrobatischen, aber gleichzeitig auch sinnlichen Schritten getanzt.

Der iberische Einfluß in der Musik- und Tanzszene ist maßgebend für die heutige ***Folklore an der Pazifikküste,*** vor allem auf der Halbinsel Azuero. Die Gitarre – eigentlich

Tambores: "Antreiber" oder "Dämpfer"?

muß von mehreren Arten gesprochen werden, da zur Zeit der Kolonisation die spanische Gitarre noch nicht vorhanden war - hat dort einen sicheren Platz bekommen, zusammen mit der Violine und dem Akkordeon. Der Vorläufer der spanischen ***Gitarre*** inspirierte zur Entstehung zahlreicher Variationen. In Panama entstanden die schlanke, fünfsaitige *mejorana,* die kleinere viersaitige *bocona* und die gedrungene, lautenähnliche *socavón* mit drei oder vier Saiten.

Diese Instrumente begleiten die populäre *décima,* einen zehnzeiligen Verstext, der von den ***Volkssängern*** *(cantadores),* teilweise auch von Volkssängerinnen *(cantadoras)* zu Gehör gebracht wird, entweder im Bekannten- und Freundeskreis oder öffentlich für ein größeres Publikum. Die Verse werden eher vorgetragen als gesungen. Charakteristisch sind dabei die auffallend hohen Töne und die langgezogenen Silben, um einer Textpointe Nachdruck zu verleihen. Nach dem Text unterscheidet sich die *décima* in zwei Arten: Die *linial* (auch *linia)* basiert auf überlieferten Volksballaden, während die *libre* alle Freiheiten zur Improvisation bietet, am liebsten mit dem nötigen Spott, Humor und mit der nötigen Kritik, wodurch das Publikum die Möglichkeit erhält, mit dem Lied "mitzuleben".

Die Wiege der Volkssänger und -sängerinnen steht auf der Halbinsel Azuero, wo das koloniale Erbe am stärksten gehegt wird. Ein großer Teil der lokalen Bevölkerung läßt sich auf der Halbinsel die Möglichkeit nicht entgehen, einer *cantadera* - einem improvisierten ***Wortduell zwischen zwei Volkssängern*** - beizuwohnen, wann immer es einen Anlaß dazu gibt. Mit den nötigen Scherzen werden abwechselnd Zehnzeiler über Alltagsthemen vorgetragen, mit denen das Publikum sich identifizieren kann, denn dieses entscheidet durch seinen Beifall über Sieg oder Niederlage der Sänger.

Der iberische Einfluß zeigt sich ebenfalls unverkennbar in den ***Paar- und Gruppentänzen entlang der Pazifikküste.*** Der Akzent fällt dabei auf die schnellen, virtuosen Schritte *(zapateos)* und das Schwenken des typischen Panamahutes des Tänzers und das Schwingen der langen feinen Röcke durch seine Partnerin. Die Tanzbewegungen haben sehr starke Ähnlichkeit mit dem Fandango, einem dynamischen Volkstanz von der iberischen Halbinsel. Die mit dem Fandango verwandten Tänze werden in Panama mit den Namen ***El Punto, Papelón, Paseo, La Curacha, Cumbia*** und ***Santeña*** oder ***Mejorana*** bedacht. Die beliebten Tänze sind unlösbar mit den Volksliedern verbunden, die deshalb die gleichen Namen wie die dazugehörenden Tänze tragen.

Die ***Begleitinstrumente*** stammen aus der interkulturellen Spieldose. Neben den bereits erwähnten Saiteninstrumenten und dem Akkordeon sind aus der europäischen Instrumentenpalette gelegentlich das Triangel und verschiedene Kastagnettenarten vertreten. Der kräftige Rhythmus wird generell durch zwei kegelförmige, aller Wahrscheinlichkeit nach afrikanische Trommeln angegeben. Die beiden Rhythmustrommler werden als *el tambor pujador* (der "Antreiber") und als *el tambor replicador* (der "Dämpfer" oder "Widersprechende") bezeichnet. In diesen mit Trommeln ausgetragenen Streit mischen sich die markanten Töne der *churuca* (auch *gürio);* ein Instrument mit indianischen Wurzeln, bei dem die Klänge durch Schrapen entlang der Einkerbungen der schlanken und länglichen Kalebasse (Flaschenkürbis) hervorgezaubert werden.

Die erwähnten Musik- und Tanzformen illustrieren, daß die panamaische Musik und die Tänze nicht statisch, sondern immer in Bewegung sind, auf der Suche nach zeitgemäßer Ausdrucksweise. Zu dieser Reihe gehört die ***populäre lateinamerikanische Musik,*** die mit swingenden Hits auch in Europa bekannt wurde. *Gloria Estefan, Oscar De León* und *Juan Luis Guerra* sind keine Unbekannten in der Musikszene. Panama ist in dieser Szene mit dem prominenten Salsasänger (nebenbei auch Hollywoodschauspieler und 1994 Präsidentschaftskanditat) *Rubén Blades* vertreten.

Ein Neuling der modernen Musikwelt ist die ***Ragga.*** Ihre dynamischen Rhythmen verraten die afrikanischen Wurzeln, obwohl sie sich für manches Ohr hinter nordamerikanischem und karibischem Einfluß versteckt halten. Die zeitgemäße Musikrichtung Ragga ist eine Mischung aus Rap und Reggae (daher auch der Name), verfeinert mit einer lateinamerikanischen Musiksauce – für jene Generation, die auf die Folklore weniger Wert legt.

In der modernen Hauptstadt fehlen auch die ***klassische Musik*** und der ***Tanz*** nicht. Panamas Sinfonieorchester und das Staatsballett geben regelmäßig im Teatro Nacional und im Atlapa-Zentrum Vorstellungen. Ein prominentes Gesicht in der Tanzszene ist die weltbekannte englische Ballerina *Lady Margot Fonteyn,* die durch ihre Ehe mit Ex-Präsident *Roberto Arias* mit Panama verbunden ist.

Wer die ***Musik- und Tanzfolklore hautnah*** miterleben möchte, sollte für die Reiseplanung den Fest- und Feiertagskalender (siehe "Praktische Reisetips von A bis Z") beachten.

Bildungswesen

Von April bis Dezember drückt die panamaische Jugend die Schulbank der Primär- oder zweistufigen Sekundärschule. Kinder vom 7. bis zum 12. Lebensjahr sind zum Besuch der Grundschule verpflichtet, und bis zum 15. Lebensjahr muß die erste Stufe der Sekundärschule absolviert werden. Regional wird das Gesetz allerdings flexibler interpretiert, da die Landarbeit für die junge Generation mancherorts Priorität vor dem Schulbesuch genießt. Zudem kann wegen des deutlichen Mangels an Sekundärschulen im ländlichen Bereich, vor allem in den dünnbesiedelten Regionen, die ***Schulpflicht*** nur von 60 % der Jugendlichen erfüllt werden, während die Grundschulen mit fast 100 % ausgelastet sind. Gegenwärtig stehen 2600 Grundschulen nur 390 Sekundärschulen gegenüber.

Eine weitere Hürde sind die ***Schulkosten.*** Obwohl der Unterricht kostenlos erfolgt, müssen die Eltern die Schuluniformen und -bücher in der Sekundärschule selbst finanzieren, was für sozialschwache Familien ein großes Problem darstellt. Viele Jugendliche müssen deshalb nach der Primärschule mit 12 Jahren die Ausbildung beenden und ihren Beitrag zum Familienunterhalt leisten, entweder mit Feldarbeit oder Tätigkeiten auf der Straße, weshalb junge Schuhputzer, Autowäscher oder Zeitungsverkäufer mittlerweile zum täglichen Straßenbild von Panama-Stadt gehören.

Jene Kinder, die ihre Ausbildung nach der Grundschule fortsetzen können, erhalten in der ersten Stufe der ***Sekundärschule*** eine dreijährige allgemeine Ausbildung. Freiwillig kann anschließend die gleich lange zweite Stufe der Sekundärschule besucht werden, die die Schüler auf das Studium an einer Universität vorbereitet.

Etwa 7 % der Grundschulen und

circa 16 % der Sekundärschulen stehen unter ***privater Leitung*** und verfügen über eine bessere Lehrmittelausstattung, aber auch über ein größeres Ansehen in der panamaischen Gesellschaft. Das Prestige einer Schule, vor allem das einer Universität erleichtert in vielerlei Hinsicht die Karriere, was allerdings auch mit dem nötigen "Kleingeld" verbunden ist.

Panama verfügt über acht gute ***Universitäten,*** aber etwa die Hälfte der panamaischen Studenten absolviert ihr Studium an einer prestigereichen Universität im Ausland, mit Vorliebe in den USA oder in Mexiko, wobei die Studienrichtungen Medizin und Betriebswirtschaft am populärsten sind. Wer in Panama studiert, muß neben dem Prestigeverlust auch noch eine finanzielle Hürde nehmen: In Panama wird kein Stipendium vergeben, weshalb viele Studenten tagsüber arbeiten müssen, um abends ihrem Studium nachgehen zu können.

Für Erwachsene, die ihre Ausbildung erweitern oder Versäumtes nachholen möchten, gibt es verschiedene, meistens in Panama-Stadt etablierte ***Abendschulen*** mit allgemeinen und berufsbildenden Kursen, deren Besuch in der Regel vom Staat nicht bezahlt wird.

Mit dem immer kleiner werdenden Budget für das Bildungswesen - 1994 waren es lediglich 5 % des gesamten Staatshaushaltes - wird sich die ***Analphabetenrate*** von derzeit 12 % auch in Zukunft nicht verringern lassen.

Gesundheitswesen

Die Anzeigen in den Zeitungen und die zahlreichen Schilder an den Hauswänden in Panama-Stadt, mit denen die Kliniken und Ärzte aller Fachrichtungen auf ihre Dienste aufmerksam machen, erwecken den Eindruck, als sei es um das Gesundheitswesen im Land bestens bestellt. Aber der Eindruck täuscht, denn außerhalb der Hauptstadt hat das Gesundheitswesen, vor allem im öffentlichen Bereich, keinen guten Ruf.

Während der Torrijos-Diktatur wurde zwar ein ***Dezentralisierungsprozeß des Gesundheitwesens*** in Gang gesetzt, wodurch mittlerweile jede Provinzhaupstadt über ein medizinisches Zentrum, also ein regionales Krankenhaus, verfügt, doch die Qualität der Ausrüstung und der Versorgung läßt häufig zu wünschen übrig.

Die kleinen Provinzorte werden von diesen Zentren aus etwa ein- bis dreimal pro Woche von einem Allgemeinmediziner besucht. Wegen des Mangels oder des Fehlens medizinischer Ausrüstung in den Orten beschränkt sich die medizinische Hilfe oft nur auf die Verschreibung von Tabletten. In dünnbesiedelten Winkeln des Landes wie beispielsweise in den Provinzen Bocas del Toro und Darién ist die ***medizinische Versorgung als katastrophal einzustufen.*** Gute Allgemeinmediziner oder fachgerecht ausgebildete Pflegekräfte, die freiwillig in der Einöde leben möchten, können in Panama an einer Hand abgezählt werden. Als Trostpflaster auf die regionalen Wunden machen viele Medizinstudenten ihr Praktikum im *Interior.*

Einziger Pluspunkt des Gesundheitswesens ist die ***kostenlose*** oder gegen einen symbolischen Betrag gewährte ***Versorgung,*** wodurch auch die Allerärmsten auf medizinische Hilfe nicht verzichten müssen. Selbstverständlich erfolgt diese Hilfe nur in ***öffentlichen Krankenhäusern,*** die aber vielerorts keinen vertrauenerweckenden Eindruck machen. Die regionalen Krankenhäuser werden von der Bevölkerung auch als *"Orte wo man hingeht, aber nicht mehr herauskommt ... "* definiert.

Wer es sich leisten kann, legt sein Leiden, auch wenn es noch so klein ist, in die Hände eines ***Privatkrankenhauses oder -arztes,*** was auch Besuchern dringend zu empfehlen ist.

Panama-Stadt

Die ersten Impressionen empfangen die meisten Besucher Panamas in der spanisch-amerikanisch geprägten Landeshauptstadt Ciudad de Panamá, dem kulturellen, politischen und ökonomischen Zentrum des Landes. Die hinreißende Kulisse aus schicken Villen, Wolkenkratzern, grünen Hügeln, baumgesäumten Straßen, Ozeanriesen und Luxusjachten überrascht die Besucher ebenso wie die Ausmaße der Stadt. Wer sich nicht gleich vom hektischen Treiben, Straßenlärm und von Abgasen abschrecken läßt, erlebt eine quicklebendige, kosmopolitische Stadt - kurz und bündig Panamá genannt.

Geschichte

Über die ***Bedeutung des Wortes Panamá,*** das aus einer längst verschwundenen Sprache der ursprünglichen Bevölkerung stammt, scheiden sich die Meinungen. Die meisten Panamaer halten an jener Version fest, in der Panamá *Fisch im Überfluß* bedeutet, womit auch die Verbundenheit mit dem Meer zum Tragen kommt, das eine bedeutungsvolle Rolle bei der Entwicklung der Hauptstadt und des Landes gespielt hat.

Ursprung von Panama-Stadt war eine kleine Fischersiedlung der Ureinwohner an der Mündung des heutigen Río Abajo, wo am 15. August 1519 mit dem spanischen Gouverneur *Pedro Arias de Avila* (auch *Pedrarias Dávila*) die Stadtgeschichte beginnt. Er gründete ***Nuestra Señora de la Asunción de Panamá,*** das rasch an Gestalt gewann und der Stützpunkt für Expeditionen nach Zentral- und Südamerika wurde. Aus dem Hafen liefen Segelschiffe in alle Himmelsrichtungen aus, deren Kapitäne und Mannschaften von der Gier nach Ruhm und Gold getrieben wurden. Mit der Entdeckung des Inkareiches in Peru durch *Francisco Pizarro* (1524) glaubten die Spanier, endlich das sagenumwobene Goldland *El Dorado* gefunden zu haben.

Panamá erlebte kurz danach eine ***wirtschaftliche Blütezeit*** und wurde der wichtigste Umschlagplatz für die erbeuteten Reichtümer, die von Peru zunächst nach Panamá, anschließlich über den *Camino de Cruces* und den *Camino Real* an die Atlantikküste und von dort weiter nach Spanien transportiert wurden. Mit zunehmender Ausbeutung des Inkareiches und dem anwachsenden Handel mit Kolonialwaren entwickelte sich Panamá zu einer Handelsstadt von Format. Reisende berichteten: *"Die Stadt wird fast nur von Leuten mit Handelsgeist bewohnt. Ein großer Teil dieser Handelsleute stammt aus Sevilla. Es sind hauptsächlich reiche Menschen, die ihr Personal gut behandeln und ihre Häuser pflegen".* Wie wohlhabend die Einwohner waren, zeigt die Tatsache, daß jeder vierte, im 17. Jahrhundert sogar jeder dritte Einwohner Panamás als reich galt.

Derartige Berichte weckten natürlich auch das Interesse der ***Pira-***

ten. Nach mehreren erfolglosen Angriffen auf Panamá stand im Januar 1671 der britische Pirat *Henry Morgan* mit seiner Mannschaft vor den Stadttoren. Nach einem kurzen Kampf mußten die spanischen Soldaten trotz ihrer zahlenmäßigen Überlegenheit die Stadt an *Henry Morgan* übergeben. Die Piraten plünderten, wo es etwas zu holen gab, und raubten nebenbei auch noch die Schiffe aus, die mit neuen Schätzen aus Peru völlig ahnungslos in den Hafen einliefen. Nach einer dreiwöchigen Besetzung war der Spuk für die Bewohner vorbei. *Morgan* und seine Männer packten ihre reiche Beute auf 165 Esel, verschwanden auf Nimmerwiedersehen am Horizont, und Panamá blieb in Schutt und Asche zurück. Die Ruinen der Stadt, die als Panamá Viejo (Alt-Panamá) bekannt sind, zählen heute zu den bedeutungsvollsten historischen Monumenten des Landes.

Kurz nach dem Abzug der Piraten beschlossen die Spanier, die Stadt an einer für die Verteidigung günstigeren Stelle ***neu aufzubauen.*** Die Wahl fiel dabei auf eine kleine Landzunge in der Küstenmitte der Bahía de Panamá, auf jene Stelle, wo sich heute die Altstadt *(Casco Viejo)* von Panamá ausbreitet. Wegen der ständig drohenden Piratenüberfälle errichtete man ein riesiges Bollwerk, das so kostspielig war, daß die Verantwortlichen in Spanien die Frage stellten, ob die Befestigungsanlage aus Gold und Silber erbaut werde.

Während der Bau der Verteidigungsanlage auf Hochtouren lief, kündigte sich bereits der ***wirtschaftliche Abstieg*** Panamás an. Die permanenten Piratenangriffe auf die spanischen Handelsflotten in der Karibik und der Schmuggelhandel auf der Landenge brachten der spanischen Krone hohe Verluste ein. Man entschloß sich deshalb zur Einstellung der Handelsroute über die Landenge, zugunsten einer Seeroute um den Südzipfel des amerikanischen Kontinents, womit Panamá eine Statistenrolle erhielt.

Die völlig vom Handel mit den Kolonialwaren und den Reichtümern aus Peru abhängige Stadt stürzte in eine tiefe politische und ökonomische Krise, die einen Exodus in Richtung Peru auslöste.

Erst mit dem Goldrausch in Kalifornien, um die Mitte des 19. Jahrhunderts, kam der ***neuerliche Aufschwung*** für Panamá. Die alten Landhandelswege zwischen dem Pazifik und dem Atlantik wurden für die regen Goldtransporte von der Ost- zur Westküste der USA neu aufpoliert, und in Panamá schossen Geschäfte, Hotels, Casinos und Bordelle wie Pilze aus dem Boden. Die größten Wirtschaftsimpulse kamen allerdings von zwei technischen Großprojekten. Zunächst war es der Bau der ***interozeanischen Eisenbahn*** (1850-1858), der einen Wirtschaftsboom auslöste, später fiel diese Rolle dem ***Panamakanalbau*** (1904-1914) zu. Die beiden Monsterprojekte lockten Tausende von Menschen aus allen Berufssparten und aus allen Erdteilen nach Panamá, womit der Grundstein für die kosmopolitische Metropole der Gegenwart gelegt wurde.

Überblick

Durch ihre Größe und ihre Bedeutung läßt Panama-Stadt alle anderen Großstädte des Landes verblassen. Die Wurzeln dafür liegen in der kolonialen Epoche. Durch die Zentralisierung im politischen und kommerziellen Bereich wurde ein eventueller Konkurrenzkampf mit anderen Siedlungen unterbunden, weshalb sich keine andere Stadt am Isthmus besser und größer entfalten konnte als Panama-Stadt. Seit *Francisco Pizarro* im Hafen seine Segel setzte und in Richtung Peru aufbrach, entwickelte sich die Stadt zu einem ***Handels- und Verwaltungszentrum.*** Das ist Panamá bis heute geblieben und wird es, solange die Zukunft des Panamakanals sichergestellt ist, auch weiterhin bleiben.

Der Panamakanal spielt unverändert die erste Geige in der ***Wirtschaft*** von Panama-Stadt und damit auch in der Ökonomie des Landes. Ende der 70er Jahre wurden mit liberalen Bankgesetzen ausländische Geldinstitute in das Land geholt und damit ein zweites ökonomisches Standbein aufgebaut. Mittlerweile haben circa 120 ausländische Banken eine Filiale in der Hauptstadt, die vorwiegend in den Stadtteilen Bella Vista, El Cangrejo und in Punta Paitilla ihre markanten Gebäude errichtet haben und die Panama-Stadt zu einem der größten Finanzzentren der Welt machen.

Seit der Eröffnung des Kanals erlebt die Stadt einen ***permanenten Menschenzustrom.*** Gegenwärtig leben in der weitläufigen Metropole, die die Vorstädte San Miguelitos an sich gezogen hat, etwa 1,2 Mio. Menschen, das ist circa die Hälfte der Gesamtbevölkerung des Landes, was zwangsläufig zu einer Überbevölkerung geführt hat. Als "Goliathkopf" bezeichnet man derartige Städte in Lateinamerika, womit gleichzeitig auch die Mißverhältnisse zwischen Stadt und Land demonstriert werden. Panama-Stadt bildet dabei keine Ausnahme, denn es dient vor allem sich selber. Die Kanal- und Banken-Dollar bleiben in erster Linie in der Hauptstadt, und eine Umverteilung wird kaum getätigt, womit auch der Finger auf die wunde Stelle im Verhältnis zwischen Panama-Land und Panama-Stadt gelegt ist. Und eine Änderung der Situation ist nicht in Sicht.

Die ***Konsequenzen der Zuwanderung*** bestehen in bitterer Armut und Kriminalität, die hier genauso zu Hause sind wie Wohlstand und Luxus, oft nur getrennt von einer Straße. Einige Stadtteile erscheinen wie das Manhattan von New York oder das Beverly Hills von Los Angeles – Nobelbezirke, die hier Namen wie La Boca, Paitilla oder El Dorado tragen. Andere Bezirke, wie etwa Curundú oder El Chorrillo – das im Volksmund ironischerweise

"Hollywood" genannt wird –, zeigen die Armut, Trost- und Aussichtslosigkeit auf und lassen sich durchaus mit New Yorks berüchtigter Bronx vergleichen.

Die Hauptstädter scheinen trotz der Probleme, die ihnen diese kontrastreiche Stadt täglich zur Bewältigung gibt, ihre gute Laune beibehalten zu haben. Vielleicht liegt das auch am ***tropischen Klima.*** Die Metropole ist das ganze Jahr über in eine lähmende Hitze gehüllt, in der die durchschnittlichen Temperaturen zwischen 22 °C am Morgen und 32 °C um die Mittagszeit schwanken.

Mit dem ersten Sonnenstrahl erwacht das ***Leben in der Stadt.*** Buntbemalte Busse bringen nicht nur die ersten Arbeiter an ihren Bestimmungsort, sie verbreiten auch enorme Abgas- und Staubwolken, die sich mit der immer größer werdenden Hitze vermischen. Langsam wird es auf den Straßen lebhaft, der vorprogrammierte Stau auf der Vía España setzt wie jeden Tag, mit Ausnahme des Wochenendes, gegen 9 Uhr ein, und das morgendliche Hupkonzert der gestreßten Autofahrer durchschneidet die Staub- und Abgaswolken, die langsam auf das Häusermeer herabsinken. Um die Mittagszeit, wenn die Sonne die Stadt in einen Backofen verwandelt, hilft oft nur die Flucht in einen klimatisierten Raum, in den schattenspendenden Parque Natural Metropolitana, dem "Dschungel vor der Haustür", oder in ein waldreiches Naturschutzgebiet nahe des Panamakanals. Am späten Nachmittag steht die Vía España abermals im Mittelpunkt des Verkehrsgeschehens. Der Büroschluß gegen 16 Uhr verursacht erneut ein Verkehrschaos, dem die Polizei machtlos gegenübersteht. Kotflügel an Kotflügel, Stoßstange an Stoßstange schieben sich die Fahrzeuge im Schneckentempo stadtauswärts, und nach einer guten Stunde löst sich langsam der Stau auf. Das geschäftige Treiben, vor allem in der Avenida Central und der Vía España, verschwindet mit dem Einbruch der Dunkelheit. Das Verkehrschaos vom Nachmittag auf der Vía España ist dann längst vergessen, die Rollbalken schützen die Geschäfte gegen den Zugriff von Kriminellen, und die Bewohner ziehen sich in ihre Wohnungen zurück. Gegen 22 Uhr sind die Straßen leergefegt, ab und zu fährt noch ein qualmender, buntbemalter Stadtbus durch die Straßen und sammelt die letzten Fahrgäste an den Haltestellen auf. Nach Mitternacht wird es immer stiller in der Stadt, kaum jemand ist in den künstlich erhellten Straßen noch zu sehen, mit Ausnahme der *Security Guards,* die vor teuren Geschäften und feinen Restaurants, öffentlichen Instituten, Banken und noblen Einfamilienhäusern einsam Wache schieben, bis der neue Morgen vom Lärm der ersten Busse angekündigt wird.

Unterwegs in Panama-Stadt

Orientierung

Das Häusermeer der Landeshauptstadt wird von den mittlerweile zusammengewachsenen, dichtbesiedelten Distrikten von Panamá und San Miguelito gebildet und erstreckt sich entlang der Pazifikküste, vom Panamakanal im Südwesten über verschiedene Vororte wie Santa Clara, San Pedro, La Concepción und Pedregal bis fast an den internationalen Flughafen im Nordosten. Nach Norden hin breiten sich an den Hügeln scheinbar grenzenlos kleine und große Siedlungen aus, wie etwa Nuevo Veranillo, El Bosque, La Colina, El Valle oder Santa Librada, die alle zum Distrito San Miguelito gezählt werden.

Das ***Kerngebiet*** von Panama-Stadt liegt entlang einer circa 3 km langen Bucht, die im Südwesten von der Altstadt San Felipe (auch Casco Viejo) und vom Stadtteil Santa Ana, im Nordosten von den modernen Stadtteilen Bella Vista und Punta Paitilla begrenzt wird. Im Kerngebiet, zu dem auch noch die Stadtteile El Chorrillo, Calidonia, La Exposición, La Cresta und El Cangrejo zählen, befinden sich nahezu

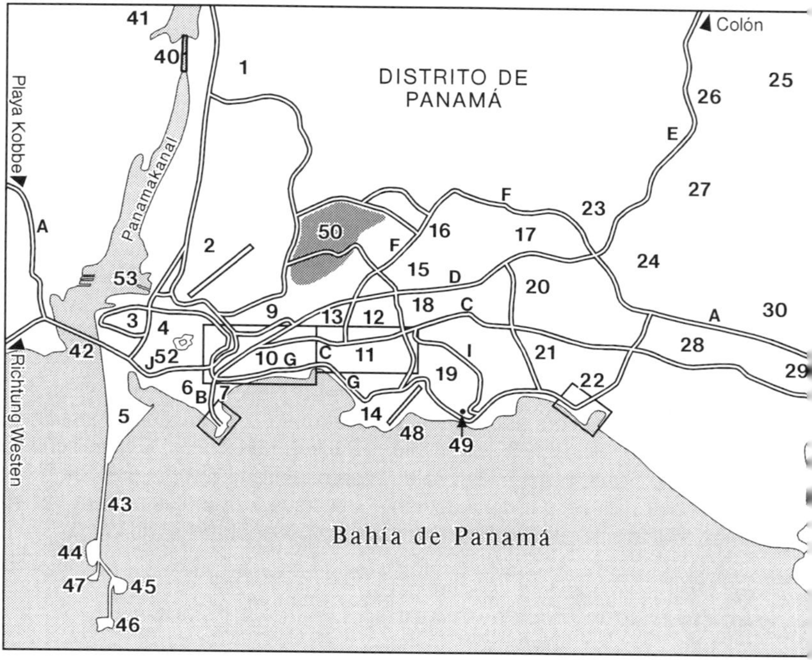

Stadtteil
1 Fort Clayton
2 US-Militärflughafen Albrook
3 La Boca
4 Ancón
5 Amador
6 El Chorrillo
7 Santa Ana
8 Casco Viejo (Altstadt)
9 Curundú
10 Caledonia
11 Bella Vista
12 El Cangrejo
13 La Cresta
14 Punta Paitilla
15 Betania
16 El Dorado
17 Villa Caceres
18 El Charmen
19 San Francisco
20 Pueblo Nuevo
21 Parque Lefevre
22 Panamá Viejo
23 El Bosque
24 Nuevo Veranillo
25 Santa Librada
26 El Valle
27 Don Bosco
28 Santa Clara
29 San Pedro
30 El Pinaculo
31 Cerro Viento Rural
32 San Antonio
33 La Concepción
34 Pedregal
35 Villalobos
36 Montería
37 Bello Horizonte
38 Belén
39 Tocumen

Sonstiges
40 Miraflores-Schleusen
41 Miraflores-See
42 Puente de Las Américas
43 Calzada Amador
44 Isla Naos
45 Isla Perico
46 Isla Flamenco
47 Isla Culebra
48 Nationaler Flughafen
49 Atlapa
50 Parque Natural Metropolitano
51 Internationaler Flughafen
52 Cerro Ancón
53 Muelle 18 (Boot nach Isla Taboga)

Straße
A Carretera Interamericana
B Avendia Central
C Vía España
D Vía Simón Bolívar
E Carretera Transístmica
F Vía Ricardo Alfaro
G Avendia Balboa
H Avenida José Arango
I Avenida Porras
J Avenida Los Martires

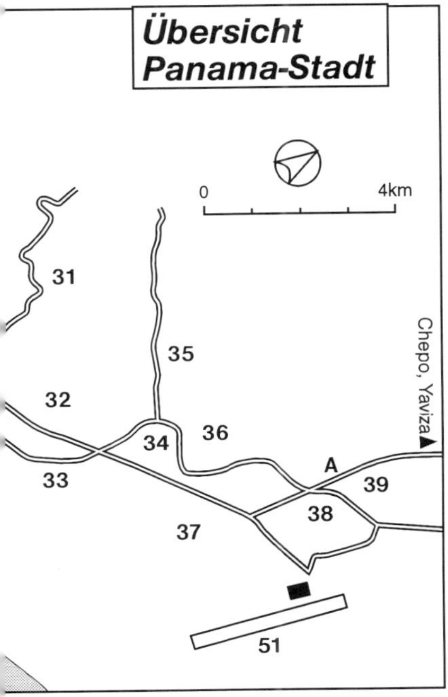

alle Hotels, Restaurants, Sehenswürdigkeiten etc.

Für viele Besucher wird das Häusermeer der Hauptstadt auf den ersten Blick wie ein undurchdringlicher Dschungel erscheinen. Mit Hilfe der touristisch wichtigen Hauptverkehrsachse Vía España/Avenida Central und einigen markanten Hochhäusern im Stadtkern, wie des blauen, rundgebauten Lotterieturmes (La Exposición) und der Glasfassade des Banco-Exterior-Gebäudes (Bella Vista) sowie der Sendemasten am Cerro Ancón und des Hochhausmeeres in Punta Patilla, läßt sich schnell eine ***erste Orientierung*** schaffen und ein guter Überblick gewinnen.

Wer über den internationalen Flughafen nach Panama einreisen wird, kann sich folgendermaßen orientieren: Der Stadtbus fährt zunächst auf der *Carretera Interamericana* durch die Vororte, später auf der Achse Vía España/Avenida Central häufig bis in die Calle 12 nahe der Altstadt. Im Kerngebiet liegt entlang der Fahrtroute an der rechten Seite:

- das weiße Hochhaus der *Banco Nacional de Panamá (BNP)* und das rosarote Hotel *El Panamá* im Stadtteil El Cangrejo, wo sich die teuren Hotels befinden,
- die Iglesia del Carmen, das Büro von *Budget rent a car* und das blaue *Hotel Montreal* in La Cresta,
- das *Hotel Bella Vista* und *Hotel Europa,* die das Ende der Vía España und den Beginn der Avenida Central markieren,
- die Basilica Menor de Don Bosco (südlich davon liegen die billigeren Hotels),
- und die Plaza 5 de Mayo, wo die Fußgängerzone der Avenida Central beginnt. In unmittelbarer Nähe der Plaza liegen außerdem die Busbahnhöfe *Interior* und *Area del Canal.*

Zur Erleichterung bei der Orientierung bzw. der Suche nach einer Adresse wurden Detailpläne vom Stadtkern und ein Übersichtsplan von Panama-Stadt angefertigt, die auch im Stadtverkehr hilfreich sein werden.

Stadtverkehr

Die buntbemalten ***Stadtbusse*** verkehren in der Regel täglich zwischen 6 und 23 Uhr. An der Windschutzscheibe steht die Fahrtroute mit Stadtteilen und/oder Straßen bzw. Plätzen angeschrieben. Der ***Fahrpreis*** liegt je nach Strecke zwischen 15 und 20 ct. und wird nach dem Aussteigen entrichtet. Entlang der Straßen gibt es ***Haltestellen*** (Paradas), und nur dort dürfen die Buslenker anhalten. In vielen, meist verkehrsarmen Straßen nimmt man dieses Gesetz allerdings nicht so ernst. Zum Anhalten genügt dann ein Wink mit der Hand, zum Aussteigen ruft man kurz vor der Haltestelle ***Parada por favor***. Die für Touristen wichtigen Busse verkehren in der Vía España (beide Fahrtrichtungen), Avenida Central (nur Richtung Altstadt), Avenida Perú (nur Richtung Vía España) und in der Avenida

Balboa (beide Richtungen). Falls die Lage der Sehenswürdigkeit, des Busbahnhofes etc. es erfordert, wird immer auf den jeweiligen Stadtbus hingewiesen.

Sicherheit

Aus Sicherheitsgründen sollten Sie ***tagsüber und nachts,*** sowohl zu Fuß wie auch mit dem Mietwagen, die Elendsviertel El Chorrillo und Curundú sowie die Siedlungen im Distrito San Miguelito meiden. ***Nach Einbruch der Dunkelheit*** gilt auch das Gebiet zwischen der Calle 30 und El Chorrillo, das die Stadtteile Calidonia, Santa Ana und Casco Viejo (Altstadt) einschließt, als gefährliche Zone. Weitere Sicherheitsmaßnahmen, die heute nahezu jede Großstadt fordert, finden Sie im Kapitel "Praktische Reisetips von A bis Z").

Sehenswertes

El Casco Viejo – der historische Stadtkern

Der historische Stadtkern mit seinen von spanischer und französischer Architektur geprägten Residenzen und Handelshäusern aus längst vergangenen Tagen erwacht allmählich aus seinem Tiefschlaf. Die Schönheit der pastellfarbenen, mehrstöckigen Häuser mit schmiedeeisernen Balkonen verbirgt sich zwar noch größtenteils hinter einem Schleier der Verwahrlosung, doch sind die Früchte eines ***großen Restaurierungsprojektes*** bereits deutlich sichtbar. Wenn das gesamte Projekt einmal beendet ist, wird sich Panamas Altstadt durchaus mit dem Flair und der Schönheit anderer Kolonialstädte des Kontinents messen können. Der Abschluß liegt allerdings noch in ferner Zukunft, und im Moment steht den restaurierten Meisterstücken noch immer eine große Zahl von verwahrlosten, teils dem Zerfall preisgegebenen Gebäuden gegenüber, die armen Familien kümmerliche Unterkünfte bieten.

Tagsüber kann der alte Stadtkern unter Berücksichtigung allgemeiner ***Vorsichtsmaßnahmen*** besichtigt werden, wobei Sie beim Rundgang entlang der Sehenswürdigkeiten auf erschreckende Viertel mit schmalen, dunklen Gassen treffen werden, die Sie besser meiden sollten. Nach Einbruch der Dunkelheit ist von einem Besuch Casco Viejos eher abzuraten. Wer nach Casco Viejo mit dem Mietauto fahren will, stellt das Fahrzeug am besten am bewachten Parkplatz nahe dem Teatro Nacional ab.

Durch die Fußgängerzone

Einen Stadtrundgang beginnt man am besten an der ***Plaza 5 de Mayo,*** der mit den Stadtbussen ab der Vía España oder der Avenida Central leicht erreichbar ist. Im Gewühl der Menschenmassen geht es durch die gepflegte Fußgängerzone der ***Avenida Central,*** die direkt in die Altstadt führt, vorbei an unzähligen Schaufenstern in Richtung Plaza Santa Ana.

Unterwegs werden Sie von Gebäuden im Art-nouveau-Stil überrascht werden. Die Vorliebe dieser im deutschen Sprachraum als ***Jugendstil*** bekannten Kunstrichtung für Form und Ornament tritt vor allem aber in der Fassadendekoration hervor. Eines der schönsten Beispiele davon zeigt sich am Gebäude neben der *Banco Nacional*. Der Blick wird von den dekorativen Fensterbanden, besonders aber vom Fliesenmosaik angezogen, das den Bau des Panamakanals darstellt. Ein weiteres Jugendstilgebäude be-

- **1** Iglesia de Santa Ana
- **2** Plaza Santa Ana
- **3** Casa de la Municipalidad
- **4** Iglesia de La Merced
- **5** Kleiner Supermarkt
- **6** Baluarte del Mano de la Tigre
- **7** Plaza Herrera
- **9** Iglesia de San José
- **10** Ruinas de la Compañia de Jesús
- **11** La Catedral
- **12** Plaza Catedral
- **13** Palacio Municipal und Museo Historia de Panamá
- **14** Hauptpostamt
- **16** Palacio Presidencial
- **18** Plaza Bolívar
- **19** Franziskanerkloster
- **20** Iglesia de San Francisco
- **21** Teatro Nacional
- **22** Parkplatz
- **23** Dominikanerkloster Santo Domingo
- **24** Capilla de Santo Domingo und Museo de Arte Colonial
- **25** Franz. Botschaft
- **26** Justizpalast
- **27** Casa del Soldados de la Indepedencia
- **28** Paseo de las Bóvedas
- **30** INAC-Kunstgalerie
- **31** Plaza Francia

🏨
- **8** Pensión Herrera
- **15** Hotel Central
- **17** Hotel Colonial

🍴
- **29** Restaurant Las Bóvedas

findet sich an der gegenüberliegenden Straßenseite nahe der Plaza Santa Ana, wobei der Blick gefangen wird von ornamentalen Dekorationen rund um die Fenster und am Dachrand, sowie von azurblauen Fliesen *(azulejos)*, die die maurischen Einflüsse des Mutterlandes Spanien erkennen lassen.

Plaza Santa Ana

Das Ende der Fußgängerzone und der Beginn der Altstadt wird von der schattenreichen, immer von einer bunten Gesellschaft bevölkerten Plaza Santa Ana gebildet, die zugleich die Avenida Central unterbricht. An ihrer Westseite steht die schlicht ausgestattete ***Iglesia de***

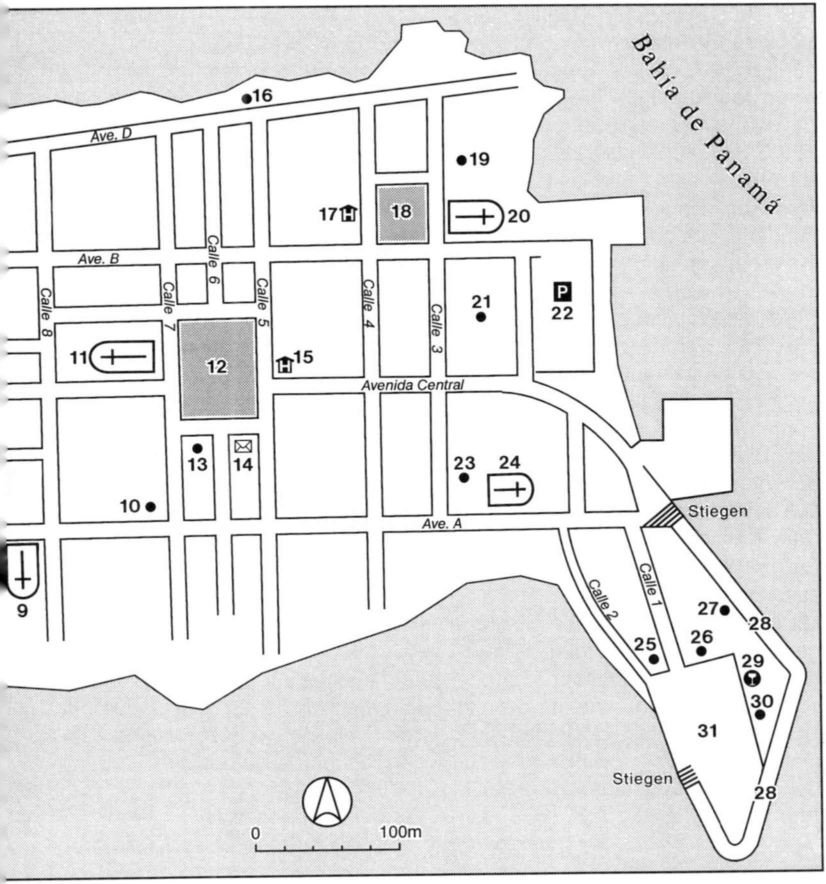

Santa Ana, die vom Jahr 1676 datiert. Um den Verlauf der Avenida Central in Richtung Altstadtkern wiederzufinden, orientieren Sie sich im Straßenwirrwarr am leichtesten an den alten Eisenbahnschienen.

Casa de la Municipalidad

Die weißgetünchte Casa de la Municipalidad, der ***ehemalige Sitz des Bürgermeisters,*** bildet nach wenigen Gehminuten das erste sehenswerte Bauwerk. Es zählt nach einer fachkundigen Restaurierung zu den schönsten Gebäuden der Stadt. Sein neoklassizistischer Baustil, der dem architektonischen Trend am Ende des vorigen Jahrhunderts entspricht, läßt sich unter anderem anhand der stattlichen Säulenreihe erkennen.

Wer die Wächter am Tor freundlich anspricht, wird zu einem kostenlosen Rundgang durch die Villa eingeladen - mit spanischsprachiger Führung. Im ***Vorraum*** fällt dabei der Blick auf das Fliesenmosaik, das den spanisch-maurischen Einfluß erkennen läßt. An der rechten Seite des Vorraumes liegt der ***Empfangssalon,*** dessen stilvolle Innenausstattung nicht mehr original ist, mit Ausnahme des kleinen Deckengemäldes und der Bordüre. Die ursprüngliche Einrichtung wurde während der Unruhen, die auf die US-Invasion folgten, gestohlen. Das gleiche gilt auch für das Interieur des ***Eß- und*** des angrenzenden ***Arbeitszimmers,*** die links vom Vorraum liegen. Trotz der Kopien atmen diese Räume noch etwas Stil und Grandeur der vergangenen Tage. Originale dagegen sind die im Arbeitszimmer in einer Vitrine ausgestellten präkolumbischen Keramiken und die Überreste der alten Stadtmauer, die unter einer dicken Glasplatte am Boden zu sehen sind.

Im ersten Stock der Villa befinden sich zwei ehemalige Schlafzimmer. Sie dienen heute als Ausstellungsräume für eine ***internationale Briefmarkenkollektion*** und eine ***Sammlung von Fotos,*** die das Casco Viejo der 30er und 40er Jahre zeigen. Über eine Galerie an der Innenhofseite erreicht man das im Art-déco-Stil geschaffene ***Badezimmer*** und einen touristisch weniger interessanten ***Saal,*** der für Musikproben und musikalische Darbietungen reserviert ist. Zu beachten wäre das Galeriegeländer, das mit schmiedeeisernen Ornamenten verziert ist, ein Zeichen des damaligen Wohlstandes, denn Panama verfügte über keine Eisenerzeugung.

Iglesia de La Merced

Von der Galerie aus blickt man bereits auf die barocke Sandsteinfassade der Iglesia de La Merced, die vermutlich 1680 aus den Überresten des Klosters de La Merced in Panamá Viejo errichtet wurde. Die karg ausgestattete ***Kirche*** fungierte wahrscheinliche als Sanktuarium, in dem Reliquien von der angrenzenden Kathedrale aufbewahrt wurden.

Plaza Indepedencia

Kurz nach der Kirche wird die Avenida Central von Casco Viejos

"Herz", der Plaza Indepedencia, unterbrochen. Hier trifft sich Jung und Alt, um zu plaudern oder über das politische Geschehen zu diskutieren. Die Spanier übernahmen in ihrer kolonialen Stadtplanung die alte Tradition des ***zentralen Platzes*** als sozialer Treffpunkt. Im Casco Viejo wurde dessen traditioneller Name, Plaza Mayor, in Plaza Indepedencia (Unabhängigkeitsplatz) abgeändert, als Würdigung für die Unterzeichnung des Souveränitätsvertrages im Palacio Municipal. Am Platz wird die Vergangenheit zudem von Bronzebüsten prominenter Personen aus der panamaischen Geschichte wachgehalten.

Für die Bevölkerung scheinen die historischen Hintergründe allerdings nur nebensächlich zu sein. Sie bezeichnen den schattenreichen Platz schlicht als Plaza Catedral, nach der an der Westseite des Platzes liegenden ***Kathedrale,*** die nach einer Bauzeit von 108 Jahren im April 1796 geweiht wurde. Sie wurde 1943 zum Nationaldenkmal erklärt und bildet den Blickfang der eleganten Kulisse rund um die Plaza. Die sonst eher schlichte, barocke Fassade hat einen Schwerpunkt in ihrem mittleren Teil, dank dessen ausgeprägt dekorativen Elementen. Der Effekt wird durch die Robustheit der beiden weißen, viereckigen Seitentürme noch verstärkt. Ein gutes Auge entdeckt an den Turmdächern ein dekoratives Muster aus unzähligen Perlmuttstücken, die im Sonnenlicht funkeln. Von den Turmglocken wird behauptet, daß drei Expemplare aus der alten Kathedrale in Panamá Viejo stammen. Im Inneren der Kathedrale kommt der dramatische und theatralische Stil des Barocks kaum mehr zum Ausdruck. Vom ehemaligen Prunk ist bei der Restaurierung in den 20er Jahren viel verloren gegangen. Von großer Bedeutung im Kircheninneren sind die Gräber wichtiger Personen aus der Stadtgeschichte.

Gegenüber der Kathedrale liegt die ***ehemalige Nobelherberge*** der Stadt, das *Hotel Central.* An seinem Baustil ist das heute noch abzulesen, trotz des heruntergekommenen Aussehens. Im Innenhof mit seinem imposanten Stiegenaufgang und seinen Galerien ist noch ein Hauch der alten Größe spürbar. Auch das ***Hauptpostamt*** an der Südseite des Platzes war ein Grandhotel, bis 1883 *Ferdinand de Lesseps* und die französische Kanalgesellschaft das Hotel kauften und es zum Zentrum ihrer Geschäfte machten. Sein altes Flair ist inzwischen leider verschwunden.

Neben dem Postamt liegt der ***Palacio Municipal,*** in dem man am 3. November 1903 die Unabhängigkeitserklärung unterzeichnete. Das neoklassizistische Gebäude hat vom äußerlichen Erscheinungsbild her wenig vom Charme der vergangenen Jahre eingebüßt und fungiert heute als ***Rathaus.*** Im zweiten Stock des historischen Schauplatzes ist das *Museo de Historia de Panamá* untergebracht (siehe "Museen").

Arco Chato

Palacio Presidencial

Zwei Straßen nördlich der Plaza Catedral, inmitten vernachlässigter Häuser, prunkt der vom Jahre 1673 datierende ***Präsidentenpalast,*** ein weißgetünchtes, wunderschönes Gebäude, das auf die Bucht von Panama blickt. Sein imposantes Erscheinungsbild ist dem ehemaligen Präsidenten *Belisario Porras* (1857-1942) zu verdanken, der 1921 eine umfassende Restaurierung veranlaßte. Aus dieser Zeit stammen auch die allegorischen Wandmalereien des panamaischen Künstlers *Roberto Lewis* und der stimmungsvolle Patio in spanisch-maurischem Stil. Die Statuen der Weißen Reiher *(garza reales),* die sich um den kleinen Brunnen des Patios gruppieren, gaben dem Palacio Presidencial den Beinamen *de las Garzas.* Da er als offizielle Residenz des Präsidenten der Republik dient, ist der Zugang für Besucher lediglich an Wochenenden zwischen 8 und 17 Uhr gestattet, allerdings nur dann, wenn kein wichtiges Amtsgeschäft auf dem Terminplan des Präsidenten steht.

Plaza Bolívar

Die nächste Station im Rundgang durch die Altstadt ist die ruhige Plaza Bolívar, benannt nach dem venezolanischen Unabhängigkeitskämpfer und zum lateinamerikanischen Freiheitssymbol avancierten *Simón Bolívar.* Die Bronzestatue des *El Libertador* ziert die Mitte des ***Platzes*** und wurde 1926 enthüllt, anläßlich der Feierlichkeiten zum 100. Jahrestag des lateinamerikanischen Kongresses, der von *Bolívar* auf der Landenge einberufen wurde (siehe "Landesgeschichte").

Schauplatz des historischen Zusammentreffens war das an der Ostseite des Platzes befindliche ***Franziskanerkloster.*** Es datiert vom Jahre 1678 und beherbergt heute eine Schule, das *Instituto Bolívar.* Die unterschiedlichen und in verschiedenen Phasen erfolgten Restaurierungsarbeiten zeigen sich in den Stilmischungen der Fassade.

An das ehemalige Kloster grenzt die ***Iglesia de San Francisco,*** deren barockes Gesicht dank der bewußten Restaurierungsprojekte in Casco Viejo langsam wieder zurückkehrt, nachdem es durch fachunkundige Arbeiten im Jahre 1918 ein weniger schmeichelndes Aussehen erhalten hat. Sehenswert sind das geschmückte Portal und der achteckige Kirchenturm.

Während die Kirche noch auf das Renovierungsende wartet, ist im gegenüberliegenden neoklassizistischen **Teatro Nacional** seit 1974 der alte Glanz wieder eingekehrt. Es lohnt sich, einen Blick in den eleganten Theatersaal zu werfen, der von *Roberto Lewis* mit einem imposanten Deckengemälde dekoriert wurde, in dem Themen aus der Landesgeschichte dargestellt sind.

Paseo de las Bóvedas

Das nächste Ziel des Rundganges ist der auf einer breiten Festungsmauer angelegte Paseo de las Bóvedas (auch Paseo General Estebán Huertas). Er kann zu den schönsten Flecken von Panama-Stadt gezählt werden und lädt mit seinen Bänkchen und Bougainvillenhecken zum Verweilen ein. Von der **Promenade** aus bietet sich ein spektakulärer Panoramablick auf die Bahía de Panamá und das Häusermeer der Stadt. Einen schmerzlichen Kontrast dazu bilden die in greifbarer Nähe liegenden verwahrlosten Häuser.

Beim Rundblick wird Ihnen sicher das weiße Kolonialhaus am Paseo auffallen, unter anderem wegen seiner vergitterten Fenster. Es wird allgemein als die **Casa del Soldados de la Indepedencia** bezeichnet, nach einem kleinen Raum im Erdgeschoß, wo eine Ausstellung an die Opfer des 1000-Tage-Krieges (1899-1902) erinnert.

Einige Schritte südlich des Kolonialhauses liegt die teilweise von der Festungsmauer umschlossene **Plaza de Francia.** An ihrer Ostseite befinden sich in der soliden Festungsmauer noch gut erhaltene Gewölbe *(bóvedas),* in denen eine Kaserne, ein Waffendepot und einige Gefängniszellen untergebracht waren. Heute haben sich in diesen Räumen das bekannte französische Restaurant *Las Bóvedas* und die INAC-Kunstgalerie etabliert.

Im Südteil der charmanten *Plaza de Francia,* die der französischen Kanalinitiative gewidmet ist, erhebt sich ein **Obelisk,** an dessen Spitze ein gallischer Hahn steht, das Sinnbild des französischen Geistes. Im Halbkreis um den Obelisken, der Panama 1923 von Frankreich zum Geschenk gemacht wurde, befinden sich die Bronzebüsten prominenter Personen des gescheiterten Kanalprojektes. Aus dem Halbkreis hebt sich die Abbildung *Ferdinand de Lesseps'* optisch hervor, zur Würdigung seiner wegbereitenden Rolle im Kanalbau. Hinter dem Obelisken wurden in den Nischen der Festungsmauer 10 Marmortafeln angebracht, worauf die Kanalgeschichte zu lesen ist.

Die rund um den Platz stehenden **gepflegten Gebäude,** wie etwa der Justizpalast oder die französische Botschaft, spiegeln die Architektur aus Spanien und Frankreich, aber ebenso auch den extremen Kontrast zu den entlang der Küste liegenden Häusern der Altstadt und dem anschließenden Elendsviertel El Chorrillo.

Dominikanerkloster Santo Domingo

Nach wenigen Gehminuten durch die Calle 2 und die Avenida A passiert man die Backsteinruinen des Dominikanerklosters *Santo Domingo*. Der umfangreiche Komplex datiert aus dem 17. Jahrhundert und wurde im 18. Jahrhundert von zwei großen Brandkatastrophen heimgesucht. Sein Wiederaufbau wurde aufgrund der sinkenden Anzahl von Ordensbrüdern und mangelnden finanziellen Mitteln nur beschränkt durchgeführt. Die weiße ***Capilla de Santo Domingo*** wurde 1941 zum Nationaldenkmal erklärt und beherbergt heute das *Museo de Arte Colonial Religioso* (siehe "Museen").

Lateinamerikanisches Wohnen: nie ohne Balkon

Von den teilweise mit Pflanzen überwucherten Mauerresten des Klosters fällt der ***Arco Chato*** (der "Flache Bogen") ins Auge. Diesem ungewöhnlichen architektonischen Detail hat Panama es angeblich zu verdanken, daß der Kanal auf der Landenge erbaut wurde. Bei der entscheidenden Frage über die Lage des Kanals in Zentralamerika (auch Nicaragua war damals im Gespräch), entschied man sich für Panama, da das Land in seiner Geschichte von größeren Erdbeben verschont geblieben ist. Die Erbauer verwiesen dabei auf den fast 15,5 m langen und etwa 11 m über den Boden gespannten Steinbogen, der bis heute völlig unversehrt geblieben ist.

Ruinen der Landesuniversität

An der gleichen Avenida, fünf Straßen weiter westlich, treffen Sie ebenfalls auf historische Spuren: die leider nur schlecht erhaltenen *Ruinas de la Compañía de Jesús.* Sie bilden die Überreste der ersten, 1749 im barocken Stil erbauten Landesuniversität, die unter der Leitung des Jesuitenordens stand. Der Schule war aber nur ein kurzes Leben vergönnt. Mit einem päpstlichen Beschluß wurde 1773 der Jesuitenorden verboten und die Schule aufgelöst, und acht Jahre später kam der endgültige Ruin, als man den Komplex völlig zerstörte.

Iglesia de San José

Einen Häuserblock von den Ruinen entfernt, an der Ecke Avenida

A/Calle 8, steht die *Iglesia de San José,* die mit ihrem ***Goldenen Altar*** viele Besucher anlockt. Das Glanzstück besteht aber nicht aus massivem Gold, sondern aus Holz, das mit einer dünnen Goldschicht belegt wurde. Mit seinem Glanz, schmuckvollen Formen- und Ornamentenspiel entspricht das sakrale Kunstwerk der Vorliebe des Barocks für reiche, künstlerische Wirkungen. Der vergoldete Altar stand ursprünglich in der *Iglesia de San José* in Nuestra Señora de la Asunción de Panamá (heute Panamá Viejo), das von den Piraten unter *Henry Morgan* bei ihrem Raubzug 1671 zerstört wurde. Der Altar konnte allerdings vom listigen Pfarrer vor den Piraten verborgen werden. In Windeseile wurde die Goldschicht mit schwarzer Farbe bedeckt, und der Pfarrer spielte angeblich seine Rolle als Hüter einer "sehr armen" Gemeinde so perfekt, daß er eine großzügige Spende erhalten hat. *Morgan* hat damit das Startkapital zum Wiederaufbau der Kirche an ihrer heutigen Stelle gegeben. Die anderen Kirchenaltäre sind weniger spektakulär und datieren aus späteren neugotisch und neubarock geprägten Zeiten. Die Kirche ist zwischen 12 und 14 Uhr geschlossen.

Mauerreste der Festung

Auf dem Weg zum letzten Ziel wird zwangsläufig die ***Plaza Herrera*** überquert; ein vernachlässigter Platz, der von halbverfallenen Häusern umstanden ist und der sicher keinen schönen Eindruck hinterlassen wird. Das Schlußlicht des Rundganges bilden die Mauerreste des ***Baluarte del Mano de la Tigre*** ("Bollwerk der Tigerpfote"). Wahrscheinlich erhielt der robuste Festungsring diesen populären Namen wegen seiner klauenähnlichen Form und seiner großen Verteidigungskraft. Als 1853 die Stadt aus allen Fugen platzte, wurde mit dem Abbruch des Mauerringes begonnen, um neues Terrain für Wohnhäuser zu schaffen. Die winzigen Überreste lassen kaum noch erkennen, welche Ausmaße das Bollwerk Mitte des 19. Jahrhunderts hatte. Es ist aber nicht die Ausstrahlung der Mauerreste, die diesen Altstadtteil beherrscht, sondern die der umliegenden, teils dem Verfall preisgegebenen Häuser - aber extreme Kontraste sind in Casco Viejo immer und überall vorhanden.

Puente de Las Américas

"An irgendeinem Tag kommst du vom Strand zurück
und der Zugang zu deiner Stadt ist eine Brücke,
die versucht, eine viel zu große Wunde zu klammern.
An irgendeinem Tag kommst du zurück
und unter der Brücke ist dein Land geteilt"

Aus den Versen des Gedichtes von *Manuel Orestes Nieto* kommt bereits deutlich die Rollenverteilung der beiden größten Bauwerke Panamas hervor. Während der Kanal wie

Panama-Stadt

eine klaffende Wunde das Land in einen Ost- und Westteil trennt, hält die *Puente de Las Américas* wie eine riesengroße Klammer die beiden Teile zusammen.

Die *Puente de Las Américas,* die zu den ***größten Stahlbrücken der Welt*** zählt, konnte nach einer vierjährigen Bauzeit am 16. Mai 1962 in das Verkehrsnetz eingebunden werden. Bis zu ihrer Fertigstellung hat man die Lücke im Straßennetz mit Fähren geschlossen, die gleichzeitig mit der feierlichen Eröffnung am 12. Oktober 1962 verschwanden. Die 1654 m lange Brücke überspannt in einer Höhe von circa 117 m die Kanaleinfahrt am Pazifik. Das stolze Projekt hat 20 Mio. US-Dollar verschlungen, wurde von den USA finanziert, geplant und gebaut. Das war allerdings nicht als noble Geste von *Uncle Sam* an Panama zu verstehen, sondern als ein notwendiges und militärisch wichtiges Projekt für die USA innerhalb der damaligen Kanalzone, denn beidseitig des Kanals befanden und befinden sich alle US-Militärstützpunkte.

Obwohl die beeindruckende *Puente de Las Américas* mit dem Land und Kanal im wahrsten Sinn des Wortes unzertrennlich verbunden ist und sie nahezu in jedem touristischen Hochglanzprospekt abgebildet ist, wird ihr der Rang als Wahrzeichen *numero uno* vom historischen Kirchturm in Panamá Viejo abgerungen.

Eine ***gute Sicht auf die Brücke*** ergibt sich von der Plaza de Francia in der Altstadt, der Calzada Amador und vom Haupteingang der Panamakanal-Kommission sowie entlang der Straße zur Playa Kobbe und natürlich während der Bootsfahrt zur Isla Taboga.

Calzada Amador

Südwestlich des alten Stadtzentrums, zwischen der Halbinsel Amador (benannt nach dem Arzt *Manuel Amador)* und den kleinen Inseln Naos, Culebra, Perico und Flamenco, erstreckt sich ein ***künstlich angelegter Damm*** *(calzada* oder *causeway),* der seit dem Bestehen des Panamakanals als Wellenbrecher dient und der gleichzeitig das Festland mit den vorgelagerten Inseln verbindet.

Die Calzada Amador, wie dieser circa 3,5 km lange Damm genannt wird, und die Inseln sind ein ***beliebtes Freizeitgebiet,*** wo die Stadtbewohner gerne joggen, radfahren oder spazierengehen. Neben den angepflanzten Palmen, der angenehmen Meeresbrise und der Ruhe, die die Großstadthektik in weite Ferne rückt, ist es vor allem der atemberaubende Blick auf die Skyline der Hauptstadt, auf die *Puente de Las Américas* und auf die lange Schlange von wartenden Schiffen, der zum Charme der Calzada Amador beiträgt. Mit dem Erholungswert und Panoramablick ist das touristische Angebot erschöpft.

Auf der ***Isla Naos*** befindet sich das Marinelaboratorium des nordamerikanischen *Smithonian Tropical Research Institute,* das nur für Wissenschaftler zugänglich ist, und die briefmarkengroße Playa Naos. Wegen des verschmutzten Wassers sollten Sie zum Baden aber einen andern Strand auswählen.

Circa einen halben Kilometer nach der Playa bietet sich von einem kleinen Parkplatz auf der ***Isla Perico*** der beste Blick auf den Häuserdschungel von Panama-Stadt. Am Parkplatz endet auch die Tour, denn die letzte Insel, die Isla Flamenco, ist der panamaischen Marine vorbehalten und deswegen für Besucher gesperrt.

- Bei der ***Zufahrt*** zur Calzada Amador durchquert man zwangsläufig das Gelände der ***US-Militärbasis Fort Amador.*** Am bewachten Kaserneneingang an der Calle Amador wird nach einer Legitimation (Reisepaß!) und nach dem Grund der Fahrt gefragt.
- Mit einem ***Mietwagen*** kann ungehindert die Isla Perico erreicht werden, allerdings ist es strikt verboten, mit dem Auto auf dem Damm anzuhalten. Parkplätze gibt es am Beginn des Dammes, an der Playa Naos und auf der Isla Perico.
- Wird der ***Bus*** benutzt, steigen Sie inmitten des Militärgebietes aus. Auf dem Weg von der Haltestelle bis zum Dammbeginn (circa 1,5 km) ist es verboten, von der Straße abzuweichen.
- Calzada Amador kann tgl. von 7 bis 18.30 Uhr besichtigt werden, ***Eintritt*** 25 ct.
- Am Beginn des Dammes gibt es einen kleinen ***Getränkekiosk*** und einen ***Radverleih,*** wo man für 1 $ pro Stunde ein umweltfreundliches Vehikel mieten kann.

Cerro Ancón

Der Cerro Ancón und der Wald aus den abends beleuchteten Radio- und Fernsehmasten, Satelliten- und Radarschirmen auf der Spitze des fast 200 m hohen ***Berges*** bilden rund um die Uhr einen guten Orientierungspunkt in der Stadt. An seinen Berghängen bis hin zum Kanal ist, während die Kanalzone noch ihren Sonderstatus hatte, eine ***gepflegte Wohngegend*** entstanden, die vorwiegend der amerikanischen *High Society* vorbehalten war und noch immer ist. Ein kleiner Spaziergang durch diese ruhige Gegend gibt einen guten Einblick in die Wohnkultur der ehemaligen und heutigen Top-Angestellten der Panamakanal-Kommission. Zwischen dem üppigen Grün heben sich gepflegte alte Gebäude hervor, und unterwegs bieten sich verschiedene Panoramablicke über die Dächer von Panama-Stadt.

Am besten beginnt man die Tour an der ***Gorgas Road*** nahe dem *Museo de Arte Contemporáneo,* die von der Plaza 5 de Mayo in wenigen Minuten zu Fuß erreichbar ist. Die leicht ansteigende Straße führt am US-Militärkrankenhaus *William C. Gorgas* (benannt nach jenem Arzt, der am Beginn des Kanalprojekts die Malaria- und Gelbfieberepidemien besiegte) und am Hauptstützpunkt des renommierten nordamerikanischen Forschungsinstitutes *Smithonian Tropical Research* vorbei, dessen Türen nur Wissenschaftlern und Studenten geöffnet sind.

Nach kurzer Zeit passiert man an der Height Road Nr. 107 eine grünweiße Villa. Das wunderschöne Holzhaus stammt von 1906 und stand ursprünglich am Culebra-Bergrücken, wo es die Wohnung des Ingenieurs *John F. Stevens* war, der einen großen Beitrag zur Durchschneidung dieses Bergrückens während des Kanalbaus leistete. Nach der Eröffnung des Kanals 1914 wurde das Haus demontiert und noch im gleichen Jahr an der heutigen Stelle aufgebaut. Bis in das Jahr 1979, als mit dem Torrijos-Carter-Kanalvertrag der Sonderstatus der Kanalzone aufgehoben wurde, diente das Haus als repräsentative Unterkunft für die US-Gouverneure der Kanalzone. In diese traditionelle Linie paßt auch die heutige Funktion der Villa als ***Wohnsitz des Direktors der Panamakanal-Kommission.***

Wenige Schritte nach der Villa stößt die Height Road an die Quarry Road, die zum Gipfel des Cerro Ancón führt. Allerdings ist die Straße nach kurzer Zeit ***nur noch für US-Militärs zugänglich,*** die als "Hüter des Berges" Touristen streng zurückweisen. Was den Berg für die Militärs so schützenswert macht, liegt unsichtbar und tief im Inneren des Berges verborgen: ein atom- und abhörsicherer ***Notfallbunker*** für den amtierenden US-Präsidenten.

Nachdem so die Route vorbestimmt ist, geht es rechts auf der Ridge Road zum imposanten ***Gebäude der Panamakanal-Kommission,*** das auf einer kleinen Anhöhe liegt und das an der Rückseite betreten wird. Das 1914 erbaute neoklassizistische Gebäude beherbergt ein sehenswertes Rundbild, das die Wand einer innenliegenden Kuppel ziert und dessen Thema wohl keine Überraschung ist: der Kanalbau. Der Maler dieses Meisterwerkes, *W. B. Van Ingen,* hat auf beeindruckende Weise dem Kanalbau durch die feinen Details, die perspektivische Wirkung und das stimmungsvolle Farbenspiel eine künstlerische Gestalt gegeben. Das Werk wurde übrigens nicht vor Ort auf die Wand gemalt, sondern 1915 im New Yorker Studio des Malers angefertigt und nach Panama verschifft. Seit der Restaurierung 1993 blickt das Rundbild wieder strahlend auf die Bronzestatue von *Theodore "Teddy" Roosevelt* (1858-1919), dem 26. Präsidenten der USA. Unter seiner Führung (1901-1909) begann das Kanalprojekt für die USA, mit dem legendären Ausspruch des Präsidenten *I took the canal.* Außer dem Rundbild sind wechselnde Ausstellungen von Ölgemälden, Aquarellen und Zeichnungen, die den Kanal zum Thema haben, zu bewundern. Die Kunstwerke sind an Werktagen kostenlos zu besichtigen, dürfen aber nicht fotografiert werden.

Verläßt man das Gebäude durch den Haupteingang, bietet sich ein wunderschöner Blick auf die Puente de Las Américas, die hinter den Baumwipfeln des Stadtteils La Boca hervortritt. Vor dem Eingang liegt ein riesiger Steinbrocken, der aus dem Culebra-Bergrücken stammt und der die Kraft und den Einsatz der Kanalbauarbeiter symbolisieren soll. Vom Haupteingang führen imposante Stufen hinunter zu einer palmengesäumten ***Allee.*** Ihre Abmessungen entsprechen exakt der Breite und Länge einer Schleusenkammer, und das circa 17 m hohe Marmordenkmal des Kanal-Chefingenieurs und ersten Gouverneurs der Kanalzone *George W. Goethals* am Fuße der Stufen zeigt die Höhe der kontinentalen Wasserscheide an. Das Denkmal steht inmitten eines Brunnens mit drei Becken. Sie repräsentieren die Schleusengruppe Miraflores, Pedro Miguel und Gatún.

Am Ende der Allee liegt ein kleiner ***Markt,*** auf dem landestypische Handarbeiten angeboten werden. Der ***Bus*** in das Stadtzentrum bzw. zum Busbahnhof *Area del Canal* hält gegenüber dieses Marktes vor dem *Teatro Balboa* (Kino) an.

Das Wahrzeichen von Panama-Stadt

Panamá Viejo

Schon bei der Fahrt mit dem Bus in das Zentrum von Panamá Viejo wird sichtbar, daß von der ursprünglichen Hauptstadt mit dem Namen Nuestra Señora de la Asunción de Panamá (siehe "Stadtgeschichte") nur noch wenige ***Ruinen*** vorhanden sind. Panamá, wie die Stadt in Kurzform genannt wurde, war die erste europäische Siedlung an der Pazifikküste des amerikanischen Kontinents und entwickelte sich zwischen ihrer Gründung am 15. August 1519 und ihrem Untergang im Jahre 1671 zu einer wohlhabenden Stadt, über die in historischen Reiseberichten geschrieben steht:

"Panamá ist das Zentrum, wo sich der florierende Seehandel bündelt ..., ... die Stelle, wo Reisende aus Spanien sich nach ihrer anstrengenden Tour erholen, bevor sie die Weiterfahrt nach Peru antreten ..., ... das Depot des für Spanien bestimmten Goldes und der Handelswaren, die von verschiedenen Küsten des Imperiums kommen ...".

Kathedrale und Hauptplatz

Die ersten Häuser der Siedlung erbaute man aus Holz, das im Verlauf des 17. Jahrhunderts durch Sandsteine ersetzt wurde. Trotzdem haben viele Gebäude den Zahn der Zeit nicht überstanden. Der blockhafte ***Kirchturm der Kathedrale*** ist am besten erhalten und überragt in jeder Hinsicht die anderen Rui-

Panama-Stadt

1 Kirchturm
2 Santa Iglesia Catedral
3 Plaza Mayor
4 Cabildo
5 Casa del Obispado
6 Convento de Santo Domingo
7 Casa de los Genoveses
8 Convento de la Compañia de Jesús
9 Iglesia de las monjos de la Concepción
10 Convento de las monjos de la Concepción
11 Krankenhaus San Juan de Dios
12 Convento y Jardín de San Francisco
13 Convento de La Merced
14 Casas Reales
15 Großküche
16 Gefängnis
17 Schlachthof

nen, was schließlich auch dazu führte, daß man den Turm zum ***Wahrzeichen von Panama-Stadt*** erklärte. Nördlich des Turmes schließt das ***Längshaus der Kathedrale*** an, dessen Mauerreste eine dreischiffige Kirchenform erkennen lassen. Vor dem Turm und dem Längshaus breitet sich der ehemalige Treffpunkt des gesellschaftlichen Lebens aus: die ***Plaza Mayor,*** die der Asphaltstraße, und einem gepflegten Platz weichen mußte, in dessen Mitte die ***Bronzestatue*** des Politikers *Samuel Lewis* (1871-1939) steht, zur Würdigung seiner Verdienste bei der Pflege

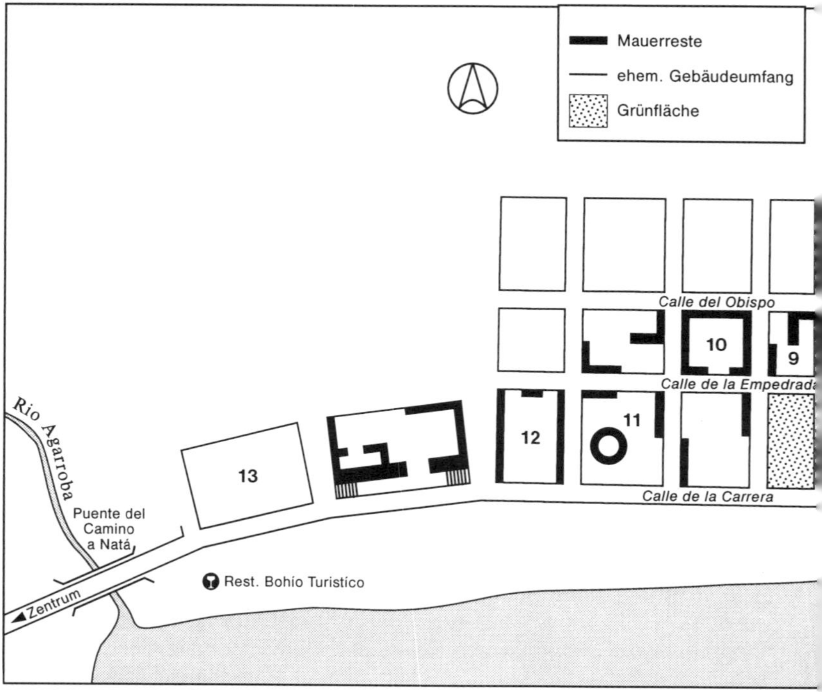

und der Erhaltung von Nationaldenkmalen. Der bronzene ***Gedenkstein*** am gleichen Platz ist den Abenteurern *Francisco Pizzaro* und *Diego de Almagro* gewidmet. Sie begannen im Hafen von Panamá, der sich in der Mündungsbucht des Río Gallindero (heute Río Abajo) befand, ihren Eroberungsfeldzug, der sie nach Peru in das Reich der Inka führte und der mit grausamen Folgen für die Hochkultur verbunden war. Die Greueltaten der beiden Männer, die sich aus Habgier gegenseitig in den Untergang stürzten, rufen Fragen hervor über die Rechtfertigung dieses Denkmals.

Gebäude der weltlichen Macht

Die nahe der Plaza Mayor liegenden Stadtteile waren den Gebäuden der weltlichen und geistlichen Macht vorbehalten. Außer der bereits erwähnten Kathedrale standen in diesen Vierteln unter anderem der ***Cabildo*** (Rathaus), vor dessen Mauerresten sich die Statue von Kolumbus befindet, die ***Casa del Obispado*** (Sitz des Erzbischofs) und der wahrscheinlich größte Gebäudekomplex der Stadt, der ***Convento de Santo Domingo*** (Dominikanerkloster), von dem umfangreiche und wuchtige Mauerreste zu bewundern sind.

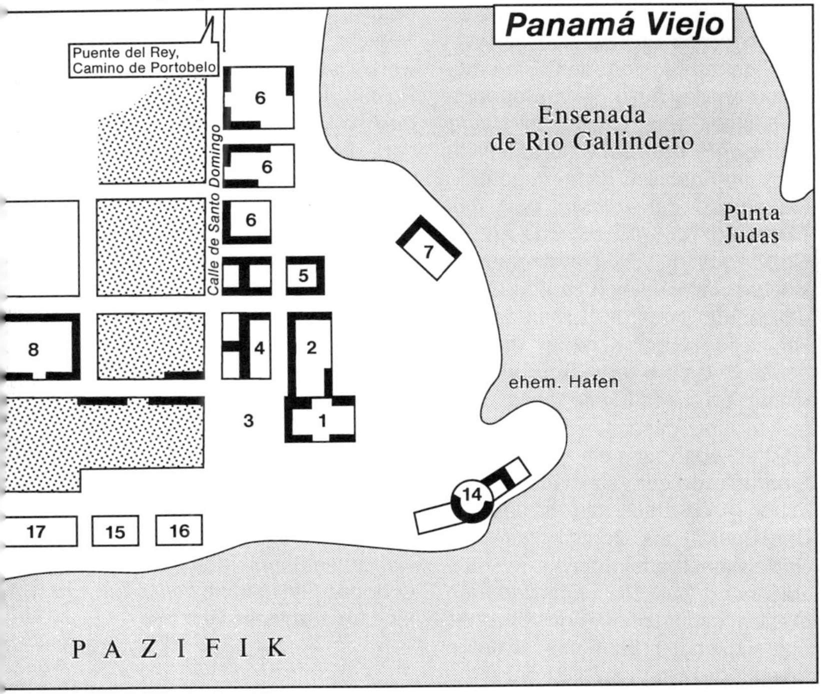

Von der ***Casa de los Genoveses*** (Sklavenmarkt) ist dagegen weniger zu sehen. Während der Hochblüte des Menschenhandels im 16. und 17. Jahrhundert fungierte Panamá als Sklavenhandelszentrum für Ecuador, Peru, Chile und die Río-Plata-Staaten Argentinien und Uruguay. Als die spanische Krone das Handelsmonopol an einige Kaufmänner aus Genua verpachtete, erhielt das Haus den Namen *Genoveses*.

Bereich der Klosterorden

Westlich der Plaza Mayor, an der anderen Seite der heute in den Verkehr eingebundenen Calle de Santo Domingo, lag der Bereich der verschiedenen Klosterorden. Die erste Ruine an der Calle de la Empedrada stammt vom ***Convento de la Compañía de Jesús*** (Jesuitenkloster). Im Anschluß daran liegen die Mauerreste der ***Iglesia und*** des ***Convento de las monjas de la Concepción*** (Dominikanerinnenkloster). Im Vergleich zu den Grundrissen der anderen Ruinen an dieser Seite ist der Komplex der Ordensschwestern erheblich kleiner. Einige Teile der Klostermauer sind fast in ihrer gesamten Höhe erhalten geblieben, und sie geben einen Eindruck von der vereinfachten gotischen Architektur, die damals für den Baustil des Dominikaner- und Franziskanerbettelordens kennzeichnend war. Die ungegliederten Wände und kleinen Fenster ohne schmückende Elemente wurden bewußt gestaltet, um die Konzentration der Kirchenbesucher nicht von der Predigt abzulenken.

Das ***Krankenhaus San Juan De Dios*** wurde von einer Sebastianer-Bruderschaft (Sebastian ist der Schutzpatron der Schützen) gegründet und 1628 von den Brüdern des Johanniterordens übernommen, die das Gebäude in ein Krankenhaus umwandelten. Das Gesundheitswesen war einer der traditionellen Bereiche des geistlichen Ritterordens der Johanniter, dessen Ursprung in einem Krankenhaus für Pilger in Jerusalem liegt.

Die Mauern und Fundamente des ***Convento y Jardín de San Francisco*** (Franziskanerkloster) sind weniger gepflegt und beachtenswert. Das gleiche gilt auch für die Ruinen des ***Convento de La Merced*** (Klosterorden der Mercedarier), die ***Casas Reales,*** wo die königliche Verwaltung untergebracht war, und die ***Puente del Rey*** (Königsbrücke) im Norden der Stadt. Sie war das "Tor" zum Camino Real, einem Mauleselpfad, auf dem die Handelswaren und die kostbaren Güter aus der Neuen Welt von Panamá nach Portobelo transportiert und weiter nach Spanien gebracht wurden.

Die ***Puente del Camino a Natá*** über den heutigen Río Agarroba eignet sich wegen ihrer Lage und ihres Zustandes besser für eine Besichtigung. Außerdem bietet sich dort das Restaurant *Bohío Turistíco* für eine eventuelle Rast an.

Markt

Panamá Viejo offeriert aber nicht nur Kultur aus der Vergangenheit, sondern auch aus der Gegenwart: Südwestlich der Plaza Mayor, wo sich das Gefängnis, die zentrale Großküche und der Schlachthof von Panamá befanden, wurde ein überdachter Markt für ***landestypische Kunsthandwerke*** errichtet.

●Panamá Viejo liegt circa 10 km nordöstlich der Altstadt und ist erreichbar mit dem **Bus** *Ruta 1* ab der Avenida Justo Arosemena und Vía España, oder mit dem Bus *Ruta 2* ab der Avenida Balboa. Die Busse tragen zusätzlich die Aufschrift *Pma. Viejo* und fahren in der Regel in 20-Minuten-Abständen direkt zu den Ruinen.

Monumento Balboa

Während der Fahrt mit dem Bus *Ruta 2* auf der Avenida Balboa passiert man zwischen der Calle 35 und der Calle 36 die Bronzestatue von *Vasco Núñez Balboa,* die auf einem steinernen, von vier Männern gehaltenen Globus steht. Die triumphale Haltung *Balboas* und der Blick auf das offene Meer symbolisieren seine Entdeckung des Pazifiks im Jahre 1513 (siehe "Landesgeschichte").

Museen

Museo Antropológico Reina Torres de Araúz

Die wunderschönen Exponate des ***Anthropologischen Museums*** *Reina Torres de Araúz,* auch als *Museo Hombre Panameño* bekannt, machen einen Besuch äußerst lohnenswert. In fünf Ausstellungsräumen, die über drei Geschosse verteilt sind, wird ein umfassender Eindruck von der Kultur der verschiedenen Bevölkerungsgruppen des Landes vermittelt, von der präkolumbischen Zeit bis in die Gegenwart.

Der Rundgang beginnt im Erdgeschoß in der *Sala de Síntesis de la Cultura Nacional,* in der mit Zeittafeln und archäologischen Funden sowie mit Fotos und Handarbeiten aus der Gegenwart ein ***Gesamtüberblick*** der kulturellen Entwicklung in Panama gegeben wird.

Eine Etage höher liegt die *Sala Arqueología,* wo das faszinierende ***präkolumbische Erbe*** des Landes aufbewahrt wird. Aufgeteilt nach Fundorten bzw. präkolumbischen Gemeinschaften, wird die Periode von etwa 8000 vor unserer Zeitrechnung bis zur Ankunft der Spanier 1520 beleuchtet. Die Blickfänger des Saales bilden die von der Zeremonienstätte Barrilles (Provinz Chiriquí) stammenden *monolitos* (Stein-

Der Urwald vor der Haustür

Mit den ersten Sonnenstrahlen erwacht die nahezu unberührte Tropenwelt des 265 ha großen ***Parque Natural Metropolitano,*** der sich an den Hügeln der Stadtgrenze ausbreitet, und das morgendliche Tierkonzert begrüßt stimmungsvoll die ersten Besucher. Sie sind sehr früh aus den Bettfedern gekrochen, um die Schätze des Urwaldes, vor allem die exotischen Tiere, zu bewundern, die sich im dichten Urwald gut getarnt verborgen halten. Unter Führung eines Parkwächters beginnen die Naturliebhaber vom Besucherzentrum aus, den Urwald zu "erforschen".

Die erste Überraschung beim Rundgang ist allerdings ein aus dem Rahmen fallender ***Baukran,*** der die Baumwipfel überragt und Böses erahnen läßt. Doch ein Bauprojekt wird hier nicht in Angriff genommen. Hoch über dem Boden, in der schaukelnden Krangondel, arbeiten inmitten des Walddaches engagierte Mitarbeiter des *Smithonian Tropical Research Institutes (STRI).* Bei den Wissenschaftlern ist bereits längst bekannt, daß in den Baumkronen der immergrünen Tropenwälder die größte und teils noch unerforschte Artenvielfalt der Pflanzenwelt zu finden ist, die sich nur mit Hilfe dieser Technik erforschen läßt. Anderswo hätte vielleicht eine Leiter diesen Zweck erfüllt, aber im *Parque Natural Metropolitano,* wo die Bäume fast 40 m erreichen, kann nur ein Kran eingesetzt werden, um den Forschern die Arbeit zu ermöglichen.

Die Wanderung wird auf einem ***Waldlehrpfad*** *(sendero natural interpretativo)* bergauf fortgesetzt und führt zum *mirador* auf 150 m Höhe. Von diesem ***Aussichtspunkt*** blickt man auf die Baumkronen des Parks, auf die Häuser der Stadt und teilweise auf den Kanal. Nach dem herrlichen Panoramablick geht es auf dem *camino del mono tití* wieder in ***Richtung Besucherzentrum zurück.*** *Mono tití* ist die örtliche Bezeichnung für das bedrohte Panama-Perückenäffchen, das zur Familie der Krallenaffen gehört und nur in Panama beheimatet ist. Mit etwas Glück läßt sich der scheue Baumbewohner mit seiner rötlichen Färbung und seiner weißen Halskrause, die sich vom schwarzen Gesicht deutlich abhebt, beobachten.

Exotische Tiere im dichten Blätterwerk

statuen) und die *metates* (Steintische), die vorwiegend zum Zermahlen von Mais benutzt wurden, aber im religiösen Alltag auch Verwendung als reich geschmückte Altäre fanden. Neben diesen freistehenden stummen Zeugen hochentwickelter Kulturen beherbergen Vitrinen viele Steinwerkzeuge, Urnen und Tonvasen. Die kulturelle Entwicklung im Land läßt sich an diesen Exponaten anhand der verschiedenen Formen und der Dekorationen stufenweise verfolgen. Mit Bildtafeln wird dabei die angewendete Verarbeitungstechnik illustriert. Sehr interessant ist die Darstelllung der präkolumbischen Bestattungsweise mit Hilfe eines originalgroßen Grabmodells.

Im gleichen Stockwerk wie der archäologische Saal liegt das Herzstück des Museums: die *Sala del Oro.* In diesem kleinen, tresorähnlichen Ausstellungsraum liegen hinter gepanzerten Glasscheiben einige originale ***Goldschmuckstücke,*** die in der präkolumbischen Zeit von spezialisierten Künstlern gefertigt und von der höheren Klasse der inzu entdecken ist jedoch keine leichte Aufgabe für ein ungeübtes Auge. Wer erkennt schon auf den ersten Blick ein Faultier, das regungslos an den Ästen hängt, noch dazu mit einem Fell, das mit grünschimmernden Moosen und Algen überzogen ist? Die ***Tarnung*** ist aber nur eine von vielen raffinierten Naturregeln, die es den Besuchern erschweren, in dieser dämmrigen Welt ein Tier ausfindig zu machen. Die Orts- und Fachkenntnisse und das geschulte Auge des Parkwächters werden Sie allerdings ausgezeichnet durch die Pflanzen- und Tierwelt des Parks führen. Obwohl viele Tiergattungen wie beispielsweise Agutis, Weißrüsselbären, Gürteltiere und Leguane ebenso im Park beheimatet sind wie eine Vielzahl von Vögeln, Schmetterlingen und Insekten, sollten Sie daran denken, daß der Parque Natural Metropolitano kein Zoo ist, in dem die Tiere aus nächster Nähe zu sehen sind.

●Der ***Parkeingang*** (Besucherzentrum) liegt an der Ave. Juan Pablo II. Der ***Stadtbus*** hält allerdings nicht direkt vor dem Eingang an, weshalb eine Taxifahrt (2-3 $) einen längeren Fußmarsch erspart. Wer trotzdem mit dem Bus fahren will, nimmt am besten den in Richtung El Dorado. Er trägt die Aufschrift *"Tumba* (auch *tmb.*) *muerta"* und hält im Stadtzentrum entlang der Ave. Perú sowie an der Ecke Cl. 44/Vía España neben der Tankstelle an. Nach einer 15minütigen Fahrt müssen Sie im Stadtteil El Dorado an der Kreuzung Vía Ricardo Alfaro-Vía Brasil (Orientierung: Geschäft El Lider) aussteigen.

●Ab dort sind es circa 1,8 km (Vía Brasil und Ave. Juan Pablo II) bis zum ***Besucherzentrum,*** wo sich ein kleiner Laden mit Kunsthandwerk und mit Büchern über die Landesnatur befindet.

●Der Park ist täglich von 8.30 bis 17.30 Uhr ***geöffnet,*** Eintritt frei. Der Besuch ist mit einer ***Voranmeldung*** auch frühmorgens und in ***Begleitung*** eines Parkwächters möglich, was wegen der besseren Tierbeobachtung empfehlenswert ist. Die Anmeldung sollte mindestens einen Tag vorher unter Tel.: 325516 (zwischen 8 und 9 Uhr) erfolgen.

●Die Mitnahme von guten Wanderschuhen, von Verpflegung, einem Fernglas und einem lichtempfindlichen Film (400 ASA für Fotos im dunklen Wald) ist anzuraten.

dianischen Gemeinschaft getragen wurden. Die Exponate reichen von schlichten und nur im Krieg getragenen Kopf- und Armbändern bis hin zu sehr fein verarbeiteten und mit tier- und/oder menschenähnlichen Gestalten geschmückten Objekten (siehe "Goldschmiedekunst"). Auf Tafeln wird dabei die Technik der Goldschmiedekunst gezeigt. Die Rekonstruktion einer in Sitio Conte (Provinz Coclé) gefundenen Grabstelle mit Goldschmuck und Beigaben rundet die Ausstellung in der Sala del Oro ab.

Im zweiten Stockwerk des Museums befindet sich die *Sala Contacto.* Ihre Ausstellung widmet sich den ***ersten Kontakten*** zwischen den präkolumbischen Kulturen und den spanischen Konquistadoren. Die Keramikarbeiten, Steintische und die teilweise Fruchtbarkeitssymbole darstellenden Steinfiguren bilden die letzten Zeugnisse von den an der zentralen Pazifikküste lebenden Hochkulturen, die im Verlauf der Kolonialperiode ausgelöscht wurden. Unter den interessanten Exponaten ragen vor allem

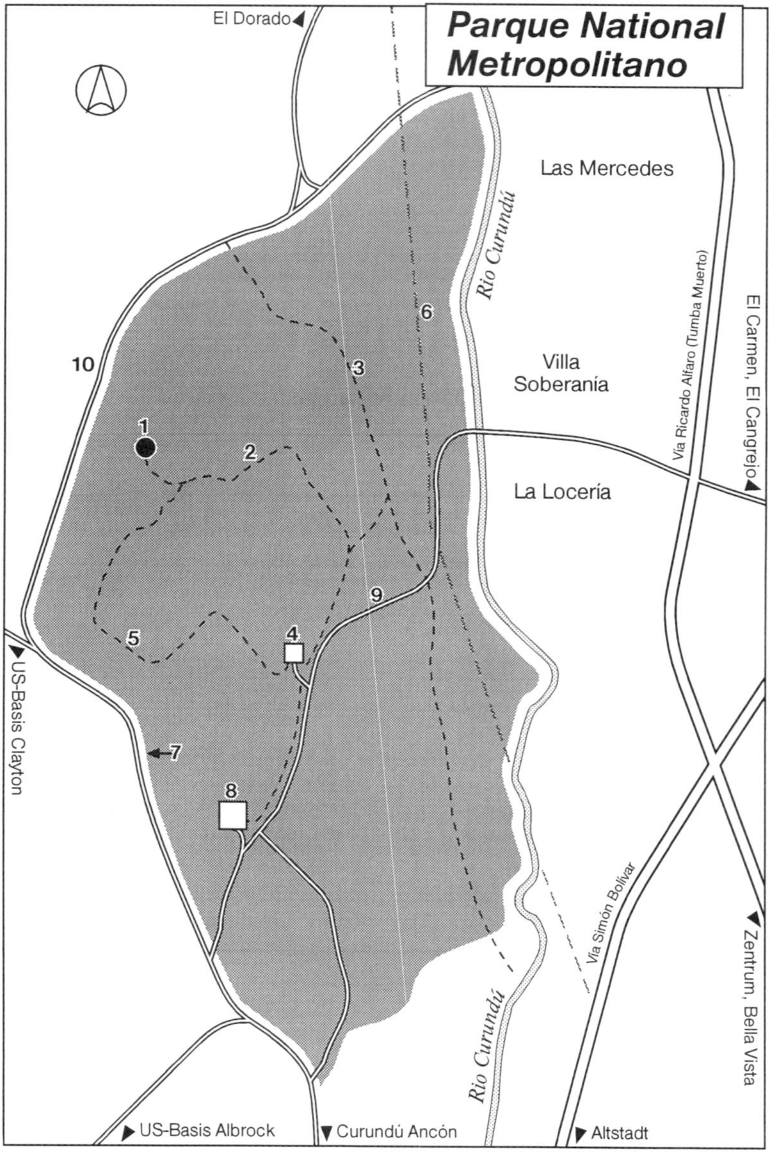

Parque National Metropolitano
El Dorado
Las Mercedes
Rio Curundú
Villa Soberanía
La Locería
Vía Ricardo Alfaro (Tumba Muerto)
El Carmen, El Cangrejo
US-Basis Clayton
Vía Simón Bolívar
Zentrum, Bella Vista
Rio Curundú
US-Basis Albrock
Curundú Ancón
Altstadt
1
2
3
4
5
6
7
8
9
10

1	Aussichtspunkt
2	Sendero del Mono Tití
3	Camino de Cruces
4	Parkaufseherhaus
5	Sendero Natural Interpretativo
6	Stromleitung
7	Parkgrenze
8	Besucherzentrum
9	Vía Juan Pablo II
10	Calle de la Amistad

die mit tierpfotenähnlichen Tischbeinen ausgestatteten, runden Keramiktische heraus. Die Vermischung von indianischen und spanischen Kulturaspekten wird mit Fotos, Kleidungsstücken, Musikinstrumenten und Agrarwerkzeugen dokumentiert. Aber auch einige kulturelle Aspekte der von schwarzen Sklaven abstammenden *Afro-hispaños* werden in diesem Saal beleuchtet.

Der Museumsrundgang wird mit dem Besuch der *Sala de Etnografía* beendet. Die hier ausgestellten Gegenstände sind ausschließlich den ***heute noch in Panama lebenden indianischen Gruppen*** gewidmet. Nachgebaute Häuser in Originalgröße, typische Kleidungs- und Schmuckstücke, Musikinstrumente, Werkzeuge, rituelle Gegenstände, Fotos und Schriftstücke vermitteln einen lebhaften und umfassenden Einblick in den Lebensstil der Guaymí, Terribe, Bokota, Chocó und der Kuna.

Das 1976 von der renommierten panamaischen Anthropologin *Reina Torres de Araúz* gegründete und nach ihrem Tod 1982 mit ihrem Namen bedachte Museum liegt an der Plaza 5 de Mayo. Es ist in einem auffallenden neoklassizistischen, aus dem Jahre 1913 stammenden Gebäude untergebracht, das ursprünglich als Eisenbahnstation fungierte.

●***Öffnungszeiten:*** Di-Fr von 9.30 bis 16.30 Uhr, am Sa von 9 bis 16 Uhr, am So, Mo und an Feiertagen geschlossen, ***Eintritt*** 50 ct.

Museo Afro-Antilliano de Panamá

Der Besuch dieses kleinen Museums kann als Ergänzung zum nahegelegenen Anthropologischen Museum betrachtet werden. In einem liebevoll eingerichteten Raum wird der ***Werdegang der afro-antillianischen Einwanderer*** illustriert, die als Bauarbeiter für das Eisenbahn-, später für das Kanalprojekt von den französisch und englisch geprägten Karibikinseln in das Land geholt wurden (siehe "Die Menschen"). Antike Möbelstücke vermitteln einen guten Eindruck von der alten, europäisch orientierten Wohnkultur, die die Arbeiter von ihren karibischen Heimatinseln nach Panama mitbrachten. Besonders die alte Kochnische mit dem antiken Ofen und das betagte Bügelbrett atmen eine lebensechte Atmosphäre. Die kleine Ausstellung wird von einigen antiken Fotos und Originaldokumenten unterstützt.

Das Museum ist seit 1980 in einer ehemalig protestantischen Kirche aus Holz *(Iglesia de la Misión Cristiana* von 1910) untergebracht. Es liegt im ehemals als Barrio del Marañon bezeichneten Stadtteil, in dem im vorigen Jahrhundert viele karibische Arbeiter ihre Wohnhäuser hatten. Heute wird dieses Stadtviertel als Calidonia bezeichnet. Vor allem abends zählt es zu den ***unsichersten Vierteln*** von Panama-Stadt. Auch tagsüber liegt in den Straßen mit ihren alten, halbverfallenen Holzgebäuden eine unangenehme Spannung.

Die kurze Strecke vom Anthropologischen Museum zum Afro-antillianischen Museum durch die Avenida Justo Arosemena kann allerdings tagsüber zu Fuß und ohne Furcht zurückgelegt werden.

●***Öffnungszeiten:*** Mo-Fr von 10 bis 16 Uhr, am Wochenende und an Feiertagen geschl., ***Eintritt*** 25 ct.

Museo de Historia de Panamá

Das 1977 gegründete ***Historische Museum*** führt Sie in großen Zügen durch die Schwerpunkte der ***Stadtgeschichte.*** Es befindet sich im zweiten Stock des neoklassizistischen Palacio Municipal, dem heutigen Sitz der Stadtregierung.

Im ersten Raum werden die ***kolonialen Anfangsjahre*** anhand von Modellen, Dokumenten und Plänen beleuchtet. Die Ausstellungen in den beiden anschließenden Räumen widmen sich mit Gemälden und alten Dokumenten dem ***Unabhängigkeitskampf.*** Die Räume Zwei und Drei verbindet ein Korridor, in dem einige Möbelstücke der Jahrhundertwende aufgestellt sind, die einen kleinen Einblick in den damaligen ***Wohnstil der wohlhabenden*** Familien geben. Das große Fenster im Korridor bietet übrigens ein fotogenes Panorama über die Dächer der Altstadt und die Plaza Catedral.

Der letzte Raum steht ganz im Zeichen des ***Panamakanals:*** Bilder von den Arbeiten, Fotos von prominenten Personen, Kanalverträge und -pläne, Autokennzeichen und Briefmarken aus der ehemaligen Kanalzone und die zerrissene Nationalfahne, das Symbol der Unruhen in den 60er Jahren, demonstrieren auf bescheidene Weise die Entstehung des Kanals sowie den langen Streit zwischen den USA und Panama rund um dieses technische Bauwerk. Ein auffallend fremdes Exponat in dieser Ausstellungsrunde ist die Kuna-Fahne, die sich aus einem schwarzen Hakenkreuz auf rot-weißem Hintergrund zusammensetzt. Sie ist für die Kuna das Symbol ihres kurzen, aber erfolgreichen Unabhängigkeitskampfes im Jahre 1925.

Der Besuch des Historischen Museums, das an der Plaza Catedral inmitten der Altstadt liegt, läßt sich gut mit einem Rundgang durch den alten Stadtkern (siehe “Casco Viejo”) verbinden.

●***Öffnungszeiten:*** Mo-Fr von 8.30 bis 15.30 Uhr, am Wochenende und an Feiertagen geschlossen, ***Eintritt*** 25 ct.

Museo de Arte Colonial Religioso

Einen kleinen, wenn auch sehr bescheidenen Einblick in die koloniale Vergangenheit erhält man im ältesten Stadtmuseum, dem 1974 gegründeten ***Museum der religiös-kolonialen Kunst.*** Das im passenden Rahmen der Capilla de Santo Domingo untergebrachte Museum zeigt einige ***Gemälde und Holzschnitzereien*** aus dem 18. Jahrhundert, die im Auftrag der Kirche von anonymen Künstlern in den Kulturhochburgen Quito, Lima und Mexiko hergestellt wurden. Die schönsten Stücke der Sammlung bilden die ***silbernen Reliquien,*** die der panamaischen Silberschmiedeschule entstammen. Die Schule lieferte ab dem 16. Jahrhundert feine Handarbeiten, die vorwiegend den Weg nach Südamerika und Spanien fanden. In Panama sind nur wenige greifbare Zeugen dieser Kunst zurückgeblieben.

Das Museum befindet sich (wie das historische Museum) in Casco Viejo, weshalb der Besuch am besten mit einem Rundgang durch die Altstadt (siehe "Casco Viejo") verbunden wird.

●***Öffnungszeiten:*** Mo-Fr von 9 bis 16 Uhr, am Wochenende und an Feiertagen geschlossen, ***Eintritt*** 25 ct.

Museo de Ciencias Naturales

Das 1975 gegründete ***Naturkundemuseum*** gibt einen kleinen Einblick in die Landesgeologie und vermittelt zugleich einen bescheidenen Überblick über die panamaische Fauna. Der Rundgang beginnt in der *Sala de Evolución, Geología y Paleontología.* Dieser kleine Raum birgt eine Kollektion von ***Mineralien*** und ***Fossilien*** sowie geologische Schautafeln und Karten. Der nächste und zugleich größte Raum des Museums ist der *Sala de Vertebrados,* wo sich Vitrinen mit einer Kollektion von ***präparierten Säugetieren, Vögeln, Reptilien und Amphibien*** befinden. Dahinter schließt die *Sala de Entomología y Biología Marina* an. Dieser Raum beherbergt unter anderem ***Korallen, Fische, Muscheln*** und eine umfangreiche ***Käfer- und Schmetterlingssammlung.*** Links von der *Sala Vertebrados* liegt die *Sala de Fauna Extranjera,* in der ausgestopfte ***Tiere aus der ganzen Welt*** zu sehen sind.

Das Naturkundemuseum, gelegen an der Ecke Ave. Cuba/Cl. 30, ist in einem vom Jahre 1930 datierenden Herrenhaus mit einem auffallenden Rundturm untergebracht.

●***Öffnungszeiten:*** Mo-Fr von 9 bis 16 Uhr, am Wochenende und an Feiertagen geschlossen, ***Eintritt*** 25 ct.

Casa Museo Banco Nacional de Panamá

Hinter dem beeindruckenden Dekor einer aus dem Jahr 1925 stammenden Villa versteckt sich das jüngste Stadtmuseum, in dessen verschiedenen Räumen die ***historische Entwicklung des Geld-, Bank- und Postwesens*** dokumentiert wird. Die Ausstellung zeigt Münzen aus der kolonialen Epoche, Banknoten aus der ganzen Welt, antike Telefone und Briefkästen sowie panamaische Briefmarken ab dem Beginn dieses Jahrhunderts.

Das in der Calle 34 nahe der Avenida Cuba liegende Museum ist eine Initiative der *Banco Nacional de Panamá (BNP)* und wurde anläßlich ihres 70jährigen Bestehens im Oktober 1983 gegründet.

●***Öffnungszeiten:*** Di-Fr von 8 bis 12.30 Uhr und von 13.30 bis 16 Uhr, am So, Mo und an Feiertagen geschlossen, ***Eintritt*** frei.

Museo de Arte Contemporáneo

Das in einem sehr gepflegten und baumreichen Stadtteil am Fuße des

Cerro Ancón gelegene ***Museum für Gegenwartskunst*** entstand 1981 durch eine Initiative des *Instituto Panameño de Arte (PANARTE).* Es ist eines der wenigen Museen des Landes, das nicht unter staatlicher Leitung steht. Für die Kunstförderung ist *PANARTE* völlig auf Sponsorengelder und Spenden angewiesen. Bis jetzt konnte damit im Museum nur eine winzige Sammlung von weniger spektakulären Landschaftsbildern heimischer Künstler aufgebaut werden.

Die feste Sammlung ist im ersten Stock untergebracht, wo sich auch

ein Konzertsaal und ein Raum für wechselnde Expositionen befinden. Interessanter dagegen sind die wechselnden Ausstellungen lateinamerikanischer Kunst im geräumigen, hellen Erdgeschoß, wo sich die Werke führender internationaler, aber auch nationaler Künstler bewundern lassen (siehe "Malerei").

●***Informationen*** über die aktuellen Ausstellungen erhalten Sie in den lokalen Tageszeitungen oder direkt im Museum, Ave. de los Mártires/ Cl. San Blas, Tel.: 628012 oder 525451.

●***Öffnungszeiten:*** Mo-Fr von 9 bis 16 Uhr, am Sa nur bis 12 Uhr, ***Eintritt*** frei.

Galerien

Interessierte an lateinamerikanischer zeitgenössischer Kunst treffen auf überraschende Ausstellungen in den Galerien der Hauptstadt. Renommiert und empfehlenswert sind:

●***Galeria Arteconsult,*** Tel.: 691528, Ave. Samuel Lewis/Cl. 55 und 56, Edif. Olivella.

●***Galeria Bernheim,*** Tel.: 230012, Cl. 50 im Erdgeschoß des Edif. Tronlap.

●***Staatliche Galerie*** des *Instituto Nacional de Cultura (INAC),* Tel.: 288057, Las Bóvedas/Plaza de Francia in Casco Viejo.

An- und Weiterreise

Am internationalen Flughafen

Der moderne Flughafen General *Omar Torrijos* liegt circa 28 km nordöstlich der Hauptstadt nahe dem Ort Tocumen. Besondere Einreiseprozeduren sind nicht vorgesehen.

●Zwischen der Paß- und der Zollkontrolle befindet sich ein ***Informationsschalter des Tourismusamtes*** (IPAT), ein anderer in der Ankunftshalle (Erdgeschoß) neben dem Ausgang. Sie sind täglich von 8 bis 24 Uhr geöffnet, verfügen aber über wenig Informationsmaterial.

●In der ***Ankunftshalle*** gibt es außerdem Schalter der größeren Autovermieter und eine Filiale der *Banco Nacional de Panamá,* wo man von Mo bis Fr von 8.30 bis 13.30 Uhr Reiseschecks einwechseln kann.

●Im ***ersten Stock*** des Flughafengebäudes ***(Abflughalle)*** gibt es ein Restaurant, ein Postamt, eine Erste-Hilfe-Station und einen Airport-Tax-Schalter. Hier muß bei der Ausreise, noch vor dem Check-In, die Flughafengebühr von 20 $ pro Person entrichtet werden.

●In der ***Transitzone*** des Flughafens findet man diverse Geschäfte mit zollfreien Waren, zwei kleine Restaurants, einen Faxautomaten gegenüber dem Ausgang 14 (auch mit *Visa-, Mastercard-* und *American-Express-Karte* zahlbar), ein *INTEL*-Büro und eine Filiale der *Banco Nacional de Panamá,* die täglich von 8 bis 13 Uhr und von 14 bis 20 Uhr geöffnet ist.

Transport vom/zum Flughafen

●***Bus:*** Zwischen dem internationalen Flughafen und dem Stadtzentrum verkehren regelmäßig Busse. Die Haltestelle liegt circa 10 Gehminuten nordwestlich des Flughafengebäudes nahe der Brücke. Die Fahrt kostet 35 ct. und dauert etwa 70 Minuten. Nach Einbruch der Dunkelheit ist aus Sicherheitsgründen ein Taxi anzuraten. Busse vom Stadtzentrum zum Flughafen tragen die Aufschrift *Tocumen.* Sie kön-

Panama-Stadt West (Karte S. 232)

1 Smithonian Tropical Research Institute
2 US-Militärkrankenhaus Gorgas
3 Museo de Arte Contemporáneo
5 Banco Nacional de Panamá
6 Busbahnhof Interior
7 Bus nach Santiago
8 Mercado de Artesanía
9 Museo Antropológico Reina Torres de Araúz
11 Busbahnhof Area del Canal
12 Museo Afro-Antilliano de Panamá
13 Busbahnhof Colón
10 Plaza 5 de Mayo
22 Einreisebehörde
23 Museo de Ciencas Naturales
25 Kino Metro
27 Schwimmbad
28 Lotteriegebäude
26 Postamt Zona 5
33 Casa Museo Banco Nacional de Panamá
35 Iglesia Menor de Don Bosco
36 Ausreisebehörde und Gesundheitsministerium
34 Postamt Zona 4
38 Handelsvertretung von Österreich
40 Centro Médico Bella Vista
45 Librería Aepsa
46 Banco Nacional de Panamá
47 Copa
48 Wäscherei
49 Parque Urraca
50 Banco Exterior
51 Monumento Balboa

🏨
4 Hotel Ideal und Costa-Rica-Busticketbüro
14 Hotel Caribe
15 Pensión Las Tablas
16 Pensión Colón
17 Gran Hotel Soloy
18 Hotel Veracruz
19 Hotel Dos Mares
20 Hotel Acapulco und Rest. Bendiorm II
21 Residencial El Volcán
24 Residencial Alameda
29 Hotel Roma
30 Pensión América
31 Hotel Discovery
32 Hotel Centroamericano
37 Residencial El Dorado
39 Residencial Jamaica
41 Hotel Bella Vista
42 Hotel Europa
43 Hotel California
44 Residencial Primavera

nen in der Vía España, der Avenida Justo Arosemena und der Avenida Perú angehalten werden.

●***Taxi:*** Vor der Ankunftshalle des internationalen Flughafens befindet sich ein Taxistandplatz. Die Fahrt kostet 20 $ pro Taxi bzw. 8 $ pro Person im Sammeltaxi und dauert etwa 40 Minuten.

Nationale Busverbindungen

Von Panama-Stadt aus können alle größeren Städte mehrmals täglich mit dem Bus erreicht werden. Es gibt verschiedene, ***nach Regionen gegliederte Busbahnhöfe.*** Für Fahrten entlang des Panamakanals starten die Busse vom *Terminal Area del Canal,* in Richtung Westen und Osten und auf die Halbinsel Azuero vom *Terminal Interior,* nach Colón vom *Terminal Colón* und in die Provinz Bocas del Toro von einem privaten Busbahnhof.

Vorsicht! Auf den Busbahnhöfen treiben ***Taschendiebe*** ihr Unwesen. Das Gepäck sollten Sie deshalb keine Sekunde aus den Augen verlieren, auch nicht während der Verladung.

Entfernungen ab Panama-Stadt

- ***Osten:*** Internationaler Flughafen (28 km), Chepo (58 km) und Yaviza (280 km).
- ***Norden:*** Colón (80 km) und Portobelo (105 km).
- ***Westen:*** Capira (55 km), San Carlos (90 km), El Valle (126 km), Penonomé (152 km), Aguadulce (197 km), Divisa (215 km), Santiago (250 km), David (440 km), Boquete (480 km), Paso Canoa (Grenze zu Costa Rica, 494 km).
- ***Halbinsel Azuero:*** Chitré (252 km) und Las Tablas (282 km).

Busterminal Interior

Dieser größte und wichtigste Busbahnhof liegt an der Avenida Balboa nahe der Altstadt. Er ist erreichbar mit allen Stadtbussen, die die Aufschrift *Calle 12, Chorrillo* und/oder *Plaza 5 de Mayo* tragen und die durch die Vía España/Avenida Central oder die Avenida Balboa in Richtung Altstadt fahren. Während der Bus in der Avenida Balboa direkt vor dem Gelände hält, ist die Haltestelle bei allen anderen Bussen die Plaza Cinco de Mayo. Ab dort sind es circa 5 Gehminuten zum Busbahnhof.

Vom Busbahnhof *Interior* fahren täglich Busse nach:

- ***El Valle*** (3,50 $) zwischen 6.30 und 18.30 Uhr alle 20 Minuten. Mit diesem Bus kann man auch nach ***Campana*** (1,20 $), ***Chame*** (2,15 $), ***Coronado*** (2,30 $) und ***San Carlos*** (2,70 $) fahren.

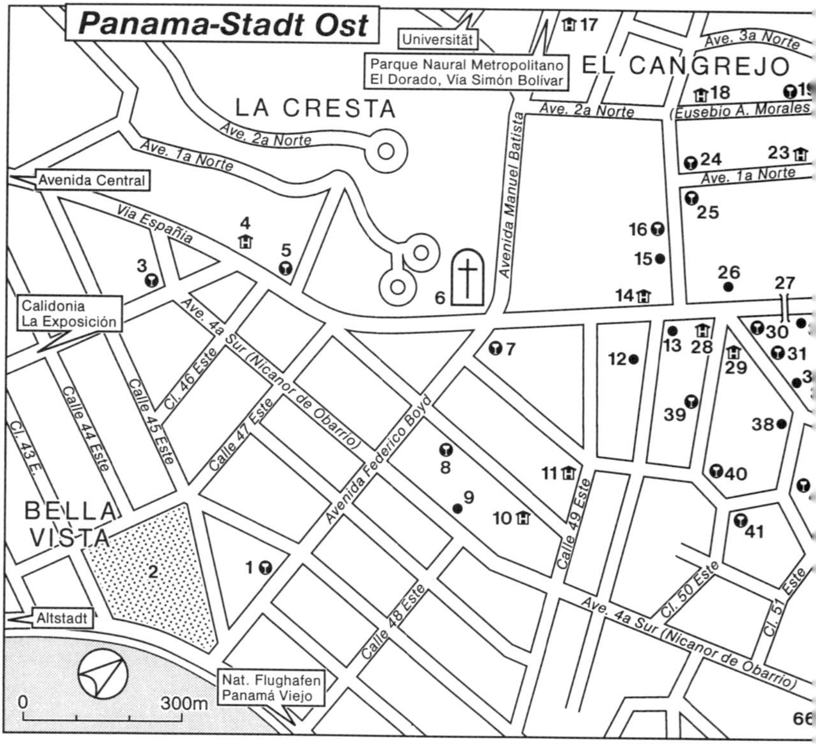

●***Penonomé*** (3,70 $) zwischen 5.15 und 21 Uhr alle 20-30 Minuten.

●***Santiago*** (6 $) zwischen 5 und 21 Uhr halbstündlich, danach um 23.00, 1 und um 3 Uhr. Der Bus hält je nach Nachfrage unter anderem in ***Natá*** (4,35 $), ***Aguadulce*** (4,70 $) und ***Divisa*** (5,30 $)

●***David*** (11 $) zwischen 7 und 13 Uhr jede volle Stunde, danach sechsmal bis Mitternacht. Das Ticket für die Abendbusse kostet 15 $.

●***Chitré*** und ***Los Santos*** (6 $) zwischen 5.50 und 23.15 Uhr jede Stunde. Dabei kann man zwischen den Busunternehmen *Tuasa,* Tel.: 629971, und *Inazún,* Tel.: 626795, wählen. Unterschiede gibt es weder im Preis noch in der Busqualität.

●***Guararé*** und ***Las Tablas*** (6,65 $) zwischen 6 und 18 Uhr. Die Abfahrt erfolgt, wenn der Bus voll ist, in der Regel jede volle Stunde.

●***Yaviza*** (14 $) über ***Pacora*** (0,70 $), ***Chepo*** (1,50 $), ***Metetí*** (9 $) und ***Canglón*** (11 $) um 6.30 und 8.30 Uhr; nur bis ***Metetí*** täglich um 10.30 und 11.30.

Achtung! Der Bus fährt nach Yaviza wegen des ***Straßenzustandes*** meistens nur in der Trockenzeit, vom Januar bis März, ansonsten bis Metetí oder Canglón, je nach Witterung. ***Aktuelle Informationen*** erhalten Sie bei der *Cooperativa de Transportes Cemaco Darién,* kein Telefon, direkt im Busbahnhof.

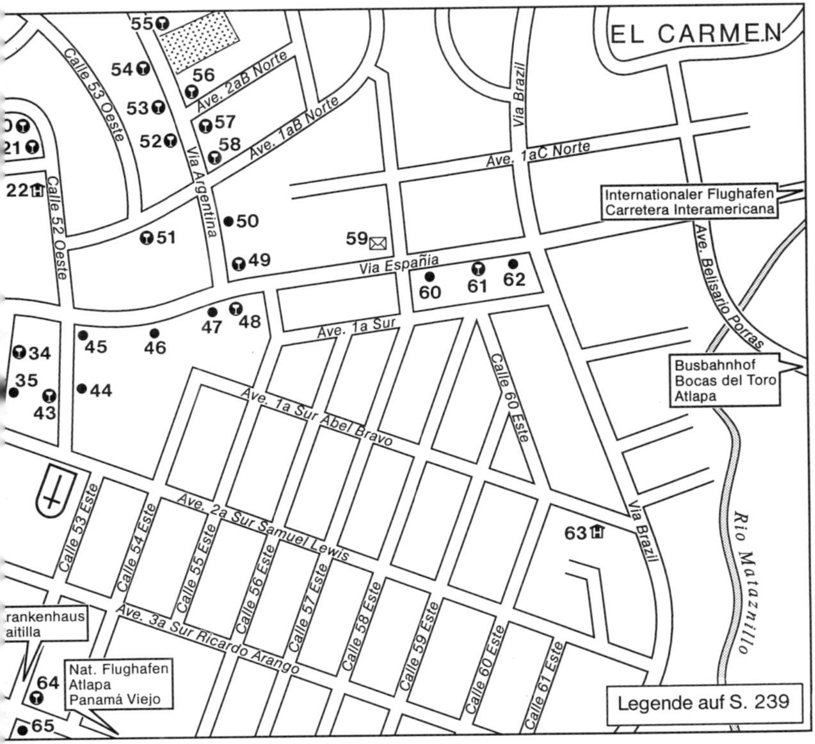

Panama-Stadt

Busterminal Colón

Der Busbahnhof für Fahrten nach Colón liegt an der Calle 26/Avenida Central und ist erreichbar mit allen Stadtbussen, die durch die Vía España und die Avenida Central in Richtung Altstadt (Calle 12) fahren.

●Busverbindungen nach ***Colón*** (1,25 $ oder 1,75 im Bus mit AC): täglich zwischen 3.30 und 1 Uhr alle 20 Minuten. Colón ist der Umsteigeort nach ***Portobelo*** und zur ***Isla Grande.*** Über diese Busverbindungen siehe "An- und Weiterreise" in Colón.

Busterminal Area del Canal

Der Busbahnhof für die Kanalgegend befindet sich nahe der Plaza 5 de Mayo. Von hier kann man täglich zwischen 5 Uhr und 24 alle 20-30 Minuten die wichtigsten Orte und Sehenswürdigkeiten entlang des Panamakanals erreichen:

●***Paraíso, INRENARE-Hauptbüro*** (35 ct.)
●***Botanischer Garten Summit*** (55 ct.)
●***Gamboa und Chilibre,*** Nationalparks ***Camino de Cruzes*** und ***Soberanía*** (65 ct.)
●***Miraflores-Schleusen, Panamakanal*** (35 ct.)
●***Calzada Amador*** (30 ct.)
●***Playa Kobbe*** (40 ct.)
●***Playas Far Fan*** und ***Veracruz*** (45 ct.).

Busterminal Bocas del Toro

Der privat geführte Busbahnhof der Gesellschaft *Transporte y Turismo Bocatoreño,* Tel.: 610350 oder 291639, liegt an der Avenida Belisario Porras nahe der Calle 64. Er ist erreichbar mit dem Stadtbus *Ruta 1 (Pma. Viejo),* der durch die Avenida Justo Arosemena und die Vía España fährt. Den Bus nach Bocas del Toro kann man aber auch in der Cl. 30 gegenüber dem *Hotel Dos Mares* besteigen.

●Jeden Di und So startet ein Bus um 5 Uhr nach ***Changuinola*** über ***Chiriquí Grande*** und ***Almirante*** (Fähre). Der Fahrschein kostet 22 $, eine Reservierung ist unbedingt anzuraten. Das Büro ist Mo-Fr von 8 bis 17 Uhr geöffnet, samstags nur bis 12 Uhr.

Internationale Busverbindungen

●Von Panama-Stadt aus nach ***San José (Costa Rica)*** fährt ein Bus der Gesellschaft *Tica* täglich um 11 Uhr. Die Fahrt kostet 25 $ pro Strecke und dauert circa 20 Stunden. Kinder bis 2 Jahre erhalten eine 10-prozentige Ermäßigung. Tickets sind im Tica-Büro (neben dem *Hotel Ideal*) Mo-Fr von 8 bis 18 Uhr, am Sa nur bis 13 Uhr und sonntags von 9 bis 11 Uhr erhältlich. Eine Ticketreservierung ist unbedingt anzuraten, ebenso die Mitnahme eines Pullovers und/oder einer Jacke wegen der Klimaanlage im Bus. Das Ticket muß circa 1 Stunde vor der Abfahrt abgeholt werden. Die Haltestelle liegt nahe dem Ticketbüro (um die Ecke).

●Weitere Busverbindungen ab Panama-Stadt: nach ***Nicaragua*** (40 $/Fahrt), ***Honduras*** (60 $), ***San Salvador*** (75 $) und nach ***Guatemala-Stadt*** (83 $), allerdings immer mit Umsteigen in San José. Weitere Informationen erhalten Sie im Ticketbüro.

Nationale Flugverbindungen

Der nationale Flughafen *Marcos A. Gelabert* liegt an der Vía Israel im Stadtteil Punta Paitilla und ist mit dem Stadtbus (Aufschrift: *Ruta 2* oder *Pma. Viejo)* ab der Avenida Balboa erreichbar (15 ct.). Alle nationalen Fluglinien haben ihr Büro am Flughafen, das auch gleichzeitig der Check-In-Schalter ist. In der folgenden Übersicht beziehen sich die Preise auf das Rückflugticket, für eine Strecke muß die Hälfte des Preises gerechnet werden.

Aeroperlas

●***Tel.:*** 694555 oder 635363.
●nach ***Colón*** (47 $) Mo-Fr um 7.00, 7.50, 8.15, 8.40, 9.30, 15.55, 16.45,

Panama-Stadt Ost (Karte S. 236)

2 Parque Urraca
8 Iglesia del Carmen
11 Disco Magic
14 Farmacia Arrocha
15 Citi Bank
17 Artesanías Flory Saltzmann
18 Videobar Daiquiri
35 Banco Nacional de Panamá, Banco del Istmo und Kino Plaza
36 Fußgängerbrücke
41 Geschäft Gran Morrison
42 Supermarkt El Rey
44 Botschaft von Costa Rica
45 Schweizer Botschaft
46 INTEL
47 Botschaft von Kolumbien
53 Kino Aries und Wechselstube
54 Disco Bacchus
55 Kino Alhambra
56 Deutsch-Panamaische Handelsk.
59 Librería Argosy
68 Postamt Zona 7
69 Librería Educa
71 Kinos Brasil, Esapaña und Obarrio
74 Centro Comercial Plaza New York, und Torre Swiss Bank
75 Deutsch-Südamerikanische Bank und Deutsche Botschaft

5 Hotel Montreal
12 Tower House Suites
13 Hotel Ejecutivo
16 Hotel El Panamá
21 Aparthotel Plaza
24 Aparthotel Las Vegas
28 Hotel Riande Granada
29 Suites Ambassador
37 Hotel Riande Continental Ciudad
38 Suites Alfa
72 Hotel Aramo

1 Restaurant Taberna Bavaria
4 Restaurant La Mejicanita I
6 Restaurant/Bar Lessep's
9 Restaurant Bajwa's Shamianá
10 Restaurant Las Tinajas
25 Restaurant Rincón Suizo
26 Restaurant Martín Fierro
27 Restaurant Ginza
31 Cafetería Manolo II
32 Restaurant La Ponderosa
39 Jimmy's Café
40 Bar El Zaguán
43 Niko's Café
48 Rest./Cafetería Costa Azul
49 Veget. Restaurant Mireya
50 Restaurant Golosinas
51 Restaurant El Pavo Real
52 Restaurant Korea House
57 Beer House
58 Bar La Zingara
60 Restaurant Siete Mares
61 Restaurant Bon Profit
62 Restaurant Paparucchi's
63 Restaurant Tequila
64 Restaurant Frateli
65 Cafetería Manolo I
66 Restaurant El Trapiche
67 Cafetería El Prado
70 Restaurant Interchina
73 Restaurant Casco Viejo

17.05 und 17.35 Uhr. Die Nachmittagsflüge sind wesentlich billiger!

- nach ***David*** (100 $) Mo-Fr um 6.30 und 17.15 Uhr, am Sa um 6.30 und 16 Uhr.
- nach ***Bocas del Toro*** (86 $) und ***Changuinola*** (92 $) täglich um 9.15 und 13.30 Uhr.
- nach ***Isla Contadora*** (44 $) täglich um 10 Uhr, jedoch ist die Abflugszeit von der Nachfrage abhängig.
- nach ***San Miguel*** (34 $) über Contadora am Mo, Mi und Fr um 10 Uhr.
- nach ***La Palma*** (63 $) und ***El Real*** (68 $) am Mo, Mi und Fr um 10 Uhr.

Alas Chiricanas

- ***Tel.:*** 646448 oder 646201.
- nach ***Colón*** täglich um 7.15, 7.40, 8.00, 8.30, 9.30, 16.50, 17.15, 17.45 und 18 Uhr. Am Nachmittag sind die Flüge billiger, für diese Flüge wird aber zusätzlich pro Gepäckstück 15 ct. berechnet.
- nach ***David*** (100 $) Mo-Sa um 7 und 16 Uhr, am So um 8 und 16 Uhr; 20 ct./ Gepäckstück.
- nach ***Changuinola*** (92 $) Mo-Sa um 8.45 Uhr, am So um 9.15 Uhr; 20 ct./Gepäckstück.
- nach ***Bocas del Toro*** (86 $) am Mo, Mi und Fr um 8.45 Uhr; 20 ct./Gepäcksstück.
- nach ***Isla Contadora*** (44 $) nur am Fr um 14 Uhr. Der Rückflug erfolgt am darauffolgenden Sonntag um 14 Uhr.

Aerotaxi

- ***Tel.:*** 648644.
- nach ***El Porvenir*** (54 $) Mo-Sa um 6 Uhr.

Chitreana de Aviación

- ***Tel.:*** 264116 oder 263069.
- nach ***Chitré*** (53 $) Mo-Fr um 6.45 und 15.30 Uhr, am Sa um 6.45 und 12 Uhr.

Transpasa

- ***Tel.:*** 260843 oder 260932.
- nach ***El Porvenir*** (50 $) Mo-Sa zwischen 6 und 8 Uhr.
- nach ***Puerto Obaldía*** (80 $) am Di und Do zwischen 6 und 8 Uhr.

Parsa

- ***Tel.:*** 263803 oder 263883.
- nach ***Jaqué, Sambú*** und ***Garachiné*** (je 75 $) am Mo, Mi und Fr. Da keine genaue Abflugszeit bekannt ist (sie liegt in der Regel zwischen 8 und 10 Uhr), muß der Fluggast bereits um 6 Uhr am Flughafen sein. Zudem muß das Ticket einen Tag vor dem Abflug reserviert werden.

Ansa

- ***Tel.:*** 266881 oder 267891.
- nach ***Puerto Obaldía*** (80 $) am Mo, Mi und Fr um 8 Uhr.
- nach ***El Porvenir*** (50 $) Mo-Sa um 6 Uhr.

Internationale Flugverbindungen

Die wichtigsten internationalen Flugverbindungen finden Sie im Anhang, die Adressen und Telefonnummern der internationalen Fluglinien in diesem Kapitel unter “Adressen von A bis Z”.

Boot

Die ***Fähre zur Isla Taboga*** startet von der *Muelle 18* im Balboa-Hafen am Mo, Do und Fr um 8.30 und 15 Uhr (Rückfahrt: 10 und 18 Uhr), am Wochenende und an Feiertagen zusätzlich um 11.30 Uhr (15 Uhr), am Di und am Mi besteht kein Fährdienst.

Die Überfahrt dauert circa 1 Stunde und kostet pro Strecke 2,50 $, Kinder bis 12 Jahre bezahlen die Hälfte. Tickets sind direkt am Anlegesteg am kleinen Schalter erhältlich. Wegen des großen Andrangs, vor allem am Wochenende und an Feiertagen, sollten Sie sich etwa 1 Stunde vor der Abfahrt an der Kasse einfinden. Die Mole ist direkt mit dem Bus nach Gamboa oder Paraíso (15 ct.) ab dem Busbahnhof *Aera del Canal* erreichbar. Sie müssen beim Hafengebäude (Aufschrift: *Autoridad Portuaria Nacional)* aussteigen, hinter dem die Muelle 18 und der Ticketschalter liegen.

Unterkunft

Panama-Stadt besitzt eine große Anzahl von Hotels aller Preisklassen. Von den Hotels und Pensionen in ***Santa Ana und der Altstadt (Casco Viejo)*** möchten wir allerdings abraten, nicht nur wegen ihrer unter jeder Kritik liegenden Ausstattung und ihrer schlechten Lage fernab von Restaurants und Unterhaltungsmöglichkeiten, sondern auch aus ***Sicherheitsgründen,*** vor allem nach Einbruch der Dunkelheit.

Die meisten Hotels und Pensionen der Stadt sind in den Stadtteilen La Exposición, Bella Vista, La Cresta und El Cangrejo konzentriert. Eine ***ruhige Lage*** gibt es im lärmbelasteten Kerngebiet der Stadt aber nur selten. Die ruhigsten Zimmer befinden sich meistens an der Hinterseite des Gebäudes.

Hotels und Pensionen bis 15 $

●***Residencial Primavera,*** Ave. Cuba/Cl. 42, Tel.: 251195. EZ/DZ 10 $. Sehr einfache, zweckmäßig ausgestattete Zimmer mit Bad und Ventilator.

●***Residencial El Dorado,*** Cl. 37/Ave. Perú und Cuba, Tel.: 275767. DZ mit Ventilator 14 $, mit AC und TV 19 $. Renoviertes Herrenhaus mit kleinen, größtenteils fensterlosen, aber sauberen Zimmern.

●***Pensión Colón,*** Ave. Perú/Cl. 29 und 30 oberhalb des Möbelgeschäftes, Tel.: 255888. EZ/DZ ohne Bad 8 $, mit Bad 12 $, mit Bad und Balkon 14 $. Sehr einfache, aber saubere Zimmer für anspruchslose Touristen.

●***Pensión Las Tablas,*** Ave. Perú/Cl. 28 und 29, Tel.: 255354, EZ/DZ 10 $, am Wochenende 14 $. Saubere und einfach ausgestattete Zimmer mit Bad, WC und Ventilator.

●***Pensión América,*** Ave. Justo Arosemena/Ave. Ecuador, Tel.: 251140, EZ 10 $, DZ 15 $. Vernachlässigte Zimmer mit Bad und WC in einem alten Herrenhaus.

●***Residencial El Volcán,*** Cl. 29/Ave. Perú und Cuba, Tel.: 255275. DZ mit Ventilator 12 $, mit AC und TV 16 $. Unhygienische, muffige Zimmer in einem alten Haus.

Hotels und Pensionen von 15 $ bis 30 $

●***Residencial Alameda,*** Cl. 30/Ave. Cuba und Justo Arosemena, Tel.: 251758, Fax: 257806. EZ/DZ 18 $. 20 saubere, zweckmäßig ausgestattete Zimmer mit TV, Bad und WC. Neue, kleine Anlage mit Privatparkplatz.

●***Hotel Discovery,*** Ave, Ecuador/Ave. Cuba, Tel.: 251140. EZ/DZ 18 $. Das im November '93 neueröffnete Hotel verfügt über eine Bar, ein Restaurant und 25 einfache Zimmer mit Teppichboden, Bad, WC, AC und TV.

●***Hotel Centroamericano,*** gegenüber dem *Hotel Discovery,* Tel.: 274555, Fax: 252505. EZ 20 $, DZ 22 $, DBZ 33 $. 61 nette, saubere Zimmer mit Bad, WC, AC, Telefon und teilweise mit Balkon; kleines Restaurant.

●***Hotel Dos Mares,*** Cl. 30/Ave. Perú und Cuba, Tel.: 276150. EZ 20 $, DZ 22 $, DBZ 25 $. 87 saubere, zweckmäßig eingerichtete Zimmer mit Bad, WC, TV, AC und Telefon. Unpersönlich wirkendes Hotel mit Swimmingpool und Dachterrasse.

●***Hotel Acapulco,*** neben dem *Hotel Dos Mares,* Tel.: 253832, Fax: 272032. EZ 20 $, DZ 22 $. Gutes Hotel mit Restaurant und bewachtem Privatparkplatz. 55 einfache, aber saubere Zimmer mit Bad, WC, AC oder Ventilator, Telefon und teilweise mit Balkon.

●***Hotel California,*** Via España/Cl. 43, Tel.: 637844, Fax: 646144. EZ 20 $, DZ

22-25 $. 60 saubere Zimmer mit AC, TV und Bad; Restaurant, Bar und Cafetería.

●***Hotel Montreal,*** Vía España/Ave. Justo Arosemena, Tel.: 634422, Fax: 637951. EZ 24 $, DZ 27,50 $, DBZ 33 $. Kleine Zimmer mit Teppich, Bad, WC, AC, TV und Telefon. Gutes, zentral gelegenes Mittelklassehotel mit Restaurant, Terrasse und Swimmingpool auf dem Dach.

●***Hotel Aramo,*** Ave. Abel Bravo/Vía Brasil, Tel.: 692355, Fax: 692406. EZ 27,50 $, DZ 33 $. Etwas vernachlässigte, große Zimmer mit Mini-Kühlschrank, Bad, WC, AC und Satelliten-TV. Alte Hotelanlage mit Swimmingpool, Privatparkplatz, Bar, renovierter Lounge, Cafetería und Disco am Wochenende.

●***Residencial Jamaica,*** Ave. Cuba/Cl. 38, Tel.: 259870. EZ/DZ 20 $. 15 neue Zimmer mit AC, TV und Bad, die häufig auch stundenweise benutzt werden.

●***Hotel Caribe,*** Ave. Perú/Cl. 28, Tel.: 272525, Fax: 273115. EZ 27,50 $, DZ 28,50 $, DBZ 30 $. 175 Zimmer, alle mit Bad, WC, AC und TV. Restaurant, Swimmingpool auf dem Dach, Privatparkplatz und Bar. Das Hotel hat schon bessere Zeiten erlebt, ebenso die großen, vernachlässigten Zimmer. Kein gutes Preis-Leistungs-Verhältnis.

Hotels von 30 $ bis 45 $

●***Gran Hotel Soloy,*** Ave. Perú/Cl. 30, Tel.: 271133, Fax: 270884. EZ 33 $, DZ 38,50 $, 220 Zimmer. Eines der besten Mittelklassehotels mit 2 Restaurants (24 Stunden geöffnet), 2 Bars, Spielautomatenhalle, Disco, Swimmingpool und Terrasse auf dem Dach. Große, gepflegte Zimmer mit AC, Bad, WC, TV, Kühlschrank und Telefon. Am Wochenende häufig lateinamerikanische Livemusik auf der Dachterrasse.

●***Hotel Costa Inn,*** Ave. Perú/Cl. 39, Tel 271522, Fax: 251281. EZ 37,50 $, DZ 44 $, DBZ 66 $. Typisches Stadthotel mit 155 Zimmern, Swimmingpool, Sauna, Privatparkplatz, Disco, Restaurant und Bar (24 Stunden geöffnet). Gute, zweckmäßig eingerichtete Zimmer mit Bad, WC, AC, Telefon, Satelliten-TV und Mini-Kühlschrank.

●***Hotel Europa,*** Ave. Central/Cl. 42 und 43, neben dem Hotel Bella Vista, Tel.: 636011, Fax: 636749. EZ 38 $, DZ 45 $. 103 Zimmer, Restaurant, Bar, Casino, und SWP. Saubere Zimmer mit AC, Bad, Telefon, Teppichboden und TV.

●***Hotel Veracruz,*** Ave. Perú/Cl. 30, Tel.: 273022, Fax: 273789. EZ 33-40 $, DZ 38-45 $, DBZ 42-50 $, jede weitere Person 5 $. Hotel mit Restaurant, Bar, Cafetería und 64 Zimmern mit AC, Bad, WC, TV und Telefon. Die billigen Zimmer liegen an der Hotelrückseite und sind oft dunkel und muffig. Vom äußerlichen Eindruck verspricht das Hotel mehr, als es bieten kann.

Hotels ab 45 $

●***Hotel Roma,*** Ave. Justo Arosemena/Cl. 33, Tel.: 273844, Fax: 273711. EZ bis DBZ 55 $, Vier- und Fünfbettzimmer 77 $, Suite 66-77 $. Gutes Hotel mit 150 Zimmern, Cafetería (24 Stunden geöffnet), Restaurant, Bar, Swimmingpool, Tennisplatz und Privatparkplatz. Gepflegte Zimmer mit Teppichboden, AC, Bad, Satelliten-TV und Telefon.

●***Hotel Riande Granada,*** Cl. 52/Ave. 1a Norte und Vía España, Tel.: 637477, Fax: 637197. EZ 79 $, DZ 90 $. 177 Zimmer mit Bad, WC und TV. Zentral gelegenes, etwas vernachlässigtes Hotel mit Swimmingpool, Bar (24 Stunden geöffnet) und Restaurant. Kein gutes Preis-Leistungs-Verhältnis.

●***Hotel Ejecutivo,*** Ave. Ricardo Arango/Cl. 49, Tel.: 643333, Fax: 691944. EZ 94 $, DZ 101 $. Gepflegtes Stadthotel mit Restaurant, Bar, Swimmingpool, Casino und 96 Zimmern mit Bad, AC, Balkon, Mini-Kühlschrank und -Bar, Telefon und Satelliten-TV.

●***Hotel Riande Continental Ciudad,*** Vía España/Cl. 50, Tel.: 639999, Fax: 694559. DZ 110 $. Große, gepflegte, aber überteuerte Zimmer mit Bad, WC, AC, Satelliten-TV, Telefon und teilweise mit Balkon. Zentral gelegene Hochhausanlage mit 202 Zimmern, Swimmingpool, Bar, Lounge, Nachtclub, Casino und einer Cafetería (24 Stunden geöffnet), in der es jeden Sonntagnachmittag für 9,50 $ pro Person ein Brunch-Buffet gibt.

●***Hotel Rianda Continental Aeropuerto,*** circa 3 km westlich des internationalen Flughafens im Vorort Pedregal, Tel.: 203333, Fax: 205017. EZ 80 $, DZ 90 $. Große, gepflegte Anlage mit 200 Zimmern, 2 Restaurants, Tennisplatz, Bar, Disco und Swimmingpool. Das einzige Hotel in Flughafennähe.

●***Plaza Paitilla Inn*** (ehem. *Hotel Holiday Inn),* Ave. Balboa, Punta Paitilla, Tel.: 691069, Fax: 231470. Das runde, 20stöckige Hotel verfügt über 273 Luxuszimmer, 2 Restaurants, 2 Bars, Swimmingpool, Nachtlub, Casino, Disco und Einkaufszentrum.

●***Marriott Cesar Park Hotel,*** Vía Israel/Cl. 17, gegenüber dem Atlapa-Zentrum, Tel.: 264077, Fax: 260116. 391 Zimmer, 3 Tennisplätze, Swimmingpool, Fitneßraum, Bar, Restaurant, Disco und Casino. Der Name Marriott bürgt in jeder Hinsicht für Qualität.

●***Hotel El Panamá,*** Via España/Cl. 49b, Tel.: 695000, Fax: 236080. EZ 143 $, DZ 154 $. Das beste Hotel der Stadt. 354 Zimmer, Swimmingpool mit integrierter Bar, 2 gute Restaurants, Pianobar, Tennisplatz, Casino, Reisebüro, Galerien, Geschäfte, Fitneßstudio, Sauna und Disco. Sehr große Luxuszimmer mit Isolierfenster gegen den Straßenlärm. Für die gleichen Preise gibt es auch Zimmer mit Terrasse/Balkon am Swimmingpool.

Aparthotels

Alle folgenden Hotels verfügen über Appartements für zwei bis vier Personen mit Küche, Bad, Satelliten-TV, AC und Telefon sowie Wäsche- und Faxservice an der Rezeption.

●***Aparthotel Plaza,*** Ave. Manuel Espinosa Batista/Ave. 13, gegenüber der Universität, Tel.: 645033, Fax: 642256. 53 sehr einfache, oft vernachlässigte Zimmer und Appartements. DZ mit Kühlschrank 30 $, Appartements ab 37 $.

●***Tower House Suites,*** Ave. 3a Sur/Cl. 49, Tel.: 692244, Fax: 692869. 40 Appartements ab 45 $. Swimmingpool.

●***Suites Alfa,*** Cl. 50/Vía España, Tel.: 634022, Fax: 230724. 60 Appartements ab 50 $.

●***Aparthotel Las Vegas,*** Ave. 2a Norte/Cl. 49b, Tel.: 696722, Fax: 290047. Insgesamt 100, teils renovierte Studios ab 66 $ und Appartements mit extra Schlaf- und Wohnzimmer ab 72 $.

●***Suites Ambassador,*** Ave. 1a Norte/Cl. 49b und 52, Tel.: 637274, Fax: 647872. DZ ab 88 $, 40 Suites mit Kochecke ab 99 $ inklusive Frühstück. 15 % Ermäßigung bei Wochenmiete, 20 % bei Monatsmiete. Gepflegte, zentral gelegene Anlage mit Fitneßraum, Swimmingpool und Privatparkplatz.

Restaurants und Cafeterías

Viele gute und preiswerte Lokale befinden sich im modernen, geschäftigen Stadtzentrum El Cangrejo, das von vielen als das "Schlemmereck" der Hauptstadt bezeichnet wird.

Panamaische Küche und Fischgerichte

●***El Trapiche,*** Vía Argentina/Ave. 2a Norte. Gemütliches, rustikal eingerichtetes Restaurant mit Straßenterrasse und guten Gerichten ab 4 $.

●***Niko's Café,*** Cl. 51 nahe der Vía España. Großes, modernes Selbstbedienungsrestaurant mit preiswertem und variationsreichem Buffet ab 2,50 $. 24 Stunden geöffnet, empfehlenswert, auch zum Frühstück.

●***Jimmy's Café,*** Ave. 2a Sur, nahe der Vía España. Sehr beliebtes, einfaches Selbstbedienungsrestaurant mit Terrasse und Buffet-Gerichten ab 2,50 $, 24 Stunden geöffnet, ebenfalls empfehlenswert.

●Große Popularität genießen auch die Cafeterías ***Manolo I,*** Vía Argentina, nahe *El Trapiche,* ***Manolo II*** (gute Pizzas), Cl. 49b/Ave. 1a Norte, und ***El Prado*** (24 Stunden geöffnet), Vía Argentina/Ave. 1a B Norte.

●***Restaurant/Cafetería Benidorm 2,*** Cl. 30, im *Hotel Acapulco.* Einfaches, aber gutes Restaurant mit Gerichten zwischen 2 und 5 $. Auch gut zum Frühstücken geeignet.

●***Restaurant La Ponderosa,*** Cl. 49b/ Ave. 1a Norte. Preiswerte Gerichte und große Auswahl an frischen Fruchtsäften.

●***Las Tinajas,*** Ave. 3a Sur, nahe der Ave. Federico Boyd. Atmosphärevolles, auf Touristen gerichtetes Lokal der gehobenen Klasse mit Folklore-Shows am Di, Do, Fr und Sa. So geschlossen.

●***Siete Mares,*** Ave. 1a Norte/Cl. 53. Sehr gute Fischgerichte ab 10 $. Etwas förmliche Atmosphäre, die von Pianomusik untermalt wird.

●***La Casa del Marisco,*** Ave. Balboa/Cl. 48 und 49a. Beliebtes Lokal der mittleren Klasse mit Fischspezialitäten. So geschlossen.

●***Restaurant/Cafetería*** Costa Azul, Cl. 50/Vía España und Ave. 3a Sur. Lokale Speisen und gute Fischgerichte ab 6,50 $, aber auch gut für einen Kaffee zwischendurch auf der kleinen Terrasse.

Italienische und französische Küche

●***Paparucchi's,*** Vía Argentina gegenüber *Manolo.* Kleines, modern eingerichtetes Lokal mit guten Pizzas und Pasta-Gerichten. Kleine Terrasse.

●***Restaurant Frateli,*** Vía Argentina/Ave. 3a Norte. Variationsreiches Angebot aus *Bella Italia,* Gerichte ab 4 $. Kleine Terrasse. Gut und empfehlenswert.

●Den besten Ruf unter den Restaurants mit französischer Küche genießt das ***Restaurant/Bar Casco Viejo,*** Cl. 53/Ave. 4a Sur. Feines und teures Lokal mit großer Terrasse. Am Sonntag geschlossen!

●***Restaurant Las Bóvedas,*** Cl. 2/Plaza de Francia in der Altstadt. Stilvolles, sehr teures Nobellokal, am Wochenende häufig Live-Jazz.

●***Restaurant/Bar Lessep's,*** Vía España, neben *Budget rent a car,* das in einem alten, im Art-déco-Stil geschmückten Herrenhaus untergebracht ist.

Asiatische Küche

●***Interchina,*** Vía España, nahe der Via Brasil. Eines der besten chinesischen Restaurants der Stadt.

●***Ginza,*** Cl. 52/Ave. 1a Norte. Angenehmes Lokal mit japanischer Küche, die allerdings an den panamaischen Fleischkonsum und -geschmack angepaßt wurde. Die traditionellen rohen Fischgerichte stehen nicht auf der Karte.

●***Restaurant Korea House,*** Cl. 52, gegenüber dem *Aries-Kino.* Originelle und empfehlenswerte koreanische Gerichte ab 8 $.

●***Bajwa's Shamianá,*** Ave. Federico Boyd/Vía España, unterhalb des Aparthotels *Costa del Sol.* Sehr gute indische Spezialitäten.

●Weniger zu empfehlen sind die geschmacklosen Fast-Food-Gerichte der chinesischen ***Don-Lee-Restaurants,*** unter anderem jenes in der Cl. 49b hinter dem *Hotel El Panamá* und in der Ave. 4a Sur/Cl. 49 und 49a.

Vegetarische Küche

●Die Auswahl an vegetarischen Restaurants hält sich derzeit noch sehr in Grenzen. Empfehlenswert ist das kleine ***Re-***

staurant Mireya, Cl. 50/Ave. 3a Sur, wo es Buffet-Gerichte ab 1,50 $, eine umfassende Salatbar, sehr gute frischgepreßte Fruchtsäfte und eine kleine Terrasse gibt. Das Restaurant ist Mo-Fr bis 20 Uhr geöffnet, sonntags geschlossen.

Lateinamerikanische und spanische Küche

●***Restaurant Martín Fierro,*** Cl. 52/Ave. 2a Norte. Ganz im argentinischen Stil geprägtes Lokal, das man für Liebhaber von Steak- und Grillgerichten empfehlen kann.
●Die Restaurants ***La Mejicanita I,*** Ave. Justo Arosmena/Ave. Nicanor de Obarrio und ***La Mejicanita II,*** Cl. 53 im *Centro Comercial La Florida,* bieten mexikanische Gerichte. Montags sind beide geschlossen.
●Gute mexikanische Küche, vorwiegend Grillgerichte, bietet das ***Restaurant Tequila*** in der Vía Argentina/Ave. 2a Norte, gegenüber dem Park.
●***Bon Profit,*** Vía Argentina nahe der Ave. 1b Norte. Empfehlenswertes kleines Lokal mit guter Atmosphäre und spanischen Gerichten für circa 8 $.

Internationale Küche

Neben den ***Hotelrestaurants,*** die sich an der internationalen Küche orientieren, ist vor allem hervorzuheben das:
●***Restaurant Golosinas,*** Cl. 50a/Ave. 3a Sur. Kleines Nobellokal, das häufig von Geschäftsleuten frequentiert wird; am Sonntag geschlossen.
●***Restaurant El Pavo Real,*** Cl. 51a/Ave. 3a Sur. Im typisch englischen Pub-Stil eingerichtetes Lokal.

Restaurants für Heimwehgeplagte

●Das im Chaletstil errichtete ***Restaurant Rincón Suizo,*** Ave. 2a Norte, nahe dem *Aparthotel Las Vegas,* offeriert typische Schweizer Gerichte, unter anderem verschiedene Käsefondues.
●Deftige, alpenländische Bauernkost bietet die Küche der ***Taberna Bavaria,*** Ave. Federico Boyd/Ave. 5a Sur und 5a B Sur. Das Lokal ist übrigens auch der Treffpunkt für deutschsprachige Auswanderer, Geschäftsleute und Touristen. Am Sonntag geschlossen.

Unterhaltung

Panama-Stadt ist, landesweit betrachtet, das Zentrum des nächtlichen Lebens. Von kleinen, oft zweifelhaften Kneipen über Folklore-Shows bis hin zu modernen Discos mit Licht- und Lasereffekten hat die Hauptstadt alles in ihrem Programm. Der Besuch einer Disco ist generell mit einer Bermuda-Hose, teilweise auch mit Turnschuhen nicht gestattet.

Kneipen und Discos

●***Hard Rock Café Panamá,*** Cl. 53 im Centro Comercial Plaza New York. Beliebter Treffpunkt der jüngeren Generation.
●***Beer House,*** Vía España, gegenüber der Vía Argentina. Einziger Ort in der Stadt, wo Bier auch im Literkrug *(jarro)* serviert wird. Im Keller des Lokals befindet sich eine Disco mit Salsa-Musik.
●***El Zaguán,*** Ave. 2a Sur, nahe *Jimmy's Cafetería.* Stilvolle Kneipe, in der von Di bis Sa Live-Salsa und -Jazz geboten wird. Beliebt beim älteren Publikum.
●***Daiquiri,*** Cl. 49b, hinter dem *Hotel El Panamá.* Einfaches, discoähnliches Lokal mit lauter Musik und Videos.
●***Bar La Zingara,*** Vía Argentina/Vía España. Etwas steril erscheinende Kneipe im 60er-Jahre-Stil.
●Das ***Open-Air-Café*** auf der Dachterrasse des ***Hotels Soloy*** bietet am Wochenende, die ***Bar im Hotel El Panamá*** ganzwöchig Live-Salsamusik.
●***Disco Patatus,*** Cl. 53 im Centro Co-

mercial Plaza New York. Modern gestylte, mit den letzten süd- und nordamerikanischen Hits ausgestattete Disco, Eintritt 8 $.

●***Discoteca/Bar Bacchus,*** Vía España/ Cl. 52. Etwas ältere, aber beliebte Disco. Eintritt für Männer 10 $ inklusive zwei Getränken, für Frauen frei.

●In die gleiche Kategorie fällt die ***Disco Magic,*** Ave. 4a Sur/Cl. 48, Eintritt 5 $.

●***24 Stunden geöffnet*** haben die Bars und/oder Cafeterías in den *Hotels Riande Granada, Veracruz, Costa Inn, Riande Continental Ciudad* und *Roma,* das Restaurant im *Gran Hotel Soloy* und die Cafeterías *El Prado, Jimmy* und *Niko* im Stadtteil El Cangrejo.

Folklore und Theater

●***Abendliche Folklore-Shows*** werden im *Hotel El Panamá* jeden Fr, im *Restaurant Las Tinajas* jeden Di, Do, Fr und Sa geboten.

●Jeden Sonntagnachmittag während der Lottoziehung werden auf dem ***Platz vor dem Lotteriegebäude*** Konzerte und/ oder Folkloretänze veranstaltet, Eintritt frei.

●Das ***Teatro Nacional,*** Casco Viejo, bietet ein breites Programm an, das von Jazz- bis zu Klassikkonzerten und von Ballett- bis zu Folkloretänzen reicht.

●Im ***Atlapa-Konferenzzentrum,*** Vía Israel, werden meistens große Popmusikkonzerte, Showveranstaltungen sowie messeähnliche Ausstellungen abgehalten.

●Das ***aktuelle Programm*** finden Sie in den lokalen Tageszeitungen und in der Touristenzeitung *El Visitante - The Visitor.*

Kino

Einmal wöchentlich erscheint das ***Kinoprogramm*** *REVISTA,* das vielerorts gratis erhältlich ist und Auskunft gibt über das aktuelle Spielfilmprogramm der Kinos *(Cines).* Die Filme werden täglich in der Regel zwischen 15 und 22 Uhr drei- bis viermal ausgestrahlt, meistens in Originalfassung mit spanischen Untertiteln. Der ***Preis*** einer Eintrittskarte liegt zwischen 1 $ und 2,75 $.

●***Cines Brasil, España*** und ***Obarrio*** (2 Säle), Tel.: 648411, Vía España/Vía Brasil.

●***Cine Alhambra*** (6 Säle), Tel.: 643515, Vía España/Cl. 52 und Vía Argentina.

●***Cine Aries*** (4 Säle), Tel.: 691632, Cl. 52/Vía España und Ave. 2a Sur.

●***Cine Plaza,*** Tel.: 694928, Vía España/ Ave. 2a Sur.

●***Cine Metro*** (2 Säle), Tel.: 250401, Cl. 28/Ave. Balboa.

●***Cine Universitario,*** Tel.: 642737, am Uni-Gelände. Bietet neben den letzten Hollywood-Schinken auch Produktionen aus der alternativen Szene an.

Bowling

●***Bolos El Dorado,*** Vía Ricardo Alfaro (auch Ave. Tumba Muerto) im *Centro Comercial El Dorado.* Große Halle mit mehreren Bowlingbahnen. Öffnungszeiten: Mo-Sa von 8 bis 24 Uhr, So von 11.30 bis 23 Uhr, Eintritt zwischen 50 ct. und 1,50 $, je nach Zeit und Tag.

Einkaufen

Wahre Paradiese für einen ausgedehnten Einkaufsbummel sind die bekannten ***Einkaufsstraßen*** Vía España und Avenida Central, die täglich (außer sonntags) zu einem Bummel einladen. Während in der Vía España das Treiben eher als ruhig zu beschreiben ist, herrscht in der Avenida Central im Stadtteil La Exposición ein chaotisches Bild: Zwischen den heranbrausenden, hupenden und qualmenden Stadtbussen überqueren meist unter Lebensgefahr die Kauflustigen die Straße. An den schmalen Gehsteigen häufen sich die wackeligen Verkaufsstände der Straßenhändler, die von der Stecknadel bis zum elektronischen Schnick-Schnack alles in ihrem Sortiment haben. Und zwischen den Geschäften, die von billigen Waren aus allen Bereichen des Lebens überquellen, und den Verkaufsständen tummeln sich Hunderte Menschen. Schulter an Schulter kämpfen sie sich durch den "Dschungel der Einkaufsgroßstadt" in der Hoffnung, ein Schnäppchen zu ergattern.

Souvenirs

●Die beste Adresse für ***landestypische Kunsthandwerke*** ist das Geschäft von *Flory Saltzmann,* in der Cl. 49 am *Hotel El Panamá* (bei der Zufahrt, rechts die Stiegen hoch). Der kleine Laden bietet eine enorme Auswahl an neuen und gebrauchten *molas, chachiras* (bunte Halsketten der Guaymí) und Ansichtskarten.

●Der kleine Souvenirladen neben dem *Aparthotel Suites Alfa,* Cl. 50, ist spezialisiert auf kitschige ***Holzprodukte.***

●Für die ***Schnitzereien der Chocó*** und für ***chacaras*** (praktische Umhängetaschen aus Pflanzenfasern) ist der *Mercado Artesanía* in Panamá Viejo eine gute Adresse. Manche Stücke erreichen sogar Museumsqualität. ***Molas*** können hier direkt von den Kuna-Frauen gekauft werden.

●***Hängematten und molas*** findet man im *Mercado Artesanía* im Stadtteil Balboa, nahe der Panamakanal-Kommission. Ein auf Hängematten spezialisierter Laden liegt an der *Carretera Interamericana* zwischen La Chorrera und Capira.

●Seit kurzem hat auch ein *Mercado Artesanía* nahe der Plaza 5 de Mayo, hinter dem Anthropologischen Museum, seine Pforten geöffnet. Die Qualität der Produkte hält sich allerdings in Grenzen.

●Schmuck, der nach dem Vorbild der ***präkolumbischen Goldschmiedekunst*** hergestellt wurde, wird in den verschiedenen Juwelierläden angeboten. Die besten befinden sich in der Ave. Samuel Lewis. In der gleichen Straße, an der Ecke mit der Cl. 54, befindet sich eines der renommiertesten Geschäfte, das *Reprosa,* wo neue und alte Traditionen verbunden werden.

●CD's und Musikcassetten mit ***panamaischer Folklore*** sind an den Straßenständen entlang der Ave. Central, im Kaufhaus *Gran Morrison,* Vía España, und in spezialisierten Musikläden, wie etwa jenem in der Cl. 49 neben der Kneipe *Daquiri,* erhältlich.

Adressen von A bis Z

Apotheke

●Die Filiale von ***Arrocha,*** Calle 49, nahe der Vía España, hat rund um die Uhr geöffnet und führt ein großes Sortiment an Medikamenten, unter anderem Malaria-Tabletten, die vor Ort unter dem Namen *Aralen* und *Plaquinol* abgegeben werden (siehe "Malaria-Information" weiter unten).

Ärzte

●Wegen der großen Anzahl von Ärzten wenden Sie sich am besten an Ihre Botschaft (siehe "Diplomatische Vertretungen in Panama" im Kapitel "Reisetips von A bis Z") oder an die deutsch-panamaische Handelskammer an der Vía España/Ave. Argentina, die Ihnen bei der Vermittlung eines Arztes weiterhelfen können.

Autoverleih

●***Avis,*** Cl. 49b/Ave. 1a Norte und Vía España, Tel.: 640722, geöffnet Mo-Sa von 7 bis 20.30 Uhr, sonn- und feiertags von 8 bis 18 Uhr.

●***Barriga,*** Ave. 1a Norte/Cl. 49b und 52, Tel.: 690221 oder 692083, geöffnet Mo-Sa von 8 bis 19.30 Uhr.

●***Budget,*** Vía España/Cl. 47, Tel.: 638777, geöffnet Mo-Sa von 8 bis 21 Uhr. *Budget* hat auch eine Filiale an der Ecke Ave. 2A/Cl. 49b.

●***Dollar,*** Ave. Justo Arosemena/Cl. 45, Tel.: 253455 oder 254077, geöffnet Mo-Fr von 9 bis 17 Uhr.

●***Hertz,*** Cl. 49b/Ave. 1a Norte und 2a Norte, Tel.: 636511 oder 641111, geöffnet Mo-Fr von 8 bis 17 Uhr.

●***Internacional,*** Ave. 2a Norte/Cl. 49b, Tel.: 644540 oder 648743, geöffnet Mo-Fr von 8 bis 17 Uhr.

●***Nacional,*** Cl. 49b, neben *Budget,* Tel.: 691921 oder 693692, geöffnet Mo-Sa von 8 bis 19.30 Uhr; freitags nur bis 18 Uhr.

●***Thrifty,*** Ave. 1a Norte/Cl. 49b und 52, Tel.: 642613, täglich geöffnet von 7 bis 22 Uhr.

●***4 x 4,*** Cl. 49b/Ave. 1a Norte, Tel.: 694015, 237285 oder 239821, geöffnet Mo-Fr von 9 bis 19 Uhr; Spezialist für Allradfahrzeuge.

Botschaften und Konsulate

●Die Adressen, Telefon- und Faxnummern der wichtigsten Botschaften und Konsulate finden Sie im Kapitel "Praktische Reisetips von A bis Z" unter "Diplomatische Vertretungen in Panama".

Buchhandlung

●Gute spanisch-, teils englischsprachige Bücher aus allen Bereichen führen die Buchhandlungen *(librerias)* ***Argosy,*** Vía Argentina/Vía España, ***Aepsa,*** Ave. Justo Arosemena/Cl. 41 und 42, ***Educativa,*** Vía España/Cl. 57, ***Gran Morrison,*** Vía España, gegenüber der *Banco Nacional de Panamá,* ***El Campus,*** Ave. 13, gegenüber dem Eingang zur Universität, und die ***Buchhandlung im Universitätsgelände,*** nahe der Vía Simón Bolívar.

Ein- und Ausreisebehörde

●***Aufenthaltsverlängerung*** erteilt das *Departemento de Migración,* Ave. Cuba/Cl. 30, geöffnet Mo-Fr von 8 bis 15 Uhr.

●Das ***Ausreisevisum*** (nur bei Verlängerung vor Ort notwendig!) erhalten Sie im *Ministerio de Hacienda y Tesoro,* Ave. Perú/Cl. 35 und 36, geöffnet Mo-Fr von 8 bis 16 Uhr.

Fluglinien, internationale

●***Aerolíneas Nicaraguense*** (*Aeronica/* Nicaragua), Cl. 52/Vía España und Ave. Samuel Lewis, neben dem Aries-Kino, Tel.: 694855.

●***Air France,*** Ave. Abel Bravo/Cl. 59, Edif. Eurocentro Obarrio, Tel.: 691549 oder 230204.

●***Alitalia,*** Cl. 50 A/Ave. 3a B Sur, Tel.: 692161.

●***American Airlines,*** Ave. Nicanor de Obarrio/Cl. 53, Centro Comercial Plaza New York, Tel.: 696022.

●***Avensa*** (Venezuela), Ave. Samuel Lewis/Cl. 51, Edif. Grobmann, Tel.: 649855 oder 649906.

●***Avianca*** (Kolumbien), neben dem *Avensa-Büro,* Tel.: 691222 oder 691422.

●***Aviateca*** (Guatemala), Cl. 49b/Ave. 2a Norte, Tel.: 2329-91 oder -92.

●***Copa*** (Panama), Ave. Justo Arosemena/Cl. 39 und 40, Tel.: 275200, 272522 oder 272532.

●***Continental Airlines*** (USA), Vía Israel im *Hotel Mariott,* Tel.: 639177.

●***Iberia,*** Ave. Balboa/Cl. 43, Tel.: 273966, 273671 oder 273445.

●***KLM,*** Cl. 53/Ave. Samuel Lewis, Urb. Obarrio, Tel.: 233747 oder 646184.

●***LAC*** *(Líneas Aéreas del Caribe),* Vía España, Tel.: 692501 oder 692531.

●***Lacsa*** (Costa Rica), Ave. Cuba/Cl. 30 und 31, Tel.: 2501-93, -94 oder -95.

●***Lufthansa,*** Ave. Abel Bravo/Cl. 59, Edif. Eurocentro Obarrio, Tel.: 691549 oder 691706.

●***Mexicana de Aviacion,*** Ave. Balboa/Cl. 49, Tel.: 236222 oder 384060.

●***Sahsa*** (Honduras), Ave. Central/Cl. 37,

Tel.: 271366 oder 271576.

●***SAM*** (Kolumbien), gleiche Adresse und Telefonnummer wie *Avianca.*

●***Taca*** (El Salvador), Cl. 49b/Ave. 2a Norte, Tel.: 696066 oder 696214.

●***United Airlines*** (USA), Ave. Samuel Lewis/Cl. Santa Rita, Plaza Obarrio, Local 11, Tel.: 698555 oder 698704.

Fluglinien, nationale

●Die Adressen und Telefonnummern der Nationalen Fluglinien finden Sie unter "Weiterreise".

Foto und Film

●Gut sind die Stundenlabors ***El Halcón*** an der Cl. 49b neben *Avis*, sowie an der Ave. Justo Arosemena/Cl. 41 und 42.

●***Audio Video Internacional,*** Vía España, gegenüber dem Supermarkt *El Rey;* Verkauf von Videokassetten.

●***Fotokina,*** Vía España, neben der *Banco Nacional de Panamá.*

●Fotostudio ***Enoch,*** Vía Porras Nr. 65; sehr gute Adresse für Dia- und Fotoentwicklung.

Geldwechsel

●Die *Banco Nacional de Panamá (BNP),* Via España/Cl. 49B, geöffnet Mo-Fr von 8 bis 13.30 Uhr, wechselt jeden ***US-Dollar-Reisescheck*** (Gebühr: 1,20 $), maximal 200 $ pro Person und Tag. Hier erhalten Sie Bargeld mit der ***Visa-Kreditkarte.***

●Die *Banco del Istmo (BI),* Vía España, neben der *BNP,* geöffnet Mo-Fr von 8 bis 15.30 Uhr, wechselt ebenfalls jeden ***US-Dollar-Reisescheck*** (Gebühr: 5 $ pro Scheck). Zudem erhalten Sie in Bargeld mit der ***Mastercard-*** und ***Visa-Kreditkarte.***

●In der *Citibank,* Vía España/Cl. 49a, geöffnet Mo-Fr von 8.30 bis 14 Uhr, am Sa 9-12 Uhr, können nur ***Citicorp-Reiseschecks*** gewechselt und kann Bargeld nur mit der ***Visa-Karte*** abgehoben werden.

●Die ***Wechselstube*** *(Caja de cambio),* Cl. 52, neben dem Aries-Kino, geöffnet Mo-Fr von 8 bis 15.30 Uhr, Sa 9-12 Uhr, ist wegen der hohen Gebühren nicht zu empfehlen.

●***Deutsche Mark*** wechselt die *Deutsch-Südamerikanische Bank AG (Banco Germánico de la América del Sur),* Ave. Nicanor de Obarrio/Cl. 53, Edif. Bancomer, geöffnet Mo-Fr von 9 bis 15 Uhr.

Krankenhaus

●Das beste (aber auch teuerste) Krankenhaus der Stadt ist das ***Centro Médico Paitilla,*** Cl. 53/Via Israel, Tel.: 636060. Bei einer stationären Aufnahme muß ein Deposit von 2000 $ oder ein blanko unterzeichneter Voucher der Kreditkarte hinterlegt werden. Die täglichen Kosten belaufen sich auf circa 100 $ für das Zimmer, plus den Kosten für die medizinische Betreuung.

●Billiger ist das ***Centro Médico Bella Vista,*** Ave. Perú/Cl. 39 und 42, Tel.: 271266.

Malaria-Information

●Aktuelle ***Informationen*** über die Tropenkrankheit erteilt der *Servicio Nacional de Erradicación de la Malaria (SNEM),* Tel.: 629005, eine Abteilung des Gesundheitsministeriums *(Ministerio de Salud),* Ave. Perú/Cl. 35 und 36.

Nationalparkbüro

●Die ***Besuchsgenehmigung für die Nationalparks*** erteilt nur das Hauptbüro des *Instituto de Recursos Naturales Renovables (INRENARE),* Tel.: 324518, 324325 oder 324359, geöffnet Mo-Fr von 8 bis 16 Uhr, im kleinen Ort Paraíso. Es ist mit dem Bus nach Paraiso (Haltestelle vor dem INRENARE-Gebäude) ab dem Busbahnhof *Area del Canal* erreichbar.

Polizei

●***Notruf:*** 104

●Vor den besseren Hotels und den Sehenswürdigkeiten findet man fast immer einen Polizisten, der speziell für touristische

Angelegenheiten zuständig ist und Ihnen sicher weiterhelfen kann. Ansonsten wendet man sich direkt an die ***Policía Metropolitana,*** Tel.: 325176 oder 325010.

●Im Falle des ***Führerscheinentzuges*** erhalten Sie – gegen eine entsprechende "Gebühr" – Ihre Fahrerlaubnis zurück bei der *Dirección Nacional de Tránsito y Transporte Terrestre,* Tel.: 325140 oder 42.

Post

●Alle ***Postämter*** (Estafetas) von Panama-Stadt haben Mo-Fr von 7 bis 18 Uhr, am Sa nur bis 17 Uhr geöffnet.

●***Zona 4,*** Ave. Central gegenüber der Kirche Menor de Don Bosco.

●***Zona 5,*** Cl. 30/Ave. Balboa.

●***Zona 7,*** Vía España/Vía Argentina und Vía Brasil im Centro Carcepe.

●***Zona 1,*** in der Altstadt (Casco Viejo) an der Plaza Catedral.

●In allen Postämtern können ***postlagernde Briefe*** abgeholt werden. Reisepaß nicht vergessen. Wenn bei der Adresse eines postlagernden Briefes ein Fehler gemacht wurde, wird der Brief automatisch an das Hauptpostamt der Zona 1 gesendet.

Reisebüros

●Die Adressen und Telefonnummern der Reiseveranstalter finden Sie im Kapitel "Praktische Tips von A bis Z".

Schwimmbad

●Die Stadt verfügt über einige öffentliche Schwimmbäder, die allerdings aufgrund ihres ungepflegten Zustandes nicht zu einem Bad einladen.

Taxizentrale

●Taxis können rund um die Uhr bestellt werden.

●***Plaza New York,*** Tel.: 694394.

●***America Libre,*** Tel.: 691601 oder 690142.

●***Continental,*** Tel.: 236050.

●***El Dorado,*** Tel.: 609371.

●***Nacional,*** Tel.: 241132.

●***Radial*** Tel.: 205353.

●***Paitilla,*** Tel.: 261446.

●***Unión,*** Tel.: 334324.

Telefon und Fax

●Das ***INTEL-Büro,*** Ave. Samuel Lewis/Cl. 51 ist täglich von 7 bis 22 Uhr geöffnet. Achtung! Telefon- oder Faxgebühren können nicht mit der Kreditkarte bezahlt werden. Über das *INTEL*-Büro kann auch ein Fax empfangen werden, das wie ein postlagernder Brief aufbewahrt wird. Die *INTEL*-Faxnummer lautet (00507) 637849.

Topographische Karten

●Im ***Instituto Geográfico Nacional Tommy Guardia,*** Vía Simón Bolívar, gegenüber der Universität, geöffnet Mo-Fr von 9 bis 16 Uhr. Das Institut ist mit dem Bus Richtung El Dorado (Aufschrift: *Tumba Muerta*) ab der Ave. Perú und Calle 44/Vía España erreichbar.

Touristeninformation

●Das ***Instituto Panameño de Turismo*** *(IPAT),* Centro de Convenciones Atlapa, Vía Israel, Tel.: 267614, 262544 oder 267000, geöffnet Mo-Fr von 9 bis 15 Uhr, ist das einzige Touristenbüro der Stadt. Wegen der mangelhaften Information ist der Besuch nicht lohnenswert.

Wäscherei

●Bei den Wäschereien gibt es zwei große Unterschiede: In einer ***Lavamatica*** wird die Kleidung nur chemisch gereinigt, während eine ***Lavamatico*** über Automaten zum Selberwaschen verfügt.

●Zentral gelegen ist die ***Lavamatico Buenos Aires,*** Ave. Justo Arosemena/Cl. 39 und 40.

Umgebung von Panama-Stadt

Bei der Umgebung der Hauptstadt wurden alle Orte, Strände, Sehenswürdigkeiten etc. berücksichtigt, die im Umkreis von circa 30 km liegen oder die nur ab Panama-Stadt erreichbar sind, wie etwa die Inseln Contadora und Taboga. Dem Panamakanal wurde wegen seiner Besonderheit ein gesondertes Kapitel gewidmet.

Playa Kobbe

Circa 20 Busminuten südwestlich des Stadtzentrums befindet sich in einer kleinen Pazifikbucht die Playa Kobbe. Der helle, von türkisfarbenem Wasser umspülte ***Sandstrand*** mit eleganten Palmen und Sonnenschirmen aus Palmblättern sowie der Anblick von Braunen Pelikanen, die im Sturzflug ihre Mahlzeit aus dem Meer holen, vermitteln ein Bild, das sich bereits der Klischeevorstellung eines Karibikstrandes nähert. Die Wasserqualität wird allerdings durch die Nähe des Panamakanals als zweifelhaft beurteilt.

Am ***Wochenende*** ist der Strand für viele Hauptstadtbewohner das Zentrum für *Sun and Fun,* wo sich die Sonnenhungrigen auch sportlich betätigen können, unter anderem mit Wellenreiten, Strandvolleyball und mit einer Tretboot- oder Kajakfahrt. Der Andrang am Wochenende hält sich aufgrund der Eintrittsgebühr von 7 $ allerdings in Grenzen. Für den Gegenwert erhält man im kleinen Restaurant erfrischende Getränke und/oder einen kleinen Happen zum Essen.

Praktische Informationen

- Die Playa Kobbe ist erreichbar mit dem ***Bus*** nach Veracruz, der ab dem Busbahnhof *Area del Canal* losfährt. Da er nicht direkt zum Strand fährt, müssen die letzten 400 m ab der Abzweigung gelaufen werden. Wer mit dem ***Auto*** zur Playa fahren will, nimmt nach der *Puente de Las Américas* die erste Abzweigung an der linken Seite. Ab hier sind es circa 7 km bis zum Strand. Unterwegs bietet sich übrigens ein fantastischer Blick auf die Brücke und die Pazifikeinfahrt des Panamakanals.
- Die Playa Kobbe ist Di-So von 9 bis 17 Uhr ***geöffnet,*** am Mo wegen Reinigung geschlossen. Duschen, Toiletten und Umkleidekabinen sind vorhanden. Der ***Eintritt*** beträgt von Di bis Do 2 $, von Fr bis So 7 $. Verpflegung darf an den Strand nicht mitgenommen werden.

Playas Far Fan und Veracruz

Der Unterschied zwischen der gepflegten Playa Kobbe und den nahe gelegenen ***Stränden*** Far Fan (circa 1,5 km) und Veracruz (weitere 3 km) ist erschreckend: Plastikteller, Papierservietten, leere Glasflaschen, Speisereste etc. sind die Spuren, die an diesen populären Stränden, vor allem am Wochenende, im Sand hinterlassen werden. Sie wirken, als seien nach einer riesigen Party alle Gäste verschwunden, um sich vor dem Aufräumen zu drücken. Weder die Besucher, die

Strandbudenbetreiber noch die Behörden scheinen sich für die Reinigung der Strände verantwortlich zu fühlen.

Erstaunlicherweise befindet sich im staubigen Fischerort Veracruz eine Unterkunft: das *Hotel Ocean City,* das sich mit seinem vernachlässigten Zustand scheinbar an die verschmutzte Gegend angepaßt hat und das seine Existenz nur noch der Funktion als heruntergekommenes Bordell verdankt. Für einen Tag *Sun, Sea and Sand* sind Sie an diesen Stränden an der falschen Adresse.

Parque Municipal y Jardín Botánico Summit

An der Ostseite des Kanals, zwischen Paraíso und Gamboa, liegt eine 250 ha große Parkanlage, die allgemein als ***Botanischer Garten Summit*** bezeichnet wird. Sie ist ein Teil des heutigen Nationalparks Soberanía (siehe weiter unten), der zwischen 1923 und 1979 der Panamakanal-Kommission als wissenschaftliches Gebiet für Experimente im Bereich der Tropenflora diente. Mit dem Wegfall des Sonderstatus der Kanalzone im Jahre 1979 kam das gesamte Terrain unter die Leitung des staatlichen Naturschutzinstitutes *INRENARE,* das es zum Nationalpark erklärte. Die Verwaltung von Panama-Stadt übernahm 1985 die Verantwortlichkeit über einen kleinen Teil des Nationalparks.

Die abwechslungsreich gestaltete Parkanlage steht auf der Ausflugsliste der Panamaer ganz oben. Vor allem Familien kommen gerne in den Park, in dem die Kinder nahezu ungehemmt spielen können, während die Erwachsenen gemütlich an einem Picknicktisch sitzen und plaudern oder sich zur Entspannung auf den gepflegten Rasen legen. Neben dem Erholungswert dient die Anlage aber auch dazu, die Panamaer, vor allem die jüngere Generation, mit der Natur vertraut zu machen.

Zu diesem Zweck wurde ein ***kleiner Zoo*** errichtet, in dem heimische Säugetiere, Vögel, Reptilien und Amphibien aus nächster Nähe zu beobachten sind. Leider machen viele Tiergehege einen ungepflegten Eindruck.

Die Anlage verfügt zudem über insgesamt 140 verschiedene, weltweit verbreitete ***Tropenpflanzen,*** die entlang der Wege angepflanzt und mit Tafeln zur Erklärung versehen wurden. Wegen seines Baumreichtums eignet sich der Park besonders gut, um mit wenig Aufwand freilebende Vögel zu beobachten, unter anderem Kolibris. In einem kleinen, für die Besucher unzugänglichen Winkel des Areals wird seit Jahren versucht, die Raubvogelart Harpyie zu züchten, leider bis heute ohne Erfolg.

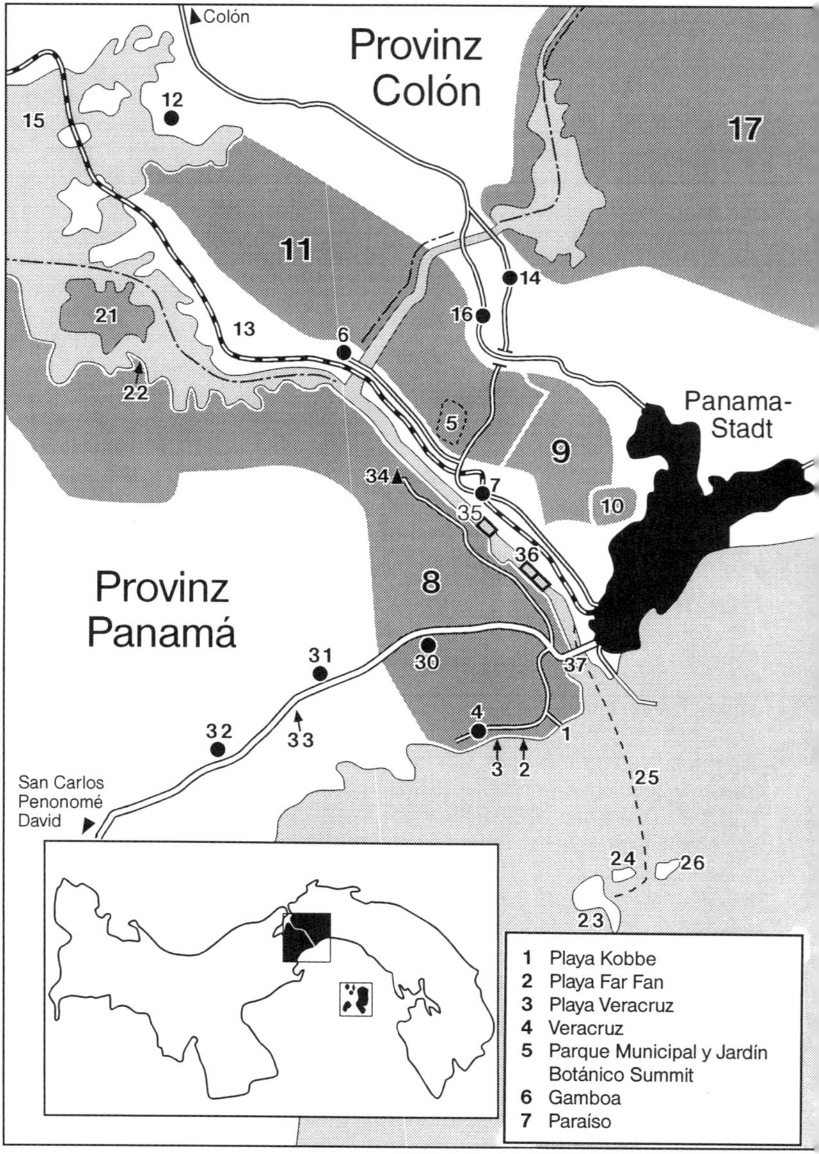
Colón
Provinz Colón
Provinz Panamá
Panama-Stadt
San Carlos
Penonomé
David
1 Playa Kobbe
2 Playa Far Fan
3 Playa Veracruz
4 Veracruz
5 Parque Municipal y Jardín Botánico Summit
6 Gamboa
7 Paraíso

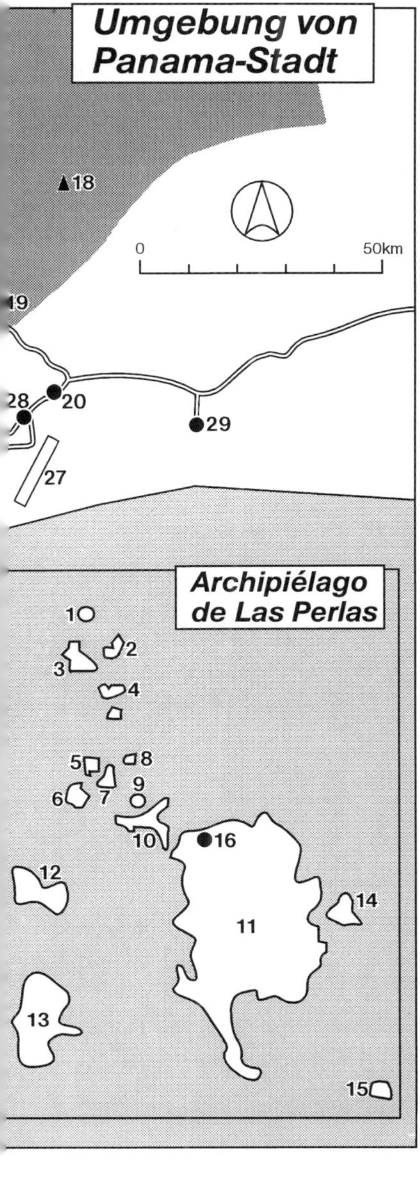

8 Parque Nacional Interoceánico
9 Parque Nacional Camino de Cruces
10 Parque Natural Metropolitano
11 Parque Nacional Soberanía
12 Limón
13 Eisenbahnlinie (außer Betrieb)
14 Buenos Aires
15 Gatún-See
16 Chilibre
17 Parque Nacional Chagres
18 Cerro Jefe 1007 m
19 Cerro Azul
20 Cabuya
21 Isla Barro Colorado
22 Península Gigante
23 Isla Taboga
24 Isla Urabá
25 Fahrtroute der Taboga-Fähre
26 Isla Tobaguilla
27 Internationaler Flughafen
28 Tocumen
29 Pacora
30 Arraiján
31 Nuevo Arraiján
32 La Chorrera
33 Carretera Interamericana (Autobahn)
34 Cerro Contratista
35 Pedro-Miguel-Schleuse
36 Miraflores-Schleusen
37 Puente de Las Américas

Archipiélago de Las Perlas
1 Isla Pacheca
2 Isla Contadora
3 Isla Saboga
4 Isla Mogo Mogo
5 Isla Gibraleón
6 Isla Bayoneta
7 Isla Casaya
8 Isla Casayeta
9 Isla La Mina
10 Isla Viveros
11 Isla del Rey
12 Isla Pedro González
13 Isla San José
14 Isla Cañas
15 Isla Galera
16 San Miguel

Praktische Informationen

- Summit ist Mo-Fr von 8 bis 16 Uhr ***geöffnet,*** am Sa, So und an Feiertagen bis 17 Uhr, Eintritt 25 ct. Erfrischungsgetränke gibt es im kleinen Restaurant nahe dem Eingang und an den kleinen Ständen im Park. Die Anlage ist direkt erreichbar mit dem ***Bus*** nach Gamboa, ab dem Busbahnhof *Area del Canal.*

Die Naturschutzgebiete

An beiden Seiten des Panamakanals wurden von der panamaischen Regierung in den 80er Jahren große, teilweise mit tropischen Feuchtwäldern bedeckte Flächen als Naturschutzgebiete ausgewiesen, die primär zum ***Schutz der Wassereinzugsgebiete des Kanals*** dienen. Sie garantieren aber ebenso den Erhalt der Flora und Fauna und sind von wesentlicher Bedeutung für die Wasserversorgung der beiden Großstädte Colón und Panama-Stadt. Ein weiterer Zweck der Naturschutzgebiete ist die ***Regeneration brandgerodeter Flächen.*** Laut Statistik ist in den letzten Jahrzehnten durch diese traditionelle Landgewinnungsmethode circa 35 % des Primärwaldes verlorengegangen, vor allem in den Randzonen der Naturschutzgebiete, in denen der Primärwald mit bis zu 40 m hohen Baumriesen mittlerweile Seite an Seite steht mit niedrigen Sekundärwäldern. Die Natur holt sich ganz langsam wieder zurück, was ihr der Mensch genommen hat.

Wegen der wichtigen Funktionen der Naturschutzgebiete ist kaum eine ***Infrastruktur*** vorhanden, weshalb man einige Gebiete nicht besuchen kann. Dazu gehören der jüngste Nationalpark des Landes, der circa 62.000 ha große *Parque Nacional Interocéanico de las Américas* entlang dem Westufer des Kanals, und der etwa 4000 ha große *Parque Nacional Camino de Cruces,* der die Lücke schließt zwischen dem *Parque Natural Metropolitano* am Rande von Panama-Stadt und dem Nationalpark *Soberanía.*

Wassergefüllter Bombax

Parque Nacional Soberanía

Der langgestreckte ***Nationalpark*** Soberanía am Ostufer des Panamakanals, zwischen den Orten Paraíso und El Limón, läßt sich von allen Naturschutzgebieten in der Umgebung der Hauptstadt am einfachsten besuchen und begehen. Bereits bei einer kurzen Wanderung durch die mannigfaltige Tropenflora Soberanías können Sie mit etwas Glück verschiedene Tiere beobachten. Im üppigen Grün flattern farbenprächtige Vögel und seltene Insekten durch den Park, hüpfen winzige Frösche am blätterbedeckten Boden und bahnen sich exotische Vierbeiner einen Weg durch das Dickicht.

Auf die Besucher übt vor allem die ***Vogelwelt*** einen besonderen Reiz aus, und bei den Ornithologen hat Soberanía einen ausgezeichneten Ruf. Weihnachten 1985 registrierte die *Panama Audubon Society* an nur einem Tag 380 verschiedene Vogelarten im Park, worunter sich viele nur dort heimische Arten befanden. Soberanía trägt seither mit Stolz das Etikett, die weltweit größte Artenvielfalt von Vögeln im Verhältnis zur Parkgröße zu beheimaten.

Wanderweg Camino de Oleoducto

Die meisten ***Vögel*** wurden und werden entlang des alten *Camino de Oleoducto* gesichtet, einer Schotterpiste, die auch als *Pipeline Road* bezeichnet wird und die das Naturschutzgebiet zur Hälfte durchquert. Die circa 18 km lange Piste wurde im Zweiten Weltkrieg von US-Soldaten angelegt und verläuft parallel zur ehemaligen interozeanischen Eisenbahnstrecke, von der Ortsgrenze Gamboas bis nach Agua Salud, einer Hydraulikstation am Gatún-See. Die interessante Kulisse aus jungfräulichem ***Feuchtwald*** offenbart sich den Besuchern erst nach circa 7 km ab Gamboa. Obwohl fast die gesamte Strecke während der Trockenzeit gut befahrbar ist, empfiehlt sich eine Wanderung, nicht nur, um der Natur näherzukommen, sondern auch, weil die selten befahrene Route oft durch umgefallene Baumriesen versperrt wird.

Wanderweg Camino de Cruces

Eine andere reizvolle Wanderroute bildet der teilweise erhaltene *Cami-*

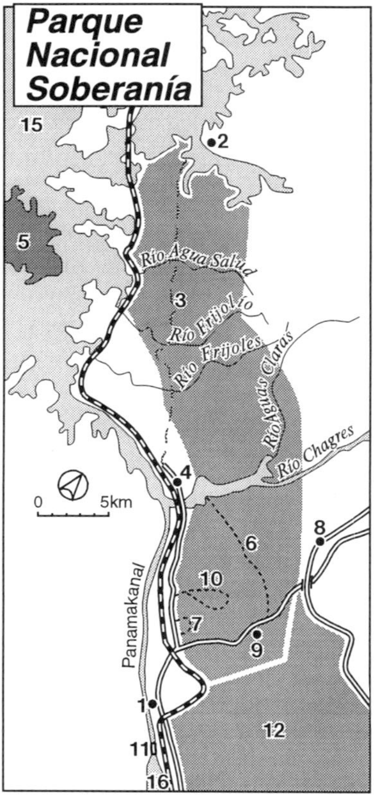

1	Paraíso
2	Limón
3	Pipeline Road
4	Gamboa
5	Monumento Natural Isla Barro Colorado
6	Camino de Cruces
7	Parque Municipal und Jardín Botánico Summit
8	Chilibre
9	Wasserfall
10	Sendero El Chato
11	Pedro-Miguel-Schleuse
12	Parque Nacional Camino de Cruces
13	Isla Zorra
14	Isla Juan Gallego
15	Gatún-See
16	Miraflores-See

no de Cruces, der einst die ***Atlantik- mit der Pazifikküste*** verband. Auf einer Länge von circa 10 km werden Sie in die Fußstapfen von Kaufleuten und Sklaven aus der spanischen Kolonialzeit, von europäischen Emigranten und von nordamerikanischen Goldsuchern treten, die diesen Weg benutzten, um von Küste zu Küste zu gelangen. Während der Wanderung kann man sich ein wenig vorstellen, welche Strapazen die Menschen auf diesem Weg durch die tropische Welt auf sich nehmen mußten, bedrängt von der feuchten Hitze, umgeben von Mückenschwärmen, geheimnisvollen Naturgeräuschen und der ständigen Angst, überfallen zu werden. Alte Pflastersteine, die den Reisenden damals den Weg wiesen, sind zwischen den Moospolstern, Farnen und vermodernden Blättern noch vereinzelt sichtbar.

Andere Spuren aus der Vergangenheit befinden sich im ehemaligen ***Hafenstädtchen Vente de Cruces,*** das direkt am Río Chagres, am Ende des 10 km langen Weges, liegt.

Die ***Wanderroute*** beginnt an der waldgesäumten Straße zwischen Paraíso und Chilibre, und ein Schild weist auf den Weg hin. Etwa 1,5 km vor dem Schild (in Richtung Chilibre) befindet sich an der gegenüberliegenden Straßenseite ein größerer

Wasserfall, der eine gute Stelle für eine kleine Rast und zur Orientierung bei der Busfahrt ist.

Sendero El Chato

Der dritte und letzte Wanderweg im Nationalpark Soberanía, der *Sendero El Chato,* beginnt wenige Kilometer nach dem Botanischen Garten Summit, an der Straße nach Gamboa. Entlang des 800 m langen ***Waldlehrpfades*** wurden Nummerntafeln an den Pflanzen angebracht, die mit Hilfe einer spanischsprachigen Broschüre aufschlußreiche Informationen über die Flora geben. Die Broschüre ist im INRENARE-Büro in Gamboa erhältlich, allerdings nicht immer vorhanden. Aber auch ohne schriftliche Erläuterungen kann das Farben- und Formenspiel der Natur bewundert werden, vor allem Lianen, Bromelien, Farne und Palmen sowie viele andere tropische Pflanzen, die jede für sich ihren Existenzkampf führen.

Praktische Informationen

- Soberanía hat derzeit ***keine Öffnungszeiten und Eintrittsgebühren.*** Da die Pipeline Road aus unterschiedlichen Gründen teilweise geschlossen wird, sollten Sie sich vorher bei der ***Nationalparkdirektion,*** Tel.: 566370, am Ortsende von Gamboa, informieren. Dort können Sie auch einen Termin für eine begleitete Tour absprechen.
- Soberanía ist ab dem Busbahnhof Area del Canal erreichbar. Zur Pipeline Road und zum Sendero El Chato nehmen Sie den ***Bus*** nach Gamboa, zum Camino de Cruces den Bus nach Chilibre.
- Organisierte ***Halbtags- und Tagestouren*** werden von *Ecotours* und *Nattur,* eine ***Nachttrekkingtour*** von *Centro de Aventuras* angeboten (siehe “Praktische Reisetips” unter “Reiseveranstalter”).

Parque Nacional Chagres

Der ***Nationalpark*** Chagres ist mit einem Umfang von rund 129.000 ha das größte Naturschutzgebiet nahe dem Panamakanal und der viertgrößte des Landes. Er gilt auch als einer der schwerzugänglichen Parks und kann fast nur über einen

Unterwegs im Nationalpark Chagres

der vielen Wasserwege besucht werden. Unmöglich ist eine Wanderung allerdings nicht, doch sollten Sie die mit Vegetation überwucherten Pfade nicht auf eigene Faust begehen, sondern nur in Begleitung eines ortskundigen Führers.

Der einzige Teil des Parks, den Sie auf eigene Faust besuchen können, breitet sich um den 1007 m hohen ***Cerro Jefe*** nahe dem Ort Cerro Azul aus. Für den Besuch ist allerdings ein Pkw notwendig, in der Regenzeit ein Jeep. Die Zufahrt erfolgt ab Panama-Stadt in Richtung Osten, entlang des internationalen Flughafens und durch die kleine Ortschaft ***Cabuya.*** Etwa 2,5 km nach Cabuya weist eine große Tafel auf den Weg nach ***Cerro Azul*** hin, das aufgrund seines frühlingshaften Klimas und seiner traumhaften Lage als bevorzugte Wohngegend für die panamaische "High Society" gilt.

Vom Ort Cerro Azul zum Cerro Jefe, auf dessen Gipfel ein Sendemast steht, führt ein ständig ansteigender Weg durch eine ***abwechslungsreiche Landschaft,*** die von Savanne über kultivierte Gebiete mit blühenden Obstbäumen bis hin zum tropischen Feucht- und Nebelwald reicht. Unterwegs trifft man auf wilde Orchideen. Diese für den Nebelwald charakteristischen Pflanzen wachsen in diesem kühl-feuchten Gebiet mit Vorliebe auf Bäumen und bringen während der Blütezeit von April bis Mai etwas Farbe in die dunkelgrüne Umgebung. In einem weiten Kreis rund um dem Sendeturm wurden verschiedene Pfade angelegt, zur Erkundung der Flora und Fauna. Vorsicht! Einige Strecken sind ziemlich steil.

Der Nationalpark Chagres ist nicht zur Gänze der Natur vorbehalten: Etwa 30 % des Gebietes liegt in Privatbesitz, unter anderem in den Händen der Emberá, die wegen der Schaffung des Bayano-Stausees hierher umgesiedelt wurden. Die Emberá organisieren in Kooperation mit der Reiseagentur *Nattur* ***Ausflüge in den Nationalpark,*** die generell mit einer Bootstour am Río Chagres beginnen.

Monumento Natural Isla Barro Colorado

Inmitten des 424 km² großen Gatún-Stausees schimmert die paradiesische ***Insel*** Barro Colorado. Sie ist ***während der Kanalflutung entstanden,*** wobei ein waldreiches Gebiet langsam unter dem Wasser verschwand und nur der Zipfel eines ursprünglich 171 m hohen Hügels übrig geblieben ist: die heutige Isla Barro Colorado, wo der im Wasser matt glänzende Wald die Pantasie über ein panamaisches Atlantis weckt.

Viele von der Flutung bedrohte Tierarten haben auf der Insel Zuflucht gefunden – eine "Arche Noah des 20. Jahrhunderts". Durch die Isolation konnte und kann noch immer die Tier- und Pflanzenwelt auf der Insel ungestört existieren. Dank der Initiative von nordamerikanischen Wissenschaftlern ist Barro Colorado bereits seit 1923 als biologisches Reservat geschützt, das übrigens als das erste Naturschutzgebiet auf dem amerikanischen Kontinent gilt.

Aus der panamaischen Tierwelt scheint fast jede Gattung den Schritt auf die "Arche Noah" geschafft zu haben. So herrscht eine ***erstaunliche Artenvielfalt.*** Studenten und Wissenschaftler haben bis heute auf der 15 km² großen Insel Hunderte von Insekten, darunter 300 Schmetterlingsarten, 56 verschiedene Fledermäuse, 40 Schlangen-, 30 Frosch- und 366 Vogelarten registriert. Stolze 200 Vogelarten haben ihre Brutstelle ständig auf der Insel. Jedes Jahr kommen Biologen aus der ganzen Welt nach Barro Colorado, um Forschungsarbeiten durchzuführen, vielleicht aber auch, um neue Arten zu entdecken. Vor allem in der Inselflora werden regelmäßig neue Arten entdeckt, obwohl bereits 1370 Pflanzenarten auf der Insel bestimmt wurden.

Die Isla Barro Colorado ist in erster Linie ***der Wissenschaft vorbehalten*** und wird vom *Smithonian Tropical Research Institute (STRI)* verwaltet. Ökotourismus ruft hier die nötige Skepsis hervor, gespeist von der nicht unberechtigten Angst, daß die neugierigen Besucher das ökologische Gleichgewicht gefährden könnten. Aber man zeigt auch Verständnis für das Interesse an der tropischen Natur.

Der individuelle Besuch der Insel ist am Dienstag möglich und nur gegen Voranmeldung, allerdings liegt

Am Ufer der Isla Barro Colorado

die Wartezeit bei circa zwei Jahren. Um Touristen die ***Besuchsmöglichkeit*** nicht zu nehmen, wurde mit dem Reiseveranstalter *Ecotours* ein Kompromiß geschlossen. An bestimmten Tagen bringen die Boote des Reiseveranstalters frühmorgens die Touristen in kleine Buchten der Insel, wo die tropische Tier- und Pflanzenwelt aus nächster Nähe zu beobachten ist. Das unverkennbare tiefe Gebrüll des schwarzen Brüllaffens, das wiederholte “kre-ék, kre-ék” des farbenprächtigen Regenbogentukans oder das “kauh” der Trogone sorgen dabei für ein passendes Morgenkonzert. Die Insel darf während dieser Tour nicht betreten werden.

Aus diesem Grund nehmen die Bootsführer später Kurs auf die ***Península de Gigante,*** die südlich des Reservates liegt und die teilweise unter Naturschutz steht. Auf der Halbinsel wird eine circa einstündige Wanderung durch Sekundärwald unternommen, nicht selten unter den neugierigen Blicken exotischer Spezies, allen voran das Totenkopfäffchen und der Brüllaffe.

Isla Taboga

Nur eine Bootsstunde liegt zwischen dem lebhaften Treiben in der Hauptstadt und der ***angenehmen Ruhe*** auf der circa 11 km^2 großen Isla Taboga, wo Autos oder Mopeds ein nahezu unbekanntes Phänomen sind. Und wenn die Tagestouristen am Nachmittag mit der letzten Fähre die Insel verlassen haben, hören die Verbleibenden nur noch das wohltuende Rauschen des Meeres. Selbst wenn man keine Zeit hat, um länger auf der Insel zu verweilen, lohnt sich ein Tagesausflug nach Taboga allein schon wegen der Bootsfahrt, bei der man einen fantastischen Blick auf die Puente de Las Américas und die in der Hitze flimmernde Skyline von Panama-Stadt hat.

Die 1500 Inselbewohner bezeichnen ihr ***kleines Paradies*** als die *Isla de las Flores,* die "Blumeninsel", und mit Recht: Bougainevilleas, Oleander, Beerenmalve, Hibiscus und duftender Jasmin schmücken die schmalen, verwinkelten Gassen des einzigen Ortes, der schlicht als *Pueblo* (Dorf) bezeichnet wird. Die pastellfarbenen Häuser heben sich gegen den grünen Tropenwald ab, das türkis schimmernde Wasser und die hellen Sandstrände runden das Bild der Insel ab.

Der malerische Flecken inspirierte schon vor Jahrzehnten viele ***Künstler,*** wie den panamaischen Maler *Roberto Lewis* oder den französischen Maler *Paul Gauguin,* dessen expressive Figurenbilder von Tahiti Weltbekanntheit erlangten. *Gauguin* war zweimal für wenige Tage auf der Insel und wollte sich hier für längere Zeit niederlassen. Die hohen Grundstückspreise haben ihn jedoch dazu veranlaßt, in Richtung Südsee weiterzureisen.

Über den ***Namen Taboga*** scheiden sich die Meinungen: Mit größter Wahrscheinlichkeit wurde der Inselname vom Kaziken *Haboga* abgeleitet, der bei der Ankunft der Spanier die Insel regierte. Eine andere Version besagt, daß Taboga aus einer Indianersprache stammt und "Wasserberg" bedeutete, gleichzeitig aber auch als Definition für eine Fischart verwendet wurde. Woher der Name stammt, wird weiterhin ein Rätsel bleiben. Die ursprüngliche Bevölkerung samt ihrer Kultur ist während der Kolonialzeit untergegangen und damit der Schlüssel zum Ursprung des Namens Taboga. Als die Spanier 1524 eine Siedlung auf Taboga gründeten, versuchten sie, ihr den neuen Namen *Isla de San Pedro* aufzuzwingen, doch vergeblich – Inselbewohner sind ja bekanntlich etwas eigensinniger.

Taboga ist nicht nur ein malerischer Flecken, sondern auch einer, an dem sich die Seele wohlfühlt, und das haben in der Vergangenheit schon die Menschen erkannt. Mit ihren beiden ***Stränden*** lockt die Insel heute viele Ruhesuchende, aber auch Badehungrige an, die vor allem am Wochenende und an Feiertagen auf die Insel strömen. Während die ***Playa Honda*** neben dem Anlegesteg kostenlos zugänglich ist, wird für die Benützung der ***Playa La Restinga*** vom *Hotel Taboga,* das diesen Strand pflegt, eine Gebühr von 5 $ pro Person erhoben, außer von den Hotelgästen. Für den Gegenwert erhalten Sie im Hotelrestaurant Essen und Trinken.

Bei einem Inselbesuch sollten Sie nicht versäumen, einen kleinen

Rundgang durch das ***Dorf*** zu machen, das mit seinen Gassen, Stiegen und pastellfarbenen Hausfassaden an ein Dorf des europäischen Mittelmeerraumes erinnert. Im Ortszentrum erhebt sich die Kirche, deren Turm noch aus der Ortsgründungszeit im Jahre 1550 datiert. Einige Schritte von der Kirche entfernt, befindet sich eine Besonderheit: die *casa la concha,* ein Häuschen, das über und über mit Muscheln dekoriert wurde.

Für ausgedehnte ***Touren*** eignet sich die Insel allerdings nicht. Die Pfade enden entweder an der Tür eines abseits stehenden Hauses oder an einer kleinen Mülldeponie, denn wie jede Insel kämpft auch Taboga mit dem Müll, der sich nicht einfach entsorgen läßt und der vielerorts einfach in die Natur gekippt wird.

Nahezu die Hälfte von Taboga und die gesamte ***Nachbarinsel Urabá*** bilden ein ***Wildtierreservat,*** das für die großen Brutkolonien der Fregattvögel und der Braunen Pelikane geschaffen wurde. Um die Tiere nicht zu stören, werden nur Bootsfahrten rund um die Inseln angeboten, wobei man nicht nur die Vögel beobachten, sondern auch die Insel aus einer anderen Perspektive betrachten kann.

Praktische Informationen

An- und Weiterreise

- Taboga ist nur ab Panama-Stadt mit der ***Fähre*** erreichbar. Die Rückfahrt erfolgt am Mo, Do und Fr um 10 und 18 Uhr, am Wochenende und an Feiertagen zusätzlich um 15 Uhr, Di und Mi besteht kein Fährbetrieb. Tickets sind auf Taboga direkt am Anlegesteg erhältlich.

Unterkunft, Essen und Trinken

- Die beste Unterkunft auf der Insel ist das ***Hotel Taboga*** an der Playa La Restinga, 5 Gehminuten nördlich des Anlegestegs, Tel.: 691187, Fax: 230116, 56 Zimmer, EZ/DZ ab 50 $. Große, saubere Zimmer mit Bad, AC, TV. Gepflegte Hotelanlage mit schönem Garten und Picknicktischen, Swimmingpool, Open-Air-Restaurant/Cafetería.
- ***Hotel Chu,*** südlich der Playa Honda, circa 10 Gehminuten vom Anlegesteg entfernt, Tel.: 502035, 30 Zimmer, EZ 17,50 $, DZ 22 $. Sehr einfache, aber saubere Zimmer mit Ventilator, Balkon und gemeinsamem Badezimmer. Restaurant mit großer Terrasse.
- ***Señor Oti*** (im Dorf bekannt) vermietet ein kleines, sehr einfaches Haus (maximal 4 Personen) mit Kochmöglichkeit für 40 $ pro Tag, Minimummiete 3 Tage.

Brauner Pelikan (Foto: Detlef Kirst)

●Das ***Restaurant im Hotel Taboga*** bietet neben einer weniger abwechslungsreichen Speisekarte vorwiegend am Wochenende ein preisgünstiges Mittagsbuffet an.

●Am Wochenende gibt es nahe dem *Hotel Taboga* einen kleinen ***Imbißstand*** mit preisgünstigen Grillgerichten.

●Das chinesische Restaurant im ***Hotel Chu*** ist weniger zu empfehlen.

●Das ***Restaurant Mundi*** nahe der Kirche ist ein sehr einfaches Lokal mit wenigen Gerichten und fungiert zugleich als Ortskneipe und ***Lebensmittelgeschäft,*** das über kein großes Angebot an Waren verfügt. Wer sich selbst verpflegen möchte, muß deshalb genügend Essen aus der Hauptstadt mitbringen.

Weitere Informationen

●***Tretboote*** können direkt an der Playa La Restinga gemietet werden, ***Bootsausflüge*** um die Insel können im INRENARE-Büro, zwischen dem Anlegesteg und dem *Hotel Taboga,* erfragt werden.

●Auf Taboga gibt es keine ***Bank, Post*** oder sonstige Einrichtung. Das *Hotel Taboga* akzeptiert US-Dollar-Reiseschecks und Kreditkarten und ist auch die Adresse zum Telefonieren.

●Im INRENARE-Büro nahe der Anlegestelle gibt es hilfreiche ***Informationen*** über die Insel und das Naturschutzgebiet.

●***Tauch- und Schnorchelausrüstung*** vermietet *Scuba Panamá* im *Hotel Taboga,* allerdings nur am Wochenende. Auf guten Zustand der Ausrüstung kann man sich nicht verlassen.

Isla Contadora

Wenn es unter den tausend Inseln und Inselchen in Panama eine gibt, die es verdient, als "Juwel" bezeichnet zu werden, dann ist es die Isla Contadora. Kaum 30 Flugminuten von Panama-Stadt entfernt, liegt mitten im Golf von Panama dieses schimmernde Juwel – ein Paradies, wo karibische Träume wahr werden: weiße, feinsandige Strände, Kokospalmen und kristallklares Wasser verzaubern die Besucher bereits beim Blick aus dem Flugzeug während des Landeanfluges.

Die circa 300 ha große Insel gehört zum ***Archipiélago de las Perlas,*** einer Inselgruppe, die 1513 von *Vasco Nuñéz Balboa* entdeckt wurde. Wegen ihres Perlenreichtums in den umliegenden Gewässern erweckte die Inselgruppe schon bald das Interesse der Spanier, die im Verlauf der Kolonialzeit die Perlenbänke ausbeuteten. Die *señores de canoas,* wie man die spanischen Händler damals nannte, holten große Mengen von Naturperlen aus der Tiefe des glasklaren Wassers. Allerdings beschränkte sich ihre Arbeit nur auf die Organisation, die Taucharbeit mußten indianische und schwarze Sklaven verrichten. Die Beute der unfreiwilligen Perlentaucher wurde auf der Insel penibel gezählt und registriert, was schließlich zu ihrem Namen führte: Isla Contadora – die "Buchhalterinsel".

Die Spuren der kolonialen Vergangenheit sind längst verwischt und die Buchhalter nur noch Legende. In den letzten Jahrzehnten stand die Insel gelegentlich im ***internationalen Rampenlicht,*** wie etwa Ende der 70er Jahre, als hier der Schah von Persien, *Mohammed Reza Pahlevi,* mit seiner Gattin für einige Zeit im

Exil lebte, oder 1983, als sich hier die Regierungschefs von Mexiko, Venezuela, Kolumbien und Panama zum erstenmal trafen und eine Konferenz zur Wiederherstellung des Friedens in Mittelamerika abhielten. Die noch immer regelmäßig zusammentreffende Politikergruppe ist seither als ***Contadora-Gruppe*** ein internationaler Begriff.

Die Isla Contadora ist heute ein beliebter Zweitwohnsitz finanzkräftiger Panamaer, ein Tauchgebiet ersten Ranges und das ***exklusivste Touristenziel*** in Panama. Hochbetrieb herrscht aber nur, wenn das *Love Boat* vor Anker geht, denn ein zollfreier Einkauf in den Inselgeschäften gehört scheinbar zum Standardprogramm der Kreuzfahrtgäste, obwohl auch die anderen Inseln des Archipels ihren Reiz haben, wie etwa die ***Isla Pacheca,*** wo Tausende von Braunen Pelikanen und Fregattvögeln nisten.

Praktische Informationen

- Contadora ist nur ab Panama-Stadt mit dem ***Flugzeug*** erreichbar. *Aeroperlas* fliegt täglich um 10 Uhr hin, gegen 11 Uhr retour, *Alas Chiricanas* fliegt nur freitags um 14 Uhr hin, am darauffolgenden So um 14 Uhr retour. Das Retourticket kostet 44 $.
- Die einzige ***Übernachtungsmöglichkeit*** auf der Insel bietet das *Contadora Beach Resort,* Tel.: 271133, 150 Zimmer, ab 66 $ pro Person inklusive Halbpension. Gepflegte Zimmer mit AC, Mini-Bar, Telefon, TV, Bad und teils mit Balkon. Schöne Anlage mit Swimmingpool, drei Restaurants, Café, drei Bars, Disco, Casino, Tennisplatz, Golfanlage, Tauchbasis und Jachthafen.
- Für alle Belange wie ***Post-, Fax- oder Telefonservice*** wenden Sie sich am besten an die Rezeption des *Beach Resort.*

Fregattvogel

Die Chachira

Chachiras heißen die charakteristischen, farbenprächtigen Halsketten der Guaymí, die an Straßenständen entlang der *Carretera Interamericana* in der Provinz Chiriquí den Reisenden angeboten werden.

Die Kette aus bunten Kunstperlen ist traditionell den Guaymí-Männern

vorbehalten. Nicht nur die Ausübung dieses einzigartigen Kunsthandwerkes liegt in ihren Händen, sondern die Kette schmückt auch ihren Hals, aber mit den Verschluß nach vorne.

Heutzutage wurde dieses Rollenverhalten durchbrochen, zumindestens außerhalb der Welt der Guaymí. Viele Touristen finden immer mehr Gefallen an der *chachira* als bemerkenswertem Schmuck -allerdings wird die Kette mit dem Verschluß nach hinten getragen.

Die Pollera – Panamas Nationaltracht

Die Nationaltracht Panamas spiegelt die koloniale Vergangenheit des Landes. Spanische Traditionen werden vor allem in der Provinz Coclé und auf der Halbinsel Azuero gehegt und gepflegt. Jedes Fest in diesen Regionen ist ein Anlaß, um die handgearbeitete *pollera de lujo* samt wertvol-

lem Goldschmuck aus den Familientruhen zu holen und stolz zu präsentieren. Dabei handelt es sich natürlich um die Luxusausführung für Festtage – die einfache Alltagspollera ist wohl endgültig in Truhen und Museen verschwunden.

Die weiten Röcke und Blusen sind mit feinen Stickereien und Spitzen dekoriert. Die eleganten, winzigen Ranken- und Blumenmotive der Spitzen entstehen durch rasches und geschicktes Flechten von weißen oder buntfarbigen Fäden, die um Holzklöppel gewickelt sind.

Die Pollera wäre nicht komplett ohne die *peinetas* - goldene oder vergoldete, mit *tembleques* (Ornamente) verzierte Kämme. Die Pflanzenmotive der tembleques erinnern noch an die Blumen, die ursprünglich zu feierlichen Anlässen frisch gepflückt als Haarschmuck getragen wurden.

An der Hinterseite des Kopfes prunkt oft ein größerer Kamm *(peneton)*, der ein Verwandter des andalusischen Haarschmuckes ist.

Der mit einem Band verzierte Panamahut bringt eine lustige Variation in das traditionelle Erscheinungsbild.

Fast ausschließlich auf der Halbinsel Azuero kann man eine ältere Generation finden, die das Spitzenklöppeln noch wirklich beherrscht. Sie zaubern die traditionellen Motive ohne Vorlage hervor und plaudern gemütlich nebenbei - das Erkennungszeichen für die Fachfrau.

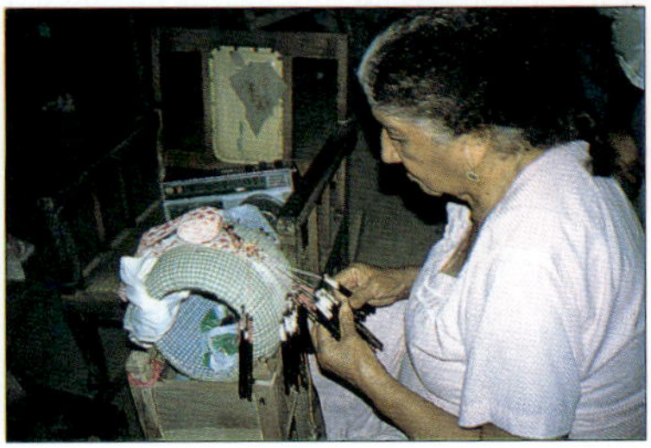

Die Mola

Diese farbenprächtigen Textilarbeiten, die die Vorder- und Rückseite der Blusen der Kuna-Frauen zieren, gehören mittlerweile zu den Wahrzeichen des Landes.

Für das in einem autonomen Gebiet lebende Kuna-Volk stelllt die *mola* einen wichtigen Wirtschaftsfaktor

dar. Mit *molas* verzierte Originalblusen und T-Shirts finden an Straßenständen in Panama-Stadt oder direkt auf den San-Blas-Inseln als Mitbringsel reißenden Absatz.

Manche *mola* wird sogar als Kunstwerk in nordamerikanischen Museen ausgestellt.

Die *mola* findet ihren Ursprung in der Körperbemalung, woraus sie sich über die Textilbemalung zu einem einzigartigen Kunsthandwerk entwickelt hat. Für die Motive lassen sich die Frauen unverändert von der Natur inspirieren, aber auch abstrakte, geometrische Figuren sind kein ungewöhnliches Thema. Die leuchtenden Muster werden mit Scheren aus mehreren übereinanderliegenden Stoffschichten ausgeschnitten und anschließend gesäumt. Durch dieses Herstellungsverfahren hebt sich das leuchtende Muster von der meistens roten oder schwarzen Oberschicht ab. Für die Herstellung einer *mola* benötigen die Kuna-Frauen zwischen vierzig und siebzig Arbeitsstunden.

Feste

Panamaer feiern gern. Jede kleine Gelegenheit wird aufgegriffen, um die Musikinstrumente hervorzuholen und mit Liedern und Tänzen bis in die frühen Morgenstunden zu feiern.

Bunte, aus Pappmaché hergestellte Masken tauchen unter anderem beim Corpus-Christi-Fest auf der

Halbinsel Azuero auf. Die mit diesen Masken ausgestatteten Tänzer verkörpern die guten und bösen Geister oder den Teufel, der mit den katholischen Missionaren seinen Weg in die indianischen und afrikanischen Kulturen der "Neuen Welt" gefunden hat.

Faszinierende Pflanzen im Regenwald

Die grüne Dämmerwelt des tropischen Regenwaldes fasziniert durch ihre unerschöpflich erscheinende Vielfalt. Bedingt durch den Lichtmangel, herrscht jedoch ein ständiger Existenzkampf – und gerade das hat zu den oft erstaunlichen oder sogar bizarren Formen, Farben und Le-

bensweisen der Urwaldpflanzen geführt.

Leuchtende Blüten mit bizarren Formen bilden unübersehbare Farbtupfer im üppigen Grün des Regenwaldes und sind Augenweiden für die Besucher.

Bedrohte Tiere

Die Reste der großen Wälder, besonders die geschützten Gebiete, sind Heimat einer Vielfalt von für uns exotischen Tieren - von der Blattschneiderameise bis zum zentnerschweren Tapir.

Viele exotische Spezies sind jedoch durch die Jagd und die unauf-

haltsame Zerstörung ihrer Lebensräume vom Aussterben bedroht. Ein Blick in das Internationale Washingtoner Artenschutzabkommen zeigt dies deutlich.

Weder lebende noch tote Tiere sollten daher als Souvenirs herhalten. Der Kaiman ist als Handtasche glücklicherweise wohl fast überall tabu, und Morphofalter werden inzwischen in eigenen Schmetterlingsgärten für die Sammler gezüchtet.

Die Gefahr für die Raubkatzen kommt eher von seiten des Fellhandels. Aus ihrer großen Familie ist der Ozelot wegen seines wunderschönen Felles die am meisten gejagte Katze Lateinamerikas.

Vogelparadies

Für Wissenschaftler und Hobby-Ornithologen, ist Panama ein "Vogel-Eldorado". Ob in den Wäldern oder den Savannen, ob am Strand oder in Stadtnähe, täglich kreuzen unbekannte und bekannte, farbenprächtige und weniger auffallende Gefiederte den Pfad der Reisenden.

Zu den charakteristischen Tropenvögeln zählen zweifelsohne die in den Baumkronen lebenden Papageienvögel, wie beispielsweise dieser Goldstirnsittich (Foto: Detlev Kirst).

Offenes Gelände bietet den optimalen Lebensraum für die zahlreich vorhandenen Greifvögel, wie für den regelmäßig auftauchenden Gelbkopfkarakara.

Strände

An den rund 3000 km langen, von zwei Weltmeeren umspülten Küsten und an den rund 1000 Inseln und Inselchen liegen wunderschöne, menschenleere Strände, an denen man vor allem an Wochentagen das Gefühl bekommt, ein Robinson Crusoe zu sein.

Palmenumsäumte, helle Sandstrände, wo man die Seele (und die Hängematte) baumeln lassen kann, sind vor allem an der dünnbesiedelten Karibikküste zu finden, wie beispielsweise der von Korallenbänken geschützte Bilderbuchstrand der Isla Grande (Bild unten).

Zu den schönsten Stränden an der Pazifikseite zählt die kilometerlange Playa Las Lajas (Bild oben) nahe David. Beliebt bei Tagesausflüglern sind die Strände der Isla Taboga (Bild unten rechts), der "Blumeninsel", die nur eine Bootsstunde vor den Toren von Panama-Stadt liegt.

Campesinos

Die Bauern an der zentralen Pazifikküste und auf der Halbinsel Azuero sind fast immer am typischen Hut erkennbar. Der hat allerdings mit der weltweit als Panamahut bezeichneten Kopfbedeckung nichts zu tun – die stammt nämlich aus Ecuador.

Reis ist zwar erst mit den Europäern in die "Neue Welt" gekommen, stellt aber inzwischen eine der wichtigsten Nahrungsquellen dar. Die ganze Familie wird gebraucht, um den erntereifen Reis mit der Sichel zu mähen.

Der Panamakanal

Alles auf einen Blick

Abmessungen

●***Kanalfahrrinne:*** 81,6 km lang, 153 m breit, 12 m tief.

●***Schleusenkammer:*** 305 m lang, 35,5 m breit, 24,5 m tief.

●***Gatún-Damm:*** Länge 2,4 km, Breite 800 m unten, 30 m oben.

Daten und Fakten

●***Gesamtbauzeit:*** 10 Jahre (1904-1914).

●***Gesamtbaukosten:*** 387 Mio US-Dollar, plus 40 Mio. US-Dollar für Land- und Kanalrechteerwerb.

●***Erdbewegungen:*** unter den Franzosen (1881-1898) 23 Mio. Kubikmeter, unter den USA (1904-1914) 177 Mio. Kubikmeter.

●eingesetzte ***Arbeitskräfte:*** circa 75.000.

●***Tote*** durch Krankheiten und Unfälle: circa 25.000.

●***gegenwärtig eingesetzte Arbeitskräfte:*** 7500, davon 85 % Panamaer.

Verkehr

●***maximal*** zugelassene ***Abmessungen des Schiffes:*** Länge 294 m, Breite 32,3 m, Tiefgang 12 m.

●***Schiffe pro Tag:*** durchschnittlich 35.

●***Schiffe pro Jahr:*** durchschnittlich 13.000.

●***Schiffe seit der Eröffnung:*** rund 700.000.

●***Fracht pro Jahr:*** circa 162 Mio. Tonnen.

●***Durchfahrtszeit:*** 8-10 Stunden im Kanalwasser, plus einer Wartezeit von 12 Stunden vor der Durchfahrt.

●***Einsparung im Transportweg:*** Von der US-Ostküste nach Japan circa 4800 km, von Ecuador bis Europa circa 8000 km.

●***das erste Schiff:*** das französische Kranschiff Alexandre La Valley, am 7. Januar 1914 im Zuge der Arbeiten.

●***das erste seetüchtige Schiff:*** der panamaische Frachter Cristóbal, am 3. August 1914.

●***das erste offizielle seetüchtige Schiff:*** das US-Flaggschiff Ancón, am 15. August 1914 während der Eröffnung.

●***das längste Schiff:*** der Öltanker San Juan Prospector (jetzt Marcona Prospector), 299 m lang, 32,2 m breit.

●***das breiteste Schiff:*** die US New Jersey, 33 m breit, 278 m lang.

●***das größte Passagierschiff:*** das "Loveboat" Crown Princess.

●***das schwerste Cargo-Schiff:*** der Öltanker Arco Texas, rund 66.349 Tonnen.

●***Durchschnittsgebür:*** 32.000 $ pro Fahrtstrecke.

●***die höchste Gebühr:*** die Crown Princess (Mai 1993), 141.345 US-Dollar.

●***die niedrigste Gebühr:*** 36 ct., bezahlt von Richard Halliburton, der 1928 den Kanal durchschwamm.

●***das am schnellsten durchgeschleuste Schiff:*** die US-Navy Pegasus, die von den Miraflores-Schleusen bis zu den Gatún-Schleusen nur 2 Stunden und 41 Minuten benötigte.

Vom Traum zur Wirklichkeit

Mit der Entdeckung des Pazifiks durch *Vasco Núñez Balboa* im Jahre 1513 begann der Wunschtraum einer Wasserverbindung zwischen dem Atlantischen und dem Pazifischen Ozean. Doch es vergingen dreieinhalb Jahrhunderte, bis der erste Spatenstich für eine Wasserverbindung erfolgte. Die Spanier mußten sich während ihrer Anwesenheit auf der Landenge mit zwei kräfteraubenden ***Mauleselpfaden*** begnügen, die Nombre de Dios und Portobelo an der Atlantikküste mit Nuestra Señora de la Asunción de Panamá (heute Panamá Viejo) an der Pazifikküste verbanden. Mitte des 19. Jahrhunderts wurden diese Pfade durch die ***interozeanische Eisenbahn*** ersetzt, die 1858 zwischen Panamá (heute Panama-Stadt) und Colón ihren Betrieb aufnahm.

Die ersten Schritte

Während die interozeanische Eisenbahn dampfend über die Landenge pendelt, beginnt der französische Ingenieur *Ferdinand de Lesseps* 1859 in Ägypten mit dem Bau des Suezkanals, der am 17. November 1869 feierlich seiner Bestimmung übergeben wird.

Zwei Jahre später tritt in Antwerpen der erste Internationale Geographische Kongreß zusammen, um die Möglichkeit eines Wasserweges in Zentralamerika zu diskutieren. Es vergehen vier Jahre, bis sich die Geographen, Geologen und Ingenieure aus 22 Ländern wieder zusammenfinden. Das Treffen findet diesmal in Paris statt, wobei man ein ***Komitee*** gründet, das die Möglichkeit einer Durchschneidung des zentralamerikanischen Isthmus vor Ort studieren soll. Das Geld für die bevorstehenden Expeditionen stellt die gleichzeitig mit dem Komitee gegründete Bürgerinitiative *Sociedad Civil Internacional del Canal Interocéanico del Darién* zur Verfügung, womit bereits klar wird, wo der Kanal entstehen soll: im Osten des Isthmus von Panama, quer durch den Regenwald der heutigen Provinz Darién.

1876 und 1877 wird je eine ***Expedition*** auf die Landenge geschickt, um eine geeignete Kanalroute zu suchen. Unter den Expeditionsteilnehmern befinden sich *Ferdinand de Lesseps* und *Bonaparte Wyse,* die mit Hilfe von ortskundigen Geologen und Geographen der *Panama Railroad Company,* die die interozeanische Eisenbahn Panamá-Colón erbaute, verschiedene Pläne für einen Kanal ausarbeiten.

Am 4. März 1878 schließt *Wyse* mit der kolumbianischen Regierung (die Landenge war damals ein Teil von Kolumbien) den sogenannten ***Salagar-Wyse-Vertrag,*** der den Franzosen gestattet, innerhalb von 10 Jahren einen Kanal auf dem Isthmus zu erbauen und ab der Fertigstellung diesen für 99 Jahre zu betreiben. Mit dem Vertrag und vier

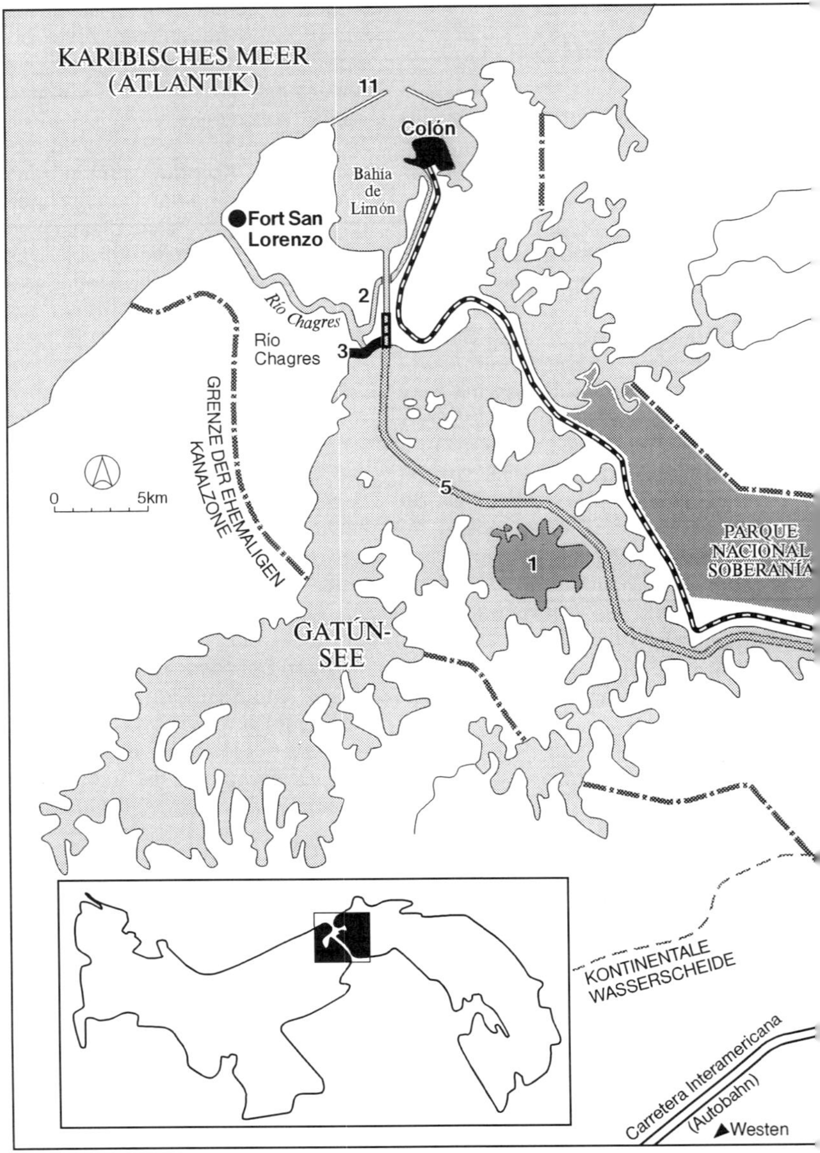
KARIBISCHES MEER
(ATLANTIK)
11
Colón
Bahía
de
Limón
Fort San
Lorenzo
2
Río Chagres
Río
Chagres
3
GRENZE DER EHEMALIGEN
KANALZONE
0
5km
5
1
PARQUE
NACIONAL
SOBERANÍA
GATÚN-
SEE
KONTINENTALE
WASSERSCHEIDE
Carretera Interamericana
(Autobahn)
Westen

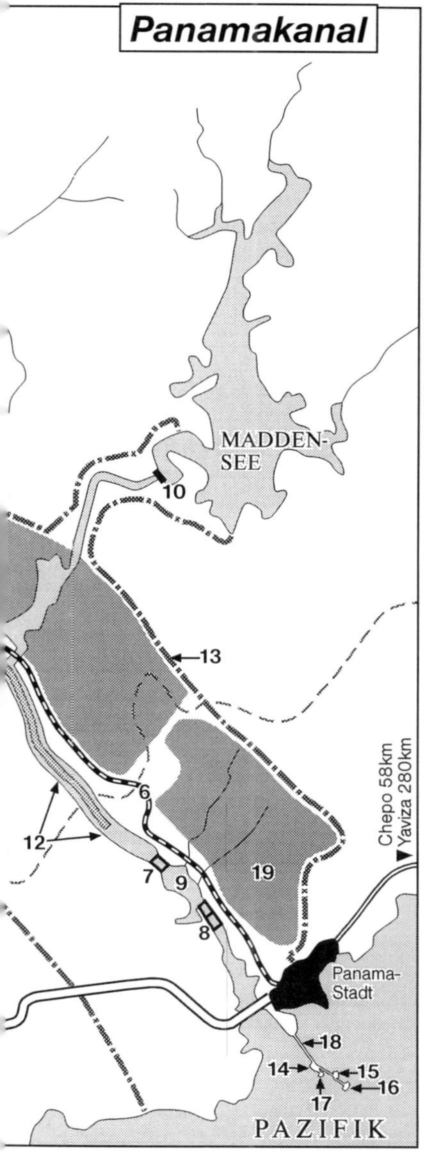

1 Monumento Natural Isla Barro Colorado
2 Franz. Kanalprojekt
3 Gatún-Damm
4 Gatún-Schleusen
5 Kanalfahrrinne
6 Eisenbahnlinie (außer Betrieb)
7 Pedro-Miguel-Schleuse
8 Miraflores-Schleuse
9 Miraflores-See
10 Madden-Damm
11 Wellenbrecher
12 Cuelbra-Durchstich
13 Grenze der ehem. Kanalzone (bis 1979)
14 Isla Naos
15 Isla Perico
16 Isla Falmenco
17 Isla Cuelbra
18 Calzada Amador
19 Parque Nacional Camino de Cruces

Vorschlägen für eine Kanalroute in der Tasche kehren *de Lesseps* und *Wyse* 1878 nach Paris zurück und legen sie dem Geographischen Kongreß vor. Im gleichen Jahr entsteht aus der Bürgerinitiative die Kanalgesellschaft *Compagnie Universelle du Canal Interocéanique de Panamá,* die das Kanalprojekt finanzieren wird.

Am 15. Mai 1879 beschließen die 136 Delegierten des Geographischen Kongresses, das ***Kanalprojekt in Angriff zu nehmen.*** Die Entscheidung fällt dabei auf den Plan von *de Lesseps,* der einen Kanal in Meereshöhe, entlang der interozeanischen Eisenbahnstrecke von der Bahía de Limón zur Bahía de Panamá vorsieht. Mit dem Projekt wird *Ferdinand de Lesseps* betraut.

Der Fehlschlag

Am ***31. Dezember 1879*** geht *de Lesseps* in Colón von Bord und trifft am Neujahrstag unter dem stürmischen Beifall der Bevölkerung in Panamá ein, um mit der Vorbereitung des Bauprojektes zu beginnen. Ein Jahr später folgen ihm die ersten 200 Techniker und 800 Arbeiter, und im ***Januar 1881*** erfolgt der erste Spatenstich zum Kanalbau.

Nach und nach vergrößert sich das Heer der Arbeitskräfte, die vorwiegend von den karibischen Inseln kommen. Doch die geplanten ***Arbeiten gehen nur schleppend voran,*** Tausende Arbeiter sterben an ***Tropenkrankheiten,*** und große Fortschritte bleiben aus. *De Lesseps* muß jährlich neue Berechnungen und Schätzungen im technischen, vor allem aber im finanziellen Bereich erstellen, die die ersten Kalkulationen bei weitem übertreffen. Schnell wird deutlich, daß die französische Gesellschaft den Kanal innerhalb von zehn Jahren niemals fertigstellen kann. Acht Jahre nach dem ersten Spatenstich bringt ein Bestechungsskandal in Paris, der im Zusammenhang mit dem Kanalbau steht (Panamaskandal), der französischen Kanalgesellschaft den ***finanziellen Ruin.***

Ferdinand de Lesseps

Im Mai 1889 fordert der Konkursverwalter die Gesellschaft auf, die Kanalarbeiten sofort einzustellen. Um die Zwangseinstellung der Arbeiten zu umgehen, bietet die kolumbianische Regierung den ***USA*** das gesamte Eigentum und die Lizenzen der Gesellschaft zum Kauf an. Die USA zeigen aber wenig Interesse daran. Sie konzentrieren sich auf die Möglichkeit eines Kanals in Nicaragua, der nahe der costaricanischen Grenze entstehen soll.

Trotz der finanziellen Probleme laufen die Kanalarbeiten weiter. Sie sind inzwischen soweit fortgeschritten, daß sich die kolumbianische Regierung entschließt, noch einmal auf die Franzosen zu setzen. 1893 verlängert man ihre Konzession um weitere 10 Jahre, allerdings unter der Bedingung, daß eine ***neue Ka-***

Ankunft von Lesseps in Panama, 1880

nalgesellschaft die Kosten übernimmt. *De Lesseps* gründet mit Privatkapital die *Compagnie Nouvelle du Canal de Panamá,* womit der Baustop vorläufig abgewendet ist. Als *de Lesseps* am 7. Dezember 1894 stirbt, kündigt sich langsam das Ende des Kanalprojektes an. Nach 17jähriger Bautätigkeit unter französischer Leitung, wobei über 20.000 Menschen vor allem an den Folgen von Malaria und Gelbfieber starben, werden ***1898 die Arbeiten endgültig eingestellt.***

Bis zu diesem Zeitpunkt wurde zwischen Miraflores und dem Pazifik ein schiffbarer Kanal und zwischen Miraflores und Gatún eine circa 50 km lange Fahrrinne ausgehoben, am Culebra-Durchstich ein rund 50 m tiefer, terrassenförmiger Einschnitt gemacht, insgesamt 55 km Entwässerungskanäle für den Río Chagres angelegt und eine 18 km lange, 20 m breite und 7 m tiefe Fahrrinne westlich von Colón ausgehoben, die auf der Fahrt zum Fort San Lorenzo (siehe "Zentrale Karibikküste") noch heute zu sehen ist. Circa ***23 Mio. Kubikmeter Erde,*** Felsen und Schlamm wurden von den Franzosen bewegt - Material, das die neuen Bauherrn aus den USA nicht mehr bewegen müssen.

Das Projekt unterm Sternenbanner

Nach dem gescheiterten Versuch der Franzosen kehrt Ruhe um das Kanalprojekt ein, die Arbeiten sind eingestellt, und auf der Landenge kämpft man im sogenannten 1000-Tage-Krieg (1899-1902).

Mit dem steigenden ***Interesse der USA*** an einer Kanalroute in Zentralamerika und den geographischen Bedingungen in Nicaragua, die den amerikanischen Kanaltraum zum Scheitern brachten, wächst die Chance, daß der Kanal am *Istmo de Panamá* doch noch fertiggestellt wird. 1899 wenden sich die USA an Kolumbien, um über einen Kanal auf der Landenge zu verhandeln. Nach jahrelangen Unterredungen schließen die USA unter dem Präsidenten *Theodore Roosevelt* mit Kolumbien den ***ersten Vertrag ab,*** der sie ermächtigt, einen Kanal auf der Landenge innerhalb einer Zone mit politischem Sonderstatus zu bauen, zu betreiben und zu schützen, ferner die Konzessionen und das Eigentum der alten Kanalgesellschaft zu erwerben.

Im Januar 1903 legen die USA ihr Angebot auf den kolumbianischen Tisch: 10 Mio. Dollar nach dem endgültigen Vertragsabschluß, ausserdem ab dem 9. Jahr nach Fertigstellung des Kanals 250.000 Dollar jährlich. Doch als die Detailverhandlungen mit Kolumbien im Sand verlaufen, wenden sich die USA direkt an Panama, das bereits die Souveränität von Kolumbien anstrebt. Unter der Zusicherung, im ***Unabhängigkeitskampf*** "hilfreich zur Seite zu stehen", wird unter strenger Geheimhaltung ein Vertrag ausgehandelt, der sich vom Vertrag mit Kolumbien nicht unterscheidet.

Als am 12. August 1903 die kolumbianische Regierung das Angebot der USA ablehnt, trennt sich Panama mit kräftiger Hilfe der USA von Kolumbien, und mit der ***Unabhängigkeitserklärung Panamas*** am 3. November 1903 fällt das Kanalprojekt endgültig unter das Sternenbanner. Ein Jahr später kaufen die USA für 40 Mio. Dollar das Land (die ehemalige Kanalzone) und die Baurechte von der *Lesseps-Kanalgesellschaft.* Die letzten Hürden auf dem Weg zum Kanalbau sind damit beseitigt.

Fast eine Niederlage für die USA

US-Präsident *Roosevelt* gründet für das Bauvorhaben 1904 die ***Isthmus-Kanal-Kommission,*** die sich aus je einem Marine- und Heeresoffizier, einem Geschäftsmann und vier Zivilingenieuren zusammensetzt. Die Leitung der Kommission erhält *John Walker,* als Kommissionssitz wählt man Washington – 3000 km vom eigentlichen Schauplatz des Geschehens entfernt. Mit dem Posten des Chefingenieurs betraut man *John Findley Wallace,* den Chefposten im Gesundheitsbereich erhält der Militärarzt *William Crawford Gorgas,* der bereits 1898 im Kubakrieg Erfahrungen in puncto Tropenkrankheiten sammeln konnte.

Roosevelt unterstellt mit einer Verordnung die Kommission direkt dem Kriegsministerium, womit sie voll befugt ist, das Kanalprojekt im wahrsten Sinn des Wortes "in Angriff" zu nehmen. Doch die ***Organi-***

sation ist überbürokratisch und chaotisch, alle Materialanforderungen müssen über das Büro in Washington laufen. Wegen dieses Papierkrieges und des langen Post- bzw. Telegrafenweges trifft das Material entweder zu spät oder überhaupt nicht ein. Chefingenieur *Wallace,* der einen Kanal in Meereshöhe plant, glänzt vor Ort mit großer Unfähigkeit, und die geplanten 20.000 Arbeitskräfte bleiben nur Wunschvorstellung. Im November 1904 arbeiten gerade 3500 Männer in Panama, die vorwiegend am Culebra-Durchstich eingesetzt sind und über die ein Gesandter der Kommission schreibt: *"Die Arbeitskräfte, die von Amerika nach Panama kommen, sind vorwiegend unqualifizierte Männer, die der USA durch ihren Weggang einen Gefallen taten ..."*

Zu den organisatorischen Problemen in den ersten Monaten der Bauarbeiten kommen auch noch die ersten ***Malaria- und Gelbfiebererkrankungen*** hinzu. Doch die Kommission mißt dem Gesundheitsbereich keine große Bedeutung zu. Obwohl *Gorgas* immer wieder auf die Übertragung der Tropenkrankheiten aufmerksam macht, hört die 3000 km entfernte Kommission nicht darauf, schon gar nicht auf das Hirngespinst von *Gorgas,* der behauptet, daß die Mücken die gefährlichen Krankheiten übertragen. *Gorgas* hat allerdings keine eindeutigen Beweise für seine Theorie. Er stützt sich lediglich auf die Berichte des englischen Arztes *Ronald Ross,* der 1897 in Indien die Ursache der Malaria entdeckt hat. Trotz der geringen Unterstützung kämpft *Gorgas* gegen die Mücken an.

Die wenigen Krankheitsfälle, die bis zum Beginn des Jahres 1905 auftreten, geben der Kommission keinen Anlaß, um dem Gesundheitsbereich mehr Aufmerksamkeit zu widmen. Nach wie vor konzentriert man sich auf den Baubereich. Langsam wird aber immer deutlicher, daß ***keine Fortschritte*** gemacht wurden. Ein Jahr war verloren, und 128 Mio. Dollar waren ausgegeben, ohne auch nur einen wesentlichen Schritt weitergekommen zu sein. Für die USA bahnt sich langsam eine demütigende Niederlage an.

Die entscheidende Wende

Präsident *Roosevelt* erkennt den Ernst der Lage, löst die siebenköpfige Isthmus-Kanal-Kommission auf und gründet im April 1905 eine ***Drei-Mann-Kommission,*** die er unter die Leitung von *Theodore Perry Shonts* stellt. *Wallace* bleibt vorerst Chefingenieur, tritt aber im Juni des gleichen Jahres zurück. Die freigewordene Stelle besetzt *Roosevelt* mit *John Stevens,* der in den USA einen sehr guten Ruf erlangt hat beim Brücken-, Tunnel- und Eisenbahnbau. *Stevens* kommt im Juli 1905 nach Panama – und mit ihm die entscheidende Wende.

Während sich die Ablösung des Chefingenieurs vollzieht, wütet in Panama eine ***Epidemie.*** Die Vernachlässigung des Gesundheitsbereiches kommt jetzt voll zur Wirkung. Rund 1000 Menschen sind an Gelbfieber, Cholera, Malaria, Ruhr, Lungenentzündung und Tuberkulose erkrankt. Als auch noch ein Fall von Beulenpest und zwei Pockenfälle auftreten, ist das Chaos perfekt. Die Konsequenz davon ist eine große Fluchtwelle von Arbeits- und Führungskräften. Nach einem Überblick über die Lage stellt *Stevens* im August 1905 die Bauarbeiten am Kanal vorläufig ein.

Auf seine Anweisung hin genießen ab sofort alle ***gesundheitlichen Belange Priorität.*** Während *Stevens* die Städte von Unrat reinigen läßt und mit dem Bau von Arbeiterwohnungen, Kirchen, Kantinen, Schulen, Kühlhäusern, Kanalisationen und Wasserreservoirs beginnt, bekämpft *Gorgas* zusammen mit dem panamaischen Arzt *Manuel Amador* und einem großen Heer von Helfern die Mückenplage. In einer großangelegten Aktion werden Wohnhäuser und Büros ausgeräuchert, Trinkwasserbehälter, Fässer und Tonnen verschlossen (Brutstellen der Gelbfiebermücken) und offene Wasserflächen mit Öl oder Kerosin bedeckt (zur Bekämpfung der Malariamücken und ihrer Larven). Im Dezember 1905 ist durch die Aktion das Gelbfieber am Isthmus verschwunden, die Gefahr durch die Malaria eingedämmt und das Problem von ansteckenden Krankheiten weitgehend unter Kontrolle.

Nicht nur im Gesundheitsbereich beginnt mit *Stevens* eine neue Ära am Isthmus, sondern auch im Bereich des Kanalbaus. *Stevens* macht die von *Wallace* angelegte ***Eisenbahn*** zur "Lebensader" des Kanalprojekts. Im Zuge einer umfassenden Erneuerung überholt man die gesamte Eisenbahnanlage, legt einen zweiten Schienenstrang an und stattet die Züge mit größeren Waggons und kräftigeren Lokomotiven aus. Zudem schafft man alle wichtigen Betriebseinrichtungen, die für den Betrieb einer Eisenbahn notwendig sind, und holt qualifiziertes US-Bahnpersonal aus allen Bereichen nach Panama. *Stevens* entwickelt ein System von Zügen zum Abtransport des Erdreichs, das wie ein überdimensionales Förderband funktioniert und das endlos neben den riesigen, 95 Tonnen schweren Baggern läuft. Zu Beginn des Jahres 1906 sind die Arbeiten an der Eisenbahn soweit abgeschlossen, der Maschinenpark erweitert und die nötigen Arbeitskräfte vorhanden, daß man den Kanalbau wieder in Angriff nehmen kann.

Der Schleusenkanal

Während die Reorganisation des Kanalprojektes auf Hochtouren läuft, stellt man sich die Frage, ***welcher Kanaltyp*** eigentlich gebaut werden soll. Doch *Stevens* will sich anfänglich noch nicht genau festlegen. Er geht bei seinen Berechnungen von einem Kanal in Meereshöhe aus, der größtenteils dem Verlauf des Río Chagres entspricht. Um die Entscheidung dieser Frage zu erleichtern, legt US-Präsident *Roosevelt* das Problem einem internationalen Gremium von Fachleuten vor, das aus acht Amerikanern und fünf Europäern besteht. Am 18. November 1905 befürwortet die Mehrheit des Gremiums den Bau eines Kanals in Meereshöhe, nach dem Vorbild des Suezkanals. Doch die ersten Berechnungen ergeben, daß dieses Projekt circa 247 Mio. Dollar verschlingen und eine Bauzeit von circa 12-13 Jahren in Anspruch nehmen wird.

Ein anderer Plan, der sogenannte ***Gatún-Plan,*** sieht einen Kanal vor, nach dem die Schiffe in Schleusen gehoben und gesenkt werden und ein künstlich aufgestauter See die Verbindung zwischen den Schleusenabschnitten herstellt. Das größte Problem dieses Kanaltyps ist der Damm, mit dem der Río Chagres aufgestaut werden soll. Nach den Berechnungen muß dieser Erdwall circa 2 km lang und 30 m hoch sein, ein Bauwerk, das bis dahin noch nie durchgeführt wurde. Den Gatún-Plan entwickelte übrigens der Amerikaner *Alfred Noble,* nach dem Vorbild des Soo-Kanals in den USA.

Um eine endgültige Entscheidung herbeizuführen, läßt *Roosevelt* Chefingenieur *Stevens* nach Washington kommen. *Stevens* zählt zu den Befürwortern das Gatún-Plans und schätzt die Bauzeit des Schleusenkanals auf etwa 9 Jahre (bis 1914). Nach längeren Beratungen entscheidet sich die Isthmus-Kanal-Kommission am 5. Februar 1906 schließlich für den Gatún-Plan, dem die US-Regierung im Juni des gleichen Jahres zustimmt.

George Washington Goethals

Die Entscheidung für den Bau des Schleusenkanals bringt natürlich andere Gesichtspunkte mit sich. Alles muß neu überdacht und berechnet werden. Die Organisation, Planung und Entwicklung lastet aber zu sehr auf den Schultern eines einzigen Mannes, des Chefingenieurs ***John Stevens,*** der mit den neuen Aufgaben total überfordert ist. Er erklärt im Januar 1907 seinen ***Rücktritt*** und kehrt in die USA zurück.

Roosevelt besetzt einen Monat nach dem Rücktritt von *Stevens* den Posten mit dem Militäringenieur *George Washington Goethals* und verändert die Isthmus-Kanal-Kommission zum dritten- und letztenmal. *Goethals,* der Chefarzt *William Gorgas* und der Offizier und Ingenieur *David DuBose Gaillard* bilden die Pfeiler der neuen Kommission. ***Chefingenieur Goethals*** ist gleichzeitig auch der Vorsitzende der Kommission, womit die gesamte Macht und Kompetenz allein in seinen Händen liegt, und er leitet das Kanalprojekt bis zum Ende mit diktatorischer Hand.

Mit *Goethals* kommt im Bereich der Organisation ein neuer Wind auf den Isthmus. Er teilt das Bauprojekt in die Atlantik-, die Pazifik- und die mittlere Zone ein. Die Meereszonen umfassen die Kanaleinfahrten und die Schleusenabschnitte und stehen unter der Leitung der Ingenieure *William Sibert* und *Sidney Williamson*. Die Leitung der Schleusenkonstruktionen erhält *Harry Foote Hodges*. Der Mittelteil ist mit 52 km der längste und mit dem Culebra-Durchstich der schwierigste und wichtigste Abschnitt des Projekts, womit der Ingenieur *David DuBose Gaillard* betraut wird, nach dem dieser Abschnitt später auch benannt wird: der Gaillard-Cut.

Der Culebra-Durchstich

Die größte Hürde beim Bau der Kanalfahrrinne bildet der Culebra-Bergrücken. Er verläuft parallel zur Pazifikküste zwischen den Orten Paraíso und Gamboa und bildet die kontinentale Wasserscheide in dieser Region. Bei der Durchschneidung muß der Bergrücken von ursprünglich 96 m über dem Meeresspiegel bis auf die geplanten 12 m über dem Meeresniveau abgetragen werden, in einer Breite von circa 550 m oben und 91,5 m an der Sohle, auf einer Länge von circa 13,5 km. *Goethals* erklärt deshalb den Culebra-Durchstich zum ***Projekt mit höchster Priorität*** und konzentriert den größten Teil der Baumaschinen und der Arbeitskräfte in diesem Abschnitt. Täglich sind circa 60 Bagger im Einsatz, die sich zugleich von der Pazifik- und von der Atlantikseite aufeinander zubewegen. Rund 160 Züge transportieren die Erde über 7 Gleisstrecken ab. Die Nächte benutzt man dazu, um alle notwendigen Reparaturen an den Baggern und Zügen durchzuführen. Circa 6000 Männer arbeiten 7 Jahre lang ununterbrochen am Durchstich. Dabei werden etwa 120 Mio. Kubikmeter Material bewegt, um die Fahrrinne durch Schiefer und Fels zu graben, teilweise auch zu sprengen. Mit zunehmender Fahrrinnentiefe treten an den relativ steilen Hängen immer häufiger Erdrutsche auf. Vor allem während der Regenzeit brechen unerwartet Lawinen aus Schlamm und Felsen los, die den Fortgang der Arbeiten tagelang hemmen. Als das Ende des Durchbruches naht, wird die Fahrrinne langsam mit Wasser gefüllt, weshalb für die restlichen Erdarbeiten nur noch schwimmende Bagger zum Einsatz kommen.

Nach jahrelanger Arbeit am Culebra-Durchstich steht am ***10. Oktober 1913*** die ***letzte Sprengung*** auf dem Tagesprogramm. Um die Bedeutung des Ereignisses zu unterstreichen, soll die Sprengung vom US-Präsidenten *Woodrow Wilson* (1913-1921) vorgenommen werden, allerdings im 3000 km entfernten Washington. *Wilson* löst am Nachmittag des 10. Oktobers 1913 durch einen Knopfdruck die letzte Sprengung aus. Eine Telegrafenleitung leitet das Signal nach Panama weiter, wo Hunderte von Dynamitladungen ein riesiges Loch in das Erdreich reißen und sich das Wasser im Culebra-Graben mit dem Wasser des Gatún-Sees für immer vereint.

Dämme, Schleusen und Seen

Gleichzeitig mit den Grabungen am Culebra-Durchstich entsteht westlich der Gatún-Schleusen der prekärste Teil des Kanals: der ***Gatún-Damm.*** Nach den Berechnungen der Techniker muß der Erdwall eine Länge von 2,4 km, eine Sohlenbreite von 800 m und eine Kronenbreite von 30 m haben, um dem enormen Druck der Wassermassen des Gatún-Sees standzuhalten. Der See entsteht durch die Stauung des Río Chagres und ist als Überbrückung des Kanals zwischen den Schleusenabschnitten Pedro Miguel und Gatún notwendig. Mit der im Culebra-Durchstich gewonnenen Erde und mit Felsbrocken wächst der Erddamm Monat für Monat sichtbar an, und langsam ergänzt er das größtenteils aus natürlichen Wänden bestehende Seebecken.

Die Oberkante des Dammes liegt heute 32 m über dem Meeresniveau bzw. 6 m über dem Wasserspiegel des Gatún-Sees, der heute als ***zweitgrößter von Menschenhand geschaffener See*** gilt. Seine Flutung bis auf das heutige Niveau dauerte insgesamt 15 Jahre. Dabei wurden Hunderte Quadratkilometer jungfräulichen Hügellandes überflutet, und ganze Siedlungen mußten verlegt werden. Tausende von Tieren ertranken in den Wassermassen oder flüchteten auf die Hügel, deren Spitzen heute als Inseln aus dem See ragen.

Nahe der Pazifikseite entsteht durch die Stauung des Río Grande der circa 1,6 km breite ***Miraflores-See,*** der die Schleusenabschnitte Miraflores und Pedro Miguel verbindet. Sie bilden zusammen mit den Gatún-Schleusen zweifelsohne die technischen Meisterstücke des Kanals. Kein Bauwerk der damaligen Welt enthält soviel Beton wie die ***Schleusen,*** deren Kammern je 305 m lang, 35,5 m breit und 24,5 m tief sind. Vier Jahre nach dem Baubeginn der Schleusen ist mit der letzten Ladung Beton, die man im Mai 1913 bei den Gatún-Schleusen verarbeitet, der Kanal praktisch betriebsbereit.

Endlich am Ziel

Seit *Goethals* mit diktatorischer Hand das Kommando am Isthmus übernommen hat, wird Woche für Woche augenscheinlicher, daß der Kanal auch tatsächlich in der geplanten Zeit fertiggestellt wird. 1913 sind fast alle Arbeiten abgeschlossen, das Wasser des Kanals erreicht langsam sein Betriebsniveau, und die Schwimmbagger reinigen ununterbrochen die Fahrrinne. Ironischerweise ist ***das erste Schiff,*** das den Panamakanal vollständig durchfährt, das französische Kranschiff *Alexandre La Valley* am 7. Januar 1914. Mit diesem kleinen Detail fällt den Franzosen nach ihrem gescheiterten Versuch doch noch eine Ehre zu.

Mit dem Beginn des Jahres 1914 wird die ***Isthmus-Kanal-Kommission aufgelöst*** und *Goethals* zum ersten Gouverneur des US-Verwaltungsbezirkes Panamakanal ernannt (womit eigentlich die Kanalzone gemeint ist). Bürogebäude und Wohnhäuser werden abgerissen, und Tausende Arbeiter packen mit ihren Familien die Koffer. Täglich laufen vom Hafen in Colón und in Panama-Stadt Schiffe aus, um sie wieder in ihre Heimat zu bringen.

Während in Panama das Ende des Kanalbaus in Sicht ist, bereitet man in Washington und San Francisco ein ***großes Eröffnungsspektakel*** vor. Als Höhepunkt der feierlichen Eröffnung am 15. August 1914 soll die US-Kriegsflotte den Kanal durchfahren - so, wie es sich *"Teddy" Roosevelt* immer erträumt hat. Der Ausbruch des ***Ersten Weltkrieges*** in Europa zieht allerdings einen Strich durch die Rechnung. Die Weltöffentlichkeit richtet ihr Augenmerk vorwiegend auf den europäischen Kriegsschauplatz, wodurch die offizielle Kanaleröffnung kaum mehr Beachtung findet.

Die Erbauung des Panamakanals war ***eine der größten menschlichen Leistungen aller Zeiten.*** Keine Statistik der Welt kann nur annähernd vermitteln, was die Menschen auf der Landenge geleistet haben. Für eine ganze Generation von Amerikanern war es eigentlich Präsident *Roosevelt,* der den Panamakanal erbaute. Aber ohne die Fähigkeiten von *John Stevens, George Washington Goethals* und *Dr. William Gorgas* hätte sicher erst viel später ein Schiff die Landenge überqueren können, und ohne die 75.000 unbekannten Arbeiter wäre der Traum, mit diesem technischen Wunderwerk die Welt ein Stückchen näher zusammenzurücken, niemals wahrgeworden. Bei allen Leistungen dürfen aber die circa 25.000 Arbeiter nicht vergessen werden, die durch Krankheiten und Unfälle starben - etwa jeder dritte Kanalmeter hat einem Arbeiter das Leben gekostet.

Rund um den Kanalbetrieb

Verwaltung

Der Panamakanal ist offiziell "eine nicht gewinnorientierte Einrichtung im Dienste der Menschheit". Mit dem vorerst letzten Kanalvertrag vom Oktober 1979 haben sich die USA und Panama verpflichtet, das Management, den Betrieb und die Verteidigung des Kanals gemeinsam zu übernehmen, bis der Kanal zur Jahrtausendwende endgültig an Panama übergeben wird. Die Geschäfte werden bis zur Übergabe von der ***Panamakanal-Kommission*** geleitet, die von einem ***Zweiländer-Aufsichtsrat*** aus neun Mitgliedern überwacht und die von einem Administrador (die offizielle Bezeichnung für den Leiter der Kommission) geleitet wird. Von 1979 bis 1989 stellten die USA den Kommissionsleiter, Panama stellte seinen Stellvertreter, seit 1990 sind die Rollen vertauscht.

Diesellokomotiven stabilisieren die Schiffe in den Schleusenkammern

Gebühren

Zur Berechnung der Durchfahrtsgebühr wurde die Bezeichnung ***Panamakanal-Nettotonne*** geschaffen, die 2,83168 Kubikmeter des kommerziell genützten Schiffsraumes entspricht, egal ob Cargo- oder Passagierraum. Pro beladener Panamakanal-Nettotonne werden 2,21 $ berechnet, pro ungeladener Tonne 1,76 $. Schiffe, die unter der panamaischen Flagge laufen, erhalten einen Spezialtarif. Die gesamte Durchfahrtsgebühr muß 48 Stunden vor der Durchquerung auf dem Konto der Kanalgesellschaft eingehen, ein Kredit wird nicht gewährt. Gegen eine zusätzliche Gebühr kann die Durchfahrt reserviert werden, was die Wartezeit erheblich verkürzt. Diese Möglichkeit wird meistens von Kreuzfahrtsschiffen genutzt.

Schleusenbetrieb

Ohne die kräftigen Regenfälle und die für das Wassersystem des Kanals unentbehrlichen Waldreservate an seinen beiden Seiten könnte der Panamakanal nicht 24 Stunden pro Tag und das ganze Jahr hindurch reibungslos funktionieren. Pro Boot und Schleuse werden rund 100.000 Liter Wasser benötigt, das man allerdings nur einmal verwenden kann und das dem Gatún- oder dem Miraflores-See entnommen wird. Um die ***Wasserversorgung*** auch während der Trockenzeit zu gewährleisten, wurde in den 30er

Panamakanal-Querschnitt

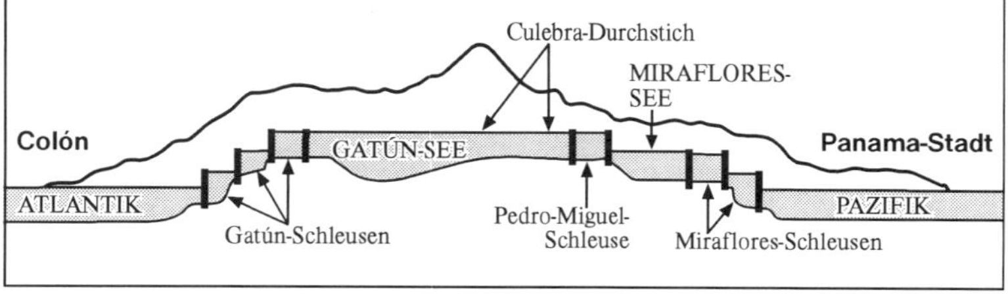

Jahren der Madden-See (auch Alajuela-See) geschaffen. Er wird von den Flüssen Chagres und Perqueni gespeist und reguliert über Rohrleitungen das ganze Jahr hindurch den Wasserspiegel der Seen.

Der ***Zu- und Abfluß des Wassers*** in die Schleusenkammer bzw. aus der Kammer erfolgt ohne Pumpen über die am Boden und in der Wand befindlichen Öffnungen, die durch ein Rohrleitungssystem mit den höherliegenden Kanalseen und den tieferliegenden Meeren verbunden sind, und basiert auf dem physikalischen Prinzip der kommunizierenden Röhren. Das Boot wird durch die Wasserkraft in circa 10 Minuten pro Schleusenkammer gehoben bzw. gesenkt. Zum Öffnen und Schließen der 800 Tonnen schweren Schleusentore werden 400-PS-Elektromotoren verwendet.

Der Kanal verfügt insgesamt über drei ***Schleusenabschnitte:*** die zweistufige Miraflores-Schleuse (circa 16,5 m) und die einstufige Pedro-Miguel-Schleuse (circa 9,5 m) an der Pazifikseite und die dreistufige Gatún-Schleuse (circa 26 m) an der Atlantikseite. In den 60er Jahren wurden sie mit einer Beleuchtung ausgestattet, um eine Abfertigung der Schiffe fast rund um die Uhr zu ermöglichen.

Um die Stabilität eines Schiffes in der Schleusenkammer während des Hebens bzw. Senkens zu gewährleisten, werden ***Diesellokomotiven*** *(mulas)* eingesetzt, die je 47 Tonnen wiegen und über Stahlseile mit dem Schiff verbunden sind. Je nach Größe des Schiffes werden an der Vorderseite zwei oder vier, an der Rückseite immer zwei Lokomotiven verwendet. Die Loks werden auch als Zugmaschinen eingesetzt, um die Schiffe in die Schleusenkammer bzw. aus der Kammer zu ziehen, allerdings nur in geringem Maße, denn zu 90 % fährt das Schiff aus eigener Kraft in die Schleuse hinein bzw. verläßt diese wieder.

Instandhaltung

Für die lebenswichtigen Instandhaltungsmaßnahmen werden jährlich circa 100 Mio. Dollar ausgegeben. Seit der Eröffnung 1915 sind 90 % der Einrichtungen noch im Originalzustand. Die empfindlichsten Teile sind die Stemmtore, Schleusenkammern, Ventile, Abzugs- und Einlaufkanäle, die ständig gewartet werden. Um die Fahrrinne sauber zu halten und den maximalen Tiefgang von 12 m zu sichern, wurde die ***Kanal-Bagger-Kommission*** eingerichtet, deren Hauptquartier sich in Gamboa befindet.

Sicherheitsvorschriften

Auf dem Kanal herrscht ***Einbahnverkehr,*** der jeweils am Morgen und am Mittag die Richtung wechselt. Große Schiffe dürfen nur tagsüber fahren. Im kurvenreichen Gaillard-Abschnitt (Culebra-Durchstich) darf sich immer nur ein Schiff bewegen. Während der gesamten Durchfahrt muß mindestens ein ***Kanallotse*** (auch Kanalpilot) an Bord sein, der für die Navigation verantwortlich ist und der ständig in Kontakt steht mit dem Marine Traffic Control Center, einem vollcomputerisierten Kontrollzentrum, das den gesamten Schiffsverkehr überwacht. Während kleine Schiffe mit einem Lotsen auskommen, werden auf großen 3-4 eingesetzt. Die Ausbildung und das praktische Training eines Lotsen dauert insgesamt 8 Jahre.

Die Zukunft des Kanals

Obwohl circa 93 % der heute weltweit fahrenden Schiffe mit ihren Abmessungen problemlos den Kanal benutzen können, ist eine ***Verbreiterung geplant,*** damit auch die überdimensionalen Supertanker den Kanal durchfahren können. Der umfassende Plan sieht unter anderem die Begradigung und Verbreiterung des Culebra-Abschnittes von 153 m auf 193 m vor sowie die Vergrößerung der Schleusen bzw. den Neubau größerer Schleusen, wie z.B. der Miraflores-Schleusen, die vom derzeitig 65.000 BRT fassenden Vermögen auf 150.000 BRT angehoben werden sollen. Bereits während des Zweiten Weltkrieges wurde wenige Meter südwestlich der Miraflores-Schleusen an einer neuen Schleusenstufe gearbeitet, doch aus finanziellen Gründen mußte das Vorhaben aufgegeben werden.

Eine komplette Verjüngungskur würde die Kapazität der Durchfahrt

Hält die Fäden in der Hand: Kanalarbeiter

(Zweibahnsystem) erhöhen. Über das "Wann" herrscht allerdings noch große Unklarheit, denn die finanziellen Mittel, um den Plan realisieren zu können, fehlen. Mit einem Baubeginn ist frühestens Anfang des 21. Jahrhunderts zu rechnen, jenes Jahrhundert, in dem alle Belange, die den Kanal betreffen (bis auf die militärische Sicherheit), von der US-Regierung an die panamaischen Amtskollegen übergeben werden - exakt am 31. Dezember 1999 um 12 Uhr.

Praktische Informationen

●Die ***Schleusenvorgänge*** können Sie am besten und bequemsten im ***Gatún-Abschnitt*** (siehe "Zentrale Karibikküste") oder von der ***Aussichtsplattform der Miraflores-Schleusen*** beobachten, die circa 20 km nordwestlich der Hauptstadt liegen. Der Zugang ist täglich von 9 bis 17 Uhr gestattet, Eintritt frei. Während die Schiffe gehoben bzw. gesenkt werden, erhalten die Besucher über Lautsprecher ausführliche Informationen in spanischer und englischer Sprache. Wenn es keine Schiffe zu beobachten gibt, wird ein kostenloser Diavortrag gehalten (nur bei den Miraflores-Schleusen). Trinkwasser und Toiletten sind vorhanden.

●Die Miraflores-Schleusen sind mit dem ***Bus*** Richtung Paraíso oder Gamboa ab dem Busbahnhof Area del Canal erreichbar. Sollte der Busfahrer wegen mangelnder Nachfrage keinen Abstecher zum Parkplatz vor den Schleusen machen, müssen Sie an der Durchfahrtsstraße aussteigen. Ein großes Schild zeigt die Abzweigung an, außerdem können Sie sich am weißen Wachturm der US-Militärbasis orientieren, der circa 100 m vor der Abzweigung an der rechten Straßenseite steht. Von der Abzweigung sind es circa 15 Gehminuten zu den Schleusen. Eine ***Taxifahrt*** kostet circa 20 $, bei einer Wartezeit von etwa einer Stunde.

●Ein weiterer Aussichtspunkt ist der 115 m hohe ***Cerro Contratista*** (auch *Contractor's Hill),* der sich am Westufer des Kanals im Gaillard-Abschnitt erhebt. Er bietet einen faszinierenden Blick auf die langsam durch den Gaillard Cut manövrierenden Schiffe. Der Aussichtspunkt ist nicht mit dem Bus erreichbar. Vorsicht! Die Gegend um den Hügel gilt als sehr unsicher.

●Die ***Pedro-Miguel-Schleuse*** kann nur aus der Ferne besichtigt werden.

Die Zentrale Karibik-küste

Die "Mutter Natur" zeigt sich an der Zentralen Karibikküste, die sich beidseitig der Hafenstadt Colón erstreckt, von ihrer freundlichen Seite, was man vom "Vater Staat" nicht behaupten kann. Die Kontraste sind erschreckend: Während in der Metropole an der Pazifikküste moderner Komfort überwiegt, dominiert herbe Armut an der Karibikküste, vor allem in und um Colón.

Die beiden Küstenstreifen sind durch die Lebensadern der Zentralregion, den Panamakanal und die circa 80 km lange ***Carretera Transístmica*** (auch *Carretera Boyd-Roosevelt)* verbunden. Im Gegensatz zum kontrollierten Verkehr auf dem Panamakanal herrscht auf der mit Löchern übersäten und kurvenreichen *Transístmica* häufig ein Chaos vor. Hunderte Lastkraftwagen quä-

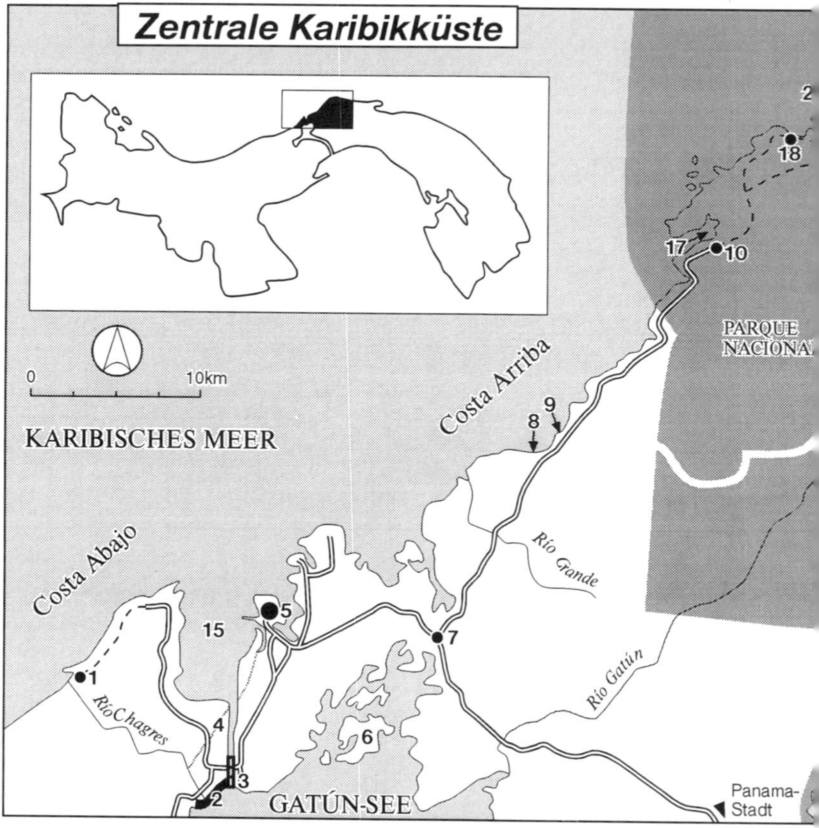

len sich täglich über diese stark ansteigende und abfallende Asphahltstraße, und ihr Tempo fordert die nervösen Autofahrer und hektischen Buslenker zu riskanten Überholmanövern auf. Die Konsequenzen des riskanten Fahrstils sind oft tödliche Unfälle, die der Straße im Volksmund den Beinamen *Carretera del muerte,* "Straße des Todes", einbrachte.

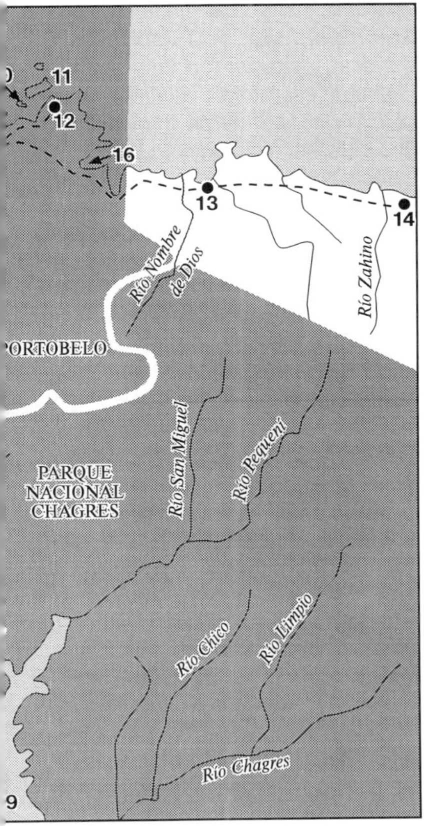

Die *Transístmica* schlängelt sich auf den letzten Kilometern vor Colón durch einen ausgedehnten "Schilderwald". International renommierte Firmen versuchen durch übergroße Werbetafeln mit schreienden Texten und Abbildungen, die Aufmerksamkeit der Fahrzeuginsassen auf ihre Produkte zu lenken, die in der Zona Libre, der Freihandelszone Colóns, zu günstigen Preisen erhältlich sind. Für Touristen ist weder Colón noch die Freihandelszone, wo man meistens nur en gros einkaufen kann, interessant.

Lohnenswerte Ziele bietet die Costa Arriba ("Obere Küste"), die sich nordöstlich von Colón erstreckt. Dort liegen unter anderem das historische Hafenstädtchen Portobelo mit den Ruinen spanischer Befestigungsanlagen und der

1 Fort San Lorenzo
2 Gatún-Damm
3 Gatún-Schleusen
4 Franz. Kanalprojekt
5 Colón
6 Isla Zorra
7 Sabanita
8 Playa María Chiquita
9 Playa Langosta
10 Portobelo
11 Isla Grande
12 La Guaira
13 Nombre de Dios
14 Palenque
15 Bahía de San Cristóbal
17 Bahía de Portobelo
18 Cacique
19 Madden-See
20 Isla Mamey
21 Isla Lintón

Nationalpark Portobelo, dessen maritimer Bereich mit kristallklarem Wasser, Korallenriffen und feinen Sandstränden am Wochenende viele Taucher, Schnorchler und Sonnenanbeter anlockt, besonders die vom karibischen Flair geprägte Isla Grande mit ihrem Bilderbuchstrand.

Das Gegenstück zur Costa Arriba, die Costa Abajo ("Untere Küste"), erstreckt sich südwestlich von Colón. Sie ist nur über die Gatún-Schleusen des Panamakanals erreichbar, wo die Ozeanriesen über drei Stufen zum Atlantik gesenkt bzw. zum Gatún-See gehoben werden. Zwischen dem Gatún-See und dem Karibischen Meer und westwärts des Río Chagres, der nahe dem Kanal in das Meer mündet, liegt ein nahezu unberührter Regenwald. An der Flußmündung erhebt sich das Fort San Lorenzo, das mit den Befestigungsanlagen Portobelo zu den imposanten Zeugnissen der Vergangenheit zählt.

Die Zentrale Karibikküste gehört vollständig zur Provinz Colón, deren gleichnamige Hauptstadt das Ballungszentrum der Region ist. Die Mehrheit der ***regionalen Bevölkerung*** bilden die Nachkommen der Arbeiter, die als billige Arbeitskräfte im 19. Jahrhundert von den englischsprachigen Karibikinseln nach Panama kamen, und die der afrikanischen Sklaven, deren Traditionen bis heute größtenteils erhalten geblieben sind. Nicht umsonst wird die Zentrale Karibikküste auch die Region der Congos bezeichnet (siehe "Isla Grande").

Colón

Geschichte

Colón, Panamas zweitgrößte Stadt, breitet sich an der Ostseite der Bahía de Limón aus. Es entstand Mitte des 19. Jahrhunderts als Warenumschlagplatz und als Umsteigeort für Reisende, die von einer US-Küste zur anderen den zeitsparenden Schiffs- und Eisenbahnweg über die Landenge nahmen. Die ***Stadtgründung*** geht größtenteils auf das Konto der Schiffs- und Eisenbahngesellschaft *United States Mail Steam Line,* deren Direktor den Ort zunächst nach seinem Familiennamen *Aspinwall* taufte, erst später trat der heutige Name Colón in den Vordergrund. Durch seine große Bedeutung als Knotenpunkt wuchs der Ort rasch zu einer Kleinstadt an, in der das Leben alles andere als angenehm war. Ein Reisender beschrieb Colón im Jahre 1853 als *"eine angelsächsische Siedlung, die dem spanischen Amerika eingefügt wurde, aber nur auf den ersten Blick, denn sie wird von Nordamerikanern dominiert, und die Einrichtung der Häuser ist nicht komfortabel. Sie verfügt über keine Kirche, lediglich über ein Krankenhaus für die drei- bis viertausend Einwohner, aber dagegen sind Hotels, Tavernen und alle Arten von Läden reichlich vorhanden. Ihre Bevölkerung wird vom Abschaum aller Nationen gebildet, speziell von dem der englischen Antillen. Niemand wagt es, durch die Straßen zu gehen und in den Hotels zu übernachten, ohne gut be-*

waffnet zu sein. Es ist nicht verwunderlich, daß Colón ist, was es ist: Ein ungesunder Ort, und es ist erstaunlich, daß es möglich ist, Leben zu erhalten in dieser unreinen Pfütze ..."

Colón heute

Fast eineinhalb Jahrhunderte später hat der Reisebericht kaum an Aussagekraft verloren. Bei einem Blick in die Straßen der Stadt erscheint es, als ob der Berichtschreiber nicht 1853 Colón besuchte, sondern gestern in der Stadt unterwegs war. Der negative Ruf von einer ***gefährlichen, schmutzigen Stadt*** ist keinesfalls übertrieben. Colón ist - man kann es nicht anders sagen - ein großes Ghetto aus kaum bewohnbaren, morschen Holzhäusern, an denen die salzhaltige Meeresluft und die Feuchtigkeit ständig nagen. Mit alten Brettern und Blechteilen versuchen die Bewohner, ihre Häuser vor dem langsamen Zerfall zu retten. Vielerorts haben sie den Kampf gegen die Natur aufgegeben, und nur noch Lappen, Pappkartons und alte Kleidungsstücke verhindern den Blick in die Wohnungen.

Kaum eine Straße oder ein Stadtteil kann als angenehm bezeichnet werden, ganz zu schweigen von der Atmosphäre. Über der Stadt liegt eine unheimliche Spannung, die mit jedem Tag dem Zerreißen näher kommt. Dabei besitzt Colón mit der ***Zone Libre*** einen ***Freihandelshafen,*** der nach Hongkong der zweitgrößte der Welt ist und der einen nicht unerheblichen Beitrag zur panamaischen Wirtschaft leistet. Aber die Gewinne fließen größtenteils nach Panama-Stadt oder ins Ausland, und Colón bleibt mit leeren Taschen zurück. Die Geschäftsleute und die Touristen fahren mit dem Auto, Taxi oder dem Bus direkt zum Eingang der Zona Libre, einer Art Kleinstadt im Südosten Colóns, die mit hohen Mauern und Stacheldraht umgeben ist und bewacht wird wie der Hochsicherheitstrakt eines Gefängnisses. In den Straßen vor dem Eingang drängen sich Bettler, Kinder und Arbeitslose, die für ein paar Cents die oft teuren Autos der Besucher bewachen.

Der Kontrast könnte nirgendwo größer sein als vor dem Tor der Zona Libre, in der täglich Millionen von US-Dollars umgesetzt werden, während draußen die Bevölkerung um jedes Stück Brot kämpfen muß. Daß die Unzufriedenheit unter den Bewohnern ständig wächst und die ***Kriminalität*** Jahr für Jahr eine drastische Steigerung verzeichnet, sollte für Sie eine Warnung sein, in Colón nicht länger zu verweilen, als unbedingt notwendig ist - von einem Spaziergang in den Straßen von Colón kann sowieso keine Rede sein.

Der Ruf nach ***Maßnahmen*** wird zwar von Tag zu Tag immer lauter, nicht zuletzt wegen der regelmäßigen Überfälle auf beladene Lastkraftwagen, doch bis heute hat die Landesregierung nur mit einer beschränkten Umsiedlung der Ärmsten reagiert. Einige Kilometer vor

Colón, direkt an der *Transístmica*, ist eine Siedlung aus Einzimmerhäuschen entstanden. Diese sind in Reih und Glied angeordnet und kaum größer als ein Gartenschuppen. Wenn die Regierung weiterhin die Ohren und Augen vor den Problemen der Bewohner von Colón verschließt, wird diese Haltung letztendlich zu einer Explosion führen, deren Druckwelle bis nach Panama-Stadt reichen wird.

Nur einmal im Jahr, während des ***Karnevals,*** werden alle Probleme für ein paar Tage beiseite gelegt, wird in den Straßen von Colón ausgelassen gefeiert und getanzt, ganz in der temperamentvollen afro-karibischen Art - bis schließlich der Vorhang wieder fällt.

Praktische Hinweise

Sicherheit

●Achtung! In Colón kommt es ständig zu ***Überfällen,*** auch tagsüber. Vermeiden Sie soweit wie möglich, daß Sie sich zu Fuß in der Stadt bewegen. Der Flughafen, der Busbahnhof, das Hotel Washington und die Zona Libre gelten als ***sichere Orte*** für Touristen.

1 Hotel Washington
2 Banco Nacional de Panamá und Post
3 Busbahnhof
4 INTEL
5 Jachtclub

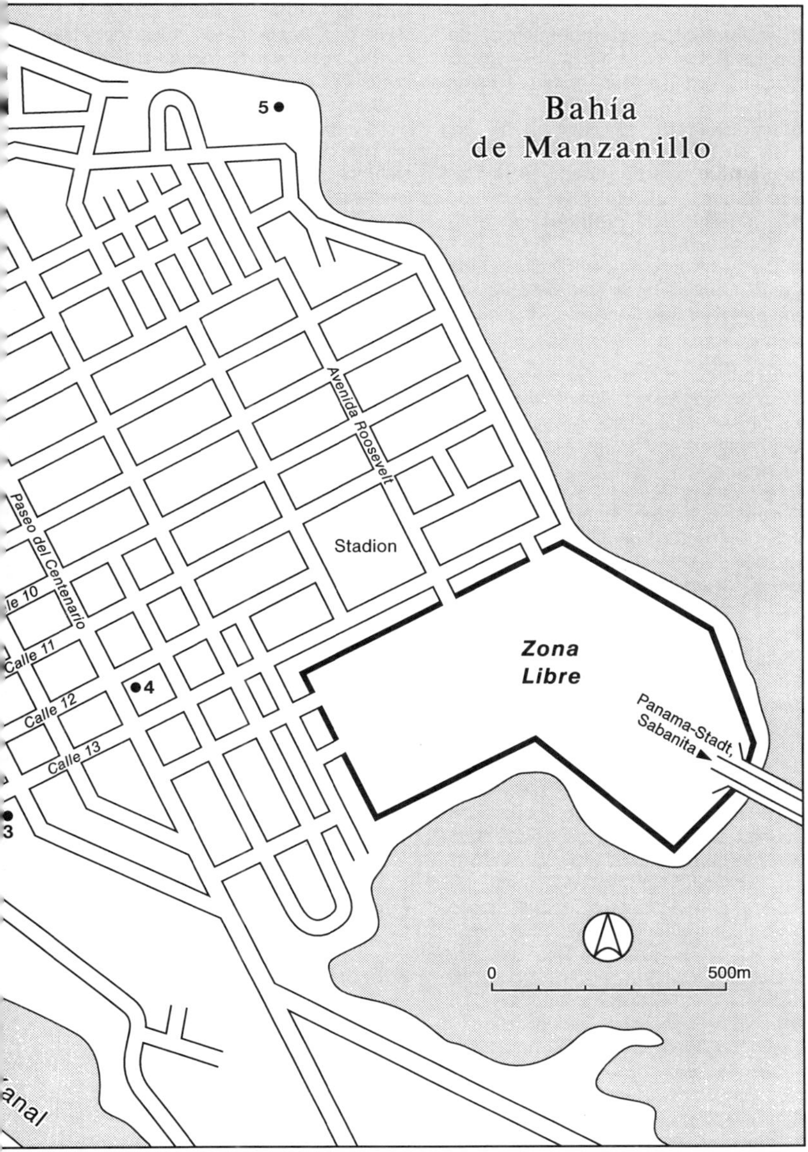
Bahía
de Manzanillo
5
Avenida Roosevelt
Paseo del Centenario
Stadion
Zona
Libre
Panama-Stadt,
Sabanita
Calle 11
Calle 12
Calle 13
4
3
0
500m

Bus

●Der ***zentrale Busbahnhof*** liegt an der Avenida Bolívar/Calle 13. Ab hier gibt es tägliche Verbindungen unter anderem nach:

●***Panama-Stadt*** zwischen 3.30 und 1 Uhr alle 20 Minuten.

●***Portobelo*** zwischen 8 und 18 Uhr fast jede Stunde.

●***La Guaira (Isla Grande)*** um 9.30, 11.30, 14 und 18 Uhr.

●Eine Verbindung zu den Siedlungen der ***Costa Abajo,*** zu den ***Gatún-Schleusen*** und zum ***Fort San Lorenzo*** gibt es nicht.

Flug

●Colóns ***Flughafen,*** der *Aeropuerto Enrique Jiménez,* liegt wenige Kilometer östlich des Zentrums und ist nur mit dem Taxi erreichbar.

●***Aeroperlas,*** Tel.: 412800, fliegt nach Panama-Stadt von Mo bis Fr um 7.20, 8.15, 8.40, 9.05, 9.50, 16.20, 17.10, 17.30 und 18 Uhr.

●***Alas Chircanas,*** Tel.: 411038, fliegt nach Panama-Stadt täglich um 7.15, 8.00, 8.25, 8.50, 16.20, 17.15, 17.40, 18 und 18.20 Uhr.

●Beide Linien berechnen für das ***Retourticket*** am Vormittag 47 $, am Nachmittag 10,50 $.

Unterkunft, Essen und Trinken

●Die einzige empfehlenswerte und sichere Unterkunft ist das stimmungsvolle ***Hotel Washington,*** Tel.: 417133, Fax: 417397, am Nordende der Ave. del Frente, EZ 88 $, DZ 99 $, Suite ab 143 $. Große, stilvolle Zimmer mit Bad, WC, TV, Telefon und AC. Große, direkt am Meer gelegene Anlage mit Garten, Swimmingpool, Bar, Restaurant und Cafetería.

●Um den Busbahnhof und entlang des Paseo del Centenario gibt es verschiedene ***Restaurants,*** doch aus Sicherheitsgründen kommt für ein Essen oder einen Drink nur das Restaurant oder die Cafetería im *Hotel Washington* in Frage.

Einkaufen in der Zona Libre

●Für den ***Besuch*** der Freihandelszone benötigen Sie eine Besucherkarte, die Sie kostenlos am Eingang in der Calle 13/Ave. Roosevelt erhalten (Reisepaß nicht vergessen!). ***Fahrzeuge*** dürfen nur mit besonderer Erlaubnis (nicht für Touristen) innerhalb der Zona Libre abgestellt werden.

●Die Zona Libre ist ein riesiges, ***umsatzsteuerfreies Einkaufszentrum,*** wo eigentlich nur en gros *(por mayor)* gekauft wird. Einige Geschäfte bieten ihre Produkte auch einzeln an. Die gekaufte Ware wird verpackt und Ihnen vor der Ausreise am internationalen Flughafen in Panama-Stadt ausgehändigt. Wenn Sie in mehreren Geschäften einkaufen, sollten Sie dies immer angeben, damit nur ein einziges Paket für Sie gemacht wird. Für den Transport von der Zona Libre zum internationalen Flughafen werden 5 $ pro Paket berechnet.

Adressen von A bis Z

●***Geldwechseln:*** *Banco Nacional de Panamá,* Ave. Bolívar/Calle 9, geöffnet Mo-Fr von 8 bis 13.30 Uhr.

●***Post:*** Ave. Bolívar/Calle 9 neben der *Banco Nacional de Panamá,* geöffnet Mo-Fr von 7 bis 18 Uhr, am Sa bis 17 Uhr.

●***Telefon und Fax:*** Im *Hotel Washington* oder im *INTEL*-Büro, Paseo del Centenario/Calle 12, geöffnet Mo-Fr von 8 bis 17 Uhr.

Costa Abajo

Zufahrt

Der Teil der Karibikküste, der sich vom Westufer des Kanals bis an die Provinzgrenze Veraguas' erstreckt, wird generell als Costa Abajo ("Untere Küste") bezeichnet. Die einzige

Straße, die in diese Region führt, zweigt von der *Transístmica* circa 2 km vor Colón (Ampel) nach links ab. Sie führt an der US-Basis Fort Davis vorbei, über eine schwenkbare Eisenbrücke bei den Gatún-Schleusen (circa 10 km ab der Abzweigung), an das Westufer des Kanals. Eine öffentliche ***Busverbindung*** in diese Region ***existiert nicht.*** Die touristischen Attraktionen dieser Gegend, die Gatún-Schleusen und das Fort San Lorenzo, sind deswegen nur mit dem Auto oder mit einer organisierten Tour zu besichtigen.

Gatún-Schleusen

An der Ostseite der dreistufigen Gatún-Schleusen wurde eine kleine ***Aussichtsplattform*** errichtet, von wo aus sich ein imposanter Blick auf die Schleusenkammern bietet. Mit hochpräziser, computerunterstützter Arbeit werden hier täglich bis zu 35 Schiffe gehoben bzw. gesenkt. Die Gatún-Schleusen können täglich zwischen 8 und 16 Uhr kostenlos besucht werden. Weitere Informationen über die technischen Kanaldetails und seine Geschichte finden Sie im Kapitel "Der Panamakanal".

Fort San Lorenzo

Nur wenige Meter nach den Gatún-Schleusen gabelt sich die Straße: Sie führt nach links entlang des Gatún-Staudammes, vorbei am Restaurant *Tarpoon Club* und am Abschnitt des gescheiterten französischen Kanalprojekts (siehe "Panamakanal"), geradeaus zum historischen Fort San Lorenzo. Nach etwa 11 km wird die Fahrt vom Wachposten des *Fort Sherman* unterbrochen. Der kahlköpfige Wachposten und die Architektur der Kasernengebäude lassen keine Zweifel aufkommen über den Charakter des Gebietes: US-Militärterritorium. Die ***Militärbasis*** wird allgemein als *Tropical Jungle Training Center* bezeichnet, denn die Amerikaner haben in diesem mit tropischem Regenwald bedeckten Küstenstreifen die optimalen Bedingungen für eine Spezialausbildung ihrer Soldaten im Dschungelkampf gefunden.

Nachdem der Wachposten einen Blick in Ihren Reisepaß geworfen

Blick vom Fort San Lorenzo

und sich Ihren Namen notiert hat, bekommen Sie eine schematische Karte mit einer ***markierten Route*** ausgehändigt und die eindringliche Warnung, daß während der Fahrt zum Fort San Lorenzo das Abweichen von der Route und das Fotografieren strengstens verboten sind. Die Amerikaner scheinen nicht besonders erfreut zu sein über die touristische Attraktion am anderen Ende ihres Ausbildungslagers.

In wenigen Minuten ist das Wohngebiet der Kaserne durchquert, danach geht es auf einer Schotterstraße durch dichten Regenwald weiter westwärts. Unterwegs überqueren oft verspielte Weißrüsselbären die Straße, falls sich die bis zur Unkenntlichkeit getarnten "Rambos von morgen" nicht gerade auf "Kriegspfad" befinden. Etwa 9 km nach dem Kaserneneingang endet die Straße am ***Fort San Lorenzo.*** Es wurde im 17. Jahrhundert auf einem Plateau hoch über der Mündung des Río Chagres errichtet, als Verteidigungsanlage gegen die Piraten, die es auf die begehrten Handelswaren der Spanier abgesehen hatten. Die schweren Kanonen sind heute noch auf das Meer gerichtet, als ob der legendäre englische Pirat *Sir Francis Drake* jeden Moment auftauchen könnte. Das aus groben, unsymmetrischen Steinblöcken erbaute Fort ist gut unterhalten und gibt mit seinen Kasematten, seiner Zugbrücke und seiner Bastei einen kleinen Einblick in jene Zeit, als sich die europäischen Seemächte heftig bekämpften. Vom Fort aus hat man einen fantastischen Blick auf die Mündung des Río Chagres, über das kaum berührte Pflanzenmeer der Costa Abajo und das türkisfarbene Wasser der Karibischen See. Die Fahrt zum Fort San Lorenzo durch das Dschungeltrainingslager ist täglich zwischen 10 und 16 Uhr gestattet.

Costa Arriba

Im kleinen Ort ***Sabanita,*** circa 12 km vor Colón, zweigt von der *Transístmica* eine sehr schlecht unterhaltene, löchrige Asphaltstraße zur Costa Arriba ab. Die ersten Blickfänge im Ort bilden erschreckende Müllhaufen aus Plastiksäcken, die beidseitig der Straße zwischen den einfachen Häusern von den Bewohnern aufgetürmt wurden, in der Hoffnung, daß die Müllabfuhr irgendwann vorbeikommt.

Nach Sabanita verläuft die ***Straße*** durch verschlafene Siedlungen und entlang von Weideflächen mit Rinderherden. Im Hintergrund des Kulturlandes erhebt sich die grün bewachsene Sierra Llorona de Portobelo, an deren Hängen sich der Nationalpark Portobelo ausbreitet. Die ersten Strände unterwegs, die Playas María Chiquita (circa 15 km ab Sabanita) und Langosta (3 km weiter), eignen sich nicht besonders für ein Sonnen- und Meeresbad. Je näher man Portobelo kommt, desto näher rücken die Berghänge, bis sie die Straße ganz an das Meeresufer drängt. Während an der einen Straßenseite Blumen und Pflanzen in allen Sorten, Größen und Farben gedeihen, öffnet sich an der anderen Seite das dunkelblaue Meer, dessen aufsteigender Dunst den Küstenstreifen ständig umhüllt.

Parque Nacional Portobelo

Der knapp 36.000 ha große ***Nationalpark*** Portobelo erstreckt sich entlang der Küste zwischen den Bahías de Portobelo und de San Cristóbal und stößt im Süden an den Nationalpark Chagres. Sein mittlerer, unzugänglicher Teil ist noch vollständig von tropischem Regenwald bedeckt während in seinen Randzonen die ursprüngliche Vegetationsdecke der Agrarwirtschaft weichen mußte.

Durch das traditionelle, ungeschriebene Gesetz, daß jener Person das Land gehört, die es urbar machte, sind viele *campesinos* aus den Provinzen der Zentralen Pazifikküste und der Halbinsel Azuero an die Costa Arriba gezogen. Ein Beispiel für diese Zuwanderung bildet die Ortschaft ***Nuevo Tonosí,*** wenige Kilometer nach Portobelo, wo besitzarme Bauern der Halbinsel Azuero eine neue Existenz aufzubauen versuchen. Trotz des geschützten Status des Parks wird die ***illegale Waldrodung*** fortgesetzt. Wer nach Gegenmaßnahmen fragt, stößt immer wieder auf das gleiche Problem: Es mangelt an Geld, um den Nationalpark effizient schützen und den Kleinbauern eine Alternative anbieten zu können. Vor kurzem hat in Nuevo Tonosí ein *INRENARE*-Büro seine Pforten geöffnet, das mit Informations- und Aufforstungsprojekten versucht, eine Wende einzuleiten.

Aufgrund der ***beschränkten Infrastruktur*** des Nationalparks Portobelo konzentriert sich der Tourismus vorwiegend auf seinen maritimen Bereich. Etwa 22 % der Nationalparkfläche liegen im Karibischen Meer, entlang einer circa 70 km langen, stark gebuchteten Küstenlinie.

Praktische Informationen

Wenige Kilometer vor Portobelo, in einer malerischen, teils mangrovenbewachsenen Bucht, haben sich ***drei Tauchclubs*** etabliert, die Tauchgänge für die Besitzer einer internationalen Tauchlizenz (PADI-Ausweis) und Schnorcheltouren zu den vorgelagerten Korallenriffen und Inseln anbieten. Anfängerkurse werden von den Clubs momentan noch nicht angeboten. Ausrüstungsgegenstände können gemietet werden bei:

- ***Nautilus Dive Club Panamá,*** Tel.: 482035 oder 609088 (Panama-Stadt), circa 7 km vor Portobelo. Einfache, gemütliche Anlage mit kleinem Open-Air-Restaurant und Mehrbettzimmer für maximal 8 Personen, auch wochentags geöffnet. Hier kostet die Übernachtung 5 $ pro Person und Tag, ein Tauchgang ab 20 $, eine komplette Tauchausrüstung 20 $ (inklusive einer Sauerstofflasche), eine neue Tankfüllung 4 $, eine Schnorchelbrille und Flossen je 3 $.
- ***Aquatic Park,*** zur Zeit kein Telefon, circa 5 km vor Portobelo. Neue, nur am Wo-

chenende geöffnete Anlage mit kleiner Cafetería und einem Mehrbettzimmer für maximal 6 Personen.

●***Scuba Portobelo,*** Tel.: 613841 (Panama-Stadt), circa 1,5 km vor Portobelo. Gepflegte Anlage mit 5 freistehenden, einfachen Häuschen, nur am Wochenende geöffnet.

●***Essen und Trinken:*** Direkt an der Straße zu den Tauchclubs liegt das ***Restaurant La Torre,*** ein turmähnlicher Bau mit einer Terrasse im ersten Stock, und das gemütliche Open-Air-Restaurant ***Los Cañones,*** das neben lokalen Gerichten vor allem Spezialitäten aus dem fischreichen Meer anbietet.

●Die Tauchclubs und die Restaurants sind mit dem ***Bus,*** der ab Colón in Richung Portobelo fährt, mehrmals täglich erreichbar.

Portobelo

Nur wenige Kilometer nach dem letzten Tauchclub wird der Blick von einer ***malerischen Meeresbucht*** gefangen, die sich nach Westen hin öffnet. Kolumbus taufte diesen wunderschönen Flecken, der von seinem Reiz bis heute nichts verloren hat, *porto belo* ("schöner Hafen"). Die tiefgrüne, hügelige Landschaft, die schaukelnden Boote und die Braunen Pelikane, die im Sturzflug in das türkisfarbene Wasser eintauchen, bilden eine zauberhafte Kulisse, die von historischen Spuren abgerundet wird. Entlang der Bucht ragen die Ruinen der spanischen Verteidigungsanlagen empor, als stumme Zeugen für die Bedeutung von Portobelo, das der wichtigste Festlandhafen in der Neuen Welt war.

Geschichte

Portobelo verdankt seine Existenz dem Ruin der einstigen Hafenstadt Nombre de Dios, die der englische Pirat *Sir Francis Drake* mit seiner Mannschaft zerstörte. Aus strategischen Gründen verlegten die Spanier den Hafen in die Bahía de Portobelo. Im Jahre 1597 entstand das Hafenstädtchen San Felipe de Portobelo, benannt nach dem damaligen spanischen König *Philipp II.* Während des 17. Jahrhunderts und der ersten Hälfte des 18. Jahrhunderts erfüllte Portobelo eine ***Schlüsselrolle in der Verteidigung dieser Küstenregion*** und im Handel mit allen spanischen Kolonien auf dem Kontinent.

Einmal jährlich ging in der Bucht eine große ***spanische Kriegs- und Handelsflotte*** vor Anker. Zwei Monate lang wurde im Hafenstädtchen gefeilscht, gefeiert, wurden Nachrichten ausgetauscht und Gold, Silber und Perlen aus den Kolonien auf die Schiffe verladen. Wochenlang herrschte Hochbetrieb auf dem Camino de Cruces und dem Camino Real, die einzigen Überlandverbindungen zwischen dem Atlantik und dem Pazifik. In den restlichen 10 Monaten des Jahres lag Portobelo, das aus etwa 130 Häusern, einer Kirche, einem Kloster und einem Krankenhaus bestand, in einem Tiefschlaf. Die Mehrheit der Bevölkerung wohnte nur kurzfristig in Portobelo. Mit dem Auslaufen der Flotte kehrten sie in ihre Heimatorte an der Pazifikküste der Landenge zurück. Im Hafenstädtchen verblieben vorwiegend Soldaten und Sklaven.

Wegen der großen Bedeutung Portobelos für den Handel errichteten die Spanier eine ***imposante Festungsanlage.*** Abschreckende Forts umrahmten die Bucht, um die Begierde und den Übermut der Piraten zu zügeln, die meistens im Auftrag anderer europäischer Seefahrtsmächte die "spanischen" Gewässer nach Beute absuchten. Die Militärarchitektur bestand aus dem vorgeschobenen Fort *San Felipe Todo Fierro* am Nordufer der Bucht und dem gegenüberliegenden Fort *Santiago de la Gloria.* Die mittlere Verteidigungslinie bildeten die Forts *San Cristóbal* und *San Férnando,* während die Kasematten an den Hügeln und Berghängen zur Unterstützung der Forts dienten. Das letzte Verteidigungsbollwerk, die Festung *San Jerónimo,* lag direkt im Ort neben dem Gold- und Silberdepot. Am besten erhalten geblieben ist das Fort *Santiago de la Gloria* an der Ortseinfahrt. Die leicht verwitterte Anlage mit den auffallenden Kasematten und den rostigen Kanonen sowie der Blick vom Fort auf die Bahía de Portobelo scheinen die Piratenzeit wieder zum Leben zu erwecken.

Portobelo heute

Mit der Einstellung des Handels im 18. Jahrhundert wurde Portobelo seiner Existenzgrundlage beraubt, und das einst blühende Hafenstädtchen geriet zunehmend in Vergessenheit. Das gegenwärtige Portobelo, circa 35 km nordöstlich von Sabanita gelegen, ist ein ***ungepflegter Ort,*** der noch zahlreiche monumentale Spuren aus der lebhaften Vergangenheit birgt.

Leider sind diese Spuren vom Zahn der Zeit schwer gezeichnet, wie beispielsweise ***La Aduana,*** das als umfangreiches Handelshaus, Depot und zugleich als Unterkunft für die damaligen Beamten diente. La Aduana kann nur noch als eine architektonische Kuriosität bezeichnet werden, die nach einer gründlichen Restaurierung fragt.

Die schlicht ausgestattete Kirche ***Iglesia de San Felipe*** aus dem 17. Jahrhundert wirkt dagegen sehr gepflegt, dank der Statue des ***Cristo Negro de Portobelo,*** die wie ein Augapfel gehütet wird. Alljährlich am 21. Oktober pilgern Tausende von Gläubigen aus dem ganzen Land nach Portobelo, um sich Panamas bedeutendster ***Prozession*** zu Ehren des schwarzen Christus anzuschließen. Auf individuelle, teils sehr schmerzhafte Weise erfüllen die Gläubigen die selbstauferlegte Buße für ihre Sünden. Sie legen die letzten Meter zur Kirche oft auf den Knien zurück, oder sie lassen heißes Kerzenwachs auf ihren nackten Oberkörper tropfen. Während der Prozession wird die Statue des Cristo Negro über und über mit Gaben und Bildern geschmückt, als Zeichen der Dankbarkeit.

Die Verehrung des Cristo Negro beruht auf einer Legende. Während die Region von einer schweren

Cholera-Epidemie betroffen war, tauchte in der Bahía de Portobelo plötzlich eine Kiste auf. Die Fischer des Ortes holten sie an Land und fanden zu ihrem Erstaunen eine schwarze Christus-Figur darin. Sie brachten die Figur sofort in die Kirche, und noch am gleichen Tag verschwand die Cholera-Epidemie.

Praktische Informationen

●Portobelo ist ab Colón mit dem ***Bus*** zwischen 8 und 18 Uhr fast stündlich erreichbar, nach einem kurzen Aufenthalt fährt der Bus wieder zurück. ***Unterkünfte*** sind nicht vorhanden.

Isla Grande

Nach Portobelo verwandelt sich die Asphaltstraße in eine löchrige und holprige Schotterpiste, die sich nach circa 7 km teilt: Nach rechts führt sie in den 13 km entfernten, unscheinbaren Ort ***Nombre de Dios,*** in dem nichts mehr an seine koloniale Vergangenheit erinnert, geradeaus führt sie in das 8 km entfernte ***La Guaira,*** dem Ausgangspunkt für die Überfahrt zur Isla Grande. Obwohl die Distanz zwischen Colón und La Guaira nur 51 km beträgt, benötigt der Bus für diese schlecht unterhaltene Strecke etwa 1,5-2 Stunden.

Die Definition ***Isla Grande*** ("Große Insel") scheint in bezug auf ihre Abmessungen wohl etwas übertrieben, jedoch ist das traumhafte Eiland einer der angenehmsten Flecken Panamas. Die Isla Grande liegt kaum fünf Bootsminuten vom Festland entfernt, wird von einem Korallenriff gegen die hohen Meereswellen geschützt und wirkt bereits vom Festland aus wie eine ruhige Oase in der unruhigen Karibischen See. Die einzige Siedlung auf dem Eiland besteht aus wenigen Häuschen, die das zum Festland gerichtete Ufer säumen. Lärmender Verkehr ist hier ein unbekannter Begriff, denn in circa 15 Gehminuten hat man die Insel von Osten nach Westen durchquert. Mit bunten Fischerbooten, die nahe dem Anlegesteg im ruhigen Wasser schaukeln oder am hellen Sandstrand liegen, werden die Gäste vom Festland abgeholt und direkt vor der Tür einer Unterkunft abgesetzt.

Das Geheimrezept der Isla Grande besteht in ihrem ***Bilderbuchstrand*** im Westen, der zum süßen Nichtstun einlädt, in ihrem ihr kristallklaren Wasser und ihrer angenehmen, ruhigen Atmosphäre. Nur am ***Wochenende*** wird die Insel aus ihrem Dornröschenschlaf gerissen, wenn die "Großstadtmüden" ihre Freizeit auf dem Eiland verbringen. Die meisten Besucher kommen aus Panama-Stadt, Colón und aus Portobelo. Während die Hauptstädter meistens zwei Tage auf der Isla Grande verbringen, verweilen die Besucher aus Colón und Portobelo nur am Sonntagnachmittag, doch diese Stunden haben es in sich: Zwischen karibischen Klängen aus den Kassettenrecordern werden von den tanzenden, knappbekleideten Frauen und Männern die in Kühlboxen mitgebrachten Speisen und Flaschen bis zum letzten

Ein Idyllisches Fleckchen: Isla Grande

Krümel verzehrt bzw. bis zum letzten Tropfen geleert. *Sun, Sea and Fun* beherrschen den Sonntagnachmittag, bis mit dem faszinierenden Sonnenuntergang wieder Ruhe auf der Insel einkehrt.

Der zeitlose karibische Charme der Isla Grande wird ganz langsam von Wohlhabenden untergraben, die die ersten Grundstücke auf dem Eiland erstanden und ihre Häuser errichtet haben. Mit der Ortsgemeinde haben sie weniger Kontakt, denn zwischen der wohlhabenden, meist weißen Schicht und den Insulanern, den Nachkommen der Sklaven, liegen leider noch immer Welten.

An- und Weiterreise

●Ab Colón fährt ein ***Bus*** täglich um 9.30, 11.30, 14 und 18 Uhr nach La Guaira, von wo aus die ***Überfahrt*** zur Isla Grande (1 $ pro Person) ständig möglich ist. Von La Guaira nach Colón fährt der Bus täglich um 5, 6, 7, 8 und 13 Uhr.

Unterkünfte, Essen und Trinken

●***Cabinas Jackson,*** im Ortszentrum, EZ/DZ 20 $, Drei- bis Vierbettzimmer 40 $. Saubere, einfache Zimmer mit Bad und Ventilator. Kleiner Laden, überdachte Terrasse direkt am Meer.

●In der gleichen Ausstattungsklasse liegen nebenan die ***Cabañas Rose,*** EZ/DZ 28 $, mit einem einfachen Restaurant und einer überdachten Terrasse direkt am Meer.

●***Cabañas La Cholita,*** am östlichen Ortsende, Tel.: 324561, EZ/DZ 38 $.

Zweckmäßig ausgestattete Zimmer mit Bad und Ventilator. Kleine Gartenanlage mit Restaurant. Am Wochenende ist eine Reservierung empfehlenswert.

●Nebenan liegt die ***Posada Villa Ensueño,*** Tel.: 695819 (Panama-Stadt). Sehr einfache Zimmer mit Bad, Ventilator und kleiner Terrasse, für maximal 6 Personen, ab 35 $. In der Gartenanlage kann man campieren, wofür eine sehr einfache sanitäre Anlage erbaut wurde.

●***Hotel Isla Grande,*** am Westende des Ortes direkt am Bilderbuchstrand, Tel.: 692936 (Panama-Stadt), EZ/DZ 50 $, Vierbettzimmer 70 $. Sehr einfach ausgestattete Zimmer mit Bad und Ventilator in Stein- und Holzbungalows. Großer Garten, Restaurant/Bar mit Terrasse am Meer, überteuert.

●Fisch, Bohnen, gebackene Bananen und in Kokosmilch gekochter Reis bilden das tägliche "Inselmenü". Empfehlenswert ist das ***Restaurant*** in der *Posada Villa Ensueño,* das von 8 bis circa 21.30 Uhr geöffnet hat.

●Nachtschwärmer können auf den überdachten ***Terrassen beim Anlegesteg*** das Meer und die Stille der Nacht genießen, allerdings sollte der "Schlummertrunk" vorher in der *Bodega Jackson* eingekauft werden, denn um circa 20 Uhr geht der Rolladen hinunter.

Ausflüge

Die Ausflugsmöglichkeiten ab der Isla Grande beschränken sich auf den Besuch der ***Nachbarinsel Mamey,*** wo *Scuba Panamá* (Tel.: 613841 in Panama-Stadt) ein ***Tauchzentrum*** errichtet hat (nur am Wochenende geöffnet).

Unverkennbar afrikanische Wurzeln

Los Bailes de los Congos

Jeden Samstagabend zieht eine Horde "böser Geister" mit lauten Pfeiftönen, Trommelwirbel und furchterregenden Schlägen, die mit Holzstäben erzeugt werden, durch das sonst friedliche Dorf der Isla Grande. Das unüberhörbare Spektakel kündigt die kurz bevorstehende Ankunft der *Reina* (Königin) *de los Congos* und ihres Hofstaates an. Wenn die "bösen Geister" mitten im Dorf ihren Platz eingenommen haben, erscheint zunächst der königliche Hofstaat. Mit musikalischer Untermalung, deren Rhythmus von den Musikern mit ihren Standtrommeln *(tambores)* hervorgerufen wird und der die afrikanischen Traditionen erkennen läßt, taucht später die Königin auf. Ihr Haupt ziert eine große Blumenkrone, womit sie sich von den Prinzessinnen deutlich abhebt.

Die Königin eröffnet alleine den Hoftanz, und mit sinnlichen Hüft- und Fußbewegungen fordert sie einen Prinzen zum ***Tanz*** auf. Zwischen dem Paar entsteht eine Spannung, die von den aufputschenden Trommelrhythmen, dem Gesang des Hofstaates und dem Händeklatschen der Umstehenden in Richtung Höhepunkt getrieben wird, bis die Musik kurz davor abrupt abbricht. Nach einer kurzen Pause begibt sich eine Prinzessin auf das Tanzparkett, die mit ihrem flatternden Rock um einen Partner wirbt. Sie bleibt auch nicht lange alleine, und schon bald herrscht wieder eine "knisternde" Spannung auf dem Tanzparkett.

In die Tänze werden auch Außenstehende miteinbezogen, von denen am Ende des Tanzes eine kleine Spende, meistens in Form einer Flasche Rum, erwartet wird. Das nur für die Touristen stattfindende Tanz- und Musikspektakel reduziert die eigentliche Bedeutung auf eine kommerzielle Folklore, aber das stört die wenigsten Besucher. Die richtige Zeremonie mit der Krönung der *Reina de los Congos* findet während des ausgelassenen ***Karnevaltreibens*** statt. Der Titel der Königin wird immer an eine Frau mit überdurchschnittlichen Gesangs- und Tanzfähigkeiten vergeben, die zugleich auch eine starke Persönlichkeit ist. Diese als die *Bailes de los Congos,* der "Ball der Kongos", bekannte ***Tradition*** datiert ***aus der Kolonialzeit,*** als die Sklaven auf den Plantagen einen Fürsten nach den damaligen, sozialkulturellen Strukturen der afrikanischen Kongo-Völker (Westafrika) wählten. Auf diese Weise verbanden sich die Sklaven fernab von ihrer Heimat zu einer neuen Gemeinschaft. Vielerorts in Lateinamerika, wo unter den Sklaven die Kongo-Kultur dominierte, im speziellen in Brasilien, wurden die Traditionen von Generation zu Generation mit Stolz weitergegeben. Und ein Zipfel des Schleiers, der diese Traditionen für Außenstehende verhüllt, wird jeden Samstag auf der Isla Grande gelüftet.

Reina de los Congos

Die Zentrale Pazifik-küste

Nach der *Puente de Las Américas* beginnt für die Panamaer der sogenannte ***Interior,*** die Definition für das gesamte Land zwischen dem Panamakanal und der Grenze mit Costa Rica. Der *Interior* ist das Gebiet der Klein- und Großbauern, der Plantagenarbeiter und des trägen Lebensrhythmus, aber auch das Gebiet der Traditionen, wo die Wiege der panamaischen Kultur steht und wo der typische Panamahut (siehe "Kasten") aus dem Alltag nicht mehr wegzudenken ist. Wegen der einfachen Lebensweise im Landesinneren wird seine Bevölkerung von den Hauptstadtbewohnern oft belächelt.

Die erste Region westlich der Hauptstadt wird als ***Zentrale Pazi-***

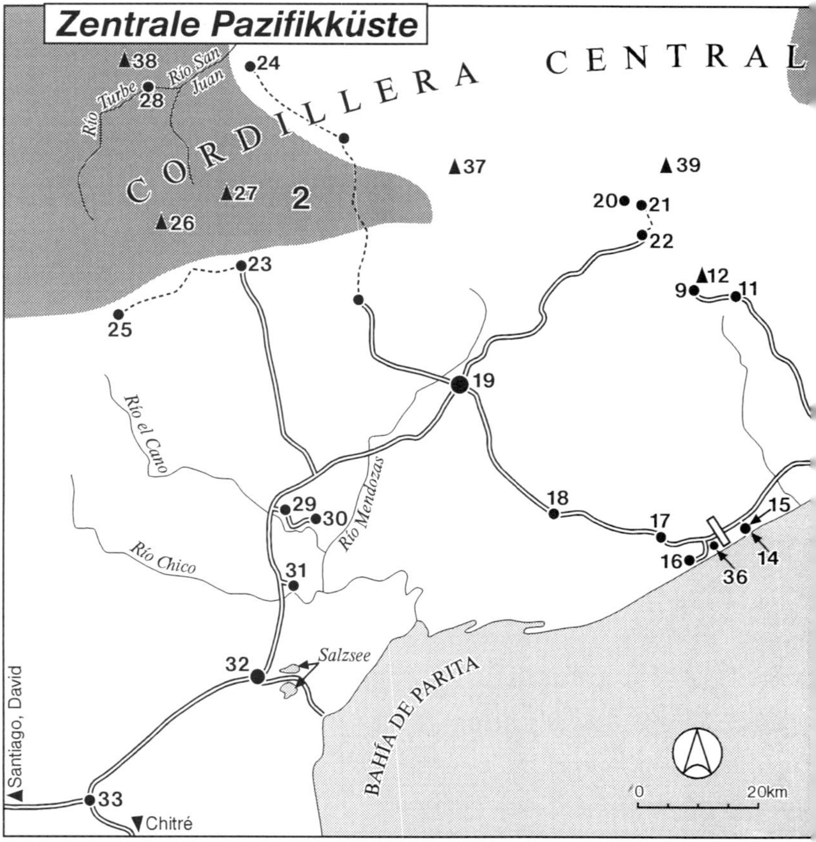

fikküste bezeichnet. Sie erstreckt sich vom Panamakanal bis an die Halbinsel Azuero und gliedert sich in den Westteil der Provinz Panamá und in die Provinz Coclé. Der spanische Entdecker *Gaspar de Espinoza* schrieb in seinen Berichten über diesen Küstenstreifen: *"Das Land hier ist fruchtbar und teils flach, voll mit Gewächsen und Wild, hat fischreiche Gewässer und die besten Salzseen, die ich bis jetzt in diesem Land gesehen habe. Die Bevölkerung hüllt sich in Baumwollkleidung, ist intelligenter und schöner als alle anderen Völker des entdeckten Gebietes ..."* Gute Vor-

1 Parque Nacional Altos de Campana
2 Parque Nacional El Copé
3 Punta Chame
4 Playa Gorgona
5 Playa Coronado
6 San Carlos
7 Playa El Palmar
8 Playa Río Mar
9 El Valle
10 Los Uvas
11 Los Lanitos
12 Cerro Gaital 1173 m
13 Playa Corona
14 Playa Santa Clara
15 Santa Clara
16 Playa Farallón
17 Río Hato
18 Antón
19 Penonomé
20 Posada del Cerro la Vieja
21 Chiriquí Arriba
22 Caimito
23 El Copé
24 Coclesito
25 Las Sabanas
26 Cerro Peña Blanca 1314 m
27 Cerro Marta 1046 m
28 Turbe
29 El Caño
30 Parque Arqueológico El Caño
31 Natá
32 Aguadulce
33 Divisa
34 Coronado
35 Aussichtsplattform
36 Ehem. Militärstützpunkt Río Hato
37 Cerro Verde 522 m
38 Cerro Petaquilla 425 m
39 Cerro Escaliche 922 m
40 Capire
41 Bejuco

aussetzungen für die Kolonisation, die von den Spaniern mit der Gründung des Ortes Natá im Jahre 1520 in Angriff genommen wurde.

Heute dient der teilweise stark gebuchtete Küstenstreifen als ***Naherholungsgebiet*** für die Hauptstädter, die am Wochenende und an Feiertagen Panama-Stadt verlassen, um Abkühlung und Erholung in der Bergregion bei El Valle oder an einem der vielen Strände zwischen Punta Chame und Farallón zu suchen. Aufgrund der wenig vorhandenen Restaurants oder Imbißbuden an den Stränden bringen sie alles mit, einschließlich des Kassettenrecorders, denn ohne rhythmische Klänge ist der Spaß nicht komplett.

Von Panama-Stadt in Richtung Westen

Die Fahrt in Richtung Westen erfolgt nach der Puente de Las Américas über einen kleinen Teil des ***Panamerican Highway,*** der wahrscheinlich berühmtesten Straße der Welt, die mit einer Länge von rund 26.000 km von Alaska bis nach Feuerland führt. In Zentralamerika wird diese Straße als *Carretera Interamericana,* teilweise auch als *Panamericana* bezeichnet. Nach Panama-Stadt führen die ersten Kilometer auf dieser Verkehrsader über eine vierspurige Autobahn, durch einen beeindruckenden Primär- und Sekundärwald, der im *Parque Nacional Interoceánico las Américas* vor Abholzung geschützt wird. Zwischen Arraiján und Chorrera wird die üppige Vegetation langsam von jungen Vorortsiedlungen verdrängt, mit denen die Regierung versucht, das Überquellen der Hauptstadt zu verhindern.

Bei Chorrera geht die Autobahn in eine gut unterhaltene Bundesstraße über, die bis Río Hato fast parallel zur Pazifikküste und durch viele größere und kleinere Orte verläuft. Die zahlreichen Strände liegen einige Kilometer abseits der Straße, und Buslenker nehmen sich kaum die Mühe, um bis an den Strand zu fahren. Bade- und Sonnenhungrige müssen deshalb die Strecke zwischen der *Carretera Interamericana* und dem Strand zu Fuß, als Tramper oder gegebenenfalls mit dem Taxi zurücklegen. Circa 55 km westlich der Hauptstadt passiert man das staubige ***Capira.*** Der Ort ist der Ausgangspunkt für Reisende, die den Nationalpark *Altos de Campana* besuchen möchten, der sich auf dem in Nebel gehüllten Ausläufer der *Cordillera Central* ausbreitet.

Parque Nacional Altos de Campana

Circa 5 km nach Capira, gegenüber von einem auffallenden Haus, zweigt nach rechts eine Schotterpiste ab, die sich in einer Länge von 12 km bergauf zum Eingang des

Der Panamahut

Anfang des 20. Jahrhunderts machte auf dem nordamerikanischen Kontinent ein leichter, handgeflochtener Strohhut grosse Furore, der als "Panamahut" bezeichnet wurde. Daß dieser ***breitrandige Männerhut,*** der unter anderem den Kopf des legendären Gangsterbosses *Al Capone* zierte, eigentlich aus Ecuador stammte und mit den Goldsuchern Mitte des 19. Jahrhunderts über Panama-Stadt in die USA kam, spielte keine große Rolle. Auf die Frage hin, woher der schicke Strohhut stamme, wurde schlicht "aus Panama" geantwortet.

Der richtige Panamahut *(sombrero montuno)* ist, wie die ecuadorianische Kopfbedeckung, das ***Symbol der Campesinos*** und wird vielerorts im *Interior* getragen, vor allem in den Provinzen der Zentralen Pazifikküste und der Halbinsel Azuero. In diesen Regionen verläßt kein Mann ohne seinen "geliebten" Hut das Haus, ganz nach dem Motto: "Ein Mann ohne Hut ist eben nur ein halber Kerl."

Der Panamahut ist nicht nur ein Symbol der Männlichkeit und zugleich ein ***praktischer*** Sonnenschutz, sondern auch ein typisches ***Merkmal für die Region.*** Der weiße Hut, der *sombrero blanquito* (auch *sombrero ocueño),* hat seine Wurzeln im Distrikt Ocú auf der Halbinsel Azuero, taucht aber auch in der Provinz Veraguas auf. Der *sombrero pintao* hat in seiner weißen oder beigen Grundfarbe unterschiedliche schwarze Muster und gehört zu den Traditionen der Provinzen Coclé, Los Santos und Herrera. Nicht nur an der Hutfarbe erkennt man die regionale Zugehörigkeit. In der Provinz Coclé wird zum Beispiel der Hut ohne auffallendes Merkmal getragen, während er in der Provinz Veraguas und im Distrikt Ocú mit einem bunten Band und/oder einer Schnur mit Quaste verschönert wird. In den Provinzen Los Santos und Herrera tragen die Männer ihren Hut bevorzugt mit der breiten Krempe an der Stirnseite nach oben gebogen.

Campesino mit Panamahut

Zur ***Herstellung*** des Panamahutes werden die Schößlinge der Panama-Palmfarne benutzt. Diese dünnen Fäden werden nach mehreren Wasserbädern, die das Material biegsam machen, getrocknet und mit großer Fingerfertigkeit zu einem Flechtwerk verarbeitet. Diese uralte Tradition läßt sich bis zu den präkolumbischen Kulturen des südamerikanischen Kontinents zurückverfolgen, womit nicht nur die Spur des unechten Panamahutes, sondern auch die des echten nach Ecuador führt.

Parque Nacional Altos de Campana schlängelt. Der 4800 ha große ***Nationalpark*** liegt an den Hängen des Cerro de Altos de Campana, beidseitig der kontinentalen Wasserscheide auf etwa 1000 m Höhe, und hebt sich wie eine grüne Insel von der umliegenden Steppenlandschaft ab. Die Üppigkeit seines tropischen Berg- und Nebelwaldes steht im starken Kontrast zu der kargen, fast baumlosen Gegend, deren schwarze Felsbrocken auf den vulkanischen Ursprung des Berges hinweisen.

Etwa 100 m hinter dem Parkeingang wurde eine Aussichtsplattform errichtet, von der aus sich ein faszinierender ***Panoramablick*** eröffnet. Mit dem Rücken zum Nationalpark schweift der Blick bis an die Pazifikküste, über sanfte, mit Weiden und Feldern überzogene Hügel, die in der Trockenzeit wie riesige Schokoladenhaufen aus der Landschaft ragen. Beim Rundblick wird deutlich, daß die Rodung hier oben tiefe Spuren hinterlassen hat. Der Wind hat ohne die Barriere der Vegetation freie Hand bekommen und kann in diesen Höhen mit kräftigen und frischen Brisen auftreten.

Von Froschkonzerten und vom Vogelgesang begleitet, betritt man den ***Berg- und Nebelwald,*** eine märchenhaft erscheinende Welt aus uralten Baumriesen, deren Äste mit Lianen, Bromelien, Moosen, Flechten und Farnen überwuchert sind. Unter den vielen Pflanzen, die im Nationalpark gedeihen, nehmen die artenreich vertretenen Orchideen eine Sonderstellung ein. Der Nationalpark ist aber auch die Heimat für kriechende, flatternde oder springende Lebensformen. Der Weißschulterkapuzineraffe mit seinem markanten weißen Gesichtsfell findet hier ebenso die optimalen Lebensbedingungen vor wie der Graukappenvireo, ein kleiner, aktiver Singvogel, oder wie der sehr seltene goldfarbene Stummelfußfrosch (*rana dorada,* lat. *Atelopus zeteki)*, der ausschließlich im Nationalpark und in der Gegend um El Valle anzutreffen ist.

Praktische Informationen

- Der Nationalpark kann derzeit nur in ***Begleitung eines Parkaufsehers*** besucht werden, denn die Wege sind noch nicht ausgeschildert. Im kleinen Forschungszentrum des Parks gibt es eine ***Übernachtungsmöglichkeit*** auch für Touristen, allerdings nur gegen Voranmeldung. ***Verpflegung*** muß mitgenommen werden, und ein Schlafsack sollte im kühlen Klima nicht fehlen.
- ***Aktuelle Informationen und Reservierungen*** können direkt bei der Parkdirektion *Altos de Campana,* Tel.: 979805, oder im *INRENARE*-Hauptbüro, Tel.: 324518, in Paraíso vorgenommen werden.
- Die am nächsten gelegene ***Unterkunft*** befindet sich direkt an der *Carretera Interamericana,* circa 5 km nach der Abzweigung zum Park in Richtung Punta Chame: das ***Motel/Restaurant Sajalices,*** EZ/DZ 12 $, mit sehr einfachen, aber sauberen Zimmern mit Bad, WC und AC.
- Altos de Campana ist mit dem öffentlichen ***Bus*** nicht erreichbar. Ab Capira bestehen unregelmäßige ***Jeepverbindungen nach Chicha,*** einer kleinen Siedlung an der Parkgrenze. Über die Abfahrtszei-

Parque Nacional Altos de Campana

ten des Jeeps erkundigt man sich im Zentrum Capiras. Für die ***individuelle Anreise*** ist unbedingt ein Allrad-Jeep vonnöten, vor allem in der Regenzeit.

Punta Chame

Circa 20 km nach Capira weist ein großes Schild den Weg zur Punta Chame, einer ***Halbinsel,*** die wie ein schmaler, langgestreckter Finger in den Golfo de Panamá ragt. An jeder Seite der "Fingerspitze" liegt ein langgezogener, feinsandiger ***Strand,*** wobei der Nordstrand von der Flut um die Mittagszeit zur Gänze verschluckt wird. Die circa 8 km lange Landzunge wird vorwiegend von Wochenendhäusern, Privatgrundstücken und einer Hotelanlage geprägt. Ihre karge Landschaft ohne natürlichen Schutz gegen die Sonne und die weniger attraktiven Strände wirken nicht gerade einladend. Die einzigen Pflanzen, die sich in dieser Gegend wohlfühlen, sind die Mangroven, die den Beginn der Landzunge säumen. Im Vergleich mit den vielen Stränden, die entlang der Zentralen Pazifikküste liegen, lohnt sich der Abstecher auf die Landzunge nicht.

Praktische Informationen

- Punta Chame liegt 25 km von der *Carretera Interamericana* entfernt und ist mit ***öffentlichen Verkehrsmitteln*** nicht erreichbar.
- Die einzige ***Unterkunft*** auf der Landzunge liegt am Nordstrand: das ***Hotel Punta Chame,*** Tel.: 647560, Fax: 636590, EZ/DZ 44-55 $. Es verfügt über 8 Zimmer, die alle mit Bad, AC und WC ausgestattet sind. Für Gäste besteht übrigens die Verpflichtung, täglich für 10 $ pro Person im Restaurant oder in der Bar zu konsumieren.

Playa Gorgona

Etwa 6 km nach der Abzweigung zur Punta Chame und circa 3 km von der *Carretera Interamericana* entfernt liegt in einer kleinen Bucht die Playa Gorgona, ein dunkler, feinsandiger ***Strand.*** Vor allem am Wochenende ist er mit Menschen überfüllt. Sie genießen die Sonnenstrahlen und das Wasser, spielen eine Partie Strandvolleyball oder geben sich den kulinarischen Genüssen hin. Im Westen wird der Strand von einem Felsen begrenzt, hinter dem die Appartementhochhäuser der Playa Coronado aufragen. Hinter dem Strand liegt die staubige ***Siedlung Gorgona,*** in der für die Touristen nur ein kleiner Supermarkt und das Restaurant *Rico Fonda* interessant sind.

Praktische Informationen

- Die Playa Gorgona ist mit dem öffentlichen ***Bus*** nicht erreichbar.
- ***Unterkunftsmöglichkeiten*** gibt es: im ***Hotel Gorgona Jayes,*** 800 m vom Strand entfernt, Tel.: 506095, Fax: 643487, EZ 38 $, DZ 44 $, DBZ 50 $. 53 zweckmäßig ausgestattete, saubere Zimmer mit Bad, WC, AC und teils mit Terrasse. Ruhig gelegene Anlage mit Swimmingpool, Restaurant, Bar und Disco am Wochenende. Das Hotel unterhält am Strand ein ***Open-Air-Restaurant/Bar.*** Bei einer Reservierung wird der Gast an der *Carretera Interamericana* abgeholt.
- In den ***Cabañas de Playa Gorgona*** kann man direkt am Strand unterkommen, Tel.: 692241, Fax: 231218. Einfache Appartements mit Bad, AC, Küche, Schlafzimmer und Terrasse, ab 33 $ an Wochentagen, ab 44 $ am Wochenende. Ein Preisnachlaß bei einem längeren Aufenthalt wird gewährt. Kleine Anlage mit Swimmingpool, Grillmöglichkeit im Garten, Restaurant (nur am Wochenende geöffnet!) und privater Picknickanlage mit Sonnenschirmen am Strand.

Playa Coronado

Die gehobenen Restaurants *Los Che's* und *Malibu* an der *Carretera Interamericana*/Abzweigung Playa Coronado sind bereits ein kleiner Vorgeschmack auf die Exklusivität des Ortes und des Strandes, die mit dem öffentlichen Bus nicht erreichbar sind. Coronado ist ein ***eleganter, gepflegter Ort,*** der vorwiegend aus Zweitwohnsitzen besteht. Moderne Appartementkomplexe und traumhafte Villen zeugen vom *Dolce Vita* in Coronado. Die Idylle wird von Polizeibeamten an einer beschrankten Zufahrt (circa 1 km ab der Carretera) überwacht. Nicht jeder ist im Ort gerne gesehen, aber ausländischen Touristen steht der Zugang jederzeit offen. Man tut sich etwas schwer, im Häuserwirrwarr eine Gasse zum Strand zu finden, denn entlang des feinen Sandstrandes reiht sich Grundstück an Grundstück mit noblen Herbergen der Reichen und Mächtigen.

Etwa 2 km nach der Kontrollstelle kommt man in das Ortszentrum, wo sich die *Pizzeria Tulip* und ein Denkmal von *Roberto Eisenmann* befinden, an dem sich die Straße teilt: Sie führt nach links zu den Appartementhochhäusern, die bereits vom Nachbarstrand Gorgona aus sichtbar sind, nach rechts entlang schöner Häuser zu den einzigen Unterkünften des Ortes.

Praktische Informationen

- Der ***Club Gaviota*** liegt 1 km vom Zentrum entfernt auf einer Anhöhe direkt über dem Strand, Tel.: 274929, Fax: 274982. Der Club ist vorwiegend auf Tagestouristen eingestellt, vermietet aber auch zwei große, saubere Zimmer (je 60 $) mit Bad, AC, WC und zwei Doppelbetten. Sehr gepflegte Anlage mit Restaurant, Bar, Swimmingpool, Sonnenschirmen und Liegestühlen.

● Die ***Apartementos Río Lajas,*** nahe dem *Club Gaviota,* Tel.: 204747 bieten einfache Appartements mit Bad, AC und Küche ab 60 $ für 2 Personen.

● In Corona werden auch ***Privatbungalows und -häuser*** vermietet. Auskunft darüber erhalten Sie im *Club Gaviota.*

San Carlos

San Carlos, der letzte größere Ort im Westteil der Provinz Panamá, liegt etwa 90 km von Panama-Stadt entfernt. Er wurde 1775 von einem Bischof als *San Carlos del Chirú* gegründet, der von dieser Siedlung aus die umliegenden Agrargemeinden betreute. Architektonische Spuren aus der Kolonialzeit sucht man in dem verschlafenen Ort vergeblich.

Das Alltagsleben von San Carlos spielt sich vorwiegend an der *Carretera Interamericana* ab, wo sich einige Restaurants, einfache Läden, Tankstellen, die *Banco Nacional de Panamá* und die Polizeistation befinden.

San Carlos ist aus touristischer Sicht weniger interessant, sein Strand wurde wegen Verschmutzung gesperrt. Der Ort dient lediglich als Raststätte oder als Umsteigemöglichkeit nach El Valle, falls man nicht einen Direktbus ab Panama-Stadt genommen hat.

Praktische Informationen

● Wer in San Carlos hängen bleibt, findet ein ***Zimmer*** im ***Hotel San Carlos,*** *Carretera Interamericana,* Tel.: 508250. EZ/DZ mit Ventilator 11 $, mit AC 16 $, am Wochenende jeweils um 6 $ teurer. 14 zweckmäßig eingerichtete, laute Zimmer mit Bad, WC und teilweise mit Balkon. Die Zimmer mit AC haben keine Fenster. Altes, einfaches Hotel mit chinesischem Restaurant.

Playa El Palmar

Circa 300 m hinter dem Hotel San Carlos zweigt nach links eine 1 km lange Straße zur Playa El Palmar ab. Dieser 400 m lange, feine Sandstrand wird an zwei Stellen von Häusern unterbrochen. Trotz seiner geringen Größe und des fehlenden Flairs vergnügen sich hier neben der lokalen Bevölkerung auch die Großstädter aus Panama-Stadt.

Praktische Informationen

● In Strandnähe liegt die einzige ***Unterkunft,*** die ***Cabañas El Cangrejo,*** Tel.: 292309, mit 6 sehr einfachen Appartements (ab 33 $) mit Küche, Schlafzimmer, Ventilator, Bad und WC. Das kleine Restaurant hat eine sehr beschränkte Auswahl von Gerichten.

Playa Río Mar

Circa 2,5 km hinter San Carlos führt eine Straße zur Playa Río Mar, die in einer kleinen Bucht mit Steilküste idyllisch eingebettet liegt. Den kräftigen Wellen verdankt der Sandstrand seinen guten Ruf unter den ***Surfern*** als der beste Ort an der Zentralen Pazifikküste für das Spiel mit den hohen, sich überstürzenden Wellen. Aber auch Badefreunde kommen nicht zu kurz an diesem schönen Strand, allerdings wird mit zunehmender Flut der Strand immer kleiner.

Praktische Informationen

●Die einzige Unterkunft liegt hoch über dem Strand: ***Hotel Río Mar,*** Tel.: 508027 oder 642272, EZ/DZ von Mo bis Do 27,50 $, von Fr bis So 44 $. 20 sehr einfache Cabañas mit Bad, WC und AC. Ältere, aber gepflegte Hotelanlage mit Swimmingpool und Restaurant, das wegen seiner Fischgerichte einen guten Ruf hat. Für 2 $ pro Person können Tagestouristen das Schwimmbecken benutzen.

El Valle

Von der *Carretera Interamericana* zweigt im Ort ***Las Uvas*** eine mit Löchern übersäte Asphaltstraße nach *El Valle de Antón* ab, das sich auf 600 m Höhe am Boden eines circa 20 km großen, kreisrunden ***Kraterkessels*** ausbreitet. Nach dem Erlöschen des Vulkans vor vielen Jahrhunderten verwandelte sich der Kraterboden in ein Sumpfgebiet, das trockengelegt und kultiviert wurde.

Die 25 km lange Straße nach El Valle verläuft durch fruchtbares, hügeliges Agrarland und entlang kleiner Siedlungen, wo am Straßenrand tropische Früchte und einfache Handarbeiten aus Ton oder Stroh angeboten werden. Im Dorf ***Los Lanitos*** erreicht die Straße auf circa 800 m ihre höchste Stelle, danach fällt sie langsam nach El Valle ab. Wenige Kilometer vor der Ortseinfahrt bietet sich vom *Mirador* am Kraterrand aus ein imposanter Blick auf den waldreichen, nebelumhüllten Kraterkessel.

Wenn es einen ***Schönheitspreis*** für die Dörfer des Landes geben würde, dann wäre El Valle sicher unter den Spitzenplätzen zu finden. Es scheint, als ob jede tropische

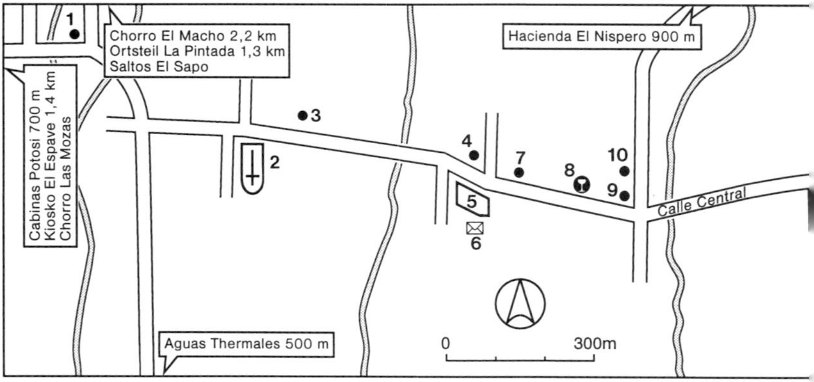

Pflanze im ausgedehnten Ort vertreten ist: breitgefächerte Mangobäume, kletternde Bougainvilien, Palmen, Kiefern, Zitrusbäume, Bambus und Farne. Das tropischgrüne Meer zieht unter anderem bunte Kolibris, winzige Singvögel, Waldtauben und viele Schmetterlinge in jeder Farbschattierung an. Oft entfaltet sich die Natur direkt vor der Haustür, lassen sich vom Hotel aus mühelos Pflanzen und Vögel bewundern. Kein Wunder, daß diese Gegend mit ihrem frühlingshaften Klima viele Panamaer anlockt, die sich in El Valle ein Wochenendhäuschen errichtet haben.

Während sich die neuerbauten Häuser entlang der wenigen Asphaltstraßen befinden, liegt der ursprüngliche, vorwiegend von Indianern bewohnte Ortskern westlich des Río Antón. Im Volksmund ist dieses Gebiet als *La Pintada* bekannt, was von den interessanten ***präkolumbischen Felszeichnungen*** *(piedra pintada)* in unmittelbarer Nähe abgeleitet wurde. Weniger interessant dagegen sind die ungepflegten ***heißen Quellen*** *(aguas termales),* die im Südwesten des Ortes liegen.

1 Kiosk Casa el Valle
2 Iglesia de San José
3 Almacén Jerusalem
4 Tankstelle
5 Markt
6 Post
7 Einkaufsladen
9 INTEL
10 Polizei
11 Bushaltestelle
13 Kinderspielplatz
14 Schule
16 Supermarkt/Tankstelle

12 Pensión Niña Delia und Telefonzelle
15 Hotel Greco
17 Cabañas Las Mozas

8 Restaurant Santa Librada
18 Café Mi Ranchito

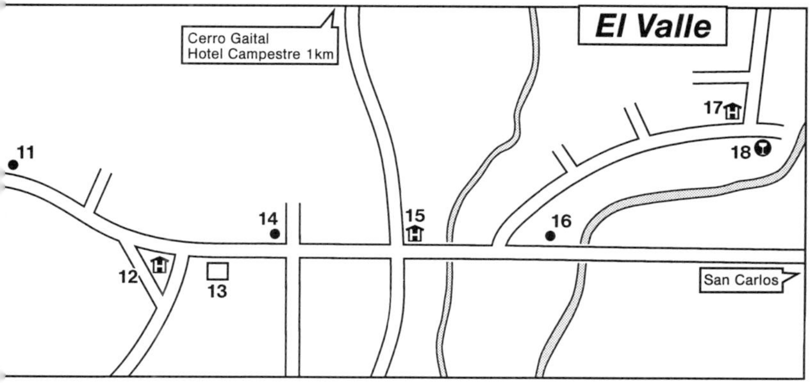

Sehenswertes

Hacienda El Níspero

Im kleinen ***Zoo und botanischen Garten*** des 12 ha großen ***Landgutes*** El Níspero können viele heimische Vögel und Säugetiere, aber auch Tierarten aus anderen Ländern bewundert werden. Ein Mitarbeiter führt die Besucher in einem Rundgang durch das Anwesen, entlang der Tiergehege und durch den botanischen Garten, der liebevoll zwischen Vulkangestein angelegt wurde. In einem Teil des Anwesens ist eine Gärtnerei untergebracht, doch wie schön die vielen anderen Pflanzen auch sein mögen, sie können nicht mit den delikaten Orchideen konkurrieren, die hier gezüchtet werden.

Bereits die ***Orchideenzucht*** macht einen Besuch des Anwesens lohnenswert. Die charakteristischen Pflanzen lassen sich hier leichter beobachten als in der Natur, obwohl der Bergwald um El Valle berühmt für seinen Orchideenreichtum ist. In El Níspero kann außerdem ein seltener Waldbewohner bewundert werden: der goldfarbene Stummelfußfrosch (*rana dorada,* lat. *Atelopus zeteki)*, der in freier Natur immer seltener gesichtet wird.

●Das Anwesen liegt etwa 1 km nördlich der Polizeistation und ist täglich von 7 bis 18 Uhr geöffnet, Eintritt 1 $, Kinder bezahlen die Hälfte.

Orchidee

Markt

Das Angebot des kleinen, überdachten Tagesmarktes spiegelt die Fruchtbarkeit der Gegend: vom Gemüse über saftige Obstsorten bis hin zu tropischen Pflanzen, die auch manches Wohnzimmer in Europa zieren. Jeden Sonntag ab 8.30 Uhr kommen zu dem täglichen Angebot noch Gartenkeramiken, Strohkörbe und -hüte, ***Kunsthandwerke*** aus Holz, Seifenstein, Naturfasern und Flaschenkürbissen sowie bunte ***Textilprodukte*** vom lateinamerikanischen Kontinent hinzu, wobei aber die panamaischen *molas* der Kuna-Frauen alle Produkte bei weitem übertreffen. Der Morgen ist die beste Zeit, um in Ruhe einen Bummel durch den bescheidenen Sonntagsmarkt zu machen. Zur Mittagszeit wird das Treiben lebhafter, nicht nur weil die duftenden Speisen die Menschen anlocken, sondern weil auch viele Tagestouristen aus dem ganzen Land zum Markt strömen.

Sonntagsmarkt in El Valle

Praktische Informationen

An- und Weiterreise

●El Valle ist mit dem ***Bus*** ab Panama-Stadt, San Carlos und Penonomé direkt erreichbar. Im Dorf gib es keinen Busbahnhof, nur vereinzelt Haltestellen. Die Busse fahren durch die Hauptstraße (Calle Central), um die Fahrgäste aufzusammeln.

●***San Carlos*** und ***Panama-Stadt:*** täglich zwischen 6 Uhr und 17 Uhr jede Stunde.

●***Penonomé:*** täglich um 5.45, 7.45 und 17 Uhr.

●Die ***Abfahrtszeiten*** sind allerdings ***flexibel,*** denn in der Regel fahren die Busse erst dann ab, wenn sie voll sind.

Unterkunft

●***Pensión Niña Delia,*** Calle Central, nahe der Schule, kein Telefon, EZ/DZ ohne Bad 12 $, mit Bad und WC 15 $. Sehr einfache Zimmer in einem kleinen Garten.

●***Hotel Greco,*** Calle Central, nahe der Ortseinfahrt, Tel.: 936149, EZ/DZ 19,50 $. 17 saubere Zimmer, alle mit Bad und WC. Anlage im Motelstil mit Garten, Restaurant/Bar und Swimmingpool.

●***Cabinas Potosí,*** 1 km westlich des Kioskes *Casa el Valle,* kein Telefon, 25 $ pro Cabina. Vier sehr einfach ausgestattete Cabinas mit Bad und WC. Kleine, abseits liegende Anlage mit Garten.

●***Cabinas/Café Las Mozas,*** 400 m nördlich des Supermarktes, kein Telefon, EZ/DZ 35 $. Acht schlicht eingerichtete Zimmer mit kleiner Kochnische, Bad und WC, in einem Garten.

●***Hotel Campestre,*** 1,5 km nördlich der Hauptstraße, Tel.: 936146, EZ/DZ 38,50 $, DBZ 43,50 $. 21 vernachlässigte Zimmer mit Bad und WC. Alte Anlage mit Bar, Restaurant, Lounge mit offenem Kamin und Swimmingpool, der allerdings am meisten von den Fröschen frequentiert wird.

Essen und Trinken

- Die Restaurants in El Valle haben nur bis etwa 19 Uhr geöffnet, mit Ausnahme des Restaurants ***im Hotel Campestre,*** wo Sie am besten nach dem Tagesmenü fragen sollten.
- Empfehlenswert ist das kleine ***Restaurant Santa Librada*** mit einfachen Tagesmenüs und freundlicher Bedienung. Am Wochenende gibt es köstliche, hausgemachte Obstkuchen *(dulces* oder *pies).*
- Die Alternative zu den erwähnten Restaurants sind das kleine Open-Air-Café ***Mi Ranchito*** und das Restaurant ***im Hotel Greco.***
- Gegenüber des Marktes gibt es einen kleinen ***Kiosk,*** wo auch abends Imbisse und Erfrischungsgetränke verkauft werden.
- Ein abendlicher ***Schlummertrunk*** kann nur in der Bar des ***Hotels Campestre*** eingenommen werden.
- An der Ortseinfahrt gibt es einen ***Supermarkt,*** an dessen Kasse auch täglich frische Brötchen erhältlich sind.

Adressen von A bis Z

- ***Geldwechseln:*** Eine Bank ist nicht vorhanden, weshalb man genügend Bargeld mitnehmen sollte. Andernfalls kann in San Carlos in der *Banco Nacional de Panamá* gewechselt werden. In den Unterkünften und Restaurants kann nur mit Bargeld bezahlt werden, mit Ausnahme des *Hotels Campestre,* wo man auch Kreditkarten akzeptiert.
- ***Post:*** hinter dem Tagesmarkt, geöffnet Mo-Fr von 8 bis 16 Uhr, samstags nur bis 12 Uhr. Da die Postsendungen nur einmal pro Woche abgeholt werden, sollten Sie die Post besser in einer anderen Stadt aufgeben.
- ***Telefon:*** Für nationale Anrufe gibt es eine Telefonzelle neben der *Pensión Niña Delia,* für internationale Gespräche das *INTEL-Büro,* Calle Central, geöffnet Mo-Fr von 8 bis 16 Uhr.
- ***Pferdemiete:*** Am Wochenende werden Pferdetouren für 3,50 $ pro Stunde bzw. 12,50 $ pro Tag, inklusive Führung, angeboten. Der Treffpunkt liegt nahe der Kirche an der Straße zum *Hotel Campestre.* An Wochentagen fragen Sie am besten in den Restaurants und Läden des Ortes.

Die Umgebung von El Valle

Piedra Pintada

Die Besichtigung der mysteriösen ***Felszeichnungen*** sind ein touristisches Muß. Sie liegen im Ortsteil La Pintada, versteckt im Wald am Fuße des *Cerro del Indio.* Der Pfad zum präkolumbischen Erbe beginnt beim *Kiosco La Pintada* und verläuft entlang eines kleinen Flusses stromaufwärts. Nach etwa 8 Gehminuten und nach der zweiten Durchquerung des Flusses (kein großes Hindernis) offenbaren sich an einem mächtigen Felsen mit einer glatten Schrägwand die imposanten Spuren der Vergangenheit. Was die Felszeichnungen bedeuten, wie alt sie sind oder wer sie hinterlassen hat, sind bis heute noch offene Fragen.

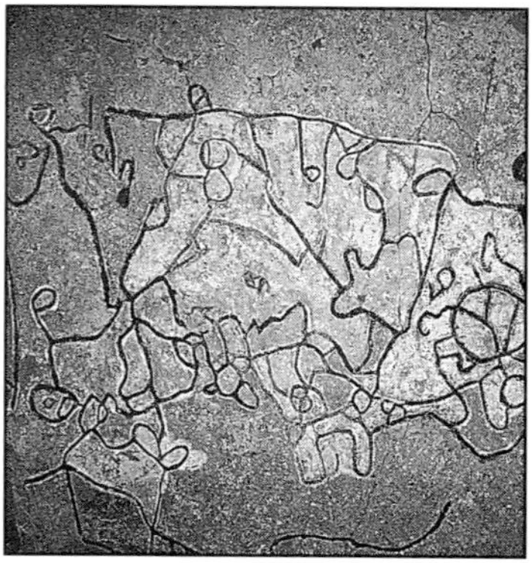

Piedra Pintada

Saltos El Sapo

Die beiden meterhohen ***Wasserfälle*** lassen sich gut mit einer Besichtigung der Felszeichnungen verbinden. Kurz nach den Felszeichnungen steigt der Pfad steil bergan. Nach etwa 10 Minuten passiert man den ersten Wasserfall, kaum 5 Minuten später den zweiten. Zum Baden sind die Becken am Fuße der Fälle nicht geeignet, doch zum Erfrischen und um die Natur auf sich einwirken zu lassen, die idealen Stellen.

Nach dem zweiten Wasserfall geht es für circa 10 Minuten bergwärts bis zu zwei markanten Felsen. Dort zweigt nach links ein schmaler Pfad zum *Cerro del Indio* ab. Die ersten Meter sind sehr steil und rutschig. Nach etwa 25 Minuten erreicht man ein baumarmes Plateau, von dem aus sich ein ***wunderschöner Blick*** auf den Kraterkessel und das darin liegende El Valle bietet. Am Plateau endet die Wanderung, denn der restliche Weg zur Spitze des *Cerro del Indio* ist wegen der Gefahr von Hangrutschen gesperrt.

Chorro El Macho

Etwa 2 km nach der Bushaltestelle im Ortsteil La Pintada liegt der schönste ***Wasserfall*** der Umgebung: der Chorro El Macho ("kräftiger Wasserstrahl"). Kaum 3 Gehminuten von der Straße entfernt, stürzt dieser Wasserfall über eine breite, circa 20 m hohe Felswand hinunter in ein kleines Becken. Der Weg zum Wasserfall ist mit Steinen befestigt und teilweise durch ein Geländer gesichert. Vorsicht! Je näher man dem Wasserfall kommt, desto rutschiger werden die Steine. Entlang des kurzen Weges trifft man auf ein 3 m großes ***Naturschwimmbecken,*** das zu einem erfrischenden Bad einlädt.

- Das gesamte Gelände steht unter Privatleitung und ist täglich von 8 bis 16 Uhr ***geöffnet, Eintritt*** am Wochenende 1 $, sonst 50 ct.
- Auf dem Weg zum Wasserfall passiert man ein kleines ***Kunsthandwerks-Geschäft,*** das im Gegensatz zum Sonntagsmarkt nur über ein kleines Angebot von Handwerksarbeiten verfügt.

Chorro Las Mozas

Mit Chorro Las Mozas bezeichnet man die drei ***Stromschnellen des Río Antón,*** die kaum 20 Gehminuten vom *Kiosco El Espave* entfernt inmitten üppiger Vegetation liegen. Vom Kiosk führt eine breite Straße direkt zum Fluß, wo sich eine beliebte Badestelle befindet, allerdings zeugt der hinterlassene Müll davon, wie die Natur aussehen kann, wenn sich niemand um die Sauberhaltung kümmert. Ab der Badestelle führt ein schmaler Weg entlang des Ufers stromabwärts, über glitschige Felsen und Steine zu den rauschenden Stromschnellen.

Cerro Gaital

Nordwestlich hinter dem Hotel Campestre erhebt sich der 1173 m hohe *Cerro Gaital.* Die ***Route zur Spitze*** führt zunächst auf einer breiten Straße hinter dem Hotel vorbei in eine kleine Bauernsiedlung. Sie ist während der Landreformpolitik unter General *Omar Torrijos* entstanden. Das erste weiße Häuschen am Straßenrand trägt den Namen *Rancho Steingut* (auch *Finca la Piedra)* und gehört einer freundlichen, deutschen *Señora* im vorgerückten Alter, die sich in diesen stillen Winkel ohne modernen Komfort verliebt hat. Gegenüber der Ranch führt ein schmaler Weg hinauf zum Plateau des *Cerro Gaital.* Die Route wird wenig frequentiert, was bedeutet, daß der tropische Feuchtwald den Pfad in rasantem Tempo wieder zurückerobert. Es ist durchaus möglich, daß Sie sich den Weg hinauf teilweise selber bahnen müssen. Für Abenteuerlustige empfiehlt es sich, für die einstündige Tour hinauf zur Spitze einen Führer aus El Valle zu organisieren.

Playa Corona

Dieser dunkle, circa 500 m lange ***Sandstrand*** trägt seinen Namen "Krone" mit Recht. Er ist der einzige Strand an der Zentralen Pazifikküste, der von dichter tropischer Vegetation umgeben ist, und er kommt damit der Vorstellung eines "Tropischen Badeparadieses" schon etwas näher. Der Blick auf die verschwiegene Playa wird allerdings von einer Hotelanlage versperrt, die auf einer Klippe errichtet wurde. Durch das Hotelrestaurant und einen kleinen Weg mit palmüberdachten Sitzmöglichkeiten entlang geht es hinunter an den Strand, wo auch Tagestouristen richtig faulenzen können. Die vegetationsreiche Umgebung und die kleine Siedlung mit verstreut liegenden Häusern und Ferienwohnungen bieten die Möglichkeit für Spaziergänge.

Praktische Informationen

- Die Playa Corona liegt circa 2 km von der *Carretera Interamericana* entfernt und ist mit dem **Bus** nicht erreichbar.
- ***Unterkunft*** finden Sie nur im ***Hotel Playa Corona,*** Tel.: 508037, Fax: 984823, 17 Zimmer, EZ/DZ 45 $. Sehr einfache, etwas vernachlässigte Zimmer mit Bad, TV, WC, AC und Kühlschrank. Alte Anlage mit Restaurant/Bar und Terrasse mit Meeresblick. Sehr beliebt bei nordamerikanischen Touristen.
- Für Surffans gibt es im *Río Surf Shop* nahe dem Hotel verschiedene ***Surfbretter*** zu mieten, allerdings nur am Wochenende.

Playa Santa Clara

Der Río Las Guías bildet die Grenze zwischen den Provinzen Panamá und Coclé, wo das erste Ziel der ruhige ***Ort Santa Clara*** ist. An der Abzweigung im Ort zur Playa gibt es einfache Restaurants und eine Tankstelle.

Kaum merklich geht der Ort in ein gepflegtes Areal mit Wochenendhäusern über, die bereits auf die Popularität des Strandes hinweisen.

Trotz seiner Beliebtheit herrscht am Meeresufer erholsame Ruhe, denn der kilometerlange, weiße ***Sandstrand*** bietet mehr als genug

Platz für alle. Die Playa Santa Clara ist einer der schönsten Strände entlang der Pazifikküste, ein idealer Ort für das süße Nichtstun. Für Schatten sorgen einige aus Palmblättern hergestellte Sonnenschirme.

Praktische Informationen

- Circa 800 m nach der Abzweigung von der *Carretera Interamericana* in Richtung Meer teilt sich die Straße: Rechts geht es zur Playa Santa Clara (weitere 800 m), links zu den strandnahen ***Cabañas Las Sirenas,*** Tel.: 933235 oder 325836, ab 55 $, einer am Hang erbauten, empfehlenswerten Bungalowanlage mit Garten.
- Für das leibliche Wohl sorgt ein ***Restaurant*** nahe den Cabañas und ein gemütliches ***Open-Air-Restaurant*** direkt am Strand.

Playa Farallón

An der *Carretera Interamericana,* zwischen der Abzweigung zur Playa Santa Clara und jener zur Playa Farallón, begegnet man einer Kuriosität aus vergangenen Militärtagen: Die Hauptverkehrsstraße wird von der Rollbahn des ***ehemaligen Militärstützpunktes Río Hato*** unterbrochen, jener panamaischen Basis, in der die berühmt-berüchtigte Noriega-Truppe, die *Machos del Monte,* stationiert waren. Unmittelbar nach der Rollbahn zweigt die Straße zur Playa Farallón ab, die durch das Militärgelände verläuft. Während der US-Invasion wurde die Militärbasis *Río Hato* stark bombardiert, wodurch heute nur noch Häuserruinen und verrostete Fahrzeuge die Straße säumen. Nach einigen gespenstischen Kilometern erreicht man das verarmte ***Fischerdorf Farallón,*** in dem die Zeit scheinbar stehengeblieben ist. In Ruhe und Gelassenheit verläuft ein Tag wie der andere im kleinen Kreis der Dorfgemeinschaft. Weder der Ort noch der lange, feine Sandstrand mit seinen Fischerbooten haben je Touristenmassen gesehen. Und nichts deutet darauf hin, daß sich dies in Zukunft ändern wird.

Weiter in Richtung Westen

Nach der gespenstischen Militärbasis führt die *Carretera Interamericana* landeinwärts durch ein ***großes Agrarland,*** das im Norden von der Cordillera Central begrenzt wird. Typische Buckelrinder grasen auf den ausgedehnten Weideflächen oder halten unter den schattenspendenden Bäumen ihre Siesta.

Auf halber Strecke zwischen der Rollbahn und Penonomé liegt direkt an der *Carretera Interamericana* im trägen Ort ***Antón*** das ***Hotel/Restaurant Andrés Antón,*** EZ/DZ mit Ventilator 13 $, mit AC 16,50 $, mit sehr einfachen, lauten Zimmern mit Bad. Das Hotel kann als Alternative dienen, wenn die beiden Hotels in Penonomé ausgebucht sind. Zwischen Antón und Penonomé (circa 20 km) bestehen regelmäßig Busverbindungen.

Penonomé

Geschichte

Penonomé, die Hauptstadt der Agrarprovinz Coclé, wurde 1588 als ***Missionsgebiet*** mit beschränkter Selbstverwaltung gegründet. Ziel der sogenannten *reducciones* war die Verbreitung des christlichen Glaubens unter der ursprünglichen Bevölkerung, Hand in Hand mit dem Unterricht der spanischen Sprache. Die Abgeschiedenheit von der Außenwelt, ähnlich der einer Klostergemeinschaft, schien damals ein geeigneter pädagogischer Weg. Der Erfolg blieb nicht aus: Im 17. Jahrhundert war Penonomé zu einem "vorbildlichen" Ort herangewachsen, dessen indianische Bevölkerung sich an die spanische Kultur angepaßt hatte. Spuren der reichen präkolumbischen Kultur sind nur noch im Stadtmuseum und im Ortsnamen vorhanden, der von einem kämpferischen Kaziken abgeleitet wurde.

Sehenswertes

Penonomé ist heute anzusehen, daß es eine unbedeutende Kolonialstadt war. Der Wohlstand aus längst vergangenen Tagen läßt sich noch an einigen Lehmhäusern mit ihren charakteristischen Holzbalkonen und Gitterfenstern ablesen, von denen aus die würdevollen Damen des Hauses das Treiben auf der Straße unbemerkt beobachten konnten. Verschiedene Beispiele dieser ***Kolonialarchitektur*** befinden sich allerdings in einem bedauernswerten Zustand und zeugen kaum noch vom alten Flair.

Eine Ausnahme davon bildet die südlich der Kirche liegende weißgetünchte Häuserreihe aus dem 18. Jahrhundert, wo das ***Museo de Penonomé*** untergebracht ist. In den kleinen Ausstellungsräumen wird ein grober Überblick über die regionale Geschichte gegeben, mit Exponaten von der präkolumbischen Keramik- und Goldschmiedekunst bis hin zur Gegenwartskunst.

●Das Museum ist Di-Sa von 9 bis 12 Uhr und von 14 bis 17 Uhr, am Sonntag nur bis 12 Uhr ***geöffnet,*** Eintritt 25 ct. In einigen Fällen führt der fachkundige Museumsdirektor selbst die Besucher durch das Museum.

Bis auf die renovierten Adobe-Häuser mit dem Museum hat Penonomé wenig zu bieten. Seine größte Anziehungskraft sind die nationalen und regionalen Feste, anläßlich derer sich das sonst ruhige Städtchen in einen lebhaften Festplatz verwandelt. Den Höhepunkt des Jahres bildet der ***carneval acuático,*** der auf dem Río Mendozas stattfindet. Dieses einzigartige Spektakel mit vielen geschmückten Booten und den bunten Kostümen zu bestimmten Themen genießt einen Ruf, der weit über die Landesgrenze hinausreicht. Der Karneval in Penonomé, der von aufputschenden Rhythmen der folkloristischen Musikgruppen bis in die frühen Morgenstunden begleitet wird, gehört zu den ausgelassensten Festen des Landes.

Praktische Informationen

An- und Weiterreise

- Penonomé ist mit dem Bus ab Panama-Stadt, El Valle, David, Santiago und Chitré erreichbar.
- Der Busbahnhof für die ***Kleinbusse in die nähere Umgebung*** liegt nahe der Feuerwehr (siehe Stadtplan). Ab dort fahren die Busse täglich zwischen 6 und 20 Uhr alle 20 bis 30 Minuten, unter anderem nach ***El Copé*** (Nationalpark), ***Chaimito*** *(Posada Cerro de la Vieja),* ***El Caño*** (Archäologischer Park) und nach ***Natá.***
- Alle anderen Busse fahren von der *Carretera Interamericana* ab:
- nach ***Panama-Stadt:*** vom UTRAPEP-Busbahnhof täglich zwischen 4.20 und 20 Uhr nahezu stündlich.
- nach ***Chitré:*** von der Esso-Tankstelle zwischen 6.30 und 18.30 Uhr alle 30 bis 40 Minuten.
- nach ***Santiago*** und ***David*** ebenfalls von der Esso-Tankstelle täglich zwischen 7 und 18 Uhr alle 45 bis 50 Minuten.

Unterkunft

- ***Hotel Dos Continentes,*** Ave. Juan Arosemena/Carr. Interamericana, Tel.: 979325, EZ 20 $, DZ 38,50 $. Saubere Zimmer mit Bad und WC. Typisches Stadthotel mit Restaurant, Cafeteria und Bar. Oft ausgebucht!
- ***Pensión Los Pinos,*** Carr. Interamericana, gegenüber dem Kunsthandwerks-Markt, EZ/DZ mit Ventilator 11,50 $, mit AC 13,50 $. Kleine Anlage im Motelstil. Einfache, saubere Zimmer mit Bad und WC.
- Sollten beide ausgebucht sein, bleiben als Alternative nur die ***Hotels in Antón*** (20 km) oder die in ***Aguadulce*** (40 km).

Essen und Trinken

- Die meisten Restaurants der Stadt liegen direkt an der *Carretera Interamericana,* so auch das Selbstbedienungsrestaurant ***Tinajas*** mit preiswerten lokalen Gerichten, das gemütliche ***Oasis*** mit Pizzas, Fisch- und Grillgerichten, das chinesische Restaurant ***San Son*** und das einfache Lokal ***Rock-Pizza.***
- Frische Brötchen, Kuchen und Fruchtsäfte gibt es in der ***Panadería Mac Aro*** an der Avenida Juan Arosemena und in der ***Bäckerei*** neben dem *Restaurant Tinajas.*

Adressen von A bis Z

- ***Erste Hilfe:*** Rotes Kreuz (Cruz Roja), einige Schritte nördlich des Hotels Dos Continentes.
- ***Geldwechseln:*** Die *Banco Nacional de Panamá,* geöffnet Mo-Fr von 8 bis 13 Uhr, wechselt jeden US-Dollar-Reisescheck gegen eine Gebühr von je 60 ct.
- ***Handarbeiten:*** Im *Mercado Artesanía,* an der *Carretera Interamericana* kurz nach der Ortseinfahrt.
- ***Nationalparkbüro:*** Im INRENARE-Büro, Carr. Interamericana, Tel.: 979805, geöffnet Mo-Fr von 9 bis 16 Uhr, erhalten

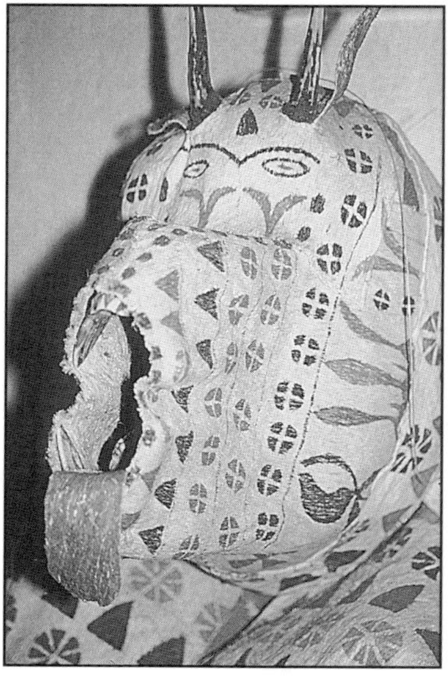

Maske im Museum von Penonomé

Penonomé

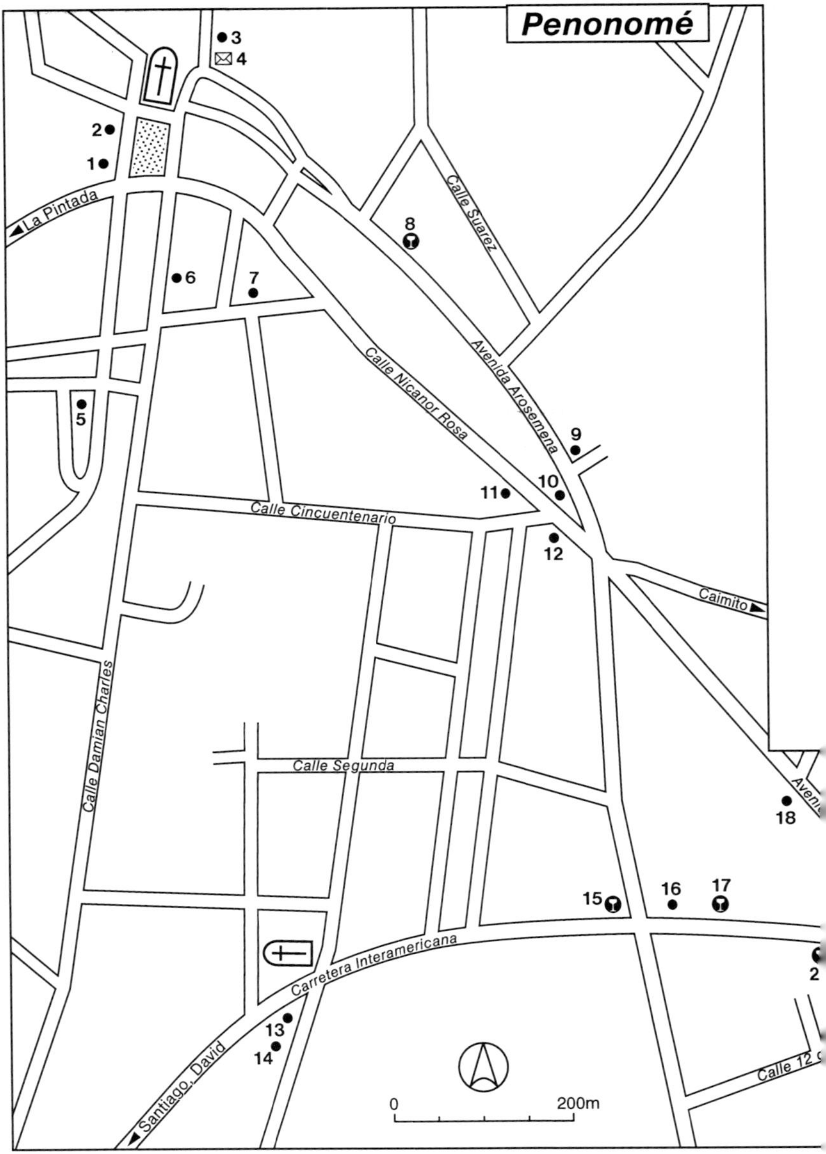
Penonomé
La Pintada
Calle Suarez
Avenida Arosemena
Calle Nicanor Rosa
Calle Cincuentenario
Caimito
Calle Damian Charles
Calle Segunda
Carretera Interamericana
Santiago, David
Calle 12
0
200m
1
2
3
4
5
6
7
8
9
10
11
12
13
14
15
16
17
18

1 Policia Nacional
2 Regierungsgebäude
3 INTEL
4 Post
5 Museo de Penonomé
6 Feuerwehr
7 Busbahnhof für die Umgebung
9 Banco Nacional de Panamá
10 Tankstelle
11 Guardia Nacional
12 Faxservice
13 Radiostation
14 INRENARE-Büro
16 Texaco-Tankstelle
18 Rotes Kreuz
19 Banco del Istmo
20 Esso-Tankstelle
22 Panadería
23 UTRAPEP-Busbahnhof
25 Krankenhaus

24 Hotel Dos Continentos
26 Pensión Los Pinos

8 Panadería Mac Aro
15 Rest. San Son und Rock-Pizza
17 Restaurant Oasis
21 Restaurant Tinajas

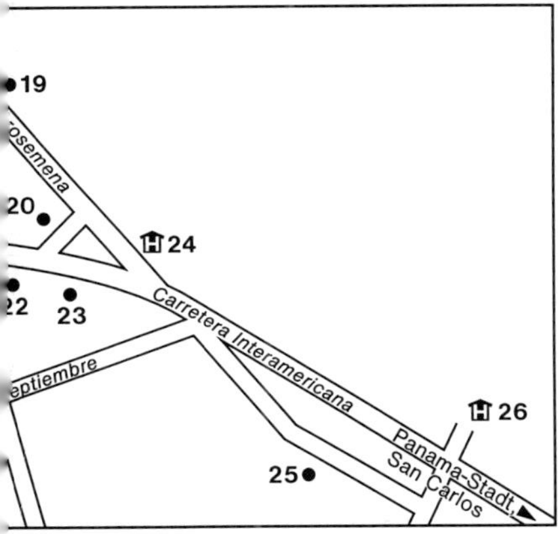

Sie Informationen über den Nationalpark El Copé.

●***Post, Telefon und Fax:*** Das Postamt und das *INTEL*-Büro liegen nahe der Kirche. Beide sind Mo-Fr von 8 bis 17 Uhr geöffnet. Das kleine Büro nahe der *Guardia Nacional* bietet ebenfalls Faxservice an.

Die Umgebung von Penonomé

Schmale Täler zwischen Hügelketten, ausgedehnte Grasfluren und ab und zu eine Oase aus tropischem Bergwald prägen das Hinterland von Penonomé. Die moderne Zeit scheint die ***verschlafenen Dörfchen*** mit verstreut liegenden Häusern in der traditionellen indianischen oder kolonialen Bauweise kaum berührt zu haben. Eine Fernsehantenne und ein wackeliges Auto bilden die sichtbaren Zeugen der Gegenwart. Mit zunehmender Distanz zur Provinzhauptstadt bzw. zur *Carretera Interamericana* verringert sich die Qualität der Straßen, bis schließlich eine holprige, stoßdämpfertötende Piste übrigbleibt.

Die ***öffentlichen Transportmittel*** passen sich gut an die Pisten an: Statt der sonst komfortablen Überlandbusse fahren hier nur noch antike, aus Lastwagen umgebaute Busse in die entlegensten Winkel der Provinz. Als Nahtransportmittel in den abgelegenen Dörfern bleibt schließlich nur das Pferd oder ein verrosteter Drahtesel. Die Umgebung von Penonomé gibt einen kleinen Einblick in den ländlichen Alltag und die Naturschönheiten der Provinz.

Praktische Informationen

●Ein empfehlenswerter ***Ausgangspunkt*** für ***Wanderungen oder Pferdetouren*** ist die ***Posada del Cerro la Vieja,*** Tel.: 637890, Fax: 692328, Mo-Fr 40 $, ansonsten 66 $ pro Person, inklusive Vollpension. Das Anwesen hat große, saubere Zimmer mit Bad, WC und Ventilator, einen Garten und eine Terrasse mit Sitzmöglichkeiten und Hängematten. Eine Reservierung ist anzuraten, wobei sich auch ein Transport ab Panama-Stadt oder Penonomé arrangieren läßt. Vor Ort können ***Ausflüge*** individuell oder mit lokalen Führern (ab 15 $) unternommen werden, unter anderem zu Wasserfällen und zu Höhlen mit Petroglyphen.

Die Posada liegt auf einem Plateau im winzigen Ort ***Chiriquí Arriba*** circa 30 km nordöstlich von Penonomé. ***Busse*** ab Penonomé fahren meistens nur bis Caimito, das etwa 8 km von der Posada entfernt liegt. Während der Trockenzeit kann die Straße bis zur Posada mit einem normalen Pkw befahren werden.

Parque Nacional El Copé

Nahezu unberührt ist der circa 6000 ha große Nationalpark *El Copé,* der sich an den Hängen der Serranía del Tabasará um den Ort El Copé bis hin zur Karibikküste ausbreitet. Seine unendlich erscheinenden ***Berg- und Nebelwälder,*** die mit abnehmender Höhe zur Karibikseite hin in ***Regenwälder*** übergehen, zählen zu den schönsten des Landes. Farne, Moose, Orchideen und Bromelien haben sich auf den Baumriesen einquartiert, die mit ihren überwucherten Zweigen einen märchenhaften Eindruck machen. *Bäume, wo die Götter zu Hause sind,* nennen die Indios die mächtigen Exemplare. Die ständig durch die Baumkronen streichenden Nebelschwaden und die Geräuschkulisse der Natur verstärken die mysteriöse Atmosphäre des Waldes. Das fast lückenlose Kronendach und die ewigen Nebelfetzen hindern die Sonnenstrahlen daran, bis an den Boden vorzudringen, und nur im Frühling berührt helles Licht die untere Waldzone.

Das ***Klima*** im Nationalpark ist feuchtkalt in den Hochlagen und schwülwarm an der Karibikküste. Kein einladendes Klima für eine Wanderung durch den Park, der erst kürzlich den Namen *El Copé* erhielt. Davor hieß der Park *General División Omar Torrijos*, benannt nach dem Führer der “zärtlichen Revolution”, der 1981 in den Bergen bei Coclesito bei einem Flugzeugabsturz tödlich verunglückte.

Praktische Informationen

Die ***Infrastruktur*** des Nationalparks steckt noch in den Kinderschuhen. Die Markierung der Parkgrenze und der Pfade muß noch erfolgen, eine Aufgabe, die von der schweren Zugänglichkeit des Waldes und der raschen Überwucherung der Wege erschwert wird. Ausgangspunkte für eine Tour durch den Nationalpark sind die kleinen ***Bergdörfer Las Sabanas und El Copé,*** in dessen Zentrum die Asphaltstraße und Transportverbindung ab Penonomé endet. Vom Ort führt westwärts eine 15 km lange, steile und ***rutschige Piste*** nach Las Sabanas, die nur mit einem Allradjeep zu bewältigen ist.

Wanderrouten

Derzeit gibt es zwei Möglichkeiten, den Nationalpark zu durchwandern: Ab ***Las Sabanas*** geht es in einem 5- bis 6stündigen Fußmarsch quer durch den Nebelwald über die kontinentale Wasserscheide (circa 1450 m) nach ***Limón*** und in weiteren 2 Gehstunden nach ***San Juan,*** einer winzigen Siedlung direkt am Río San Juan. Von dort fährt man mit dem Boot nach ***Coclesito,*** wo es unregelmäßige Verbindungen nach Penonomé gibt.

Die zweite Tour führt in einem 8- bis 9-stündigen Fußmarsch von ***El Copé*** nach ***Turbe*** und mit dem Boot auf dem Río Turbe nach ***Coclesito.***

Beide Touren sollten nicht ohne einen ***Führer*** gemacht werden, schon wegen der Organisation eines Bootes und eventueller Schlafplätze, denn in El Copé, Las Sabanas und unterwegs gibt es ***keine Übernachtungsmöglichkeiten.*** In naher Zukunft ist der Bau eines Parkhäuschens und einer biologischen Station geplant, wo sicher auch Betten für Besucher vorhanden sein werden. Für aktuelle ***Informationen*** und einen guten und ortskundigen Führer wenden Sie sich am besten an das *INRENARE*-Büro in Penonomé.

El Caño

Nicht der auf halber Strecke zwischen Penonomé und Aguadulce gelegene ***Ort El Caño*** bildet den touristischen Anziehungspunkt, sondern der gleichnamige archäologische Park: Panamas einzige erhaltene ***Zeremonialstätte der präkolumbischen Kulturen.*** Beim Gedanken an die Kultstätte haben die Touristen sofort Vorstellungen von imposanten Ruinen, wie sie von den Mayas oder Azteken bekannt sind - immerhin befindet man sich auf zentralamerikanischem Boden. Die präkolumbischen Kulturen des Isthmus haben aber keine Bauwerke von derartigem Umfang hinterlassen.

In den 20er Jahren begannen unter der Leitung der nordamerikanischen Archäologen *Verhill* und *Lothrop* die ***Ausgrabungen*** in *El Caño* und dem nahe gelegenen *Sitio Conte.* Ihre Funde brachten ans Licht, daß diese Gegend zwischen 500 und 1100 unserer Zeitrechnung als Zeremonialzentrum fungierte; ein heiliger Ort, wo die Begegnung mit den Göttern gesucht wurde und wo unter anderem hochgestellte Personen bestattet wurden.

Von der präkolumbischen Tempelanlage sind nur noch einige *columnas de basalto* geblieben, riesige ***Steinsäulen,*** die ursprünglich mit Tier- und menschlichen Gestalten verziert waren. Möglicherweise waren diese Säulen in einem Kreis angeordnet, vergleichbar mit dem englischen Stonehenge. Heute stehen nur noch Bruchteile der Säulen im Gras, ohne die charakteristischen oberen Teile, die teilweise im Museum *Reina Torres de Araúz* in Panama-Stadt zu besichtigen sind. Viele dieser Oberteile gelangten aber zum Ärgernis der Panamaer in die USA, wo sie in verschiedenen Museen ausgestellt sind.

Die archäologischen Funde waren von unschätzbarem Wert bei der Lüftung des Schleiers über die präkolumbischen Kulturen in Panama und ihrer Kontakte zu anderen Völkern des Kontinents (siehe "Landesgeschichte" und "Kunsthandwerk"). Die Grabstätten mit Beigaben und die Alltagsgegenstände im kleinen Museum des Parks vermitteln einen kleinen, wenn auch nur beschränkten Einblick in die Kultur des größtenteils noch unbekannten Volkes, das in dieser Region angesiedelt war.

Praktische Informationen

- Der archäologische Park liegt etwa 4 km südlich des Ortszentrums und ist mit ***öffentlichen Verkehrsmitteln*** nicht erreichbar. Die Busse aus Penonomé stoppen an der Plaza Central. Ab hier ist der erste Kilometer zum Park noch asphaltiert, danach ist eine Lehm- und Schotterpiste vorhanden, die nach kräftigen Regengüssen nur noch mit einem Jeep oder zu Fuß zu bewältigen ist.
- Der Park ist Di-Sa von 10 bis 16 Uhr ***geöffnet,*** am Mo, So und an Feiertagen geschlossen, Eintritt 50 ct.

Natá

Bienvenido a Natá de Caballeros prangt auf einem Schild am Rand der *Carretera Interamericana,* das die Reisenden freundlich begrüßt. Eine große Geste angesichts der wenigen Häuser, die sich an einer Hand abzählen lassen. Der erste Eindruck trügt aber, denn wie vielerorts entlang der *Carretera Interamericana* sind die Häuser, Geschäfte und Restaurants an der großen Durchfahrtsstraße nur der Vorposten der eigentlichen Siedlung. Das trifft auch auf Natá zu, denn der Ortskern liegt etwa 1,5 km abseits der Hauptstraße.

Natá gehört zu den ältesten Orten des Landes und verdankt seine Existenz *Gaspar de Espinoza,* der 1520 den Ort als ***Stützpunkt für*** die mühsame ***Eroberung des Hinterlandes*** gründete.

Von den Kolonialbauten kann heute nur noch die zum Nationaldenkmal erhobene ***Kirche*** besichtigt werden, die bereits vom Zahn der Zeit und vom Tropenklima gezeichnet ist. Sie datiert aus dem Ortsgründungsjahr und überragt in ihrer Art und Ausstattung kaum den Rang einer kleinen Provinzkirche. Die schlichte Renaissancefassade schmükcken seitlich liegende Voluten. Sie wird flankiert von einem viereckigen Turm mit einem eingelegten Perlmuttmuster. Im Innenraum sind vor allem an den Haupt- und Seitenaltären die Stilmischungen späterer Perioden erkennbar, wobei der neobarocke Stil überwiegt. Vor dem Hauptportal an der schattenreichen Plaza Central steht die Bronzebüste des Ortsgründers *Espinoza.*

●Natá ist mit dem ***Bus*** ab Penonomé und Aguadulce mehrmals täglich erreichbar. ***Unterkünfte*** oder empfehlenswerte ***Restaurants*** sind nicht vorhanden.

Aguadulce

Aguadulce (das heißt Süßwasser), das letzte größere Städtchen an der Route entlang der Zentralen Pazifikküste, liegt etwa 200 km von Panama-Stadt entfernt. Es fungiert als Zentrum für die Bauerngemeinden der Region, in der vorwiegend ***Zuckerrohr*** angebaut wird. Diese schilfähnlichen Gräser, die bis zu 9 m Höhe erreichen können, sind an ihren beigen Rispen, leichter aber an ihrer Größe erkennbar. Wenn die Ähren gelb leuchten, wird das Startsignal für die Ernte gegeben. Die dicken Stengel müssen dann mit der Machete geschlagen und rasch in die Fabrik zur Weiterverarbeitung geschafft werden, denn bei den vorherrschenden Temperaturen verdirbt Zuckerrohr rasend schnell. Die Zuckerrohrkultur stammt ursprünglich aus Asien, fand mit den Kreuzfahrern den Weg nach Europa und landete mit den spanischen Entdeckern schließlich in der "Neuen Welt".

Kulturhistorische Sehenswürdigkeiten oder Naturattraktionen kann die Stadt nicht vorweisen, mit Ausnahme der ***küstennahen Salzseen*** *(salinas),* die ein exzellentes Gebiet bilden, um Meeres- und Sumpfvögel zu beobachten.

Praktische Informationen

An- und Weiterreise

●Zwischen Aguadulce und Santiago, Chitré und Penonomé besteht von frühmorgens bis spätabends ein reger ***Busverkehr.***

Unterkunft, Essen und Trinken

●***Hotel Interamericano,*** *Carretera Interamericana,* Tel.: 974363, Fax: 974975, EZ/DZ mit Ventilator 21 $, mit AC 26,50 $. 25 zweckmäßig ausgestattete Zimmer mit Bad, WC, TV, muffigem Teppichboden und teilweise mit Balkon. Die straßenseitig gelegenen Zimmer sind laut. Vernachlässigte, alte Hotelanlage mit Swimmingpool, Bar und einem guten, empfehlenswerten chinesischen Restaurant, das auch lokale Gerichte anbietet.

●***Hotel Sarita,*** 100 m nordwestlich des Zentrums, Tel.: 974437, EZ/DZ mit Ventilator 8 $/10 $, mit AC 12,50 $/15 $. An Schuhschachteln erinnernde dunkle Zimmer mit Bad und WC.

●Außer dem ***Restaurant im Hotel Interamericano*** kann die ***Panadería/Cafetería*** an der Plaza Central empfohlen werden, vor allem für ein Frühstück oder einen Happen zwischendurch.

Adressen von A bis Z

●***Geldwechseln:*** *Banco Nacional de Panamá*, Ave. Central, circa 3 Block nördlich der Kirche, geöffnet Mo-Fr von 8 bis 13.30 Uhr.

●***Postamt:*** Einen Block südlich der Plaza Central, geöffnet Mo-Fr von 8 bis 16 Uhr.

●***Telefon und Fax:*** Im Postamt oder im *INTEL*-Büro, an der Einfahrtsstraße kurz vor der Ave. Central.

Die Halbinsel Azuero

Die Península de Azuero ist eine Region mit unverkennbarem Kolonialcharakter. Nicht umsonst wird Azuero als die ***Wiege der panamaischen Kultur*** betrachtet. Die meisten Bewohner sind spanischer Abstammung und tragen mit großem Stolz Namen wie Díaz, González oder Vergara. Sie hegen und pflegen die ***Traditionen*** ihrer iberischen Vorfahren, unter anderem mit der *pollera* und dem *montuno* (Nationaltrachten), der *tuna* (Straßenfest) und mit den *casas de quinchas* (siehe Exkurse). Unter der Oberfläche verbergen sich aber ebenso Spuren der ursprünglichen Bevölkerung, die vor allem im musikalischen, religiösen und landwirtschaftlichen Bereich hervortreten. Auch an einigen Ortsnamen sind indianische Spuren abzulesen, wie etwa *París* und *Guararé* – Namen, die von den einst auf der Halbinsel regierenden Kaziken abgeleitet wurden.

Die ***Kaziken und ihr Volk*** begrüßten mit großen Ehren die Spanier und beschenkten sie mit Goldschmuck, da sie die Konquistadoren wegen ihrer ungewöhnlichen Kleidung möglicherweise für Himmelsboten hielten, allerdings nur für kurze Zeit. Der brutale Auftritt der Spanier öffnete schnell die Augen der *Indígenas*. *París* und sein Volk schlugen mit der gleichen Brutalität zurück. Die wenigen spanischen Überlebenden lösten unter der Leitung von *Gaspar de Espinoza* eine ***erbarmungslose Racheaktion*** aus. Nahezu die gesamte Bevölkerung

Casa de quincha

La casa de quincha

Mit *casa de quincha* bezeichnet man das für die Halbinsel Azuero typische schlichte Kolonialhaus aus Lehm, Holz, Schilf und Stroh. Am ***traditionellen Hausbau*** arbeiten generell alle Dorfbewohner unentgeltlich und tatkräftig mit, denn schließlich geht es darum, ein Haus für ein Mitglied der Dorfgemeinschaft zu bauen. Der Bauherr besorgt das Baumaterial und das Essen, jeder Dorfbewohner läßt seine Arbeit liegen, und in nur zwei Tagen steht das Haus – oder wie es im Fachjargon so schön ausgedrückt wird, "kann es schlüsselfertig übergeben werden".

Bereits im Morgengrauen beginnen die Männer des Dorfes, ein Hausgerüst samt Dach aus Holz und Schilfrohr zu zimmern, das bis zum Einbruch der Dunkelheit fertiggestellt ist. Am nächsten Morgen legen die Männer am Bauplatz einen großen Teppich aus Lehm, Stroh und Wasser an, der zum Errichten der Wände dient. Sie ziehen ihre Schuhe aus, rollen die Hosenbeine hoch und kneten mit ihren Füßen die Baumaterialien kräftig durch. Wie bei einem Tanz bilden sie eine Kette, legen ihre Arme um die Schultern der Mitarbeiter, und mit lauten und fröhlichen Liedern werden die Materialien so lange vermischt, bis ein verarbeitungsfähiger Lehmmörtel entstanden ist. Dieses fröhliche Bauverfahren erhielt auf der Halbinsel die Bezeichnung *junta de embarre* – eine "Gemeinschaft zum Beschmieren".

Während die Männer singend und "tanzend" die *casa de quincha* errichten, sorgen die Frauen des Dorfes mit kräftigem Essen und Erfrischungsgetränken für das leibliche Wohl der Bauarbeiter. Alles findet im Freien statt, und wie in einer panamaischen Großküche wird in riesigen Töpfen *sancocho* zubereitet, Reis gekocht, *chichas* zur Erfrischung angerührt und auf großen Eisengittern Fleisch geröstet.

Mit einer riesigen Einweihungsfeier am Abend des zweiten Tages wird die fröhliche Gemeinschaftsleistung abgeschlossen, eine Feier, die oft bis in die frühen Morgenstunden dauert, bis der Lehm schließlich getrocknet ist und der Hausbesitzer samt Kind und Kegel einziehen kann.

der Halbinsel wurde getötet, vertrieben oder versklavt. Heute leben nur noch in Azueros Bergregion einige Bewohner, deren Vorfahren den präkolumbischen Hochkulturen der Halbinsel angehörten.

Während der Kolonialzeit entstanden auf der Halbinsel keine großen, wohlhabenden Orte. Einerseits wurde dies von der Verwaltung in Panama-Stadt aus Angst vor Konkurrenz unterbunden, andererseits fehlte auch das nötige Geld, um größere Orte mit Befestigungsanlagen vor den Piraten zu schützen. So blieb Azuero eine einfache ***Agrarprovinz,*** die Panama-Stadt mit Nahrungsmitteln versorgte, und daran hat sich bis heute nichts geändert.

Die Halbinsel ist einer der ***wärmsten und trockensten*** Landesteile. Regenzeit und Trockenzeit sind hier ausgeprägte Perioden, die die hügelige Landschaft entweder in ein saftiges Grün tauchen oder die sie in einen braunen, dürr erscheinenden Mantel hüllen. Ausgedehnte Grasfluren mit vereinzelten schattenspendenden Bauminseln dominieren das Landschaftsbild. Nur die Mangrovenwälder entlang der Küste und der Bergwald im unzugängli-

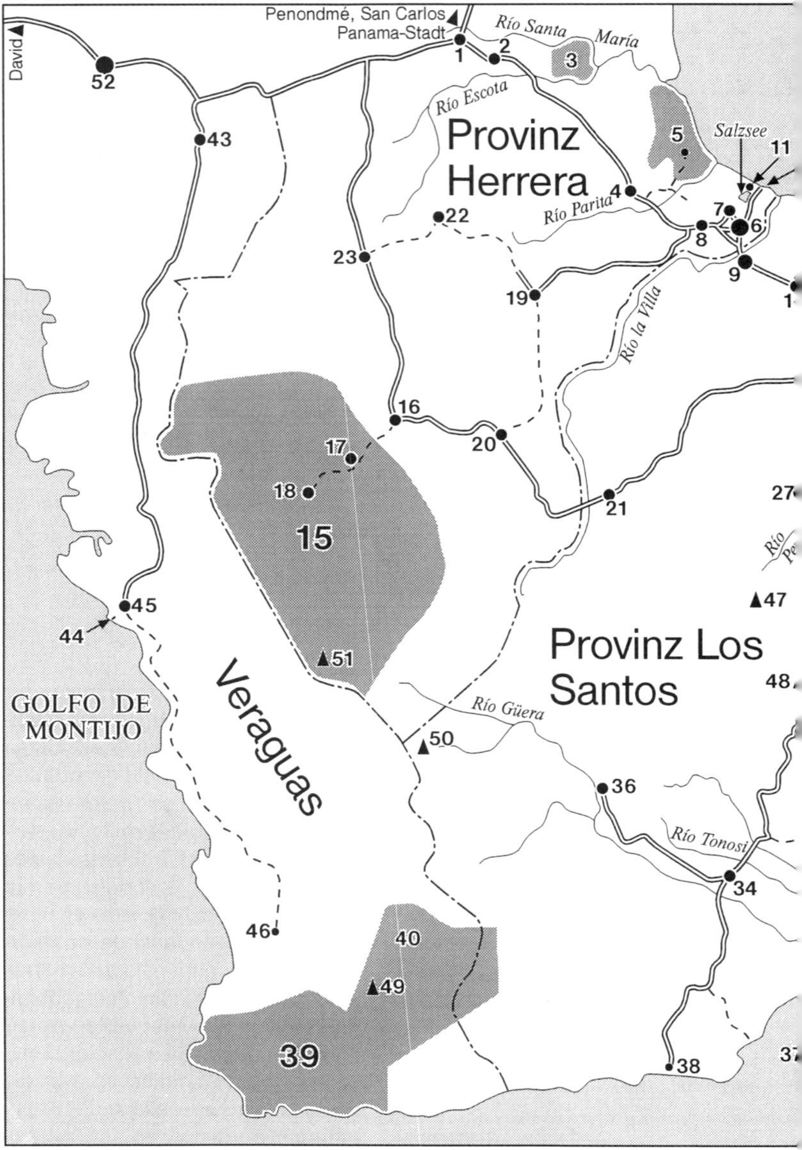
Penondmé, San Carlos
Panama-Stadt
David
Río Santa María
Río Escota
Provinz Herrera
Salzsee
Río Parita
Río la Villa
Provinz Los Santos
GOLFO DE MONTIJO
Veraguas
Río Güera
Río Tonosí
1
2
3
4
5
6
7
8
9
11
15
16
17
18
19
20
21
22
23
27
34
36
38
39
40
43
44
45
46
47
48
49
50
51
52

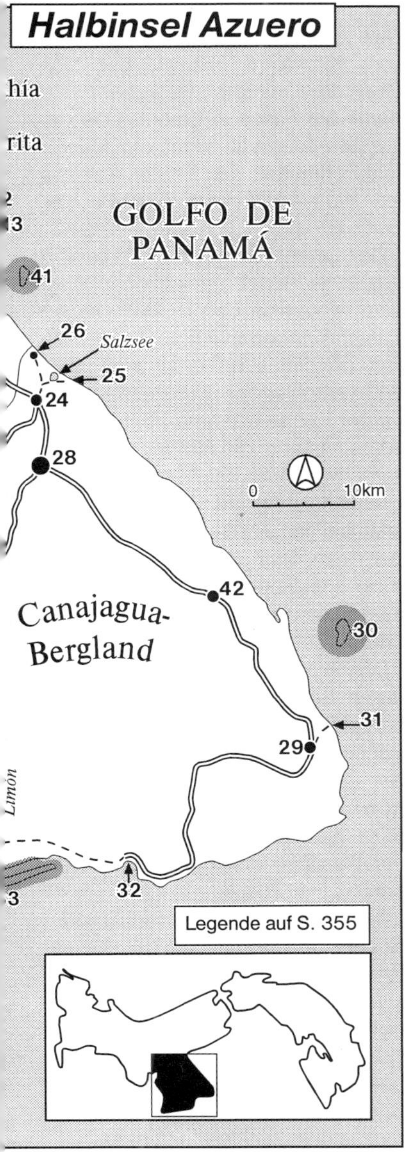

chen Nationalpark *Cerro Hoya* sind vom Landhunger der Bauern verschont geblieben.

Azuero gliedert sich in die ***Provinzen*** Herrera, Los Santos und Veraguas. Zu Veraguas gehört ein etwa 20 km breiter Küstenstreifen im Westen der Halbinsel, der verkehrsbedingt in die Beschreibung der Umgebung von Santiago (siehe "Der Westen") miteinbezogen wurde. Das Tor zum östlichen und interessantesten Teil der Península de Azuero bildet der kleine Ort ***Divisa*** an der *Carretera Interamericana.* Dort zweigt die *Carretera Nacional No. 2* ab, die über Chitré, Guararé und Las Tablas bis nach Pedasí führt.

Santa María

Der erste Ort nach Divisa ist Santa María, eine langgezogene, beidseitig der *Carretera No. 2* liegende Siedlung. Die pastellfarbenen Häuschen im Kolonialstil und die plaudernden Bewohner auf den schattenreichen Terrassen und Balkonen zeugen vom ungezwungenen, aber traditionellen Ton der Halbinsel. Das hohe Alter von über 400 Jahren ist dem Ort nicht anzusehen, aber Santa María überragte in der Geschichte nie den Rang einer ***unbedeutenden Pfarrgemeinde.*** Die kulturhistorischen Sehenswürdigkeiten von Santa María beschränken sich auf das Ortsbild, aber Architekturbeispiele aus der Kolonialzeit gibt es in den nachfolgenden

Orten noch genügend zu sehen. Ein eventueller Grund, um in Santa María zu verweilen, ergibt sich im März, wenn das *Festival Acuático* auf und um den Río Santa María für eine lebhafte Stimmung in dem sonst ruhigen Ort sorgt. Sonst, so scheint es, ist die Zeit hier irgendwann einmal stehengeblieben.

Refugio de Vida Silvestre Ciénega del Mangle

Wenige Kilometer östlich von Santa María breitet sich um die Mündung des Río Santa María das circa 1000 ha große ***Tierschutzgebiet*** *Ciénega del Mangle* aus. Es besteht vorwiegend aus von Mangroven überwucherten Sümpfen und Lagunen und dient den unterschiedlichsten ***Zugvögeln*** des amerikanischen Kontinents als wichtige Zwischenstation. Das schwer zugängliche Gebiet ist gleichzeitig auch ein Paradies für die Moskitos, die sich mit Vorliebe auf die sehr seltenen menschlichen Besucher stürzen.

Parita

Das Markenzeichen Paritas, des zweiten größeren Ortes auf der Route nach Chitré, ist die *Iglesia de Santo Domingo de Guzmán.* Die vom Jahr 1656 datierende ***Kirche*** wurde im Auftrag der Dominikanermission von Natá erbaut und hat während der unsachkundigen Restaurierung in den 20er Jahren viel von ihrer barocken Würde verloren. Der architektonische Akzent wird vom Kirchturm gesetzt, der sich über dem Hauptportal erhebt und damit die Fassade betont. Das dekorative Element bildet ein Muster aus Perlmutter, das für den kolonialen Kirchenbaustil des Landes typisch ist.

Der Innenraum wird mit Hilfe von ausländischen Organisationen langsam wieder an den ursprünglichen Zustand angepaßt. Eine Arbeit, die von der Tatsache erschwert wird, daß verschiedene Kunstgegenstände der Kirche während der Säkularisation Anfang dieses Jahrhunderts verschwanden, unter anderem der Hauptaltar. An seiner Stelle steht jetzt ein farbenprächtiger, ehemaliger Seitenaltar aus Holz mit neobarocken und neoklassizistischen Stilmerkmalen, flankiert von zwei zierlichen Barockaltären.

Das Prunkstück der Kirche ist die durch Schnitzereien geschmückte, barocke Kanzel aus Holz. Große religiöse Bedeutung hat die Statue der *Virgen del Carmen,* die viele wohlhabende Bürger der Gegend dazu veranlaßte, einen Großteil ihres Besitzes der Kirche zu vererben.

Die weißgetünchte Kirche befindet sich im Ortszentrum, an der ehemaligen Plaza de Toros (Stierkampfarena), die von schönen Kolonialhäusern umringt ist. Man kann sich leicht vorstellen, wie die Hausbewohner und ihre Verwandten das Stierkampfspektakel von der Veranda aus gemütlich verfolgt haben.

Halbinsel Azuero

(Karte S. 352)

1 Divisa
2 Santa María
3 Wildtierreservat Ciénega del Mangle
4 Parita
5 Parque Nacional Sarigua
6 Chitré
7 Mongarillo
8 La Arena
9 Los Santos
10 Playa El Agallito
11 Instituto Humboldt
12 Playa Monagre
13 Playa El Rompio
14 Santa Ana
15 Reserva Forestal El Montuoso
16 Las Minas
17 Chepo
18 La Torre
19 Pesé
20 Los Pozos
21 Macaracas
22 Llano Grande
23 Ocú
24 Guararé
25 Playa Bella Vista
26 Playa El Puerto
27 Las Trancas
28 Las Tablas
29 Pedasí
30 Refugio de Vida Silvestre Isla Iguana
31 Playa Pedasí
32 Playa Venado
33 Refugio de Vida Silvestre Isla Cañas
34 Tonosí
35 La Angostura
36 Altos de Güera
37 Playa Guanico Abajo
38 Cambutal
39 Parque Nacional Cerro Hoya
40 Reserva Forestal La Tronosa
41 Refugio de Vida Silvestre Peñón de la Honda
42 Pocrí
43 Atalaya
44 Playa La Reina
45 Llano Mariato
46 Arenas
47 Cerro Canajagua 830 m
48 Cerro Vigía 510 m
49 Cerro Hoya 1559 m
50 Cerro Güera 1068 m
51 Cerro Cacarñado 997 m
52 Santiago

Parque Nacional Sarigua

Nicht alles, was in den Tropen blüht und gedeiht, ist ein undurchdringlicher Urwald, was von den Dornenbüschen und laubabwerfenden Bäumen des ***Nationalparks*** Sarigua illustriert wird. Sie zeigen ein völlig anderes Gesicht und bestätigen die Definition der Tropenzone als "Gürtel der Extreme".

Das 8000 ha große Naturschutzgebiet erstreckt sich an der Küste des Golfo de Panamá zwischen den Flüssen Parita und Escota, in ***einer der trockensten Ecken*** des Landes. Für Pflanzen und Tiere herrschen hier schlechte Lebensbedingungen: Die lange Trockenperiode wird von einer Saison mit kurzen, aber kräftigen Regenschauern abgelöst. Dabei wurden und werden die Nährstoffe des Bodens ständig fortgeschwemmt, wodurch sich das ehemals fruchtbare Gebiet größtenteils in ein Trockenareal verwandelte.

Die ***Temperatur*** schwankt zudem zwischen maximal 45 °C am Tag und durchschnittlich 20 °C in der Nacht und bildet damit eine weitere Extrembelastung für die Lebensformen. Sogar Steine bersten durch die große Spannung, die von der Temperaturschwankung hervorgerufen wird, auseinander. In der Stille der Nacht sind diese knackenden Geräusche angeblich gut hörbar. Im steinigen Sektor des Parks, der auch als *cantera* (Steinbruch) bezeichnet wird, können Sie sich tagsüber von dem nächtlichen Naturschauspiel überzeugen, denn die gespaltenen Steine, die in großen Mengen den Boden bedecken, lassen sich leicht wieder in ihre ursprüngliche Form zusammenfügen.

Die wenigen ***Pflanzen*** des Nationalparks sind auf verschiedenste Art an die natürlichen Gegebenheiten angepaßt. Außer den Kakteen, diesen typischen Wüstenpflanzen, sind Bäume zu bewundern, deren Stämme und Zweige mit dicken Moosschichten umhüllt sind, welche die Bäume wie eine Jacke gegen das unbarmherzige Klima schützen. Andere Pflanzen wiederum verfügen über gefiederte Blätter, die am Abend zusammengefaltet werden, um die Wasserverdunstung zu reduzieren.

Parque Nacional Sarigua

Allein die Mangrove entlang der Küste hat keinen speziellen Schutz entwickelt. Sie wächst mit einem undurchdringlichen Wurzelnetz, das im Salzwasserboden fest verankert ist. Keine andere Pflanzenart gedeiht im salzigen Boden so gut wie die Mangrove. Und in Sarigua gewinnt der ***Salzboden*** rasch an Territorium. Überall dort, wo der starke Wind den Boden mit salzigem Sandstaub überzieht, sterben jährlich immer mehr Pflanzen ab. Verschiedene Versuche, um diesen Versalzungs- und Entwaldungsprozeß zu stoppen, blieben bislang erfolglos.

Das unwirtliche Klima in Sarigua lockt nur wenige ***Tiere*** an. Neben den fleißigen Ameisen, den schnellen Geckos und den prähistorisch anmutenden Leguanen zählen viele ungiftige Schlangen zu den Dauergästen Sariguas. Den größten Anteil an der Tierwelt bilden die Vögel. Bis heute wurden über 160 verschiedene Arten registriert, worunter sich unter anderem der Strichelkauz mit seinen weißumrandeten, augenähnlichen Flecken am Hinterkopf, das Sperlingstäubchen und der Fischadler befinden.

Der Park hat neben seiner Funktion als Naturschutzgebiet auch eine große ***kulturhistorische Bedeutung.*** Archäologische Funde haben gezeigt, daß in Sarigua eine der ältesten und größten präkolumbischen Siedlungen auf panamaischem Territorium stand. Die ältesten Bodenfunde sind Steinspitzen, die von Nomadenvölkern der paläoindianischen Periode (12.000-7000 v.u.Z.) stammen. Die interessantesten Spuren, die auf seßhafte ***Jäger- und Sammlerkulturen*** hinweisen, bilden die Muschelhaufen *(concheros)*. Sie sind noch immer am größtenteils rotgefärbten Boden deutlich erkennbar, teilweise als kleine Pyramiden. Die natürlichen Müllhaufen aus der Vergangenheit zeugen von einer Zeit, als die Bewohner dieser Region Wild, Fisch, Meerestiere, Nutzpflanzen, Salz und Süßwasser im Überfluß fanden. In den Randzonen des Nationalparks läßt die gegenwärtige Vegetation den ursprünglichen Lebensraum noch einigermaßen erahnen.

Praktische Informationen

● Der Park ist mit ***öffentlichen Verkehrsmitteln*** nicht erreichbar, ***Öffnungszeiten und Eintrittsgebühren*** werden voraussichtlich 1995 eingeführt. Kurz vor Parita, das mit dem Bus ab Chitré erreichbar ist, zweigt nach rechts eine unasphaltierte Straße (ausgeschildert) zum Nationalpark ab. Ab hier sind es circa 6 km zum Parkeingang. An den Straßengabelungen unterwegs halten Sie sich immer an die links verlaufende Straße. Am Parkeingang befindet sich seit kurzem ein mit der Hilfe der deutschen Botschaft errichtetes ***Parkbüro,*** wo man Informationen erhält. Das kleine Steinhäuschen befindet sich übrigens an einem Ort, wo die Männer *Noriegas* für den Kampf trainierten.

Chitré

Chitré, die ***Hauptstadt der Provinz Herrera*** und das ***Industrie- und Handelszentrum*** Azueros, bietet die erste Übernachtungsmöglichkeit auf der Halbinsel. Die Kleinstadt am Nordufer des Río La Villa verfügt zwar über keine außergewöhnlichen Sehenswürdigkeiten, ist aber ein angenehmer Ort. Die ungezwungene Atmosphäre der Halbinsel ist hier deutlich spürbar, etwa bei einem Bummel durch das überschaubare Zentrum, entlang der Geschäfte und typischen Häuser im Kolonialstil. Auch eine Rast auf der Plaza Central, dem "Herz" der Stadt, wo die freundlichen Einwohner von Chitré genüßlich tratschen, eignet sich gut, um die Atmosphäre auf sich einwirken zu lassen.

Der Name Chitré wird übrigens landesweit mit dem *Seco* verbunden, einem wodkaähnlichen Getränk aus Getreide, das bei keiner "feuchtfröhlichen" Feier fehlen darf.

Sehenswertes

Kirche San Juan Bautista

Chitré wurde im 18. Jahrhundert gegründet. Aus den Anfangsjahren datiert noch die *Iglesia San Juan Bautista* (Johannes der Täufer), die im Aussehen noch die Stilmerkmale des einfachen panamaischen Barocks aufweist, wie etwa die Doppelturmfassade. Der Innenraum wurde neugestaltet, unter anderem mit einem imponierenden Hauptaltar aus Edelhölzern, dessen Umfang und Glanz schon kitschig anmuten.

Stadtmuseum

Lohnenswert ist der Besuch des *Museo Herrerano* an der Ave. Manuel Correa. Der blauweiße Holzbau mit einem auffallenden Balkon wurde 1917 von einer wohlhabenden kolumbianischen Familie erbaut und diente von 1920 bis 1979 als Postamt. Nach einer umfassenden Renovierung zog 1984 das Stadtmuseum ein.

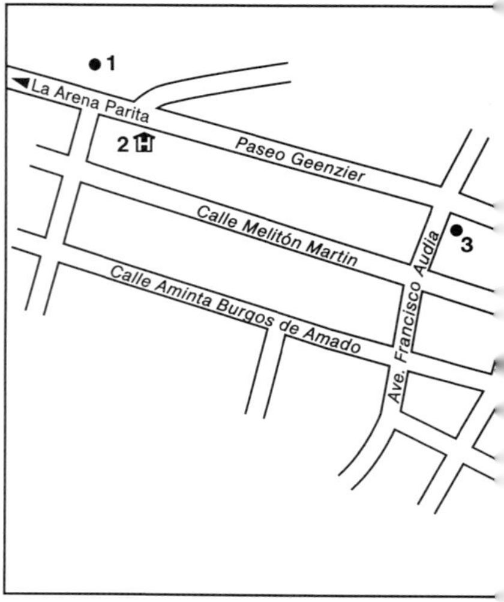

Als ersten Raum betritt man die *Sala Archeológica*. Sie ist den ***präkolumbischen Kulturen*** der Halbinsel gewidmet. Ihre interessante

1	Krankenhaus El Vigía	**36**	Privatklinik Dr. Villareal
3	Supermercado Masisa	**37**	Discount rent a car
4	Banco Nacional de Panamá	**39**	Krankenhaus Integrado
5	Feuerwehr	**40**	IPAT
6	CECA		
7	Supermercado Liria	**2**	Hotel Versalles
8	Inazún-Busbahnhof	**10**	Hotel Hawaii
12	Shell-Tankstelle	**11**	Pensión Lily
13	Post	**16**	Pensión Chitré
14	INTEL	**21**	Hotel Rex
15	Museo de Herrera	**23**	Hotel Santa Rita
17	Banco del Istmo	**24**	Pensión Herrerana
19	Tuasa-Busbahnhof	**26**	Hotel El Prado
20	Farmacia Internacional		
22	Chase Manhatten Bank	**9**	Restaurant Manolo
28	Wäscherei	**18**	Restaurant Pork y Pollo
29	Markt	**25**	Panadería Chiquita
30	Iglesia San Juan Bautista	**27**	Restaurant La Araura
31	Plaza Central	**33**	Pizzeria
32	Fotoentwicklung	**34**	Restaurant Chuiquito
35	Esso-Tankstelle	**38**	Restaurant Ejecutivo

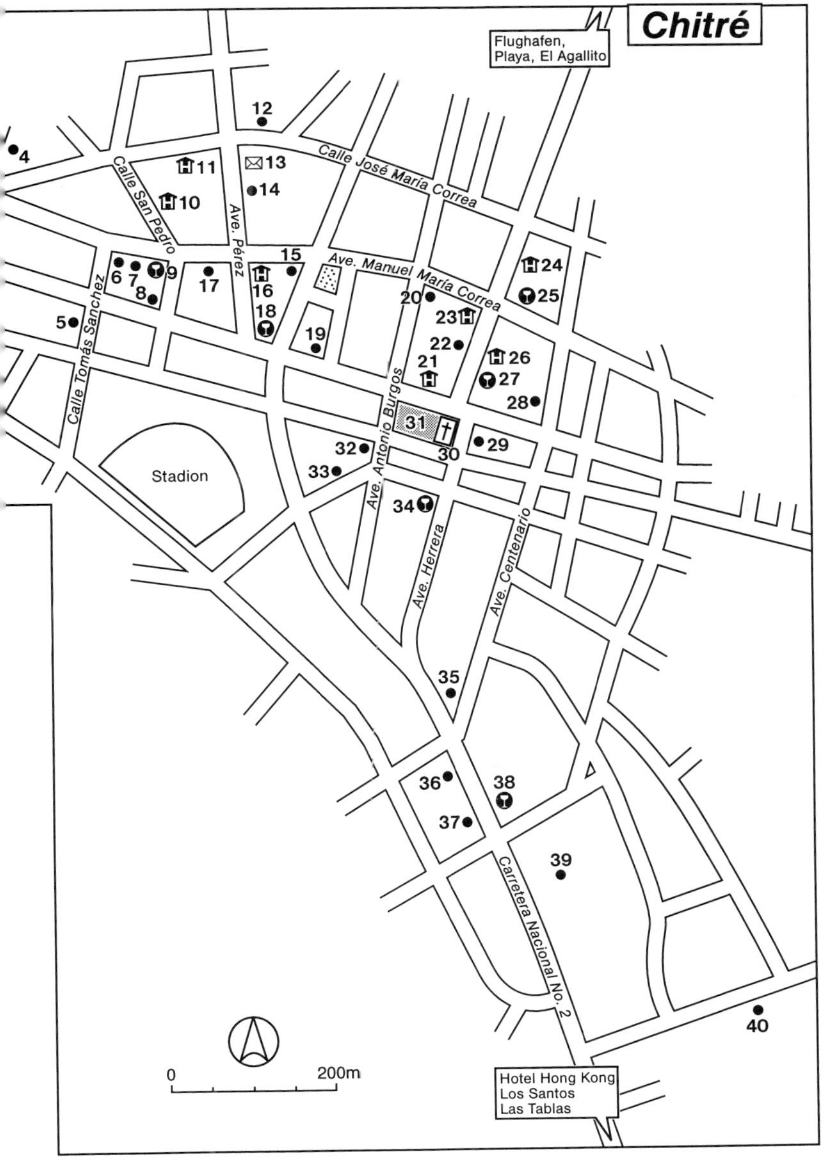
Chitré
Flughafen, Playa, El Agallito
Calle José María Correa
Ave. Manuel María Correa
Calle San Pedro
Ave. Pérez
Calle Tomás Sanchez
Ave. Antonio Burgos
Ave. Herrera
Ave. Centenario
Carretera Nacional No. 2
Stadion
Hotel Hong Kong
Los Santos
Las Tablas
0
200m
4 5 6 7 8 9 10 11 12 13 14 15 16 17 18 19 20 21 22 23 24 25 26 27 28 29 30 31 32 33 34 35 36 37 38 39 40

Ausstellung wird von Texten in Spanisch begleitet, aber die Fotos und Zeichnungen ermöglichen, die kulturelle Entwicklung auch ohne ausreichende Spanischkenntnisse zu verfolgen. Ein bedeutungsvolles Objekt befindet sich in der Mitte des Raumes: Das nachgebildete Grab *(tumba)* des Kaziken *París* (auch *Parita* oder *El Viejo),* der großen Respekt für seinen erbitterten Widerstand gegen die Spanier genießt.

Im ersten Stock liegt die *Sala Herrera,* deren Exponate einen Überblick über die ***Biographie des Generals Tomás Herrera,*** (1804-1854), des Namensgebers der Provinz, bieten. Unter seiner Führung trennte sich Panama für kurze Zeit von Kolumbien (siehe "Landesgeschichte").

Nach der *Sala Herrera* folgt die *Sala Etnografía,* die der Bevölkerung Azueros und ihren ***Traditionen*** gewidmet ist, die mit Fotos, typischen Handwerkszeugen, Musikinstrumenten und folkloristischen Kostümen veranschaulicht werden.

Im letzten Raum befindet sich eine kleine Sammlung von antiken ***Waffen,*** religiösen ***Kunstgegenständen*** und von ***Dokumenten aus der Stadtgeschichte.*** Vor dem Ausgang ist unter freiem Himmel das ländliche Leben auf der Halbinsel dargestellt.

●***Öffnungszeiten:*** Di-Sa von 8.30 bis 12 und 13 bis 16 Uhr, So von 9 bis 12 Uhr, Eintritt 25 ct.

Zentrum der Töpferei

Chitré ist auch ein Zentrum der Töpferei, eine Tradition, die wegen der archäologischen Funde in der Provinz Herrera, unter anderem im Vorort Monagrillo, neue Impulse erhalten hat. Die ***Keramikwerkstatt SENAPI,*** die sich circa 1 km östlich des Zentrums neben der Touristeninformation befindet, ist einen Besuch wert. In einem kleinen Geschäft werden Stücke aus der Werkstatt zum Kauf angeboten und Bestellungen für individuelle Keramikarbeiten entgegengenommen. Im 3 km nördlich von Chitré gelegenen Ort ***La Arena*** säumen die *Carretera No. 2* kleine Keramikgeschäfte, die ihre Waren entlang der Straße zur Schau und zum Kauf ausgestellt haben. Schöne Keramikstücke gibt es auch im ***Mercado Artesanial de Herrera,*** der sich ebenfalls in La Arena an der Durchfahrtsstraße befindet.

Keramikgefäß (300 v.Chr.-300 n. Chr.)

Praktische Informationen

An- und Weiterreise mit dem Bus

Chitré ist mit dem Bus ab Panama-Stadt, Santiago, Aguadulce, Penonomé und ab den größeren Orten der Halbinsel. erreichbar.

●Ein zentraler Busbahnhof ist nicht vorhanden. Von den ***Haltestellen nahe des Marktes an der Plaza Central*** fahren Busse täglich nach:

●***Los Santos*** zwischen 5.30 und 20 Uhr alle 10-15 Minuten. Die Busse sind oft genauso bunt bemalt wie die von Panama-Stadt.

●***Guararé*** und ***Las Tablas*** zwischen 6 und 19 Uhr alle 30 Minuten.

●***Tonosí*** um 8.00, 9.00, 10.30, 11.30, 13.30 und 15 Uhr.

●Von den ***Haltestellen an der Ave. Manuel Correa beim Restaurant Manolo*** fahren Busse täglich nach:

●***Parita*** über ***La Arena*** zwischen 7 und 18.45 Uhr alle 45 Minuten.

●***Llano Grande*** und ***Ocú*** zwischen 7 und 15 Uhr etwa viermal, in der Regel, wenn der Bus voll ist.

●***Santiago*** zwischen 7 und 18.30 Uhr jede halbe Stunde.

●***Penonomé*** über ***Aguadulce*** zwischen 6.30 und 18.30 Uhr alle 30-40 Minuten.

●***Pesé*** und ***La Minas*** zwischen 6 und 16.30 Uhr dreimal, wenn der Bus voll ist.

●Nach ***Panama-Stadt*** können Sie wählen zwischen *Tuasa,* Tel.: 962661, Cl. Melitón Martín/Cl. Ramón Luis Crespo, und *Inazún,* Tel.: 964177, Cl. Melitón Martín. Tickets im Vorverkauf gibt es bei beiden Busunternehmen.

Tuasa fährt täglich um 7.00, 8.00, 9.30, 11.00, 12.45, 14.00, 15.30 und 17 Uhr, zusätzlich Mo-Sa um 1 und 4 Uhr, am So um 3.30 Uhr.

Inazún fährt täglich um 1.30, 4.00, 7.30, 8.30, 10.00, 11.30, 13.00, 14.30, 16 und 16.30 Uhr.

●Nach ***David*** gibt es keine direkte Busverbindung, Umsteigen in ***Santiago*** (beim *Hotel Piramidal,* direkt an der *Carretera Interamerciana).*

An- und Weiterreise per Flug

●Der ***Flughafen*** liegt circa 3 km nördlich der Stadt und ist nur mit einem Taxi erreichbar.

●Nach ***Panama-Stadt*** fliegt *Chitreana de Aviación* Mo-Fr um 7.30 und 16.30 Uhr, Sa um 7.30 und 13 Uhr. Das einfache Ticket kostet 27 $ und ist direkt am Flughafen erhältlich.

Unterkunft

●Absolut nicht zu empfehlen sind die Pensionen ***Herrerana, Lily*** und ***Chitré,*** da die unhygienischen Zimmer auch stundenweise vermietet werden.

●***Hotel El Prado,*** Ave. Herrera, Tel.: 964620, EZ/DZ mit Ventilator 9,50 $/ 15 $, mit AC 15 $/20 $. Sehr einfache Zimmer mit Bad und WC, weniger empfehlenswert. Restaurant und Lounge im ersten Stock.

●***Hotel Hawaii,*** Cl. San Pedro, Tel.: 963524, EZ 11 $, DZ ab 16,50 $. 38 zweckmäßig ausgestattete Zimmer mit Bad, WC und Ventilator oder AC, für anspruchslose Touristen.

●***Hotel Santa Rita,*** Ave. M. Correa/Ave. Herrera, Tel.: 964610, EZ/DZ mit Ventilator 13,50 $, mit AC 17,50 $. 20 einfache, saubere Zimmer mit Bad, WC und teils mit Balkon. Satellitenfernsehen kostet 1,50 $ extra pro Tag. Die Zimmer an der Straßenseite sind ziemlich laut.

●***Hotel Rex,*** Plaza Central, Tel.: 962408, Fax: 964310, EZ 16,5-33 $, DZ 24,5-40 $. 19 zweckmäßig eingerichtete Zimmer mit Bad, WC, teils Balkon, TV, AC und Ventilator. Älteres, zentral gelegenes Hotel mit Bar, Restaurant und gemeinsamer Terrasse im ersten Stock.

●***Hotel Hong Kong,*** *Carretera No. 2,* Richtung Los Santos, Tel.: 964483, Fax: 965229, EZ ab 16,50 $, DZ ab 24,50 $. Saubere Zimmer mit AC, TV, Bad, WC und teilweise ohne Fenster. Gutes, einfaches

Mittelklassehotel mit gepflegtem Restaurant (chinesische und lokale Gerichte).

●***Hotel Versalles,*** Paseo Enrique Geenzier, Tel.: 964422, Fax: 962090, EZ 16,5-22 $, DZ 24,5-31 $, Extrabett 3 $. Es gibt 10 alte, zweckmäßig eingerichtete Zimmer und 10 neue, moderne Zimmer, alle mit AC, Bad, Telefon und TV. Das Hotel liegt etwas abseits und hat ein Restaurant/Bar (24 Stunden geöffnet) und eine Lounge. Ein Swimmingpool ist geplant.

Essen und Trinken

Von den Restaurants der Stadt sind empfehlenswert:

●das Selbstbedienungsrestaurant ***Manolo,*** Ave. Manuel Correra/Cl. San Pedro, mit lokalen Gerichten von morgens bis abends.

●das kleine Open-Air-Lokal ***Pork y Pollo,*** Ave. Pérez/Cl. Melitón Martín, mit verschiedenen Grillgerichten.

●die preiswerten, chinesischen Restaurants ***Chuiquito,*** Ave. Herrera südlich der Kirche, und ***Hong Kong*** im gleichnamigen Hotel.

●die modern eingerichtete ***Pizzeria*** südwestlich der Kirche, wo neben Pizzas und Pastas auch guter Wein angeboten wird.

●das kleine Selbstbedienungslokal ***La Araura,*** Ave. Herrera neben dem Hotel El Prado, mit preiswerten lokalen Gerichten.

●die ***Panadería Chiquita,*** Ave. Herrera, für ein gutes Frühstück mit Kaffee und frischem Fruchtsaft.

Adressen von A bis Z

●***Apotheke:*** Die *Farmacia Internacional,* Ave. Manuel Correa/Ave. Antonio Burgos.

●***Autoverleih:*** *Discount rent a car,* Tel.: 961010, an der *Carretera No. 2,* Richtung Los Santos.

●***CECA-Büro:*** (Umweltschutzorganisation): Ave. Manuel Correa/Ave. Tomás de Sanchez, im ersten Stock.

●***Foto und Film:*** Ein gutes Stundenlabor befindet sich an der Plaza Central.

●***Geldwechseln:*** Die *Banco Nacional de Panamá*, Ave. Manuel Correa, Mo-Fr von 8 bis 13.30 Uhr, wechselt alle US-Dollar-Reiseschecks mit Ausnahme der American-Express-Schecks, die aber von der *Banco del Istmo,* Ave. Manuel Correa, Mo-Fr von 8 bis 14 Uhr, eingewechselt werden. Die *Chase Manhatten Bank,* Ave. Herrera, Mo-Fr von 8 bis 14 Uhr, wechselt nur VISA-Reiseschecks.

●***Telefon und Fax:*** *INTEL,* Ave. Pérez/Cl. José María Correa, Mo-Fr von 8 bis 16 Uhr.

●***Krankenhaus:*** Den besten Ruf genießt die Privatklinik von *Dr. Venancio Villarreal,* an der *Carretera No. 2,* Richtung Los Santos.

●***Nationalparkbüro:*** siehe Los Santos.

●***Post:*** Cl. José María Correa, neben dem *INTEL*-Büro, Mo-Fr von 7 bis 18 Uhr, Sa nur bis 17 Uhr.

●***Markt:*** Die *Supermercados Masisa,* Paseo Geenezier/Ave. Francisco Audia, und *Lira,* Ave. Manuel Correa/Ave. Tomás de Sanchez, haben ein umfangreiches Angebot an Lebensmitteln und Dingen des täglichen Bedarfs. Beide sind Mo-Sa von 9 bis 20 Uhr geöffnet. Frisches Obst und

3 Post
4 Delta-Tankstelle
5 Taxistandplatz 1
6 Bus nach Chitré
7 Inanzún
8 Guardia Nacional
9 INTEL
10 Banco Nacional de Panamá
11 Palacio Municipal
12 Taxistandplatz 2
13 Plaza Central
14 Museo de la Nacionalidad
15 Unidos de Azuero
16 Iglesia de San Atanasio de Los Santos
17 Wäscherei Chele
18 Krankenhaus
19 Schule

1 Hotel La Villa

2 Restaurant Rancho Kevin

Gemüse gibt es am kleinen ***Markt östlich der Kirche.***

●***Touristeninformation:*** *IPAT,* etwa 1 km östlich des Zentrums, geöffnet Mo-Fr von 8.30 bis 12 und 12.45 bis 16.30 Uhr. Gute Informationen, sehr freundliche und hilfsbereite MitarbeiterInnen.

●***Wäscherei:*** In der *Lavamatico Vequin,* einige Schritte östlich des Zentrums, kann die Kleidung für circa 1,50 $ selber gewaschen und getrocknet werden.

Los Santos

La Villa Los Santos, so der offizielle Ortsname, und Chitré sind fast miteinander verschmolzen, wäre nicht die geographische Trennung durch den breiten Río La Villa, der wegen seiner großen Bedeutung für die Landwirtschaft von Azuero als der "Nil der Halbinsel" bezeichnet wird. Der Fluß trennt nicht nur die beiden Orte, sondern bildet auch die Grenze zwischen den Provinzen Herrera und Los Santos. Das industriell und kommerziell bedeutendere Chitré hat Los Santos ein Schattendasein beschert, doch die Santeños übertreffen die ökonomische Bedeutung des Nachbarortes mit Kultur und Geschichte.

Das ***Gründungsdatum*** von Los Santos wird mit dem 1. November

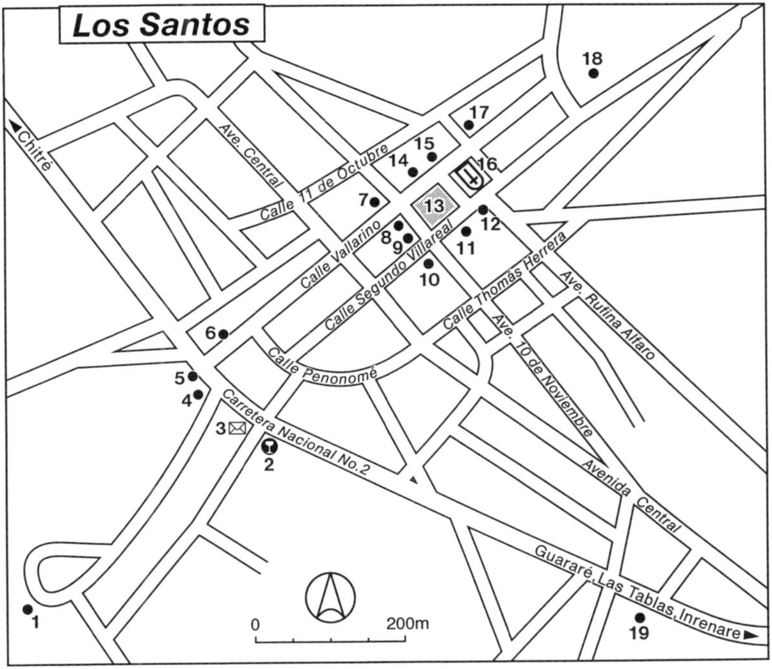

1569 angegeben, obwohl man dies mit Dokumenten nicht untermauern kann. Ein kleines Detail am Rande, das die alljährlich ausgelassene Stimmung während der Gründungsfeier in keiner Weise beeinträchtigen kann.

Im Streben nach der ***Unabhängigkeit von Spanien*** nahm Los Santos eine Führungsrolle ein. Stolz wird erwähnt, daß die Ortsregierung als erste im Land 1821 die Unabhängigkeit vom iberischen Mutterland ausgerufen hat. Ein historischer Moment, der alljährlich am 10. November so groß und ausgiebig gefeiert wird, daß viele Besucher aus dem ganzen Land hierher strömen.

Die Unabhängigkeitserklärung wurde im heutigen ***Museo de la Nacionalidad*** an der Plaza Central unterzeichnet. Die *Sala de Concejo* ist in ihrer ursprünglichen Ausstattung erhalten geblieben und dem panamaischen Wegbereiter der Unabhängigkeit *José Vallarino Guiménez* sowie Lateinamerikas Helden *Simón Bolívar* gewidmet. Außer Originaldokumenten des denkwürdigen Ereignisses beherbergt das kleine Museum eine Sammlung von religiösen Kunstgegenständen aus dem 18. Jahrhundert und von präkolumbischen Keramiken. Im gepflegten Museumsgarten steht eine typische Küche aus der Region samt Ausstattung. Ein Museumsraum ist für wechselnde Ausstellungen der Gegenwartskunst und für neue archäologische Funde aus der Gegend reserviert.

Traditionalle Häuschen in Los Santos

●***Öffnungszeiten:*** Di-Sa von 8.30 bis 12 und 13 bis 16 Uhr, am So von 9 bis 12 Uhr, ***Eintritt*** 25 ct.

Schräg gegenüber dem Museum erhebt sich die ***Iglesia de San Atanasio de Los Santos*** mit einem ehrwürdigen Alter von über 200 Jahren. Seit 1938 ist sie Nationaldenkmal. Gemäß der panamaischen Auffassung des Barockstils wurde die Kirche mit einer robusten Doppelturmfassade ausgestattet. Figurennischen und Muster aus Perlmutter sorgen für die dekorative Gestaltung. Die Kirche besitzt verschiedene Barock- und Rokokoaltäre aus Holz, die mit ihrer bunten Bemalung und reichen Verzierung dem theatralischen Stil des Barocks entsprechen. An den Kirchenmauern befinden sich einige Gedenktafeln aus Marmor zur Erinnerung an die Santeños, welche eine tragende Rolle bei der Unabhängigkeit von Spanien spielten.

Um die schattenreiche Plaza und in den Seitengassen des ruhigen Zentrums mangelt es nicht an farbenprächtigen Beispielen des charakteristischen ***Kolonialbaustils,*** welche die Atmosphäre von Los Santos bestimmen.

Praktische Informationen

An- und Weiterreise

●Los Santos ist mit dem ***Bus*** ab Panama-Stadt und ab den größeren Orten der Halbinsel erreichbar.

●Busse nach ***Chitré*** fahren von der Haltestelle in der Cl. José Vallarino nahe der *Carretera No. 2* ab, täglich zwischen 5.30 und 20 Uhr alle 10-15 Minuten.

●Direkt an der *Carretera No. 2* können Busse angehalten werden, und zwar nach ***Guararé*** und nach ***Las Tablas*** zwischen 6.10 und 19.10 Uhr jede halbe Stunde sowie nach ***Tonosí*** um circa 8.10, 9.10, 10.40, 11.40, 13.40 und 15.10 Uhr.

●Nach ***Panama-Stadt*** (über ***Penonomé*** und ***San Carlos)*** können Sie wählen zwischen den Busunternehmen *Unidos de Azuero,* Tel.: 968303, und *Inazún,* Tel.: 968646. Unterschiede gibt es aber keine. Beide Gesellschaften haben ihr Ticketbüro mit Vorverkauf und ihre Haltestelle an der Plaza Central.

Unidos de Azuero fährt täglich um 2.45, 7.00, 8.00, 9.30. 11.00, 14.00, 15.30 und 17 Uhr.

Inazún fährt täglich um 7.30 Uhr, danach zu jeder vollen Stunde bis 12 Uhr, ab Mittag jede halbe Stunde bis 17.30 Uhr.

Unterkunft

●***Hotel La Villa,*** 400 m südwestlich der *Carretera No. 2* (bei der Delta-Tankstelle rechts), Tel.: 968201, Fax: 964310, EZ/DZ 22-33 $ je nach Saison, DBZ ab 26,50 $. Bei einem Aufenthalt von mehreren Tagen gibt es eine Ermäßigung von circa 5 $ pro Tag. Saubere, nett eingerichtete Zimmer mit Bad, WC und Satellitenfernsehen. Ältere, gepflegte Anlage mit Swimmingpool, Restaurant, Bar und Disco, Do-Sa ab 21 Uhr. Empfehlenswert.

Essen und Trinken

●Das ***Restaurant Rancho Kevin*** an der *Carretera No. 2* und das ***Que Pollo*** im *Hotel La Villa* haben keine große Auswahl an Speisen.

Adressen von A bis Z

●***Geldwechseln:*** *Banco Nacional de Panamá*, Plaza Central, geöffnet Mo-Fr von 8 bis 13.30 Uhr.

●***Nationalparkinformation:*** INRENARE-Büro, an der *Carretera No. 2,* ca. 3 km außerhalb des Zentrums in Richtung Las Tablas (Abzweigung Restaurant Juancito), geöffnet Mo-Fr von 8 bis 16 Uhr.

●***Post:*** direkt an der *Carretera No. 2,* unweit der Delta-Tankstelle, geöffnet Mo-Fr 7-17 Uhr.
●***Taxi*** (Tel.: 968223): Taxistandplätze findet man an der Plaza Central und an der *Carretera No. 2* nahe der Polizei. Die Fahrt nach Los Santos kostet 1 $ pro Person.
●***Telefon und Fax:*** im *INTEL*-Büro, Plaza Central, geöffnet Mo-Fr von 8 bis 16 Uhr.
●***Wäscherei:*** in der Lavamatico Chele nahe der Plaza Central kann man täglich zwischen 8 und 21 Uhr seine Kleidung für 1 $ waschen und trocknen lassen.

Die Umgebung von Chitré und Los Santos

Playa El Agallito

Die Playa El Agallito, der Hausstrand von Chitré, ist kein Naturstrand, sondern wurde der Natur mühsam abgerungen, wobei man eine breite Schneise in den dichten Mangrovengürtel der Küste geschlagen hat. Ab und zu ragen noch Wurzeln aus der dunklen Sandoberfläche, aber daran stört sich niemand, schon gar nicht die Kinder, die sich am Strand und auf dem Kinderspielplatz vergnügen, während ihre Eltern im einfachen Restaurant ein Häppchen essen. Der 5,5 km nordöstlich von Chitré liegende ***Strand*** ist zwar ein beliebtes Ausflugsziel, aber im Vergleich mit den Stränden an der Zentralen Pazifikküste weniger lohnenswert und mit öffentlichen Verkehrsmitteln nicht erreichbar.

Am Nordende des Strandes befindet sich das ***Instituto Humboldt,*** ein kleines unscheinbares Haus, das der Umweltschutzverein *CECA (Conservación Medio Ambiente Ciencia Cultura)* mit finanzieller Unterstützung der Deutschen Botschaft erbaute. Neben Aufklärungsprojekten auf der Halbinsel und im Hinterland der Zentralen Pazifikküste beschäftigt *CECA* sich mit ***wissenschaftlichen Untersuchungen*** über verschiedene Zugvögel, die zwischen September und Februar ihre Flugroute zwischen Nord- und Südamerika an dieser Küste unterbrechen. Touristen mit speziellem Interesse an diesem Thema können sich an das *CECA*-Hauptbüro in Chitré wenden. Verschiedene Wasservögel lassen sich übrigens das ganze Jahr hindurch an den kleinen Salzseen hinter dem Strand beobachten.

Playas Monagre und El Rompio

Wenige Kilometer südlich von Los Santos im Ort Santa Ana zweigt von der *Carretera No. 2* eine Straße ab, die zu den circa 9 km entfernten ***Stränden*** Monagre und El Rompio führt. Die Palmen nahe der Küste versprechen einiges, doch sie säumen nicht die Strände, sondern stehen nützlich in Reih und Glied auf einer Plantage. Die schattenlosen, ungepflegten Strände, die mit öffentlichen Verkehrsmitteln nicht erreichbar sind, und das rauhe Meer machen Monagre und El Rompio nicht gerade attraktiv. Die Bewohner der Region stört das weniger, denn am Wochenende herrscht hier panamaisches Strandleben mit kühlem Bier, Salsa-, Merengue- und Volksmusik – wer schaut da noch auf das Meer und die Strände.

Von der Playa El Rompio aus blickt man auf das 2000 ha große *Refugio de Vida Silvestre Peñón de la Honda,* das aus einer kleinen Insel und zahlreichen Riffen besteht. Das ***Wildtierreservat*** ist ein bedeutender Brutplatz für die Meeresvögel, allerdings für Besucher gesperrt.

Das Hinterland von Chitré

Westlich von Chitré erstreckt sich eine Ebene, die von ***Ackerland und Weideflächen*** geprägt wird. Die ursprüngliche Vegetation ist bis an das kaum 1000 m hohe Bergland von Azuero zurückgedrängt, das einen schmalen, zur Provinz Veraguas gehörenden Küstenstreifen vom Territorium der Provinzen Herrera und Los Santos trennt. Ein Blick auf die Landkarte genügt bereits, um zu sehen, wie spärlich das Straßennetz in diesem Bergland ist.

Die mangelnde Infrastruktur hat auch ihre positive Seite: In den Bergen sind noch einige ***Waldbestände*** vorhanden, die vom ständigen Hunger nach neuem Weideland und Holz verschont geblieben sind. Gerade diese grünen Oasen haben im Entwaldungsprozeß, der seit der Kolonialzeit ununterbrochen Meter für Meter die ursprüngliche Vegetation dahingerafft hat, eine Wende eingeleitet. Die Bedeutung des Waldes wurde auf der Halbinsel lange Zeit unterschätzt.

Das Waldreservat El Montuoso

Seit einigen Jahren versucht man, mit Aufforstungsprojekten den Schaden zu reparieren. Unter der Führung von INRENARE wurde dabei ein erster Schritt gemacht, der zur Kreierung des circa 10.000 ha großen Waldreservates *El Montuoso* geführt hat. Dieser ***tropische Feuchtwald*** liegt westlich von Las Minas und beherbergt eine Vielzahl an endemischen Insekten und Pflanzen, unter anderem die *Rosera panamensis,* eine fleischfressende Pflanze. Im Waldareal sind einige unausgeschilderte Wege und schlechte Straßen vorhanden, die nach Chepo oder La Torre führen.

Praktische Informationen

- Im INRENARE-Büro in Los Santos lassen sich mit etwas Zeitaufwand ***begleitete Touren*** arrangieren. Im kleinen ***Las Minas*** sind Cabañas und ein ausgeschilderter ***Wanderweg*** bis an die Küste des Golfo de Montijo geplant. Las Minas ist mit dem ***Bus*** ab Chitré erreichbar. Wer mit dem ***Auto*** die Gegend erkunden möchte, der sollte die Straße über Pesé und Los Pozos oder die über Macaracas benutzen.

Pesé

Zu den interessantesten Orten im Hinterland von Chitré zählt das Bauerndörfchen Pesé. Es ist landesweit bekannt wegen seiner ***Fronleichnamsprozession*** *El Corpus Christi* mit den sehenswerten *Danzas de los Diablícos* (Teufelstänze mit grotesken Masken) und seiner ***Passionsspiele*** *La Semana Santa de Vivo,* an denen fast die ganze Dorfbevölkerung beteiligt ist.

Llano Grande

17 km nordwestlich von Pesé liegt der winzige Ort Llano Grande, wo sich ein Naturschutzprojekt der besonderen Art befindet: die *Fundación pro Iguana Verde.* Das Projekt richtet sich auf die ***Züchtung des*** stark bedrohten ***Grünen Leguans*** (lat. *Iguana iguana),* der als Leckerbissen gilt, nicht umsonst erhielt er den Beinamen *pollo de patos,* das "Huhn des Baumes".

Initiatorin des Projekts ist die deutsche Forscherin und ehemalige Mitarbeiterin des *Smithonian Tropical Research Institutes Dagmar Werner.* Bis vor wenigen Jahren war die Züchtung der Grünen Leguane in Gefangenschaft wegen ihrer unbekannten Brutweise in Tunnelsystemen nahezu unmöglich. *Dagmar Werner* gelang es, das Brutgeheimnis zu lüften. Sie baute die Brutkammern mit einfachen Rohren nach und begann erfolgreich mit der Zucht der prähistorisch anmutenden Tiere. Mittlerweile hat sie Iguana-Projekte in ganz Zentralamerika gegründet, weshalb sie von ihren Mitarbeitern den liebevollen Beinamen *Iguana-Mama* erhalten hat.

Die *Fundación pro Iguana Verde* ist alles andere als eine touristische Attraktion. Wer trotzdem einen Blick in die kleine Leguan-Farm werfen möchte: Sie liegt neben dem Fußballfeld im Zentrum von Llano Grande.

Praktische Informationen

●Regelmäßige ***Busverbindungen*** ab Chitré gibt es nur nach Ocú, nach Llano Grande fahren Busse nur nach Bedarf. Die Straße zwischen Ocú und Llano Grande ist unasphaltiert, kann aber mit einem normalen Pkw befahren werden. Die Anreise nach Ocú mit dem ***Mietwagen*** sollte entweder über die *Carretera Interamericana* oder über Macaracas und Los Pozos erfolgen. Die ***Straße*** zwischen Pesé und Llano Grande ist in einem miserablen Zustand und nur mit einem Jeep befahrbar. Es gibt keine ***Übernachtungsmögichkeiten,*** weder in Llano Grande noch in Ocú.

Guararé

Guararé mit seinen schmalen Gassen und malerischen Lehmhäusern liegt circa 25 km südlich von Chitré. Der Ort entstand als Zentrum einer kleinen Bauerngemeinschaft, die von Los Santos aus in Richtung Süden zog, auf der Suche nach neuem Land.

Das Festival de La Mejorana

Das nette und ruhige Kleinstädtchen verwandelt sich einmal pro Jahr mit dem *Festival de La Mejorana* in das pulsierende Zentrum der panamaischen Kultur. Radiostationen bringen ständig Liveberichte und über die Fernsehschirme flimmern stundenlang die Bilder von diesem kunterbunten Festival, das sich auf und rund um die mit einer überdimensionalen *mejorana* (panamaische Gitarre) geschmückten Bühne im Zentrum des Ortes abspielt. Diese temperamentvolle Ver-

Leidenschaftliches Spiel

anstaltung mit Musik, Tanz und Liedern aus dem Alltagsleben liegt den Panamaern, vor allem aber den Bewohnern der Halbinsel, am Herzen. Folklorekostüme werden aus dem Schrank geholt, die Instrumente eingestimmt, die Kehle mit *seco* oder *ron* angefeuchtet und die letzten Handgriffe an den liebevoll geschmückten Paradewagen gemacht.

Nach der offiziellen Eröffnung wird vier Tage lang bis in die frühen Morgenstunden ausgelassen gefeiert, bis die Krönung der Festivalskönigin mit ihrer eleganten *pollera* (siehe "Kasten") den Schlußpunkt setzt. Die Guarareños warten ein ganzes Jahr auf diesen Moment, der Guararé aus seinem Dornröschenschlaf weckt. Das Startsignal für die Veranstaltung wird von der *Fiesta de la Virgen de Las Mercedes* gegeben, die an wechselnden Daten etwa um den 24. September beginnt.

Museum Manuel F. Zárate

Für jene Reisenden, die nicht zum Zeitpunkt des Festivals in Guararé sind, sei ein Blick in die beiden Räume des kleinen *Museums Manuel F. Zárate* empfohlen. Fotos von Paraden und der Krönung der Festivalskönigin geben einen kleinen Einblick in das bunte Treiben während des Festes. Blickfänger des Museums sind die handgemachten *polleras* und *montunos,* verschiedene Teufelsmasken, eine Sammlung von traditionellen Musikinstrumenten und Kostümen der

La pollera

Das Dirndlkleid findet in Panama eine Verwandte in der *pollera,* der ***panamaischen Nationaltracht der Frauen.*** Bei diesem wunderschönen, feinverarbeiteten Trachtenkleid lassen sich zwei Grundtypen unterscheiden: die *pollera montuna,* die ländliche Alltagskleidung, und die *pollera de lujo,* das Prachtgewand, das heute nahezu auf jedem Fest zu bewundern ist.

Die panamaische Nationaltracht ist grundsätzlich ein ***koloniales Erbe*** aus Spanien. Der schwungvolle Glockenrock, die leicht von den Schultern hängende Bluse und die Haarkämme erinnern an die Flamenco-Tänzerinnen Andalusiens. Die *pollera* wurde in Panama zunächst von Dienstmädchen und den armen Bauernfrauen getragen und weckte erst im vorigen Jahrhundert, im Zuge der Romantik und des Aufblühens des Nationalbewußtseins, die Begeisterung der kapitalkräftigen Bevölkerungschicht. Sie nahmen die weiße Heiratstracht zum Vorbild, verwendeten bei den Materialien das Feinste vom Feinen und fügten dekorative Details hinzu.

Für das Anziehen des ***Prachtgewandes,*** der *pollera de lujo,* samt Unterrock, Mieder, Bluse, Rock und Kopfschmuck, benötigt die *empollerada,* wie die Trägerin der *pollera* genannt wird, eine unterstützende Hand und mindestens zwei Stunden. Über dem Unterrock wird ein wadenlanger Glockenrock, über das Mieder wird eine Bluse mit Rüschen getragen, die mit einer einfarbigen, leuchtenden Wollschnur an den Schultern zusammengezogen wird. Das Grundmaterial der *pollera de lujo* bildet ein leichter, weißer Baumwollstoff, der rundum mit auffallenden, einfarbigen Bordüren aus Ranken, Blumen und/oder Früchten verziert ist. Feine Klöppelspitzen fügen den mehrteiligen Glockenrock zusammen und säumen die Bluse. Zur *pollera de lujo* gehören außerdem vier bis acht prachtvolle Goldketten, die ursprünglich eine religiöse und magische Bedeutung hatten, und der bemerkenswerte Kopfschmuck. In frühen Zeiten wurden frische Blumen in das Haar gesteckt, bis irgendwann die glitzernden, aus feinen Blumen- und Blattmotiven bestehenden *tembleques* zur Tracht kamen, die größtenteils das Haar verdecken. Unverändert sind die Kämme geblieben, die mit einem schmuckvollen Gold- und/oder Perlenrand das hochgesteckte Haar zieren.

Der ***Wert*** einer *pollera de lujo,* die mittlerweile als kostbares Familienstück gehütet wird, liegt bei etwa 3000 US-Dollar. Und bei jedem Fest wird die pollera de lujo aus der "Familienschatztruhe" geholt und in der Öffentlichkeit voller Stolz präsentiert.

Die ***ländliche Alltagstracht,*** die *pollera montuna,* ist im Vergleich mit der *pollera de lujo* sehr schlicht gehalten und besteht aus einem einfarbigen, hellen Rock und einer weißen, bordürelosen Bluse mit schmalen Bändern aus Klöppelspitzen, die den Akzent setzen. Auch der Kopfschmuck fällt mit unverzierten Kämmen oder gelegentlich mit dem Panamahut eher bescheiden aus. Bis vor einigen Jahrzehnten gehörte diese Art der *pollera* zum täglichen Ortsbild auf der Halbinsel. Heute kann man sie fast nur noch als Museumsstück bewundern.

Congos, die die Zentrale Karibikküste um Colón charakterisieren. Der hintere Raum ist *Manuel F. Zárate* gewidmet, dem Gründer des *Festival de La Mejorana,* der mit einer Marmorstatute im kleinen Garten vor dem Eingang eine weitere Würdigung erhielt. Das Museum ist in einer typischen *casa de quincha* untergebracht, das 1969 in der traditionellen Arbeitsweise von den Guarareños erbaut wurde.

●***Öffnungszeiten:*** Di-Sa von 10 bis 16 Uhr, am So von 14 bis 16 Uhr, Eintritt 25 ct.

Praktische Informationen

An- und Weiterreise

●Guararé ist mit dem ***Bus*** ab ***Panama-Stadt*** und ab den größeren Orten der Halbinsel erreichbar. Zwischen ***Guararé, Chitré*** und ***Las Tablas*** verkehren von frühmorgens bis zum Einbruch der Dunkelheit ständig Kleinbusse, die man an der *Carretera No. 2* anhalten kann. Der Bus nach Panama-Stadt kann nur in Las Tablas oder Chitré bestiegen werden.

Unterkunft, Essen und Trinken

●***Residencial La Mejorana,*** direkt an der *Carretera No. 2,* Tel.: 945794. EZ/DZ 22 $. 19 große, nett eingerichtete Zimmer mit Bad, WC, AC und Ventilator. Saubere kleine Anlage, empfehlenswert. Gutes ***Restaurant,*** vor allem die Fisch- und Longordones-Gerichte (Bohrmuschel) und der Hummer (ab 6,50 $). Ein Swimmingpool ist geplant.

Adressen von A – Z

●***Geldwechseln:*** *Banco Nacional de Panamá,* im Ortszentrum, geöffnet Mo-Fr von 8 bis 13.30 Uhr.

●***Post, Telefon und Fax:*** Das Postamt (Mo-Fr von 9 bis 16 Uhr), das *INTEL*-Büro (Mo-Fr von 8 bis 15 Uhr) und die ***Polizei*** liegen direkt an der *Carretera No. 2* in unmittelbarer Nähe der *Residencial La Mejorana.*

Die Umgebung von Guararé

Playa El Puerto und Playa Bella Vista

Einige Kilometer östlich bzw. nordöstlich von Guararé liegt die Playa Bella Vista bzw. der ***Hausstrand von Guararé,*** die Playa El Puerto ("Der Hafen"), der noch an die alten Zeiten erinnert, als das Meer ein wichtiger Verkehrsweg zwischen der heutigen Provinz Los Santos und Panama-Stadt war. Sobald das Schiffshorn durch die Gegend schallte, eilten die Bewohner über die holprige Straße zum Hafen, um ihre Waren abzuholen und die letzten Neuigkeiten aus der Großstadt zu hören. Heute gehört das Geschehen zu den nostalgischen Erinnerungen der betagten Ortsbewohner, nur die staubige Straße zum Strand und eine unscheinbare Schiffswerft am Strand scheinen noch unverändert zu sein.

Der dunkle Strand liegt an der Mündung des Río Guararé, der in der Regenzeit den Müll der Umgebung zum Meer transportiert. Hinter dem kleinen Strand befinden sich kleine Salzseen, an denen sich in der Regensaison zahlreiche Wasservögel tummeln. Die Gegend eignet sich gut zur ***Vogelbeobachtung,*** aber für ein Badevergnügen sind Sie an der Playa El Puerto an der falschen Adresse, ebenso an der Playa Bella Vista, die sich wenige Kilometer südlich der Playa El Puerto erstreckt. Der nicht gerade schöne Sandstrand wird von rauher See umspült, hat keine schattenspendende Bäume und die Sanddünen wurden und werden aus kommerziellen Gründen abgetragen.

Eine bessere Badestelle befindet sich circa 15 km westlich von Guararé nahe dem Dorf ***Las Trancas*** am Río Perales: Das Naturbecken eines kleinen ***Wasserfalls,*** dem *Salto del Mero,* allerdings nur in der Trockenzeit, in der Regensaison trübt sich das Wasser durch die starke Strömung.

Las Tablas

Las Tablas, die ***Hauptstadt der Provinz Los Santos,*** ist das Agrarzentrum der Südregion der Halbinsel und liegt etwa auf halber Strecke zwischen Chitré und Pedasí. Ihre Gründung beginnt kurz nach der Zerstörung von Panama-Stadt im Jahre 1671 durch den Piraten *Henry Morgan.* Viele Familien in der Haupstadt packten danach ihr restliches Hab und Gut und fuhren mit dem Schiff in Richtung Halbinsel. Auf der Höhe des heutigen Las Tablas gingen sie an der Küste vor Anker, demontierten das Schiff und erbauten aus den Holzplanken die ersten Häuser. Die in Los Santos lebenden Kolonisten der ersten Stunde inspirierte dieser "Recyclingprozeß" der Neuankömmlinge dazu, ihnen den weniger schmeichelhaften Namen *las gentes de las tablas* zu geben – "die Menschen von den Holzplanken". Die Holzhäuser sind heute verschwunden und durch Lehm- und Steinhäuser ersetzt, und das viele Familien in ihrer neuen Heimat eine gute Existenz aufbauten, ist an vielen wunderschönen Häusern abzulesen.

1	Polizei
2	Coosvetras-Busbahnhof
3	Palacio de Gobernación
4	Krankenhaus
5	Post
6	Supermercado Las Tablas
7	Banco Nacional de Panamá
8	Farmacia Neña
10	Feuerwehr
12	Farmacia Loreno
13	Farmacia Las Tablas
14	Iglesia de Santa Librada
15	Plaza Central
16	Farmacia Azuero
17	Wäscherei Popular
21	Banco del Istmo
22	Museo Belisario Porras
23	INTEL
25	Bus nach Tonosí
11	Pensión Marta
18	Pensión Mariela
20	Hotel Piamonte
26	Hotel Oria
9	Restaurant Moravel
19	Restaurant Oriental
24	Restaurant Moravelles

Sehenswertes

Eine Schlendertour durch Las Tablas führt unvermeidlich über die ***Plaza Central,*** wo oft am Sonntag

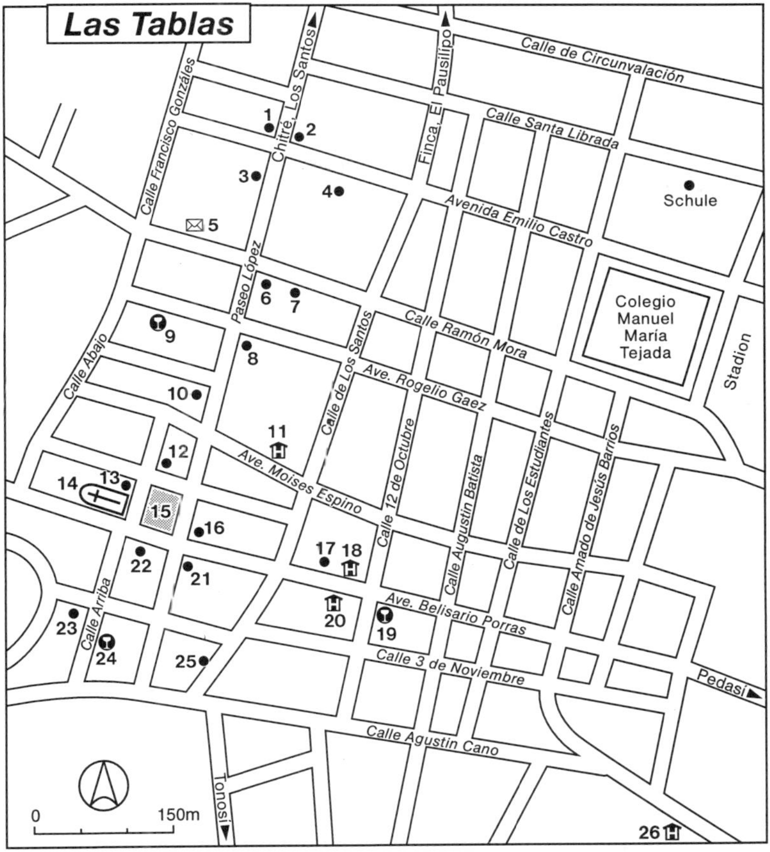

Folkloremusik von verschiedenen Gruppen dargeboten wird. Der Platz wird von der ***Iglesia de Santa Librada*** dominiert, einem schlichtbarocken Gotteshaus aus dem Jahre 1789, die einen beachtenswerten vergoldeten Hauptaltar mit dekorativen Schnitzereien besitzt. Das wichtigste Relikt ist allerdings die Statue der *Virgin de La Santa Librada,* die jährlich am 19. Juli in einer Prozession durch Las Tablas getragen wird. Die Wurzel der Verehrung dieser Heiligen liegen auf der iberischen Halbinsel in Sigüenza, einem Kleinstädtchen nahe Madrid.

Schräg gegenüber der Kirche, an der Stelle seines einstigen Geburtshauses, befindet sich das ***Museum Belisario Porras,*** das diesem Botschafter und dreifachen Präsidenten des Landes gewidmet ist. Die

Wenn in Las Tablas Karneval ist

...dann platzt das sonst ruhige Kleinstädtchen aus allen Fugen und Nähten, denn Las Tablas gilt weit über die Provinzgrenzen hinaus als ***Zentrum des Karnevals.*** Tausende Menschen aus allen Landesteilen pilgern in großen Bus- und Autokarawanen jedes Jahr im Februar bzw. März nach Las Tablas, um sich tagelang dem Rausch des temperamentvollen Festes hinzugeben. Der Karneval in Las Tablas ist eben einer der Superlativen: der bedeutendste, der spektakulärste und natürlich der exzessivste des Landes.

Einige Ortsbewohner sind vom Karneval-Bazillus das ganze Jahr über befallen, vor allem unter den Anwohnern der *Calle Abajo* und der *Calle Arriba,* der "unteren" und der "oberen" Straße, treten die Symptome der "chronischen" Krankheit deutlich auf. Die Heilmittel heißen Basteln, Komponieren und Arbeiten mit "Herz und Seele". Die Anwohner dieser Straßen, aber auch ihre nahen Verwandten, arbeiten das ganze Jahr hindurch hinter streng verschlossenen Türen an Kostümen, Melodien, Texten und Paradewagen für den Karneval.

Dabei geht es nicht nur darum, der Konkurrenz von der "anderen" Straße bei der Präsentation den ersten Rang abzulaufen, sondern auch darum, sie mit ***gepfefferten Liedertexten*** während des Karnevals in aller Öffentlichkeit zu verspotten. Die Kontrahenten schicken lange vor dem Festbeginn ihre "Spione" durch die Straßen und Kneipen von Las Tablas, um "heiße" Tips, pikante Informationen oder Gerüchte über die "anderen" zu sammeln, allerdings nicht immer zum Vergnügen der Betroffenen, denn viele Texte gehen ziemlich unter die Gürtellinie. Aber es gehört nun mal zum Karneval in Las Tablas dazu, und die Zuschauer warten gespannt darauf, wer diesmal mit einem Lied durch den Dreck gezogen wird.

Um Punkt Mitternacht des ***Silvestertages,*** wenn die Kirchenglocken das neue Jahr einläuten und die Sektkorken und Feuerwerkskörper knallen, werden die ersten Kostproben der Spottlieder für

Sammlung von Dokumenten, Fotos und persönlichen Gegenständen bildet eine kleine Biographie von *Belisario Porras* (1857-1942), der in einem Marmorsarg in der Mitte des Raumes seine letzte Ruhestätte fand. Sein ehemaliges Landgut, die *Finca El Pausilípo,* soll ebenfalls in ein Museum umgewandelt werden, was allerdings noch einige Zeit in Anpsruch nehmen wird.

●Das Museum ist täglich ***geöffnet*** von 9 bis 17 Uhr (So nur bis 12 Uhr), mit unregelmäßigen Mittagspausen zwischen 12 und 14 Uhr, ***Eintritt*** 25 ct.

Feste

Die größten und bedeutendensten Ereignisse des Jahres in Las Tablas sind das ***Festival de La Pollera*** in der zweiten Juliwoche, ein folkloristisches Spektakel, daß die Wahl der Dame mit der schönsten *pollera* einschließt, und natürlich der ***Karneval.***

Praktische Informationen

An- und Weiterreise

●Las Tablas ist mit dem ***Bus*** ab Panama-Stadt und ab den größeren Orten der den bevorstehenden Karneval gegeben, während die Kandidatinnen der jeweiligen "Straßen" für den Titel der neuen Karnevalskönigin in einem stundenlangen Umzug durch die Straßen dem Publikum offiziell vorgestellt werden.

Viele Reaktionen aus dem Publikum werden dabei aufgenommen und noch schnell in den Liedern verarbeitet, bis endlich der ***Startschuß zum Karneval*** gegeben wird. Dann wird die Silvesternacht bei weitem übertroffen. Das Spektakel wird größer und exzessiver als zur Jahreswende, und Jahr für Jahr ist der Ablauf der gleiche: Durch die Straßen werden die prächtig geschmückten Paradewagen gezogen, auf denen die wunderschön gekleideten Kandidatinnen dem Publikum strahlend zulächeln, während die Musiker ihre Lieder vortragen, unter dem stürmischen Beifall des Publikums. Hinter den Paradewagen folgt eine große Menschentraube, die ausgelassen tanzt und lautstark mitsingt, so wie jeder eben kann. Und zwischendurch fließt der Alkohol in enormen Mengen - Karneval in Las Tablas ist eben eine riesengroße Party.

Die Karnevalskönigin in Las Tablas

Halbinsel erreichbar. Einen zentralen ***Busbahnhof*** gibt es nicht. Die Busse starten in der Ave. Belisario nahe dem *Jardín Praga.*

- ***Guararé, Los Santos*** und ***Chitré:*** zwischen 6 und 19 Uhr jede halbe Stunde.
- ***Pocrí*** und ***Pedasí:*** zwischen 8 und 16 Uhr viermal.
- ***Tonosí:*** zwischen 7 und 11 Uhr alle 30-40 Minuten, danach bis 16 Uhr etwa dreimal, je nach Bedarf.
- ***Isla Cañas:*** zu unregelmäßigen Zeiten, nur nach Bedarf.
- Nach ***Panama-Stadt*** fährt *Coosvetras,* Tel.: 948072, Paseo López gegenüber der Polizei, täglich um 4 und zwischen 6 und 17 Uhr (am Wochenende bis 16 Uhr) etwa alle 1,5 Stunden. Ticketreservierung ist anzuraten.

Unterkunft

- Absolut nicht zu empfehlen sind die Pensionen ***Marta,*** Ave. Moisés Espino, und ***Mariela,*** gegenüber dem *Hotel Piamonte,* sowie das ***Hotel Oria,*** an der Straße nach La Laja.
- Die einzige akzeptable Unterkunft ist das ***Hotel Piamonte,*** Ave. Belisario Porras, Tel.: 946372, EZ 14,50 $, DZ 18,50 $. Restaurant und Bar. Sehr einfache Zimmer mit Bad, WC, AC und muffigem Teppichboden, für eine anspruchslose Nacht.

Essen und Trinken

- Empfehlenswert ist das ***Restaurant Moravel,*** Cl. Primavera, mit guten Fisch- und Grillgerichten und Pizzas. Angenehme Ambiente unter einem Palmdach.
- Pizzas bietet auch das ***Restaurant Mor-***

Las Tablas

avelles, südlich der Kirche.
- Einfache lokale Gerichte hat das ***Restaurant Oriental*** und das im ***Hotel Piamonte.***

Adressen von A – Z
- ***Apotheke:*** *Farmacias Neña,* Paseo López/Cl. Primera, *Las Tablas, Lorena* und *Azuero* an der Plaza Central.
- ***Geldwechseln:*** *Banco del Istmo,* Ave. Bolívar/Ave. Belisario Porras, geöffnet Mo-Fr von 8 bis 15.30 Uhr, und *Banco Nacional de Panamá,* Cl. Ramón Mora nahe dem Paseo López, geöffnet Mo-Fr von 8 bis 13.30 Uhr.
- ***Krankenhaus:*** Das öffentliche Krankhaus der Stadt hat den schlechtesten Ruf auf der ganzen Halbinsel. Bei einer Erkrankungen wenden Sie sich besser an die Privatklinik in Chitré (siehe dort).
- ***Post:*** Cl. Ramón Mora hinter dem Regierungsgebäude, geöffnet Mo-Fr von 8 bis 16 Uhr.
- ***Markt:*** *Supermercado Las Tablas,* Paseo López/Cl. Ramón Mora.
- ***Telefon und Fax:*** im *INTEL*-Büro, Cl. 3 de Noviembre südlich der Kirche, geöffnet Mo-Fr 7-12 und 12.30-17 Uhr, Sa 7-14 Uhr.
- ***Wäscherei:*** *Lavandería Popular,* gegenüber dem *Hotel Piamonte.*

Pedasí

Pedasí ist der letzte größere Ort im Südosten der Halbinsel und wurde 1785 zum erstenmal auf einer Landkarte erwähnt, benannt nach Peazí, dem Kaziken der Region. Der Ort liegt circa 42 km von Las Tablas entfernt und wird, wie viele Orte auf der Halbinsel, von ländlicher Ruhe und kolonialem Ambiente geprägt. Die wenigen Besucher, die es in diese Gegend verschlägt, kommen wegen der Isla Iguana hierher, die von der circa 3 km entfernten Playa Pedasí mit Fischerbooten erreichbar ist.

Praktische Informationen

- Die einzige ***Unterkunft*** des Ortes ist die ***Pensión Moscoso*** an der Ave. Central, Tel.: 952203, EZ 6 $, DZ 8 $, DBZ 12 $. 10 einfache, saubere Zimmer, alle mit Bad, WC, AC. Ein kleines Hotel in einem ehemaligen Herrenhaus am Ortsanfang ist in Planung.

Refugio de Vida Silvestre Isla Iguana

Dieses kleine Eiland liegt circa 20 Bootsminuten östlich der Küste. In erster Linie ist die Isla Iguana ein ***Wildtierreservat für die Prachtfregattvögel,*** die auf der Insel ihre Brutkolonien haben. Die schwarzweißen, mächtigen Seevögel mit dem charakteristischen tief gegabelten Schwanz und langen, in einem Haken endenden Schnabel, lassen sich hier aus unmittelbarer Nähe beobachten. Wenn das Männchen während der Balz seinen konstrastierenden roten Kehlsack zu einem riesigen Ballon anschwellen läßt, macht er dem würdevollen Namen dieser Gattung alle Ehre. Neben den Fregattvögeln zieht die Insel auch viele Braune Pelikane an. Zwischen den Brutkolonien tummeln sich unzählige ***Leguane*** *(iguanas),* die allerdings keine Gefahr für den Nachwuchs der Vögel darstellen, sie sind "strenge" Vegetarier.

Von weitem macht die Insel mit ihrem weißen Sandstrand einen idyllischen Eindruck. Das circa 50 ha große Vogelparadies entpuppt sich aber rasch als eine kleine ***Müllhalde.*** Zwischen den Felsen und Sträuchern der Küste sowie am Strand liegen Abfälle, die teilweise von den Fischern hinterlassen, größtenteils aber vom Festland angespült werden. Denn die Bewohner am Festland "entsorgen" ihre Abfälle an den Ufern der Flüsse Purio und Pedasí, die den Müll (vor allem in der Regenzeit) zum Meer transportieren, von wo er mit der Strömung an die Westküste der Isla Iguana gespült wird. So lange keine Lösung für dieses anwachsende Problem gefunden wird, ist die Isla Iguana wohl nur ein Naturschutzgebiet auf dem Papier. In naher Zukunft möchte *INRENARE* mit einer umfassenden Reinigungsaktion die Insel säubern.

Ein weiteres, allerdings unsichtbares Problem ist eine ***Bombe,*** die während der US-Invasion über der Insel abgeworfen wurde, jedoch nicht explodiert ist. Sie liegt nahe dem Strand, allerdings tief im Sandboden des Meeres. Bis jetzt haben weder die USA noch die panamaische Regierung etwas dagegen unternommen, um die Bombe zu bergen.

- Ein ***Boot*** von der Playa Pedasí zu Insel und retour kostet 30 $, ist allerdings nicht leicht zu organisieren.
- Hilfreiche Unterstützung bei der ***Organisation*** der Inseltour erhalten Sie von den MitarbeiterInnen des *IPAT*-Büros in Chitré.

Playa Venado

Die Playa Venado liegt an der Südküste der Halbinsel Azuero, auf halber Strecke zwischen Pedasí und Tonosí. Die Straße zu diesem grauen, langgezogenen ***Sandstrand*** ist asphaltiert und in gutem Zustand, im Gegensatz zur weiterführenden Straße nach Tonosí. Venado ist bekannt und beliebt wegen der ***meterhohen Wellen,*** die sich zum sogenannten "Body-Surfen" besonders gut eignen. Direkt am Strand gibt es ein ***Restaurant*** mit guten Fischgerichten und fünf sehr einfachen, vernachlässigten ***Cabañas*** mit Dusche und WC für 10 $ pro Cabaña. Am Strand ist campieren üblich und auch erlaubt, allerdings gibt es keine sanitären Einrichtungen, weshalb man auf die Toilette des Restaurants angewiesen ist. Der Strand ist mit dem sehr unregelmäßig fahrenden Bus ab Las Tablas erreichbar. Von der Straße sind es kaum 5 Gehminuten zum Strand.

Isla Cañas

Wer die Fahrt auf der Straße in Richtung Tonosí fortsetzt, wird kurze Zeit später auf die Abzweigung zur Isla Cañas treffen. Cañas ist im geographischen Sinn keine Insel, sondern eine schmale, parallel zum Festland verlaufende Landzunge, die nur über den Río Limón erreichbar ist. Mit dem Besuch der Isla Cañas betritt man eine andere Welt, eine Welt, wo die Zeit scheinbar um die Mitte des 20. Jahrhunderts einfach stehengeblieben ist, oder schlicht ausgedrückt: eine ***vergessene Region,*** ohne ausreichende ärztliche Versorgung, schulische Erziehung und ohne Elektrizität, obwohl Cañas nur 500 m vom Festland entfernt ist. Das Leben der selbstversorgenden Dorfgemeinschaft wird weitgehend vom Zyklus von Säen und Ernten bestimmt. Während die Männer und größeren Kinder die Arbeit auf den Reis- und Bohnenfelder verrichten oder im Meer fischen, kochen die Frauen in der Gemeinschaftsküche die Mahlzeiten.

Der Stolz der Insulaner ist der kilometerlange, schattenlose Südstrand. Er ist als ***Wildtierreservat*** zum Schutz der bedrohten ***Leder- und Meeresschildkröten*** ausgewiesen, die alljährlich zu Tausenden an den Strand kommen, um ihre Eier im Sand abzulegen. Ein einzigartiges Naturschauspiel, das von den Insulanern derzeit nur als gute Einnahmequelle betrachtet wird, denn sie verkaufen die Eier in großen Mengen am Festland als Delikatesse.

Um den Naturschutz auf der Insel durchzusetzen, sind seit kurzem Aufklärungsprojekte von *INRENARE*

Fußball kennt keine Grenzen

angelaufen. Die ersten Früchte dieser Aktionen sind bereits sichtbar, und teilweise planen die Insulaner touristische Einrichtungen zu bauen, um mit der Unterstützung von *IPAT* und *INRENARE* einen kontrollierbaren Tourismus zu betreiben. Auf diese Weise hätte die Dorfgemeinschaft eine neue Einnahmequelle und einen guten Grund, die Schildkröteneier zu schützen, anstatt die Nester zu plündern. Zunächst müssen die Insulaner aber noch Berge versetzen, um diese Pläne in die Tat umsetzen zu können.

Praktische Informationen

- Cañas kann aufgrund ***fehlender Unterkünfte und Restaurants*** derzeit nicht individuell besucht werden. Für einen Besuch wenden Sie sich am besten an das *IPAT*-Büro in Chitré
- Normalweise wird eine ***organisierte Inseltour*** nur am Wochenende gemacht, wenn die beiden Klassenzimmer der Primärschule als Unterkunft zur Verfügung stehen.
- Für eine Tour auf die Insel ist als ***Ausrüstung*** unbedingt mitzunehmen: eine Hängematte (auch entsprechendes Moskitonetz) oder einen leichten Schlafsack mit Isoliermatte, eine Taschenlampe oder Kerzen, Insektenschutzmittel, körperbedekkende Kleidung und wasserfeste Schuhe, denn die Anreise erfolgt unter anderem mit einem circa 15-minütigen Fußmarsch durch ein schlammiges Flußbett. Achtung! Während der Ebbe versinken Sie an der Anlegestelle auf der Insel wadentief im Schlamm.
- Obwohl es eine Wasserleitung auf der Insel gibt, sollten ***Trinkwasser*** oder Fruchsäfte mitgenommen werden. In der Regel werden die Gäste mit Kokosnüssen versorgt, deren Fruchtwasser ohne Bedenken zu trinken ist.
- Da die Kinder auf der Insel kaum Spielsachen haben, ist die Mitnahme von ***Spielzeug*** eine gute Geste.

Tonosí

Ab Las Tablas führt eine gute Asphaltstraße nach Tonosí durch das Canajagua-Bergland, das entlang der Strecke kaum höher als 500 m ansteigt. Die ruhige ländliche Route zählt zu den schönsten Strecken auf der Halbinsel, nicht zuletzt wegen der guten Fernsicht auf den Pazifik. Fast am Ende der Route bietet sich ein imposanter Blick in das zum Meer hin geöffnete, saftiggrüne Tonosí-Becken, das den treffenden Beinamen *Esmeralda de Azuero*, der "Smaragd von Azuero", erhalten hat.

Tonosí wird von einem Hauch von Wild-West-Romantik umgeben. Der ***abgelegene Ort*** galt lange Zeit als Zufluchtsstätte für die *guapos,* die Gesetzlosen der Halbinsel. Männer unterschiedlichen Alters, sogar ganze Familien, die ihre Konflikte auf gewalttätige Weise gelöst hatten, flüchteten über das Bergland nach Tonosí, wo sie vor der strafrechtlichen Verfolgung sicher waren. Besucher verirren sich nur selten nach Tonosí, wo aus den Kneipen die von Versen abgewechselte *saloma* auf die Hauptstraße dringt. Angeblich ist dieser typische Ruf während den Feldarbeiten entstanden, um den monotonen Alltag und zugleich die Einsamkeit zu unterbrechen. Die Funktion des auffallenden Falsettons ist vergleichbar mit dem Jodeln, das ursprünglich ein Kommunikationsmittel zwischen den Hirten und Landarbeitern war.

Die Musik spielt aber nicht nur im Alltagsleben eine Rolle, sie führte auch zum ***Ortsnamen.*** Nach einer Legende baute sich ein Bewohner eine *mejorana* (panamaische Gitarre). Bei der Einweihung des Instruments aber wurde sein erstes Lied aber mit viel Gelächter und Hohn belohnt und mit den Worten: *ese tono no* ("dieses Lied nicht") eindeutig abgewertet. Während der Schnaps reichlich floß, wurden immer wieder neue Lieder angestimmt, die man immer als fad, traurig oder falsch gesungen beurteilte. Die laute und amüsante Stimmung zog immer mehr Leute an, aber auch Musiker mit mehr Talent und Gefühl. Im Verlauf des feucht-fröhlichen Abends, der bereits zu einem kleinen Musikerwettberwerb ausartete, stieg das Stimmungsbarometer bis alle wie aus einer Kehle in das Lied einfielen: *ese tono sí* – "ja, dieses Lied". Noch lange nach diesem Abend redeten die Bewohner über dieses musikalische Zusammentreffen, wobei *tono sí* zu einem geflügelten Ausdruck wurde und letztendlich den alten Namen des Ortes, *Madres Vieja,* ersetzte.

Kulturhistorische Sehenswürdigkeiten gibt es nicht in Tonosí, obwohl die Region bekannt ist wegen der ***präkolumbischen Kulturen,*** die unter anderem bemerkenswerte Tonvasen hinterließen. In der Archäologie wird sogar von einem Tonosí-Stil gesprochen, nach dem einzigartigen Stil der in dieser Region vorgefundenen Keramikgegenstände. Die Funde sind allerdings in den Museen von Chitré und Panama-Stadt ausgestellt, und dort wahrscheinlich auch besser aufgehoben.

Praktische Informationen

- Tonosí ist mit dem Bus ab Chitré und Las Tablas erreichbar. Retour fahren die Busse täglich zwischen 7 und 11 Uhr alle 30-40 Minuten, danach um circa 12.00, 14.30 und 16 Uhr. Die Busse fahren aber nicht über Pedasí.
- Von den beiden Unterkünften im Ort ist die ***Pensión Boamy,*** EZ 13 $, DZ 18 $, mit 6 sauberen Zimmern, alle mit Bad, WC, AC und Ventilator, der sehr einfachen und als Stundenhotel benutzten ***Residencial Rosyini,*** EZ/DZ 10 $, vorzuziehen. Beide liegen in unmittelbarer Nähe der Polizeistation am westlichen Ortsende, wenige Gehminuten vom Zentrum entfernt.
- Im überschaubaren Zentrum des Ortes entlang der Calle Central befindet sich eine kleine ***Panadería*** (Bäckerei), das sehr einfache ***Restaurant El Valle,*** kleine ***Geschäfte*** mit den notwendigsten Lebensmitteln, eine ***Apotheke,*** die ***Polizei,*** die *Banco Nacional de Panamá* (wechselt aber keine Reiseschecks!), die ***Post*** und ein ***Taxistandplatz.***

Die Umgebung von Tonosí

La Angostura

Circa 20 km nordwestlich von Tonosí nahe dem Ort ***Altos de Güera*** hat der Río Güera die Felsen zu bizarren Formationen ausgeschliffen. Im panamaischen Sommer (europäischer Winter) locken die ***natürlichen Wasserbecken,*** bekannt als La Angostura, zu einem erfrischenden Bad. Während der Regenzeit wird das Wasser allerdings sehr trüb. Die Gegend um Altos de Güera ist übrigens auch bekannt wegen der guten Vogelbeobachtung. Güera ist ab Tonosí am besten mit dem Taxi (circa 5 $ pro Fahrt) erreichbar.

Playa Guaníco Abajo

Etwa 7 km westlich von Tonosí zweigt von der Straße nach ***Cambutal*** (24 km) eine circa 4 km lange Piste ab. Sie führt zur Playa Guaníco Abajo, einem langen, dunklen ***Sandstrand*** ohne Schatten. Touristen verirren sich hierher nur selten, dafür aber umsomehr ***Meeres- und Lederschildkröten,*** die ihre Eier in den weichen Sand vergraben.

Am breiten Strand befindet sich ein kleines ***Open-Air-Restaurant*** mit guten und preiswerten Fischgerichten. Der freundliche Besitzer *Roberto* plant, in naher Zukunft einige Cabañas zu bauen. Zur Zeit ist keine Unterkunft vorhanden. ***Camping*** ist erlaubt, man kann aber auch mit einer Hängematte im Restaurant schlafen, natürlich gegen Bezahlung. Einfache sanitäre Einrichtungen sind vorhanden. Vom Strand kann man über einen Hügel in Richtung Westen zur schönen ***Playa La Minera*** wandern, oder sich von *Roberto* mit dem Boot hinbringen lassen.

Die Naturschutzgebiete

Im südwestlichen Zipfel der Halbinsel erstrecken sich, größtenteils auf dem Gebiet der Provinz Veraguas, der ***Parque Nacional Cerro Hoya*** (circa 32.000 ha) und das ***Waldreservat La Tronosa*** (circa 22.000 ha). Beide Naturschutzgebiete zählen zu den letzten Urwäldern der Halbinsel, verfügen über keine Wanderwege und sind weder mit dem Jeep noch zu Fuß erreichbar.

Der Westen

Überblick

Ein Blick auf die Landkarte zeigt, daß die zerklüftete *Cordillera Central* das Rückgrat des Westens bildet und diesen Landesteil weitgehend dominiert. Zwischen Kordillere und Meere schiebt sich jeweils eine schmale Küstenebene. Die geographischen Bedingungen haben die Bewohner und die Natur im Westen Panamas beeinflußt. Die Karibikseite, die größtenteils zur Provinz Bocas del Toro gehört, ist am dünnsten besiedelt, denn die steilen Berghänge sind mit unberührtem Regenwald bedeckt, der eine natürliche, schwer einnehmbare Festung bildet. Die spanischen Kolonisten wählten den Weg des geringsten Widerstandes und siedelten sich an der Pazifikküste in den fruchtbaren Ebenen der Provinzen Veraguas und Chiriquís an. Die indianische Bevölkerung, die Guaymí, Bokota und Teriben, besiedelten die schwer zugänglichen Gebiete des Westens.

1 Las Palmas
2 Soná
3 Santa Fé
4 Santiago
5 Atalaya
6 Playa La Reina
7 Llano Mariato
8 San Francisco
9 Calobre
10 Laguna de La Yeguada
11 Parque Nacional Isla de Coiba
12 Las Sabanas
13 Cerro Calidonia 582 m
14 Cerro Común 662 m
15 Cerro Filo de La Cordillera 703 m
16 Cerro La Vigía 343 m
17 Isla Cébaco
18 Isla Gobernadora
19 Isla Leones
20 Cerro Negro 1518 m
21 1964 m
22 Cerro Peña Blanca 905 m
23 Cerro Flonera 1450 m
24 Cerro Banco 1628 m
25 Cañazas
26 Colonial Penal
27 Isla Coibita
28 Isla Jicarón
29 Cerro San Juan 406 m
30 Puerto Mutís

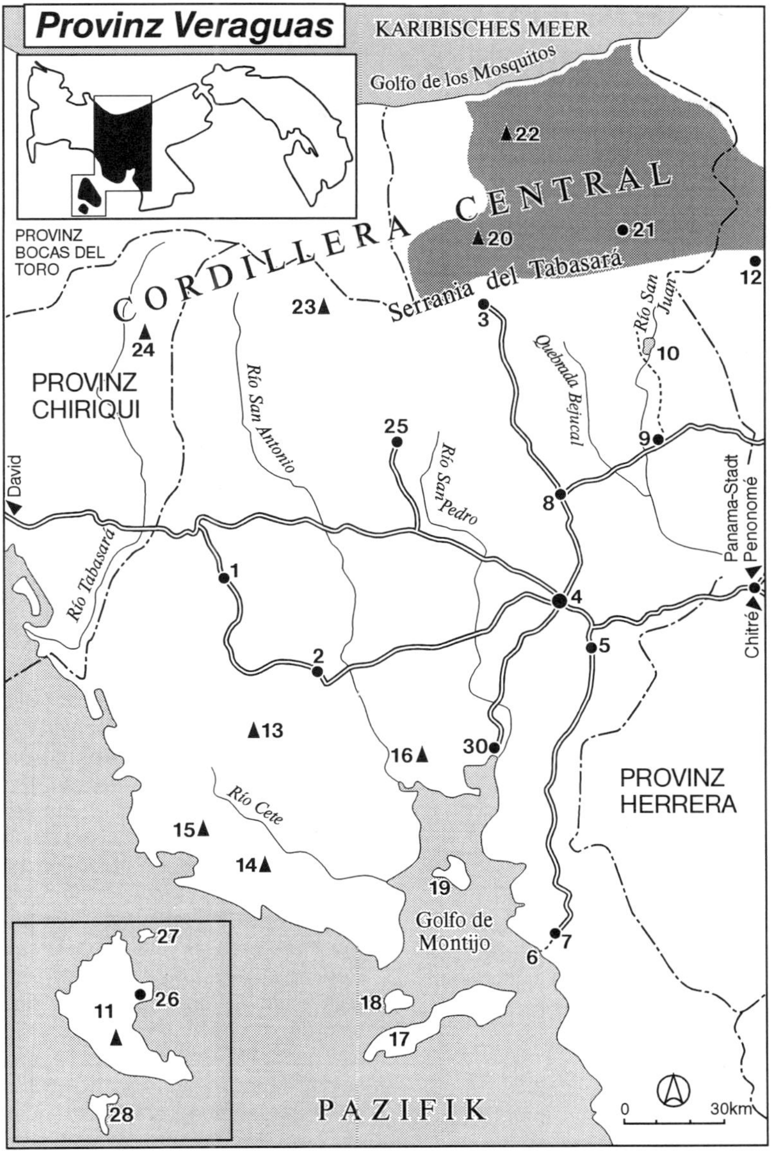
Provinz Veraguas
KARIBISCHES MEER
Golfo de los Mosquitos
CORDILLERA CENTRAL
Serrania del Tabasará
PROVINZ BOCAS DEL TORO
PROVINZ CHIRIQUI
PROVINZ HERRERA
Río San Antonio
Río San Pedro
Quebrada Bejucal
Río San Juan
Río Tabasará
Río Cete
David
Panama-Stadt
Penonomé
Chitré
Golfo de Montijo
PAZIFIK
0
30km
1
2
3
4
5
6
7
8
9
10
11
12
13
14
15
16
17
18
19
20
21
22
23
24
25
26
27
28
30

Die Provinz Veraguas

Die jahrhundertalte Tradition der ***Agrarwirtschaft*** hat der Landschaft Veraguas' unverkennbar ihren Stempel aufgedrückt. Ackerland, saftige Wiesen oder saisonbedingt trockenes Grasland und vereinzelt Baumoasen prägen das Landschaftsbild entlang der *Carretera Interamericana*. Nur abseits dieser Straße bekommt der Reisende einen Eindruck des ursprünglichen Vegetationskleides der Provinz. Zwischen den Orten Las Palmas und Soná ist noch ein Rest der ursprünglichen Feuchtsavanne sichtbar. Eine schöne Landschaft aus Grasfluren, die von Waldarealen aus immergrünen und laubabwerfenden Bäumen entlang der Wasserläufe abgewechselt werden. Üppiger, tropischer Bergwald ist größtenteils in der Serranía del Tabasará, dem Ostflügel der Cordillera Central, in der Umgebung des Dorfes Santa Fé erhalten geblieben.

In der ***Geschichte*** spielte das Gebiet der heutigen Provinz Veraguas keine bedeutende Rolle, mit der Ausnahme, daß *Kolumbus* an der Karibikküste vor Anker ging. Auf seiner vierten und letzten Reise (1502-1504) gründete der Entdecker mit seiner Mannschaft eine kleine Siedlung an einer Flußmündung. Sie war als Stützpunkt für die von starken Regengüssen und Stürmen erschwerten Erkundungsfahrten entlang der zentralamerikanischen Küste gedacht. Bei der Verpflegung seiner Mannschaft war Kolumbus auf die Gastfreundlichkeit der indianischen Bevölkerung angewiesen, aber auch bei der Suche nach dem begehrten Gold. Tatsächlich befanden sich im unwirtlichen Hinterland mit seinen grüngefärbten Flüssen *(verde aguas)* einige Goldadern, die man erst in den späten Kolonialjahren effizient ausschöpfte. *Kolumbus* konnte aus dem ***Goldvorkommen*** keinen Profit schlagen, denn nach einer großen Auseinandersetzung mit den *Indígenas* mußte er Hals über Kopf aus der Siedlung flüchten. Geblieben ist nur der Name *Verde Aguas,* der im Verlauf der Geschichte allmählich zum heutigen Provinznamen Veraguas geführt hat.

Santiago

Etwa 25 km nach Divisa heißt ein großes Schild die Reisenden in Santiago, der Provinzhauptstadt Veraguas', willkommen. Das Zentrum Santiagos liegt südlich der *Carretera Interamericana,* die beidseitig von einigen Hotels, Restaurants und Tankstellen gesäumt wird. Viele Reisende sehen in Santiago nicht mehr als eine Raststätte auf der Fahrt in die Provinz Chiriquí oder als guten Ausgangspunkt für die Besichtigung der Umgebung. Die Stadt hat aus touristischer Sicht auch nicht viel mehr zu bieten. Im Zentrum befindet sich eine ***Einkaufstraße,*** die Avenida Central, und ein ***Obst- und Gemüsemarkt,*** wo die Stadtbewohner und die regionale Bevölkerung billige Kleidung und frische Nahrungsmittel kaufen können. Der ***Hauptplatz,*** die Plaza Central, wird traditionsgemäß von einer katholischen Kirche, der ***Catedral de Santiago,*** dominiert. Ihre weiße Doppelturmfassade ist dekoriert mit Voluten und repräsentiert den schlichten panamaischen Barock. Der Kircheninnenraum wurde durch eine umfassende Renovierung an den Zeitgeschmack angepaßt. Sehenswerte Aspekte sind während dieser Arbeiten verloren gegangen. An der Nordseite der Plaza soll in naher Zukunft ein ***Museum*** eröffnet werden, das unter anderem der Entstehung von Santiago gewidmet wird. Die ausgedehnte Lage der Stadt zeigt deutlich, wie sich Santiago in den letzten Jahrzehnten von einem Bauerndorf zum bescheidenen Transit-, Verwaltungs- und Handelszentrum der Agrarregion gewandelt hat.

Praktische Informationen

An- und Weiterreise

- Santiago ist mit dem ***Bus*** ab Panama-Stadt, Penonomé, Chitré und David erreichbar. Der ***Busbahnhof*** liegt an der Cl. 10 circa 500 m von der *Carretera Interamericana* entfernt. Ab dort fahren Busse täglich nach:
- ***Chitré*** zwischen 6.30 und 19 Uhr jede halbe Stunde.
- ***Santa Fé*** zwischen 6 und 18.20 Uhr alle 45 Minuten.
- ***San Francisco*** zwischen 6.30 und 18 Uhr alle 35 Minuten.
- ***Penonomé*** zwischen 7 und 18 Uhr alle 45 Minuten.
- ***Atalaya*** zwischen 6 und 18 Uhr alle 15 Minuten.

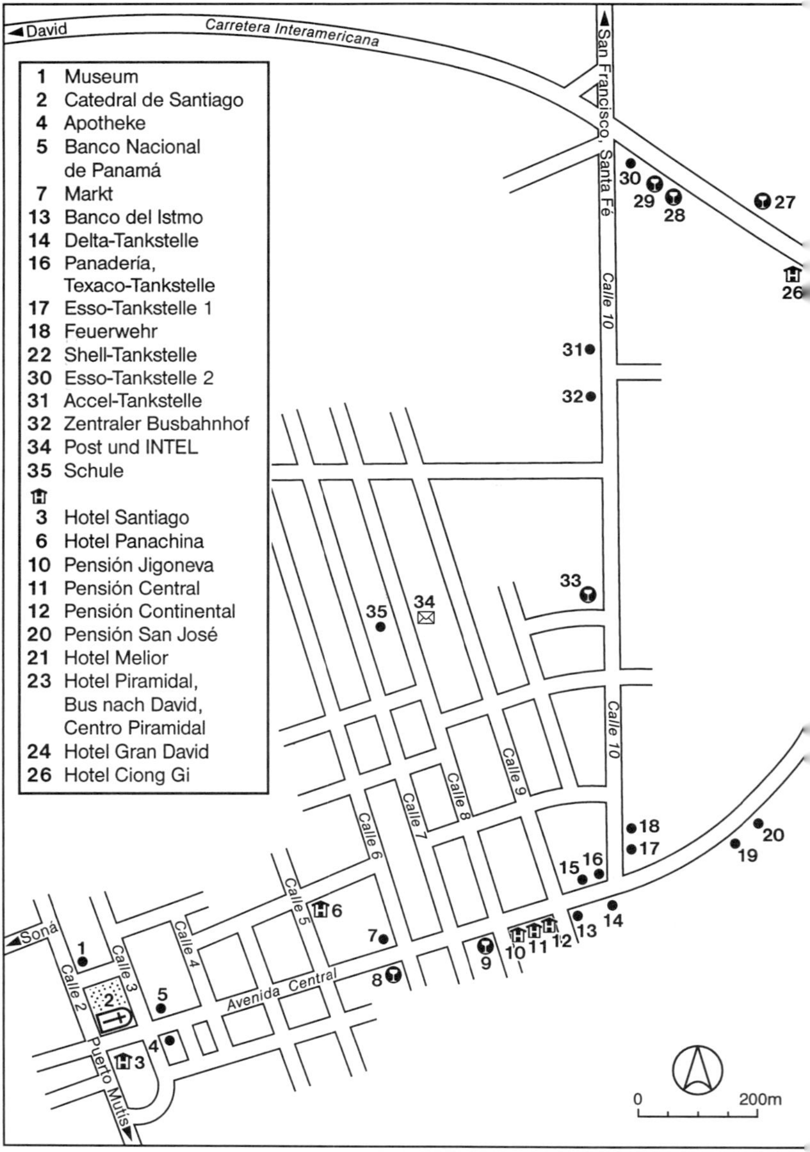

◄David
Carretera Interamericana
1 Museum
2 Catedral de Santiago
4 Apotheke
5 Banco Nacional de Panamá
7 Markt
13 Banco del Istmo
14 Delta-Tankstelle
16 Panadería, Texaco-Tankstelle
17 Esso-Tankstelle 1
18 Feuerwehr
22 Shell-Tankstelle
30 Esso-Tankstelle 2
31 Accel-Tankstelle
32 Zentraler Busbahnhof
34 Post und INTEL
35 Schule
3 Hotel Santiago
6 Hotel Panachina
10 Pensión Jigoneva
11 Pensión Central
12 Pensión Continental
20 Pensión San José
21 Hotel Melior
23 Hotel Piramidal, Bus nach David, Centro Piramidal
24 Hotel Gran David
26 Hotel Ciong Gi
San Francisco, Santa Fé
Calle 10
Calle 9
Calle 8
Calle 7
Calle 6
Calle 5
Calle 4
Calle 3
Calle 2
◄Soná
Avenida Central
Puerto Mutis
0
200m

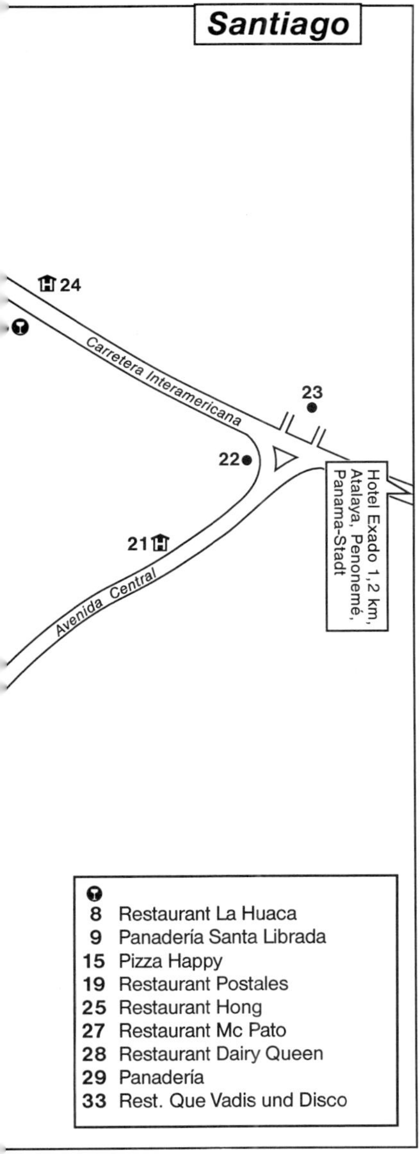

●***Llano Mariato*** dreimal täglich, ohne feste Abfahrtszeiten.

●***Panama-Stadt*** zwischen 6.30 und 22.30 Uhr alle 60 Minuten. Die Busgesellschaft *Expresso Vergaguense* hat an der Vorderseite des Terminalgebäudes ein Ticketbüro mit einem Vorverkauf für die Fahrt nach Panama-Stadt.

●Die ***Haltestelle für die Busse nach David*** liegt an der *Carretera Interamericana* nahe dem *Hotel Piramidal.* Ab dort bestehen täglich Verbindungen zwischen 9 und 24 zu jeder vollen Stunde. An der Haltestelle gibt es ein ***Ticketbüro*** mit Vorverkauf, das täglich von 8.30 bis 12.30 und von 14.30 bis 17 Uhr geöffnet ist.

●Die *Tica-Busse* von Panama-Stadt nach ***San José (Costa Rica)*** halten zwar nahe dem *Hotel Piramidal* an, jedoch kann hier nicht zugestiegen werden. Eine Fahrt nach Costa Rica kann ab David erfolgen.

Unterkunft

●Nicht zu empfehlen sind die Hotels ***Santiago*** und ***Panachina*** sowie die Pensionen ***San José, Jigoneva, Central*** und ***Continental.*** Alle verfügen über sehr einfache, teils unsaubere Zimmer, die auch stundenweise benutzt werden.

●Ebenfalls in der Ave. Central, nahe der *Carretera Interamericana,* liegt das ***Hotel Melior,*** Tel.: 984158, 25 Zimmer, EZ/DZ 15 $. Einfach ausgestattete, nicht sehr saubere Zimmer mit AC, Bad, WC, TV und teilweise Balkon.

●***Hotel Gran David,*** *Carretera Interamericana,* Tel.: 982622, Fax: 981866, 18 Zimmer, EZ/DZ mit Ventilator 9 $/12,50 $, mit AC 14,50 $/17 $. Zweckmäßig eingerichtete Zimmer mit Bad und WC. Alte Anlage im Motelstil mit Restaurant. Die Zimmer mit Ventilator bieten ein gutes Preis-Leistungs-Verhältnis.

●***Hotel Piramidal,*** *Carretera Interamericana,* Tel.: 983123, Fax: 985411, 60 Zimmer, EZ/DZ 19 $. Schöne, saubere Zimmer mit Bad, WC, TV und AC. Gepflegte Anlage mit vielen Pflanzen, Swimmingpool, Restaurant und Bar. Empfehlenswert.

●***Hotel Ciong Gi,*** *Carretera Interamericana,* Tel.: 984312, 54 Zimmer, EZ/DZ mit Ventilator 16 $, mit AC und TV 22 $. Die Zimmer mit Ventilator sind klein, dunkel und alt, jene mit AC groß und zweckmäßig eingerichtet, allerding etwas teuer für das Gebotene.

●***Exodo,*** *Carretera Interamericana,* Tel.: 983433, 16 Zimmer, EZ/DZ 25 $. Einfache große Zimmer mit WC, Bad, AC und teils mit Terrasse. Alte, vernachlässigte Anlage mit Swimmingpool. Überteuert.

Essen und Trinken

●Im ***Centro Piramidal,*** neben dem *Hotel Piramidal,* befindet sich ein ***Selbstbedienungs-Restaurant*** mit preiswerten Gerichten (Buffet) und ein chinesisches Restaurant.

●Lokale, preiswerte Speisen am Selbstbedienungsbuffet bietet das zentrumsnahe ***Restaurant La Huaca.***

●Gute Pizzas in verschiedenen Größe gibt es im netten kleinen Restaurant ***Pizza Happy,*** in der Ave. Central neben der *Texaco*-Tankstelle.

●Lokale Gerichte in gehobenem Ambiente findet man im ***Restaurant Postales,*** Ave. Central neben der *Pensión San José,* und im ***Que Vadis,*** Cl. 10 nahe dem zentralen Busbahnhof. Das *Que Vadis* hat nebenan auch eine große Disco.

●Frische Frühstücksbrötchen gibt es in der ***Panadería Santa Librada,*** Ave. Central/Cl. 8 und in der ***Panadería*** neben dem Restaurant *Pizza Happy.*

Adressen von A bis Z

●***Apotheke:*** an der Plaza Central.

●***Geldwechseln:*** Die *Banco Nacional de Panamá*, Cl. 3/Ave. Central, geöffnet Mo-Fr von 8 bis 13.30 Uhr, wechselt keine *American-Express*-Reiseschecks, die nur von der *Banco del Istmo,* Ave. Central/ Cl. 9, geöffnet Mo-Fr von 8 bis 15.30 Uhr, eingetauscht werden.

●***Post, Telefon und Fax:*** Das Postamt und das *INTEL*-Büro sind im Gebäude an der Cl. 8 neben der Schule untergebracht und sind beide geöffnet Mo-Fr von 7 bis 18 Uhr, am Sa nur bis 17 Uhr.

Die Umgebung von Santiago

Atalaya

Der kleine Ort Atalaya liegt 6 km südöstlich von Santiago. Er hat sich zu einer ***beliebten Wohngegend*** entwickelt. Die eleganten Bungalows und Häuser mit ihren gepflegten, blumenreichen Vorgärten sprechen für sich.

Die ruhige Atmosphäre des Ortes wird zweimal pro Jahr durch eine Invasion von ***Pilgern*** unterbrochen. Die erste "Belagerung" erfolgt zwischen dem Sankt-Michaels-Tag (29. September) und dem ***Erntedankfest*** am darauffolgenden Sonntag, wenn die Menschen die ***Wallfahrtskirche Basilica Menor de San Miguel Arcángel*** bevölkern, um mit Gebeten und Gaben für die abgelaufene Ernte zu danken und für die kommende Ernte um reichen Ertrag zu bitten. Der Festtag des Erzengels Michael stellt traditionell das Ernteende dar, ein wichtiger Moment im Leben der regionalen Bauerngemeinschaften.

Der zweite Pilgeransturm findet am ***Fastensonntag*** statt, an dem die ***größte Prozession des Landes*** zu Ehren des *Jesús de Nazareno* abgehalten wird. Die Statue wird in der einschiffigen Basilika aufbewahrt, deren schlichte Fassade einen großen Kontrast zum farbvollen Innenraum bildet. Den Blickfang im Inneren bilden die bunten, fast naiv gemalten Deckenfresken, die das

Leben Jesu zeigen. Dieses Thema tritt ebenso in den Glasmalereien der Fenster hervor. In den Ölgemälden an den Mauern ist der Kreuzweg dargestellt. Der geschmückte Hauptaltar und die beiden Nebenaltäre sind aus Marmor, einem in Panama sehr selten verwendeten Material - ein unübersehbarer Hinweis auf die große Bedeutung der kleinen Basilika.

●Zwischen Atalaya und Santiago besteht von 6 bis 18 Uhr ein ***Buspendelverkehr*** im Abstand von etwa 15 Minuten. ***Unterkünfte*** sind nicht vorhanden.

Playa La Reina

50 km südlich von Atalaya erstreckt sich an der Westküste der Halbinsel Azuero der einzige ***Badestrand*** der ja immerhin an zwei Weltmeere grenzenden Provinz Veraguas: die Playa La Reina.

Die Playa La Reina liegt etwa 3 km westlich der Ortschaft ***Llano Mariato.*** Ihr Name, "Die Königin", ist wohl etwas zu groß geraten für diesen circa einen Kilometer langen, teils aus Kieselsteinen, teils aus dunklem Sand bestehenden Strand. Vielleicht wurde der Name nicht auf den Strand, sondern auf die Brandung bezogen, die begeisterte Wellenreiter in ihren Bann zieht. La Reina gilt als ***eine der besten Surfstellen*** des Landes, allerdings muß die Ausrüstung mitgebracht werden.

●Die Anreise zum Strand mit ***öffentlichen Verkehrsmitteln*** gestaltet sich schwierig. Nur dreimal pro Tag fährt ein Kleinbus von Santiago nach Llano Mariato. Für einen geringen Aufpreis bringt Sie der Buschauffeur bis an den Strand. An einer Klippe befindet sich ein kleines ***Restaurant*** und sehr einfache ***Cabañas,*** die für 10 $ mit Ventilator, für 20 $ mit AC vermietet werden.

Schnitzerei in der Kirche von San Francisco

San Francisco

Auf der Fahrt von Santiago in Richtung Norden ist der kleine Ort San Francisco de la Montaña (20 km) der erste lohnenswerte Stop. Das Dorf besitzt eine kleine ***Kirche,*** die man mit Sicherheit als ***das schönste religiöse Bauwerk des Landes*** betrachten kann. Das Juwel aus der Kolonialzeit wurde von Franziskanermönchen gegründet und vor einigen Jahren liebevoll und sachkundig renoviert.

Ihr äußeres Erscheinungsbild beeindruckt durch seine Schlichtheit, ein deutliches Stilmerkmal der Bauten des Bettelordens. Das dekorative Element beschränkt sich auf das turmartige Arkadenportal. Ausschlaggebend für die architektonische Bedeutung der Kirche ist ihr harmonisch gestalteter Innenraum im theatralischen Stil des Barocks, wo die bunten, prunkvollen Skulpturen und Altäre von feinster, sehr detaillierter Holzschnitzarbeit imponieren. Sie wurden geschaffen, um die Predigt der Missionare zu unterstützen. So sind am Hauptaltar, der aus 180 verschiedenen Holzteilen zusammengesetzt ist, mehrere Bibelgeschichten auf eine phantasievolle Weise dargestellt. Die Dramatik des Barocks und des Rokokos schienen hervorragend geeignet, um der indianischen Bevölkerung die katholische Glaubensbotschaft zu vermitteln. In den Kunstwerken findet man neben den religiösen Motiven des Katholizismus auch Tiermotive, tropische Früchte, die Sonne und den Mond sowie würdevolle *Indígenas*, wie etwa in der Stützfigur der Kanzel.

●Die Kirche ist normalerweise täglich zu ***besichtigen,*** wobei um die Mittagszeit die Pforten verschlossen bleiben. Falls die Kirche überhaupt nicht geöffnet ist, sollten Sie im Ort nachfragen, denn für interessierte Besucher wird die Kirche gewiß aufgeschlossen und eine freundliche, kundige Führung durch das Ortsjuwel organisiert. Wer mit dem ***Bus*** anreist, sollte am besten am Ortsbeginn an der Straßengabelung (weißes Kreuz) aussteigen, an der es links nach Santa Fé, rechts zur Kirche (circa 10 Gehminuten) geht. San Francisco ist von Santiago aus mit dem Bus mehrmals täglich erreichbar. Der Bus fährt zwischen 7 und 18 Uhr etwa jede halbe Stunde retour.

11 km östlich von San Francisco wird auf der Straße nach Calobre (25 km) der Quebrada Bejucal überquert. Unterhalb der Betonbrücke stürzt der Fluß über einen circa 5 m hohen ***Wasserfall*** in ein natürliches Becken hinab, das zu einem erfrischenden Bad einlädt. Ein deutlich sichtbarer, ausgetretener Pfad führt hinunter zum Becken.

Der Wasserfall ist die einzige Sehenswürdigkeit in der Ostregion, wo die Asphaltstraße im unscheinbaren Ort ***Calobre*** endet. Ab dort führt eine nur mit dem Jeep zu bewältigende Piste zur ***Laguna de La Yeguada,*** einem kleinen, unzugänglichen Stausee, der zur Stromerzeugung benutzt wird.

Santa Fé

Nach San Francisco schlängelt sich die leicht ansteigende Straße durch eine ausgedehnte, spärlich besiedelte Kulturlandschaft zum circa 35 km entfernt liegenden Bergdörfchen Santa Fé hinauf. Je näher der Ort und die Kontinentale Wasserscheide (zwischen 1200 m und 1500 m) rückt, desto üppiger wird die Vegetation.

Santa Fé liegt auf einem kleinen Plateau im Schatten der Wasserscheide und verdankt seine Existenz den ***Goldadern*** in dieser Region, von denen *Kolumbus* in seinen Dokumenten bereits vielversprechend berichtete: *In zwei Tagen habe ich hier mehr Gold gesehen als in Spanien in vier Jahren,* womit das Schicksal der Region besiegelt war. Als Mitte des 16. Jahrhunderts die Spanier nach einigen Expeditionen am Río Concepcíon Gold fanden, entwickelte sich am Ufer des Flusses ein aus Bretterbuden bestehendes Goldgräbernest, das den Namen Santa Fé erhielt. Zu Beginn des 19. Jahrhunderts wurde die damals noch an der Karibikküste liegende Siedlung vom Moskito-Volk, das damals fast die gesamte Karibikküste Zentralamerikas beherrschte, angegriffen und in Schutt und Asche gelegt. An der Pazifikseite der Serranía del Tabasará wurde Santa Fé später wieder zum Leben erweckt, doch das Goldfieber hatte sich schon lange verabschiedet.

Geblieben ist eine kleine Agrargemeinde und ein netter Ort, der langsam von Naturliebhabern entdeckt wird, als ***Ausgangspunkt für Touren*** durch die dichte, fast unberührte Tier- und Pflanzenwelt der höherliegenden Regionen der Serranía del Tabasará.

●Santa Fé ist mit dem ***Bus*** ab Santiago erreichbar. Der Bus fährt zwischen 6 und 18 Uhr etwa alle 45 Minuten. Einige hundert Meter hinter der Bushaltestelle befindet sich der *Cecy,* ein ***Tante-Emma-Laden und Restaurant,*** in dem Grundnahrungsmittel und Gerichte aus Reis, Bohnen und Fleisch angeboten werden.

●***Zimmer*** finden Sie in den ***Cabañas y Jardín Santa Fereño,*** einer kleinen Anlage mit Open-Air-Restaurant und vier sehr einfachen Zimmern, die für 10 $ pro Zimmer (maximal 4 Personen) vermietet werden. Die *Cabañas* befinden sich circa 500 m vom Zentrum entfernt (beim *Restaurant Cecy* links die Straße hoch).

●Das neuerbaute ***Hotel Santa Fé*** am Ortsanfang verfügt über ein Restaurant und 20 kleine Zimmer (10 $ pro Zimmer), die alle mit Bad, WC und Ventilator ausgestattet sind.

Parque Nacional Isla de Coiba

Wenige Kilometer vor der Pazifikküste Veraguas', zwischen dem Golfo de Montijo und dem Golfo de Chiriquí, schimmert die Isla de Coiba. Sie ist mit einer Oberfläche von 493 km² die ***größte Insel Panamas,*** sogar eine der größten im zentralamerikanischen Pazifikraum, und ragt als Spitze eines riesigen Unterwassergebirges über die Pazifikwellen.

Coiba war lange Zeit vor der Entdeckung der Neuen Welt bereits von einer bis heute noch kaum erforschten Kultur besiedelt. Jüngste ***archäologische Funde*** untermauern diese Existenz einer ***präkolumbischen Kultur,*** die sich bis etwa 500 v.u.Z. zurückverfolgen läßt. Im Verlauf der Geschichte sind die ursprünglichen Bewohner von der Insel gänzlich verschwunden. Außer den archäologischen Funden ist von ihnen nur der Inselname Coiba geblieben, was "Land jenseits" bedeutet.

Dank Desinteresse der Spanier an der Kolonisierung der Insel ist die Robinson-Crusoe-Idylle bis heute erhalten geblieben. Eine ***einzigarti-***

ge Tier- und Pflanzenwelt konnte sich ungestört entfalten, sowohl oberhalb des Meeresspiegels wie auch darunter. Der Arakanga *(ara macao),* einer der farbenprächtigsten Papageien, der auf dem Festland nur noch spärlich zu beobachten ist, lebt auf der hügeligen Insel in großer Zahl. Er ist aber nur einer von den 130 verschiedenen Vogelarten, die hier beheimatet sind, wovon 20 Arten ausschließlich auf Coiba registriert wurden. Die feinen Sandstrände der Insel bilden die Brutplätze der bedrohten Meeresschildkröten, dienen aber gelegentlich auch kurzzeitig als tropisches Paradies für "landhungrige" Kreuzfahrtpassagiere.

Seit 1991 ist die Isla Coiba mit den umliegenden Inselchen, wie etwa der Islas Coibita, Jicarón und Jicarita, als ***Nationalpark*** ausgewiesen, der insgesamt eine Land- und Wasserfläche von knapp über 270.000 ha aufweist. In naher Zukunft soll die Insel im Rahmen eines spanisch-panamaischen Projektes eine beschränkte touristische Infrastruktur erhalten, die aber den Naturschutz, die Wissenschaft und den Ökotourismus in die richtigen Bahnen lenken soll. Eine Hürde, die für das Projekt genommen werden muß, ist die Umsiedlung der aus 1919 datierenden *Colonial Penal* an der Ostküste der Insel, eine der größten ***Strafanstalten*** Panamas. Bis der erste Spatenstich zu diesem Projekt gemacht wird, bleibt die jungfräuliche Insel den Tieren und Pflanzen, einigen Wissenschaftlern und den Love-Boat-Passagieren vorbehalten, denn ohne organisierte Touren ist die Insel derzeit nicht erreichbar.

Basaltfigur: "Sieger" und "Besiegter"

Die Provinz Chiriquí

Der aus der Sprache der Guaymi stammende Name der südwestlichsten Provinz des Landes trifft ihren Charakter sehr gut: *chiriquífi,* das "Tal des Mondes", ein Gebiet im Bann des magischen Himmelskörpers, der als uraltes Symbol für Leben und Verderben, für Regen und Fruchtbarkeit steht.

Die regenreichen Hochlagen der Serranía de Talamanca, des Westflügels der Zentralkordillere, und das frühlingshafte Bergklima eignen sich besonders gut für den Anbau von ***Kaffee, Zitrusfrüchten, Erdbeeren und Kartoffeln,*** während in der feuchten Hitze der Küstenebene die ***Rinderzucht*** und der Anbau von ***Bananen und Zuckerrohr*** zu den wichtigsten Wirtschaftsfaktoren zählen.

Chiriquís ***Landschaft*** ist ein buntgefleckter Teppich aus Kulturland, Feucht- und Nebelwäldern, saftiggrünen Berghängen, zerklüfteten Tälern und tosenden Flüssen mit Stromschnellen und Wasserfällen. Nördlich von David nahe Boquete erhebt sich der erloschene Vulkan Barú, der mit 3475 m der ***höchste Berg des Landes*** ist und der damit bei weitem die Zugspitze (2962 m) übertrifft.

Die ***Agrar- und Sozialstrukturen*** sind in Chiriquí stärker als im restlichen Interior von den typisch lateinamerikanischen Latifundien bestimmt: dem ***Großgrundbesitz,*** der in den Händen von nur wenigen Familien liegt. Die Kontraste zwischen der *gente adentro* (Elite) und der *gente afuero* (Außenstehenden) treten

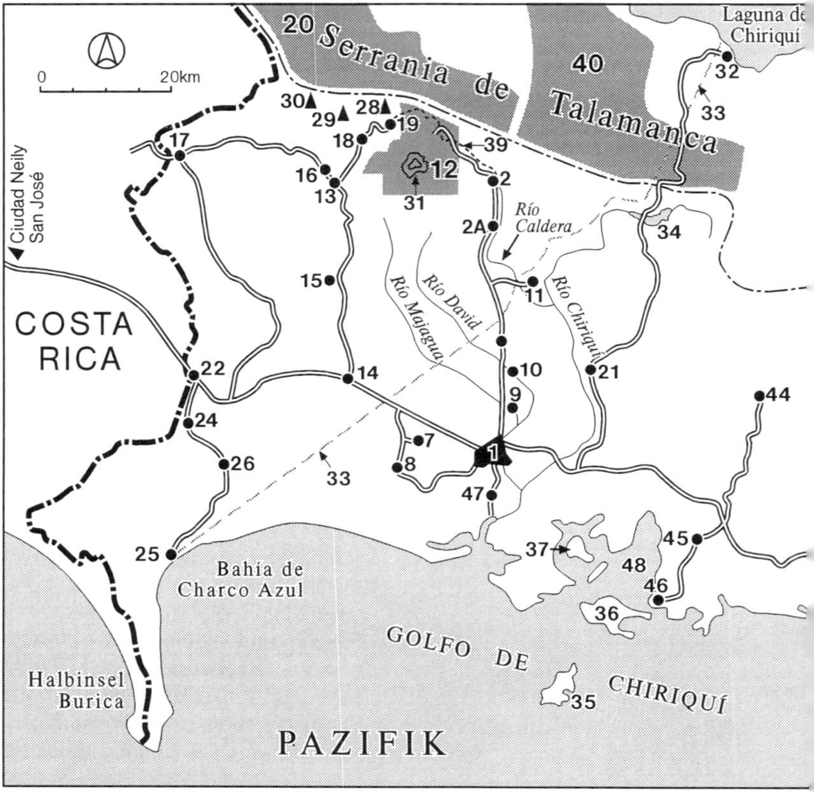

1 David
2 Boquete
2A Alto Boquete
3 Tolé
4 Remedios
5 Playa Las Lajas
6 Las Lajas
7 Rumfabrik Carta Vieja
8 Alanje
9 Balneario Majagua
10 Balneario La Cascada
11 Caldera
12 Parque Nacional Volcán Barú
13 Volcán
14 Concepción
15 Restaurant Mirador
16 Nueva California
17 Río Sereno
18 Bambito
19 Cerro Punta
20 Parque Internacional La Amistad
21 Gualaca
22 Paso Canoa
24 Progreso

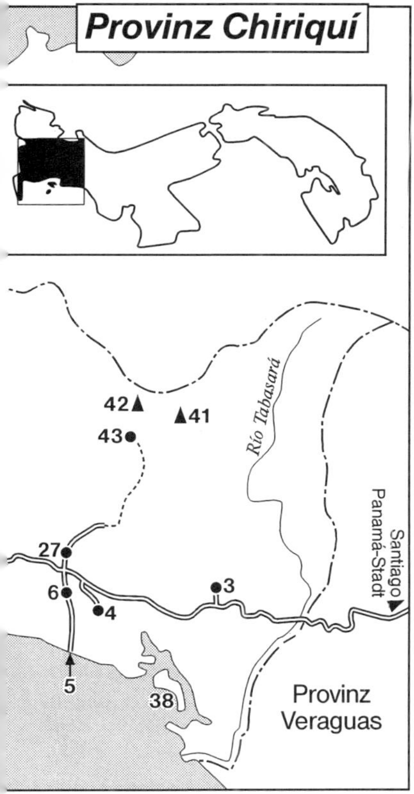

schmerzlich sichtbar hervor. Landreformen, die tatsächliche Änderungen der Situation herbeiführen könnten, scheitern am Widerstand der einflußreichen, seit der Kolonialzeit herangewachsenen Elite.

Die ersten ***spanischen Kolonisten*** lebten auf kleinen Haciendas und trieben über einen Mauleselweg Handel mit Costa Rica und den weiter nordwestlich liegenden Ländern Zentralamerikas. Das Band mit Panama-Stadt war über Jahrhunderte wegen der Entfernung nicht sehr stark. Kaum beachtet von der Verwaltung in der Hauptstadt, gingen (und gehen) die Chiricanos ihren eigenen Weg, ein Grund, weshalb sie heute in Panama als "eigensinnig" angesehen werden.

Die ersten Orte in Chiriquí entstanden nur sehr langsam. Es fehlten die spanischen Truppen und die finanziellen Mittel für den Bau von Befestigungsanlagen zum Schutz vor den ständigen ***Angriffen der indianischen Völker,*** die sich unter der Führung ihrer Kaziken, wie etwa *Dorega* und *Buguba,* in die Berge zurückgezogen hatten.

25 Puerto Armuelles
26 La Esperanza
27 San Félix
28 Cerro Punta 2375 m
29 Cerro Picacho 2986 m
30 Cerro Totuma 2625 m
31 Vulkan Barú 3475 m
32 Chiriquí Grande
33 Erdölpipeline (2x)
34 Fortuna-See
35 Isla Parida
36 Isla Boca Brava
37 Isla Mono
38 Isla Silva de Adrento
39 Fußweg
40 Reserva Forestal Palo Seco
41 Cerro Peña Blanca 1628 m
42 Cerro Santiago 2121 m
43 Hato Chamí
44 Soloy
45 Horconcitos
46 Boca Chica
47 Pedregal
48 Bahía de Muertos

Erst mit dem großen ***Kolonisationsprozeß im 19. Jahrhundert*** kam es zu einem Zustrom von neuen Siedlern und zur Entstehung von Dörfern. Viele dieser Kolonisten kamen aus allen Teilen der Welt, lebten bereits lange in der Hauptstadt und kehrten nun der Stadt den Rücken, um im äußersten Südwesten des Landes ihr Glück zu suchen. Im Zuge der Kolonisierungswelle wurde der einst kaum beachtete Winkel Mitte des 19. Jahrhunderts von der Provinz Veraguas abgekoppelt und zu einer selbständigen Provinz erhoben.

Mit Beginn des 20. Jahrhunderts kam die amerikanische Bananengesellschaft ***United Fruit Company*** nach Chiriquí, die den sogenannten ***Coto-Streit*** mit Costa Rica entfachte. Die Basis des Konflikts war offiziell der Grenzverlauf, doch in Wirklichkeit handelte es sich um einen Konkurrenzkampf zwischen der *United Fruit Company* und der *American Banana Company.* Der Konflikt wurde schließlich 1914 beigelegt: Panama erhielt einen Teil der Coto-Region am Pazifik, Costa Rica das Tal des Río Sixaola an der Karibikseite.

Die ***indianischen Völker*** sind im Lauf der Geschichte völlig verschwunden. Nur die Guaymí (auch *Ngwobe)* haben überlebt, wurden und werden aber mit dem Landhunger der Großgrundbesitzer immer weiter in die Berge und an den Rand der Gesellschaft gedrängt – ein schwarzer Fleck auf der weißen Weste der stolzen Chiricanos.

Von Santiago nach David

Nach etwa einer Busstunde in Richtung Westen überquert man den Provinzgrenzfluß Tabasará. Mit dem Beginn der Provinz Chiriquí ändert sich langsam das Landschaftsbild: Riesige Farne und von Schlingpflanzen überwucherte Bäume säumen beidseitig die *Carretera Interamericana* und verhindern einen Blick auf die immer höher werdende Zentralkordillere. An der Abzweigung nach Tolé, circa 92 km nach Santiago, verkaufen an kleinen ***Straßenständen*** die Guaymí-Frauen ihre traditionellen Halsketten *(chachiras)* und ihre typischen Kleider mit bunten, geometrischen Mustern. Anders als manche panamaische Trachten sind diese Kleider keine Staubfänger, die nur zu speziellen Anlässen hervorgeholt werden, sondern bilden einen festen Bestandteil des Alltags. Die weitgeschnittenen, liebevoll verarbeiteten Modelle aus Baumwolle wurden von vielen nichtindianischen Frauen als bequemes und luftiges Hauskleid entdeckt.

Nach Tolé öffnet sich die ***Llanura Chiricana,*** die von zahlreichen Flüssen durchzogen und von Kultursavanne, blattwechselnden und immergrünen Wäldern geprägt wird. Der erste Ort in der Küstenebene, zugleich aber auch die erste Siedlung in der Geschichte von Chiriquí ist ***Remedios.*** Es liegt einige Kilometer südlich der *Carretera Intera-*

mericana und wurde 1589 als *Nuestra Señora de los Remedios* gegründet. In historischen Dokumenten wird die Siedlung als *ein armseliges, aus 14 Hütten bestehendes Dorf* bezeichnet, was sich heute in jeder Hinsicht verändert hat.

Playa Las Lajas

Der erste lohnenswerte Abstecher in der Küstenebene liegt etwa 70 km vor David und führt zur Playa Las Lajas, einem der schönsten Strände der Pazifikküste. Es ist beinahe unglaublich, daß dieser dunkle, feinsandige ***Strand*** an Wochentagen völlig menschenleer ist und nur am Wochenende frequentiert wird. Aber auch dann wird durch seine Länge ein Schulter-an-Schulter-Sonnenbad verhindert. Die einzigen Lebewesen, mit denen Sie wochentags diesen kilometerlangen, während der Ebbe bis zu 30 m breiten Strand teilen, sind unzählige Einsiedlerkrebse und hungrige Wasservögel. Als Schattenspender dienen Indische Mandelbäume mit ihren typischen etagenförmig angeordneten Zweigen, Strandwinden mit rosafarbenen Blüten und fürstlich anmutende Kokospalmen.

●Östlich der Zufahrtsstraße liegt direkt am Strand eine kleine ***Freizeitanlage*** mit Dusche, Toilette, Umkleidekabinen und Sitzbänken. Die Anlage gehört zum privatgeführten ***Club Campestre El Carrizal,*** der an der *Carretera Interamericana* (600 m nach der Abzweigung zum Strand in Richtung David) auch noch ein ***Restaurant*** und einige ***Zimmer*** für seine Mitglieder hat. Wenn allerdings Platz vorhanden ist, werden die Zimmer für 20-25 $ auch an Touristen vermietet. Andere Unterkünfte gibt es derzeit nicht in dieser Gegend.

●An der Abzweigung zur Playa Las Lajas liegen das kleine ***Restaurant El Cruce*** mit preiswerten lokalen Gerichten und eine Tankstelle.

●Ab David ist der Ort Las Lajas mit dem ***Bus*** viermal täglich, die Abzweigung mit dem Bus nach Tolé mehrmals täglich erreichbar. An der Abzweigung warten ***Taxifahrer,*** um Busgäste in den kleinen Ort Las Lajas (3 km) oder direkt an den Strand (12 km) zu bringen (circa 3 $). Eine Abholzeit sollte mit dem Taxifahrer abgesprochen werden.

David

Damit unterwegs keine Mißverständnisse bei der Aussprache des Ortsnamens auftreten: David wird weder auf die englische Weise noch auf die deutsche Art ausgesprochen, sondern die Betonung liegt auf dem i. Es muß also "Dawiet" heißen.

David heute

David, die ***Hauptstadt der Provinz Chiriquí,*** liegt circa 440 km westlich von Panama-Stadt. Die weitläufige Stadt mit über 100.000 Einwohnern ist der Stolz der Chiricanos. Trotz ihrer Bedeutung als Verkehrsknotenpunkt, Handels- und Einkaufszentrum des Westens überragt sie nicht den Rang eines trägen ***Provinzstädtchens.*** An der Trägheit ist vor allem die Hitze schuld, die David das ganze Jahr hindurch im Würgegriff hat und die

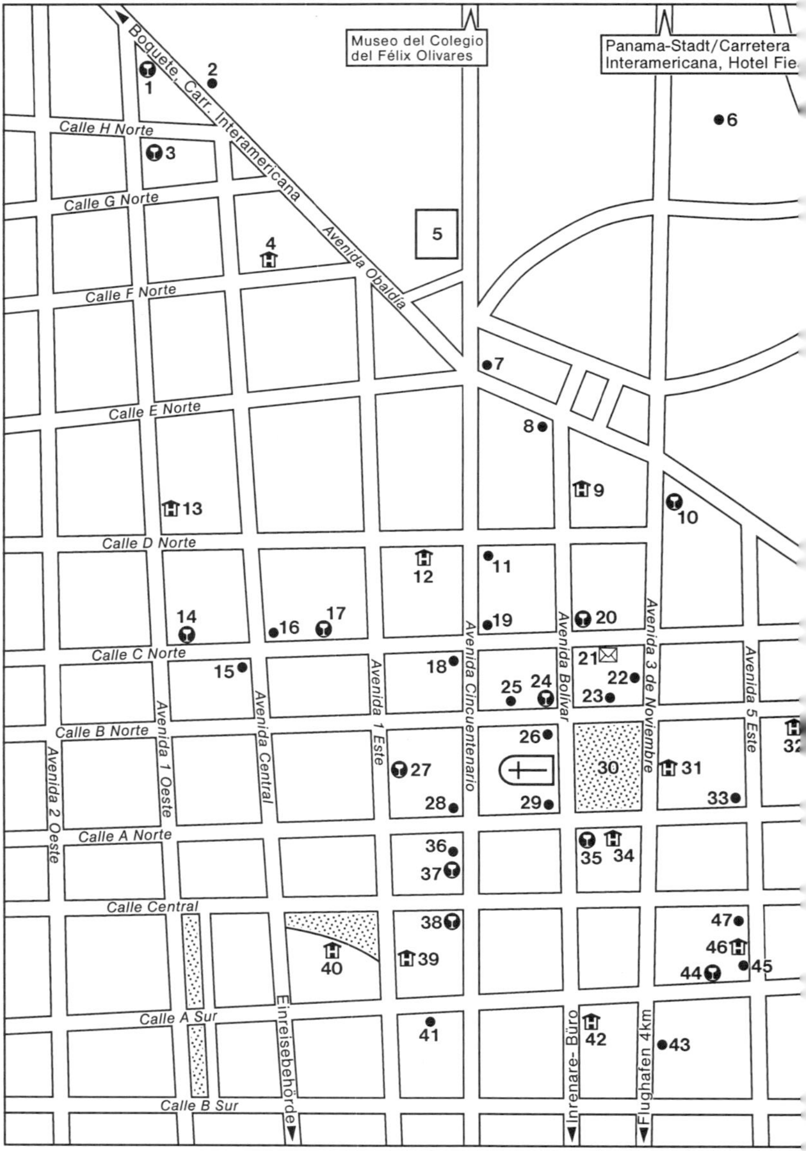
Museo del Colegio del Félix Olivares
Panama-Stadt/Carretera Interamericana, Hotel Fie
Boquete, Carr. Interamericana
Avenida Obaldía
Calle H Norte
Calle G Norte
Calle F Norte
Calle E Norte
Calle D Norte
Calle C Norte
Calle B Norte
Calle A Norte
Calle Central
Calle A Sur
Calle B Sur
Avenida 2 Oeste
Avenida 1 Oeste
Avenida Central
Avenida 1 Este
Avenida Cincuentenario
Avenida Bolívar
Avenida 3 de Noviembre
Avenida 5 Este
Einreisebehörde
Inrenare- Büro
Flughafen 4km
1
2
3
4
5
6
7
8
9
10
11
12
13
14
15
16
17
18
19
20
21
22
23
24
25
26
27
28
29
30
31
32
33
34
35
36
37
38
39
40
41
42
43
44
45
46
47

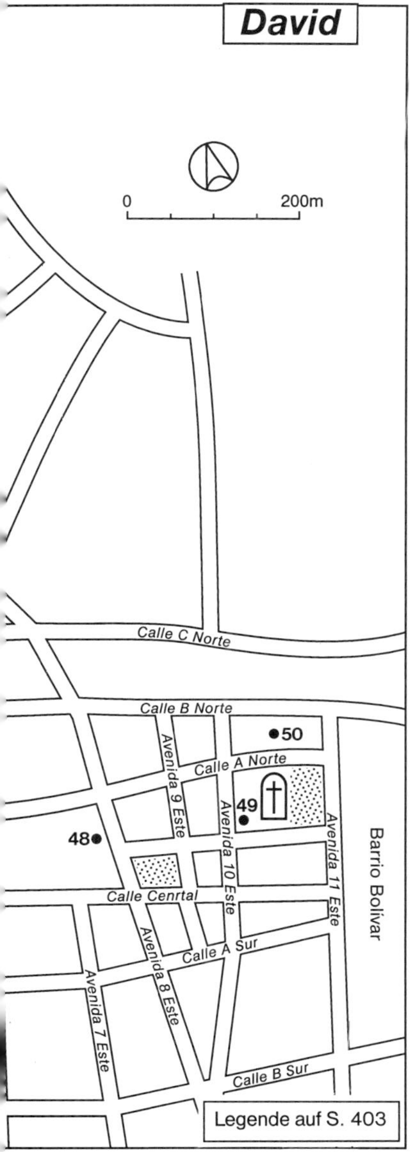

jede Form von Hektik verhindert.

Nur in der lebhafteren ***Einkaufsstraße,*** der Avenida 3 de Noviembre, versucht in der brütenden Hitze das Verkaufspersonal durch Händeklatschen und Rufen die vorbeikommenden Passanten in die Geschäfte zu locken, während flinke Straßenverkäufer kleine Handtücher und Erfrischungstücher zum Kauf anbieten. Diese nützlichen Artikel finden ebenso reißenden Absatz wie das aus Leitungswasser hergestellte und mit Fruchtsirup übergossene Eis oder die kühlen Limonaden von den Straßenständen. Wer Abkühlung sucht, begibt sich in ein Café oder Restaurant mit Klimaanlage. Ansonsten bleibt nur eine Rast auf einer Bank unter einem schattenspendenden Baum des Parque Central, wo man in Ruhe das Treiben der Stadt auf sich einwirken lassen kann.

Geschichte

Davids Geschichte läßt sich mit Dokumenten bis in das Jahr ***1602*** zurückverfolgen, doch die kleine Bauerngemeinde war so unbedeutend, daß sie erst im 18. Jahrhundert auf der Landkarte als *pueblo* (Dorf) erwähnt wird. Das damals knapp 1000 Einwohner zählende ***Dorf*** lag an der ***Handelsroute*** zwischen Panama-Stadt und San José (Costa Rica), weshalb die Mauleselkarawanen auf ihrem mühsamen Weg im Pueblo eine Rast einlegten.

Der ***Aufschwung*** des Ortes begann ab dem Zeitpunkt, als die spanische Krone den Transit auf der

Landenge um die ***Mitte des 18. Jahrhunderts*** einstellte, womit der Landweg als Handelsroute immer mehr an Bedeutung gewann.

Die Einwohner des nahe gelegenen Verwaltungsstädtchens Alanje sahen ihre wirtschaftliche Chance und zogen massenweise in das Dorf, das rasch die Ausmaße einer kleinen Stadt annahm und den Namen *San José de David* erhielt. *José de Obaldía,* einer der wohlhabendsten Bürger von David, ergriff im 19. Jahrhundert die Initiative, die 1849 zur eigenständigen Provinz Chiriquí führte, mit David als ***Provinzhauptstadt.*** Zur Würdigung von *Obaldía* wurde sein ehemaliges Wohnhaus in ein Museum umgewandelt, das jährlich am 28. und 29. September im Mittelpunkt des *Festival del Tambor Chiricano* steht, einem beeindruckenden Musikspektakel, das von Trommelklängen beherrscht wird.

Sehenswertes

Museo de Historia y de Arte José de Obaldía

Das weiß-braune Museumsgebäude mit seinem schönen Balkon ist eine der wenigen stadthistorischen Spuren, die den Zahn der Zeit schadlos überstanden haben. Der Akzent des Museums liegt in der ***regionalen Geschichte.***

In zwei ebenerdigen Räumen befinden sich bescheidene, aber interessante Sammlungen von ***präkolumbischen Kunstgegenständen*** und ***religiösen Antiquitäten,*** wobei der Schwerpunkt auf den Keramikgegenständen, den Steinfiguren und der Silberschmiedekunst liegt. Im ersten Stock geben Dokumente und Fotos einen Einblick in die regionale ***Geschichte des 19. und 20. Jahrhunderts,*** als die *United Fruit Company* in Chiriquí auftauchte. Die Dokumenten- und Fotoausstellung befindet sich in den ***ehemaligen Wohnräumen,*** die dank der noch aus der Zeit der Jahrhundertwende stammenden Möblierung einen stimmungsvollen Eindruck in den Lebensstil der Familien der damaligen Zeit vermitteln.

●Das Museum ist Di-Sa von 8.30 bis 16.30 Uhr ***geöffnet*** (Eintritt 25 ct.) und liegt an der Avenida 8 in einem Stadtviertel, das als Barrio Bolívar bezeichnet wird.

Barrio Bolivar

Gegenüber dem Museum ist dem Namensgeber des Viertels, dem lateinamerikanischen Helden *Simón Bolívar*, ein Denkmal gewidmet. Der Barrio Bolívar zählte einst zu den Glanzlichtern von David. Pläne, um das Flair des ***Viertels*** wieder aufzupolieren, sind bereits in Arbeit. Bis es wieder im neuen Glanz erstrahlt, bleibt lediglich der wehrhafte, koloniale Kampanile beachtenswert. Dieser freistehende ***Glockenturm*** ist in Lateinamerika eine Rarität. Seine Bauweise stammt ursprünglich aus Italien, wo der Turm von Pisa wohl das bekannteste Beispiel bildet, allerdings kann Davids Kampanile keineswegs mit diesem Bauwerk konkurrieren.

David (Karte S. 400)

5 Zentraler Busbahnhof
6 Krankenhaus Obaldía
7 Flugticketbüro von Alas Chiricanas
8 Kleiner Supermarkt
11 Markt
15 Chase Manhattan Bank
16 Apotheke (24 Std.)
18 Shell-Tankstelle
19 INTEL
21 Post
22 Ausreisebehörde
23 Banco Nacional de Panamá
25 Kino
26 Citi Bank
28 Banco del Istmo
29 IPAT
30 Parque Central
33 Supermercado Romero
41 Schule
43 Flugticketbüro
45 Tracopa-Bushaltestelle und -Ticketbüro
47 Buchladen
48 Museo de Historia y de Arte José de Obaldía
49 Glockenturm
50 Schule

4 Hotel Madrid
9 Residencial Avenida
12 Hotel Saval
13 Pensión Anochecer
14 Hotel Nacional
31 Hotel Occidental
32 Pensión Fanita
34 Hotel Iris
39 Pensión Mi Casita
42 Hotel Panamá Rey
46 Pensión Costa Rica

1 Bar Cocktail
2 Panadería Ricopan
3 Restaurant Mar del Sur
10 Restaurant Valencia
14 Restaurant El Mandarin
17 Café Don Dicky
20 Cafetería Jimar
24 Restaurant Don Pedro
27 Restaurant Bon Jour
35 Restaurant Pollo Riko
36 Panadería La Castel
37 Restaurant Churrasco's Place
38 Imbiss Fruty Time
44 Restaurant Mi Bello Chiriquí

Museo del Colegio Félix Olivares

Ein weiteres Museum befindet sich im Schulgebäude des *Colegio Félix Olivares,* circa 20 Gehminuten nordöstlich des Zentrums. Die kleine Ausstellung zeigt ***archäologische Gegenstände*** aus der Region und gibt einen kleinen Einblick in die ***Geschichte der alten Eisenbahn,*** die Mitte des 20. Jahrhunderts von Puerto Armuelles auf der Halbinsel Burica nach Boquete in den Bergen fuhr.

●Das Museum ist während der Schulzeiten von Mo bis Fr zwischen 8 und 15 Uhr ***geöffnet,*** Eintritt frei. Den ***Schlüssel*** für die oft verschlossenen Ausstellungsräume erhalten Sie beim Direktor.

Praktische Hinweise

Bus

Vom zentralen ***Busbahnhof*** an der Ave. Cincuentenario (circa 500 m vom Zentrum entfernt) fahren täglich Busse nach:

●***Panama-Stadt,*** zwischen 7 und 13 zu jeder vollen Stunde, danach um 14.15, 15.30, 16.45, 18.00, 20 und 24 Uhr. Das Abendticket kostet 15 $ (sonst 10,50 $) und kann an einem speziellen Schalter an der Südseite des Busbahnhofes bis 24

Stunden vor Abfahrt reserviert werden.
●***Paso Canoa*** (Grenze zu ***Costa Rica),*** zwischen 5 und 20 Uhr alle 10 Minuten.
●***Caldera*** (Heiße Quellen), zwischen 10 und 18 Uhr dreimal.
●***Boquete,*** zwischen 6.15 und 20 Uhr jede halbe Stunde.
●***Alanje,*** zwischen 7 und 19.45 Uhr alle 35 Minuten.
●***Chiriquí Grande*** (Fähre nach ***Bocas del Toro*** und ***Almirante***), zwischen 10 und 19 Uhr stündlich.
●***Las Lajas,*** um 11.45, 12.45, 16.20 und 19.20 Uhr.
●***Tolé,*** zwischen 5 und 18.50 Uhr jede halbe Stunde.
●***Volcán*** und ***Cerro Punta,*** zwischen 5.45 und 18.30 Uhr alle 20-25 Minuten.
●***Puerto Armuelles,*** zwischen 5 und 20 Uhr alle 15 Minuten.

Internationale Busverbindung

●Nach ***San José/Costa Rica*** fährt ein Bus der Gesellschaft *Tracopa* täglich um 8.30 und 12.30 Uhr (10 $, 8 Stunden). Die Haltestelle und das Ticketbüro, Tel.: 750585, liegen an der Ave. 5/Cl. A, neben der *Pensión Costa Rica.* Tickets gibt es im Vorverkauf, Mo-Fr von 7.30 bis 12 und von 14 bis 16.30 Uhr, am Sa nur bis 16 Uhr, am So bis 20.30 Uhr. Eine Reservierung ist unbedingt anzuraten.
●Ab San José gibt es täglich eine Verbindung nach ***Nicaragua, Honduras, Guatemala und El Salvador.***

Flug

●Der ***Flughafen*** *Enrique Malek* liegt circa 4 km südwestlich des Zentrums. Er ist mit dem ***Bus*** nach Pedregal (10 ct.) oder mit dem ***Taxi*** für circa 3 $ erreichbar.
Alas Chiricanas fliegt nach:
●***Panama-Stadt,*** Mo-Sa um 7.30 und 17.05 Uhr, am So um 8 und 17.05 Uhr (50 $ pro Strecke).
●***Changuinola,*** Mo-Sa um 6.00, 8.15 und 14.30 Uhr, am So nur um 9.15 Uhr (21 $).
●***Bocas del Toro,*** am Mo, Mi und am Fr um 8.15 Uhr (21 $).
●***Flugtickets*** können im Stadtbüro, Tel.: 757779, Ave. Obaldía/Cl. E, und am Flughafen, Tel.: 752471, reserviert und gekauft werden.
●*Aeroperlas* fliegt nur nach ***Panama-Stadt,*** Mo-Fr um 8 und 15.25 Uhr, am Sa um 9.30 und 17 Uhr (50 $). Flugtickets gibt es am Flughafen, Tel.: 754362, und im Stadtbüro, Tel.: 754362, Ave. Obaldía.
●***Flugtickets*** von beiden Gesellschaften verkauft auch das Ticketbüro an der Ave. 3 de Noviembre/Cl. A Sur, Tel.: 741644, geöffnet Mo-Fr von 9 bis 12 Uhr und von 13.30 bis 17.30 Uhr, am Sa nur bis 12 Uhr.

Unterkunft

●Die billigen *Pensiónes* werden vorwiegend stundenweise vermietet und sind nicht empfehlenswert. Dazu gehören die Pensionen *Fanita, Costa Rica, Mi Casita* und *Anochecer.*
●Eine gute Wahl ist die ***Residencial Avenida,*** Ave. 3/Cl. D und E Norte, Tel.: 740451, Fax: 757279, EZ/DZ ohne Bad 7 $, mit Bad, Ventilator und TV 9 $, AC 3 $ extra. Zweckmäßig ausgestattete, saubere Zimmer, teilweise ohne Fenster.
●***Hotel Madrid,*** Cl. F Norte/Ave. Diaz und Obaldía, Tel.: 752051, 25 Zimmer, EZ/DZ 10 $. Zweckmäßige Zimmer um einen kleinen Innenhof.
●***Hotel Saval,*** Cl. D Norte/Ave. Cincuentenario, Tel.: 753543, EZ/DZ mit Ventilator 8 $/15 $, mit AC 10 $/19 $. Weniger saubere Zimmer mit Bad, ungepflegte Hotelanlage.
●***Hotel Iris,*** Plaza Central, Tel.: 757233, EZ ab 11 $, DZ ab 14 $. Einfache, dunkle, aber saubere Zimmer mit Teppichboden, Bad, WC und Ventilator oder AC.
●In der gleichen Preis- und Ausstattungsklasse liegt das ***Hotel Occidental,*** Plaza Central, Tel.: 754068.
●***Hotel Nacional,*** Cl. Central/Ave. 1 Este, Tel.: 752221, Fax: 752397, 86 Zimmer, EZ 19 $, DZ 23 $. Muffige, unge-

pflegte Zimmer mit Bad, WC und AC. Ältere Anlage mit Restaurant, Bar und Swimmingpool; zählte einmal zu den besten Stadthotels.

●***Hotel Panamá Rey,*** Ave. Bolívar/Cl. A Sur, Tel.: 750253, EZ 20 $, DZ ab 24 $. Vernachlässigte Zimmer mit Bad, WC und AC. Großer Betonklotz, überteuert.

●***Hotel Fiesta,*** *Carretera Interamericana,* Tel.: 755453, 59 große, gepflegte Zimmer, EZ/DZ ab 40 $. Das beste Hotel der Stadt. Schöne Anlage mit Bar, Restaurant und Swimmingpool.

Essen und Trinken

●***Restaurant/Pizzeria Valencia,*** Ave. 3 de Noviembre, bietet ein preiswertes Buffet von frühmorgens bis spätabends. Die Pizzas erfüllen allerdings nicht die Erwartungen.

●***Pizzeria/Parillo Mi Bello Chiriquí,*** Cl. A Sur, ist eine bessere Adresse für Pizzas und für gute Grillgerichte.

●Das ***Restaurant Churrasco's Place,*** Ave. Cincuentenario, ist ein gemütliches Lokal mit Grillspezialitäten.

●***Cafetería Jimar,*** Cl. C Norte/Ave. Bolívar, genießt trotz seiner sterilen Einrichtung große Popularität für *comida típica.*

●***Café Don Dicky,*** Cl. C Norte, ist sicher nicht das beste und gemütlichste Lokal der Stadt, hat aber 24 Stunden geöffnet.

●***Open-Air-Restaurant/Bar Bon Jour,*** Ave. 1 Este, bietet lokale Gerichte.

●***Pollo Riko,*** Plaza Central, ist ein kleines, einfaches Lokal mit beschränkter, aber preisgünstiger Auswahl an lokalen Speisen und Grillhühnchen.

●Chinesische Küche, auch mit vegetarischen Gerichten, ***Don Pedro,*** Cl. B Norte/Ave. Bolívar, und das ***El Mandarin,*** Cl. C Norte/Ave. 1 Oeste.

●Das Restaurant ***Mar del Sur,*** Cl. H Norte/Ave. 1 Oeste, eines der besten Lokale der Stadt, führt überraschenderweise peruanische Küche mit vielen Fischgerichten.

●***Fruity Time,*** Cl. Central/Ave. Cincuentenario, ist die beste Adresse für frische Obstsalate, Fruchtsäfte und für kleine Happen und Sandwiches.

●Ofenfrische Brötchen und leckere Süßigkeiten gibt es in den ***Panaderías Ricopan,*** Ave. Obaldía/Cl. H Norte, und ***La Castel,*** Cl. A Norte, neben *Churrasco's Place.*

●Viele der erwähnten Lokale eignen sich auch für einen erfrischenden Drink oder für einen Schlummertrunk. Das "richtige" Abendleben spielt sich meistens in den billigen, anrüchigen Kneipen ab. Eine gute Alternative ist die modern gestylte ***Bar Cocktail,*** an der Ave. Obaldía.

●An der Straße nach Boquete nahe der *Carretera Interamericana* befindet sich der ***Jorón Zebede,*** eine biergartenähnliche Kneipe mit Folklore-Salsamusik.

Adressen von A bis Z

●***Apotheke:*** Die *farmacia* in der Cl. C Norte neben dem *Café Don Dicky* hat 24 Stunden geöffnet.

●***Ausreisebehörde:*** *Ministerio Hacienda y*

Eine willkommene Erfrischung

Tesoro, Ave. 3 de Noviembre/Cl. B und C Norte.

●**Automiete:** *Budget rent a car,* Cl. F Sur/Ave. 7 Oeste, Tel.: 755597, und *Hertz rent a car,* Cl. F Sur/Ave. 20, Tel.: 756828, vermieten Pkws für circa 45 $ pro Tag, Jeeps für etwa 75 $ pro Tag. Beide haben aber auch Spezialangebote, zum Beispiel bei der Miete von nur 12 Stunden.

●**Bücher:** Preiswerte Second-Hand-Bücher in spanischer, englischer, teils auch in deutscher Sprache findet man im kleinen Buchladen, Ave. 5 Este, neben der Pensión Costa Rica.

●**Einreisebehörde:** Wer am Grenzübergang keinen Stempel im Paß erhalten hat, sollte das schleunigst bei der Einreisebehörde, Cl. C Sur/Ave. 1 nachholen.

●**Geldwechseln:** US-Dollar-Reiseschecks tauscht die *Banco Nacional de Panamá*, Plaza Central, Mo-Fr von 9 bis 13.30 Uhr, die *Chase Manhatten Bank,* Cl. C Norte/Ave. Diaz, Mo-Fr von 8 bis 13 Uhr, die *Citi Bank,* Plaza Central, Mo-Fr von 8 bis 13 Uhr, und die *Banco del Istmo,* Cl. A Norte/Ave.Cincuentenario, Mo-Fr von 8 bis 15 Uhr. **Costaricanische Colónes** werden von den Banken verweigert und können nur im kleinen Geschäft in der Ave. 5 Este, neben dem Buchladen, eingetauscht werden.

●**Kino:** *Cine Plaza,* Cl. B Norte, nahe der Plaza Central.

●**Krankenhaus:** *Hospital Obaldía,* circa 15 Gehminuten nordöstlich des Zentrums.

●**Nationalparkbüro:** *INRENARE,* Ave. Bolívar; sehr behilfliches Personal, aber wenig Informationen über die Nationalparks.

●**Supermarkt:** Der *Supermercado Romero,* Cl. A Norte/Ave. 5 Este, bietet das größte Angebot an Lebensmitteln und hat täglich bis 20 Uhr geöffnet. Einen kleinen Supermarkt gibt es an der Ecke Ave. Bolívar/Ave. Obaldía.

●**Postamt:** Cl. C Norte/Ave. 3 de Noviembre und Bolívar, geöffnet Mo-Fr von 7 bis 18 Uhr, am Sa bis 17 Uhr.

●**Telefon und Fax:** Im *INTEL*-Büro, Cl. C Norte/Ave. Cincuentenario, täglich von 8 bis 21.30 Uhr geöffnet. An der Außenmauer des Gebäudes sind Münztelefone für Inlandsgespräche angebracht.

●**Touristeninformation:** Das *IPAT-Büro,* Plaza Central/Cl. A Norte, im ersten Stock des Edif. Galherna, geöffnet Mo-Fr von 8.30 bis 16.30 Uhr, hat keine brauchbaren Informationen und wenig hilfreiche Mitarbeiter.

Die Umgebung von David

Rumfabrik Carta Vieja

Circa 25 km südwestlich von David liegt, versteckt hinter ausgedehnten Zuckerrohrfeldern, die Brennerei *Carta Vieja,* die seit 1914 die Nation täglich mit weißem und dunklem Rum versorgt. Als Basis des tropischen Elixiers dient die Melasse, ein Sirup, der aus Zuckerrohr gewonnen wird. Der Rum wird durch Destillation aus der vorgegorenen Melasse gewonnen und später in Eichenfässern gelagert, wodurch er sein ganz besonderes Aroma erhält. Über die **Herstellung** werden beim kostenlosen, circa 40minütigen Rundgang allerdings keine Details verraten, denn das Rezept wird gehütet wie ein Augapfel.

In der Fabrik werden pro Minute zwischen 40 und 60 Flaschen Rum halbautomatisch abgefüllt, versiegelt und für den Transport verpackt. Der dunkle Rum schmeckt milder und aromatischer als die weiße Sorte. Sie ist aber wesentlich billiger und wird mehr für tropische Cocktails verwendet. Am besten läßt sich die dunkle Sorte pur oder *on the rocks* genießen, allerdings sollte der Alkoholgehalt nicht unterschätzt werden.

Das Zuckerrohr stammt übrigens aus Asien. Marco Polo berichtete bereits vom Anbau dieser Pflanze in China. Nach ihrer Verbreitung über den arabischen Raum kam das Zuckerrohr auf die iberische Halbinsel, womit der Weg nach Mittel- und Südamerika nur noch eine logische Folge war. Das "Patent" zur Rumherstellung gebührt den karibischen Inseln, wo am Anfang des 17. Jahrhunderts zum erstenmal über dieses Nebenprodukt der Zuckerherstellung berichtet wurde. Welche Qualität *Carta Vieja* erreicht, können Sie nach Abschluß des Rundganges selbst beurteilen, denn jeder Besucher erhält ein kleines Fläschchen Rum als Souvenir - Prost!

●Die Rumfabrik *Carta Vieja,* Tel.: 706573, ist an Wochentagen von morgens bis nachmittags für Besucher ***geöffnet*** und liegt nahe der Straße, die Alanje mit der *Carretera Interamericana* verbindet.

●Die ***Anreise mit dem Bus*** gestaltet sich etwas umständlich: Ab David mit jedem Bus, der über die *Carretera Interamericana* in Richtung Westen fährt (z.B. nach Concepción oder Paso Canoa), an der ausgeschilderten Abzweigung aussteigen und ab dort mit sehr unregelmäßig fahrenden Kleinbussen oder Taxis in Richtung Alanje fahren. Nach 3,5 km zeigt ein großes Faß die Einfahrt zur Fabrik (1 km ab der Straße) an. Oder mit dem Bus von David nach Alanje und von dort mit einem Kleinbus in Richtung *Carretera* fahren (circa 6 km bis zur Fabrikseinfahrt). Der letzte Bus von Alanje nach David fährt um 17.30 Uhr.

Balnearios Majagua und La Cascada

Ab der *Carretera Interamericana* in David sind es nur 4 km in nördlicher Richtung bis zum Balneario Majagua, ein natürlicher ***Schwimmplatz*** im gleichnamigen Fluß, der mit seinem klaren Wasser und seinem kleinen Wasserfall Gelegenheit für ein erfrischendes Bad bietet. Am Flußufer befinden sich kleine ***Picknickplätze*** und eine einfache Umkleidekabine. Während Sie an Wochentagen das kleine Freizeitparadies für sich alleine haben, müssen Sie das "Reich" am Wochenende mit vielen Badelustigen teilen, die den Picknickplatz in einen Rummelplatz verwandeln. Der Badeplatz ist ab David mit dem Bus nach Boquete leicht erreichbar und liegt direkt an der rechten Straßenseite in Fahrtrichtung Boquete.

Etwa 6 km nördlich des Balneario Majagua, an der gleichen Straße, befindet sich im Río David ebenfalls ein Badeplatz und ein Wasserfall, der einfachheitshalber La Cascada genannt wird. Zum Baden ist das kleine Becken, in das der breite Wasserfall stürzt, weniger geeignet. Die Popularität verdankt La Cascada vielmehr dem gleichnamigen ***Restaurant,*** wo am Wochenende heiße Salsaklänge für eine ausgelassene Stimmung sorgen. La Cascada ist ab David ebenfalls mit dem Bus nach Boquete erreichbar.

Caldera

Auf halber Strecke zwischen David und Boquete zweigt nach rechts eine Asphaltstraße ab, die 12 km weiter in Caldera endet. Kurz vor dem Ort wird auf einer Eisenbrücke der Río Caldera überquert, der eine tiefe, wunderschöne Schlucht im Felsen ausgeschwemmt hat. Der einzige Grund, Caldera zu besuchen, sind seine heilkräftigen ***Thermalquellen*** *(aguas termales).* Der verschlafene Ort ist allerdings noch weit entfernt von einem europäischen Kurort und erweckt auch nicht den Eindruck, daß sich in naher Zukunft etwas daran ändern wird.

Die Thermalquellen liegen nahe dem Río Chiriquí auf einer Finca, die den Besitzern des *Hotel Panamonte* in Boquete gehört. Sie haben Pläne, das Quellgebiet mit einer touristischen Infrastruktur auszustatten, in erster Linie für die Gäste ihres Hotels. Ein Besuch der Quellen unterliegt, wegen des geringen Andrangs, bis jetzt noch keinen Auflagen.

●Die ***Route zu den Quellen*** führt zunächst über die Hauptstraße Calderas, vorbei am *Jardín de la Fortuna,* bis zu einer kleinen Brücke. Circa 100 m danach zweigt nach rechts eine unasphaltierte Straße ab. Nach etwa 25 Gehminuten wird auf einer wackeligen Brücke der Río Chiriquí überquert, danach folgen Sie dem nach links führenden Weg bzw. dem Drahtzaun, bis Sie nach kurzer Zeit auf das Gatter stoßen. Ab hier führt der Weg in Richtung Río Chiriquí, später entlang eines Baches stromaufwärts. Etwa 15 Minuten nach dem Eingang treffen sie auf die leicht dampfenden Quellen, die nahe eines kleinen Bauernhauses liegen. Das Quellgebiet ist sehr morastig, weshalb ein Weg aus Brettern zwischen den steinumsäumten Quellen angelegt wurde. Ein kurzes Bad im warmen Wasser der 1-1,5 m großen Naturbecken ist sehr wohltuend. Handtuch nicht vergessen!

●Caldera ist ab David mit dem ***Bus*** dreimal täglich erreichbar. Nach einem kurzen Aufenthalt fährt der Bus wieder retour. ***Unterkünfte*** sind in Caldera nicht vorhanden. Sollten Sie den Retourbus versäumen, müssen Sie im ungünstigsten Fall die 12 km zur Straße David-Boquete zurücklaufen. Dort können Busse nach David bis 18.30 Uhr, nach Boquete bis 20 Uhr jede halbe Stunde angehalten werden.

Boquete

Die Asphaltstraße von David zum 35 km entfernten Bergdorf Boquete auf 1000 m Höhe steigt fast unbemerkbar und ohne eine einzige Kehre an. Der Bau einer Serpentinenstraße war hier wegen der langgezogenen, sehr flachabfallenden Kordillerenhänge nicht notwendig. Die Straße verläuft fast kerzengerade nach Boquete hoch, und noch ehe die frische Bergluft in den Bus dringen kann, wird der Blick vom Tal des Río Caldera gefangen, in dem die rotfarbenen Hausdächer Boquetes einen Kontrast zu den immergrünen, nebelumhüllten Bergen bilden. Das malerische Panorama läßt sich wenige Kilometer vor der Ortseinfahrt, von der Talkante beim *Café Bean,* am besten genießen. Dabei breitet sich zu Ihren Füßen das sogenannte *Bajo Boquete* aus, während sich das höherliegende *Alto Boquete* hinter Ihrem Rücken erstreckt.

Aus touristischer Sicht ist nur Bajo Boquete interessant, das im Alltag schlicht als Boquete bezeichnet wird. Es wurde 1911 von Einwanderern, unter anderem aus Nordamerika, Deutschland, dem Balkan, Schweden und Spanien, gegründet, die von der Fruchtbarkeit und dem frühlingshaften Klima der Region angezogen wurden. Kaffee, Zitrusfrüchte, Gemüse und viele Zierpflanzen, wie etwa die Orchideen, von denen etwa 200 verschiedene Arten in der Bergregion gedeihen, sind heute unlösbar mit Boquetes Erfolgsgeschichte verbunden und brachten der Gegend den Ruf als *Tierra de las Flores y del Café* ein – das ***Land der Blumen und des Kaffees.***

Bergidylle Boquete

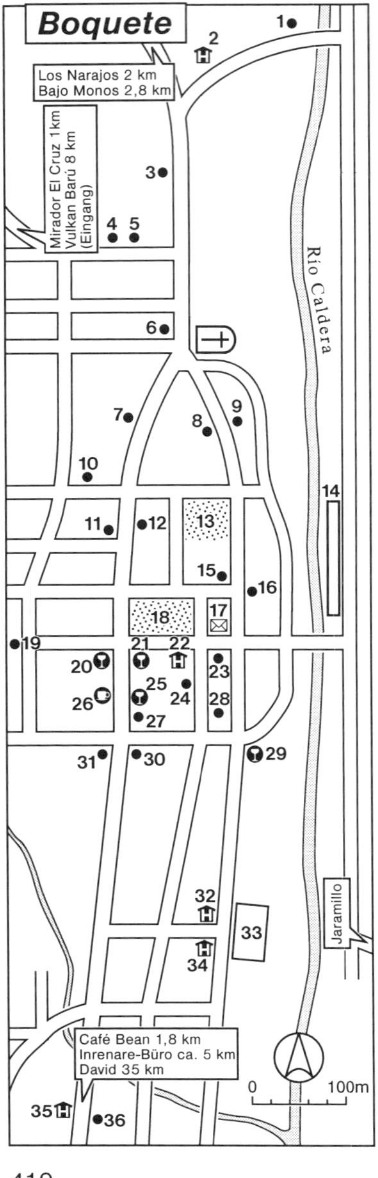

Viele Besucher möchten in Boquete nur der Hitze in den Küstenebenen entfliehen, finden aber zugleich in der waldreichen Umgebung zahlreiche Möglichkeiten zu kurzen und längeren ***Wanderungen.*** Eine gute Zeit für Wanderungen sind der April und der Mai,

1 Cabañas Villas Lorena
3 Panamonte-Tours
4 IHRE
5 INTEL
6 Lavamatico Benny
7 Panadería La Castellano
8 Librería Interamericano
9 Farmacia Laury
10 Panadería El Clavel
11 Supermarkt El Mandarin
12 Farmcia Mendéz
13 Parque de las Madres
14 Messegelände
15 Mercado Municipal
16 Supermarkt Romero
17 Palacio Municipal/Post
18 Parque Central
19 Schule
23 Feuerwehr
24 Rotes Kreuz
27 Tourenveranstalter Creatividad Publicitaria
28 Polizei
30 Banco Nacional de Panamá
31 Delta-Tankstelle
33 Kinderspielplatz
36 Texaco-Tankstelle

2 Hotel Panamonte
22 Pensión Virgina
32 Hotel Rebequet
34 Pensión Marilos
35 Hotel Fundadores

20 Restaurant Lourdes
21 Restaurant Chinese Food
25 Restaurant La Volcanita
26 Café La Conquista
29 Restaurant Salvatore

wenn die meisten Orchideen ihre ganze Blütenpracht zeigen.

Wer die Orchideen nicht in freier Natur bewundern kann, dem bietet sich noch die Möglichkeit an, die wunderschönen ***Blumen*** auf der ***Feria de las Orquideas*** zu bewundern, die jährlich im April abgehalten wird. Diese messeähnliche Veranstaltung ist für internationale Besucher auch weitaus interessanter als die vielgelobte ***Feria de las Flores y del Cafe,*** die jährlich im Januar stattfindet und die den Akzent auf Chrysanthemen, Fleißige Lieschen und Studentenblumen legt. Für Europäer sind sie schlichte Wald- und Wiesenblumen, aber in den heißen Tropen besonders gern gesehene Zierpflanzen. Das Rahmenprogramm der zehn Tage dauernden *ferias* besteht aus folkloristischen Musik- und Tanzveranstaltungen sowie aus dem Verkauf von Handarbeiten - eine gute Möglichkeit, um vielleicht das passende Souvenir zu finden.

Praktische Hinweise

An- und Weiterreise

Boquete ist ab David mit dem Bus mehrmals täglich erreichbar. Die Busse nach ***David*** fahren zwischen 6 und 18.30 Uhr jede halbe Stunde und können entlang der Ave. Los Fundadores angehalten werden. Zwischen Boquete und den ***umliegenden Siedlungen*** verkehren unregelmäßig *Pick Up's* und Sammeltaxis.

Unterkunft

Alle folgenden Hotels verfügen über Warmwasser, das in dieser Höhe und bei diesem Klima nicht zu verachten ist. Die Lage der Hotels finden Sie im Stadtplan.

●Die ***Pensión Virgina,*** Tel.: 701260, EZ/DZ ohne Bad 7 $/12 $, mit Bad 9 $/ 16,50 $, hat sehr einfach ausgestattete Zimmer und ist weniger empfehlenswert.

●***Pensión Marilos,*** Tel.: 701380, 10 Zimmer, EZ 10 $, DZ 15 $. Saubere nette Zimmer mit Bad und WC. Kleine Pension mit familiärer Atmosphäre, empfehlenswert. Für einen kleinen Aufpreis gibt es Halbpension.

●***Hotel Rebequet,*** Tel.: 701365, 9 Zimmer, EZ 15 $, DZ 20 $. Zimmer mit Bad, WC und TV. Gepflegte kleine Anlage mit Restaurant, Lounge mit Billardtisch. Empfehlenswerte Mittelklasse.

●***Hotel Fundadores,*** Tel.: 701298, Fax: 701034, 35 Zimmer, EZ 20 $, DZ 22 $. Sehr einfache, vernachlässigte Zimmer mit Bad und WC. Restaurant, Bar und Disco. Schöne Gartenanlage mit Sitzmöglichkeiten an einem rauschenden Bach.

●***Cabañas Villas Lorena,*** Reservierung unter Tel.: 262248, EZ/DZ an Wochentagen 30-40 $, Fr-So 35-50 $, an Feiertagen 75 $, Extrabett 10 $. Neu erbaute Anlage mit schönen Bungalows mit Kochgelegenheit und einer Terrasse direkt am Río Caldera.

●***Hotel Panamonte,*** Tel.: 701327, Fax: 701324, 16 Zimmer, EZ/DZ 44-77 $. Unterschiedlich dekorierte Zimmer mit Bad, WC und teils mit Terrasse. Ein sehr gepflegtes, ruhig gelegenes Hotel aus den 40er Jahren im viktorianischen Stil mit Bar, Restaurant und einer Lounge mit offenem Kamin. Das beste Hotel der Stadt. Empfehlenswerte Luxusklasse.

Essen und Trinken

●Empfehlenswert ist das Restaurant im ***Hotel Panamonte,*** das in sehr stilvoller Atmosphäre neben guten Gerichten auch hausgemachte Kuchen sowie gute Weine serviert. Frühstück ab 4 $, Mittag- bzw. Abendessen zwischen 10 und 15 $, Reservierung erwünscht.

●Ebenfalls zu empfehlen ist das kleine Restaurant mit häuslichem Ambiente der

Bis der Kaffee in Ihre Tasse kommt

Rund 190 Liter Kaffee fließen pro Kopf und Jahr durch die deutschen Kehlen. Mit dieser Zahl übertrifft das schwarze Genußmittel sogar den Pro-Kopf-Verbrauch des populären Gerstensaftes. Um die ständig wachsende Nachfrage der Kaffeegenießer abzudecken, werden von den bekannten Kaffeemultis alljährlich Millionen von grünen Kaffeebohnen importiert, geröstet und mit großem Gewinn an die Endverbraucher weitergegeben. Die meisten ***Importbohnen*** zählen zur Sorte *Coffea arabica,* die vorwiegend in den Berglandplantagen Lateinamerikas gedeiht, und weisen eine hohe Qualität auf, denn schließlich ist das "Beste gerade gut genug", wie so mancher Werbespot verkündet.

Um eine gute Qualität zu erreichen, muß die ***Ernte*** mit der Hand erfolgen. Für diese Methode, die auch in Panama üblich ist, benötigt der Plantagenbesitzer ein großes Heer an ***billigen Arbeitskräften,*** das in Boquete größtenteils von den Guaymí gebildet wird. Sie leben mit der ganzen Familie während der Erntesaison von September bis April auf den Plantagen um Boquete. Für die kostenlose Unterbringung sorgt der Plantagenbesitzer, doch mehr als ein Zimmer pro Familie in einer menschenunwürdigen Baracke mit gemeinsamer Waschmöglichkeit und Toilette wird nicht bereitgestellt.

Der ***Arbeitstag der Pflücker*** hat keine geregelten Zeiten. Er beginnt meistens im Morgengrauen und endet beim Einbruch der Dunkelheit. Von Montag bis Freitag zupfen die Pflücker mit großer Fingerfertigkeit die reifen, dunkelroten Kirschen vom Strauch und werfen sie in einen Korb, der um den Bauch gebunden ist. Blätter und Zweige der Kaffeesträucher zerkratzen dabei die Arme und Hände der Pflücker, die sich scheinbar daran gewöhnt haben. Ein erfahrener Pflücker schafft etwa 10-12 Körbe pro Tag, die in Säcke abgefüllt werden.

Jeden Samstag steht in den Kaffeefabriken Boquetes der "Zahltag" auf dem Programm, und jeder Samstag verläuft nach dem gleichen Schema: Stundenlang stehen die Pflücker vor einer aus viereckigen Behältern *(lata)* bestehenden "Meßstation", um ihre Säcke zu entleeren. Zur Vereinfachung des Ablaufes hat jeder Pflücker vor dem Erntebeginn eine Nummer erhalten, unter der die abgelieferte Menge "pro *lata",* von einem "Buchhalter", notiert und später ausgezahlt wird. Ein gefüllter Sack bringt dem Pflücker zwischen 9 $ und 12 $ - das Resultat eines 10stündigen Arbeitstages.

Von der "Meßstation" wandern die Kaffeekirschen in ein Wasserbecken, wo sie automatisch von der roten Schale befreit werden. Anschließend werden die geschälten Kirschen 24 Stunden im Wasser eingeweicht, damit sich das farblose, klebrige Fruchtfleisch vom Bohnenkern löst. Im Wasserbad werden die Bohnen bereits nach ihrer Qualität sortiert. Die Besten sind gleichzeitig auch die Schwersten und sinken zu Boden. Ein weiteres Qualitätsmerkmal bildet die Farbe der Bohnen. Während die graugrünen Bohnen ausschließlich für den Export bestimmt sind, gelangen die grünbraunen auf den nationalen Markt. Die minderwertigen braunen Bohnen werden schließlich unter den Arbeitern verscherbelt.

Nach der Aussortierung werden die Bohnen circa 4 Stunden lang bei einer Temperatur von 60 bis 70 °C in einer Trommel gedreht, damit sich später ihre Hornschale und die Silberhaut leichter entfernen lassen. Letztendlich werden die Bohnen nach ihrer Größe und ihrer Form automatisch sortiert und in Säcke für den Export abgefüllt. In den Konsumländern erst findet die Röstung statt, wodurch sich das "unwiderstehliche" Aroma entwickeln kann, das sich später in Ihrer Tasse "voll entfalten" wird.

Kaffeernte

Pensión Marilos, wo es wechselnde Tagesmenüs inklusvie Suppe und Nachspeise für 2,50 $ pro Person gibt.

●Das kleine ***Café La Conquista,*** Ave. Los Fundadores, bietet ebenfalls preiswerte Tagesmenüs an.

●***Restaurant Lourdes,*** Parque Central, hat eine größere Auswahl an preiswerten lokalen Gerichten und eine große Straßenterrasse.

●Gegenüber dem *Lourdes* liegt das preiswerte Restaurant ***Chinese Food,*** das wohl keiner näheren Erläuterung bedarf.

●Pizzas gibt es in den kleinen Restaurants ***La Volcanita*** an der Ave. Los Fundadores und ***Salvatore,*** das sich auch für einen Schlummertrink eignet.

●Das ***Café Bean*** liegt zwar weit außerhalb des Zentrums, ist aber schon wegen des Ausblicks einen Besuch wert.

●Frische Brötchen gibt es in den *Panaderías* ***El Clavel*** und ***La Castellana.***

●Lebensmittel finden Sie in mehreren Tante-Emma-Läden und im ***Supermarkt Romero.***

Adressen von A bis Z

●***Erste Hilfe:*** Medikamente gibt es in den *farmacias* ***Laury*** und ***Mendéz,*** einige Schritte nördlich des Zentrums, ansonsten wendet man sich an das ***Rote Kreuz*** *(Cruz Roja),* schräg gegenüber der Feuerwehr.

●***Geldwechseln:*** Reiseschecks tauscht nur die *Banco Nacional de Panamá*, Ave. Los Fundadores, geöffnet Mo-Fr von 8 bis 13.30 Uhr.

●***Nationalparkbüro:*** Das *INRENARE*-Büro, Tel.: 703057, liegt circa 5 km außerhalb des Zentrums nahe der Straße nach David, kann aber nur wenig hilfreiche Informationen über den Nationalpark Barú geben.

●***Post:*** im Palacio Municipal, geöffnet Mo-Fr von 8 bis 17 Uhr, Sa bis 12 Uhr.

●***Telefon und Fax:*** Internationale Anrufe kann man vom *INTEL*-Büro aus machen. Faxservice bieten die Hotels *Panamonte* und *Los Fundadores* sowie die *Librería Interamericana* an.

●***Tourenveranstalter:*** *Creatividad Publicitaria,* gegenüber dem Café La Conquista, offeriert Touren in die nähere Umgebung, die eher als unprofessionelle erste Schritte in der Tourismusbranche bewertet werden können.

Das *Hotel Panamonte* bietet unter anderem Touren an zu den heißen Quellen in Caldera, mit dem Jeep auf den Vulkan Barú und zu Fuß von Cerro Punta nach Boquete (siehe "Cerro Punta"). In naher Zukunft ist ein Panamonte-Tourbüro an der Ave. Fundadores nördlich der Kirche geplant.

●***Wäscherei:*** *Lavamatico Benny,* gegenüber der Kirche.

Wandermöglichkeiten in der Umgebung

Boquetes grüne Bergkulisse lädt unwiderstehlich dazu ein, die Wanderschuhe anzuziehen und den

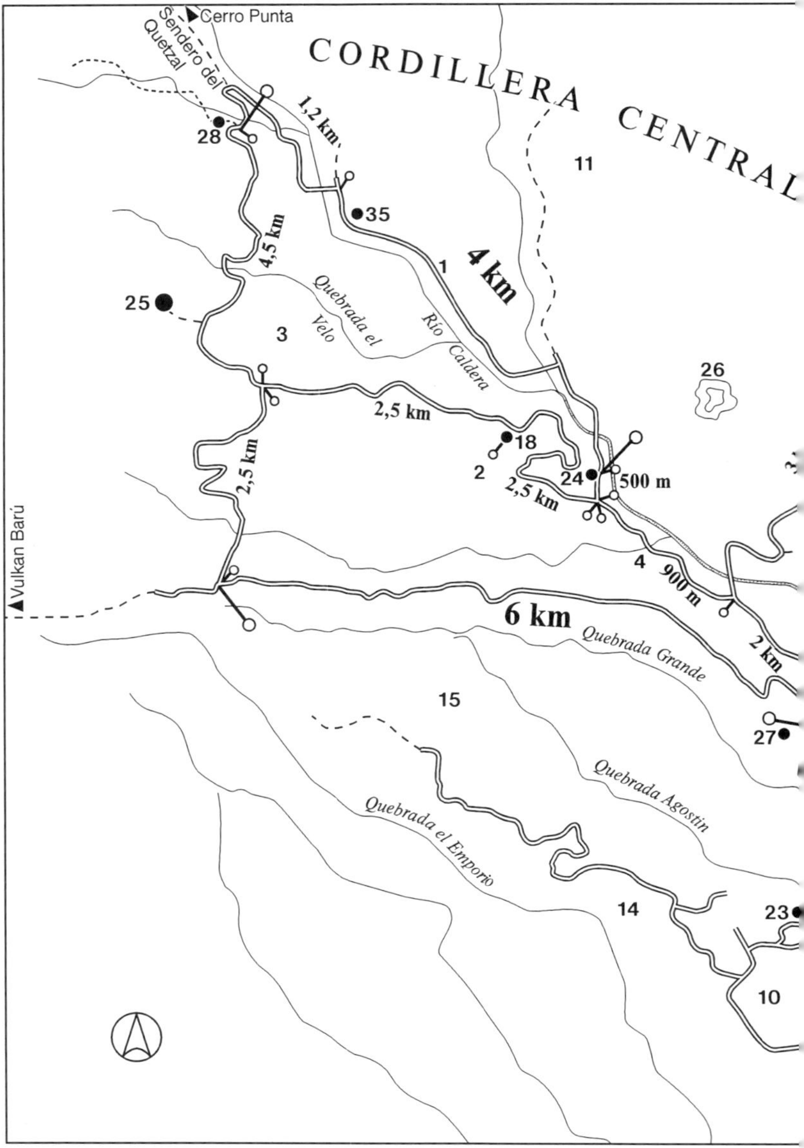
Cerro Punta
Sendero del Quetzal
CORDILLERA CENTRAL
1,2 km
28
11
35
4,5 km
1
4 km
25
Quebrada el Velo
3
Río Caldera
26
2,5 km
18
2
24
500 m
2,5 km
2,5 km
Vulkan Barú
4
900 m
6 km
Quebrada Grande
2 km
15
27
Quebrada Agostin
Quebrada el Emporio
14
23
10

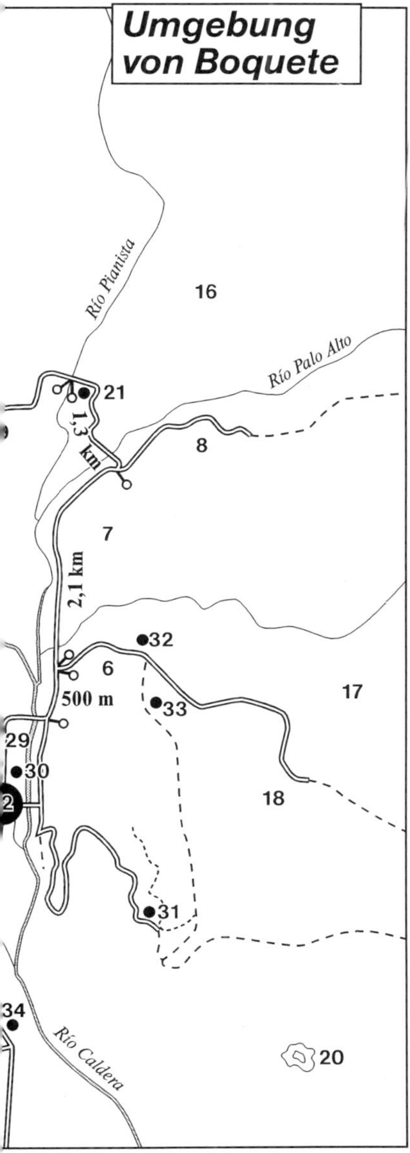

1 Bajo-Monos-Schlucht
2 Bajo Quiel
3 Alto Quiel
4 Los Naranjos
5 Bajo Lino
6 Jaramillo Bajo
7 Jaramilllo Arriba
8 Palo Alto
9 Alto Lino
10 El Hato
11 Horqueta
12 Bajo Boquete (Zentrum)
13 Alto Boquete
14 Bajo Volcanito
15 Volcanito Arriba
16 Calograma
17 Buenos Aires
18 Alto Jaramillo
19 Kaffeefabrik Sitton
20 Cerro Cabezon
21 Kaffeefabrik Princesa Janca
22 Mirador El Cruz
23 Mirador El Hato
24 Los Ladrillos
25 Finca Lérida
26 Cerro la Piedra de Lino
27 Antennenmast
28 Kleine Finca
29 IHRE-Büro
30 Kirche
31 Betonbehälter
32 Basketballplatz
33 Restaurant Explorador
34 Café Bean
35 Kleiner Wasserfall

Kaffeepflanze

Rucksack zu packen. Die folgenden Touren führen meistens über breite, allerdings wenig frequentierte Straßen und Wege und können auch ohne Führer unternommen werden, die Routen und die genauen Entfernungen finden Sie im Umgebungsplan von Boquete.

Bajo Monos

Eine schöne, kaum ansteigende Route führt entlang des Oberlaufs des Río Caldera durch die Schlucht Bajo Monos, die ***Schlucht der Affen.*** In früheren Jahren tummelten sich hier am Flußufer große Gruppen von Kapuzineräffchen auf der Suche nach Nahrung. Mit der Umgestaltung größerer Landschaftsteile in Nutzfläche wurden die Baumbewohner immer weiter in den unberührten Nebelwald der Cordillera zurückgedrängt. Die Insekten, die bunten Schmetterlinge und die Vögel haben sich davon weniger stören lassen und sind noch immer unterwegs anzutreffen.

Auf eine besondere Attraktion treffen Sie am Beginn der Route: die *ladrillos.* Diese bemerkenswerten ***Gesteinsformationen*** werden von der regionalen Bevölkerung schlicht als "Ziegelsteine" bezeichnet, da sie das metamorphe Gestein als Wand- und Fassadenplatten für ihre Häuser verwenden.

Am Ende der Bajo-Monos-Schlucht verläuft die Grenze des Nationalparks Barú. Der üppige Wald des Parks an den steilen Hängen bildet die optimalen Lebensbedingungen für den stark bedrohten ***Quetzal*** (Familie der Trogone), der zu den faszinierendsten und schönsten Vögeln der Welt zählt. Diese Attribute verdankt die Gattung vor allem dem grün-roten Männchen mit seinen langen, graziösen Schwanzfedern und buschigen Kopffedern. Der in Zentralamerika sagenumwobene Quetzal ist am besten frühmorgens und während seiner Nestsaison zwischen Februar und Mai zu beobachten, vor allem auf der *Finca Lérida,* zu der organisierte Touren von *Panamonte-Tours* angeboten werden. Ein weiteres gutes Beobachtungsgebiet ist der *Sendero del Quetzal,* ein Weg, der von der Straßenkehre am Ende der Schlucht bis nach Cerro Punta (circa 22 km) quer durch den Nationalpark und größtenteils entlang des Río Caldera führt.

Eine weitere Möglichkeit, um den schillernden Vogel und viele andere Spezies sowie die reiche Pflanzenwelt des Parks zu bewundern, bietet die ***kleine Finca*** nahe dem Río Caldera. Zum Besuch benötigen Sie nur die Genehmigung des freundlichen Besitzers. Als Wegweiser dient die Wasserpipeline, die die Frischwasserversorgung für Boquete sicherstellt. Quer durch die Finca, immer entlang der Rohrleitung, vorbei an großen Vulkansteinen und durch flache Bäche, gelangt man langsam tiefer in den Bergwald, wo nur noch das Rauschen des Baches und das Zwitschern der Vögel die Stille des Waldes unterbricht.

Bajo und Alto Quiel

Der fruchtbare Boden um Boquete bringt Kohl, Kartoffeln, Orangen und Broccoli, aber vor allem Kaffeebohnen hervor, eine gute Gelegenheit, um einen Blick in die ***Kaffeeplantagen und -fabriken*** zu werfen. Nach Las Naranjas windet sich die Straße hinauf nach Bajo Quiel, wo sich die international renommierte Kaffeefabrik *Sitton* befindet. In Begleitung eines Arbeiters kann ein Blick hinter die Kulissen der Kaffeeherstellung geworfen werden (siehe Exkurs). Von einem kleinen Aussichtspunkt nahe der Fabrik können Sie den Blick über Los Naranjos und Bajo Lindo schweifen lassen.

Die Straße verläuft ab der Kaffeefabrik nach Alto Quiel weniger kurvenreich. An der rechten Seite breitet sich zunächst eine der vielen Kaffeeplantagen der Firma *Sitton* aus. Je näher man Alto Quiel kommt, desto atemberaubender werden die ***Panoramablicke,*** wie der auf die umstehenden, knapp 2000 m hohen Berge und ihre mit Nebelwald drapierten Hänge, vor allem aber der Blick in die tiefe Bajo-Monos-Schlucht mit dem Río Caldera, die sich an der rechten Straßenseite öffnet.

Jaramillo

Östlich von Boquete, jenseits des Río Caldera, geht es über eine Serpentinenstraße bergan in Richtung Cerro Cabezon. Die ***abwechslungsreiche Strecke*** führt entlang kleiner Bauernhöfe und durch die Siedlung Bajo Jaramillo wieder hinunter nach Boquete. Von verschiedenen Punkten aus bietet sich ein imposanter Blick auf den Vulkan Barú und auf Boquete. Im netten kleinen *Café El Explorador* in Jaramillo gibt es frische Fruchtsäfte, deftiges Essen und hausgemachte Kuchen. Allerdings ist das Open-Air-Lokal nur von Freitag bis Sonntag geöffnet.

Die ***Jaramillo-Wanderroute*** kann entlang des Ostufers des Río Pinaista weitergeführt werden, vorbei an den Siedlungen Jaramillo Arriba und Palo Alto, an der Kaffeefabrik *Princesa Janca* und zurück nach Boquete an der Westseite des Flusses durch Alto Lino, Bajo Lino und Las Naranjos. Für die kleine Rundtour sollten etwa 1,5-2 Stunden, für die größere Strecke etwa 4,5-5 Stunden eingeplant werden.

Miradores El Cruz und El Hato

Empfehlenswert ist die kleine Tour zum *Mirador* El Cruz, einem ***Aussichtspunkt,*** der sich an der Straße zum Vulkan Barú neben dem auffallenden Kreuz befindet. Der *Mirador* bietet eine gute Sicht auf den Vulkan Barú und auf Boquete.

Die Straße führt wenige Kilometer nach dem *Mirador* durch einen Tunnel aus Kiefernbäumen, ein stimmungsvoller Streckenabschnitt, der als "Straße der Verliebten" bezeichnet wird.

Das gleiche Panorama wie vom Kreuz zeigt sich auch vom *Mirador* nahe El Hato, einer bevorzugten Wohngegend inmitten eines Pinienwaldes.

Tourenführer

Für Touren, die tief in die unberührten Nebelwälder der Gegend führen, ist unbedingt ein Führer notwendig. *Chalo Miranda,* Tel.: 701326, können wir empfehlen. Er kennt jeden interessanten Flecken der Gegend bis weit über die Kontinentale Wasserscheide hinaus in Richtung Karibikküste: Ob es um ein spezielles Vogel- oder Pflanzengebiet oder um Petroglyphen geht, *Chalo* führt Sie sehr orts- und naturkundig hin - auch auf den höchsten Berg Panamas, den Vulkan Barú.

Parque Nacional Volcán Barú

Weiße Rauchwolken, grollender Donner, glühende Lava und eine perfekte Kegelform - das sind Phantasien, die aber nicht dem tatsächlichen Bild des ***Vulkans Barú*** entsprechen. Seine Aktivitäten liegen in der fernen Vergangenheit, angeblich war sein letzter Ausbruch im 6. Jahrhundert. Auf die Besucher hat der erloschene Vulkan von seiner magischen Wirkung nichts verloren. Der 3475 m hohe Vulkan, höchster Berg des Landes, kann ohne Angst vor unerwarteten Naturkatastrophen über eine breite, teils steil ansteigende Straße bestiegen werden. Sie führt ab dem Parkeingang auf 1800 m auf den ersten 200 Höhenmetern durch Agrarland, danach durch dichten Nebelwald, der sich wie ein breites Band zwischen 2000 und 3000 m um den Vulkan wickelt. Die letzten Höhenmeter, der Krater und die Gegend um den Kraterrand sind nahezu vegetationslos und mit dunkler Vulkanasche überzogen, die besonders rutschig und gefährlich (!) ist.

Am Gipfel des Vulkans breitet sich ein "Antennenwald" aus, der dieser Mondlandschaft keinen besonderen Reiz verleiht. Außerdem haben die Wartungsarbeiter ihren Müll sorglos hinterlassen. Der Höhepunkt der Besteigung ist also nicht der Gipfel, von wo aus man auf beide Weltmeere blicken kann, sondern der Weg durch den faszinierenden Nebelwald.

Eine Fläche von etwa 14.300 ha rings um den Vulkan ist seit 1976 als ***Nationalpark*** ausgewiesen, womit der Barú als ältestes Naturschutzgebiet Panamas gilt. Großflächige Teile des Parks sind allerdings noch in den Händen von Bauern. Die finanziellen Mittel fehlen, um die Landwirte zu entschädigen oder um ihnen Alternativen anzubieten.

Ein "heißes" Thema ist die ***illegale Jagd*** im Park. Das Areal ist zu groß und die Zahl der Parkaufseher zu gering, um dieses gravierende Problem unter Kontrolle zu bringen. Mit den 1992/93 begonnenen Informationskampagnen und Aufklärungsprojekten erreicht man mehr oder weniger nur die Bewohner von Bajo Boquete. An den Kleinbauern, die in abgelegenen Winkeln am Parkrand leben und sich ab und zu mit einem kleinen Fleischvorrat aus

Blick auf Cerro Punta und den Vulkan Barú

dem Park eindecken, geht diese Kampagne vorbei.

Die illegale Jagd hat unter anderem dazu beigetragen, daß der Mittelamerikanische Tapir nur noch selten gesichtet wird. Das gilt auch für die Raubkatzen des Nationalparks Barú: Der Puma, der Ozelot und die Wieselkatze sind nur noch seltene Gäste, ebenso wie der Geoffroy-Klammeraffe. Dieser Baumakrobat ist in Panama übrigens nur im Westen, in der Cordillera de Talmanca beheimatet.

Zu den zahlreicheren Bewohnern des Parks gehören unter anderem Agutis, Hirsche, Eichhörnchen und viele bunte Schmetterlinge, wie etwa der Monarchfalter und die großen, blauschimmernden Morphofalter.

Am stärksten vertreten sind die ***Vögel,*** weshalb Barú und die Gegend um Boquete zu den besten Vogelbeobachtungsgebieten des Landes zählen. Unzählige Kolibris in brillanten Farbschattierungen "summen" durch den Park, und die Hämmerlinge machen mit ihren kreeek-Rufen auf sich aufmerksam.

Praktische Informationen

● ***Entfernungen:*** Boquete (1000 m) - Abzweigung Parkeingang circa 7,5 km (asphaltiert), Abzweigung Parkeingang - Parkwächterhütte (Eingang) circa 1 km (sehr steil), Parkwächterhütte (1800 m) - Vulkanspitze (3475 m) circa 13 km (absolut kräfteraubend!).

● ***Unterkunfts-*** oder ***Verpflegungsmöglichkeiten*** sind unterwegs nicht vorhanden. Am Gipfel kann nicht übernachtet werden, weshalb Sie den Auf- und Abstieg an einem Tag schaffen müssen. Die ersten 7,5 km können und sollten wegen der Zeitersparnis mit einem Taxi (circa 5 $) zurückgelegt werden.

●Am Parkeingang wird jeder Besucher von den ***Parkaufsehern*** registriert, wer allerdings frühmorgens losgeht, wird sie kaum antreffen. Eine offizielle Öffnungszeit und eine Eintrittsgebühr gibt es derzeit noch nicht.

●Die Straße zum Vulkangipfel wird zwei- bis dreimal pro Woche von den Wartungsgruppen der Elektrizitäts- *(IHRE)* und der Telefongesellschaft (*INTEL*) benutzt, die mit alten Jeeps oder *Pick Up's* zu den Sendemasten hochfahren. Eine gute Gelegenheit, um mitzufahren (circa 10 $ pro Person) und so den kräfteraubenden Aufstieg von etwa 6-8 Stunden (ab dem Parkeingang) zu umgehen. Bergab werden Sie etwa 3 bis 4 Stunden bis zum Parkeingang benötigen. Über ***Mitfahrmöglichkeiten*** zum Gipfel fragen Sie am besten im *IHRE*- oder *INTEL*-Büro in Boquete nach, oder Sie versuchen Ihr Glück an der Straßenkreuzung nahe den beiden Büros. Normalerweise fahren die Arbeiter zwischen 7 und 8 Uhr hoch. In Boquete gibt es auch Privatpersonen, die mit ihrem Jeep Touristen für etwa 40 $ pro Jeep hochfahren.

●Wer selbst mit einem ***Jeep*** (nur mit Allradantrieb und hohem Radstand!) zur Spitze hochfahren will, der sei gewarnt: Die Strecke ist teilweise ziemlich steil (vor allem das letzte Stück), rutschig und schlecht befestigt, weshalb es öfters zu Abrutschen kommt (vor allem nach schweren Regenfällen). Aktuelle Informationen über den Zustand der Piste erhalten Sie von den *INTEL*- und *IHRE*-Arbeitern.

●Achtung! Überschätzen Sie nicht Ihre ***Kondition,*** denn mit zunehmender Höhe nimmt die Sättigung des Blutes mit Sauerstoff ab. Der Körper versucht, den Sauerstoffmangel durch beschleunigtes Atmen auszugleichen, wobei die Atemluft zusätzlich erwärmt und befeuchtet wird, was zum Verlust von Körperflüssigkeit führt. Nehmen Sie deshalb ausreichend Flüssigkeit mit. Die sogenannte ***Höhenkrankheit*** wird durch Probleme bei der Anpassung an den Sauerstoffmangel hervorgerufen und äußert sich durch Kopfschmerz, Müdigkeit, Übelkeit oder Atemnot. Sollten solche Probleme auftreten, hilft nur der Abstieg.

Volcán

Von David über Concepción, einem Agrarstädtchen ohne nennenswerte Höhepunkte, geht es wieder in die Bergwelt der Cordillera de Talamanca. Die Straße verläuft ab Concepción nordwärts, durch ein teilweise ***waldreiches Gebiet*** mit Haciendas, bis sie sich langsam nach oben windet durch die faszinierende Szenerie aus nebelumhüllter Vegetation. Im Gegensatz zur Straße von David nach Boquete ist diese Strecke kurvenreicher und steiler. Der Bus von David nach Volcán benötigt für die 57 km lange Strecke gute 1,5 Stunden.

Auf halber Strecke zwischen Concepción und Volcán liegt das ***Restaurant Mirador,*** dessen Name "Aussichtspunkt" bereits auf die hervorragende Lage hinweist. Von der Terrasse des Restaurants lassen sich zwei kontrastreiche Gesichter des Landes in vollen Zügen genießen: im Norden die Bergregion mit Höhen zwischen 2000 und 3000 m, im Süden die Chiricana-Tiefebene, die sich entlang des Pazifiks entfaltet.

Volcáns offizieller ***Ortsname,*** El Hato del Volcán, spiegelt die Entstehungsgeschichte des Ortes, der als großer Weideplatz *(hato)* auf einem 1200 m hohen Plateau an der Westflanke des Vulkans Barú entstand. Die grasenden Rinderherden haben dem ursprünglichen Wald nicht mehr viel Platz übriggelassen. Größere Waldgebiete befinden sich nur noch westlich von Volcán.

Der ***Ort*** setzt sich aus dem ursprünglichen Ortsteil und der jüngeren Siedlung Nueva California zusammen. Sie bilden einen langgezogenen Ort, der sich beidseitig der Durchfahrtsstraße über eine Länge von circa 4 km erstreckt. Volcán und seine Umgebung sind beliebte ***Wochenendziele,*** was sich unter anderem an der großen Zahl der Unterkünfte ablesen läßt. Einige der Wochenendtouristen kommen wegen des erfrischenden Bergklimas, andere wiederum wegen des Vogelreichtums der Gegend. Erholungssuchende und Naturliebhaber zieht es an die kühlen Seen *(lagunitas),* die sich circa 3 km westlich der Ortschaft nahe einer kleinen Landepiste *(Pista de Volcán)* befinden. Zwischen den zahlreichen Ameisen- und Töpfervögeln mit ihrem überwiegend braunen Federkleid fallen die bunteren Tyrannen und die in großer Zahl vorhandenen Wasservögel am häufigsten auf.

Volcáns wenig abwechslungsreiches Alltagsleben spielt sich entlang der Durchfahrtsstraße, der ***Calle Central,*** ab. Sie teilt sich im Zentrum an der unübersehbaren Polizeistation und führt nach rechts über Bambito nach Cerro Punta, geradeaus in das Grenzdorf Río Sereno (circa 30 km), wo für Touristen keine Möglichkeit zum Grenzübertritt nach Costa Rica besteht.

Praktische Hinweise

An- und Weiterreise

- Volcán ist ab ***David*** und ***Concepción*** mit dem Bus Richtung Cerro Punta erreichbar, retour fahren die Busse zwischen 6.30 und 18.30 Uhr alle 20-25 Minuten. Der Bus kann entlang der Straße angehalten werden.

Unterkunft, Essen und Trinken

Die Unterkünfte und Restaurants sind über den ganzen Ort verstreut, weshalb die Distanz zwischen der Unterkunft und der Straßengabelung (Zentrum) angegeben wird. Entlang der Durchfahrtsstraße weisen Schilder den Weg zur Unterkunft.

- ***Cabañas Kokys,*** an der Straße nach Bambito, 4,5 km, 10 $ pro Person. Sehr einfache Zimmer mit Bad und WC. Kleine Anlage in karger Umgebung, allerdings mit Blick auf den Vulkan Barú.

Folgende Unterkünfte liegen im Ortsteil Nueva California nahe der Straße nach Río Sereno:

- ***Motel Nueva California,*** 500 m, Tel.: 714272, EZ/DZ 20 $. Sehr einfache, aber saubere Zimmer; zwielichtige Bar.
- ***Cabañas Valle La Luna,*** 2,2 km (davon 1,2 km ab der Durchfahrtsstraße), Tel.: 714225, EZ/DZ 25 $. Einfache, muffige Zimmer mit kleiner Küche. Vernachlässigte Anlage in einem kleinen Kiefernwald.
- ***Cabañas Morales,*** 1,7 km, Tel.: 714435. EZ/DZ 20 $, Extrabett 10 $. Zweckmäßige, teils unsaubere Zimmer mit Bad und WC.
- ***Cabañas Las Huacas,*** 2,3 km, derzeit kein Telefon. 6 schöne, teils neu erbaute Bungalows mit Küche für maximal 4 Personen, ab 50 $ pro Bungalow. Gepflegte

Anlage in waldreicher Umgebung, empfehlenswert.

- ***Hotel Dos Ríos,*** 2,7 km, Tel.: 714271. EZ/DZ 26,5-33 $, je nach Saison. Saubere, zweckmäßig eingerichtete Zimmer mit Bad, WC. Älteres, rustikales Hotel in ruhiger Umgebung, mit Restaurant und Bar.
- Direkt an der Straße nach Río Sereno, nahe der Abzweigung zu den *Cabañas Morales,* liegen die ***Restaurants Lorena*** und ***Ana Francis,*** die preiswerte, lokale Gerichte anbieten.
- Die ***Disco Kalahar,*** nordöstlich des Zentrums, sorgt am Wochenende für die musikalische Note.

Adressen von A bis Z

- Nahe der Straßengabelung im Ortszentrum befinden sich alle Einrichtungen, die für touristische Belange wichtig sind: die *Banco Nacional de Panamá* (Mo-Fr 8-13.30 Uhr), das ***Postamt*** (Mo-Fr 7-17 Uhr, am Sa bis 16 Uhr) und das *INTEL*-Büro (Mo-Fr 8-16 Uhr).
- Eine kleine ***Wäscherei*** befindet sich gegenüber dem *Jardín Alegría.*

Bambito

Nur 6 km karge Landschaft trennen Volcán vom üppigen Bergwald um den ***winzigen Ort*** Bambito, der an beiden Seiten der Straße am Nordende des Hochplateaus liegt. Die Straße hinter den wenigen Häusern führt entlang eines tosenden Flusses, der eine ***schmale Schlucht*** mit steilen Felshängen geschaffen hat. Beidseitig der Straße breitet sich dunkelgrüner Pflanzenwuchs in allen Sorten und Größen aus. Nicht verwunderlich, daß auf diesem wunderschönen Flecken einige Wochenendbungalows und eine stilvoll in die Landschaft eingebettete Nobelherberge stehen.

Praktische Hinweise

- Das ***Hotel Bambito,*** Tel.: 714265, Fax: 714207, 45 Zimmer, EZ ab 89 $, DZ ab 99 $, Extrabett 10 $, Suites ab 140 $, zählt unumstritten zu den schönsten und komfortabelsten Hotels in Panama. Die wunderschön und ruhig gelegene Anlage hat ein Hallenbad mit Whirlpool, eine Bar/Disco, eine Sauna, einen Tennisplatz und ein Restaurant, wo Forellen aus der eigenen Zucht angeboten werden.
- Süßwasserfische zum Lunch oder Dinner offeriert auch das Restaurant ***Marisqueria El Nuevo Bambito,*** das etwa 700 m vor der Nobelherberge (wenn man von Bambito kommt) in einer Kurve liegt.
- Einige hundert Meter nach dem Hotel Bambito, in Richtung Cerro Punta, liegen die ***Cabañas Kucikas,*** Tel.: 714245. Die verschieden großen Häuschen sind alle mit Bad, WC und Küche ausgestattet, kosten 53 $ pro Zimmer für maximal 4 Personen und sind am Wochenende häufig ausgebucht.
- Bambito ist übrigens mit jedem ***Bus*** erreichbar, der nach Cerro Punta fährt.

Cerro Punta

Kurz nachdem die Straße das Waldgebiet um Bambito verlassen hat, öffnet sich ein ehemaliger Kraterkessel mit stark abfallenden Hängen, an denen die Bauern terrassenförmige Äcker angelegt haben – eine Landschaft, die auf den ersten Blick aussieht, als hätten die Götter den Kraterkessel mit einem großen Flickenteppich drapiert. Der ertragreiche Boden bringt Gemüse,

Orchidee der Gattung Cattleya

Früchte, Kartoffeln, Zwiebeln und Blumen hervor, die ihren Weg bis nach Panama-Stadt finden. Die Region genießt aber nicht nur wegen ihrer ***Fruchtbarkeit*** einen guten Ruf, sondern auch bei der Zucht von Vollblutpferden. Die Gewinner der nationalen Pferderennen stammen fast ausschließlich aus diesem schönen Winkel des Landes.

Der ausgedehnte Ort Cerro Punta ist das Zentrum dieser ***Agrarregion.*** Sein Name wurde vom gleichnamigen Berg (2372 m), der sich nördlich des Dorfes erhebt, übernommen. Cerro Punta liegt auf 1600 m Höhe und ist klimatisch betrachtet in "ewigen" Frühling gehüllt. Die in Panama ansonsten unbekannte Jahreszeit bedeutet, daß sich Nebel und Regen öfter blicken lassen als die Sonne und die kühlen Temperaturen auch tagsüber ständig einen Pullover erfordern.

Praktische Hinweise

An- und Weiterreise

- In Cerro Punta enden die ***Busverbindungen ab David,*** zurück fahren die Busse täglich zwischen 6 und 18 Uhr alle 20-25 Minuten. Die Fahrzeit in die Provinzhauptstadt beträgt etwa 2 Stunden.

Unterkünfte, Essen und Trinken

- ***Hotel Cerro Punta,*** kurz nach der Ortseinfahrt, Tel.: 712020, 19 Zimmer, EZ/DZ 26,50 $. Saubere, zweckmäßig eingerichtete Zimmer mit Bad und WC. Kleine Anlage mit Garten, Bar und Restaurant.
- ***Pensión La Primavera,*** an der Straße zum Nationalpark La Amistad, 5 Zimmer, EZ/DZ ohne Bad 12,50 $, mit Bad 15,50 $. Sehr einfache, aber saubere Zimmer

für anspruchslose Touristen. Familiäre Atmosphäre.

- *Comida típica* haben die Restaurants ***Fendy*** im Hotel *Cerro Punta* und ***Las 3 Marías*** gegenüber dem Hotel.
- Für Abwechslung sorgt die kleine ***Pizzeria Rikuras*** neben der Kirche.
- Die notwendigsten Lebensmittel finden Sie im ***Centro Comercial Saul*** und im ***Minisupermarkt Yasim,*** die sich an der Hauptstraße befinden.

Von Cerro Punta nach Boquete

Eine der schönsten ***Wanderrouten*** führt von Cerro Punta (1600 m) über einen alten Fußweg nach Boquete (1000 m), durch die unberührte Natur des nördlichen Teils des Nationalparks Vulkan Barú. Ab Cerro Punta geht es zunächst über die Hauptstraße in Richtung Norden, vorbei an der Pferdezucht *Haras Carinthia,* über eine kleine Brükke und danach rechts die Asphaltstraße entlang, bis diese nach circa 5 km (ab der Kirche in Cerro Punta) endet. Diese ersten Kilometer der circa 25 km langen Strecke können auch mit einem Taxi zurückgelegt werden, wobei Sie als Fahrtziel "Bajo Grande" angeben müssen.

Nach der Asphaltstraße führt eine Schotterpiste weiter, über den circa 2400 m hohen Paß Restinga und das kleine Paßplateau, vorbei am letzten Bauernhof, bis zum Parkeingang. Ab hier verläuft der Weg entlang eines Berghanges langsam hinunter in das Tal des Río Caldera. Dem Fluß stromabwärts folgend, endet die Expedition in der Bajo-Monos-Schlucht nahe Boquete.

Die seltene Benutzung und der ***schlechte Zustand des Weges*** sowie die streckenweise auftretenden Hangrutsche können die Tour ohne ***ortskundigen Führer*** allerdings zum Irrlauf in einem grünen Pflanzenlabyrinth machen. Nicht selten müssen Touristen, die sich auf eigene Faust auf den Weg wagen, schon nach wenigen Stunden frustriert umkehren.

Wer trotzdem ohne Führer die Route nach Boquete gehen will, sollte niemals alleine marschieren und neben der üblichen ***Ausrüstung*** wie gutes Schuhwerk, Regenjacke etc. auch ausreichende Verpflegung, ein Erste-Hilfe-Set und eine Machete zum Freischlagen des Weges mitnehmen. Es kann aber auch sein, daß die Parkwächter den Weg freigelegt und ausgeschildert haben. Pläne dazu sind vorhanden, allerdings lagen sie bei der Recherche zu diesem Buch noch in der untersten Schublade.

Aktuelle Informationen über den ***Zustand des Weges*** erhält man entweder im *INRENARE-Büro* in Boquete oder bei den Bewohnern von Cerro Punta.

Parque Internacional La Amistad

Im äußersten Westen der Cordillera de Talamanca liegt einer der landschaftlichen Höhepunkte des Landes: der Parque Internacional La Amistad ("Die Freundschaft"), der einfachheitshalber *PILA* genannt wird. Seine unberührte Natur und sein internationaler Charakter machen *PILA* zu einem der bedeutendsten Biosphären-Reservate in Zentralamerika. Das Naturschutzgebiet umfaßt knapp 400.000 ha und breitet sich sowohl auf panamaischem wie auch auf costaricanischem Territorium aus. Etwas mehr als die Hälfte dieses guten Beispiels von ***grenzüberschreitender Naturschutzpolitik*** erstreckt sich über die panamaischen Provinzen Chiriquí und Bocas del Toro. Dem feuchten Tropenklima entsprechend, sind die schroffen Kämme und zerklüfteten Täler des Parks ab circa 1000 m Höhe mit einer dicken Decke aus Nebel- und Bergwald überzogen, die an der Karibikseite unterhalb dieser Grenze in tropischen Regenwald übergeht.

Die Pflanzenschichten steigen von leuchtendgrünen Farnen und Moosteppichen stufenweise empor zu den Baumkronen der bis zu 50 m hohen Urwaldriesen. Flechten und bärtige Moose schaukeln im Wind an den Zweigen, die bereits mit Bromelien und anderen Epiphyten überladen sind. Der Mensch ist in dieser märchenhaft erscheinenden Dämmerwelt nur ein Eindringling, der von den Waldbewohnern mit neugierigen Augen und aus sicherer Entfernung beobachtet wird, vor allem von den neugierigen Affen und den unzähligen Vögeln. Tiefer im Wald finden Raubkatzen wie Puma und Ozelot noch große, unberührte Areale vor, die sie für die Jagd und die Fortpflanzung unbedingt benötigen – eine einzigartige Welt, die für die Tiere immer noch ein "Garten Eden" ist.

Praktische Informationen

- Der beste ***Zugang zum Park*** ist über den Eingang ***Las Nubes,*** wo sich ein Verwaltungshäuschen befindet. Parkaufseher begrüßen die Naturfreunde sehr herzlich und sind hilfsbereite und naturkundige ***Führer*** durch diese einmalige Welt. Sie kennen auch jene Stellen, an denen sich die "Götter der Morgendämmerung" befinden, wie die Quetzals von den Indianern genannt werden.
- Eventuell können die einfachen ***Schlaf- und Kochgelegenheiten*** im Verwaltungshaus, die für die Wissenschaftler gedacht sind, benutzt werden. Informationen erhalten Sie im *INRENARE-Büro* in David. Für ***Tagestouristen*** hat der Park täglich von 8 bis 16 Uhr geöffnet, Eintritt frei.
- Der beste Ausgangspunkt bzw. die beste ***Anreisemöglichkeit*** besteht über Cerro Punta. Gegenüber der Kirche, etwa 300 m vom Hotel *Cerro Punta* entfernt, zweigt die Straße zur circa 5 km entfernt liegenden Siedlung Las Nubes ("Die Wolken") ab, wo die Asphaltstraße an einer Brücke endet. Von hier sind es bis zum Parkeingang circa 2 km über eine holprige Schotter- und Lehmpiste, quer durch das arme Bauerndörfchen Las Nubes. Man kann sich an der breiteren Straße und an den bewachsenen Berghängen orientieren, die in greifbare Nähe kommen werden, je weiter man sich dem Eingang nähert. Das Rauschen des kleinen Bergflusses, der über große Felsen hinunterstürzt und tosend zu Tal fließt, klingt wie eine Ouvertüre auf die Naturschönheiten des Parks.
- Zwischen Cerro Punta und Las Nubes existiert keine ***Busverbindung.*** An der Straßenabzweigung in Cerro Punta warten ***Taxifahrer,*** die Sie für etwa 3 $ nach Las Nubes bringen.

Von David nach Costa Rica

53 km trennen David vom Grenzort Paso Canoa. Auf halber Strecke passiert man ***Concepción,*** wo direkt an der *Carretera Interamericana,* gegenüber der Texaco-Tankstelle, die letzte ***Übernachtungsmöglichkeit*** vor der Grenze liegt: das nicht sehr emfehlenswerte ***Hotel Rocio,*** Tel.: 706554, EZ/DZ 15,50 $.

Zwischen Concepción und Paso Canoa wurde ein ***Kontrollposten*** errichtet, an dem die Polizei jedes Fahrzeug und jeden Fahrzeuginsassen kontrolliert.

Paso Canoa ist kein Ort, um länger zu verweilen, am besten überquert man so schnell wie möglich die Grenze und fährt mit dem costaricanischen Bus weiter. Die Haltestelle liegt circa 500 m von der Grenze entfernt. ***Unterkünfte,*** die sich aufgrund ihrer sehr einfachen Ausstattung allerdings nur für den Notfall eignen, gibt es nur auf costaricanischer Seite. Der ***Grenzposten*** an der panamaischen Seite ist von 8 Uhr bis Mitternacht geöffnet, an der costaricanischen Seite wegen der Zeitverschiebung ab 9 Uhr. Paso Canoa ist ab David mit dem ***Bus*** zwischen 5 und 20 Uhr alle 10 Minuten erreichbar.

Orchidee

Abstecher auf die Halbinsel Burica

Einen Steinwurf vor dem Grenzübergang nach Costa Rica zweigt nach links eine ***Straße*** ab, die 36 km weiter in Puerto Armuelles endet. Sie verläuft auf den ersten Kilometern entlang der ***Grenze,*** die von einem circa 5 m breiten Grünstreifen ohne Zäune gebildet wird. Kurz vor der Ortschaft Progreso werden an einem Polizeiposten alle Fahrzeuge und Insassen kontrolliert.

Puerto Armuelles liegt auf der Halbinsel Burica, die etwa zu gleichen Teilen zum Staatsgebiet von Costa Rica und Panama gehört. Die Route ist landschaftlich weniger reizvoll. Zwischen Paso Canoa und La Esperanza wird das Landschaftsbild vorwiegend von ***Weideland, Tabak-, Kokos- und Ölpalmenplantagen*** geprägt, während das Bild im Süden von ***Bananenplantagen*** bestimmt wird. Die gelben Früchte haben den Hauptanteil an Buricas Wirtschaft. Die gesamte Infrastruktur auf der Halbinsel ist für die Bananenproduktion ausgelegt. Gute, asphaltierte Straßen sind nicht vorhanden, mit der Ausnahme jener, die Paso Canoa mit Puerto Armuelles verbindet. Für den Bananentransport sind Straßen auch nicht notwendig. Die Bananentrauben werden über große Förderbänder aus den Plantagen gebracht und auf den "Bananen-Zug" verladen, der sie nach Puerto Armuelles bringt, von wo sie in die ganze Welt verschifft werden.

Puerto Armuelles

Das touristisch uninteressante, aber für die Wirtschaft unentbehrliche Hafenstädtchen dient nicht nur als reiner ***Umschlagplatz für die Bananen,*** sondern ist auch ein wichtiger ***Rohölhafen für die USA.*** Die Nordamerikaner erbauten von Puerto Armuelles nach Chiriquí Grande an der Karibikküste eine Ölpipeline. Sie ist ein wichtiges Bindeglied für den Transport des Rohöls aus Alaska an die Ostküste der USA. Die USA ersparen sich mit der panamaischen Rohrleitung nicht nur Zeit und Geld, sondern sie umgehen auch den risikoreichen Transport des Öls mit Lkws quer über den nordamerikanischen Kontinent.

Puerto Armuelles ist ein sehr kontrastreiches Städtchen mit wenigen gepflegten Ortsteilen und vielen sehr armen Bezirken mit alten verfallenen Holzhäusern, an denen die Pastellfarbe nur noch vage zu erkennen ist. Diese ***typisch amerikanischen Plantagenhäuser*** aus den frühen Jahren des 20. Jahrhunderts standen dem Verwaltungspersonal der Bananenplantagen zur Verfügung. Heute dienen die halbverfallenen Häuser als Wohnungen für die sozial Schwächsten von Puerto Armuelles, die als Arbeiter auf den Bananenplantagen sehr hart ihren Lebensunterhalt verdienen.

Praktische Informationen

- Puerto Armuelles ist ab David über Paso Canoa erreichbar, zurück fahren die ***Busse*** zwischen 6 und 19 Uhr alle 15-20 Minuten.
- Die meisten Bars, Kneipen, Restaurants und Billighotels befinden sich am Paseo. Die einzige akzeptable ***Unterkunft*** ist ***Koko's Place,*** Tel.: 707049, wenige Kilometer außerhalb von Puerto Armuelles, an der Straße nach Paso Canoa.

Die Provinz Bocas del Toro

Im Nordwesten von Panama erstreckt sich entlang der Karibikküste die Provinz Bocas del Toro, die aus einer schmalen Küstenebene, steilen Berghängen und zahlreichen Inseln gebildet wird. Auf der Isla Colón befindet sich die Provinzhauptstadt, die ebenfalls Bocas del Toro genannt wird. Um einer Verwirrung vorzubeugen, wird die Hauptstadt allgemein mit der Kurzform *Bocas* oder *Bocas la Isla* bezeichnet.

Die Provinz Bocas del Toro ist ein "vergessener Winkel des Landes", wie die Bocatoreños ihre Heimat verbittert charakterisieren, und das ***Land der Chiquita-Bananen,*** das um Changuinola und Almirante fest in den Händen des amerikanischen Bananenmultis *Chiquita Brand,* alias *United Fruit Company,* liegt. Nach der Meinung der regionalen Bevölkerung hat der Multi "hier mehr für die Menschen getan als die panamaische Regierung". Aber nicht alles, was hier wächst, ist gelb und gebogen: Die unberührten, mit Mangroven überwucherten Inseln, die teilweise im Nationalpark Isla Bastimenos geschützt sind, bilden einen reizvollen Kontrast zur dunstverhüllten, tiefgrünen Bergkulisse auf dem Festland.

Die ***Bevölkerung*** von Bocas del Toro besteht vorwiegend aus *Afroantillianos,* Guaymí, Bokota und Terriben. Während der spanischen Kolonialjahre hatte diese Region kaum Bedeutung, das dünnbesiedelte Gebiet diente den Indianern als Zufluchtsort und den englischen Piraten als Freihafen. Um 1820 tauchten die ersten Siedler in der Region auf, die schottischer und englischer Abstammung waren und die mit ihren Sklaven und Gütern vorher auf der kolumbianischen Insel San Andres gelebt haben. Anfang des 20. Jahrhunderts kamen zu dieser kleinen Gemeinschaft die nordamerikanischen Bananenzüchter hinzu, die für die Plantagenarbeit auf den Karibikinseln, vorwiegend auf Jamaika, um Arbeiter warben. Die amerikanischen und englischen Einflüsse sind heute noch in der Architektur zu sehen, vor allem aber erklären sie die Zweisprachigkeit der schwarzen Bevölkerung.

Über dem ***Ursprung des Provinznamens*** gibt es zwei Versionen: In der ersten und aller Wahrscheinlichkeit nach auch der richtigen Version stammt der Name vom Kaziken *Boka Toro,* der die *Indígenas* dieser Region Anfang des 17. Jahrhunderts führte. Der zweiten Version nach ist *Kolumbus* der Urheber: Auf seiner Fahrt durch die geschützten Buchten sichtete er eine Felsformation an der Küste, die einem liegenden Stier ähnelte, dazu die hohen, sich am Felsen brechenden Wellen. Die phantasievolle Vorstellung eines schnaubenden Stieres war geboren – *la boca del toro,* das "Maul des Stieres".

Unterwegs an die Karibikküste

Chiriquí Grande

Die einzige Straße, die in die Provinz Bocas del Toro führt, zweigt von der *Carretera Interamericana* circa 10 km östlich von David ab. Sie verläuft über die Zentralkordillere und endet im 92 km entfernten Ort Chiriquí Grande an der Karibikküste.

Hinter der Ortschaft Gualaca kommen die schroffen Gebirgskämme immer näher. Vom natürlichen Pflanzenkleid ist weit und breit sehr wenig übriggeblieben. Schwere Regenfälle und starke Winde haben in dieser fast baumlosen Gegend freien Zugang zum fruchtbaren Boden. Die ***Erosionsprobleme*** kommen hier deutlicher als anderswo in Panama zum Vorschein.

Die Furcht, daß der Landhunger die Vegetation auch an der Karibikseite zerstört und dadurch der

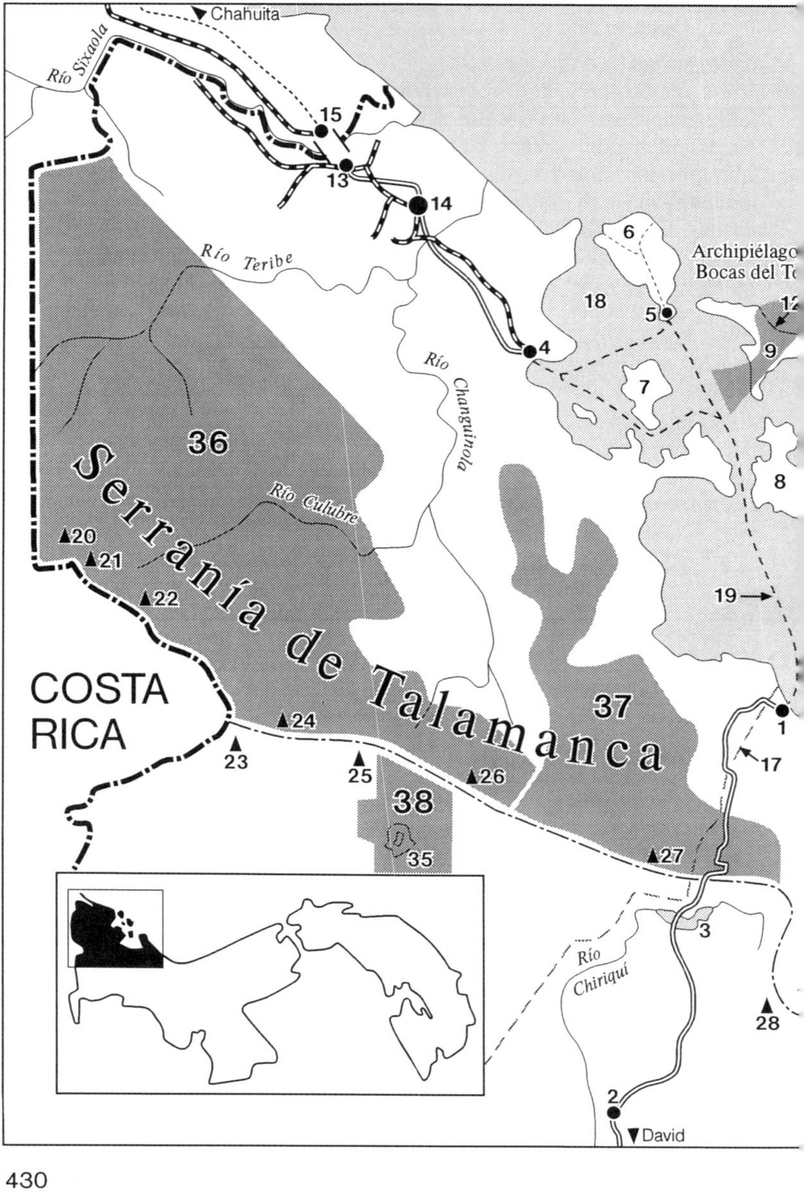
Chahuita
Río Sixaola
15
13
14
Río Teribe
6
Archipiélago
Bocas del To
18
5
12
4
9
Río Changuinola
7
36
Serranía de Talamanca
8
Río Culubre
20
21
19
22
COSTA RICA
37
1
24
23
25
17
26
38
35
27
3
Río Chiriquí
28
2
David

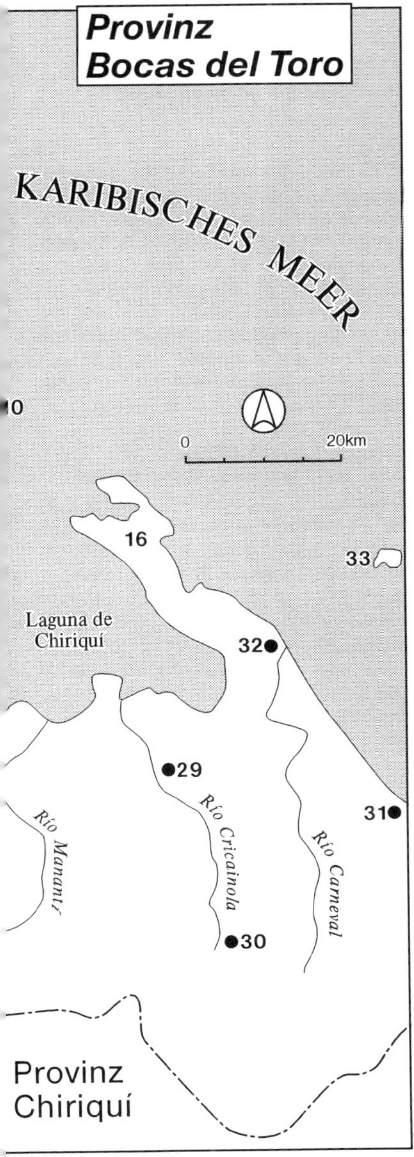

1	Chiriquí Grande
2	Gualaca
3	Fortuna-See
4	Almirante
5	Bocas del Toro
6	Isla Colón
7	Isla Cristóbal
8	Isla Popa
9	Isla Bastimentos
10	Cayo Zapatillo
11	Parque Nacional Marino Isla Bastimentos
12	Playa Larga
13	Guabito
14	Changuinola
15	Sixaola
16	Península Valiente
17	Erdölpipeline
18	Bahía de Almirante
19	Fahrtroute der Fähre bzw. des Wassertaxis
20	Cerro Fábrega 3335 m
21	Cerro Itamut 3279 m
22	Cerro Echandi 3162 m
23	Cerro Pando 2482 m
24	Cerro Totuma 2625 m
25	Cerro Punta 2375 m
26	Cerro Horqueta 2232 m
27	Cerro Guayabo 2088 m
28	Cerro Chorcha 2238 m
29	Bisira Arriba
30	Bisira
31	Boca de Río Chiriquí
32	Boca de Río Caña
33	Isla Escudo de Veraguas
35	Vulkan Barú 3475 m
36	Parque Internacional La Amistad
37	Reserva Forestal Palo Seco
38	Parque Nacional Volcán Barú

künstliche Fortuna-See nicht mehr seine Funktion als Wasserspeicher und für die Elektrizitätserzeugung erfüllen kann, hat zur Schaffung des 15.000 ha großen ***Waldschutzgebietes Fortuna*** geführt.

Bis der Wald allerdings in greifbare Nähe rückt, quält sich der Bus bergauf über eine Serpentinenstraße zur kontinentalen Wasserscheide auf circa 1100 m Höhe, wo der ***üppige Bergwald*** einen starken Kontrast zu den gerodeten Hängen an der Pazifikseite bildet. In Richtung Karibik schlängelt sich die Straße talwärts über den Staudamm Fortuna durch eine reizvolle Landschaft, vorbei an rauschenden Wasserfällen, Bächen und Flüssen. Ab und zu fällt der Blick auf einige Wanderer, die mit ihren Ferngläsern die Bäume nach Vögeln absuchen, denn die gefiederten Freunde sind hier mit vielen Arten vertreten. Die Piste, die für den Unterhalt der Kraftwerkszentrale Fortuna und der Erdölpipeline Puerto-Armuelles-Chiriquí Grande angelegt wurde und parallel zur Straße verläuft, ermöglicht kleine Wanderungen in dieser vogelreichen Gegend.

Übernachtungsmöglichkeiten gibt es nur in Chiriquí Grande, das direkt an der Laguna de Chiriquí liegt. Der einzige Grund für die Existenz dieses Ortes ist das Erdöl, das durch die riesige ***Pipeline*** von Puerto Armuelles hierhergepumpt und in riesigen Tanks bis zum Weitertransport in die USA gelagert wird.

Chiriquí Grande macht einen vernachlässigten und unsauberen Eindruck. Die Lokale und zwielichtigen, unsicheren Hotels und Pensionen laden nicht dazu ein, hier länger zu verweilen. Der Ort ist allerdings ein wichtiges ***Bindeglied im Verkehrsnetz*** zwischen Bocas del Toro und dem Rest des Landes. Mit Wassertaxis und Fähren kann die Reise nach Almirante und Bocas del Toro fortgesetzt werden.

Praktische Informationen

Bus

- Die ***Bushaltestelle*** liegt nahe des Anlegestegs am Ende der Hauptstraße.
- Nach ***David*** fahren die Busse täglich zwischen 9 und 16 Uhr stündlich, nach Bedarf auch um 17 Uhr. Die Chauffeure warten meistens, bis das Wassertaxi oder die Fähre angelegt haben.
- Der Bus nach ***Panama-Stadt*** kommt mit der Fähre aus ***Almirante*** und fährt von Chiriquí Grande täglich außer Mo um circa 12.30 Uhr weiter nach ***Changuinola.***

Wassertaxi und Fähre

- Die leicht verrostete ***Fähre*** legt täglich außer Mo um 13.30 Uhr ***nach Almirante*** ab. Etwa dreimal wöchentlich (je nach Bedarf) erfolgt die Fahrt über die Provinzhauptstadt ***Bocas del Toro.*** Die Überfahrt nach Almirante dauert circa 5 Stunden und kostet 5 $ pro Person.
- Die schnellere und zuverlässigere Option ist das ***Wassertaxi.*** Es fährt täglich zwischen 7 und 18 Uhr circa sechsmal, benötigt etwa 2 Stunden und kostet 10 $ pro Person (maximal 20 Personen). Von Almirante nach ***Bocas del Toro*** bestehen täglich Verbindungen mit dem Wassertaxi. Achtung! Versuchen Sie, im Boot so weit wie möglich vorne zu sitzen, sonst kann die Überfahrt ein "nasses" Abenteuer werden.

Unterkunft, Essen und Trinken

- Alle Restaurants und Unterkünfte befinden sich im Zentrum. Nicht zu empfehlen sind die ***Pensiónes Carol, Siquem Inn*** und ***Buena Vista.*** Einzige akzeptable Unterkunft ist die ***Pensión Emperador,*** Tel.: 789656, EZ/DZ 15 $.

Almirante

Die Bootsfahrt von Chiriquí Grande nach Almirante bietet die Gelegenheit, die ***Küstenlandschaft*** aus einer anderen Perspektive zu betrachten. Während das Wasser der Laguna de Chiriquí an den Passagieren vorbeizischt, zieht ein beeindruckendes Dekor aus grünen Berghängen vorbei, eine Urlandschaft, die *Kolumbus* und seine Mannschaft als erste Europäer zu Gesicht bekamen. Nach der Überquerung der großen Lagune und vorbei an Mangroveninseln erreicht das Boot die ruhige ***Bahía de Almirante,*** die "Bucht des Admirals". Die Geschichtsbücher berichten über Kolumbus' letzte Reise: *"Der Admiral segelte in Richtung Osten, wo es eine Meeresbucht von sechs Seemeilen Länge (circa 33 km) und von mehr als drei Seemeilen Breite gab. Sie besaß viele Inseln und Inselchen und drei oder vier Öffnungen, die es den Schiffen ermöglichten, hineinzutreten und ruhig weiterzusegeln. Zwischen diesen Inselchen fuhren die Schiffe wie auf einer Straße, und die Segel und Seile berührten die Zweige der Bäume ...."* Die Inseln, die Bucht und die Kleinstadt Almirante halten mit ihrem Namen den Besuch des Entdeckers der Neuen Welt ständig wach.

Almirante ist ein ***Hafenstädtchen*** auf dem Festland, das mit seinen einfachen, verschiedenfarbenen Häusern auf den ersten Blick einen malerischen Eindruck macht. Die Realität kommt spätestens nach dem Anlegen des Bootes zutage: Die Hafenstadt ist ein schmutziger, chaotischer Ort ohne Charme und in eine erdrückende Schwüle gehüllt. Güterzüge, zum Bersten mit Bananen beladen, pendeln zwischen den Plantagen und dem Hafen, von wo aus die gelben Früchte ihre Reise zu den nordamerikanischen und europäischen Märkten antreten. Den Touristen steht die teilweise englischsprachige Bevölkerung freundlich und hilfsbereit gegenüber, aber das kann nicht über die geringe Attraktivität des Städtchens hinwegtäuschen.

Praktische Hinweise

Bus

●Die ***Busse nach Changuinola*** fahren im Zentrum nahe der *Hospedaje San Francisco* ab, täglich zwischen 6 und 18.30 Uhr jede halbe Stunde.

●Der ***Bus nach Panama-Stadt*** kommt aus Changuinola und fährt direkt zur Fähranlegestelle. Ein Ticket sollte in Changuinola reserviert werden.

Wassertaxi und Fähre

●Der Anlegesteg des ***Wassertaxis*** liegt 10 Gehminuten südlich des Zentrums. Ab hier gibt es Verbindungen nach:

●***Chiriquí Grande*** (circa 2 Stunden, 10 $), täglich zwischen 7 und 18 Uhr circa sechsmal.

●***Bocas del Toro*** (circa 30 Minuten, 3 $), So um 7, 14 und 16 Uhr; Mo um 5, 6, 7, 14 und 16 Uhr; Di und Do um 7, 8 und 14 Uhr; Mi um 7 und 14 Uhr; Fr und Sa um 5.30 und 16 Uhr.

Aktuelle ***Informationen*** über das Wassertaxi erhalten Sie an der Anlegestelle oder unter Tel.: 783498.

●Der Anlegesteg der ***Fähre*** liegt circa 10 Gehminuten südöstlich des Zentrums im großen Hafen. Ab hier gibt es täglich (außer Mo) um 7.30 Uhr eine Verbindung nach ***Chiriquí Grande*** (5 $, 5 Stunden); etwa dreimal pro Woche (je nach Bedarf) über ***Bocas del Toro.***

Unterkunft, Essen und Trinken

Alle Unterkünfte befinden sich in unmittelbarer Nähe der Bushaltestelle, werden als Stundenhotels benutzt und eignen sich nur für den Notfall:

●***Hospedaje San Francisco,*** EZ 10 $, DZ 15 $.

●***Hospedaje Bahía Almirante,*** 5 $ pro Person.

●***Pensión Colón,*** EZ 5 $, DZ 7,50 $.

●***Hotel Hong Kong,*** 5 $ pro Person.

●Die beste Wahl für ein gutes Essen ist das kleine Restaurant/Bar ***Delyra,*** gegenüber der Disco/Bar ***Carta Vieja.***

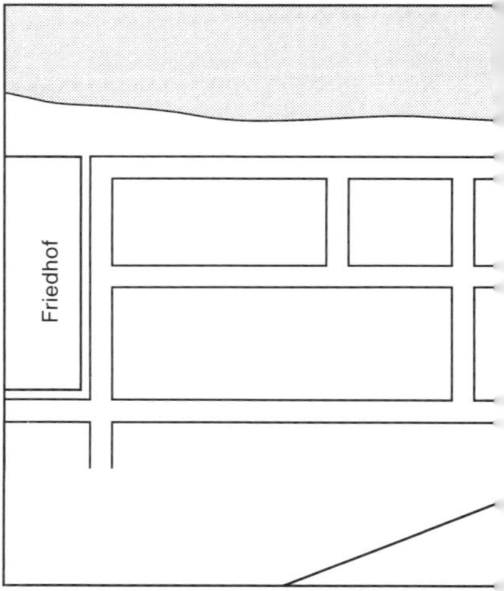

Bocas del Toro

1	ANCON-Büro
3	Markt
4	Malariainformation und Pensión Peck
5	Feuerwehr
6	Flughafengebäude
7	Fußballwiese
8	Bibliothek
9	Banco Nacional de Panamá
11	Post
12	Einreisebehörde
13	INRENARE-Büro
14	INTEL
15	Billardhalle
17	Mercadito El Pueblo
18	Ausreisebehörde
20	Anlegestelle/Wassertaxi
21	Fähranlegestelle
🏨	
2	Botel Thomas
4	Pensión Peck und Malariainformation
19	Hotel Bahía
🍸	
10	Restaurant El Lorito/Wäscherei
16	Restaurant Kun Ja

Die ruhige Bahía de Almirante wird im Nordwesten von der circa 15 km langen ***Isla Colón*** gegen die kräftigen Wellen des Atlantiks geschützt. Auf dem Südzipfel der Insel liegt die ***Provinzhauptstadt*** Bocas del Toro. Vielleicht ist "Hauptstadt" eine etwas große Bezeichnung für den Ort, der von einem lässigen Karibikflair geprägt wird.

Ein lockeres Englisch mit einem für die Karibik charakteristischen Akzent klingt durch die ruhigen Straßen. "Nur keine Hektik", ist die Devise der freundlichen Bevölkerung, und gerne lassen sich die Touristen von diesem *easy way of live* anstecken. Die drückende Schwüle läßt eben keine schnellen Bewegungen zu und verführt öfters zum Nichtstun.

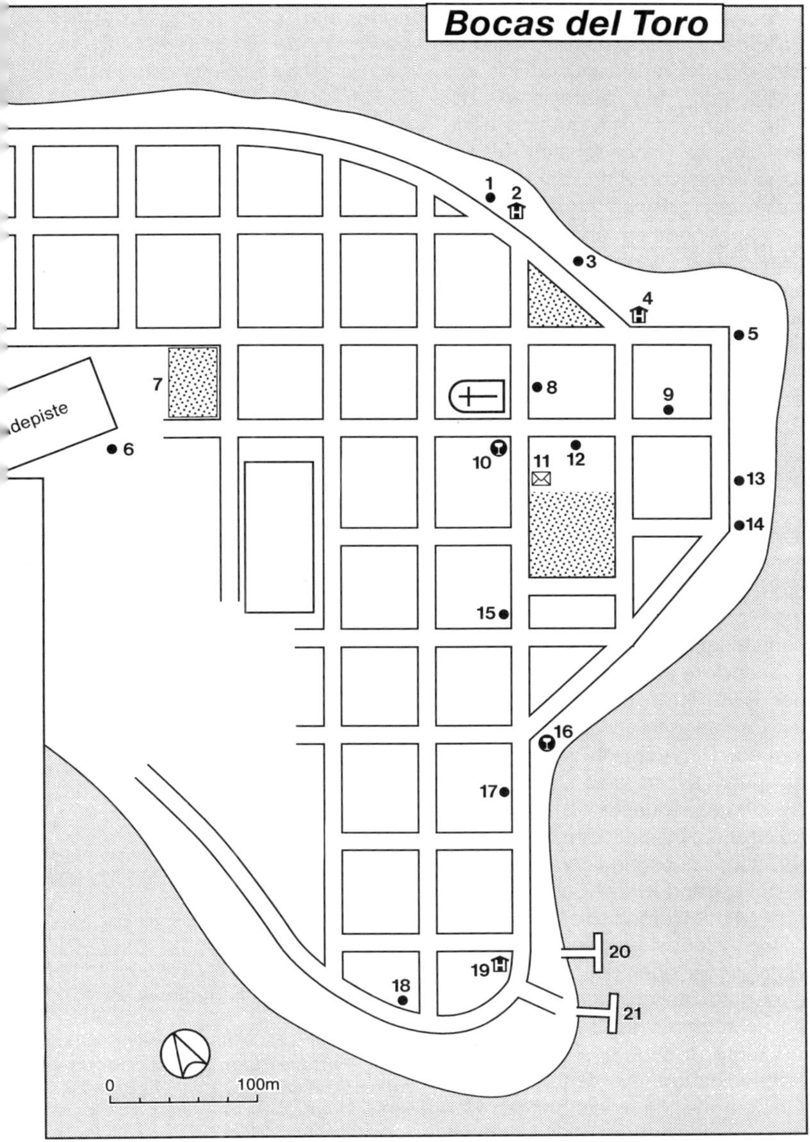
Bocas del Toro
1
2
3
4
5
6
7
8
9
10
11
12
13
14
15
16
17
18
19
20
21
depiste
0
100m

Holzbauten mit Veranden und Balkonen säumen die wenigen Straßen und repräsentieren die alte Architektur der Südstaaten der USA. Man kann sich gut vorstellen, wie hier die Ranghöchsten der Bananenfirma jahrzehntelang die Kolonialherren gespielt haben, mit einem angenehmen, elitären Leben.

Mit dem Abzug der Nordamerikaner, die ihre Geschäfte heute von den USA aus führen, wurden die Häuser ihrem Schicksal überlassen. Naturkatastrophen wie der Wirbelsturm im Jahr 1962 oder das Erdbeben von 1991 haben ihren ***Verfall*** beschleunigt. Kaum ein Bewohner kann das notwendige Geld für die Renovierung seines Hauses aufbringen, denn Arbeit gibt es nur selten. Ein Grund, warum immer mehr junge Menschen nach Panama-Stadt ziehen, auf der Suche nach einer besseren Zukunft.

Die ***ältere Generation*** hängt an der Ruhe ihrer Insel und versucht, mit Fischfang ihren Unterhalt zu verdienen. Gelegentlich verdienen sie ein paar Dollars dazu als Bootsfahrer für die Touristen zu den nahe gelegenen Inseln oder als Taxifahrer zum menschenleeren, weißen Palmenstrand in der Bahía del Dragon an der Nordwestseite der Insel.

Der Anlegesteg gegenüber dem *Hotel Bahía* oder das *Botel Thomas* sind gute Stellen, um ***Bootsfahrer*** anzusprechen, die Sie für etwa 25-40 $ pro Boot (je nach Distanz und Verbleibdauer) zu den schönsten Flecken des Archipels bringen werden: etwa zu den Islas Cristóbal, Popa und Bastimentos (Nationalpark) oder zur Grotte *(gruta),* die bei der jährlichen *Fiesta de Nuestra Señora de la Gruta* am 21. Juli die Kulisse bildet.

Praktische Hinweise

Wassertaxi und Fähre

- Das ***Wassertaxi nach Almirante*** (3 $, circa 30 Minuten) startet gegenüber dem Hotel Bahía am:

  So um 7.30, 15 und 16.30 Uhr; Mo um 6, 6.30, 7.30, 15 und 16.30 Uhr; Di und Do um 7.30, 12 und 15 Uhr; Mi um 7.30, 12 und 15 Uhr; Fr und Sa um 6.30 und 16.30 Uhr.
- Ab drei Personen werden gelegentlich auch Fahrten ***direkt nach Chiriquí Grande*** unternommen. Für 15 $/Person macht dann das Boot von Almirante nach Chiriquí Grande einen Umweg über Bocas. Aktuelle Informationen dazu erhalten Sie unter Tel.: 789491.
- Einige Schritte südlich des Hotels *Bahía* befindet sich der Anlegesteg der ***Fähre,*** die allerdings nur nach Bedarf fährt: etwa dreimal pro Woche nach ***Chiriquí Grande*** um circa 9.30 Uhr, nach ***Almirante*** um circa 17 Uhr. Das Wassertaxi nach Chiriquí Grande über Almirante ist deshalb die bessere Option.

Flug

- Die einfache ***Landepiste*** und das ***Flughafengebäude*** liegen wenige Minuten vom Zentrum entfernt.
- *Alas Chiricanas,* Tel.: 789236, fliegt am Mo, Mi und Fr nach ***Panama-Stadt*** um 9.25 Uhr (43 $), nach ***David*** um 10 Uhr (21 $) und nach ***Changuinola*** um 10.10 Uhr (8,50 $).
- *Aeroperlas,* Tel.: 789341, fliegt täglich nach ***Panama-Stadt*** (über ***Changuinola)*** um 8.50 und 13.30 Uhr (43 $).
- Die ***Flugticktes*** sind direkt im Flughafengebäude erhältlich.

Unterkunft, Essen und Trinken

●Die billigste, zugleich aber auch die heruntergekommenste Unterkunft des Ortes ist die ***Pensión Peck,*** oberhalb des Malaria-Institutes, mit sehr einfachen, kleinen Zimmern mit Dusche und WC, EZ/DZ - 10 $.

●***Botel Thomas,*** Tel.: 789248, 20 Zimmer, EZ/DZ 16,50 $. Einfache, etwas muffige Zimmer mit Bad, WC, Ventilator oder AC. Alte, vernachlässigte Anlage mit Bar, Restaurant und angenehmer Terrasse.

●***Hotel Bahía,*** Tel.: 789626, 28 Zimmer, EZ/DZ mit Ventilator 13,50 $/16,50 $, mit AC und TV 16,50 $/19,50 $. Zweckmäßige Zimmer mit Bad und WC. Älteres Hotel mit großem Balkon und kleinem Café für ein einfaches Frühstück.

●Gut und preiswert sind die lokalen Speisen und Kuchen im ***Restaurant El Lorito,*** wo die "Mama" selbst den Kochlöffel schwingt.

●Abwechslung bietet nur das chinesische Restaurant ***Kun Ja.***

●In den kleinen ***Tante-Emma-Läden*** des Ortes gibt es eine beschränkte Auswahl an Lebensmitteln.

Adressen von A bis Z

●***Buchhandlung:*** Die kleine *librería* gegenüber der Kirche führt ***auch englische Bücher*** und ist Mo-Sa von 8 bis 20 Uhr geöffnet.

●***Ein- und Ausreisestempel:*** Wer außerhalb der Grenzöffnungszeiten (siehe "Guabito") eingereist ist bzw. ausreisen möchte, kann sich den Stempel bei der Einreisebehörde im *Palacio Municipal* bzw. bei der Ausreisebehörde, südlich des *Hotels Bahía,* holen. Beide Ämter sind Mo-Fr von 8.30 bis 16.30 Uhr geöffnet.

●***Geldwechseln:*** Die *Banco Nacional de Panamá*, geöffnet Mo-Fr von 8 bis 13.30 Uhr, wechselt alle US-Dollar-Reiseschecks.

●***Malaria-Institut:*** Das *Servicio Nacional de Erradicación de la Malaria* (kurz *SNEM),* unterhalb der Pensión Peck, hat aktuelle Informationen über das Malaria-Risiko in der Provinz Bocas del Toro.

●***Nationalparkbüro:*** Sowohl *INRENARE* und *ANCON* haben brauchbare Informationen über den Nationalpark Isla Bastimentos; unregelmäßige Öffnungszeiten.

●***Post:*** im *Palacio Municipal,* geöffnet Mo-Sa von 7 bis 17.30 Uhr.

●***Telefon:*** Von Bocas aus sind nur nationale Telefonate möglich. Für internationale Anrufe müssen Sie auf das Festland zurück. Öffentliche Münzapparate gibt es im *Hotel Bahía* und *Botel Thomas,* sowie im *INTEL*-Büro, das Mo-Fr von 8 bis 12 und von 13 bis 15 Uhr geöffnet ist.

●***Touristeninformation:*** Seit Herbst 1993 ist das *IPAT*-Büro nicht mehr besetzt. Mit einer Änderung kann gerechnet werden.

●***Wäscherei:*** im Restaurant *El Lorito* (einfach an der Theke melden!)

Parque Nacional Marino Isla Bastimentos

Wunderschöne Korallenriffe, feinsandige Strände, Lagunen, Mangroven- und Feuchtwälder bestimmen das Bild des circa 15.000 ha großen ***Naturschutzgebietes*** Isla Bastimentos - die "Proviant-Insel", wie das Eiland von *Kolumbus* wegen seines großen Tierbestandes getauft wurde. Weniger als ein Drittel des Naturschutzgebietes entfällt auf die Isla Bastimentos, der größere Teil gehört der Unterwasserwelt und den kleinen, verstreut liegenden Koralleninseln und Sandbänken *(cayos).* Sie bilden geschützte Lagunen und breiten sich alle vor

Die Schildkröte und der Leguan

Dieses uralte Märchen der *Indígenas* der Provinz Bocas del Toro erzählt die Geschichte, wie die Schildkröte eigentlich zu ihrem Panzermuster kam. Und wie so viele Märchen beginnt auch dieses mit: Es war einmal …

… ein Leguan, der eine Schildkröte zu einer Wette überredete, um zu sehen, wer von beiden der Mutigste sei. Um das herauszufinden, mußten beide von einem Baum in einen über und über mit Steinen gefüllten Fluß springen. Der Leguan war als erster an der Reihe, er atmete tief ein, hielt die Luft an, sprang tollkühn in das Wasser und kletterte mit einem Grinsen im Gesicht an der anderen Flußseite wieder an Land. Dank seines schlanken, gelenkigen Körpers hatte er den Sprung unverletzt überstanden. Jetzt war die Schildkröte an der Reihe. In tausend Ängsten schwebend, die Augen geschlossen, sprang auch sie in das tosende Wasser des Flusses. Dabei schlug sie an einen Felsen, und ihr Panzer zerbrach in viele Stücke. Ein Fisch und eine Languste, die die Wettkämpfer beobachtet hatten, eilten der Schildkröte zu Hilfe. Die Languste schenkte der völlig verzweifelten Schildkröte ein Stück ihres Fühlers als Draht, vom Fisch bekam sie eine Gräte als Nadel, damit sie ihren Panzer nähen konnte. Als die Schildkröte mit dem Flicken ihres Panzers fertig war und das Muster ansah, sagte sie mit Tränen in den Augen: *Wenn mich der Leguan so sieht, wird er mich sicher auslachen und verspotten. Ich bleibe von nun an für immer im Wasser …*

Parque Nacional Marino Isla Bastimentos

der Südwestküste der Isla Bastimentos aus, nur die Cayo Zapatillo liegt etwas abseits. Aller Wahrscheinlichkeit nach sind diese Inseln ein Restmassiv des submarinen Riffgürtels, der fast die gesamte Bahía Almirante und die Laguna de Chiriquí im Norden begrenzt und gleichzeitig gegen die Wellen des Atlantiks schützt.

Der Nationalpark wurde 1988 als gemeinsames Projekt von *INRENARE* und *ANCON* geschaffen. Gründe dafür waren die ***Brutplätze der Meeres- und Lederschildkröten*** an der Playa Larga auf der Isla Bastimentos und die ***Flora und Fauna des maritimen Bereichs,*** über die bis heute nur wenig bekannt ist. Die jüngsten Forschungen über die Tierwelt oberhalb des Wasserspiegels haben dagegen spektakuläre Informationen ergeben, die das anfangs zögernde Interesse am Gebiet schlagartig ansteigen ließen. Die Inselwelt beherbergt ***Insekten, Kriechtiere und Lurche,*** die wegen ihrer Einzigartigkeit zu einem Vergleich mit den Galapagos-Inseln anregten.

Dieser Vergleich ist etwas übertrieben, hat aber dazu geführt, daß einige Mitglieder von *ANCON* und *INRENARE* Ecuadors weltberühmte Inselgruppe und den bekannten Marinenationalpark in Belize besuchten, um Informationen aus erster Hand zu sammeln über einen ***Naturschutz, der Hand in Hand mit dem Tourismus geht.*** Mittlerweile haben *ANCON* und *INRENARE* ihr Büro in der Provinzhauptstadt errichtet, das als Stützpunkt für Forschungs- und Informationsprojekte im Bereich des Natur- und Umweltschutzes dient, unter Einbeziehung der lokalen Bevölkerung. Das *Smithonian Tropical Research Institut* arbeitet bereits an einer biologischen Station im Nationalpark, und Privatinvestoren planen, eine Tauchbasis zu errichten. Bastimentos liegt im Aufwärtstrend und wird in naher Zukunft sicher touristisch besser entwickelt werden. Vielleicht wird das auch der regionalen Bevölkerung Vorteile bringen.

Die ***Besichtigung des Nationalparks*** beschränkt sich derzeit auf Bootsrundfahrten und eine Wanderung auf der Isla Bastimentos, die von der Siedlung Coco Solo quer über die mit urwüchsigem Wald überzogene Insel zur Playa Larga führt. Für eine Inselführung wenden Sie sich an das *INRENA*RE-Büro in Bocas del Toro oder fragen unter den Bewohnern von Coco Solo.

Karettschildkröte

Von Almirante nach Costa Rica

Das Festland ist im Gegensatz zu den vorgelagerten Inseln weniger interessant und steht ganz im Zeichen der Chiquita-Banane. Von Almirante führt eine gute Asphaltstraße bis in den 42 km entfernten Grenzort Guabito am Río Sixaola. Auf halber Strecke durchquert man Changuinola, den größten Ort der Provinz Bocas del Toro.

Changuinola

Hinter dem exotisch klingenden Namen Changuinola versteckt sich ein ***Handelsstädtchen,*** das mit der Bananenindustrie zum Einkaufszentrum für die regionalen Bewohner beiderseits der internationalen Grenze gewachsen ist. Der Busbahnhof und der nebenan liegende Markt für frisches Gemüse und Obst sowie zahlreiche Geschäfte für Kleidung dominieren das lebhafte Zentrum Changuinolas.

Im Mai machen das Städtchen und die Umgebung ihrem Ruf als ***Bananenzentrum*** mit dem *Festival del Banano* alle Ehre. Das jährlich stattfindende Fest mit einer Agrarmesse, temperamentvollen Tänzen und Musikdarbietungen lockt landesweit Menschen hierher und verwandelt Changuinola in einen riesengroßen Jahrmarkt, wo bis in die frühen Morgenstunden ausgelassen gefeiert wird. Die restlichen Monate des Jahres werden von der Bananenproduktion auf den zahlreichen umliegenden Fincas bestimmt.

Banane ist nicht gleich Banane

... dafür sorgt nicht nur die Qualität, sondern auch die Bezeichnung *Dollar-Banane, EU-Banane* und *AKP-Banane.* Mit ***AKP-Banane*** bezeichnet man jene gelben Früchte, die aus den Entwicklungsländern des afrikanischen und pazifischen Raumes stammen, während die ***EU-Banane*** von den kleinen Plantagen auf den Kanarischen Inseln und den ehemaligen englischen und französischen Karibikkolonien kommen.

Die ***Dollar-Banane*** ist die eigentliche *Chiquita,* das Produkt der nordamerikanischen Multis *United Brand, Del Monte* und *Standarfruit (Dole-Banane).* Seit dem Beginn der Bananenindustrie in den ersten Jahren des 20. Jahrhunderts beherrschen sie den Markt.

Die ***Massenproduktion*** in Lateinamerikas sogenannten "Bananenrepubliken", wie Guatemala, Honduras, Costa Rica und Ecuador, geht auf Kosten der Menschen und wirkt sich auf die Preise aus.

Die unehrliche Konkurrenz zwischen den amerikanischen Multis und den kleinen Züchtern auf den Kanarischen und Karibischen Inseln entfachte 1993 einen Streit zwischen den Befürwortern der EU-Banane und jenen der Dollar-Banane. Plötzlich wurde voller Empörung über die Produktionspraktiken der US-Multis gesprochen, zugunsten der EU-Banane, die in viel kleineren Plantagen unter besseren Arbeitsbedingungen produziert wird. Nach wochenlangen Gesprächen und Streitigkeiten einigten sich die EU-Politiker auf eine ***Einfuhrbeschränkung der Dollar-Banane in die EU-Staaten.***

Welche ***Auswirkungen*** diese Quotenregelung ***auf Lateinamerika*** haben wird, ist noch ungewiß. Sicher ist aber, daß sich die Arbeit auf den Plantagen in Lateinamerika dadurch nicht geändert hat. Im Gegenteil: Sicher wird man Hintertüren in der Regelung finden, und als Verlierer bleiben die Pflücker, Giftsprüher, Verpacker und Verlader zurück. Man braucht kein Wirtschaftsstudium zu absolvieren, um daraus die Konsequenzen abzuleiten: Weniger Einkommen für die Bananenriesen bedeutet eine Einschränkung der Produktionskosten, wodurch sich die Arbeitsumstände in Panama, aber auch in anderen lateinamerikanischen Ländern sicher nicht verbessern werden. Und fast die gesamte Bevölkerung von Bocas del Toro lebt von der gelben Frucht bzw. ist von ihr abhängig.

Ein ***Besuch auf einer Bananenfinca*** nahe Changuinolas ist erschreckend: Die Arbeiter laufen mit rostigen Pumpen auf dem Rücken durch die Plantage und besprühen ungeschützt stundenlang die Stauden mit Pestiziden und chemischen Düngemitteln. Das führt zu Hauterkrankungen, zur Unfruchtbarkeit und häufig sogar zur Erblindung der Arbeiter. Andere Arbeiter schleppen die bis zu 50 kg schweren Bananentrauben auf den Schultern zu einem seilbahnähnlichen Förderband, das von Schleppern mit um ihre Körper gewundenen Seilen gezogen wird, um so bis zu 20 Bananentrauben in einem Arbeitsgang an den Rand der Plantage zu befördern.

Alles soll natürlich rasch gehen, denn schließlich bezahlen die Multis pro Stückzahl, allerdings einen unter jeder Kritik liegenden Preis. Das gilt auch für die Arbeiter und Arbeiterinnen in der Verpackungsfabrik. Sie zerschneiden die Bananentrauben in "handliche" Formate, tauchen sie in ein Bad aus Wasser und Chemikalien für die Konservierung und verpacken sie in Kartons für den Transport.

Die *Chiquitas* kommen noch unreif und grün auf die Bananendampfer und werden nach Europa verschifft, wo sich die Kunden nun ihren Kopf zerbrechen, welche Banane sie letztendlich kaufen sollen: die AKP-, die EG- oder doch die Dollar-Banane? Denn schließlich ist Banane nicht gleich Banane.

Im Vergleich mit Almirante ist Changuinola für Touristen, die sich auf dem Weg nach bzw. von Costa Rica befinden, eine bessere Option für einen Stop.

Praktische Hinweise

Bus

●Nach ***Panama-Stadt*** fährt die *Compañia Transporte y Turismo Bocatoreño,* Tel.: 610350, von Di bis So um 6.45 Uhr. Die Haltestelle liegt im Zentrum gegenüber der *Banco Nacional de Panamá*. Eine Ticketreservierung ist unbedingt anzuraten. Im Ticketpreis (22 $) ist die Fähre Almirante - Chiriquí Grande inbegriffen.

●Vom Busbahnhof im Zentrum fahren Busse nach ***Guabito*** zwischen 7 und 18 Uhr alle 15 Minuten und nach ***Almirante*** zwischen 6 und 18.30 Uhr alle 30 Minuten.

Flug

●*Alas Chiricanas,* Tel.: 788411 oder 788744, fliegt nach ***Panama-Stadt*** von Mo bis Sa um 9 Uhr, am So um 10 Uhr (46 $), nach ***David*** von Mo bis Sa um 6.35, 10.10 und 15.10 Uhr, am So nur um 10.55 Uhr (21 $), nach ***Bocas del Toro*** am Mo, Mi, und Fr um 10 Uhr (8,50 $).

●*Aeroperlas,* Tel.: 788319 oder 787521, fliegt täglich um 9 und 13.40 Uhr (46 $) nach ***Panama-Stadt.***

●Die ***Flugticktes*** sind direkt am Flughafen *(Base Line)* erhältlich, der sich wenige Kilometer nördlich des Zentrums befindet.

Unterkunft, Essen und Trinken

●Weniger zu empfehlen sind die einfachen Zimmer (ab 10 $) im ***Hotel Carol,*** Tel.: 788731, nahe dem Busbahnhof, die auch stundenweise benutzt werden.

●***Hotel Chalet Suizo Suites,*** Ave. 17 de Abril, Tel.: 788242, EZ/DZ 30 $. Zimmer mit Bad, WC, AC und TV. Gepflegtes Mittelklassehotel mit Restaurant, das jüngste und beste Hotel der Stadt.

●Etwas außerhalb des Zentrums nahe dem Flughafen liegt das ***Hotel Changuinola,*** Tel.: und Fax: 788522, EZ/DZ ab 35 $, 38 Zimmer, alle mit AC, Bad und TV. Beliebte Anlage mit Restaurant, Bar und Disco.

●Einfache, preiswerte Tagesmenüs bieten viele ***Lokale im Zentrum.*** Nationale und internationale Gerichte offerieren die Restaurants der Hotels *Changuinola* und *Chalet Suizo.*

Adressen von A bis Z

●***Geldwechseln:*** *Banco Nacional de Panamá,* im Zentrum, geöffnet Mo-Fr von 8 bis 13.30 Uhr, und *Banco del Istmo,* gegenüber dem Flughafen, geöffnet Mo-Fr von 9 bis 15 Uhr.

Guabito

Die kleinen ***Grenzorte Guabito*** (Panama) und ***Sixaola*** (Costa Rica) sind durch den Río Sixaola getrennt und mit einer Eisenbrücke verbunden, die sowohl der "Bananenzug" als auch Fußgänger benutzen können.

Praktische Hinweise

●Die ***Grenzkontrolle*** befindet sich jeweils am Beginn der Brücke.

●Die ***Ein- bzw. Ausreise*** ist für Touristen Mo-Fr von 8 bis 17 Uhr (Costa Rica) bzw. von 9 bis 18 Uhr (Panama) möglich. Wenn Sie außerhalb dieser Zeiten die Grenze überschreiten, müssen Sie sich einen Stempel in Bocas del Toro holen (siehe dort).

●Sollte die Brücke wegen Instandsetzungsarbeiten gesperrt sein, wird mit einfachen ***Booten*** (1 $ pro Person) der Fluß überquert.

●Die der Grenze am nächsten gelegene ***Unterkunft*** ist das einfache ***Hotel Limpidar*** in Sixaola.

●Von ***Guabito*** gibt es zwischen 7 und 18 Uhr alle 15 Minuten einen ***Bus*** nach Changuinola.

●Achtung! Auf ***costaricanischer Seite*** besteht der ***Busverkehr*** über eine holprige und staubige Piste zwischen Sixaola und dem nächstgrößeren Ort ***Cahuita*** nur im Bedarfsfall, in der Regel zweimal pro Tag.

Der Osten

Überblick

Für die meisten Panamaer ist der Osten, der sich in die Provinz Darién, die Comarca de San Blas und in den Ostteil der Provinz Panamá gliedert, eine *tierra incógnita* - ein unbekanntes Land. Es wird vorwiegend von den Kuna, Chocó und den *Afro-coloniales* bewohnt, und Touristen, die eine Reise in die Ostregion unternehmen möchten, werden in Panama-Stadt mit hochgezogenen Augenbrauen betrachtet. In den Augen der Hauptstädter werden die Reisenden im Osten von großen Moskitoschwärmen überfallen, von ständiger Feuchtigkeit bedrängt und von fürchterlichen Krankheiten bedroht. Und *"was soll man vor Ort essen und trinken, ganz zu schweigen von der schrecklichen Piste, die in die Provinz Darién führt - Ay no, im Dschungel verbringt man keinen Urlaub ..."*

Die Comarca de San Blas, das semiautonome Gebiet des Kuna-Volkes, kann schon mit mehr Sympathien rechnen. Die ***Kuna*** haben ihre Welt gut im Griff, was ihnen den Respekt bei den anderen Bewohnern des Landes eingebracht hat. Immer mehr Touristen besuchen die San-Blas-Region, um diese eigenständige Welt zu bewundern. Jahrhundertelang waren die Kuna durch die Serranía de San Blas und die Serranía del Darién vom Rest des Landes abgeschnitten, wodurch sie ihre Kultur weitgehend beibehalten konnten.

Der geographischen Isolation verdanken auch die ***Emberá*** die Erhaltung ihres traditionellen Lebensstils. Sie gehören zum großen Chocó-Volk und haben ihr semiautonomes Gebiet in dem heute als Nationalpark geschützten Darién-Regenwald an den Hängen der Serranía del Sapo, die sich im Süden der Provinz Darién entlang der Pazifikküste erstreckt.

Zwischen der Provinz Darién, der Comarca de San Blas und Panama-Stadt fügt sich der Ostteil der Provinz Panamá ein. Die Landschaft dort wird seit dem Ausbau der "schrecklichen Piste" - ein Teil der ***Carretera Interamericana,*** die derzeit in Yaviza endet - von Agrarland geprägt. Vielerorts im Osten befürchtet die regionale Bevölkerung, daß in ferner Zukunft die Lücke zwischen Panama und Kolumbien, im sogenannten ***Darién Gap,*** durch dem Weiterbau der *Carretera Interamericana* endgültig geschlossen wird und damit die "Kolonisation" des äußersten Ostens doch noch erfolgen würde.

Die Comarca de San Blas

Die San-Blas-Inseln

Zu den farbenprächtigsten und schönsten Regionen des Landes zählt zweifelsohne die Comarca de San Blas, zu deren Territorium ein schmaler Kontinentalstreifen entlang der nordöstlichen Karibikküste und zahlreiche, dem Festland vorgelagerte Inseln gehören.

Nach einem gut einstündigen Flug mit einer zweimotorigen Maschine, der die Magennerven bis über die Reizgrenze hinaus strapazieren kann, bezaubern die mit urwüchsiger Vegetation überzogenen Berghänge der Serranía de San Blas und eine Kette aus circa 365 Inseln und Inselchen, die nur wenige Bootsminuten vom Festland entfernt liegen.

Diese paradiesischen Inseln bilden die Heimat der ***Kuna*** (auch *Tule),* die eine der wenigen ursprünglichen Kulturen des amerikanischen Kontinents sind, die von der kolonialen Epoche und ihren Folgen kaum berührt wurden.

Geschichte

Während der ***kolonialen Epoche*** versuchten die Spanier wiederholt die Kuna in die Knie zu zwingen, da diese den wichtigen Küstenbereich zwischen Cartagena (Kolumbien) und Portobelo kontrollierten und dabei die Piraten unterstützten. Mitte des 18. Jahrhunderts gaben die Spanier ihren Kampf endgültig auf und schlossen mit den Kuna ein Abkommen: Die Kuna mußten ab sofort keine Angriffe mehr fürchten, und die Spanier hatten einen Handelspartner gwonnen, womit gleichzeitig die Unterstützung für die Piraten wegfiel.

Nach der Eröffnung des Panamakanals (1914) versuchte die Landesregierung jahrlang, mit einer neuen Siedlungspolitik die Kuna nach "spanischer" Art zu unterwerfen. Das Resultat war schließlich ein ***Kuna-Aufstand*** im Jahre 1925, der als ***Revolucíon de Tule*** in die panamaische Geschichte eingegangen ist. Die Kuna gingen nach einem kurzen, heftigen Kampf als

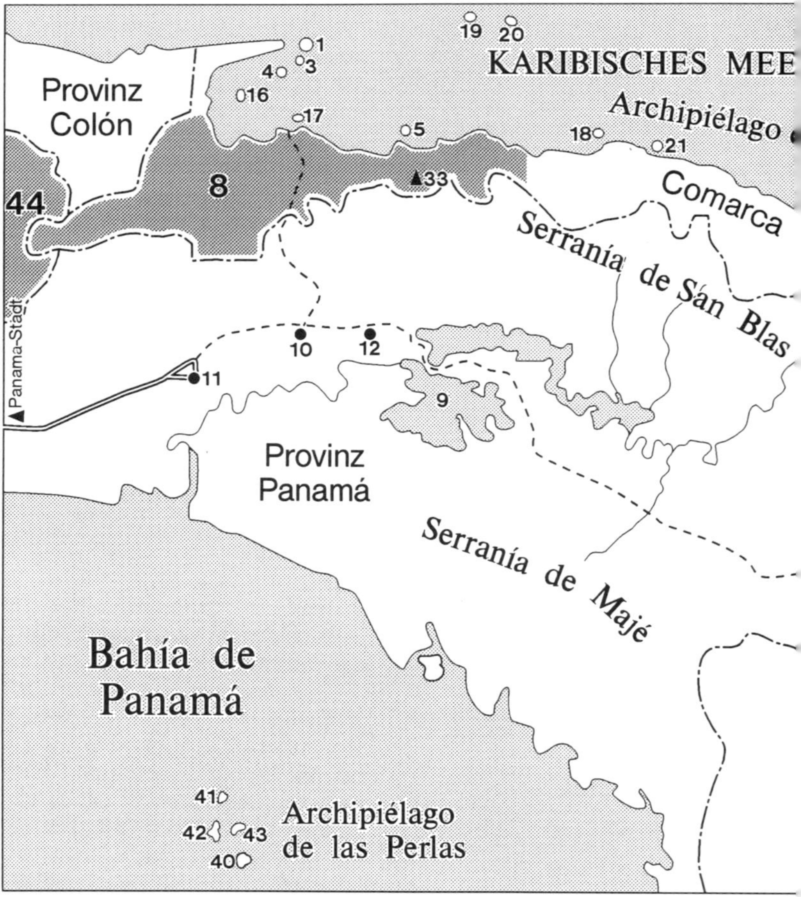

Sieger hervor und riefen eine selbständige Republik aus. 1930 wurde letztendlich ein Kompromiß geschlossen: Die panamaische Regierung garantierte die ***Souveränität der Kuna*** in ihrem als *Kuna Yala* bezeichneten Territorium, allerdings unter dem Dach der panamaischen Republik. Heute zeigt die Landesregierung das semiautonome Gebiet der Kuna gerne als Paradebeispiel vor, um den Unterschied zwischen der Lage der Kuna und der schlechten Situation der eingeborenen Völker in anderen lateinamerikanischen Ländern zu unter-

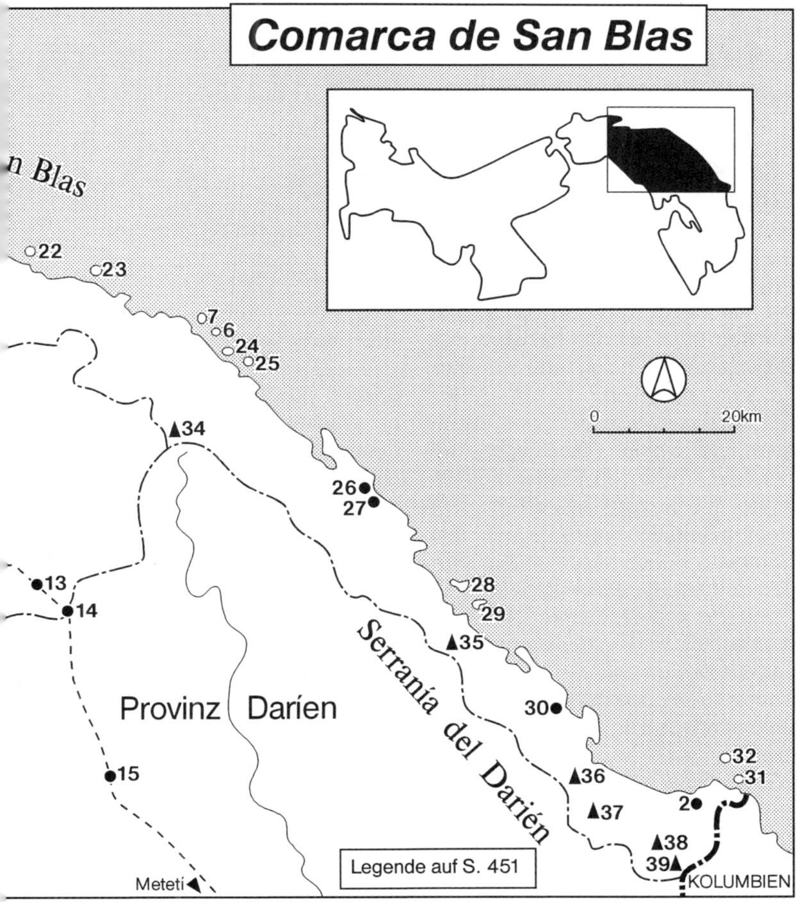

streichen. Der große Kaziken-Rat der Kuna mußte und muß allerdings die panamaische Regierung wiederholt an die Souveränität der Kuna und an die Verantwortlichkeit des Staates erinnern.

Die Kuna heute

Die Kuna kennen die moderne Welt auf der anderen Seite der Serranía de San Blas, denn viele Männer arbeiten in Panama-Stadt und in den US-Militärbasen, wo ihre Kochkünste gerühmt werden.

Das Kuna-Volk zeigt aber wenig Bedarf am Lebensstil des 20. Jahrhunderts. Auf den Inseln der Kuna läuft das Leben seit jeher im selben Rhythmus ab. Am Morgen fahren sie mit ihren Einbaumbooten zum Fischen oder auf das Festland, um Süßwasser zu holen und um ihre Felder zu bestellen.

Schätzungsweise 50 San-Blas-Inseln und wenige Siedlungen auf dem panamaischen Festland sowie in Kolumbien sind bebaut mit den kleinen traditionellen Häusern aus Bambus, Schilf und Palmblättern. Jede Insel bietet Unterkunft für Hunderte von Menschen. Die Gemeinschaft wird vom Kaziken und vom Dorfrat angeführt, die über den traditionellen Lebensstil nach alten, ungeschriebenen Gesetzen wachen.

Eine dieser Vorschriften gilt dem ***Aussehen der Frau.*** Ihre auffallende Tracht besteht aus einem bunten Wickelrock, einer Bluse, die von der charakteristischen *mola* (siehe

Traditioneller Reigentanz der Kuna

Exkurs) geschmückt wird, und farbenprächtigen Perlenschnüren, mit denen die Fuß- und Handgelenke umwickelt sind. Gelegentlich verdeckt ein gelb-rotes Batiktuch den einheitlichen Kurzhaarschnitt, der für die verheirateten Frauen vorgeschrieben ist.

Die außergewöhnliche Farbenpracht der Tracht ist eine Augenweide auch für Außenstehende und macht die Kuna-Frauen zu einem beliebten ***Fotomotiv.*** Als auf den Inseln bekannt wurde, daß man in Panama-Stadt Ansichtskarten mit Abbildungen von Kuna-Frauen für 25 Cents pro Stück verkauft, entschlossen sich die Kuna dazu, für jedes Foto, das auf den Inseln gemacht wurde, die gleiche Summe zu verlangen. Mit der steigenden Inflation liegt der "Fototarif" gegenwärtig bei einem US-Dollar.

Die Frauen konzentrieren sich neben ihrer Hausarbeit auf den ***Verkauf der mola,*** die sich zu einem begehrten Souvenir entwickelt hat. Das Geschäft mit den Touristen, aber auch mit Großhändlern aus den USA floriert bestens und trägt wesentlich zu der Existenzgrundlage der Kuna bei - eine gute Ergänzung zu ihrem traditionellen Handel mit Kokosnüssen.

Der ***Tourismus auf den Inseln*** wird zum Schutz der Kuna-Kultur in bewußte Bahnen gelenkt. Touristen sind nur auf bestimmten Inseln willkommen, und wer individuell eine Insel besuchen möchte, der benötigt eine Erlaubnis des Dorfrates oder des Kaziken. Große Hotelanlagen von in- und ausländischen Investoren sind in der Comarca unerwünscht und können dank des semiautonomen Status verhindert werden. Die touristischen Unterkünfte sind in das Ortsbild integriert und werden von den Kuna selbst betrieben, denn Geschäfte in der Tourismusbranche werden schon immer mit und nicht über die Kuna gemacht. Besucher sind auf den Inseln willkommen, allerdings nur mit Rücksicht auf Land und Leute.

Comarca de San Blas (Karte S 448).

1 Isla El Porvenir
2 Puerto Obaldía
3 Isla Wichubualá
4 Isla Nalunega
5 Isla Río Sidra
6 Isla Uaguitopo
7 Isla Aligandí
8 Naturschutzgebiet Nusagandí
9 Lago Bayano
10 El Llano
11 Chepo
12 Cañita
13 Cañazas
14 Agua Fría
15 Los Monos
16 Isla Mandinga
17 Isla Cartí Suitupo
18 Isla Narganá
19 Isla Miria
20 Isla Ucubsuabti
21 Isla Tigre
22 Playón Chico
23 Isla San Ignacio de Tupile
24 Isla Achutupo
25 Isla Mamitupo
26 Mansucum
27 Navagandí
28 Isla Ucuptuma
29 Isla Suletupo
30 Carreto
31 Isla La Miel
32 Cabo Tiburón
33 Cerro Cartí 748 m
34 Cerro Grande 800 m
35 Cerro Sasardí 644 m
36 Cerro Carreto 765 m
37 Cerro Bell 1045 m
38 Cerro Anachuncuna 700 m
39 Cerro Gandi 1160 m
40 Isla Mogo Mogo
41 Isla Pacheca
42 Isla Saboga
43 Isla Contadora
44 Parque Nacional Chagres

Praktische Hinweise

An- und Weiterreise

- Die San-Blas-Inseln sind nur auf dem ***Luftweg*** und nur ***ab Panama-Stadt*** erreichbar. Die Hauptinsel El Porvenir verfügt als einziges Eiland über eine Landepiste und wird regelmäßig angeflogen. Alle anderen Landepisten liegen auf dem Festland entlang der Küste und werden nur nach Bedarf bzw. von einem Reiseveranstalter benutzt.
- ***Individualtouristen*** brauchen ein Retourticket (54 $), da auf den Inseln keine Möglichkeit besteht, ein Ticket zu reservieren bzw. zu kaufen.
- Nach ***El Porvenir*** fliegen von Mo bis Sa um 6 Uhr folgende Fluggesellschaften:
- *Ansa,* Tel.: 266881 oder 267891.
- *Aerotaxi,* Tel.: 648644.
- *Transpasa,* Tel.: 260843 oder 260932.
- Im äußersten Osten des Küstenstreifens liegt die kleine ***Hafenstadt Puerto Obaldía.*** Ab dort besteht die Möglichkeit, mit einem Boot (circa 15 $ pro Person) nach ***Capurgana,*** einem kolumbianischen Badeort, weiterzureisen, von wo aus eine unregelmäßige Flugverbindung nach ***Bogotá*** besteht. Aktuelle Informationen über diese Flugverbindung erhalten Sie im *SAM-* oder *Avianca*-Büro in Panama-Stadt (s. dort bei "Adressen von A bis Z").
- Nach ***Puerto Obaldía*** fliegt *Ansa* am Mo, Mi und am Fr um 8 Uhr, *Transpasa* am Di und am Do um 6 Uhr. Das Einzelticket kostet 40 $, für das Retourticket wird das Doppelte berechnet.
- Puerto Obaldía ist übrigens auch der Ausgangspunkt für den ***Balboa-Trek.*** Diese 14-Tage-Tour führt von Küste zu Küste und wird gegenwärtig nur von *Ecotours* angeboten und kostet 1600 $ pro Person (alles inklusive).

Unterkunft, Essen und Trinken

Die San-Blas-Inseln unterscheiden sich kaum voneinander, nur El Porvenir ist wegen seiner Größe und der Kreuzfahrtsschiffe, die hier regelmäßig anlegen, etwas lebhafter. Wer die Inseln individuell besuchen möchte, der muß ***vor dem Abflug*** bereits eine ***Unterkunft organisiert*** haben, was über die bereits erwähnten Fluggesellschaften erfolgen kann. Vor Ort werden die Besucher vom Flughafen abgeholt und mit einem Einbaumboot zur Unterkunft gebracht.

Die ***Unterkünfte*** sind meistens einfache, aber saubere *Cabañas* im inseltypischen Baustil. Die ***Preise*** für Individualtouristen variieren zwischen 25 $ (nur Übernachtung) und 80 $ (mit Vollpension) pro Tag und Person. Folgende Unterkünfte sind derzeit vorhanden:

- ***Hotel El Porvenir,*** auf der Hauptinsel.
- ***Hotel Anai,*** Isla Wichubualá, südlich der Hauptinsel.
- ***Hotel San Blas,*** Isla Nalunega, südlich der Hauptinsel.
- ***Cabañas Kuandidup,*** Isla Río Sidra, südöstlich der Hauptinsel, nahe der Küste.
- ***Dolphin Island Lodge,*** Isla Uaguitopo, nahe Aligandí, etwa in der Mitte der Inselkette.
- Die Unterkunft wird vorwiegend mit ***Vollpension*** angeboten, denn ***Restaurants*** existieren auf den Inseln nicht. Wer als Individualtourist nur die Unterkunft gebucht hat, muß vor Ort mit circa 10-15 $ pro Tag und Person für die Verpflegung rechnen. Das "Inselmenü" setzt sich meistens aus Reis, Yuca (aus Maniok), Suppe und Fisch und/oder köstlichen Hummern zusammen. Getränke, wie beispielsweise Bier oder Coca Cola, sind auf den Inseln erhältlich, aufgrund der Transportkosten allerdings zu hohen Preisen.
- Jeder ***Reiseveranstalter*** in Panama-Stadt führt eine andere Insel in seinem Programm. Der Preis liegt bei circa 130-150 $ pro Person, für eine Übernachtung, die Transfers und die Vollpension, außer den alkoholischen Getränken. Ein Verlängerungstag kostet 50 $ pro Person.

La mola – von der Körperbemalung zum Kunsthandwerk

Die Kuna-Frauen sind weit über die Landesgrenzen hinaus wegen der farbenprächtigen, einzigartigen *molas* bekannt, die die Vorder- und Rückseite ihrer Blusen zieren.

Für die Herstellung einer *mola* wird eine Technik angewandt, die als umgekehrte Applikation bezeichnet wird. Die Muster werden dabei mit Scheren aus zwei oder mehreren übereinanderliegenden, miteinander kontrastierenden Stoffschichten ausgeschnitten und anschließend gesäumt. Durch dieses Herstellungsverfahren hebt sich das leuchtende Muster von der meistens roten oder schwarzen Oberschicht ab. Auf den ersten Blick erscheint manche *mola* als buntes Linienspiel, in dem sich die Motive erst bei genauer Betrachtung erkennen lassen. Vögel, Schildkröten, Leguane, Fische, Affen oder Blumen bilden die häufigsten Vorlagen, aber auch Themen aus dem Alltagsleben und geometrische Figuren werden für die Muster verwendet. Die tierartigen und geometrischen Motive sind generell Symbole einer magischen Welt, die auch in den Kuna-Liedern und den Kuna-Erzählungen wachgehalten werden. Für die Herstellung einer *mola* benötigt die Kuna-Frau zwischen 40 und 70 Stunden, die sich über mehrere Wochen verteilen.

Die *mola* entwickelte sich von der Körperbemalung, die bei den Chocó heute noch gang und gäbe ist, über die Textilbemalung, die mit den Kontakten zu den Europäern im 18. Jahrhundert entstanden ist, bis hin zu den geschnittenen und genähten Textilbildern, die vor etwa 150 Jahren zum erstenmal auf den Blusen der Kuna auftauchten. Die Themen sind lange Zeit gleich geblieben und werden auch heute noch verwendet. In den letzten Jahrzehnten ist allerdings mit dem anwachsenden Interesse an der *mola* als Kunsthandwerk oder als T-Shirt- und Taschenverzierung eine Kommerzialisierung sichtbar geworden. Viele Motive werden deshalb nach dem Geschmack der Touristen ausgewählt, die mit Vorliebe nach den grellfarbenen *molas* mit einem Papagei, einem Tukan, einer Tropenblume oder mit einem "Gruß aus Panama" greifen.

Die schönsten *molas* sind jene aus zweiter Hand. Sie zeigen am besten die Kreativität der Künstlerinnen und spiegeln gleichzeitig die Kuna-Traditionen. Unter ihnen kann man bei sorgfältiger Auswahl durchaus echte Kunstwerke mit bleibendem Wert finden.

Weitere Informationen

- ***Geldwechseln*** und ***Telefonieren*** ist vor Ort nicht möglich. Nehmen Sie genügend Bargeld mit, am besten kleine Dollarnoten.
- Von den Inseln werden ***Bootsfahrten zum Festland*** (Tierbeobachtung) und zu ***anderen Inseln*** angeboten, aber nur in Begleitung eines lokalen Bewohners.
- Auch wenn Sie für jedes ***Foto*** 1 $ bezahlen, heißt das noch lange nicht, daß Sie auch wahllos fotografieren dürfen.

Naturschutzgebiet Nusagandí

An den zur Karibikseite geneigten Hängen der Serranía de San Blas haben die Kuna das circa 70.000 ha große Naturschutzgebiet Nusagandí geschaffen, um die vorrückende Zivilisation bzw. die ***landhungrigen Bauern zu stoppen.*** Seit den frühen 80er Jahren roden die *campesinos* an der Pazifikseite bis an die "grüne" Grenze des Naturschutzgebietes, die entlang der Kontinentalen Wasserscheide verläuft und gleichzeitig auch die Grenze der Comarca de San Blas bildet. Ein ausgedehnter, fast baumloser Grasteppich überzieht die zur Pazifikseite gewandten Hänge und Täler, während sich an der Karibikseite unberührter Primärwald ausbreitet. Eine Zerstörung der ursprünglichen Landschaft auf dieser Seite wäre eine ***Existenzbedrohung für die Kuna,*** denn der Wald liefert ihnen fast alles, was sie zum Leben benötigen.

Mit der Gründung der Umweltorganisation *Proyecto para el Manejo de Areas Silvestre de Kuna Yala* (kurz *PEMASKY)* haben die Kuna ein Projekt zur Erhaltung der urwüchsigen Gebiete in der Comarca de San Blas gestartet. Die Initiative wurde von Umweltorganisationen aus den USA unterstützt, und langsam bekommt das Kuna-Projekt auch durch die wachsende Tendenz zum Ökotourismus Rückenwind.

Auf einer Höhe von gut 350 m wurde inmitten des Naturschutzgebietes eine Lodge samt Verwaltungsbüro errichtet. Von dort aus führen insgesamt ***acht Wanderwege*** durch Nusagandí, auf denen man einen guten Einblick in die vielfältige Natur des Feuchtwaldes erhält. Die freundlichen Parkaufseher führen die Besucher zu Wasserfällen, Aussichtspunkten und Flüssen und weisen unterwegs auf die vielen versteckten Tiere hin, die das ungeschulte Auge übersehen würde. Sie kennen fast von jedem Baum, Strauch und jeder Blume den Namen und die Nutzbarkeit. Auf dem sogenannten "Pfad der Heilpflanzen" werden die heilkräftigen Pflanzen der Kuna vorgestellt und erläutert. In Nusagandí lassen sich außerdem sehr gut exotische Vögel und Affen beobachten. Unüberhörbar ist der schwarze Mantelbrüllaffe, der am frühen Morgen, wenn sich der Dunstschleier noch über Nusagandí ausbreitet, mit seinem lautstarken Gebrüll die Touristen aus dem Schlaf reißt.

Praktische Informationen

- Die einfache, saubere ***Lodge*** verfügt über 18 Betten (10 $ pro Person und Tag), eine sanitäre Anlage und eine große Terrasse mit einem Ausblick auf das Kronendach des Waldes. Etwa 200 m östlich der Lodge wurden ein überdachter Eßplatz und eine kleine Küche mit Kühlschrank erbaut, welche die Gäste benutzen können. ***Lebensmittel*** müssen selbst mitgenommen werden, gesammeltes Regenwasser ist zum Kochen vorhanden. Mit ***Wasser*** sollten Sie aber sparsam umgehen, vor allem in der Trockenzeit.
- Außerdem ***sollte mitgebracht werden:*** ein Schlafsack, eine Taschenlampe, ein Regenschutz, trockene Kleidung zum Wechseln (auch Schuhe), Gaskartuschen für die vorhandenen Campinglampen und haltbare Nahrungsmittel wie Reis oder Bohnen für die Parkaufseher, die Sie darüber hinaus auch zum Mitessen einladen sollten.
- Nusagandí liegt beidseitig der einzigen ***Straße,*** die in die Comarca de San Blas führt. Sie zweigt von der *Carretera Interamericana* nahe der Siedlung El Llano ab. Eine ***Busverbindung*** nach Nusagandí gibt es nicht. Für die Anreise ist wegen der tiefen Spurrinnen unbedingt ein ***Allradjeep*** mit hohem Radstand erforderlich. Bei starken Regenfällen verwandelt sich die Straße zu einer oft unüberwindlich tiefen Lehmpiste. Auch der Allradantrieb kann dann nicht immer das Weiterkommen problemlos garantieren, es hilft nur noch ein zweiter Jeep.
- *Ecotours* bietet als einziger Veranstalter eine ***Zwei-Tages-Tour*** nach Nusagandí an (150 $ pro Person).
- Für die individuelle Anreise sei eine ***Bettreservierung*** empfohlen bei: *PEMASKY,* Tel.: 276022.

Eine der 365 Inseln im Archipel San Blas

Die Provinz Darién

Aus der Vogelperspektive zeigt sich die Provinz Darién als ein unendliches, dampfendes Pflanzenmeer, das von vielen breiten Flüssen durchzogen und das an den Randzonen vom Vormarsch der Kulturlandschaft bedrängt wird. Diese "grüne" Hölle, die *Vasco Núñez Balboa* und seine Männer bei der Durchquerung der Landenge im Jahre 1513 an den Rand der Verzweiflung brachte, hat sich kaum verändert und hat noch immer die gleiche Wirkung auf moderne "Entdeckungsreisende".

Das gesamte Pflanzenmeer aus tropischem Regenwald ist als Nationalpark Darién geschützt und bildet für die legendäre "Traumstraße" *Panamericana*, die von Alaska bis nach Feuerland führt, eine natürliche Barriere - eine Hürde, die man nur über Flüsse und schmale Urwaldpfade bewältigen kann. Unter den härtesten Travellern gilt die als Darién-Trek berühmte Expedition nach Kolumbien als eine Monstertour - schwer, aber unvergeßlich.

Während der kolonialen Epoche spielte die Darién-Region nur eine nebensächliche Rolle, da für die Spanier einzig und allein die Goldvorkommen interessant erschienen. Die ständigen Auseinandersetzungen mit den Piraten und den Ureinwohnern veranlaßte die Spanier im Jahre 1789 zum Rückzug aus dem Gebiet. Die kleinen Befestigungsanlagen und kolonialen Siedlungen wurden nahezu leer hinterlassen.

Vorbereitung

Der individuelle Besuch der Provinz Darién verlangt eine gute Vorbereitung. Restaurants, Lebensmittelläden und Bäckereien vor Ort sind sehr dünn gesät, weshalb man bereits in Panama-Stadt ausreichend ***Verpflegung*** kaufen sollte, vor allem für die Tour in den Nationalpark Darién, denn wenn man einige Tage mit einem Führer im Park unterwegs ist, wird erwartet, daß man auch für dessen Ernährung sorgt.

Das ***Lebensmittelangebot vor Ort,*** wenn ein Laden überhaupt vorhanden ist, beschränkt sich auf Dosennahrung (Bohnen, Thunfisch und Sardinen), Bier, süße Limonaden und ab und zu H-Milch. Die Produkte sind außerdem wegen des beschwerlichen Transportes und der langen Transportzeit erheblich teurer als in Panama-Stadt. Frisches Obst, Gemüse und Wasser in Flaschen sind nicht erhältlich.

Das ***Trinkwasser*** aus der Leitung schmeckt abgestanden und ist als bedenklich einzustufen, darüber hinaus gilt die Region als cholera-gefährdet. Das Wasser sollte immer abgekocht (mindestens 10 Minuten) oder mit Micropur-Tabletten oder mit einer Filterpumpe gereinigt werden. Zur Geschmacksverbesserung kann Zitronen- oder Limonadensaft beigefügt werden.

Wegen der Choleragefahr ist auch vom Verzehr von ***Fisch*** und sonstigen ***Meerestieren*** abzuraten.

Touristen, die auf dem ***Landweg*** nach Yaviza anreisen, sollten sich

Rettender Biertransport im "heißen" Dschungel Dariéns

unbedingt am Busbahnhof Interior in Panama-Stadt informieren, ob überhaupt ein Bus nach Darién fährt. In der ***Regensaison*** (Ende März bis Mitte Dezember) ist die letzte Etappe unbefahrbar. Dann bleibt nur noch der Weg zum Flughafen.

Von Panama-Stadt nach Yaviza

Circa 280 km trennen Panama-Stadt von Yaviza, wofür der Bus etwa 10 Stunden benötigt, was über den Zustand der Straße bereits genügend verrät. Auf der Höhe des Städtchens Chepo, circa 58 km nach der Landeshauptstadt, verwandelt sich die *Carretera Interamericana* von einer guten Asphaltstraße in eine holprige, staubige Piste – nicht gerade die "Traumstraße" des amerikanischen Kontinents. Mit jedem Kilometer wird ihr Zustand schlechter.

Nur sehr ***dünnbesiedelte Gebiete*** berühren die Stecke, und ab und zu trifft man auf eine Siedlung von Kleinbauern, die man wegen ihrer typischen Panamahüte eindeutig als "neue" Kolonisten von der zentralen Pazifikküste einstufen kann. Cañitas und Tortí sind solche neuen Siedlungen, in denen einfache Restaurants, kleine Läden und eine Tankstelle die Buspassagiere und den Bus versorgen.

Der ständige ***Hunger nach jungfräulichem Land*** ist eine der größten Bedrohungen für die Natur der Provinzen Panamá und Darién und hat Meter für Meter vom Vegetationskleid dahingerafft. Dort, wo neue Wege angelegt werden, erscheinen schon nach kurzer Zeit die Siedler auf der Suche nach Weideflächen für ihre Rinderherden.

1	Yaviza
2	Tortí
3	Cañazas
4	Agua Fria
5	Matetí
6	El Real
7	La Palma
8	Boca de Cupe
9	Station Rancho Frío
10	Station Cruce de Mono
11	Station de Balsas
12	Boca de Sábalo
13	Jaqué
14	Bahía Piña
15	Pinogang
16	Paya
17	Palo de Las Letras
18	Los Monos
19	Pucuro
20	Sambú
21	Garachiné
22	Puerto Obaldía
23	Manené
24	Cerro Cocaina 1052 m
25	Cerro Pirre 1200 m
26	Cerro Setetute 1220 m
27	Cerro Tacarcuna 1875 m
28	Cerro Tanela 1415 m
29	Cerro Armila 1421 m
30	Cerro Gandi 1160 m
31	Cerro Pachito Parado 591 m
32	Parque Nacional Darién
33	Reserva Forestal Canglón
34	Reserva Forestal Chepigana
35	Cristales
36	Bijao
37	Cacarica
38	Travesía
39	Parque Nacional Los Katios

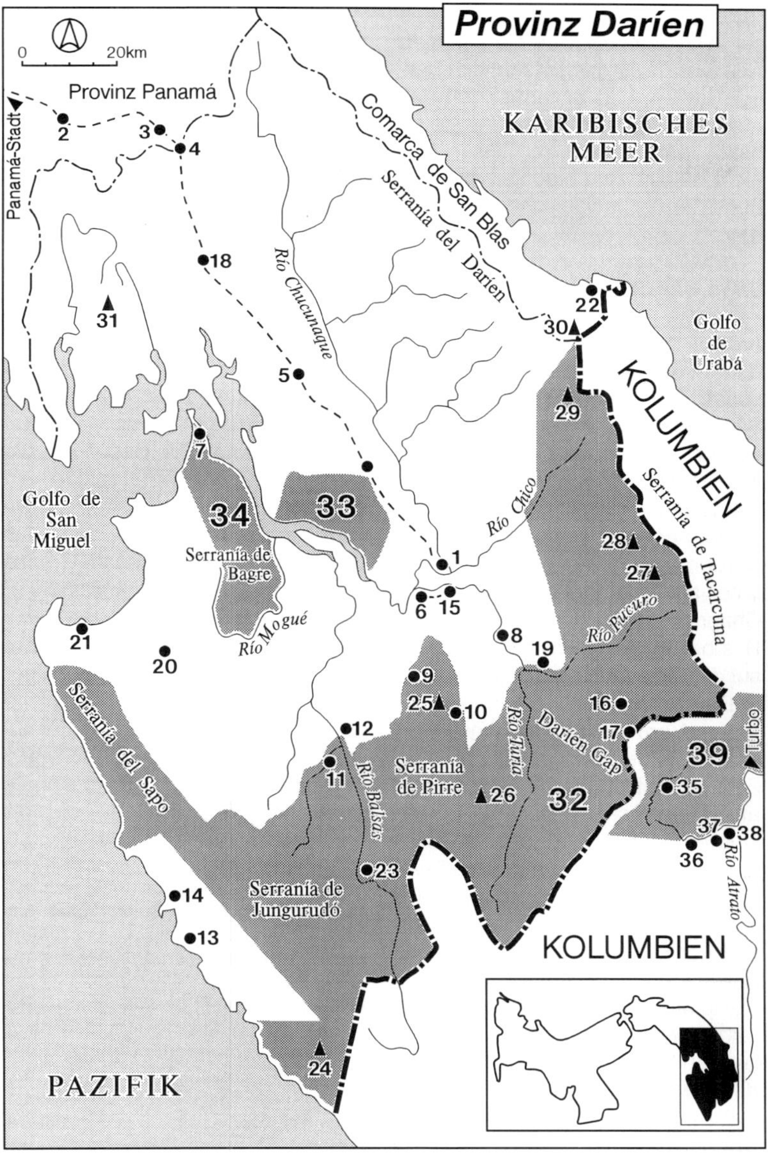
Provinz Daríen
0 20km
Provinz Panamá
Panamá-Stadt
KARIBISCHES MEER
Comarca de San Blas
Serranía del Daríen
Río Chucunaque
Golfo de Urabá
KOLUMBIEN
Serranía de Tacarcuna
Río Chico
Golfo de San Miguel
Serranía de Bagre
Río Mogué
Río Pucuro
Serranía del Sapo
Darien Gap
Río Tuira
Serranía de Pirre
Río Balsas
Turbo
Río Atrato
Serranía de Jungurudó
KOLUMBIEN
PAZIFIK
1
2
3
4
5
6
7
8
9
10
11
12
13
14
15
16
17
18
19
20
21
22
23
24
25
26
27
28
29
30
31
32
33
34
35
36
37
38
39

Die Regierung plant zudem, bis zur Jahrtausendwende die *Carretera Interamericana* nach Kolumbien fertigzustellen, was unvermeidlich das Aufrücken der Zivilisation zur Folge hätte, auf Kosten der Natur und nicht zuletzt zum Nachteil des Lebensstils der indianischen Bevölkerung.

Lago Bayano

Anfang der 70er Jahre wurde von der staatlichen Elektrizitätsgesellschaft *IHRE* der Río Chepo zur ***Stromerzeugung*** aufgestaut und dadurch eine große Fläche des umliegenden waldreichen Gebietes geflutet. Ein Großteil der regionalen Bewohner, vorwiegend Emberá, wurden zwangsläufig umgesiedelt, unter anderem in den Nationalpark Chagres. *IHRE* schützt heute die Restbestände des Waldes, der sich auf den Inseln und um den See ausbreitet.

Der ***Name Bayano*** führt weit zurück in die Geschichte, in eine Zeit, als entflohene Sklaven *(cimarrones)* in dieser Region eine Siedlung errichteten, die mit dem umliegenden Wald eine natürliche Festung hatte. Einer der legendären Anführer der Entflohenen hieß *Bayano,* der gemäß den afrikanischen Sozialstrukturen und Traditionen als König anerkannt war und über circa 1200 *cimarrones* regierte. In der zweiten Hälfte des 16. Jahrhunderts war *Bayano* ein gefürchteter Rebell, der mit seinem Volk gezielte Überfälle auf die Plantagen und die Handelskarawanen der Spanier durchführte. Er versetzte sie in Angst und Schrecken, bis *Bayano* sich den Spaniern freiwillig stellte, im Tausch gegen die Freiheit von zahlreichen wieder gefangenen *cimarrones*. Nach seiner Auslieferung wurde *Bayano* nach Spanien überführt, wo seine Spur für immer verschwand.

Außer dem Namen erinnert heute nichts mehr an den damaligen Rebellen. Die *cayucos* (Einbaumboote), die am Ufer des Sees liegen, gehören den *Indígenas,* deren Siedlungen an den Ufern im dichten Grün verborgen sind. Die Besucher, die sich hierher verirren, zeigen ein spezielles Interesse an der ***Vogelwelt*** der Bayano-Region, denn das Gebiet gilt als biologische Grenze zwischen Süd- und Zentralamerika. Südamerikanische Vogelarten, wie beispielsweise der Rotrücken-Sensenschnabel, ein quicklebendiger Baumsteiger mit einem auffallend gebogenen Schnabel, oder der Elstertyrann mit seinem schwarzweißen Federnkleid, sind bekannte Arten vom Südkontinent, die bis hierher vorgedrungen sind.

- Eine kurze Unterbrechung der Reise mit öffentlichen Verkehrsmitteln läßt sich aufgrund des ***geringen Busverkehrs*** entlang der Strecke und wegen der ***fehlenden Übernachtungsmöglichkeiten*** nur schwer gestalten.
- Gelegentlich steht die ***biologische Station*** auf der Isla Majé für Naturfreunde offen. Genaue ***Informationen*** erhalten Sie bei der *Panamá Audubon Society,* Tel.: 639446, Fax: 414057, in Panama-Stadt.
- Der Reiseveranstalter *Nattur* bietet ***Tagestouren*** zum See an.

Metetí

Nahe der unscheinbaren Siedlung Agua Fría beginnt die Provinz Darién. Vom tropischen Regenwald ist hier kaum noch etwas zu sehen. Ein Bild aus gerodeter und kultivierter Landschaft gleitet beidseitig der Straße an den Buspassagieren vorbei. In Metetí wird eine kurze Pause eingelegt.

Der Ort besteht aus verstreut liegenden Wohnhäusern und einer Pension, einem Restaurant und einem kleinen Werkzeug- und Lebensmittelladen, die alle den Namen *Tres Hermanos* tragen. In der Regenzeit, und die herrscht in dieser Region in 9 von 12 Monaten vor, endet die Busfahrt in Metetí. Die restliche, 50 km lange Piste bis Yaviza, die in den 80er Jahren fertiggestellt wurde, verwandelt sich in der Regenzeit in eine tiefe Schlammpiste, auf der nur noch ein Traktor fahren kann.

Aber auch während der Trockenzeit kann die Busfahrt in Metetí enden, wenn beispielsweise der Busfahrer Yaviza nicht mehr vor Einbruch der Dunkelheit erreichen kann. Den Buspassagieren bleibt dann keine andere Wahl, als in der ***einfachen Pension*** zu übernachten (10 $ pro Zimmer). Am nächsten Morgen müssen die Passagiere einen *Pick Up* organisieren, was sich allerdings nicht leicht anstellen läßt, oder den Daumen rausstrecken, um nach Yaviza zu gelangen – denn der Bus kehrt aus Zeitmangel wieder um.

Yaviza

Die letzten Kilometer auf der holprigen Piste führen entlang winziger Siedlungen, in denen sich das Rad der Zeit nur mühsam dreht. Die Vegetation wird üppiger, die Straße immer schmaler, bis nur noch ein Feldweg übrigbleibt, der sich seinen Weg durch das Dickicht bis zum Anlegesteg von Yaviza bahnt, wo Amerikas "Traumstraße" endet.

Die Ortsbewohner betrachten neugierig die Passagiere, die nach einer 10stündigen Fahrt steif und staubig aus dem Bus klettern. Ständig hängt eine tropische Feuchtigkeit über Yaviza, einem kleinen, wenig attraktiven Ort, dessen ungepflegter Eindruck von den halbverfallenen Holzhäusern und den dazwischen liegenden Rinnsalen verstärkt wird. Yaviza kann in der Trockenzeit ein Ausgangspunkt für eine Tour in den Nationalpark Darién und für den Darién-Trek nach Kolumbien sein. Der bessere Ausgangspunkt ist aber El Real.

Die ***Ortsgeschichte*** geht bis in die Mitte des 17. Jahrhunderts zurück. Zu dieser Zeit gründeten die Spanier an der Krümmung des Río Chucunaque ein Fort unter dem Namen San Jeronimo de Yaviza, das zum Schutz der Goldminen im Hinterland gedacht war. Vom Fort sind heute nur noch spärliche Trümmer am Flußufer sichtbar.

Die Nachkommen der Sklaven, die damals in den Goldminen als Arbeitskräfte eingesetzt wurden, bilden heute die Mehrheit der ***Dorfge-***

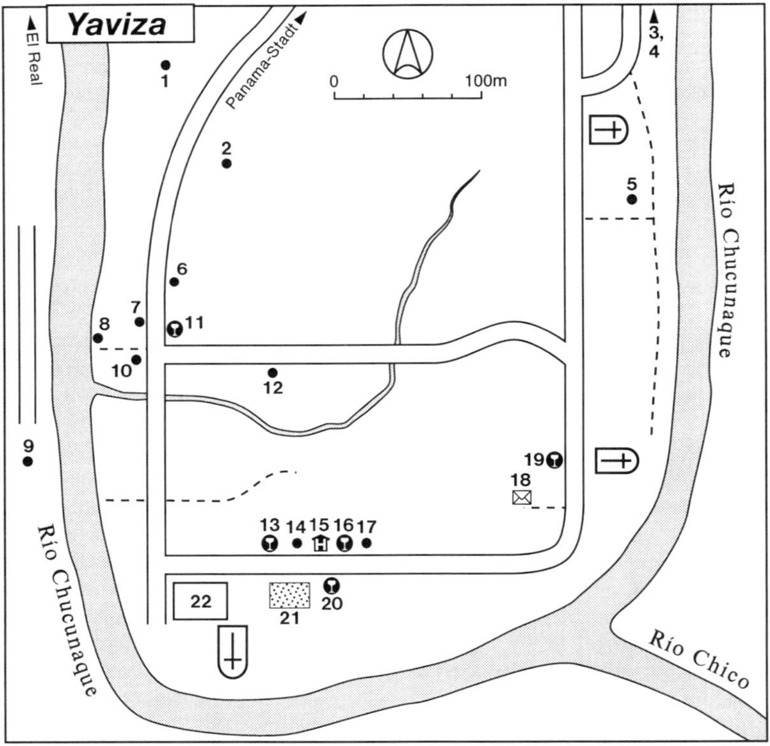

sellschaft. Mit dem Anbau von *platanos* (Mehlbananen) und Bohnen können sie sich gerade über Wasser halten. Die Natur bietet zusätzlich Fisch, Fleisch und Holz, das für den Bau ihrer Häuser und des wichtigsten Transportmittels der Region, den *cayuco* genannten Kanus, verwendet wird.

Seit die Landepiste am anderen Ufer des Flusses wegen der großen Risse in der Asphaltdecke gesperrt wurde, ist die Bevölkerungs Yavizas auf die Busverbindung nach Panama-Stadt angewiesen. Während der Regenzeit, wenn die Busse und Lastkraftwagen nicht mehr nach Yaviza durchkommen, bleiben als einzige ***Verkehrsverbindung*** nur noch die Wasserwege übrig. Dann muß die kleine Ernte mit dem Schiff über La Palma nach Panama-Stadt gebracht werden, wo gleichzeitig die notwendigsten Produkte eingekauft werden.

Nach Meinung der Bewohner könnte bereits morgen mit dem ***Ausbau der Carretera Interame-***

1	Schule
2	Fußballwiese
3	INRENARE-Büro
4	Laden Casa Rody
5	Polizei
6	Ein-/Ausreisebehörde
7	Bushaltstelle
8	Bootsanlegestelle
9	Krankenhaus
10	Kiosko El Reposo
12	Laden Armandito
14	Casa Indra
17	Laden Novedades Juanita
18	Post
21	Basketballplatz
22	Plaza Central
🏨	
15	Hospedaje Las Tres Américas
🍴	
11	Restaurant Interiano
13	Restaurant Mi Retorno
16	Cantina Valdelamar
19	Panadería
20	Cantina Darienita

ricana begonnen werden. Die Pläne dafür sind zwar vorhanden, doch fehlt es an den finanziellen Mitteln, sowohl auf panamaischer wie auch auf kolumbianischer Seite. Die Angst vor einem anwachsenden Drogenschmuggel und vor illegalen Einwanderern aus Kolumbien sowie vor den katastrophalen Folgen für die Natur und die indianische Bevölkerung, die eine Straße zwangsläufig mit sich bringen würde, bilden noch zu große Hürden. Die Meinungen über den Weiterbau der "Traumstraße" sind sehr gespalten, weshalb wohl auch in den nächsten Jahren die schmalen Urwaldpfade und Wasserwege die einzigen Verbindungen zwischen Süd- und Zentralamerika bleiben werden.

Praktische Hinweise

An- und Weiterreise

●Die ***Busse nach Panama-Stadt*** fahren vom Anlegesteg meistens zwischen 6 und 8 Uhr ab. Sie sollten sich immer am Vortag erkundigen, ob der Bus aus Panama-Stadt überhaupt eingetroffen ist, sonst bleibt als Alternative nur ein Lastwagen oder *Pick Up* nach Meteti, um von dort mit dem Bus nach Panama-Stadt weiterzufahren.

●Vom Anlegesteg fahren ***Boote nach El Real*** (circa 45 Minuten), eine regelmäßige Verbindung gibt es allerdings nicht. Wenn ein Bus aus Panama-Stadt am späten Nachmittag in Yaviza eintrifft, fahren fast immer Boote für die regionale Bevölkerung nach El Real ab (5 $ pro Person). Ansonsten muß mit den Bootsfahrern über den Preis verhandelt werden. Als Richtlinie kann dabei mit 35-40 $ pro Boot (ungeachtet der Anzahl der Passagiere), plus Benzinkosten von circa 2,50 $ pro Gallone (maximal 6 Gallonen!), gerechnet werden.

●Der ***Fußweg nach El Real*** beginnt am anderen Flußufer, gegenüber dem Anlegesteg. Die Überfahrt kostet 1 $ pro Person (siehe "El Real").

Unterkunft, Essen und Trinken

●Die einzige ***Unterkunftsmöglichkeit*** in Yaviza bietet die ***Hospedaje Tres Américas,*** oberhalb der gleichnamigen Bar, EZ 7 $, DZ 10 $. Sehr einfache Zimmer mit Ventilator und gemeinschaftlicher Dusche und Toilette. Die "Hotelrezeption" befindet sich im nebenan liegenden Geschäft *Casa Indra.*

●Einfache lokale Gerichte gibt es in den einzigen ***Restaurants*** des Ortes, dem ***Mi Retorno*** nahe der Hospedaje, und dem ***Interiano*** nahe dem Anlegesteg.

●In den ***kleinen Läden*** gibt es nur eine beschränkte Auswahl an Getränken, Konservendosen und Produkten des täglichen Bedarfs.

●***Brötchen*** gibts in der *Panadería* gegen-

Der "Hafen" von Yaviza

über der Kirche, allerdings müssen diese rechtzeitig bestellt werden.

Weitere Informationen

●***Geldwechseln*** ist nicht möglich, weshalb man genügend Bargeld mitbringen sollte, am besten kleine Dollarnoten.

●***Telefonieren*** (nationale Anrufe) kann man nur über Funk vom Postamt aus. Ihre Briefe geben Sie am besten in Panama-Stadt auf.

●Den ***Ausreisestempel für Kolumbien*** erhalten Sie in der *Migración* (blaues Holzhaus) nahe dem Anlegesteg; ungeregelte Öffnungszeiten.

●Im ***Laden*** *Novedades Junaita* nahe der *Hospedaje* gibt es für 2,50 $ Gaskartuschen für kleine Campingkocher und -lampen.

●Das ***Nationalparkbüro*** beschäftigt sich hauptsächlich mit Aufforstungs- und Informationsprojekten. Gute Informationen über den Nationalpark Darién erhalten Sie im Büro in El Real.

El Real

Wenn das kleine Flugzeug aus Panama-Stadt hoch über dem Kronendach des Waldes seine Schleife zieht, um zur Landung auf der kurzen Asphaltpiste von El Real anzusetzen, kommt Leben in den sonst trägen Ort. Außer Passagieren bringt die zweimotorige Maschine auch Post, Medikamente und Werkzeug aus der Großstadt mit. Die wenigen Touristen, die etwas bleich aus der Maschine klettern, kommen nach El Real, um nach Kolumbien weiterzureisen oder um den Nationalpark Darién zu besuchen.

El Real ist ein vom feucht-heißen Klima eingeschnürter Ort mit wenigen, teils betonierten Gassen, die von blühenden Sträuchern, Mangobäumen und Kokospalmen sowie von einfachen Holzhäusern gesäumt werden. Seine knapp 500 Einwohner setzen sich vorwiegend aus *Afro-coloniales* und Chocó zusammen. El Real war im 17. und 18. Jahrhundert ein kleines, unbedeutendes Verwaltungszentrum, doch sehenswerte Spuren aus der kolonialen Geschichte sind längst verschwunden.

Der Besucher wird sich schnell an den einfachen, streßlosen ***Alltagsrhythmus*** anpassen. Bei einem Drink in den beiden Bars oder auf den Stiegen des kleinen Geschäftes Comi-Pettunga und am Nachmittag beim täglichen Basketballspiel kommt man mit der freundlichen Bevölkerung leicht in Kontakt. Am Wochenende kommt mehr Stimmung auf, und aus den beiden Bars dröhnt Ragga- und Salsamusik, bis die tägliche Stromabschaltung gegen 2 Uhr nachts dem Treiben ein Ende setzt. Dann stören nur noch bellende Hunde und krähende Hähne die Stille der Nacht.

Praktische Hinweise

Flug

- Die ***Landepiste*** liegt circa 15 Gehminuten südlich des Zentrums. Das Flugzeug der *Aeroperlas* kommt am Mo, Mi und Fr gegen 11 Uhr aus ***Panama-Stadt.*** Nach einer kurzen Pause fliegt die Maschine wieder zurück. Die Ankunftszeit ist aber sehr flexibel. Mit Verspätung, aber auch mit Anullierung des Fluges sollten Sie immer rechnen.
- Der Besitzer des Ladens *Comi-Pettunga* nimmt die ***Flugreservierung*** entgegen und hat Funkkontakt zum nationalen Flughafen in Panama-Stadt. Ein Flugticket wird nicht ausgestellt, es genügt die Eintragung in die Passagierliste mit Angabe des Körpergewichtes und der Gepäckstücke. Das Ticket wird in Panama-Stadt am Flughafen (34 $) bezahlt. Lassen Sie sich so früh als möglich in den Passagierliste eintragen, da der Flug über La Palma geführt wird und dort bereits Passagiere und Fracht an Bord genommen werden.

Boot

- Nach ***Yaviza:*** In der Trockenzeit gibt es nach Bedarf ein Boot (5 $ pro Person) nach Yaviza, als Anschluß für den Bus nach Panama-Stadt. In der Regenzeit bleibt nur die Wahl zwischen dem Flugzeug und einem verrosteten Frachtkahn, der über La Palma nach Panama-Stadt (circa 24 Stunden) fährt. Der Kahn fährt allerdings unregelmäßig und macht keinen vertrauenerweckenden Eindruck.
- Nach ***Boca de Cupe*** (Richtung ***Kolumbien)*** gibt es nach Bedarf Verbindungen für circa 15 $ pro Person, ansonsten muß für die Reise nach Kolumbien mit den Bootsführern verhandelt werden. Preisrichtlinie: circa 60 $ pro Boot, plus Benzinkosten für die Hin- und Rückfahrt.
- Nach ***La Palma*** gibt es keine regelmäßigen Verbindungen. Die Fahrt dauert etwa 6 Stunden und kostet 100 $ pro Boot, inklusive Benzinkosten.

Fußweg zwischen El Real und Yaviza

- Östlich der Schule führt ein breiter Weg parallel zur Elektrizitätsleitung nach ***Pinogana,*** einem kleinen Dorf am Río Tuira ohne Übernachtungsmöglichkeit. Für die Strecke benötigt man circa 1,5 Stunden. Für 1 $ werden Sie in Pinogana mit einem *cayuco* an das andere Flußufer übergesetzt. Ab dort sind es weitere 1,5 Stunden nach Yaviza entlang einem deutlich sichtbaren, angenehmen Weg durch Sekundärwald.

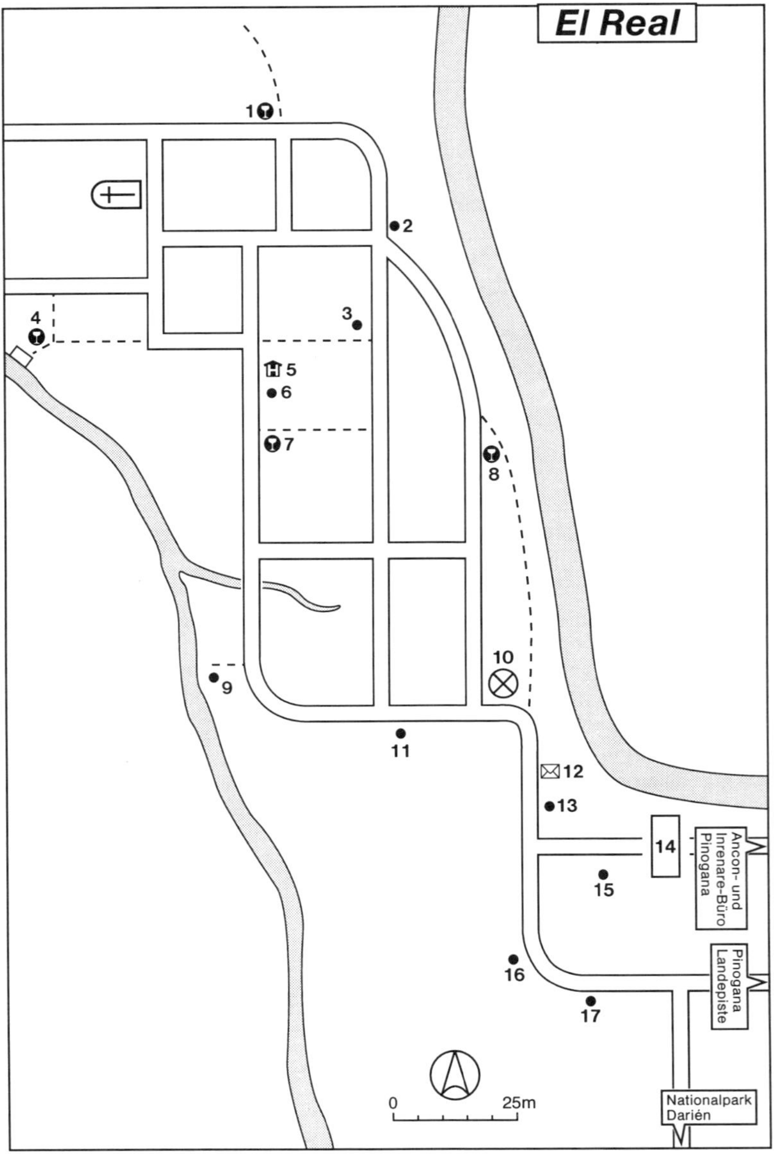
El Real
1
2
3
4
5
6
7
8
9
10
11
12
13
14
15
16
17
Ancon- und Irenare-Büro Pinogana
Pinogana Landepiste
Nationalpark Darién
0
25m

2	Lebensmittelladen
3	Aus-/Einreisestempel
4	Bootsanlegestelle, Restaurant und Panadería
6	Laden Comi-Pettunga
9	Kiosk
10	Sendemast
11	Krankenhaus
12	Post
13	Telefon
14	Basketballplatz
15	Schule
16	Kiosk Irvinecito
17	Polizei
H	
5	Hotel El Nazareno
Y	
1	Cantina Juventud
7	Cantina Preperida
8	Cantina Caña Blanca

●Die Strecke nach Pinogana kann auch als ***Ausflug*** empfohlen werden. Entlang des Weges lassen sich unter anderem die Panama-Perückenäffchen und die lebhaften Montezuma-Krähenstirnvögel *(oropèndola de montezuma)* blicken. Diese schwarzgefiederten Vögel aus der Familie der Stärlinge sind an ihrem auffallenden Ruf erkennbar und am besten bei ihren hängenden Glockennestern zu beobachten.

Unterkunft, Essen und Trinken

●Die einzige Unterkunft des Ortes ist das ***Hotel El Nazareno,*** EZ/DZ 7 $, mit sehr einfach ausgestatteten Zimmern mit Ventilator und gemeinsamem Balkon. Die in den Zimmern vorhandenen Duschen und Toiletten können wegen des häufigen Wassermangels oder des fehlenden Wasserdrucks fast nie benutzt werden, weshalb die Gäste auf die gemeisame Dusche/Toilette mit einer großen Wassertonne im Erdgeschoß angewiesen sind.

●*Comida típica* gibt es nur im kleinen, neben der Bootsanlegestelle liegenden ***Restaurant,*** das gleichzeitig auch als Bäckerei fungiert. Sowohl das Essen wie auch die Brötchen müssen einen Tag vorher bestellt werden.

●Konservendosen und H-Milch gibt es im kleinen ***Laden*** östlich der Kirche.

Weitere Informationen

●***Geldwechseln*** ist nicht möglich, weshalb man genügend Bargeld (kleine Dollarnoten) mitnehmen sollte.

●Ein öffentlicher ***Münzapparat*** für Inlandsgespräche befindet sich nahe der Post. ***Briefe*** nehmen Sie lieber wieder in die Großstadt mit.

●***Informationen über den Nationalpark Darién*** gibt es sowohl bei *ANCON* wie auch bei *INRENARE,* die ihre Büros an der Straße nach Pinogana haben. Im *INRENARE*-Büro wird ein Führer für den Besuch des Parks zugewiesen.

●Den ***Ausreisestempel für Kolumbien*** erhalten Sie in der *Migración* (graues Haus) einige Schritte nordöstlich des Hotels.

Parque Nacional Darién

Der touristische Höhepunkt des Osten ist zweifelsohne der ***Nationalpark Darién,*** der sich entlang der panamaisch-kolumbianischen Grenze von Küste zu Küste erstreckt. Sein tropischer Berg- und Regenwald gilt - samt vielem, was in und unter dem Kronendach läuft, fliegt, kriecht, wächst und blüht - als das faszinierendste und umfangreichste Naturschutzgebiet Panamas und als das größte zusammenhängende Regenwaldgebiet in Zentralamerika. Genügend Gründe für die *UNESCO,* das 580.000 ha große Naturschutzgebiet 1981 zum *World Heritage Site* (Welterbe) und zwei Jahre später zum Biosphären-Reservat zu erklären.

Das überwältigende Pflanzenmeer Dariéns birgt eine ***ungeahnte biologische Vielfalt.*** Allein schon in der Region um den 1200 m hohen Cerro Pirre wurden rund 450 Vogelarten registriert. Seltene Gattungen, wie etwa der Panama-Jaguar, der Ozelot, der Mittelamerikanische Tapir und die Harpyie, die außer im Darién nur noch im Amazonas-Gebiet anzutreffen ist, lassen das Herz des Naturliebhabers höher schlagen. Häufig kann man natürlich die weniger seltenen Arten beobachten, wie etwa Agutis, Mantelbrüllaffen, Panama-Perückenäffchen, bunte Schmetterlinge, Blattschneider-Ameisen und grell leuchtende Baumsteigerfrösche. Ihre Farbe warnt die gefräßigen Waldbewohner vor dem tödlichen Gift, das sich in ihren Hautdrüsen bildet. Die Chocó benutzen dieses wirksame Gift traditionell für die Jagd. Sie kennen den Park wie ihre Westentasche, mit allen Tieren und Pflanzen, die für den Menschen gefährlich oder nützlich sind. Sie sind deshalb als Parkaufseher eingesetzt und führen die Touristen sicher auf schmalen Pfaden durch den Wald.

Ein wirksamer Schutz gegen Lianen

Die ***Beziehungen zwischen den verschiedenen Lebensformen*** im Darién-Regenwald sind komplex und unlöslich miteinander verflochten und vor allem durch den Bedarf an Wasser und Sonnenlicht bestimmt. Ein gutes Beispiel dafür ist die Bromelie. Sie lebt als "Untermieter" auf dem Ast eines Urwaldriesen, fängt mit ihrer Blattrosette das vom Baumwipfel tropfende Wasser auf und bildet damit ein Mikrobiotop, in dem unter anderem Frösche und Insekten leben. Oder die Pflanzen, die ziehend, kletternd oder würgend versuchen, nach oben zu gelangen und dabei den benutzten Baum allmählich in die Knie zwingen, wonach nicht nur sie selber, sondern auch unzählige andere Pflanzen, die jahrelang am Boden auf ihre Chance gewartet haben, rasch und kerzengerade nach oben zum lebenswichtigen Licht schießen. Auf die umgefallenen Urwaldriesen stürzen sich schließlich die Mikroorganismen, die im ständigen Kampf um Nährstoffe für den Boden nur noch wenig abfallen lassen. Kein Wunder also, daß die Wurzeln der Bäume nicht sehr tief in dem nährstoffarmen Erdreich stecken und sich häufig als riesige Stützen oberhalb des Bodens etabliert haben - eine einzigartige Welt, in der es viel zu entdecken, zu beobachten und zu genießen gibt.

Praktische Hinweise

●Die ***beste Zeit für einen Parkbesuch*** liegt in der Trockenperiode, etwa zwischen Januar und März. In den restlichen Monaten ist der Boden tiefmorastig und die Mücken sind eine noch größere Plage als in der Trockenzeit.

●Für den Besuch benötigen Sie unbedingt eine ***Genehmigung*** des *INRENARE-Hauptbüro* in Paraíso. Ohne dieses Papierchen sind Sie von der Bereitwilligkeit der *INRENARE*-Mitarbeiter in El Real, eine Ausnahme von den Vorschiften zu machen, abhängig.

●Das Büro in El Real stellt für 10 $ pro Tag und Gruppe einen ***Führer*** zur Verfügung, ohne dessen Hilfe man den Weg zum Park nicht finden kann.

●In El Real kann für 10 $ pro Tag ein ***Pferd*** als Gepäck- und Proviantträger angemietet werden.

●Vergessen Sie nicht, Ihren ***Müll*** wieder mitzunehmen und ***Proviant für den Führer*** einzupacken.

Die Stationen im Park

●***Rancho Frío*** (auch ***Station Cerro Pirre)*** liegt etwa 3-4 Gehstunden von El Real entfernt am Fuß des Cerro Pirre. In der Regenzeit kann der Fußmarsch durch eine Bootsfahrt auf dem Río Pirre auf etwa 1 Stunde verkürzt werden.

●Die Station ***Cruce de Mono*** liegt am Osthang des Cerro Pirre nahe Boca de Cupe, das mit dem Boot über den Río Tuira ab El Real (circa 2-3 Stunden; 60 $ pro Boot) oder in einem circa 6stündigen Fußmarsch über Pinogana erreichbar ist. Ab Boca de Cupe sind es weitere 5-6 Gehstunden zur Station entlang des Río Cupe. Cruce de Mono liegt abgelegen und eignet sich gut zur Beobachtung von exotischen Vierbeinern.

●Beide Stationen verfügen über ***Schlafplätze,*** eine ***Kochmöglichkeit, Trinkwasser,*** eine Toilette und eine ***Waschmöglichkeit*** am Fluß. Die Benutzung der Einrichtungen kostet 1 $ pro Person und Tag und muß direkt bei den Stationen bezahlt werden. Von den Stationen aus können zahlreiche Touren durch den Regenwald unternommen werden: von Kurztouren zu Wasserfällen in der näheren Umgebung der Station bis hin zur Besteigung des Cerro Pirre, die etwa 10-12 Stunden pro Strecke in Anspruch nimmt. Am Gipfel des Cerro Pirre gibt es nur eine Notunterkunft.

Station Rancho Frio

●Die ***Station de Balsas*** liegt am gleichnamigen Río nahe Boca de Sábalo und ist mit dem Boot ab El Real direkt erreichbar. Die Station dient hauptsächlich zur Eindämmung der illegalen Jagd und der Rodung und für Aufklärungs- und Aufforstungsprojekte.

Die Pazifikküste

La Palma

La Palma, die ***Provinzhauptstadt Dariéns,*** liegt am Mündungsufer des Río Tuira. Der kleine Ort mit knapp 1800 Einwohnern besitzt das gleiche träge Flair wie El Real oder Yaviza. Während der kolonialen Epoche hatte La Palma den Ruf eines Piratennestes, das vor allem Unterschlupf für englische Seeräuber bot.

Unweit von La Palma öffnet sich der Golfo de San Miguel, jene Bucht, an der *Vasco Núñez Balboa* seine Entdeckungstour von der Atlantik- zur Pazifikküste, quer durch den Darién-Regenwald, glorreich beendete. *Balboa* und seine Männer waren auf der Suche nach Gold, Edelsteinen und Ruhm für sich selbst und ihr Vaterland. Ihre Raubzüge führten landeinwärts über den Río Tuira oder entlang der Pazifikküste, wo es unter anderem Perlen in den umliegenden Gewässern des heutigen Archipielago de las Perlas zu erbeuten gab.

La Palma bildete bis vor einigen Jahren das "Tor" zum Darién. Mit der Luft- und Landverbindung nach El Real bzw. Yaviza hat sich diese Situation geändert, obwohl in der Regensaison noch immer ein verrosteter Frachtkahn zwischen Panama-Stadt und La Palma verkehrt. Durch die enorme Distanz zwischen La Palma und dem Nationalpark Darién ist der Ort aus touristischer Sicht weniger interessant.

Praktische Informationen

●La Palma wird Mo, Mi und Fr von *Aeroperlas* ab ***Panama-Stadt*** angeflogen (32 $ pro Strecke). Der ***Flug*** wird nach ***El Real*** weitergeführt. Für die circa 6stündige ***Bootsfahrt*** nach El Real werden circa 100 $ pro Boot verlangt.

●***Unterkunftsmöglichkeiten*** bietet das ***Hotel Biaguiru*** und die ***Pensión Pakela*** (10 $ pro Zimmer), ***Essen*** gibt es in einfachen Restaurants nahe dem Hafen.

Jaqué

Circa 50 km von der kolumbianischen Grenze entfernt liegt der kleine ***Fischerort*** Jaqué, der von den Ausläufern der Serranía de Jungurudó eingeschlossen ist. In seiner unmittelbaren Nähe, an der Bahía de Piña, befindet sich das ***Luxusresort Tropical Star Lodge,*** in dem Hochseefischen für den Inklusivpreis von 1000 $ pro Woche und Person angeboten wird. Ab und zu geht ein Kreuzfahrtsschiff in der Bucht vor Anker, damit die Passagiere einen Tagesausflug zum nahe gelegenen semiautonomen Gebiet der Emberá unternehmen, die *Indígenas* bestaunen und ihre Kunsthandwerke kaufen können. Eine erschreckende Invasion quatschender und fotografierender Touristen, ohne Rücksicht auf Land und Leute.

Praktische Hinweise

- Jaqué ist mit dem ***Flugzeug ab Panama-Stadt*** am Mo, Mi und Fr erreichbar (75 $). ***Unterkunftsmöglichkeiten*** gibt es nur im Resort zum Wochentarif.

Der Darién-Trek

Allgemeines

Der Darién-Trek führt über Urwaldpfade und Flüsse durch den Tarpón del Darién (auch Darién Gap), wie die Einsenkung zwischen der Serranía del Darién und der Serranía de Pirre bezeichnet wird. Er zählt zu den ***großen Abenteuern*** der Welt.

Eine kräfteraubende, circa 10 bis 12 Tage dauernde Tour, welche gute ***Vorbereitungen*** und die nötigen ***finanziellen Mittel*** erfordert. Wer glaubt, daß die Überlandroute von Zentral- nach Südamerika eine billige Variante ist, wird bitter enttäuscht werden, denn die Kosten für einen Individualtouristen belaufen sich auf circa 400-500 $, abhängig vom Verhandlungsgeschick und der vorhandenen Zeit.

Jedes Jahr tauchen Touristen im Darién auf, die die Tour völlig unterschätzen und die bereits nach wenigen Tagen umkehren müssen. Mit der ***Hilfe der regionalen Bevölkerung*** können und dürfen Sie nicht rechnen, denn Fremde werden immer mit ein wenig Argwohn betrachtet, allerdings wird ein Zeltplatz bzw. ein Platz für die Hängematte immer zugewiesen, natürlich gegen ein paar Dollars.

Im Darién gilt das ***Gesetz des Dschungels:*** Jeder ist auf sich selber angewiesen. Trinkwasserstellen, was sicher das wichtigste während der Tour ist, werden Ihnen aber von der Bevölkerung gezeigt. Für die Verpflegung ist man auf den mitgebrachten Proviant angewiesen. Rechnen Sie nicht damit, daß die Bewohner eine Mahlzeit für Sie zubereiten, auch nicht gegen Bezahlung. Nach Boca de Cupe gibt es keine Möglichkeit mehr, Nahrungsmittel zu bekommen. Die Versorgung für die gesamte Strecke muß mitgebracht werden.

In den kleinen Siedlungen entlang der Strecke bieten sich ***Träger und Führer*** an, die immer nur paarweise und nur eine Teilstrecke mitgehen. Ein großer Teil der Strecke wird auf den ***Flüssen*** zurückgelegt. Die Preise für die Fahrten mit *cayucos* berechnen sich immer pro Boot (ab 40 $ aufwärts), plus Benzinkosten (2,50 $ pro Gallone) für die Hin- und Rückfahrt. Vor allem die Benzinpreise sind sehr flexibel, denn Treibstoff ist in dieser Region kostbar. Preisgünstiger sind die unregelmäßigen Fahrten mit den Booten für die regionale Bevölkerung (ab 5 $ pro Person), allerdings benötigen Sie viel Zeit, Ausdauer und natürlich genügend Proviant.

Achtung! Während der ***Trocken-***

Unterwegs nach Kolumbien

zeit (Dezember-März) kann das sinkende Wasserniveau der Flüsse die Weiterfahrt hemmen, wodurch Sie auf Ihre Beine und die lokalen Führer angewiesen sind. Der Beginn der Trockenzeit (Dezember) bietet die besten Voraussetzungen für den Darién-Trek.

Route

Als Ausgangspunkt für den Darién-Trek können Sie zwischen El Real und Yaviza wählen, wo Sie sich bei der Behörde unbedingt einen ***Ausreisestempel*** holen müssen. Ohne diesen Stempel überqueren Sie die Grenze illegal, wie eben die Drogenschmuggler, Goldgräber und Einwanderer. Am Grenzübergang werden kaum Kontrollen durchgeführt. Den kolumbianischen ***Einreisestempel*** bekommen Sie generell in Cartagena, und er ist unentbehrlich für die Ausreise aus Kolumbien.

- Die erste Etappe führt von Yaviza bzw. El Real mit dem Boot auf dem Río Tuira ***nach Boca de Cupe*** (circa 3 Stunden), dem letzten größeren Ort in der Provinz Darién. Boca de Cupe ist zu Fuß auf einem deutlich sichtbaren Pfad über Pinogana erreichbar, sowohl ab Yaviza wie auch ab El Real. Für die Strecke über Land benötigt man circa 6 Stunden.
- Ab Boca de Cupe geht es mit dem Boot weiter ***auf dem Río Tuira***

nach Pucuro (circa 1 Stunde). Das Landschaftsbild wird von kleinen Bananenplantagen und Sekundärwäldern geprägt. Stromaufwärts liegen kleine Siedlungen, die von den Kuna oder von den Chocó verwaltet werden. Besucher werden dort mit der nötigen Skepsis betrachtet, denn immer wieder kommen vom "Goldfieber" befallene Abenteurer in diese Region, um ihr Glück zu versuchen. Pucuro ist eine kleine Kuna-Siedlung, wo der Besucher sich gemäß der Sozialstruktur der Kommune an den Kaziken und/oder den Dorfrat wenden muß, um eine Stelle zum Übernachten zu erhalten.

●***Paya,*** der nächste Stop auf der Route, ist ebenfalls eine Kuna-Gemeinschaft. Die stolzen Kuna bringen gelegentlich ihre Autonomie zum Ausdruck durch die Kontrolle des Reisepasses und des Gepäcks. Paya ist von Pucuro über einen guten Pfad in circa 5-6 Stunden erreichbar. Ein Führer ist nicht unbedingt notwendig, aber anzuraten, denn neuangelegte Wege können die Orientierung erschweren. Entlang dieses Weges muß der Río Pucuro mehrmals durchquert werden. Mit dem Boot ist Paya saisonal bedingt direkt ab Boca de Cupe erreichbar, wodurch der Stop in Pucuro wegfällt. Paya ist der letzte Aufenthaltsort auf panamaischem Territorium und der Beginn des schwersten Abschnittes, des ***Darién Gap.*** Die Route führt quer durch den dichten Regenwald des Nationalparks Darién, bergwärts nach ***Palo de Las Letras,*** einer Grenzmarkierung auf circa 150 m Höhe. Der 5 bis 6 Stunden dauernde Fußmarsch, die tiefen, morastigen Pfade, die drückende Schwüle und die lästigen Moskitos sowie der Füssigkeitsverlust durch schwitzen und der quälende Durst machen diesen Abschnitt zum "Weg durch die Hölle". Ab Palo de Las Letras bewegt man sich auf ***kolumbianischem Territorium,*** durch den ***Nationalpark Los Katios.*** Mühsam geht es talwärts zur ***Parkstation bei Cristales,*** was wiederum 6-7 Stunden in Anspruch nehmen wird. Auf der kräfteraubenden Strecke Paya-Cristales ist ein Führer unentbehrlich, um sich im Wirrwarr von Pfaden nicht zu verlaufen.

●Ab Cristales geht es weiter mit dem Boot auf dem ***Río Atrato*** langsam zurück zur Zivilisation, in Richtung Hafenstädtchen Turbo am Golfo de Urabá. Die Bootsfahrt führt generell in Etappen über ***Bijao*** (circa 1,5 Stunden), wo zum erstenmal wieder ein kleiner Laden vorhanden ist, und ***Cacarica*** (weitere 3 Stunden), das über eine einfache Unterkunft verfügt, nach ***Travesía.*** Ab hier geht es durch Sumpflandschaft und monotones Bananengebiet schließlich zum weniger attraktiven Ort ***Turbo*** (circa 2 Stunden), wo die Busse die Darién-Bezwinger nach ***Cartagena*** bringen, einer wunderschönen Kolonialstadt mit viel Charme, ideal, um sich zu erholen und nach der überwältigenden Natur wieder die anderen Freuden dieser Welt zu genießen.

Anhang

Glossar

A

abajo: unten
aeropuerto: Flughafen
alcalde: Bürgermeister
alto: Stop, Höhe (geographisch)
amigo: Freund, Bekannte(r)
ANCON: Asociación Nacional para la Conservación de la Naturaleza, privater Naturschutzverein.
apartado postal: Postfach
archipiélago: Archipel
arriba: oben
artesanía: Kunsthandwerk
avenida: breite Straße

B

bahía: Bucht
Balboa: offizielle Landeswährung, benannt nach *Vasco Núñez Balboa.*
balneario: öffentlicher Naturschwimmplatz
baño: eigentlich Bad, wird aber häufig für Toilette verwendet.
barco: Schiff
barrio: Stadtviertel, Vorstadt
boca: Mund, Schnauze, Flußmündung
bocas: kleine Happen, die zu den Getränken serviert werden.
bombera: Feuerwehr
buceo: Tauchsport
buque: Schiff

C

caballero: Herr, Reiter
cabecera: Distrikthauptstadt
cabo: Kap
cacique: siehe Kazike
calle: Straße
calzada: Wellenbrecher
camino: Weg
campesino: Kleinbauer
campo de aterrizaje: Landepiste ohne flugtechnische Einrichtung.
Carretera Interamericana: wichtigste Straße in Panama, Teil der "Traumstraße" *Panamericana* (Alaska-Feuerland).
Carta Vieja: panamaischer weißer oder dunkler Rum.
casa: Haus
casa de quincha: Kolonialhaus aus Lehm, Holz, Schilf und Stroh; besonders auf der Halbinsel Azuero.
cascada: Wasserfall
caudillo: Staatsoberhaupt
cayuco: Einbaumkanu
centro comercial: Einkaufszentrum
centro de salud: Gesundheitszentrum, regional oft für Krankenhaus verwendet.
cerro: Anhöhe, Bergspitze
cerveza: Bier
cervezería: Bierstube, Bierbrauerei
ceviche: roher Fisch, mariniert in Zitronensaft.
chacara: Umhängetasche aus Pflanzenfasern
chachira: bunte Perlenkette der Guaymí
chicha: Getränk aus Früchten, Wasser oder Milch und Zucker.
chitras: kleine blutsaugende Fliegen
CIA: Central Intelligence Agency, US-Geheimdienst.
cine: Kino
colectivo: Sammeltaxi oder -bus.
colina: Hügel bis maxial 600 m
Colón: spanisch für Kolumbus
Comarca: semiautonomes Gebiet der Indianer
comida típica: landestypisches Essen
communidad: Gemeinschaft
consejo: Verwaltungsrat
cordillera: Kordillere
corregimiento: Verwaltungsbezirk
cráte: Krater
criollos: panamaische Weiße
Cruz Roja: Rotes Kreuz
cuenca: Becken (geographisch)
cueva: Höhle

D

DEA: Drugs Enforcement Agency, US-Drogenbekämpfungsbehörde
DIA: Defense Intellligence Agency, US-Militärgeheimdienst
districto: Distrikt

E

enconomienda: koloniales Landverteilungsystem, bei dem die auf dem Land lebenden Indianer als Leibeigene zugewiesen wurden.
ensenada: Bucht, Flußmündung
esclusa: Kanalschleuse
estación ferrocarril: Eisenbahnstation
estampilla: Briefmarke

F

farmacía: Apotheke
faro: Leuchturm
finca: Grundstück, Bauernhof, in Panama mehr ein Teil einer großen (Bananen-) Plantage.
frontera: Grenze

G

ganaderia: Rinderzucht
gobernador: Gouverneur
golfo: Golf (geographisch)
gringo: Fremder, speziell verwendet für Nordamerikaner.
guineo: kleine Obstbanane

H

hacienda: Landgut, Farm
hamaca: Hängematte

I

iglesia: Kirche
indígenás: Eingeborene(r), Einheimische(r), spanische Bezeichnung für Indianer.
INRENARE: Instituto de Recursos Naturales Renovables, staatliche Naturschutzbehörde.
interior: Binnenland, Landesinnere
isla: Insel
istmo: Isthmus, Landenge
-ita oder *-ito:* Verkleinerungsform

K

Kanalzone: ein Gebiet beidseitig des Kanals, das von 1914 bis 1979 unter US-Verwaltung stand.
Kasematte: dickummauerter, schußsicherer Raum in einer Befestigungsanlage.
kazike (auch *Cacique):* Oberhaupt eines indianischen Volkes
Kuna Yala: semiautonomes Gebiet der Kuna-Indianer

L

lago: See
laguna: Lagune, wird auch für kleine Stauseen verwendet.
lancha: Boot mit Außenmotor
latifundio: Großgrundbesitz
legislador: Abgeordneter
llanura: Tiefebene

M

mar: Meer
mercado: Markt
meseta: Hochplateau
mirador: Aussichtspunkt
mejorana: panamaische Gitarre
merengue: lateinamerikanischer Tanz
mola: Textilhandwerk der Kuna-Frauen
montaña: Berg
montuno: Nationaltracht der Männer
muelle: Pier

N

nudo: Gebirgsknoten
nuevo/nueva: neu

O, P

OAS: Organisation Lateinamerikanischer Staaten.
país: Land
panadería: Bäckerei
panameña: Panamaerin
panameño: Panamaer
paseo: Promenade
parada: Bushaltestelle
parque: Park
península: Halbinsel
*pensió*n: einfache Unterkunft, Stundenhotel
peone: Knecht
pesquera: Fischerei
Petroglyphen: Felszeichnungen

Pick Up: kleiner Lastkraftwagen, auf dessen Ladefläche Fahrgäste transportiert werden.
piscina: öffentliches Schwimmbad
pista de aterrizaje: Landepiste mit kleiner flugtechnischer Einrichtung
playa: Strand
plaza: Platz
población: Population
pollera: Nationaltracht der Frauen
provincia: Provinz
puente: Brücke
puerto: Hafen
punta(o): Stelle

R

Ragga: musikalische Mischung aus Rap und Reggae
refresco: Erfrischungsgetränk
repelente: chemisches Insektenschutzmittel
represa: Staudamm
río: Fluß
ropa vieja: eigentlich "Alte Kleidung", in Panama ein scharfgewürztes Reis-Fleisch-Gericht.

S

salchicha: Würstchen
salsa: Sauce
Salsa: lateinamerikanischer Tanz
salto: Wasserfall
sancocho: panamaische Nationalspeise (Hühnersuppe)
santería: religiöser Kult mit christlichen, indianischen und afrikanischen Einflüssen.
Santa: Heilige
Santo: Heiliger
seco: panamaischer klarer Schnaps
Semana Santa: Osterwoche
sendero: Weg, Pfad
serranía: Bergland, Gebirge
sierra: Bergkette
sombrero montuno: Panamahut
STRI: Smithonian Tropical Research Institute, nordamerikanisches biologisches Forschungsinstitut
surcusal: Filiale

T

tamale: Gericht aus Mais, Fleisch und Gewürzen, in Bananenblatt gekocht.
Transístmica: Straße zwischen Panama-Stadt und Colón
tuna: Straßenfest, -parade

U

UNESCO: United Nations Educational, Scientific and Cultural Organization; UNO-Sonderorganisation für Erziehung, Wissenschaft und Kultur.

V, W

valle: Tal
vía: große Durchfahrtsstraße
villa: Dorf, Siedlung
virgen: Jungfrau (Maria)
WHO: Weltgesundheitsorganisation

Literaturhinweise

•*Arias, Oscar:* **Frieden für Zentralamerika.** 1987. Mit dem Vorwort von *Hans-Dietrich Genscher.*

•*Behar, David und Harris, Godfrey:* **The American destruction of the Noriega regime in Panama.** Americas Group, Los Angeles 1990. Darstellung der Invasion in vielen Bildern (ISBN -935047-10-7).

•*Borbón, Guillermo Sánchez und Koster, R.M.:* **In the time of the tyrants.** London 1990 (ISBN 436200163). Beschreibung der Politik in Panama während der *Torrijos-* und der *Noriega-*Diktatur.

•*Cardenal, Ernesto:* **Eine ungewisse Meerenge.** 1992. Thema der Dichtung ist der über Jahrhunderte gesuchte und doch zweifelhaft gebliebene Wasserweg zwischen dem Pazifik und dem Atlantik in Zentralamerika.

•**Panama. Möglichkeiten für die Deutsche Wirtschaft.** Herausgegeben von der *Deutsch-Südamerikanischen Bank AG,* Hamburg.

•*Forbes, Jack:* **Kolumbus und andere Kannibalen – Die indianische Sicht der Dinge.** 1992. Analyse und historische Begründung eines "weißen" Kannibalismus, aus der Sicht der einheimischen Völker des amerikanischen Kontinents.

•*Galeano, Eduardo:* **Die offenen Adern Lateinamerikas.** Hannover 1988. Die Geschichte eines Kontinents von der Entdeckung bis zur Gegenwart.

•*Gough, William:* **Der letzte weiße Mann in Panama.** 1994. Heyne-Verlag.

•*Greene, Graham:* **Mein Freund der General.** Zsolany-Verlag 1984. Erzählung über die Beziehung zwischen dem englischen Autor und dem General *Omar Torrijos.*

•*Griffihts, John:* **Take a Trip to Panama.** Watts Franklin 1989.

•*Hartmann, Günther:* **Gold und Silber. Gold der Kuna, Panama – Silberschmuck der Mapuche,** Chile. 1988

•*Hartmann, Günther:* **Molakana, Volkskunst der Cuna.** Veröffentlichung des Museums für Völkerkunde 1980.

•*Howarth, David:* **Panamakanal – Entdecker, Piraten und Techniker.** 1989.

•**The U.S. Invasion of Panama – The Truth behind Operation "Just Cause".** South End Press, Boston 1991. Sehr gute und ehrliche Beschreibung der US-Invasion von der *Independent Commission of Inquiry of the U.S. Invasion.* (ISBN 89608-408-0)

•**Weltwirtschaftskrise und Schuldnerkartell.** Mittelamerika im Würgegriff internationaler Finanzinstitutionen. Nicaragua, El Salvador, Honduras, Guatemala, Panama, Mexiko, Dom. Republik und Jamaica. *Hrsg: Informationsbüro Nicaragua.* Wuppertal 1985.

•*Janosch:* **Oh wie schön ist Panama.** Lustiges Kinderbuch über die Abenteuer des kleinen Bären und des kleinen Tigers auf der Reise nach Panama. Beltz & Gelberg-Verlag 1991.

•*Mathes, Guido:* ***Panama: Ein Bericht zur Menschenrechtslage und zu den Wahlen von 7. Mai 1989,*** Vorwort von *R. Gnauck.* 1989.

•*Miller, Tom:* ***The Panama Hat Trail.*** Vintage Books 1988. Ein Reisebericht von Südamerika nach Panama.

•*Rauchwetter Gerhard:* ***Traumreisen von Mexiko bis Panama.*** 1991.

•*Ridgely, Robert S. und Gwynne, John A.:* ***A guide to the birds of Panama.*** Verlag Princeton University Press, New Jersey 1989. (ISBN 0-691-02512-6).

•*Rogers, Ken:* ***Das Panama-Attentat.*** Thriller.

•*Sitte, Fritz:* ***Panikzone Panama.*** Kremayr-Scherau-Verlag Wien 1974.

•***Länderbericht Panama.*** Herausgegeben vom *Statistischen Bundesamt,* Wiesbaden. Erscheint jährlich.

•*Taylor, Bayard:* ***El Dorado. Schilderung einer Reise von Panama nach Kalifornien.*** Reprint der Ausgabe von 1851.

•*Vázquez-Figueroa, Alberto:* ***Nacht über Panama.*** Roman.

•*Weeks, John und Gunson, Phil:* ***Panama – made in the USA.*** London 1986. Betrachtung der Politik zwischen den USA und Panama. Bezugsadresse: Central Books, 99 Wallis Road, London, E9 5 LN (ISBN 906156556).

Sprachführer (nicht nur) für Globetrotter: die Kauderwelsch-Reihe

Reise Know-How Verlag Peter-Rump GmbH, 33647 Bielefeld

Spanisch für Lateinamerika

In **18 Staaten** Lateinamerikas ist **Castellano** (wie man dieses Spanisch nennt) die Nationalsprache. Wer auch nur einige Brocken beherrscht, unterscheidet sich sofort von den ungeliebten "Americanos" und wird den Kontinent ganz anders erleben.

Vom "normalen" Spanisch unterscheidet sich die lateinamerikanische Variante durch einige Indio-Wörter und durch eine andere Aussprache.

So hat dieses Buch nicht nur durch das spezielle Vokabular und die für Lateinamerika wichtigen Verhaltenstips seinen Nutzen, sondern ist auch für denjenigen, der bereits Spanisch spricht, unentbehrlich.

ISBN 3-922376-29-0
ca. 30 Abb., 112 Seiten
DM 14.80

Spanisch für Mexiko

In **Mexiko** ist Spanisch offizielle Landessprache. Aber es gibt viel landesspezifisches Vokabular, das sich in allen Bereichen der Kommunikation findet. Seien es Bezeichnungen für für Speisen, für Tiere oder Verkehrsmittel.

Darüber hinaus haben sich auch in Mexiko spezifische Besonderheiten herausgebildet, die die Aussprache und grammatikalische Details betreffen. Hinzu kommt der Einfluß von Indiosprachen, die die Landessprache bereichert haben.

Der Sprachführer geht auf die vielen Mexikanismen ein und bietet nebenbei viele Informationen über den Alltag in Mexiko.

ISBN 3-89416-297-1
ca. 30 Abb., 160 Seiten
DM 14.80

Patois für Jamaika

Englisch ist die offizielle Sprache Jamaikas und soll in Schulen, Behörden und in den Medien gesprochen und geschrieben werden. Gleichwohl ist **Patois** sehr lebendig, und Touristen, die das jamaikanische Englisch recht gut verstehen, müssen passen, wenn sie Patois hören. Viele aus dem Englischen abgeleitete Wörter haben andere Bedeutungen. Daneben gibt es Wörter und Satzkonstruktionen, die nichts mit dem Englischen zu tun haben, und letztendlich weicht die Aussprache stark ab. Viele Wörter stammen von den Rastafari, die damit ihre Weltanschauung zum Ausdruck bringen.

ISBN 3-89416-249-X
30 Abb., 144 Seiten
DM 14.80 (Taschenformat)

Kauderwelsch-Bände gibt's für über 70 Sprachen!

REISE KNOW-HOW

PROGRAMMÜBERSICHT

REISE KNOW-HOW Bücher werden von Autoren geschrieben, die Freude am Reisen haben und viel persönliche Erfahrung einbringen. Sie helfen dem Leser, die eigene Reise bewußt zu gestalten und zu genießen. Wichtig ist uns, daß der Inhalt unserer Bücher nicht nur im reisepraktischen Teil „Hand und Fuß" hat, sondern daß er in angemessener Weise auf Land und Leute eingeht. Die Reihe REISE KNOW-HOW soll dazu beitragen, Menschen anderer Kulturkreise näher zu kommen, ihre Eigenarten, und ihre Probleme besser zu verstehen. Wir achten darauf, daß jeder einzelne Band gemeinsam gesetzten Qualitätsmerkmalen entspricht. Um in einer Welt rascher Veränderungen laufend aktualisieren zu können, drucken wir bewußt kleine Auflagen.

SACHBÜCHER:

Die Sachbücher vermitteln KNOW-HOW rund ums Reisen: Wie bereite ich eine Motorrad- oder Fahrradtour vor? Welche goldenen Regeln helfen mir, unterwegs gesund zu bleiben? Wie komme ich zu besseren Reisefotos? Wie sollte eine TransSahara-Tour vorbereitet werden? In der Sachbuchreihe von REISE KNOW-HOW geben erfahrene Vielreiser Antworten auf diese Fragen und helfen mit praktischen, auch für Laien verständlichen Anleitungen bei der Reiseplanung.

Welt

Achtung Touristen
DM 16,80 ISBN 3-922376-32-0
Äqua-Tour (RAD & BIKE)
DM 28,80 ISBN 3-929920-12-3
Auto(fern)reisen
DM 34,80 ISBN 3-921497-17-5
Die Welt im Sucher
DM 24,80 ISBN 3-9800975-2-8
Fahrrad-Weltführer
DM 44,80 ISBN 3-9800975-8-7
Motorradreisen
DM 34,80 ISBN 3-921497-20-5
Um-Welt-Reise (REISE STORY)
DM 22,80 ISBN 3-9800975-4-4
Wo es keinen Arzt gibt
DM 26,80 ISBN 3-922376-35-5

REISE STORY:

Reise-Erlebnisse für nachdenkliche Genießer bringen die Berichte der REISE KNOW-HOW REISE STORY. Sensibel und spannend führen sie durch die fremden Kulturbereiche und bieten zugleich Sachinformationen. Sie sind eine Hilfe bei der Reiseplanung und ein Lesevergnügen für jeden Fernwehgeplagten.

STADTFÜHRER:

Die Bücher der Reihe REISE KNOW-HOW CITY führen in bewährter Qualität durch die Metropolen der Welt. Neben den ausführlichen praktischen Informationen über Hotels, Restaurants, Shopping und Kneipen findet der Leser auch alles wissenswetes über Sehenswürdigkeiten, Kultur und „Subkultur" sowie Adressen und Termine, die besonders für Geschäftsreisende wichtig sind.

Europa

Amsterdam
DM 26,80 ISBN 3-89416-231-7
Baltikum - Estl./Lettl./Litauen
DM 39,80 ISBN 3-89416-196-5
Bretagne
DM 39,80 ISBN 3-89416-175-2
Budapest
DM 26,80 ISBN 3-89416-212-0
Bulgarien
DM 36,80 ISBN 3-89416-220-1
England, der Süden
DM 36,80 ISBN 3-89416-224-4
Estland
DM 26,80 ISBN 3-89416-215-5
Irland-Handbuch
DM 36,80 ISBN 3-89416-194-9
Lettland
DM 26,80 ISBN 3-89416-216-3
Litauen mit Kaliningrad
DM 29,80 ISBN 3-89416-169-8
London
DM 26,80 ISBN 3-89416-199-x
Madrid
DM 26,80 ISBN 3-89416-201-5
Mallorca
DM 29,80 ISBN 3-927554-17-0
Mallorca für Eltern und Kinder
DM 24,80 ISBN 3-927554-15-4
Oxford
DM 26,80 ISBN 3-89416-211-2
Paris
DM 26,80 ISBN 3-89416-200-7
Portugal-Handbuch
DM 34,80 ISBN 3-923716-05-2
Prag
DM 26,80 ISBN 3-89416-204-X
Rom
DM 26,80 ISBN 3-89416-203-1
Schottland-Handbuch
DM 36,80 ISBN 3-89416-179-5
Schweden-Handbuch
DM 36,80 ISBN 3-923716-10-9
Skandinavien - der Norden
DM 36,80 ISBN 3-89416-191-4
Tschechien
DM 36,80 ISBN 3-89416-600-2

Europa

Türkei-Handbuch
DM 36,80 ISBN 3-923716-02-8
Türkei West & Südküste
DM 32,80 ISBN 3-923716-11-7
Ungarn
DM 32,80 ISBN 3-89416-188-4
Warschau/Krakau
DM 26,80 ISBN 3-89416-209-0
Wien
DM 26,80 ISBN 3-89416-601-0
Zypern-Handbuch
DM 26,80 ISBN 3-923716-04-4

Deutschland

Berlin mit Potsdam
DM 26,80 ISBN 3-89416-226-0
Frankfurt/Main
DM 24,80 ISBN 3-89416-207-4
Mecklenburger Seenplatte
DM 24,80 ISBN 3-89416-221-X
München
DM 24,80 ISBN 3-89416-208-2
Nordfriesische Inseln
DM 19,80 ISBN 3-89416-601-0
Nordseeinseln
DM 29,80 ISBN 3-89416-197-3
Nordseeküste
DM 26,80 ISBN 3-89416-603-7
Ostdeutschland individuell
DM 32,80 ISBN 3-921838-12-6
Ostfriesische Inseln
DM 19,80 ISBN 3-89416-602-9
Ostharz mit Kyffhäuser
DM 19,80 ISBN 3-89416-228-7
Oberlausitz
DM 24,80 ISBN 3-89416-165-5
Ostseeküste/ Mecklenburg
DM 19,80 ISBN 3-89416-184-1
Rügen/Usedom
DM 19,80 ISBN 3-89416-190-6
Freistaat Sachsen
DM 26,80 ISBN 3-89416-177-9
Land Thüringen
DM 24,80 ISBN 3-89416-189-2
Westharz mit Brocken
DM 19,80 ISBN 3-89416-227-9

Reise Know-How **PROGRAMMÜBERSICHT**

Afrika

Afrikanische Reise
(REISE STORY)
DM 26,80 ISBN 3-921497-91-4
Bikeabenteuer Afrika
(RAD& BIKE)
DM 28,80 ISBN 3-929920-15-8
Durch Afrika
DM 56,80 ISBN 3-921497-11-6
Ägypten individuell
DM 36,80 ISBN 3-921838-10-x
Tonführer Ägypten: Kairo
DM 32,00 ISBN 3-921838-91-6
Tonführer Ägypten: Luxor, Theben
DM 29,80 ISBN 3-921838-90-8
Agadir & die Königsstädte Marokkos
DM 29,80 ISBN 3-921497-71-x
Kairo, Luxor, Assuan
DM 26,80 ISBN 3-921838-08-8
Kamerun
DM 39,80 ISBN 3-921497-32-9
Kenya
DM 39,80 ISBN 3-921497-45-0
Madagaskar, Seychellen, Mauritius, Réunion, Komoren
DM 36,80 ISBN 3-921497-62-0
Marokko
DM 44,80 ISBN 3-921497-81-7
Nigeria - hinter den Kulissen
(REISE STORY)
DM 26,80 ISBN 3-921497-30-2
TransSahara
DM 29,80 ISBN 3-921497-01-9
Tunesien
DM 44,80 ISBN 3-921497-74-4
Tunesiens Küste
DM 29,80 ISBN 3-92149-776-0
Westafrika
DM 49,80 ISBN 3-921497-02-7
Die Wolken der Wüste
(REISE STORY)
DM 24,80 ISBN 3-89416-150-7
Zimbabwe
DM 34,80 ISBN 3-921497-26-4

Asien

Bali & Lombok mit Java
DM 39,80 ISBN 3-89416-604-5
Bangkok
DM 26,80 ISBN 3-89416-205-8
China Manual
DM 44,80 ISBN 3-89416-167-1
China, der Norden
DM 39,80 ISBN 3-89416-229-5
Sprachbuch China
Hoch-Chinesisch (Mandarin), Kantonesisch, Tibetisch
DM 24,80 ISBN 3-922376-68-1
Indien, der Norden
DM 44,80 ISBN 3-89416-223-6
Reisen mit Kindern in Indonesien
DM 26,80 ISBN 3-922376-95-9
Jemen
DM 39,80 ISBN 3-921497-09-4
Kambodscha
DM 29,80 ISBN 3-89416-219-8
Komodo/Flores/Sumbawa
DM 36,80 ISBN 3-89416-605-3
Ladakh und Zanskar
DM 36,80 ISBN 3-89416-176-0
Laos
DM 29,80 ISBN 3-89416-218-x
Malaysia & Singapur mit Sabah & Sarawak
DM 36,80 ISBN 3-89416-178-7
Myanmar (Burma)
DM 29,80 ISBN 3-9800464-3-5

RAD & BIKE:

REISE KNOW-HOW „RAD & BIKE" sind Radführer von lohnenswerten Radreiseländern bzw. Radreise-Stories von außergewöhnlichen Radtouren durch außereuropäische Länder und Kontinente. Die Autoren sind entweder bekannte Biketouren-Profis oder „newcomer", die mit ihrem Bike in kaum bekannte Länder und Regionen vorstießen. Wer immer eine Fern-Biketour plant - oder auch nur davon träumt - kommt an den RAD & BIKE-Bänden nicht vorbei!

Asien

Nepal-Handbuch
DM 36,80 ISBN 3-89416-193-0
Phuket (Thailand)
DM 29,80 ISBN 3-89416-182-5
Singapur
DM 26,80 ISBN 3-89416-210-4
Sri Lanka
DM 39,80 ISBN 3-89416-170-1
Sprachbuch Südostasien
Indonesisch, Thai, Tagalog
DM 24,80 ISBN 3-922376-33-9
Sulawesi (Celebes)
DM 36,00 ISBN 3-89416-172-8
Thailand Handbuch
DM 36,80 ISBN 3-89416-171-X
Vietnam-Handbuch
DM 36,80 ISBN 3-89416-195-7

Australien Neuseeland

Australien-Handbuch
DM 36,80 ISBN 3-923716-03-6
Australien-Outback
DM 29,80 ISBN 3-923716-08-7
Neuseeland
DM 34,80 ISBN 3-923716-09-5
Neuseeland (REISE STORY)
DM 24,80 ISBN 3-921497-15-9
Bikebuch Neuseeland
(RAD & BIKE)
DM 36,80 ISBN 3-929920-16-6

Amerika

Atlanta & New Orleans
DM 28,80 ISBN 3-89416-230-9
Durch den Westen der USA
DM 39,80 ISBN 3-927554-20-0
Durch die USA mit Flugzeug und Mietwagen
DM 36,80 ISBN 3-927554-10-3
Amerika von unten
(REISE STORY)
DM 22,80 ISBN 3-9800975-5-2
„Und jetzt fehlt nur noch John Wayne..." (REISE STORY)
DM 22,80 ISBN 3-927554-18-9
USA/Canada
DM 44,80 ISBN 3-927554-19-7
Canada Ost/USA
DM 39,80 ISBN 3-927554-22-7
Durch Canadas Westen m. Alaska
DM 36,80 ISBN 3-927554-03-0
Hawaii
DM 36,80 ISBN 3-89416-860-9
Brasilien
DM 39,80 ISBN 3-929920-11-5
Costa Rica
DM 36,80 ISBN 3-89416-166-3
Ecuador/Galapagos
DM 36,80 ISBN 3-921497-55-8
Guatemala
DM 36,80 ISBN 3-89416-214-7
Mexiko
DM 36,80 ISBN 3-9800975-6-0
Panama
DM 36,80 ISBN 3-89416-225-2
Radabenteuer Panamericana (RAD & BIKE)
DM 28,80 ISBN 3-929920-13-1
Traumstraße Panamerikana
(REISE STORY)
DM 24,00 ISBN 3-9800975-3-6
Peru/Bolivien
DM 34,80 ISBN 3-9800376-2-2
Trinidad & Tobago
DM 36,80 ISBN 3-89416-174-4
Venezuela
DM 39,80 ISBN 3-921497-40-x
Sprachbuch Lateinamerika
Spanisch, Quechua, Brasilianisch,
DM 24,80 ISBN 3-922376-18-5

REISE KNOW-HOW®

Barbara Honner

GUATEMALA-HANDBUCH

Mit dem Guatemala-Handbuch liegt eine ausführliche, fundierte und übersichtliche Beschreibung des Landes vor, das nicht zu Unrecht als das schönste Zentralamerikas gilt. Das Buch enthält neben allgemein Wissenswertem über Geschichte, Politik, Land und Leute praktische Tips zur Reisevorbereitung, detaillierte Ortsbeschreibungen mit allen notwendigen Informationen und Empfehlungen für Individualreisende, Routen- und Regionenbeschreibungen mit landeskundlich-archäologischen Sehenswürdigkeiten und Erläuterungen über die Lebenswelt der Indianer, die zum Verständnis und zur respektvollen Annäherung beitragen sollen.

Das Guatemala-Handbuch ist ein praktischer Reisebegleiter mit kommentierten Informationen, der das Reisen in diesem farbenprächtigen "Land des ewigen Frühlings" erleichtert und die vielen Facetten Guatemalas wertend unter die Lupe nimmt.

456 Seiten mit vielen, teilweise farbigen Fotos, Abbildungen und Karten
ISBN 3-89416-214-7, DM 36,80

Anhang

Reisehandbuch

Detlev Kirst

Costa Rica

Das kleine mittelamerikanische Land mit seinen freundlichen Bewohnern und einer Vielfalt an unterschiedlichen Landschaftstypen wird bei deutschen Besuchern immer beliebter. Wo sonst ist die tropische Tier- und Planzenwelt Amerikas so leicht zugänglich wie in den zahlreichen Nationalparks, Naturreservaten und Schutzgebieten Costa Ricas, die zusammen fast ein Viertel der Landesfläche ausmachen. Wem der Sinn nach den Karibik- oder Pazifikstränden steht, findet an der 1.400 km langen Küste bestimmt Erholung.

Neben Wissenswertem über Natur, Bevölkerung, Geschichte und Wirtschaft des Landes erfährt der Leser in diesem Band alles Notwendige über die Reisevorbereitungen. Sämtliche wichtigen Städte und Regionen sowie alle 20 Nationalparks und viele weitere Naturschutzgebiete sind ausführlich beschrieben.

504 Seiten, ca.100 Fotos, 25 Karten und Pläne
ISBN 3-89416-166-3, DM 36,80

Reise Know-How Verlag Peter Rump GmbH

Billigflüge nach Panama

Die nebenstehende Liste bietet eine Übersicht aller wichtigen ***Billigflüge nach Panama.*** Die Daten wurden uns freundlicherweise von der Firma *Travel Overland* in München zur Verfügung gestellt. Natürlich ohne Gewähr, Stand Anfang 1995.

Bei Nachfragen an *Travel Overland:*
Barerstr. 73, 80799 München,
Tel.: 089/272760
Fax: 089/2725509

•***Abflugorte:*** Aus Platzgründen haben wir für die unterschiedlichen Flughäfen Nummern angegeben:

(1) Frankfurt, (2) München, (3) Berlin, (4) Hamburg, (5) Bremen, (6) Hannover, (7) Düsseldorf, (8) Köln, (9) Stuttgart, (10) Nürnberg, (12) Leipzig, (13) Dresden, (14) Luxemburg, (15) Basel,(22) Wien

Innerhalb Deutschlands wird von der *Avianca* ein Zubringerservice (Kennzeichnung: 20) von verschiedenen Bahnhöfen mit dem *Rail & Fly-Ticket* der Bahn nach Frankfurt angeboten.

Ausgangsorte für den Zubringerservice: Bayreuth, Berlin, Bremen, Dortmund, Dresden, Düsseldorf, Friedrichshafen, Hamburg, Hannover, Hof, Kiel, Leipzig, München, Münster, Paderborn, Westerland.

Stopover, an denen evt. gegen Zuschlag die Reise unterbrechen kann, werden extra angegeben.

•***Gültigkeit:*** Wird in Tagen angegeben. Wenn "von/bis" aufgeführt ist, nennt die erste Zahl die Mindest-Aufenthaltsdauer.

•***Preis:*** Angegeben ist immer der niedrigste und höchste Hin- und Rückflugpreis (in DM) der billigsten Klasse für die angegebene Gültigkeitsdauer, inclusive der Zuschläge für das *Rail & Fly-Ticket*. Die Preise sind saisonbedingt. Die Kennzeichnungen für Sondertarife bedeuten:

[3] Jugendtarif bis 24 Jahre, Studenten bis 29 Jahre

[5] Jugendtarif bis 26 Jahre, Studenten bis 29 Jahre

•Die regulären Flugpreise in der ***Business Class*** betragen 6231 DM, in der ***First Class*** zahlt man 9849 DM. Diese Preise sind bei allen Gesellschaften preisgleich, falls sie eine solche Klasse anbieten.

•***Kinder:*** Kinder bis zu zwei Jahren haben keinen Anspruch auf einen Sitzplatz; für sie braucht man aber auch nur der angegebene Preis bezahlt werden, bzw. das, was nach Abzug der angegebenen Prozentzahl übrigbleibt. Kinder über zwei bis zwölf Jahre haben Anspruch auf einen Sitzplatz und erhalten Ermäßigung.

•***Flugzeit/Reisezeit:*** Angegeben ist zuerst die Flugzeit, dann die gesamte Reisezeit incl. Stops. Bei einigen Fluglinien sind Übernachtungen notwendig, die wie folgt gekennzeichnet sind:

[1] Übernachtung in Bogotá

[2] Übernachtung in New York

[4] Übernachtung in Madrid

•***Flugtage:*** Hier ist die Anzahl von Flügen pro Woche angegeben.

Fluglinie (Land)	*Abflugorte, Stopover*	*Gültigkeit (Tage)*	*Preise (von - bis)*	*Kinder (-2 / - 12)*	*Reisezeit/ Flugzeit*	*Flug tage*
American Airlines (USA)	1-9 Chicago, Dallas, New York, Miami	6-180 6-365	1699-1899 1749-1949	90%/33%	16/32	tgl.
Avianca (Kolumbien)	1, 20	6-35 14-180	1554-1899 1866-2150	449,- 50%	13/36,5 [1]	2
Continental (USA)	1 New York, Houston	6-90	1655-1799	90%/25%	16,5/38 [2]	tgl.
Iberia (Spanien)	1-4, 7 Madrid	6-90 [3] 6-90 6-180	1650-1866 1544-1650 1760-1866	 90%/50%	14/38,5 [4]	3
KLM (Niederlande)	1-4, 6, 7, 9, 10 [5] 1-4, 6, 7, 9, 10, 14, 15 Curaçao	6-365 [5] 6-180 6-365	1599-1866 1799-2099 2349-2649	 90%/50%	15,5/20	2
United Airlines (USA)	1-10, 12, 13, 22 Washington, Chicago	6-180	1433	90%/50%	13/17	tgl.

Sachregister

Ortsregister

HILFE!

Dieses Reisehandbuch ist gespickt mit unzähligen Adressen, Preisen, Tips und Infos. Nur vor Ort kann überprüft werden, was noch stimmt, was sich verändert hat, ob Preise gestiegen oder gefallen sind, ob ein Hotel, ein Restaurant immer noch empfehlenswert ist oder nicht mehr, ob ein Ziel noch oder jetzt erreichbar ist, ob es eine lohnende Alternative gibt usw.

Die Autoren dieses Buches sind zwar stetig unterwegs und versuchen, alle zwei Jahre eine komplette Aktualisierung zu erstellen, aber auf die Mithilfe von Reisenden können sie nicht verzichten.

Darum: Schreiben Sie uns, was sich geändert hat, was besser sein könnte, was gestrichen bzw. ergänzt werden soll. Nur so bleibt dieses Buch immer aktuell und zuverlässig. Die besten und hilfreichsten Zuschriften belohnt der Verlag mit einem Freiexemplar der nächsten Auflage. Schreiben Sie direkt an:

Reise Know-How Verlag
Peter Rump GmbH
Hauptstr. 198
D-33647 Bielefeld

Danke!

Anhang

Die Autoren

Das niederländisch-österreichische Duo Linda O'Bryan und Hans Zaglitsch zieht es seit den 80er Jahren immer wieder nach Zentral- und Südamerika, wo Lindas Wurzeln liegen. Wenn sie nicht gerade in Lateinamerika unterwegs sind, leben und arbeiten sie als Übersetzer und Reisebuchautoren bevorzugt in den Niederlanden. Mit ihren Publikationen versuchen sie ihre Liebe und Faszination für das temperamentvolle, abwechslungs- und kontrastreiche Lateinamerika auf andere Reisende zu übertragen. Panama ist eines der Länder, in das sie sich verliebt haben, was schließlich zu diesem Buch geführt hat.

Kartenverzeichnis

Orts- und Regionenkarten

Thematische Karten